Heinrich Wilms

Staatsrecht I

Staatsorganisationsrecht
unter Berücksichtigung der
Föderalismusreform

D1663466

Kohlhammer

Studienreihe Rechtswissenschaften

herausgegeben von
Professor Dr. Winfried Boecken und Professor Dr. Heinrich Wilms

Staatsrecht I

Staatsorganisationsrecht
unter Berücksichtigung der
Föderalismusreform

von
Professor Dr. Heinrich Wilms
Friedrichshafen

Verlag W. Kohlhammer

ISBN-10: 3-17-018394-X
ISBN-13: 978-3-17-018394-0

Vorwort

Ziel der Studienreihe Rechtswissenschaften ist eine kompakte Wissensvermittlung der Rechtsgebiete, die Gegenstände der ersten juristischen Prüfung sind. Sie wendet sich in erster Linie an Studenten der Rechtswissenschaften, darüber hinaus aber auch an alle diejenigen, die einen Einstieg in für sie neue Lehrgebiete oder einfach nur einen Überblick über die jeweiligen Fächer erhalten wollen.

Für das Fach Staatsorganisationsrecht sind besonders Wünsche der Studenten berücksichtigt worden, die in der Vorlesung und der mit dem Gebiet verbundenen Übung an mich herangetragen worden sind, vor allem was Überblicke, Schemata und Entscheidungen angeht. Der Text enthält daher einen knapp 40 Seiten langen Teil, der sich ausschließlich solchen Überblicken widmet.

Das Buch ist letztlich nur ein Grundriss des Staatsorganisationsrechts. Didaktische Überlegungen stehen im Vordergrund, wozu auch die Kürze der Darstellung gehört. Es kann daher nicht den Anspruch erheben, ein wissenschaftliches Lehrbuch im klassischen Sinn zu sein. Für vertiefte Auseinandersetzungen und die Behandlung von Meinungsstreiten blieb unter den hier gewählten Prämissen nur sehr geringer Raum.

Im Jahr 2006 hat das Grundgesetz die umfangreichsten Änderungen in seiner Geschichte erfahren. Sie sind Produkt der so genannten Föderalismusreform. Die Änderungen des Grundgesetzes, aber auch des einfachen Rechts durch das Gesetz zur Änderung des Grundgesetzes vom 31.8.2006 und das Föderalismusreform-Begleitgesetz vom 11.9.2006 sind bereits vollständig eingearbeitet. Das Anliegen der Reform erschließt sich aber aus den einzelnen Änderungen nur wenig. Aus diesem Grunde wurde an das Ende der staatsrechtlichen Darstellung ein eigenständiges Kapitel angeschlossen, das Werdegang und Konzept der Föderalismusreform im Kontext erläutert.

Für die Unterstützung bei der Herstellung des Manuskripts habe ich meinen wissenschaftlichen Mitarbeitern, vor allem Dr. Thomas Maier, Dr. Hilmar Ohletz und Dr. Marianne Wiedemann zu danken.

Friedrichshafen, Dezember 2006

Inhaltsverzeichnis

Inhaltsverzeichnis

Inhaltsverzeichnis

Abkürzungsverzeichnis

A.A.; a.A.   anderer Ansicht
a.a.O.   am angegebenen Ort
abgedr.   abgedruckt
AbgG   Abgeordnetengesetz
Abs.   Absatz
a.E.   am Ende
a.F.   alte Fassung
Allg.   Allgemein(e/er/es)
Anm.   Anmerkung(en)
AöR   Archiv für öffentliches Recht
Art.   Artikel
Aufl.   Auflage
Az.   Aktenzeichen

BAnz.   Bundesanzeiger
BauGB   Baugesetzbuch
BayVBl.   Bayerische Verwaltungsblätter
Bd.   Band
BGB   Bürgerliches Gesetzbuch
BGBl.   Bundesgesetzblatt
BMinG   Bundesministergesetz
BPWahlG   Bundespräsidentenwahlgesetz
BRHG   Gesetz über den Bundesrechnungshof
BVerfG   Bundesverfassungsgericht
BVerfGE   Entscheidung(en des Bundesverfassungsgerichts)
BVerfGG   Bundesverfassungsgerichtsgesetz
BWahlG   Bundeswahlgesetz
BWahlO   Bundeswahlordnung

DB   Der Betrieb (Zeitschrift)
d.h.   das heißt
Dok.   Dokument(e)
DÖV   Die Öffentliche Verwaltung (Zeitschrift)
DRiG   Deutsches Richtergesetz
DRiZ   Deutsche Richterzeitung
DVBl.   Deutsches Verwaltungsblatt (Zeitschrift)

EAG   Europäische Atomgemeinschaft
EG   Europäische Gemeinschaft(en)
EGKS   Europäische Gemeinschaft für Kohle und Stahl
Einl.   Einleitung
EMRK   Konvention zum Schutze der Menschenrechte und Grundfreiheiten
EStG   Einkommensteuergesetz

Abkürzungsverzeichnis

etc.	et cetera
EU	Europäische Union
EuGH	Europäischer Gerichtshof
EuGrZ	Europäische Grundrechte-Zeitschrift
EuZW	Europäische Zeitschrift für Wirtschaftsrecht
EvStL	Evangelisches Staatslexikon
f.	folgende
ff.	fortfolgende
Fn.	Fußnote
FS	Festschrift
GASP	Gemeinsame Außen- und Sicherheitspolitik
gem.	gemäß
GG	Grundgesetz
ggf.	gegebenenfalls
GOBR	Geschäftsordnung des Bundesrats
GOBReg	Geschäftsordnung der Bundesregierung
GOBT	Geschäftsordnung des Bundestags
GOVerm	Geschäftsordnung Vermittlungsausschuss
HbStR	Handbuch des Staatsrechts
HbVerfR	Handbuch des Verfassungsrechts
HessStGH	Hessischer Staatsgerichtshof
h.M.	herrschende(r) Meinung
hrsg.	herausgegeben
Hrsg.	Herausgeber
i.e.S.	im eigentlichen Sinne
IGH	Internationaler Gerichtshof
insbes.	insbesondere
i.S.d.	im Sinne der/des
i.V.m.	in Verbindung mit
JA	Juristische Arbeitsblätter
JBl.	Juristische Blätter
JöR	Jahrbuch des öffentlichen Rechts der Gegenwart (Zeitschrift)
Jura	Jura (Zeitschrift)
JuS	Juristische Schulung (Zeitschrift)
JZ	Juristenzeitung
KJ	Kritische Justiz (Zeitschrift)
lit.	litera
m.w.N.	mit weiteren Nachweisen
n.F.	neue Fassung
NJW	Neue Juristische Wochenschrift
Nr.	Nummer
NSDAP	Nationalsozialistische deutsche Arbeiterpartei
NuR	Natur und Recht (Zeitschrift)
NVwZ	Neue Zeitschrift für Verwaltungsrecht

NWVB1.	Nordrhein-Westfälische Verwaltungsblätter
Parl.Rat	Parlamentarischer Rat
ParlStG	Gesetz über die Rechtsverhältnisse der Parlamentarischen Staatssekretäre
PartG	Parteiengesetz
PJZS	Polizeiliche und Justizielle Zusammenarbeit in Strafsachen
Prot.	Protokoll
PUAG	Parlamentarisches Untersuchungsausschussgesetz
RGBl.	Reichsgesetzblatt
Rn.	Randnummer
RuStAG	Reichs- und Staatsangehörigkeitsgesetz
S.	Seite
s.	siehe
SächsVBl.	Sächsische Verwaltungsblätter
SGG	Sozialgerichtsgesetz
Slg.	Sammlung
sog.	so genannt(e/er/es)
Sp.	Spalte
StGB	Strafgesetzbuch
str.	streitig
STWG	Stabilitäts- und Wachstumsgesetz
SÜR	Seerechtübereinkommen
ThürVBl.	Thüringer Verwaltungsblätter
u.	und
u. a.	unter anderem
usw.	und so weiter
v.	von
VBlBW	Verwaltungsblätter für Baden-Württemberg
Verf.	Verfasser
VerwArch.	Verwaltungsarchiv (Zeitschrift)
vgl.	vergleiche
VR	Verwaltungsrundschau (Zeitschrift)
VVDStRL	Veröffentlichung(en) der Vereinigung der Deutschen Staatsrechtslehrer
VwVfG	Verwaltungsverfahrensgesetz
WahlprüfG	Wahlprüfungsgesetz
WissR	Wissenschaftsrecht (Zeitschrift)
WRV	Weimarer Reichsverfassung
z. B.	zum Beispiel
ZBR	Zeitschrift für Beamtenrecht
ZfA	Zeitschrift für Arbeitsrecht
ZfG	Zeitschrift für Geschichtswissenschaft
ZfSH/SGB	Zeitschrift für Sozialhilfe und Sozialgesetzbuch
ZG	Zeitschrift für Gesetzgebung
ZParl.	Zeitschrift für Parlamentsfragen
ZRP	Zeitschrift für Rechtspolitik

Verzeichnis der abgekürzt zitierten Literatur

Badura	Staatsrecht: systematische Erläuterung des Grundgesetzes für die Bundesrepublik Deutschland, 3. Aufl. 2003
Battis/Gusy	Einführung in das Staatsrecht, 4. Aufl. 1999
Benda/Maihofer/Vogel	Handbuch des Verfassungsrechts der Bundesrepublik Deutschland, 2 Bände, 2. Aufl. 1994 (zit. HVerfR)
Berg	Staatsrecht, 4. Aufl. 2004
Bleckmann	Staatsrecht I, 2002
Degenhart	Staatsrecht I, Staatsorganisationsrecht, 20. Aufl. 2004
Doehring	Staatsrecht der Bundesrepublik Deutschland, 3. Aufl. 1984
Hendler	Staatsorganisationsrecht, 2003
Hesse	Grundzüge des Verfassungsrecht der Bundesrepublik Deutschland, 20. Aufl. 1999
Ipsen	Staatsrecht I, 17. Aufl. 2005
Isensee/Kirchhof	Handbuch des Staatsrecht der Bundesrepublik Deutschland, 10 Bände, 1987–2000 (zit.: HbStR)
Katz	Staatsrecht, 16. Aufl. 2005
Kisker/Höfling	Fälle vom Staatsorganisationsrecht 3. Aufl. 2001
Kremser/Leisner	Verfassungsrecht III: Staatsorganisation, 1999
Zippelius/Würtenberger	Deutsches Staatsrecht, 31. Aufl. 2005
Maurer	Staatsrecht I, 4. Aufl. 2005
v. Münch	Staatsrecht, Bd. I, 6. Aufl. 2000
Püttner/Kretschmer	Die Staatsorganisation, 2. Aufl. 1999
Richter/Schuppert	Casebook: Verfassungsrecht, 4. Aufl. 2001
Schweitzer	Staatsrecht III, 8. Aufl. 2004
Stein/Frank	Staatsrecht, 19. Aufl. 2004

Kommentare zum Grundgesetz

Bonner Kommentar zum GG	Loseblattsammlung seit 1950 (zit.: BK-Bearbeiter)
Dreier	Grundgesetzkommentar, Band I, 2. Aufl. 2004
Jarass/Pieroth	Grundgesetz für die Bundesrepublik Deutschland, 7. Aufl. München 2006
v. Mangold/Klein/Starck	Das Bonner Grundgesetz, 3 Bände, 4. Aufl. 1999–2005
Maunz/Dürig	Grundgesetz, Loseblattkommentar, Stand: 46. EGL 2005
v. Münch/Kunig	Grundgesetz – Kommentar, Band I, 5. Aufl. 2000; Band II, 5. Aufl. 2001; Band III, 5. Aufl. 2003
Sachs	Grundgesetz – Kommentar, 3. Aufl. 2003
Schmidt-Bleibtreu/Klein	Kommentar zum Grundgesetz, 10. Aufl. 2004

Teil I: **Historische Grundlagen**

§ 1 Deutsches Verfassungsrecht vor 1848

Für eine Einführung in das moderne Staatsrecht, die den Charakter eines Grund- **1**
risses hat, ist es hinreichend, auf die Verfassungsgeschichte nur soweit einzugehen,
als sie noch im weitesten Sinn eine Auswirkung oder zumindest Erklärungsansätze
für gegenwärtige Form und Inhalt des Grundgesetzes bieten kann.

Die am weitesten zurückliegende Verfassung, die einen maßgeblichen Einfluss auf **2**
Formulierungen des Grundgesetzes hat, ist die *Reichsverfassung der Paulskirche*
von 1848/49. Mit ihrer unmittelbaren Vorgeschichte wird daher der historische
Rückblick begonnen.

Die Verfassungssituation des Deutschen Reiches[1] wurde durch die napoleonischen **3**
Kriege und die sich daran anschließende Ära des Wiener Kongresses mit der Neu-
aufteilung Europas grundlegend geändert. Die napoleonischen Kriege führten zu
einer Veränderung der Machtpositionen in dem stark zersplitterten Deutschen
Reich, das aus über 30 Monarchien bestand.
Das Reich im eigentlichen Sinne als souveränes Völkerrechtssubjekt existierte zu
dieser Zeit nicht mehr. Das *alte Deutsche Reich* war praktisch aufgelöst worden,
da viele Fürsten unter *Napoleons* Einfluss aus dem Reich ausgetreten waren und
im Jahr 1806 den Rheinbund gegründet hatten. Sie nahmen für sich und ihr
Staatsgebiet eine eigene, souveräne Staatsgewalt in Anspruch. Der letzte Kaiser
des alten Reiches, *Franz II.*, legte am 6.8.1806 – von *Napoleon* ultimativ dazu
aufgefordert – die deutsche Kaiserwürde nieder und proklamierte den Status eines
Kaisers von Österreich.

Sechzehn deutsche Fürsten schlossen am 12.7.1806 die Rheinbundakte. Alle Ter- **4**
ritorialstaaten mit Ausnahme von Preußen und Österreich traten später diesem
Bund, der unter maßgeblichem Einfluss *Napoleons* stand, bei. Im Jahr 1808 waren
39 Einzelstaaten Mitglieder. Die Rheinbundakte war ein völkerrechtlicher Vertrag
zwischen dem französischen Kaiser als Verteidiger der Konföderation und den
deutschen Staaten, die somit vertraglich an das französische Staatssystem ange-
bunden waren. Die Einzelstaaten waren gegenüber Napoleon zur Stellung von
Truppen und zur Kriegsbeteiligung verpflichtet.

Es folgten die Befreiungskriege mit der Völkerschlacht bei Leipzig als Höhepunkt **5**
und die Besetzung von Paris im März 1814, verbunden mit der Abdankung *Napoleons*.

---

1 S. besonders die Darstellung von *Gerhard Anschütz*, in: Handbuch des Deutschen Staatsrechts, hrsg. v. Anschütz/Thoma, Bd. 1, 1930, S. 17–26.

6 Der sich anschließende Wiener Kongress von 1814 bis 1815 war die im Pariser Frieden vorgesehene Versammlung zur Neuorganisation Europas. Er brachte jedoch nur eine Stabilisierung der bereits vorhandenen Partikularstaaten sowie effektive Machtverbesserung für die zwei Großgebilde innerhalb dieser Partikularstaaten, nämlich das Kaiserreich Österreich und das Königreich Preußen. Er mündete in die deutsche Bundesakte vom 8.6.1815 und die Wiener Kongressakte vom 9.6.1815.
Mit der *Deutschen Bundesakte* entstand der Deutsche Bund, völkerrechtlich gesehen ein Staatenbund, zu dem neben deutschen Fürstentümern auch Dänemark, die Niederlande und Luxemburg gehörten. Insgesamt umfasste er 38 Staaten. Die beiden großen Machtfaktoren, Österreich und Preußen, gehörten im Übrigen nur mit den Gebieten dem Deutschen Bund an, die vorher auch Gebiete des Reiches gewesen waren. Der Deutsche Bund verfügt über ein zentrales Organ, den Bundestag, der unter dem Vorsitz Österreichs in Frankfurt tagte. Seine primäre Funktion war die äußere Verteidigung. Er verfügte über keine Rechtssetzungskompetenz.
Die Reichseinheit, verbunden mit einer festen Zentralgewalt und einer einheitlichen Rechtsordnung, blieb Sehnsüchten und Wünschen der Deutschen vorbehalten, die sich in den nachfolgenden Jahrzehnten in der Romantik widerspiegelten.

7 Es war klar, dass diese verfassungsrechtliche Situation nicht ewig würde bestehen können. Es konnte kein Dauerzustand sein, dass eine Nation, die über eine einheitliche Sprache und Kultur verfügt, rechtlich und damit auch politisch in viele Einzelteile gespalten wurde. Verfassungsrechtliche Entwicklungen gab es aber zunächst nur in den einzelnen deutschen Staaten, wie in Württemberg, Baden, Bayern und Hessen-Darmstadt, zudem war diese verfassungsrechtliche Entwicklung eine, die nicht vom Volk, sondern von den Fürsten ausging[2].

8 Ein erster Schritt zu einer gemeinsamen Zentralgewalt war die Gründung des *Deutschen Zollvereins*, eine Folge des preußischen Zollgesetzes von 1818, der zunächst nur eine wirtschaftliche Bedeutung hatte, indem er, zollrechtlich gesehen, zu einer Freihandelszone führte. Der Name Deutscher Zollverein bestand seit dem 1.1.1834.

9 Parallel hierzu gab es durch die französische Revolution ausgelöste Unruhen, die selbst in den stabilen Staaten, wie Preußen und Österreich, politische Unwägbarkeiten mit sich brachten. Der herrschende Wunsch aller Deutschen war jedoch der nach einem einheitlichen Reich, das sich in der Entwicklung bis zur Paulskirchenverfassung von 1848/1849 widerspiegelte.

§ 2 Die Reichsverfassung von 1848/1849

10 Anstoß für die Entwicklung war zunächst die (zweite) französische Revolution vom Februar 1848 und der Sturz des französischen Königs *Louis Philippe*. An sie anknüpfend kam es auch in Berlin und Wien zu blutigen Aufständen, die den

---

2 Vgl. zu den unterschiedlichen Perioden des Konstitutionalismus und der Entwicklung im Einzelnen *Stern*, Staatsrecht V S. 216 ff.

Bestand der deutschen Kleinmonarchien gefährdeten. In der Folge dankte der österreichische Kaiser ab; in vielen Kleinstaaten wurden die Regierungen ausgetauscht (Märzminister). Verfassungsrechtliches Resultat war, dass die regierenden Fürsten, um Schlimmeres zu verhindern, ersten verfassungsgebenden Versammlungen in ihrem jeweiligen Herrschaftsgebiet zustimmten. Dies galt auch für die gesamtdeutsche Entwicklung.

So trat am 18.5.1848 eine unmittelbar vom Volk gewählte *verfassungsgebende* **11** *Nationalversammlung* zusammen. Ihr ging die Tagung eines Vorparlaments und verschiedener verfassungsrechtlicher Ausschüsse (Siebenerausschuss, Siebzehnerausschuss, Fünfzigerausschuss) voraus. Sie tagte in der Frankfurter Paulskirche, weshalb die von ihr ausgearbeitete Verfassung generell als „Paulskirchenverfassung" bezeichnet wird. Die Nationalversammlung nahm für sich in Anspruch, den Souverän widerzuspiegeln, also Ausdruck und Inhaber der obersten Gewalt in Deutschland zu sein.
Am 28.06.1848 wurde von der Nationalversammlung das Reichsgesetz über die Einführung einer provisorischen Zentralgewalt erlassen und *Erzherzog Johann von Österreich* zum Reichsverweser (Reichsverwalter), dem provisorischen Staatsoberhaupt, gewählt.
Am 27.12.1848 wurde das „*Gesetz betreffend die Grundrechte des deutschen Volkes*" beschlossen. Es trat im gesamten Reichsgebiet noch vor dem Beschluss über die Reichsverfassung in Kraft. Am 28.3.1849 folgte der Beschluss über eine deutsche Reichsverfassung. Der entscheidende problematische Punkt der Verfassungsverhandlungen war aber die Schaffung und das Verfahren über die Ernennung des Staatsoberhauptes. Mit knapper Mehrheit (290 Stimmen gegen 248 Enthaltungen) beschloss man dem preußischen König *Friedrich Wilhelm IV.* die Kaiserkrone anzutragen. Dieser lehnte die Krone jedoch ab. Entscheidender Punkt war für ihn, dass er die Krone nicht aus der Hand des Volkes und als Produkt der Volkssouveränität erhalten wollte und sich von der Vorstellung eines Monarchen von Gottes Gnaden nicht verabschieden konnte.
Weitere Einigungsversuche unter der Führung Preußens wie das sog. Dreikönigsbündnis oder der Fürstentag von 1863 unter der Führung Österreichs blieben erfolglos.

§ 3 Der Norddeutsche Bund

Nach dem Deutsch-Dänischen Krieg von 1864, der ausgelöst wurde durch Ein- **12** verleibung der Herzogtümer Schleswig und Holstein durch Dänemark und der von Österreich und Preußen gewonnen wurde, kam es zu einem Streit zwischen Österreich und Preußen über die weitere rechtliche Behandlung dieser Herzogtümer. Dies mündete in einen Krieg zwischen Preußen und Österreich, letzteres verbunden mit Hannover, Sachsen und den süddeutschen Staaten, der von Preußen gewonnen wurde.

Am 18.8.1866 schloss Preußen mit 15 norddeutschen Staaten und Freien Städten **13** einen Vertrag, das sog. *August-Bündnis*, das wenig später auf 23 Mitglieder erweitert wurde. Ziel der Organisation war die Ausarbeitung einer Verfassung und die Konstitution eines Reichstages. Am 16.4.1867 wurde die *Verfassung des Nord-*

deutschen Bundes verabschiedet. Sie wurde in den einzelnen Mitgliedsländern des Norddeutschen Bundes in das jeweilige Landesrecht umgesetzt und trat danach am 1.7.1867 in Kraft. Die Verfassung sah als Organ einen Bundesrat vor, dessen mitgliedschaftliche Rechte sich nach dem Bevölkerungsanteil bemaßen und damit Preußen alleine 40 % der Stimmen zugestand. Als weiteres Organ gab es das Präsidium des Bundes, das Preußen zustand[1] und das Amt des Bundeskanzlers, das *Otto von Bismarck* übernahm. Schließlich gab es den Reichstag, der aus allgemeinen und direkten Wahlen mit geheimer Abstimmung hervorgehen sollte. Damit wurde das preußische Dreiklassenwahlrecht endgültig beseitigt.
Der Bund verfügte über ein weit reichendes Gesetzgebungsrecht, vor allem auf vielen Gebieten des Zivilrechts, der Staatsangehörigkeit, der Zölle und Verbrauchssteuern. Die Folge war eine erhebliche *Rechtsvereinheitlichung* auf dem Gebiet des Norddeutschen Bundes, insbesondere durch folgende Gesetze: Gesetz über die Freizügigkeit (1867), Gewerbeordnung (1869), Gesetz über Erwerb und Verlust der Bundes- und Staatsangehörigkeit (1870), Strafgesetzbuch[2] (1870), Allgemeines Deutsches Handelsgesetzbuch (1869). Die Rechtseinheitlichkeit wurde darüber hinaus durch die Schaffung eines Obersten Gerichtshofes in Handelssachen gewährleistet, der in Leipzig eingerichtet wurde.
Die Bedeutung des Norddeutschen Bundes für die Rechtseinheit ist hoch einzuschätzen. Sie bildet im Grunde immer noch den Kern jener Gesetzgebung, die, 1871 fortgeführt, auch heute noch den Grundbestand wichtigster Bundesgesetze darstellt.

§ 4 Das Deutsche Reich und die Reichsverfassung von 1871

14   Der deutsch-französische Krieg von 1870 bis 1871 führte auch die süddeutschen Staaten an den Norddeutschen Bund heran. 1870 traten Bayern, Hessen, Baden und Württemberg dem Norddeutschen Bund mit Wirkung zum 1.1.1871, nach der Ratifizierung durch die Landtage, bei. Am 18.1.1871 wurde das deutsche Kaiserreich im Spiegelsaal des Schlosses Versailles proklamiert.
Das neue deutsche Reich gab sich mit der Verkündung im Reichsgesetzblatt am 16.4.1871 auch eine *neue deutsche Verfassung*, die aber im Wesentlichen inhaltsgleich mit der Verfassung des Norddeutschen Bundes war.
Das neue deutsche Reich war eine konstitutionelle Monarchie in der Form eines Bundesstaates mit dem deutschen Kaiser als Staatsoberhaupt. Die Monarchie war als Erbmonarchie ausgestaltet. Der Kaiser war zwar konstitutionelles Staatsoberhaupt; ihm kamen jedoch eine Reihe Befugnisse zu, die eine stärkere Stellung gewährleisteten, als sie z.B. die englische Monarchie heute besitzt. So konnte er den Reichskanzler unabhängig vom Parlament ernennen (Art. 15). Er war Oberbefehlshaber von Heer und Marine (Art. 53 Abs. 1, Art. 63 Abs. 1). Die vorzeitige Auflösung des Reichstages bedurfte seiner Zustimmung (Art. 24).

---

1 Trotz der Bezeichnung handelte es sich nicht um ein Kollegialorgan. Der preußische König war praktisch der Präsident der Organisation, wobei der Begriff aber keine Verwendung fand.
2 Dieses ist aus dem preußischen Strafgesetzbuch von 1851 hervorgegangen, wurde 1871 Reichsgesetz und gilt in der Fassung v. 25.8.1953 auch heute noch in der Bundesrepublik Deutschland.

Grundrechte kannte die Reichsverfassung keine. Sie kann im Hinblick auf die Freiheitswünsche der Bürger im Verhältnis zur Paulskirchenverfassung nur als Rückschritt betrachtet werden. Die wesentliche verfassungsrechtliche Verbesserung lag letztlich in der Konstitutionalisierung der Reichseinheit.

§ 5 Die Weimarer Reichsverfassung

Die Reichsverfassung vom 11.8.1919 wird allgemein wegen ihres Entstehungsortes **15** infolge der in Weimar tagenden Nationalversammlung als Weimarer Reichsverfassung bezeichnet[1]. Sie brachte eine grundsätzliche verfassungsrechtliche Neubestimmung der deutschen Geschichte. Erstmals war das Deutsche Reich eine Republik (Art. 1 Satz 1 WRV); die Staatsgewalt ging vom Volke aus (Art. 1 Satz 2 WRV).

Neben den Strukturmerkmalen Republik und Volkssouveränität galten die Prin- **16** zipien der parlamentarischen Demokratie und des Föderalismus. Die Merkmale der Volkssouveränität und der Demokratie wurde zusätzlich durch plebiszitäre Strukturen verstärkt. Die Verfassung sah sowohl Volksbegehren als auch Volksentscheid vor. In föderaler Hinsicht bestand der Staat aus dem Reich und den Ländern. Der Verfassung wohnte jedoch eine starke Tendenz zur Zentralisierung inne, da das Reich über sehr starke Kompetenzen in den Bereichen Gesetzgebung und Verwaltung verfügte. Schließlich war eine zu starke Autonomie der Länder durch das Prinzip der Verfassungshomogenität (Art. 17 WRV) ausgeschlossen. Die noch in der Verfassung von 1871 herrschende starke Autonomie der Einzelstaaten wurde hier zugunsten der Majorität der Zentralgewalt aufgegeben; eine Regelung, die auch vom Grundgesetz übernommen wurde.

Organe der Verfassung waren der Reichspräsident, der Reichstag, die Reichsre- **17** gierung, der Reichsrat und der Reichswirtschaftsrat.

Der *Reichspräsident* wurde unmittelbar vom Volk für sieben Jahre gewählt. Seine **18** Wiederwahl war ohne Einschränkung zulässig (Art. 41 WRV). Neben den üblichen Aufgaben des Staatsoberhauptes, wie der völkerrechtlichen Vertretung, dem Gesetzesvollzug, dem Begnadigungsrecht, besaß der Reichspräsident einige sehr starke politische Rechte, die der Reichsverfassung von 1871 und der Rechtsstellung des Kaisers stark ähnelten. Seine Rechte erfuhren jedoch dadurch eine Einschränkung, dass alle Anordnungen und Verfügungen der Gegenzeichnung durch den Reichskanzler bedurften (Art. 50 WRV).
Der Reichspräsident ernannte den Reichskanzler und die Reichsminister ohne dass der Reichstag hierauf Einfluss nehmen konnte (Art. 53 WRV). Eine Beteiligung des Parlaments war nicht vorgesehen. Es konnte jedoch dem Reichskanzler und auch einzelnen Ministern das Misstrauen durch den Reichstag ausgesprochen werden (Art. 54 WRV). Die zwingende Folge des Misstrauensvotums war der Rücktritt des Adressaten der Misstrauenserklärung. Allerdings wird das Misstrauensvotum als Instabilitätsfaktor der Reichsregierung oft überschätzt. Durch das Misstrauensvotum endeten lediglich drei Regierungen[2].

---

1 Vgl. Nachweise im Einzelnen bei *Stern*, Staatsrecht V S. 355 Fn. 181.
2 Vgl. die Übersicht über die Reichsregierungen bei *Huber*, Dokumente zur deutschen Verfassungsgeschichte, Bd. 4 Nr. 161.

Der Reichspräsident konnte den Reichstag auflösen (Art. 25 WRV); dieses Auflösungsrecht war nur dadurch beschränkt, dass er den Reichstag aus dem gleichen Grund nur einmal auflösen durfte. Über die einzelnen Voraussetzungen der Auflösung schweigt sich die Reichsverfassung aus und überlässt es dem Ermessen des Reichspräsidenten. Die Einschränkung des Auflösungsrechts entfaltete demzufolge keine praktische Wirksamkeit[3]. Insgesamt wurde der Reichstag achtmal auf diese Weise beendet[4].
In den Zusammenhang mit dieser Norm gehören auch die Wahlrechtsvorschriften der Weimarer Republik. Da in der Weimarer Republik das reine Verhältniswahlrecht galt, führte dies zu einer gravierenden Zersplitterung des Parlaments und damit zu einer Instabilität aller Regierungen. Zwar brauchte der Reichspräsident für die Ernennung des Reichskanzlers auf die Zusammensetzung des Parlaments nach Parteien keine Rücksicht zu nehmen. Im Allgemeinen wurde aber nur eine Führungspersönlichkeit zum Reichskanzler ernannt, die auch das Vertrauen der Mehrheit des Parlaments hatte, denn schließlich war eine der wesentlichen Funktionen der Regierungstätigkeit die Initiative für den Erlass von Gesetzen, deren Beschluss dem Parlament oblag. Ob die Berücksichtigung des Vertrauens des Reichstags für die vorgeschlagene Regierung eine rechtliche oder nur eine politische Voraussetzung war, ist in der Staatsrechtslehre dieser Zeit stets strittig gewesen[5]. Das Zusammenspiel dieser Normen förderte die aktive Stellung des Reichspräsidenten, die im Wesentlichen das kontinuierliche Element der Reichsverfassung verkörperte. Schließlich hatte der Reichspräsident das Recht zur Herbeiführung eines Volksentscheides über ein vom Reichstag beschlossenes Gesetz (Art. 73 Abs. 1 WRV). Er hatte den Oberbefehl über die Wehrmacht (Art. 47 WRV) und konnte diesen Oberbefehl auch delegieren.

19   Besondere Bedeutung kommt dem *Notverordnungsrecht* (sog. Diktaturverordnung) des Reichspräsidenten nach Maßgabe von Art. 48 Abs. 2 zu, das im Zusammenspiel mit dem Reichskanzler eine weitgehend autonome Tätigkeit des Reichspräsidenten unter Einschluss der Außerkraftsetzung wesentlicher Grundrechte erlaubte. Im Zusammenspiel mit der Zersplitterung des Parlaments, dem praktisch nicht kontrollierbaren Auflösungsrecht des Reichspräsidenten und seiner ausschließlichen Ernennungsbefugnis hinsichtlich der Reichsregierung, forderte diese Norm eine autonome Tätigkeit des Reichspräsidenten in Zusammenarbeit mit dem Reichskanzler jenseits des Parlaments geradezu heraus.
Wenn man die Jahre des Bestehens der Reichsverfassung auf die Zeit von 1919 bis 1933 begrenzt, so wurde in dieser Zeit etwa neun Jahre unter der Maßgabe des Regimes des Art. 48 WRV regiert[6], also 2/3 der Existenzzeit der Weimarer Republik.

---

3 Vgl. *Stern*, Staatsrecht V S. 588 f.
4 Vgl. die Übersicht bei *Huber*, Dokumente zur deutschen Verfassungsgeschichte, Bd. 4, Nr. 162.
5 Die wohl h. M. vertrat die These der rechtlichen Bindung, vgl. *Anschütz*, Die Verfassung des Deutschen Reiches v. 11.8.1919, 1933, Art. 53 Anm. 1; *Thoma*, Handbuch des deutschen Staatsrechts I, 1930, S. 503; für die Gegenmeinung: *Pohl*, Handbuch des Deutschen Staatsrechts, 1930, S. 482 (488).
6 Ausführlich u. m.w.N. *Stern*, Staatsrecht V S. 598 ff.

Die Norm lautet:

Artikel 48

/......./

der Reichspräsident kann, wenn im Deutschen Reiche die öffentliche Sicherheit und Ordnung erheblich gestört oder gefährdet wird, die zur Wiederherstellung der öffentlichen Sicherheit und Ordnung nötigen Maßnahmen treffen, erforderlichenfalls mit Hilfe der bewaffneten Macht einschreiten. Zu diesem Zwecke darf er vorübergehend die in den Artikeln 114, 115, 117, 118, 123, 124 und 153 festgesetzten Grundrechte ganz oder zum Teil außer Kraft setzen.

Von allen gemäß Abs. 1 oder Abs. 2 dieses Artikels getroffenen Maßnahmen hat der Reichspräsident unverzüglich dem Reichstag Kenntnis zu geben. Die Maßnahmen sind auf Verlangen des Reichstags außer Kraft zu setzen.

/......./

Das Nähere bestimmt ein Reichsgesetz.

Ein Reichsgesetz, das das Nähere regelt, wie in Art. 48 WRV vorgesehen, ist jedoch nie in Kraft getreten. Dennoch bestand weitgehend Einigkeit darüber, dass der Reichspräsident die Notstandskompetenzen auch ohne dieses Reichsgesetz ausüben konnte.

Das Notverordnungsrecht wurde sehr schnell zu einem beliebten Instrumentarium der Reichspräsidenten. So erließ Reichspräsident *Ebert* zwischen 1919 und 1925 mehr als 100 Notverordnungen, weitgehend aus wirtschaftlichen Gründen. Sogar Steuerregelungen waren in diesen Verordnungen enthalten. Dem tat es Reichspräsident *Hindenburg* zwischen 1930 und 1932 gleich.

Das Notverordnungsrecht des Reichspräsidenten nach Maßgabe von Art. 48 WRV ist streng zu unterscheiden von den sog. Ermächtigungsgesetzen[7]. Das Notverordnungsrecht ist eine gesetzesvertretende Diktaturverordnung, die sich auf eine in der Reichsverfassung selbst enthaltene Ermächtigung stützt. Das Recht steht ausschließlich dem Reichspräsidenten zu und nicht der Reichsregierung. Maßnahmen aufgrund dieser Diktaturverordnung sind auf Verlangen des Reichstags wieder außer Kraft zu setzen.

Ein *Ermächtigungsgesetz* dagegen beinhaltet eine vom Reichstag erteilte (ursprünglich befristete) Ermächtigung an die Reichsregierung Rechtsakte ohne Zusammentritt des Reichstags in Kraft zu setzen. Ein Ermächtigungsgesetz stellt eine verfassungsrechtliche Üblichkeit dar, die sich unter der Geltung der Weimarer Reichsverfassung von Anfang an eingebürgert hatte. So gab es zwischen 1920 und 1923 insgesamt fünf Ermächtigungsgesetze[8]. Diese Ermächtigungsgesetze delegierten faktisch die Gesetzgebungskompetenz des Reichstags auf die Reichsregierung. Eine solche Kompetenz ist in der Reichsverfassung nicht vorgesehen. Mithin hatten diese Ermächtigungsgesetze de facto verfassungsändernden Charakter. Der Reichstag erließ jedoch keines der Ermächtigungsgesetze im Wege der formellen Verfassungsänderung. Die Ermächtigungsgesetze wurden mit verfassungsändernder Mehrheit, aber ohne Textänderung der Verfassung beschlossen, als sog. verfassungsdurchbrechende Gesetze.

Als Verfassungsdurchbrechung wurde in der Weimarer Staatspraxis die punktuelle Abweichung von einer im Verfassungstext unverändert erhaltenen Norm angesehen. Hierzu ist anzumerken, dass die Staatsrechtslehrer die Zulässigkeit

---

7 S. *Huber*, Deutsche Verfassungsgeschichte, Bd. 6 S. 444 ff.

8 S. *Huber*, Deutsche Verfassungsgeschichte, Bd. 6 S. 438 ff.

dieses Rechtsinstituts fast ausnahmslos anerkannten[9]. Die Möglichkeit der stillschweigenden Verfassungsänderung durch Gesetz war generell akzeptiert. Es sollte nicht einma_ darauf ankommen, ob der Gesetzgeber sich dessen bewusst war, dass er die Verfassung abänderte oder nicht, sofern nur die erforderliche Mehrheit vorhanden war[10]. Damit stand der Inhalt der Weimarer Reichsverfassung unter der völligen Beliebigkeit der Mehrheit.

20   Da die Weimarer Reichsverfassung zwar einen Staatsgerichtshof kannte, ihm aber keine Kontrollfunktion bei Normen und Organstreitigkeiten[11] zuerkannte, blieb diese Einrichtung ohne nennenswerten Einfluss. Der Staatsgerichtshof war in staatsorganisationsrechtlicher Hinsicht auf Rechtsstreitigkeiten zwischen Reich und Land, zwischen Ländern und Ministeranklageverfahren gem. der Art. 15, 18 und 19 WRV beschränkt.
Es lag daher auf de_ Hand, dass dieser unkontrollierbare Weg der Außerkraftsetzung der Verfassung und der ständigen Etablierung einer Diktatur von jedem beschritten werden konnte und würde, der über die notwendige Mehrheit im Reichstag verfügte.

21   Als weiteres Defizit der Weimarer Reichsverfassung bleibt somit die Zulässigkeit der materiellen Verfassungsänderung (Verfassungsdurchbrechung) und die mangelnde verfassungsgerichtliche Kontrolle festzuhalten.

22   Die Alternative zur Regierung durch Notverordnungsrecht des Präsidenten oder zur Regierung verm_ttelst eines Ermächtigungsgesetzes bestand in dem normalen Institut der Gesetzgebung über die parlamentarische Mehrheit. Infolge der Zersplitterung des Parl_ments, die sich auch in der Struktur der Regierungen abbildete, fand sich wesentlich öfter eine destruktive als eine konstruktive Mehrheit. Dies führte zu einem häufigen Wechsel der Regierungen.

23   Die Weimarer Republik wies zwischen 1919 und 1933 insgesamt (je nach Zählweise) 18 *Regierungen* auf.
Im Einzelnen waren dies nach dem Reichsministerium *Scheidemann* (bis 1919) die Reichsregierungen *Bauer* (1919–1920), *Müller* (1920), *Fehrenbach* (1920–1921), *Wirth* (1921), 2. Reichsregierung *Wirth* (1921–1922), *Cuno* (1922–1923), *Stresemann* (1923), 2. Reichsregierung *Stresemann* (1923), 1. und 2. Reichsregierung *Marx* (1923–1925), *Luther* (1925–1926), 2. Reichsregierung *Luther* (1926), 3. Reichsregierung *Marx* (1926–1927), 4. Reichsregierung *Marx* (1927–1928), 2. Reichsregierung *Müller* (1928–1930), *Brüning* (1930–1931), 2. Reichsregierung *Brüning* (1931–132), *Papen* (1932), *Schleicher* (1932–1933), *Hitler* (ab 1933).
Das am längsten tätige Kabinett war die 2. Reichsregierung *Hermann Müller*, die vom 28.6.1928 bis zum 27.3.1930 knapp 22 Monate im Amt war. Das am zweitlängsten tätige Kabinett war die 2. Reichsregierung *Marx*, die vom 30.11.1923 bis 15.1.1925, also knapp 13 Monate im Amt war[12].

---

9 S. *Huber*, Deutsche Verfassungsgeschichte, Bd. 6 S. 421 ff., insbes. Fn. 13.
10 S. *Stern*, Staatsrecht V S. 629 ff.
11 S. *Huber*, Deutsche Verfassungsgeschichte, Bd. 6, S. 549 ff.
12 Die einzelnen Regie_ungen und ihre Geschichte werden ausführlich dargestellt bei *Huber*, Deutsche Ver_assungsgeschichte, Bd. 7.

Die Häufigkeit des Regierungswechsels und die Kürze der Regierungszeiten sind nicht hinwegdiskutierbare Beweise für die Instabilität des Regierungssystems der Weimarer Reichsverfassung.

Die *rechtlichen Schwächen des Weimarer Staates* sind in erheblichem Maße mitur- **24** sächlich gewesen für den Untergang der Weimarer Republik.
Zusammengefasst sind dies vor allem:

– Das Verhältniswahlsystem und die damit verbundene Zersplitterung des Parlaments.

– Die Instabilität der Regierungen infolge der parlamentarischen Zersplitterung.

– Die Möglichkeit des Reichspräsidenten und des Reichskanzlers im Zusammenspiel ohne das Parlament zu regieren.

– Die Möglichkeit den Reichskanzler und einzelne Reichsminister durch Misstrauensvotum zum Rücktritt zu zwingen.

– Das jederzeitige Auflösungsrecht des Reichspräsidenten zu Lasten des Reichstags.

– Das Notverordnungsrecht des Reichspräsidenten mit der Außerkraftsetzung von Grundrechten.

– Die Abänderungsmöglichkeit der Reichsverfassung ohne ausdrückliche Änderungserklärung und inhaltliche Bindung.

– Die Möglichkeit der Etablierung von Ermächtigungsgesetzen infolge dieser Möglichkeit der Verfassungsänderung (Verfassungsdurchbrechung).

– Die mangelnde verfassungsgerichtliche Kontrolle der Tätigkeit der Staatsorgane und der Verfassungsmäßigkeit von Reichsgesetzen.

Plebiszite trugen dagegen kaum zur Instabilität des Systems bei.

§ 6 Die Zeit des Nationalsozialismus

Die Zeit des Nationalsozialismus taugt naturgemäß für verfassungsgeschichtliche **25** Bewertungen nur als Negativposition. Das Regime verstand sich im Wesentlichen als Beseitiger des ungeliebten Staates der Weimarer Republik.
Hierzu gehört vor allem das Außerkraftsetzen der Funktionen der Weimarer Reichsverfassung durch das Gesetz zur Behebung der Not von Volk und Reich (sog. Ermächtigungsgesetz)[13].
Unmittelbar darauf folgte die vollständige Umorganisation der staatlichen Ordnung, zunächst durch die Gleichschaltung der Länder. Dies geschah in vier Gesetzen: das vorläufige Gesetz zur Gleichschaltung der Länder mit dem Reich vom 31.3.1933[14], das Zweite Gesetz zur Gleichschaltung der Länder mit dem Reich

---

13 RGBl. 1933 I, S. 141; das Gesetz wurde von Reichspräsident Hindenburg am 24.3.1933 ausgefertigt und am selben Tag im RGBl. verkündet.
14 RGBl. 1933 I, S. 153.

vom 7.4.1933[1], das Gesetz über den Neuaufbau des Reiches vom 30.1.1934[2] und das Reichsstatthaltergesetz vom 30.1.1935[3].
Hieran schloss sich die Abschaffung des Reichsrates[4] und des Reichswirtschaftsrates[5] an. Schließlich wurden die Vorschriften über Volksbegehren und Volksentscheid umgeändert in eine Befugnis der Reichsregierung das Volk zu befragen[6]. Die politischen Parteien wurden aufgelöst. Hinzu kam *Hindenburgs* Tod am 2.8.1934.
Danach wurden die Ämter des Reichspräsidenten und des Reichskanzlers vereinigt[7].
Schließlich erging das Gesetz zur Sicherung der Einheit von Partei und Staat vom 1.12.1933[8], das die Grenzen zwischen staatlichen und politischen Organisationen vollständig beseitigte. Der NSDAP wurde sogar der Status einer Körperschaft des öffentlichen Rechts zuerkannt.
Die Richter und die Justiz wurden in das zentralistische System integriert, indem die Gerichtsorganisationen der Länder zu Reichsorganisationen umfunktioniert wurden, sog. Verreichlichung der Justiz[9]. Damit entfiel auch der Staatsgerichtshof für das Deutsche Reich, der infolge der übrigen Justizänderungen keine Zuständigkeiten mehr besaß. Parallel hierzu wurden vielfältige Sondergerichte errichtet, u.a. der berüchtigte Volksgerichtshof[10].

26 Erklärtes nationalsozialistisches Ziel war die Beseitigung der alten Rechtsordnung um die Schaffung eines neuen Staates, der vollständig der nationalsozialistischen Ideologie und dem nationalsozialistischen Denken unterworfen war, zu ermöglichen. Es wirkt in diesem Zusammenhang allerdings merkwürdig, wie sehr die Nationalsozialisten sich bemühten, der neuen Rechtsordnung den Schein von Legalität und Kontinuität zu geben, indem sie versuchten, diese aus dem alten Verfassungssystem abzuleiten. So wurde das aus der alten Verfassung heraus ergangene (befristete) Ermächtigungsgesetz auch nach der Etablierung des totalen Führerstaates mehrfach verlängert, so 1937[11], 1939[12] und – was gespenstisch anmutet – schließlich durch Führererlass vom 10.5.1943[13] mit unbestimmter Geltungsdauer.

---

1 RGBl. 1933 I, S. 173.
2 RGBl. 1934 I, S. 75.
3 RGBl. 1935 I, S. 65.
4 Gesetz über die Aufhebung des Reichsrates v. 14.2.1934, RGBl. I, S. 89.
5 Gesetz v. 23.3.1934, RGBl. 1934, I, S. 115.
6 S. hierzu das Gesetz über Volksabstimmungen v. 14.7.1933, RGBl. 1933 I, S. 479.
7 S. hierzu das Gesetz über das Staatsoberhaupt des Deutschen Reiches, RGBl. 1934 I, S. 747.
8 RGBl. 1933 I, S. 1016.
9 S. das Erste Gesetz zur Überleitung der Rechtspflege auf das Reich, RGBl. 1934 I, S. 91.
10 Ursprünglich handelte es sich nur um eine besondere Zuständigkeitsregelung für spezielle Delikte, geregelt im Gesetz zur Änderung von Vorschriften des Strafrechts und des Strafverfahrens RGBl. 1934 I, S. 341; später fand eine Hochzonung zum institutionalisierten Gericht statt durch Gesetz v. 18.4.1936, RGBl. 1936 I, S. 369.
11 RGBl. 1937 I, S. 105.
12 RGBl. 1939 I, S. 95.
13 RGBl. 1943 I, S. 295.

§ 7 Besatzungszeit und Grundgesetz

Schon während des Krieges wurden Überlegungen für die zukünftige politische **27** und staatsrechtliche Organisation Deutschlands in der sog. Atlantikcharta festgehalten. Weitere Schritte waren das Abkommen von Jalta, das auf der Krimkonferenz vom 4. bis 11.2.1945 beschlossen wurde und das die Forderung nach der bedingungslosen Kapitulation Deutschlands enthielt, sowie die Potsdamer Erklärung, die ganz generell als Potsdamer Abkommen bezeichnet wird.

Die staatsrechtlichen Überlegungen im *Potsdamer Abkommen* waren sehr allgemein gehalten. In erster Linie wurden Regelungen über die Zusammenarbeit der Alliierten niedergelegt. So enthielt es u.a. die Einrichtung des Alliierten Kontrollrats und des Rates der Außenminister.

Einigkeit bestand bei den Alliierten nur darin, wie die vorhandenen Strukturen, die die Nationalsozialisten hinterlassen hatten, zerstört werden sollten. Deutschland sollte in vier Besatzungszonen aufgeteilt werden.

Über die Organisation des zukünftigen Deutschland konnte naturgemäß keine Übereinstimmung erzielt werden, weil auch die inneren Strukturen der Alliierten äußerst unterschiedlich waren. Frankreich besaß noch keinen geordneten Staatsaufbau. Die Sowjetunion strebte keine Demokratie nach westlichem Muster an. Auch waren die politischen Interessen höchst unterschiedlich. Frankreich war an einer extremen Schwächung Deutschlands interessiert, ebenso die Sowjetunion, nicht aber die Vereinigten Staaten und England. Schließlich gab es gravierende wirtschaftliche Probleme. Die Spaltung Deutschlands in vier Zonen hatte die wirtschaftliche Einheit des Landes zerstört; hinzu kommt, dass infolge des Krieges die wirtschaftlichen Strukturen ohnehin extrem geschwächt waren. Die Zonen waren daher kaum in der Lage, die eigene Bevölkerung am Leben zu halten. Aber auch die Alliierten befanden sich – bis auf die Vereinigten Staaten – nicht in wirtschaftlich geordneten Verhältnissen. Die Briten mussten zur Aufrechterhaltung des Lebens in der eigenen Zone ständig Zuschüsse aus dem eigenen Land leisten, die sie kaum längere Zeit aufrechterhalten konnten.

Der nächstliegende Schritt zur Lösung des Problems war der *Zusammenschluss der Zonen*. Zunächst schlossen sich die englische und die amerikanische Zone zur sog. Bizone zusammen, die später um die französische Zone zur sog. Trizone erweitert wurde.

Der amerikanische Außenminister *Byrnes* hatte zuvor seine berühmt gewordene Stuttgarter Rede gehalten, in der er die Notwendigkeit der wirtschaftlichen Erstarkung Deutschlands betonte. Zwischenzeitlich dividierten sich die Alliierten immer mehr auseinander. Die Londoner Konferenz der Außenminister vom 15.12.1947 war abgebrochen worden und wurde auf unbestimmte Zeit vertagt.

Die drei westlichen Alliierten unternahmen daraufhin einen Vorstoß zu einer neuen Konferenz zusammen mit den sog. Benelux-Staaten vom 23. bis 26.2.1948 in London (sog. Sechs-Mächte-Konferenz)[1]. Es war klar, dass die Einheit aller vier Zonen wegen der unüberbrückbaren Differenzen der Westmächte mit der Sowjetunion in absehbarer Zeit nicht realisierbar war. Als einzige Möglichkeit blieb da-

---

1 Die Konferenz verlief in mehreren Phasen, die in dem hier zur Verfügung stehenden Raum nicht nachgezeichnet werden können, vgl. im Einzelnen die sehr genaue Darstellung bei G. *Wehner*, Die Westalliierten und das Grundgesetz, 1994, S. 17 ff. (1. Abschnitt), S. 65 ff. (Zwischenphase), S. 148 ff. (Fortsetzung).

blieb daher nur der Zusammenschluss der drei westlichen Zonen. Dieser Zusammenschluss konnte aber nicht nur ein wirtschaftlicher sein, da Deutschland letztlich nicht politisch beseitigbar war und die politische Organisation Deutschlands im Herzen Europas eine immense Bedeutung für die Nachbarstaaten hatte, weshalb auch die Benelux-Staaten auf die Konferenz eingeladen worden waren. Es galt daher für die drei westlichen Besatzungszonen auch einen politischen und staatsrechtlichen Modus zu finden, mit dem das politische Europa für eine Übergangszeit leben konnte.

Auf der Konferenz wurde daher eine vorläufige Organisation für einen westdeutschen Staat beschlossen, die man als geeignet ansah, eine hinreichende politische Stabilisierung zu gewährleisten, die die Geschehnisse, die zum Untergang der Weimarer Republik geführt hatten, nicht mehr ermöglichen würde, die aber gleichzeitig auch eine Anfälligkeit dieses neuen Staatswesens für die kommunistische Ideologie würde verhindern können.

Man entschloss sich zu einem föderalistischen System mit einem erheblichen eigenen Gewicht der Länder bei gleichzeitiger Etablierung einer Zentralgewalt, deren Stärke hinreichend sein sollte, die Einheitlichkeit der Lebensverhältnisse und der wirtschaftlichen Entwicklung in Deutschland zu gewährleisten. Unabdingbare Voraussetzungen waren eine Demokratisierung, sowie eine Gewährleistung von Recht und Freiheit einschließlich eines Justizwesens mit einem Obersten Gerichtshof, der endgültig über die Einhaltung dieser Rechte wachen sollte[2].

Auf der Konferenz gab es einen erheblichen Gegensatz zwischen der britischen und der französischen Position. Das zeigte sich besonders bei der Diskussion über die Bundesorgane. Die französische Seite schlug gar kein echtes gewähltes Parlament vor, sondern eine Instanz, die aus vier Vertretern der Einzelstaaten hätte gebildet werden sollen. Das lehnte die englische Regierung ab und forderte die Bildung eines klassischen Zweikammersystems, wie es auch in den Vereinigten Staaten existierte, wobei eine Kammer die Länder repräsentieren und eine andere die Nation als Ganzes bzw. den Bund vertreten sollte[3].

Letztlich stand Frankreich mit seinen Forderungen allein; im Gegenlager befanden sich die übrigen fünf Staaten. Briten und Amerikaner konnten das Zaudern der Franzosen dadurch beenden, dass man Frankreich wirtschaftlich insoweit entgegenkam, als man einer Abteilung des Saargebietes – zwar ohne staatliche Einverleibung, aber in wirklicher wirtschaftlicher Abhängigkeit und Anbindung an Frankreich – zustimmte[4]. Letztlich waren die Franzosen aber nicht bereit, einen detaillierten Vorschlag einer Organisationsform, der nach amerikanischen und britischen Vorstellungen bereits seit 1946 existierte, hinzunehmen. Man konnte sich wegen dieser Gegensätzlichkeiten nur auf höchst allgemeine und völlig unverzichtbare Voraussetzungen bzw. Direktiven für die Vorgaben, die die Londoner Konferenz den westdeutschen Ministerpräsidenten unterbreiten würde, einigen.

---

2 Vgl. *J. E. Smith* (Hrsg.), The Papers of General Lucius D. Clay. Germany 1945–1949, 1974, a.a.O. S. 557.
3 Vgl. zur Darstellung der Gegensätze im Einzelnen G. *Wehner*, Die Westalliierten und das Grundgesetz, 1994, S. 47 ff.
4 Der Zugriff auf das Saargebiet wurde vollzogen durch ein französisches Dekret, das die Eingliederung des Gebietes in das französische Zollgebiet vorsah: Décret Nr. 48-576 v. 30.3.1948, relatif a l'établissement de l'union douanière franco-sarroise, in: Journal Officiel, Lois et décrets, April 1948, S. 3158.

Das Ergebnis der Londoner Konferenz wurde nicht veröffentlicht[5]. Es war für die **28** Franzosen politisch nur schwer tragbar, diese Kompromisslösung in der Öffentlichkeit bekannt zu geben, da es in Frankreich erheblichen Widerstand gegen die Konferenz insgesamt gegeben hatte. Die Position der französischen Regierung wäre infolge einer Veröffentlichung dieses Dokuments gravierend geschwächt worden. Veröffentlicht wurden daher nur einzelne Bestimmungen der Londoner Empfehlungen, die für Frankreich in der Öffentlichkeit günstig aussahen, wie z. B. die Vereinbarung über die internationale Ruhrkontrolle. Dies führte in Deutschland zu einer erheblichen Missdeutung der Ergebnisse der Konferenz.

Die Londoner Empfehlungen wurden von den Alliierten in ein für die Öffentlich- **29** keit publikationsfähiges Papier umgearbeitet, das aufgrund des Ortes der Übergabe im Frankfurter alliierten Hauptquartier später *„Frankfurter Dokumente"* genannt wurde. Darin waren die Beschlüsse der Alliierten in arbeitsfähige Vorgaben an die westdeutschen Ministerpräsidenten umformuliert worden.
Die Dokumente enthielten drei große Pakete: In Dokument Nr. I waren verfassungsrechtliche Bestimmungen für eine zukünftige Verfassung Deutschlands festgehalten, im Dokument Nr. II ging es um eine Länderneugliederung in den westlichen Besatzungszonen und in Dokument Nr. III wurden Grundzüge eines Besatzungsstatuts[6] mitgeteilt.

Dokument Nr. I lautete:

Dokumente zur künftigen politischen Entwicklung Deutschlands („Frankfurter Dokumente"), Frankfurt 1. Juli 1948.

Dokument Nr. I:

In Übereinstimmung mit den Beschlüssen ihrer Regierungen autorisieren die Militärgouverneure der amerikanischen, britischen und französischen Besatzungszone in Deutschland die Ministerpräsidenten der Länder ihrer Zonen, eine **verfassunsggebende Versammlung** einzuberufen, die spätestens am 1. September 1948 zusammentreten sollte. Die Abgeordneten zu dieser Versammlung werden in jedem der bestehenden Länder nach den Verfahren und Richtlinien ausgewählt, die durch die gesetzgebende Körperschaft in jedem dieser Länder angenommen werden. Die Gesamtzahl der Abgeordneten zur verfassungsgebenden Versammlung wird bestimmt, indem die Gesamtzahl der Bevölkerung nach der letzten Volkszählung durch 750.000 oder eine ähnliche von den Ministerpräsidenten vorgeschlagene und von den Militärgouverneuren gebilligte Zahl geteilt wird. Die Anzahl der Abgeordneten von jedem Land wird in demselben Verhältnis zur Gesamtzahl der Mitglieder der verfassungsgebenden Versammlung stehen, wie seine Bevölkerung zur Gesamtbevölkerung der beteiligten Länder.

Die verfassungsgebende Versammlung wird eine demokratische Verfassung ausarbeiten, die für die beteiligten Länder eine Regierungsform des föderalistischen Typs schafft, die am besten geeignet ist, die gegenwärtig zerrissene deutsche Einheit schließlich wieder herzustellen, und die Rechte der beteiligten Länder schützt, eine angemes-

---

5 MGMP (48) 1 (2,3), abgedr. in JöR NF Bd. 1 (1951), S. 1–3 u. Fn. 1.
6 Vgl. *W. Grewe*, Ein Besatzungsstatut für Deutschland, 1948; *C. van Wylick*, Das Besatzungsstatut – Entstehung, Revision, Wandel und Ablösung des Besatzungsstatuts, 1956.

sene Zentralinstanz schafft und die Garantien der individuellen Rechte und Freiheiten enthält[7].

Wenn die Verfassung in der von der verfassungsgebenden Versammlung ausgearbeiteten Form mit diesen allgemeinen Grundsätzen nicht im Widerspruch steht, werden die Militärgouverneure ihre Vorlage zur Ratifizierung genehmigen. Die verfassungsgebende Versammlung wird daraufhin aufgelöst. Die Ratifizierung in jedem beteiligten Land erfolgt durch ein Referendum, das eine einfache Mehrheit der Abstimmenden in jedem Land erfordert, nach von jedem Land jeweils anzunehmenden Regeln und Verfahren. Sobald die Verfassung von 2/3 der Länder ratifiziert ist, tritt sie in Kraft und ist für alle Länder bindend. Jede Abänderung der Verfassung muss künftig von einer gleichen Mehrheit der Länder ratifiziert werden. Innerhalb von 30 Tagen nach dem Inkrafttreten der Verfassung sollen die darin vorgesehenen Einrichtungen geschaffen sein.

Von der Übergabe dieser Dokumente an bis zur endgültigen Bildung einer verfassungsgebenden Versammlung war es noch ein mühsamer Weg. Aufgrund der Ungenauigkeit der Dokumente und der Ungewissheit bei den Deutschen, in welchem Umfang ihnen tatsächlich Kompetenzen zugestanden worden waren, eine Verfassung auszuarbeiten, gab es verschiedene Konferenzen der Ministerpräsidenten und aufgrund dieser Konferenzen auch Konflikte mit den Alliierten, bis ein endgültiger Modus zur Ausarbeitung einer vorläufigen Verfassung gefunden werden konnte[8].

30   Zu einer Einigung zwischen den Alliierten und den Ministerpräsidenten kam es schließlich auf der *Frankfurter Konferenz* vom 26.7.1948. Dort akzeptierten die Alliierten die Bezeichnung „Grundgesetz" anstelle von „Verfassung" sowie die Bezeichnung „Parlamentarischer Rat" anstelle der ursprünglich gewollten „Verfassungsgebenden Versammlung". Im Übrigen wurden die Londoner Empfehlungen aber vollständig von den Deutschen angenommen.

31   Der aufgrund dieser Einigung ins Leben gerufene *Parlamentarische Rat* konstituierte sich am 1.9.1948 in Bonn. Er bestand aus 65 Mitgliedern. Die Abgeordneten des Parlamentarischen Rates waren von den Landtagen im Verlauf des Monats August 1948 gewählt worden. Der Parlamentarische Rat bestand aus einer Vollversammlung (Plenum) und Ausschüssen, in denen die Sacharbeit im Einzelnen geleistet wurde: dem Hauptausschuss, dem Ausschuss für Grundsatzfragen, dem Ausschuss für Zuständigkeitsabgrenzung, dem Ausschuss für Finanzfragen, dem Ausschuss für die Organisation des Bundes, dem Ausschuss für Verfassungsgerichtshof und Rechtspflege. Darüber hinaus gab es noch interfraktionelle Gremien, sowie einen allgemeinen Redaktionsausschuss.

---

7 Hervorhebung v. Verf.; Document No. 1 (2,3). Az.: MGMP (48) 1 (2,3), abgedr. in: JöR NF Bd. 1, (1951) 1–3 u. Fn. 1.

8 Die sog. Rittersturzkonferenz, die erste Niederwaldkonferenz, die Frankfurter Konferenz der Ministerpräsidenten und Militärgouverneure, die zweite Niederwaldkonferenz, die Frankfurter Schlusskonferenz; Einzelheiten bei *Wilms*, Ausländische Einwirkungen auf die Entstehung des Grundgesetzes, 1999, S. 58 ff.

Die endgültige Fassung des Grundgesetzes wurde vom Plenum des Parlamentarischen Rates in der dritten Lesung am 8.5.1949, also nach nur acht Monaten, mit dem Titel „*Grundgesetz für die Bundesrepublik Deutschland*" beschlossen. Am 12.5.1949 erfolgte die Genehmigung des Grundgesetzes durch die drei Militärgouverneure der westlichen Besatzungszonen, General *Clay* (USA), General *Robertson* (Großbritannien) und General *Koenig* (Frankreich). Mit dem Genehmigungsschreiben wurde den Ministerpräsidenten die Befugnis erteilt, das Verfahren der Ratifizierung in den Landtagen durchzuführen.

Es wurde den Parlamenten der elf Länder der westlichen Besatzungszonen zwi- **32** schen dem 18. und dem 21.5.1949 zur Ratifizierung vorgelegt[9]. Der bayerische Landtag lehnte das Grundgesetz am 20.5.1949 ab, stellte jedoch fest, dass das Grundgesetz für den Fall der Zustimmung durch 2/3 der Parlamente der übrigen Länder auch in Bayern rechtswirksam sein sollte. Die übrigen Parlamente nahmen das Grundgesetz an. Es wurde am 23.5.1949 in Bonn vom Präsidenten des Parlamentarischen Rates verkündet. Es trat mit Ablauf des 23.5.1949 in Kraft und wurde am selben Tag im Bundesgesetzblatt veröffentlicht[10].

Literatur:
Benz, W., Deutschland seit 1945. Entwicklungen in der Bundesrepublik und in der DDR, 1990; *Brunner, G.,* Das Staatsrecht der Deutschen Demokratischen Republik, HbStR I, S. 385; *Degenhart, C.,* Verfassungsfragen der deutschen Einheit, DVBl. 1990, 973; *Diestelkamp, B.,* Rechts- und verfassungsgeschichtliche Probleme zur Frühgeschichte der Bundesrepublik Deutschland, JuS 1980, 401 und JuS 1981, 488; *ders.,* Die Verfassungsentwicklung in den Westzonen bis zum Zusammentreten des Parlamentarischen Rates (1945–1948), NJW 1989, 1312; *Faust, F.,* Das Potsdamer Abkommen und seine völkerrechtliche Bedeutung, 4. Aufl. 1969; *Fromme, F. K.,* Von der Weimarer Reichsverfassung zum Bonner Grundgesetz, 1999; *Frotscher, W./Pieroth, B.,* Verfassungsgeschichte, 2. Aufl. 1999; *Grewe, W.,* Ein Besatzungsstatut für Deutschland, 1948; *Grimm, D.,* Deutsche Verfassungsgeschichte 1776–1866, 1988; *Hartung, F.,* Deutsche Verfassungsgeschichte vom 15. Jahrhundert bis zur Gegenwart, 9. Aufl. 1969; *Huber, E. R.,* Deutsche Verfassungsgeschichte seit 1789, 7 Bände; *Kahl, W.,* Die Entstehung des Grundgesetzes, JuS 1997, 1083; *Kimminich, O.,* Deutsche Verfassungsgeschichte, 2. Aufl. 1987; *Kröger, K.,* Einführung in die jüngere deutsche Verfassungsgeschichte (1806–1933), 1988; *ders.,* Die Entstehung des Grundgesetzes, NJW 1989, 1318; *Menger, C.F.,* Deutsche Verfassungsgeschichte der Neuzeit, 8. Aufl. 1993; *Mitteis, H./Lieberich, H.,* Deutsche Rechtsgeschichte, 19. Aufl. 1992; *Mußgnug, R.,* Zustandekommen des Grundgesetzes und Entstehen der Bundesrepublik Deutschland, HbStR I, 219; *Rauschning, D.,* Die Wiedervereinigung vor dem Hintergrund der Rechtslage Deutschlands, JuS 1991, 977; *Sachs, M.,* Die Entstehung des Grundgesetzes, Jura 1984, S. 519; *Scheyhing, R.,* Deutsche Verfassungsgeschichte der Neuzeit, 1967; *Schlink, B.,* Deutsch-deutsche Ver-

---

9 S. JöR NF Bd. 1 (1951), 13.
10 Art. 145 des GG, sowie BGBl. I 1949, S. 1.

fassungsentwicklungen im Jahre 1990, Der Staat 30 (1991), 163; *Stern, K.*, Staatsrecht V. Die geschichtlichen Grundlagen des deutschen Staatsrechts, 2000; *Stolleis, M.*, Besatzungsherrschaft und Wiederaufbau deutscher Staatlichkeit 1945–1949, HbStR I, S. 173; *Wehner, G.*, Die Westalliierten und das Grundgesetz, 1994; *Willoweit, D.*, Deutsche Verfassungsgeschichte, 4. Aufl. 2001; *Wilms, H.*, Der Einfluss europäisch-amerikanischer Verfassungsideen auf die Entstehung des Grundgesetzes, Zeitschrift für Rechtsphilosophie 2003, S. 106; *ders.*, Die Staatsrechtslehre im Nationalsozialismus, DVBl. 2000, 1237; *ders.*, Ausländische Einwirkungen auf die Entstehung des Grundgesetzes, 1999; *ders.*, Ausländische Einwirkungen auf die Entstehung des Grundgesetzes. Dokumente, 2003; *ders.*, Dokumente zur neuesten deutschen Verfassungsgeschichte; *ders.*, Dokumente zur neuesten deutschen Verfassungsgeschichte. Vorschläge, Entwürfe und in Kraft getretene Fassungen des Grundgesetzes von 1949–1999, Bd. III/2, 2001.

Teil II: Strukturprinzipien und Wesensmerkmale des Deutschen Staates

A. Staatsrecht als Rechtsgebiet

Das gesamte Recht der Bundesrepublik Deutschland lässt sich in zwei große Berei- **33** che, nämlich das öffentliche Recht und das Privatrecht unterteilen[11].
Das *Privatrecht* regelt die Rechtsbeziehungen zwischen gleichrangigen Rechtssubjekten, sofern diese die Rechtsbeziehungen autonom gestalten dürfen. Alle übrigen Rechtsbeziehungen und zwar keineswegs nur die, die sich in einem Über- oder Unterordnungsverhältnis befinden, gehören zum öffentlichen Recht[12].
Das *öffentliche Recht* lässt sich wiederum in drei große Gruppen unterteilen:

– das Strafrecht

– das Staatsrecht

– das übrige öffentliche Recht

Das Strafrecht hat sich traditionell zu einem Sachgebiet mit einer eigenen Dogmatik entwickelt und wird daher in der Rechtswissenschaft nicht vom öffentlichen Recht mitbehandelt.
Das übrige öffentliche Recht hat eine Sonderfunktion. In ihm sind alle Rechtsgebiete enthalten, die weder zum Staatsrecht noch zum Strafrecht gehören. Das übrige öffentliche Recht ist auch keineswegs mit dem Verwaltungsrecht identisch. Das Verwaltungsrecht, unter dem wir im Allgemeinen die Rechtsbeziehungen der Exekutive verstehen, ist wiederum nur eine Teilmenge dieses Rechtsgebiets. Zwar wird das öffentliche Recht oftmals in Staats- und Verwaltungsrecht aufgeteilt, diese Aufgliederung ist jedoch ungenau und schließt eine Vielzahl von Rechtsgebieten des öffentlichen Rechts aus. So gehören beispielsweise auch alle Prozessordnungen einschließlich der Zivilprozessordnung zum öffentlichen Recht. Zum übrigen öffentlichen Recht sind daher insbesondere zu zählen[13]:

– Verwaltungsrecht

– Prozessrecht und das Recht der Gerichtsverfassung

– Kirchenrecht

– Völkerrecht

– Europarecht

---

11 Vgl. dazu auch *Maurer*, Staatsrecht § 1 Rn. 18 ff.
12 So gehört beispielsweise der Vertrag zwischen zwei Gemeinden, der bestimmte Kompetenzstreitigkeiten regelt, als verwaltungsrechtlicher Vertrag zum öffentlichen Recht, obwohl es sich nicht um ein Über- oder Unterordnungsverhältnis handelt.
13 Ähnlich *Maurer*, Staatsrecht § 1 Rn. 25.

Das *Staatsrecht* der Bundesrepublik Deutschland wird konventionell in zwei große Bereiche unterteilt: die Grundrechte und das Staatsorganisationsrecht. Während sich die *Grundrechte* mit subjektiven Rechtspositionen befassen, die die Staatsgewalt beschränken und die die Rechtsbeziehungen zwischen Staat und Bürger definieren, befasst sich das Staatsorganisationsrecht mit allen anderen Bereichen des Aufbaus der staatlichen Gewalt. Auch hier gilt, dass die Bezeichnung *„Staatsorganisationsrecht"* nicht wirklich genau ist. Es wird unter diesem Begriff nicht nur die Organisation des Staates, die Staatsorgane und die Staatsfunktionen behandelt, sondern auch grundlegende Prinzipien und Leitentscheidungen, die zum Selbstverständnis unseres Staates gehören. Das ist sehr viel mehr als bloße Staatsorganisation. Viele Lehrbücher wählen daher lieber als Bezeichnung „Staatsrecht I" für den hier zu behandelnden Gegenstand.

§ 8 Staat und Staatsrecht

34 Staatsrecht ist das Rechtsgebiet, das normative Aussagen über alle Gegenstände macht, die notwendige Voraussetzungen der Existenz eines Staates sind.
Um in einer angemessenen Weise darauf einzugehen, was notwendige Voraussetzungen der Existenz eines Staates sind, bedarf es weitergehender staatsphilosophischer Überlegungen, für die in einem Lehrbuch dieser Art nur sehr eingeschränkt Raum ist[1].
So viel lässt sich jedenfalls festhalten: ein Staat kann nur eine organisatorische Konstruktion einer Gemeinschaft von Menschen sein. Ein Staat existiert dadurch, dass jeder Einzelne seine originäre Selbstverteidigungsfähigkeit, die er in einem vorstaatlichen Zustand besitzt, an eine übergeordnete Organisation abgegeben hat, die effizienter und sicherer die individuelle Sphäre eines jeden gegen Zugriffe Dritter verteidigen kann. Diese Gemeinschaft muss ihre organisatorische Kompetenz ausschließlich von ihren Mitgliedern ableiten und darf nicht von anderen Gemeinschaften abhängig sein. Sie muss in der Lage sein, ihre Angelegenheiten vollkommen autonom zu regeln. Sie muss souverän sein.
Primärer Gegenstand des Staatsrechts ist damit das *rechtliche Verhältnis der Organisation „Staat" zu ihren Mitgliedern.* Eine Organisation, die ihre Rechtsbeziehungen zu ihren Mitgliedern umfassend regeln kann, ist ein souveräner Staat (**innere Souveränität**).

35 Außerdem konkurriert die in dieser Art beschriebene Gemeinschaft von Menschen mit anderen, gleichartigen und organisierten Gemeinschaften, da auf der Welt eben nicht nur eine einzige derartige Organisation (Weltstaat) existiert. Jeder Staat hat daher auch einen territorialen Bezug. Kann die Organisation ihre rechtlichen Beziehungen *auch unbeeinflusst durch andere, gleichartige Organisationen* regeln, besitzt dieser Staat auch **äußere Souveränität**.

36 Aus diesen beiden genannten Bezugspunkten hat sich eine überkommene Theorie entwickelt, die sog. *Drei-Elemente-Lehre*, die als kleinsten gemeinsamen Nenner notwendiger Elemente des Staatsrechts drei Bereiche auflistet[2]:

---

1 S. hierzu die Ausführungen von *Kriele*, Einführung in die Staatslehre, Einl. S. 1 ff.
2 Vgl. dazu auch *Ipsen*, Staatsrecht I Rn. 5 ff.; *Maurer*, Staatsrecht § 1 Rn. 6 ff.

- Staatsvolk

- Staatsgewalt

- Staatsgebiet

Im Allgemeinen wird *Georg Jellinek* als Begründer dieser Lehre genannt; er darf aber nur als einer ihrer Vertreter gelten, da bereits erheblich früher und auch keineswegs nur im deutschen Rechtskreis gleiche Gedanken formuliert worden sind[3].

Alle normativen Konstruktionen, die grundlegende Aussagen zu diesen Gebieten machen, gehören zum Staatsrecht.

§ 9 Verfassung und Verfassungsrecht

Ganz anders verhält es sich mit dem Rechtsgebiet des Verfassungsrechts[1]. Das **37** Verfassungsrecht geht nicht ohne weiteres von notwendigen Regelungsgegenständen des Staates und seiner Beziehungen aus, sondern hat als Basis seines Gebietes eine besondere Form der Niederlegung derartige Rechtssätze, nämlich die Niederlegung in einer Verfassung.

Aufgeworfen ist damit die Frage, was eine *Verfassung* ausmacht bzw. was sie **38** auszeichnet. Eine grundlegende Norm des Staatsrechts kann in einem einfachen Gesetz formuliert sein, sie kann auch Gegenstand einer nicht niedergeschriebenen, bloßen Übung sein, wie die Einsetzung des Prime-Ministers in Großbritannien, oder die Einberufung eines altgermanischen Things.

Der Sinn einer Verfassung liegt in ihrer Verfasstheit. Aber was bedeutet das? Welcher Sinn kann darin gesehen werden, staatsrechtliche Normen in einer besonderen Art und Weise niederzulegen? Zeichnet sich diese Niederlegung dadurch aus, dass sie schriftlich erfolgt oder ist die Form der Niederlegung unerheblich und es kommt vielmehr darauf an, dass die verfassungsrechtlichen Normen eine besondere Veränderungsfestigkeit aufweisen?

Der Sinn kann nur darin zu sehen sein, dass diese Niederlegung eine besondere Sicherheit oder eine besondere Art der Verbindlichkeit gewährleistet, die einer staatsrechtlichen Norm nicht allein wegen ihres Regelungsgegenstandes zukommt. Auch Diktaturen gehen von der Existenz staatsrechtlicher Normen aus. Sie wollen aber durch diese Normen nicht gebunden sein. Sie betrachten diese Normen als Deklaration der bereits vorher bestehenden Gegebenheiten der staatlichen Macht des betreffenden Systems. Auch im Nationalsozialismus gab es die Anerkennung staatsrechtlicher Regelungen; so sollte gerade das sog. Führerprinzip eine Norm des Staatsrechts darstellen. Die Formulierung dieses Prinzips hatte jedoch nur eine beschreibende Bedeutung. Die Staatsführung sollte durch diese Beschreibung gerade nicht in irgendeiner Weise gebunden oder beschränkt sein.

---

3 S. die umfangreiche Darstellung von *Berber*, Das Staatsideal im Wandel der Weltgeschichte, 1973.

1 Vgl. dazu *Stern*, Staatsrecht I S. 9 f.; *Maurer*, Staatsrecht § 1 Rn. 32 ff.; *Ipsen*, Staatsrecht I Rn. 5 ff.

So lautete Art. 1 der Verfassung der DDR:

Artikel 1
Die Deutsche Demokratische Republik ist ein sozialistischer Staat der Arbeiter und
Bauern. Sie ist die politische Organisation der Werktätigen in Stadt und Land unter
der Führung der Arbeiterklasse und ihrer marxistisch-leninistischen Partei.

Die Bezeichnung, eigentlich vielmehr Behauptung, die meint, dass die Deutsche
Demokratische Republik ein sozialistischer Staat der Arbeiter und Bauern sei,
enthält keine normative Funktion. Ebenso wenig konnte irgendeine Bindungswirkung daraus abgeleitet werden, dass die DDR von Verfassungs wegen unter
der Führung der Arbeiterklasse stand. Bekanntermaßen war dies gerade nicht der
Fall.
Staatsrechtliche Deklarationen sind also denkbar, ohne dass sie eine besondere
Bindungswirkung entfalten. Dagegen ist eine Verfassung ohne eine besondere Bindungswirkung bloße Proklamation.

39 Sinn einer Verfassung ist daher die *Bindung der Herrschaftsgewalt.*
Die Verfassung hat die Funktion, für die Herrschaftsgewalt Normen zu formulie-
ren, die diese nicht oder jedenfalls nicht ohne weiteres abändern kann.
Wer eine solche Beschränkung der Herrschaftsgewalt nicht will, bedarf keiner
Verfassung. Umgekehrt ist eine Verfassung oder eine Verfassungsurkunde, die sich
als solche bezeichnet, aber keine Beschränkung der Herrschaftsgewalt enthält,
sinnlos bzw. wesensfremd.
Die Verfassung der Union der Sozialistischen Sowjetrepubliken, wie auch der
DDR, war daher nur der Bezeichnung nach, nicht aber der Bedeutung nach eine
Verfassung, denn der Partei verblieb die letzte Regelungszuständigkeit über ihren
Inhalt und diese Regelungszuständigkeit kannte keine Beschränkung.

40 Auf die Bezeichnung als Verfassung kommt es somit nicht an. Aus der *Beschrän-
kung der Herrschaftsgewalt* als notwendige Anforderung an die Verfassung ergeben sich aber bestimmte normative Konsequenzen: Ist in der Verfassung die
Beschränkung der Herrschaftsgewalt formuliert, diese aber jederzeit durch den
Träger der Staatsgewalt problemlos wieder abänderbar, geht auch eine solche
Verfassung über bloße Proklamation nicht hinaus.
Die Beschränkung der Herrschaftsgewalt durch die Verfassungsurkunde muss
also bestimmte Verfestigungen enthalten. Das bedeutet, dass die Verfassung nicht
durch denjenigen, der die Herrschaftsgewalt ausübt, ohne weiteres wieder abgeändert werden kann. Außerdem bedeutet die Beschränkung der Herrschaftsgewalt, dass deren Ausübung gegenüber den Gewaltunterworfenen nicht beliebig
sein kann. Eine Verfassung, die keine Regelungen über subjektive Rechtsgewährleistungen enthält, genügt ebenso wenig den Anforderungen an die Beschränkung
der Herrschaftsgewalt. Wie diese subjektiven Rechtsgewährleistungen im Einzelnen aussehen, ob sie formeller Natur oder materieller Natur sind, ob sie dem
Parlament oder den Richtern überlassen sind, ist unerheblich. Entscheidend ist,
dass der Herrschaftsgewalt durch subjektive Rechtspositionen der Gewaltunterworfenen Grenzen gesetzt sein müssen.
Diese Überlegungen ergeben sich aus der *Funktion des Staates* und den darüber
hinausgehenden Beschränkungen staatlicher Regelungsmöglichkeiten durch den
Verfassungsstaat[2].

---

2 S. hierzu die Gliederung von *Kriele*, Einführung in die Staatslehre.

Sinn und Aufgabe des Staates sind: **41**

– Schaffung eines Friedenszustandes

– Schaffung von Rechtssicherheit

– Anstreben von Gerechtigkeit

Das primäre Ziel, der Heraustritt aus dem Ur- oder Naturzustand mit der jederzeitigen Bedrohung von Gewalt durch jeden anderen in den Friedenszustand, der diese Bedrohung beseitigt, geschieht durch Schaffung des (gedachten) Staatsvertrags.

Der Souverän (Herrscher) im Staat ist jedoch hinsichtlich der Ausübung der Staatsgewalt nicht vollständig unbeschränkt. Er darf den ursprünglichen Staatsvertrag, d.h. die Herstellung des Friedenszustandes nicht infrage stellen. In dem Moment, in dem der Herrscher zur permanenten Bedrohung wird, vermag er dem Ziel „Friedenszustand" nicht mehr gerecht zu werden.

Die weiteren Aufgaben des Staates: Schaffung von Rechtssicherheit und Anstreben von Gerechtigkeit gehen dagegen über das Minimum hinaus, das für ein Gemeinwesen zu fordern ist, das die Bezeichnung Staat beanspruchen kann. Rechtssicherheit erfordert eine gewisse Bindungswirkung, die der Souverän z.B. in Thomas Hobbes Leviathan nicht kennt. In dem Moment, in dem der Staat Rechtssicherheit anstrebt, tritt er sozusagen in einen höheren Aggregatzustand. Er wird vom bloßen Staat zum Verfassungsstaat.

Verfassungsrecht muss damit im Vergleich zum Staatsrecht zusätzliche Voraussetzungen erfüllen: **42**

– Regelungen der Begrenzung der Herrschaftsgewalt

– erschwerte Abänderbarkeit dieses normativen Systems

– subjektiver Rechtsschutz

Die Unterscheidung von Verfassungsrecht und Staatsrecht ist jedoch nur in den Ländern problematisch, die nicht über eine Verfassungsurkunde verfügen, die die oben genannten Voraussetzungen enthält, wie z.B. Großbritannien. Darüber hinaus hat sie für die Staaten Bedeutung, die zwar eine Verfassungsurkunde besitzen, ohne dass die Verfassung eine effektive Bindungswirkung gegenüber der Staatsgewalt entfaltet, wie die kommunistischen Staaten China, Nordkorea sowie Staaten mit klerikaler Autoritätsverankerung, wie der Iran.

In der Bundesrepublik Deutschland ist Staatsrecht daher weitestgehend Verfassungsrecht. Es gibt allerdings einige Gebiete, die zum Staatsrecht gehören, obwohl sie keine verfassungsrechtliche Verankerung erfahren haben, wie z.B. die Geschäftsordnungen der obersten Bundesorgane, Gesetze, die die obersten Bundesorgane betreffen, sowie das Wahlrecht, das Staatsangehörigkeitsrecht, das Recht der politischen Parteien usw.

Auch diese Rechtsgebiete werden hier im Staatsorganisationsrecht mitbehandelt, obwohl sie nicht zum Verfassungsrecht gehören.

Literatur:
v. Arnim, H.H., Staatslehre der Bundesrepublik Deutschland, 1984; *Badura, P.,* Verfassung und Verfassungsgesetz in: FS für Scheuner, 1973, S. 19 ff.; *ders.,* Verfassungsänderung, Verfassungswandel, Verfassungsgewohnheitsrecht, HbStR VII

§ 160; *Bryde, B.-O.*, Verfassungsentwicklung – Stabilität und Dynamik im Verfassungsrecht der Bundesrepublik Deutschland, 1982; *Doehring, K.*, Allgemeine
Staatslehre, 2. Aufl. 2000; *Fleiner Th./Basta Fleiner, L.*, Allgemeine Staatslehre,
3. Aufl. 2004; *Friedrich, M.* (Hrsg.), Verfassung: Beiträge zur Verfassungstheorie,
1978; *Häberle, P.*, Verfassung als öffentlicher Prozess, 2. Aufl. 1996; *Haverkate,
G.*, Verfassungslehre, 1992; *Herzog, R.*, Allgemeines Staatslehre, 1971; *Hesse, K.*,
Grundzüge des Verfassungsrechts der BRD, 20. Aufl. 1995; *ders.*, Verfassung und
Verfassungsrecht, HbVerfR § 1; *Isensee, J.*, Staat und Verfassung, HbStR I, § 13;
Jellinek, G., Allgemeine Staatslehre, 3. Aufl. 1914; *Kelsen, H.*, Allgemeine Staatslehre, 2. Aufl. 1960; *Kirchhof, P.*, Die Identität der Verfassung in ihren unabänderlichen Inhalten, HbStR I § 19; *Kriele, M.*, Einführung in die Staatslehre,
6. Aufl. 2003; *Schmitt, C.*, Verfassungslehre, 1928; *Smend, R.*, Verfassung und
Verfassungsrecht, 1928; *ders.*, Staatsrechtliche Abhandlungen und andere Aufsätze, 3. Aufl. 1994, *Schneider, H.-P.*, Die verfassungsgebende Gewalt, HbStR VII
§ 158; *Schuppert, G.F.*, Die Konstitutionalisierung der Rechtsordnung, 2000;
Winkler, G., Studien zum Verfassungsrecht, 1991; *Wolff, H.A.*, Ungeschriebenes
Verfassungsrecht unter dem Grundgesetz; *Zippelius, R.*, Allgemeine Staatslehre
(Politikwissenschaft), 13. Aufl. 1999.

B. Der Geltungsbereich des Grundgesetzes

§ 10 Der zeitliche Geltungsbereich

I. Der Ewigkeitsanspruch von Verfassungen

43 Eine Verfassung ist die entscheidende Grundordnung für ein Gemeinwesen, von
der alle weiteren normativen Beziehungen abgeleitet werden. Sie nimmt für sich
daher prinzipiell in Anspruch, solange zu gelten, wie das Gemeinwesen existiert,
dessen Grundordnung sie sein soll. Verfassungen kennen daher im Allgemeinen
keine Befristung und keine Regelung über die Voraussetzungen unter denen ihre
Geltung aufgehoben wird. Das gilt ausnahmsweise nicht für Verfassungen, die für
ein Gemeinwesen errichtet worden sind, das nur befristet oder für eine unbestimmte Übergangszeit existieren soll.
Genau dies war der Regelungsgedanke bei dem Inkrafttreten des GG, vgl.
Art. 146. Diese Norm proklamierte, dann eine neue Verfassung durch das deutsche Volk zu schaffen, wenn die Wiedervereinigung dereinst herbeigeführt sein
würde. Mit der Wiedervereinigung durch den Beitritt der neuen Bundesländer
nach Maßgabe von Art. 23 a.F. war diese Bedingung der Schaffung einer neuen
Verfassung eingetreten; Art. 146 wurde demzufolge abgeändert, weil man sich
dazu entschlossen hatte, keine neue Verfassung zu schaffen, sondern das GG als
Verfassung des gesamten deutschen Volkes beizubehalten. Auch der Begriff
„Grundgesetz" wurde beibehalten, obwohl dieser Begriff gerade die Vorläufigkeit
der Geltung des GG bis zur Schaffung einer endgültigen Verfassung unterstreichen
sollte. Das GG gilt nunmehr, wie jede andere Verfassung auch, unbedingt und mit
unbestimmter Geltungsdauer.

II. Die Unterscheidung von Verfassungsgebung und Verfassungsänderung

Verfassungsgebung bezeichnet den Vorgang der Schaffung einer Verfassung[1]. Das **44** kann die Schaffung einer völlig neuen Verfassung als Folge der Gründung eines neuen Staates oder die (oft revolutionäre) Ablösung einer alten durch eine neue Verfassung sein. Wesentlich ist, dass die Verfassungsgebung ein originärer Rechtsakt ist, der nur aus einer besonderen höchsten Rechtsquelle entspringen kann. Rechtsquelle ist die verfassungsgebende Gewalt (*pouvoir constituant*)[2]. Träger der verfassungsgebenden Gewalt ist stets das Volk[3]. Zwar beriefen und berufen sich immer wieder Herrscher auf Gott als höchste Autorität der Einsetzung der staatlichen Gewalt. Diese vermeintliche Ableitung von etwas so profanem wie der staatlichen Gewalt durch eine höchste Autorität, die jenseits des Gemeinwesens stehen soll, das sie regelt, hat letztlich jedoch nur den Zweck, die Herrschaftsgewalt der Herrschenden als unangreifbar und unbeschränkbar denjenigen gegenüber zu behaupten, die die Unterworfenen dieser Herrschaftsgewalt sind.

Vielfach wird behauptet, die verfassungsgebende Gewalt sei eine vorverfassungsrechtliche Größe, die originär, also nicht von einer anderen Rechtsquelle abgeleitet sei und grundsätzlich unbeschränkt existiere[4]. Bei genauerem Betrachten entsteht das Recht jedoch nicht im luftleeren Raum. Wo eine Gemeinschaft von Menschen existiert, existiert immer auch das Recht. Das originäre Recht ist nichts anderes, als die individuelle Verteidigungsfähigkeit gegen die Beschränkung des eigenen Handlungskreises durch andere. Diese originäre Verteidigungsfähigkeit beinhaltet auch die Kompetenz des Einzelnen die damit verbundene Verteidigungsgewalt auf ein Kollektiv zu übertragen. Dieser erstmalige, originäre Übertragungsakt ist der Abschluss des Staatsvertrages, also die Staatsgründung. Der Akt der Verfassungsgebung ist der Akt der Beschränkung der staatlichen Herrschaftsgewalt, nachdem diese staatliche Herrschaftsgewalt begründet worden ist.

Die Verfassungsgebung ist der *Akt, der nach der Staatsgründung folgt*. Die Staatsgründung selbst ist nicht der Akt der Verfassungsgebung. Ein Staat bedarf zu seiner Existenz keiner Verfassung. Denn der Sinn einer Verfassung ist, wie oben schon dargelegt, die Beschränkung der Herrschaftsmacht und kommt folglich nach der Einräumung der Herrschaftsmacht; im günstigsten Fall fällt die Verfassungsgründung mit der Staatsgründung in einem Akt zusammen. Rein rechtshistorisch ist dieser Vorgang jedoch sehr selten. Staaten haben immer schon existiert, auch zu Zeiten, in denen die Menschen noch nicht fähig waren, ihre Gedanken in schriftlicher Form zu fixieren.

Verfassungsänderung bezeichnet dagegen die ausdrückliche, *inhaltliche Änderung* **45** einer Verfassung im Rahmen des dafür in der Verfassung selbst *vorgesehenen Verfahrens*[5]. Sie reicht weiter als der Verfassungswandel, mit dem Bedeutungswandelungen innerhalb der Grenzen des Wortlauts bezeichnet werden[6]. Eine Verfassungsänderung beseitigt nicht eine Verfassung oder schafft eine neue Verfassung, vielmehr lässt sie die Verfassung bestehen und ändert nur einen Teil, ohne

---

1 Vgl. *Stern*, Staatsrecht I § 5 I 2.
2 Vgl. *Schneider*, HbStR VII § 158.
3 *Schneider*, HbStR VII § 158 Rn. 3 ff.; *Kirchhof*, HbStR VII § 19 Rn. 17 ff.
4 *Maurer*, Staatsrecht § 22 Rn. 1 ff.
5 *Badura*, HbStR VII § 166 Rn. 16.
6 *Badura*, HbStR VII § 160 Rn. 13 ff.

formal die Integrität in Frage zu stellen. Bei einer Verfassungsänderung tritt nicht die verfassungsgebende Gewalt in Erscheinung, sondern die Verfassungsänderung erfolgt durch den in der Verfassung vorgesehenen Rechtsakt des verfassungsändernden Gesetzgebers[7]. Auch die Änderung des gesamten Inhalts einer Verfassung in einem Akt – also eine Totalrevision, die im Ergebnis der Ablösung einer alten durch eine neue Verfassung gleichkommt – ist formal noch keine Verfassungsgebung, weil die verfassungsgebende Gewalt nicht in Erscheinung tritt, sondern die Änderung im Rahmen des gültigen Verfassungsrechts erfolgt[8].

46 Setzt man Verfassungsänderung und Verfassungsgebung in Bezug zum Ewigkeitsanspruch der Verfassung, dann beendet ein verfassungsgebender Akt die Geltung einer Verfassung und hebt gleichzeitig ihren Ewigkeitsanspruch auf.
Komplizierter ist das Verhältnis bei der Verfassungsänderung. Vereinzelte inhaltliche Änderungen beeinträchtigen den Ewigkeitsanspruch nicht, sondern verwirklichen ihn vielmehr, weil sich nur eine dynamische Verfassung über lange Zeiträume behaupten und Veränderungen der tatsächlichen Verhältnisse begegnen kann. Abgeschwächt tritt der Ewigkeitsanspruch in den besonderen formalen Anforderungen auf, die eine Verfassungsänderung gegenüber der einfachen Gesetzesänderung erschweren[9].
Umfassende Verfassungsänderungen bis hin zu einer Totalrevision können dagegen mit dem Ewigkeitsanspruch kollidieren[10]. Eine Totalrevision der Verfassung, die bis auf das formale Änderungsverfahren alle Anknüpfungspunkte an die alte staatliche Ordnung zugunsten einer radikal neuen Staatsordnung beseitigt, ist im Ergebnis einer Verfassungsgebung gleichzusetzen und vernichtet den Ewigkeitsanspruch der alten Verfassung[11].

III. Die Ewigkeitsgarantie des Grundgesetzes in Art. 79 Abs. 3 GG

1. Funktion der Ewigkeitsgarantie

47 Das Grundgesetz enthält in Art. 79 Abs. 3 GG die sog. Ewigkeitsgarantie[12]. Die Norm entzieht als inhaltliche Schranke von Verfassungsänderungen dem verfassungsändernden Gesetzgeber einen prägenden Kernbestand von Grundsätzen, die das GG für die staatliche Ordnung aufstellt[13]. Ein verfassungsänderndes Gesetz, das gegen die Schranke des Art. 79 Abs. 3 verstößt, ist unzulässig und nichtig[14]. Gleiches gilt für die Übertragung von Hoheitsrechten im Verfahren gem. Art. 23, d. h. ein Aufgehen des deutschen Staates in einem europäischen Staat ist an die inhaltlichen Voraussetzungen der Ewigkeitsgarantie gebunden. Gegenüber dem

---

7 *Maurer*, Staatsrecht § 22 Rn. 1 ff.
8 *Maurer*, Staatsrecht § 22 Rn. 6.
9 Vgl. *Stern*, Staatsrecht I § 5 II.
10 Vgl. auch *Schmitt*, Verfassungslehre S. 63.
11 *Schmitt*, Verfassungslehre S. 63.
12 *Stern*, Staatsrecht I § 5 IV 1; *Maurer*, Staatsrecht § 22 Rn. 17 ff.
13 *Stern*, Staatsrecht I § 4 II 2;
14 BVerfGE 30, 1, 24.

sonstigen, abänderbaren Verfassungsrecht besitzt der Art. 79 Abs. 3 insoweit einen höheren Rang[15].

In BVerfGE 30, 1, 24 – *Abhör-Urteil* heißt es:

> „Art. 79 Abs. 3 GG als Schranke für den verfassungsändernden Gesetzgeber hat den Sinn zu verhindern, dass die geltende Verfassungsordnung in ihrer Substanz, in ihren Grundlagen auf dem formal-legalistischen Weg eines verfassungsändernden Gesetzes beseitigt und zur nachträglichen Legalisierung eines totalitären Regimes missbraucht werden kann. Die Vorschrift verbietet also eine prinzipielle Preisgabe der dort genannten Grundsätze."[16]

Das GG legt also selbst fest, welche seiner Inhalte dem Ewigkeitsanspruch unterliegen und nicht Gegenstand einer Verfassungsänderung sein dürfen. Funktion des Art. 79 Abs. 3 ist die materielle Bindung der verfassungsändernden Gewalt. Über die Bindung der verfassungsgebenden Gewalt sagt Art. 79 Abs. 3 nichts aus. Das kann das GG auch nicht, weil eine verfassungsrechtliche Bindung der verfassungsgebenden Gewalt (pouvoir constituant) nicht möglich ist. Sie steht vor und über der Verfassung[17]. Der nichtrevolutionäre, verfahrensmäßige Weg aus dem Grundgesetz in eine andere Verfassung ist aber an die Erfordernisse des Art. 79 gebunden. Aus dem gleichen Grund ist die Änderung von Art. 79 Abs. 3 selbst unzulässig. Ansonsten bliebe es möglich, sich durch eine Verfassungsänderung den Vorgaben zu entziehen, die Art. 79 Abs. 3 GG für die staatliche Grundordnung macht[18]. **48**

2. Inhalt der Ewigkeitsgarantie

Inhalt der Ewigkeitsgarantie sind nach dem Wortlaut von Art. 79 Abs. 3 die *Grundsätze der Art. 1 und 20*, die *Gliederung des Bundes in Länder* und die *Mitwirkung der Länder* bei der (Bundes-) Gesetzgebung. Abzustellen ist auf die ursprüngliche Fassung der Art. 1 und 20 bei Inkrafttreten des GG am 23.5.1949[19]. Genauso wenig, wie eine Verfassungsänderung die Grundsätze des Art. 20 beschneiden darf, ist eine Erweiterung des durch die Ewigkeitsgarantie geschützten Verfassungsinhalts zulässig, die die Kompetenz zukünftiger Gesetzgeber verkürzen würde. Nachträgliche Änderungen, wie die Einfügung von Art. 20 Abs. 4, erfolgen durch den verfassungsändernden Gesetzgeber und unterliegen daher nicht der Ewigkeitsgarantie[20]. Gleiches gilt für Änderungen der Art. 1 sowie die Vorschriften des GG, aus denen sich die prinzipielle Gliederung in Länder und deren Mitwirkung an der Bundesgesetzgebung ergibt. Änderungen ihres geschützten Inhalts sind der verfassungsgebenden Gewalt vorbehalten[21]. **49**

Art. 1 enthält die Verpflichtung des Staates zum *Schutz und der Achtung der Menschenwürde* (Abs. 1), das *Bekenntnis zu den Menschenrechten* (Abs. 2) und **50**

---

15 *Pieroth*, in: Jarass/Pieroth Art. 79 Rn. 6.
16 Vgl. auch BVerfGE 84, 90, 120 ff.
17 *Stern*, Staatsrecht I § 4 II 2; *Maurer*, Staatsrecht § 22, Rn. 18.
18 *Maurer*, Staatsrecht § 22, Rn. 69 m.w.N.
19 *Pieroth*, in: Jarass/Pieroth Art. 79 Rn. 12.
20 *Pieroth*, in: Jarass/Pieroth Art. 79 Rn. 12 m.w.N.
21 *Schmidt-Bleibtreu/Klein*, Art. 79 Rn. 35 m.w.N.

die *Bindung der staatlichen Gewalt an die Grundrechte* (Abs. 3). Die Grundsätze des Art. 1 sind besonders eng verbunden mit den Grundrechten und grundrechtsgleichen Rechten sowie dem Demokratie-, Rechtsstaats- und Sozialstaatsprinzip in Art. 20, jedoch weniger mit den organisationsrechtlichen Vorschriften des GG. Die meisten Grundrechte und grundrechtsgleichen Rechte enthalten einen unantastbaren Menschenwürdegehalt, der nicht verkürzt werden darf.

51   *Art. 20* enthält die *Strukturprinzipien*, die neben den Grundrechten für die staatliche Ordnung des deutschen Staates fundamental sind. Unabänderliche Strukturprinzipien sind das *Bundesstaatsprinzip*, das *Sozialstaatsprinzip*, das *Rechtsstaatsprinzip*, das *Demokratieprinzip* und das *Prinzip der Republik*. Die Strukturprinzipien setzen sich aus vielen einzelnen Elementen zusammen, die in der Gesamtschau die staatliche Ordnung prägen, und in den einzelnen Vorschriften des GG konkretisiert sind. Der Gegenstand des Veränderungsverbotes der Strukturprinzipien ergibt sich aus einer Gesamtschau dieser Vorschriften und nicht nur aus den Art. 1 und 20.

52   Das bedeutet, dass es dem Gesetzgeber innerhalb der Schranken des Art. 79 Abs. 3 unbenommen bleibt, die staatliche Grundordnung abweichend von der jetzigen Fassung des GG auszugestalten. Beispielsweise ist die konkrete Anzahl der Bundesländer oder die im GG konkret ausgestaltete Mitwirkung der Länder an der Bundesgesetzgebung über den Bundesrat nicht entscheidend[22]. Wie der Gesetzgeber die parlamentarische Demokratie im GG ausgestaltet, z.B. durch die Länge der Legislaturperiode oder die Altersgrenze der Wahlberechtigung, bleibt ihm überlassen, solange er den prinzipiellen Beschränkungen von Art. 79 Abs. 3 Rechnung trägt.

IV. Die besondere Funktion von Art. 146 GG

53   Verfassungen regeln entsprechend ihrem Ewigkeitsanspruch eigentlich nicht ihr Außerkrafttreten[23]. Die Vorschrift des Art. 146, die eine solche Regelung für das GG trifft, ist auch in der nach der Wiedervereinigung gültigen Fassung nur aus den Besonderheiten der ursprünglichen Teilung Deutschlands nach 1945 zu erklären.

Die ursprüngliche Fassung des Art. 146 lautete:

> Dieses Grundgesetz verliert seine Gültigkeit an dem Tage, an dem eine Verfassung in Kraft tritt, die von dem deutschen Volk in freier Entscheidung beschlossen worden ist.

Sinn dieser Regelung war, dass durch den Erlass des GG nur eine vorläufige staatliche Grundordnung auf dem Gebiet der Bundesrepublik errichtet werden sollte – eine endgültige gesamtdeutsche Verfassung sollte erst durch die freie Entscheidung des gesamten deutschen Volkes zustande kommen. Dazu waren nur die nicht sowjetisch besetzten Teile nach 1945 in der Lage.
Dieser ursprüngliche Zweck hatte sich mit der Wiedervereinigung erledigt. Die Wiedervereinigung erfolgte durch die im GG in Art. 23 Satz 2 a.F. vorgesehene Möglichkeit des Beitritts zum GG. Sie führte also nicht zur neuen Konstituierung

---

22 Vgl. *Pieroth*, in: Jarass/Pieroth Art. 79 Rn. 8 f. m.w.N.
23 *Maurer*, Staatsrecht § 22 Rn. 22.

eines gesamtdeutschen Staates mit einer gesamtdeutschen Verfassung unter gleichzeitiger Ablösung des GG wie in Art. 146 a.F. vorgesehen, vielmehr ist das GG diese gesamtdeutsche Verfassung.

Art. 146 n.F. besitzt daher nur eine *deklaratorische Funktion*, soweit er wie die **54** Präambel die Vollendung der staatlichen deutschen Einheit feststellt und die immer gegebene Möglichkeit des Volkes beschreibt, sich eine neue Verfassung zu geben[24]. Die Vorschrift wird daher auch als Zugeständnis an die politischen Kräfte angesehen, die trotz der Vollziehung der Wiedervereinigung über die Beitrittslösung des Art. 23 Satz 2 a.F. die Schaffung einer neuen gesamtdeutschen Verfassung gem. Art. 146 a.F. auch nach der Wiedervereinigung erhalten wollten[25].

Literatur:
Bachof, O., Verfassungswidrige Verfassungsnormen?, 1951; *Bartlsperger, R.*, Verfassung und verfassungsgebende Gewalt, DVBl. 1990, 1285; *Brenner, M.*, Möglichkeiten und Grenzen grundrechtsbezogener Verfassungsänderungen, Der Staat 1993, S. 493; *Böckenförde, E.-W.*, Die verfassungsgebende Gewalt des Volkes – Ein Grenzbegriff des Verfassungsrechts, 1986; *Dreier, H.*, Grenzen demokratischer Freiheit im Verfassungsstaat, JZ 1994, 53; *Dürig, G.*, Zur Bedeutung und Tragweite des Art. 79 Abs. 3 des Grundgesetzes, in: Festgabe für Maunz 1971, S. 41; *Erichsen, H.-U.*, Die Verfassungsänderung nach Art. 79 GG und der Verfassungsbeschluss nach Art. 146 GG, Jura 1992, S. 52; *Even, B.*, Die Bedeutung der Unantastbarkeitsgarantie des Art. 79 Abs. 3 GG für die Grundrechte, 1988; *Hain K.-E.*, Die Grundsätze des GG – eine Untersuchung zu Art. 79 Abs. 3 GG, 1999; *Isensee, J.*, Schlussbestimmung des Grundgesetzes: Art. 146 GG, HbStR VII § 166; *Kempen, B.*, Grundgesetz oder neue deutsche Verfassung, NJW 1991, 964; *Kirchhof, P.*, Die Identität der Verfassung in ihren unabänderlichen Inhalten, HbStR I § 19; *Klein, H.-H.*, Kontinuität des Grundgesetzes und seine Änderungen im Zuge der Wiedervereinigung, HbStR VIII, S. 557, 582; *Kriele, M.*, Art. 146 GG: Brücke zu einer neuen Verfassung, ZRP 1991, 1; *Murswiek, D.*, Die verfassungsgebende Gewalt nach dem Grundgesetz für die Bundesrepublik Deutschland, 1978; *Stern, K.*, Die Bedeutung der Unantastbarkeitsgarantie des Art. 79 Abs. 3 GG für die Grundrechte, JuS 1985, 329; *ders.*, Totalrevision des Grundgesetzes, in: Festgabe für Maunz, 1971, S. 391; *Wegge, G.*, Zur normativen Bedeutung des Demokratiegebots nach Art. 79 Abs. 3 GG: ein verfassungsdogmatischer Beitrag zur Rationalität des Rechts, 1996; *Wiederin, E.*, Die Verfassungsgebung im wiedervereinigten Deutschland. Versuch einer dogmatischen Zwischenbilanz zu Art. 146 GG n.F., AöR 117, S. 410; *Würtenberger, T.*, Art. 146 GG n. F. Kontinuität oder Diskontinuität im Verfassungsrecht?, in: Stern (Hrsg.), Deutsche Wiedervereinigung Bd. 1, 1991, S. 95.

---

24 *Scholz*, in: Maunz/Dürig Art. 146 Rn. 9.
25 *Maurer*, Staatsrecht § 22 Rn. 23.

§ 11 Der funktionale Geltungsbereich

55 Der funktionale Geltungsbereich einer Verfassung lässt sich im Einzelnen anschaulich durch Kombination mit den klassischen drei Elementen verdeutlichen, die einen Staat ausmachen. Staatsgebiet, Staatsvolk und Staatsgewalt[1].

I. Staatsgewalt

56 Staatsgewalt ist die *originäre, grundsätzlich unbeschränkte Herrschaftsmacht*, die den Staat befähigt, gegenüber seinen Staatsangehörigen (Personalhoheit) sowie auf seinem Staatsgebiet (Gebietshoheit) hoheitlich tätig zu werden[2].
Hoheitlich bedeutet vor allem, dass staatliche Anordnungen verbindlich für den Adressaten sind und auch mit Zwang durchgesetzt werden können. Originär bedeutet, dass sich die Staatsgewalt nicht von einer anderen Instanz ableitet. Daraus erwächst auch die grundsätzliche Unbeschränktheit, da keine übergeordnete Instanz existiert, die zu einer inhaltlichen Beschränkung berechtigt ist.

57 Die Staatsgewalt ist *grundsätzlich unbeschränkt*. Eine Schranke kann sich allenfalls daraus ergeben, dass der Grund für die ursprüngliche Legitimation der Staatsgewalt nicht mehr vorhanden ist. Die Staatsgewalt ist Produkt der Staatsgründung, deren ursprüngliches Ziel die Schaffung eines Friedenszustandes ist. Verfolgt der Staat den Friedenszustand nicht mehr als prinzipielles Ziel, weil er selbst eine permanente Bedrohung für jeden Staatsbürger darstellt, besteht auch die Legitimität der Staatsgewalt nicht mehr. Die Bedrohung des Friedens kann dadurch entstehen, dass der Staat in seinem Innern keine Ordnung mehr aufrecht erhält, also ein Bürgerkrieg herrscht oder auch dadurch, dass die Staatsgewalt selbst die Staatsbürger permanent und in unberechenbarer Weise bedroht. Der Terrorstaat eines *Idi Amin Dada* verliert, dadurch dass er der Friedenssicherung überhaupt nicht mehr gerecht wird, die Basis des ursprünglichen Kontrakts. In einem solchen Staat kann nicht mehr von Staatsgewalt im Sinne der Drei-Elemente-Lehre gesprochen werden.

58 Staatsgewalt ist also letztlich die *unbeschränkte Regelungsfähigkeit gegenüber den Staatsangehörigen*, sofern sie prinzipiell *einen Friedenszustand für die Staatsbürger gewährleisten will*. Ein Staat, der diese Staatsgewalt nicht von einer anderen Organisation, sondern *ausschließlich vom Staatsvolk* ableitet, ist ein souveräner Staat.

---

1 Zu weiteren Ansätzen s. *Stein/Frank*, Staatsrecht § 3.
2 Vgl. *Jellinek*, Allg. Staatslehre S. 435 ff.; *Maurer*, Staatsrecht § 1 Rn. 6 ff.; *Randelzhofer*, HbStR I § 15.

II. Staatsgebiet

1. Umfang des Staatsgebiets

Das Staatsgebiet ist ein dreidimensionaler Körper. Sein Ausgangspunkt ist ein **59** bestimmter in seinem Kernbestand gesicherter, zusammenhängender und beherrschbarer Teil der Erdoberfläche, auf dem sich die Staatsgewalt effektiv und dauerhaft entfalten kann[3]. Nach oben in den Luftraum genauso wie nach unten in die Erde ist das Staatsgebiet soweit ausgedehnt, wie eine technische Beherrschbarkeit möglich ist. Die äußere Grenze des Luftraums wird bei ca. 80–100 km über dem Meeresspiegel gezogen[4]. Der Weltraum ist dagegen, dem Meer vergleichbar, ein internationales Territorium, das der gemeinsamen Nutzung offensteht und Gegenstand völkerrechtlicher Vereinbarungen ist.
Die Begrenzungen des Staatsgebiets sind Resultate des Völkerrechts und der historischen Entwicklung[5]. Die seitlichen Grenzen des Staatsgebiets resultieren aus historischen Gegebenheiten: Kriege, Friedensverträge und andere völkerrechtliche Abkommen. Die Grenze zur See war früher die Drei-Seemeilen-Zone (Reichweite eines Kanonenschusses) und kann mittlerweile aufgrund völkerrechtlicher Abkommen auf zwölf Seemeilen ausgedehnt werden[6]. Die Grenzen nach oben und unten unterliegen aufgrund des technischen Fortschritts einer ständigen Ausdehnung, insbesondere durch Bergbau und Luftfahrttechnik.

Vom Staatsgebiet zu unterscheiden ist die Wahrnehmung und Einräumung von **60** Nutzungsrechten durch völkerrechtliche Abkommen, so beispielsweise die Nutzung der Meere, insbesondere die Ausbeutung des Festlandsockels, und die Einräumung von zivilen und militärischen Überflugrechten[7].

2. Gebietshoheit

Auf seinem Staatsgebiet übt der Staat seine Staatsgewalt aus – definiert als **61** Gebietshoheit. Die positive Gebietshoheit erfasst grundsätzlich alle Personen, Sachen, und jede erdenkliche Angelegenheit auf dem Staatsgebiet – die negative Gebietshoheit schließt grundsätzlich alle Einflüsse aus, die sich nicht von der innerstaatlichen Gewalt ableiten lassen[8]. Die Beschränkung des Staatsgebiets auf die prinzipielle Beherrschbarkeit, also die Ausübung der Staatsgewalt, ist denknotwendig, weil die Drei-Elemente-Lehre gerade auf das Zusammenspiel bzw. gleichzeitige Vorliegen abstellt.

Für das Staatsorganisationsrecht beschränkt sich die wesentliche Feststellung dar- **62** auf, dass der Staat auf dem Staatsgebiet seine Staatsgewalt ausübt, so dass sich der Geltungsbereich der Verfassung auf das Staatsgebiet beschränkt. Die Gebietshoheit ist zunächst unbeschränkt. Es bleibt einem souveränen Staat aber unbe-

---

3 Vgl. *Isensee*, HbStR I § 13 Rn. 32; *Vitzthum*, HbStR I § 16 Rn. 7 ff.
4 *Vitzthum*, HbStR I § 16 Rn. 22.
5 Vgl. *Vitzthum*, HbStR I § 16 Rn. 19 ff.
6 Seerechtsübereinkommen (SÜR) v. 10.12.1982, BGBl. 1994 II, S. 1799.
7 Vgl. zum Ganzen *Vitzthum*, HbStR I § 16.
8 *Zippelius*, Allg. Staatslehre § 12 II.

nommen, die Gebietshoheit insbesondere durch völkerrechtliche Abkommen einzuschränken, sowohl sachlich als auch örtlich. Beispiele für sachliche Einschränkungen sind Überflugrechte oder Zollanschlüsse. Örtliche Einschränkungen ergeben sich z.b. durch Abkommen über Militärstützpunkte oder den völkerrechtlichen Grundsatz der Exterritorialität ausländischer Botschaften (sog. Exklaven).

3. Staatsgebiet des Grundgesetzes

63 Das GG nimmt auf das deutsche Staatsgebiet in seiner Präambel Bezug. Das Staatsgebiet der Bundesrepublik Deutschland setzt sich aus den Staatsgebieten der 16 Bundesländer zusammen. Es gibt kein Staatsgebiet, das nicht gleichzeitig auch zum Staatsgebiet eines der 16 Bundesländer gehört[9]. Die Festlegung des deutschen Staatsgebiets ist endgültig und bestätigt, dass Deutschland sich im Rahmen der Wiedervereinigung völkerrechtlich verpflichtet hat, keine weiteren Gebietsansprüche mehr zu stellen und insbesondere die Oder-Neiße-Grenze als endgültige Grenze zu Polen akzeptiert[10]. Dies heißt nicht, dass der externe Umfang des deutschen Staatsgebiets auf ewig unveränderbar ist, auch wenn Veränderungen in absehbarer Zeit ausgeschlossen sein dürften.

64 Auf dem deutschen Staatsgebiet gilt das GG. Frühere Besonderheiten wie die Frage der Erstreckung auf Berlin oder den Beitritt zum Geltungsbereich des GG gem. Art. 23 a.F. haben sich mit der Wiedervereinigung erledigt. Die Regelung des Art. 29 betrifft keine externen, sondern nur interne Veränderungen des Bundesgebiets. Die Vorschrift ermöglicht eine Neugliederung unter Beteiligung der betroffenen Bevölkerung. Dem steht nicht Art. 79 Abs. 3 entgegen, der die Gliederung des Bundes in Länder auf ewig festschreibt. Die Ewigkeitsgarantie schreibt das Strukturmerkmal Bundesstaat fest, nicht dagegen die genaue Ausgestaltung und die Anzahl der Gliedstaaten[11]. Das GG verbietet grundsätzlich auch keinen Verlust von deutschem Staatsgebiet z.B. durch Grenzabkommen.

III. Staatsvolk

65 Das Staatsvolk ist die *Summe der Staatsangehörigen*, die einem Staat kraft seines Rechts zugeordnet sind und von Völkerrechts wegen zugeordnet werden dürfen[12]. In der Rechtsprechung wird zusätzlich von einer Schicksalsgemeinschaft gesprochen, was weniger ein rechtliches Kriterium beschreibt als einen historisch gewachsenen Zustand[13]. Kulturelle, sprachliche, nationale Merkmale sind nicht entscheidend. Das Staatsvolk ist Inhaber der verfassungsgebenden Gewalt und Anknüpfungspunkt des Demokratieprinzips, das dem Souverän die alleinige Kompetenz zur Legitimierung der Staatsgewalt zuspricht. Die gesetzliche Bestim-

---

9 *Vitzthum*, HbStR I § 16 Rn. 32.

10 Art. 1 des Vertrags über die abschließenden Regelungen in Bezug auf Deutschland v. 12.9.1990 – *Zwei-Plus-Vier-Vertrag*.

11 *Pieroth*, in: Jarass/Pieroth Art. 79 Rn. 8.

12 *Grawert*, HbStR I § 14 Rn. 11.

13 BVerfG, DVBl. 1990, S. 1397.

mung des Staatsvolkes ist wie die Verfassungsgebung notwendigerweise ein Akt der souveränen Selbstorganisation[14].

Abzugrenzen ist der Begriff „Staatsvolk" insbesondere vom Begriff der „*Nation*", **66** der eine politische, kulturelle, vor allem sprachliche Einheit beschreibt[15]. So zählen zur deutschen Nation auch Österreich und der deutsche Teil der Schweiz. Abzugrenzen ist der Begriff „Staatsvolk" auch von den Personen, die der Staatsgewalt eines Staates (dauerhaft) unterworfen sind und der Staatsgewalt nur aufgrund der Gebietshoheit unterliegen.
Insbesondere aus gewissen politischen Kreisen heraus wird immer wieder gefordert, dass die dauerhaft der Staatsgewalt eines Staates unterworfenen Personen auch zum Staatsvolk gehören müssten, weil ansonsten die demokratiebedingt erforderliche Legitimierung der Staatsgewalt nicht vollständig wäre. Zuzugeben ist, dass die dauerhafte Unterwerfung unter die Staatsgewalt ein wesentliches Element des Staatsvolks ist und in demokratischen Staatsformen die Staatsgewalt der Legitimierung durch das (ganze) Staatsvolk bedarf. Es ist aber nicht das einzige Element, das die Zugehörigkeit zu einem Staat kennzeichnet. Das Wesen der Gemeinschaft des Staatsvolks beinhaltet seit jeher viele Elemente wie sprachliche, historische, kulturelle, politische Identifikation etc. Verkannt wird auch, dass die rechtliche Definition des Staatsvolkes ein Akt der Selbstorganisation ist, für den der Gesetzgeber zuständig ist und dem im Rahmen sachgerechter Erwägungen ein politischer Spielraum verbleibt.

Die Staatsangehörigkeit knüpft die personale Verbindung des Staats zu einer **67** natürlichen Person und bringt sowohl eine besondere Unterworfenheit unter die Staatsgewalt, wie z.B. die Wehrpflicht, als auch exklusive Mitwirkungsrechte bei der Ausübung der Staatsgewalt. Der Staatsangehörige unterliegt der Personalhoheit des Staates, egal wo auf der Welt sie sich befindet.

1. Grundprinzipien der Erlangung der Staatsangehörigkeit

Jeder Staat hat kraft seiner Souveränität das Recht zu bestimmen, wer seine Staats- **68** angehörigen sind. Aus diesem Recht jedes Staates ergibt sich die Notwendigkeit, sachgerechte Kriterien und Anknüpfungspunkte zu entwickeln, die der Zuordnung zu einem Staat gerecht werden, um Kollisionen mit anderen Staaten zu vermeiden, die ihr Recht ebenfalls wahrnehmen. Die rechtlichen Kriterien müssen selbstverständlich auch der innerstaatlichen Funktion von Staatsvolk und Staatsangehörigkeit gerecht werden und mit den verfassungsrechtlichen Grundprinzipien vereinbar sein.

Aus Sicht des Staatsorganisationsrechts ist die Unterscheidung zwischen dem **69** ursprünglichen Erwerb bei der Geburt (originärer Erwerb) und dem abgeleiteten, späteren Erwerb (derivativer Erwerb) ausreichend[16].

---

14 Vgl. *Grawert*, HbStR I § 14; *Hailbronner/Renner*, Staatsangehörigkeitsrecht Einl. E Rn. 1 f. m.w.N.
15 *Grawert*, HbStR I § 14 Rn. 10.
16 Zum Folgenden s. *Hailbronner/Renner*, Staatsangehörigkeitsrecht Einl. m.w.N.

70 a) **Originärer Erwerb.** Es haben sich geschichtlich zwei große Grundtatbestände des originären Erwerbs herausgebildet, das Abstammungsprinzip und das Territorialprinzip.

71 Beim *Abstammungsprinzip* (*ius sanguinis*) erlangt eine natürliche Person *mit der Geburt* die Staatsangehörigkeit der Personen, von denen sie abstammt – also von ihren Eltern. Im Normalfall haben beide Eltern dieselbe Staatsangehörigkeit. Andernfalls muss geregelt werden, ob und wenn ja welchem der beiden Elternteile der Vorrang zu geben ist, d. h. die Staatsangehörigkeit der Mutter (*ius matris*) oder die des Vaters (*ius patris*). Das Abstammungsprinzip ist eine sinnvolle Bestimmung der Staatsangehörigkeit von homogenen Kulturnationen, die weltweit verbreitet ist und keine Blut- und Boden-Ideologie darstellt. Sie knüpft an den Normalfall an, dass eine Person in dem Staat aufwächst, in dem die Familie lebt und dessen Sprache sie spricht.

72 Beim *Territorialprinzip* (*ius soli*) erlangt eine natürliche Person die Staatsangehörigkeit des *Staates, in dem sie geboren wird* – unabhängig davon, welche Staatsangehörigkeit die Eltern besitzen. Dieses Prinzip ist klassischerweise in Einwanderungsländern vorherrschend.

73 b) **Derivativer Erwerb.** Beim derivativen Erwerb erlangt eine natürliche Person die Staatsangehörigkeit durch einen Rechtsakt, der nicht an die Geburt anknüpft. Dazu gehört die Verleihung durch staatlichen Hoheitsakt (**Einbürgerung**), aber auch die Anknüpfung einer gesetzlichen Rechtsfolge an andere Rechtsakte wie die Heirat oder die Adoption.

2. Der Begriff des Staatsvolks im Grundgesetz

74 Das Staatsvolk des GG ist das Deutsche Volk. Die Präambel erwähnt diesen Zusammenhang ausdrücklich und beschreibt die Funktion des deutschen Volkes als Verfassungsgeber und Souverän. Jedoch benutzt das GG an bedeutenden Stellen den Begriff Volk ohne Zusatz: wichtigste Norm in dieser Hinsicht ist Art. 20, der die demokratische Legitimierung der Staatsgewalt festlegt. Daraus kann jedoch nicht auf eine Abweichung von dem im GG sonst geregelten Begriff des Staatsvolks geschlossen werden. Denn nur das deutsche Staatsvolk kann die deutsche Staatsgewalt legitimieren[17].

75 Zentrale Regelung der Staatsangehörigkeit im GG ist Art. 116. Deutscher ist, wer die deutsche Staatsangehörigkeit besitzt (vgl. Art. 116 Abs. 1 Alt. 1), was den allgemeinen Grundsatz der selbstorganisatorischen Bestimmung des Staatsvolks beschreibt. Die deutsche Staatsangehörigkeit kann vor oder nach dem Inkrafttreten des GG begründet worden sein. Rechtsgrundlage ist das Reichs- und Staatsangehörigkeitsgesetz (RuStAG) von 1913, das zuletzt zum 1.1.2000 grundlegend reformiert worden ist[18]. Grundsatz des RuStAG ist das *Abstammungsprinzip* (vgl. § 4 Abs. 1 RuStAG), das aber zugunsten von *Erwerbstatbeständen* des Territorialprinzips erweitert wurde[19].

---

17 Vgl. *Degenhart*, Staatsrecht Rn. 39; *Maurer*, Staatsrecht § 7 Rn. 22 m. w. N.
18 Vgl. *Grawert*, HbStR I § 14 Rn. 27.
19 Vgl. Einzelheiten bei *Hailbronner*, NVwZ 1999, 1273.

Die Besonderheiten des Grundgesetzes hinsichtlich der Staatsangehörigkeit beste- **76** hen in den weiteren Regelungen des Art. 116. In Art. 116 Abs. 1 Alt. 2. werden die sog. *Statusdeutschen* den deutschen Staatsangehörigen gleichgestellt. Flüchtlinge oder Vertriebene deutscher Volkszugehörigkeit sowie deren Angehörige, die im Deutschen Reich in den Grenzen vom 31.12.1937 Aufnahme gefunden hatten, sind Deutsche im Sinne des Grundgesetzes. Das deutsche Staatsvolk besteht also nicht nur aus den deutschen Staatsangehörigen, sondern wird durch Art. 116 Abs. 1 Alt. 2. um die Statusdeutschen erweitert.

Die *deutsche Volkszugehörigkeit* besitzt, wer sich in seiner Heimat zum deutschen **77** Volkstum bekannt hat. Dies bestimmt sich anhand kultureller Merkmale wie Sprache, Erziehung, Abstammung etc[20]. Grund dieser Regelung ist die besondere Situation nach dem Zweiten Weltkrieg, die geprägt war von Vertreibung, Umsiedlung und dem Bestreben vieler Volksdeutscher, auf westdeutsches Gebiet zu gelangen. In Osteuropa gab es seit jeher deutschstämmige Bevölkerung ohne deutsche Staatsangehörigkeit. Ihr sollte der gleiche grundgesetzliche Status als Deutscher eingeräumt werden, auch wenn eine Erlangung der deutschen Staatsangehörigkeit vorläufig nicht möglich war. Erkennbar ist an dieser Stelle wieder die Absicht des GG, die gültige Verfassung des gesamten deutschen Volkes zu sein, auch für die Teile, die aufgrund der politischen Nachkriegslage nicht in der Lage waren, daran teilzunehmen.

Die deutsche Staatsangehörigkeit ist im Grundgesetz besonders geschützt. Art. 16 **78** Abs. 1 untersagt die Entziehung der deutschen Staatsangehörigkeit – d.h. den Verlust durch einseitigen staatlichen Akt ohne Einflussmöglichkeit des Betroffenen, was im Dritten Reich insbesondere zur Einziehung des Vermögens von Exilanten benutzt wurde[21].

S. hierzu Rn. 1045: Übersicht 1: Der Staatsbegriff (Drei-Elemente-Lehre)

Literatur:
Badura, P., Arten der Verfassungsrechtsätze, HbStR VII § 159; *ders.*, Die Staatsaufgaben nach dem Grundgesetz und die Reformfrage, ThürVBl. 1992, 73; *Bull, H.P.*, Die Staatsaufgaben nach dem Grundgesetz, 2. Aufl. 1977; *Grawert, R.*, Staatsvolk und Staatsangehörigkeit, HbStR I § 14; *Grimm, D.*, Die Zukunft der Verfassung, 2. Aufl. 1994; *Häberle; P.*, Verfassungsstaatliche Staatsaufgabenlehre, AöR 111, 595; *ders.*, Verfassung als öffentlicher Prozess, 2. Aufl. 1996; *Hailbronner, K.*, Die Reform des deutschen Staatsangehörigkeitsrechts, NVwZ 1999, 1273; *ders./Renner, G.*, Staatsangehörigkeitsgesetz, 3. Aufl. 2001; *Hebeisen, M.W.*, Staatszwecke, Staatsziele, Staatsaufgaben, 1996; *Hesse, K.*, Verfassung und Verfassungsrecht, HbVerfR § 1, 2. Aufl. 1994; *Isensee, J.*, Gemeinwohl und Staatsaufgaben im Verfassungsstaat, HbStR III, § 57; *Klein, H.H.*, Staatsziele im Verfassungsgesetz – Empfiehlt es sich, den Umweltschutz in das Grundgesetz aufzunehmen?, DVBl. 1991, 729; *Merten, D.*, Über Staatsziele, DÖV 1993, 368; *Sachs, M.*, Normentypen im deutschen Verfassungsrecht, ZfG 6, 1; *Randelzhofer, A.*, Staatsgewalt und Souveränität, HbStR I § 15; *Scheuner, U.*, Staatszielbestimmung

---

20 Vgl. *Grawert*, HbStR I § 14 Rn. 30.
21 S. hierzu insbes. *Ziemske*, Die deutsche Staatsangehörigkeit nach dem Grundgesetz, 1995.

in: FS für Forsthoff, S. 325, 1972; *Sommermann, K.-P.*, Staatsziele und Staatsziel-
bestimmungen, 1997; *Vitzthum, W.*, Staatsgebiet, HbStR I § 16; *Vogel, K.*,
Gebiethoheit, EvStL Sp. 103; *ders.*, Staatsgebiet, EvStL Sp. 3394; *Wolfrum, R.*,
Die Internationalisierung staatsfreier Räume, 1984.

C. Die Strukturprinzipien

§ 12 Strukturprinzipien als verfassungsrechtliche Grundentscheidungen

79   Das GG trifft verschiedene verfassungsrechtliche Grundentscheidungen, die besagen, zu welchen Werten sich die Verfassung unbedingt verpflichten will, welche
Art Staat diese Verfassung organisieren will und welche verfassungsrechtlichen
Ziele, die gegenwärtig noch nicht verwirklicht sind, durch diese Verfassung als
verpflichtend angesehen werden.

80   Zunächst bekennt sich das GG zu der *Unabänderlichkeit der Menschenwürde*; es
setzt sie als vorverfassungsrechtliche (vernunftrechtliche) Rechtsidee voraus.
Diese Wertentscheidung wird verbunden mit der Garantie der Unabänderlichkeit
dieser Verfassungsnorm in Art. 79 Abs. 3.

81   Daneben enthält das GG auch *Strukturprinzipien*, die – wie der Begriff sagt – die
Strukturen des Staates festlegen, den die Verfassung dem Völkerrechtssubjekt
„Deutschland“ gegeben hat. Diese Strukturprinzipien sind:

– *Demokratie* (Art. 20 Abs. 1, Abs. 2)

– *Republik* (Art. 20 Abs. 1)

– *Rechtsstaat* (Art. 20 Abs. 3)

– *Bundesstaat* (Art. 20 Abs. 1)

– *Sozialstaat* (Art. 20 Abs. 1)

82   Schließlich enthält das GG noch *Staatszielbestimmungen*[1].
Dies sollen nach der Sachverständigenkommission Staatszielbestimmungen/
Gesetzgebungsaufträge Verfassungsnormen sein, die mit rechtlich bindender Wirkung der Staatstätigkeit bestimmte Ziele vorschreiben, die sie erfüllen oder beachten müssen.
Es handelt sich mithin nicht um strukturelle Elemente des Grundgesetzes, die diese
Verfassung gestalten, sondern um Ziele, die durch die Staatsorganisation ange-
strebt oder zumindest respektiert werden müssen. Ihnen kommt daher gegenüber
der normativen Grundentscheidung zur Menschenwürde und den Strukturprinzipien nur eine nachrangige Bedeutung zu. Als Staatszielbestimmungen anerkannt
sind:

---
1 Vgl. zum Begriff *Maurer*, Staatsrecht § 6 Rn. 9 ff

– die Pflicht zur Mitwirkung bei der Verwirklichung der europäischen Union (Art. 23 Abs. 1)

– Friedenspflicht (Art. 26)

– Schutz der natürlichen Lebensgrundlagen (Art. 20a)

– Nachteilsbeseitigung für Frauen (Art. 3 Abs. 2 Satz 2)

Der *Schutz der Menschenwürde* wird im Staatsorganisationsrecht nur insoweit **83** behandelt, als er der Ewigkeitsgarantie des Art. 79 Abs. 3 unterliegt. Voraussetzungen und Einzelheiten dieser sehr weitreichenden Bestimmung werden in dem Band Staatsrecht II – Grundrechte ausgeführt. Nachfolgend werden zunächst die Strukturprinzipen behandelt und danach Staatszielbestimmungen, da letztere gegenüber den Strukturprinzipien eine nachrangige Geltung haben.

§ 13 Das Demokratieprinzip

I. Demokratietheoretische Überlegungen

1. Demokratie als Element der antiken Staatsformenlehre

Demokratie (griechisch) bedeutet „Herrschaft des Volkes". Der Begriff Demokra- **84** tie stammt aus der Antike[2] und wurde von der klassischen Einteilung der Staatsformen durch Platon und Aristoteles geprägt. Diese unterschieden drei Formen des Staates, deren zentrales Unterscheidungskriterium darauf abstellt, wer Inhaber der Staatsgewalt ist. Neben der Demokratie, in der das Volk die Staatsgewalt ausübt, gehörten dazu die Monarchie, in der eine Person herrschte und die Aristokratie, in der eine kleine elitäre Gruppe Inhaber der Staatsgewalt ist. Wird die Staatsgewalt nicht zugunsten des allgemeinen Wohls ausgeübt, mutieren die drei Staatsformen zu sog. Entartungen: Despotie oder Tyrannis (für Monarchie), die Oligarchie (für Aristokratie) sowie Ochlokratie (für Demokratie).

2. Allgemeine Vorgaben für die Staatsform

Primärer Staatszweck ist die Beseitigung des Naturzustandes und die Schaffung **85** eines Friedenszustandes durch Abschluss eines Staatsvertrags. Dieser absolutistischen Staatstheorie – mit ihrem Höhepunkt in der Lehre von Thomas Hobbes – liegt das Bild des egoistischen und aggressiven, ohne jegliche ethischen Maßstäbe handelnden Menschen zugrunde. Homo homini lupus (Der Mensch ist des Menschen Wolf) ist die leitende Erkenntnis in *Hobbes* Leviathan.

Wichtigstes Bedürfnis ist die *Sicherung des Friedens* mit allen Mitteln. Deshalb **86** konzentriert die absolutistische Staatstheorie die Staatsgewalt in einer Person – dem absoluten Herrscher. Sie unterliegt keiner anderen Bindung als der ursprüng-

---

2 S. auch die Darstellung bei *Stein/Frank*, Staatsrecht § 8.

lichen Zweckbindung der Staatsgewalt, eine dauerhafte Friedensordnung zu schaffen. Die fehlende Bindung der Staatsgewalt an andere Ziele ermöglicht am effektivsten, diesen als primär erkannten Zweck zu verwirklichen. Dem Gemeinwohl wird durch die Friedensordnung gedient – aus ihr entspringt die Akzeptanz und Bereitschaft der Individuen, sich der absoluten Staatsgewalt freiwillig, bedingungslos und endgültig zu unterwerfen[3]. Um die fehlende Bindung des absoluten Herrschers abzuschwächen, lässt sich der Herrscher im aufgeklärten Absolutismus bei seinen Entscheidungen vom Vernunftprinzip der Aufklärung leiten, um die Staatsgewalt gerecht auszuüben.

Die geschichtliche Entwicklung zeigt jedoch, dass eine absolute, d.h. von allen rechtlichen Bindungen losgelöste Staatsgewalt, konzentriert in einer Person, nicht dauerhaft in der Lage ist, dem Gemeinwohl zu dienen, sondern durch Machtmissbrauch und Willkür gekennzeichnet ist. Es existiert keine gerechte Gemeinordnung, weil der Inhaber der Staatsgewalt (Fürst, König) seine eigenen Interessen dem Gemeinwohl überordnet[4]. Das Ideal eines absoluten Herrschers, der sich bei seinen Entscheidungen nur durch die Vernunft leiten lässt, bleibt eben nur ein Ideal. Eine absolute Entscheidungsgewalt ohne rechtliche Bindungen führt strukturell bedingt zu ungerechten Entscheidungen. Die absolutistische Staatsform ist auch mit dem Bild vom Menschen als freiem, autonomen, vernunftbegabten Wesen unvereinbar. Ein autonomes Wesen unterwirft sich nicht unbedingt und unwiderruflich der Gewalt eines Dritten. Der Staatsform des absoluten Staats ohne rechtliche Bindungen fehlt so die Rechtfertigung.

Die erforderliche rechtliche Bindung der Staatsgewalt kann nur in einer Staatsform erreicht werden, die auch die unabdingbaren Rechte der Individuen respektiert. Die unmittelbare staatsorganisationsrechtliche Antwort darauf ist der Rechtsstaat. Rechtsstaat und Demokratie hängen untrennbar miteinander zusammen, weil schon die theoretische Voraussetzung der demokratischen Staatsform die Gewähr von demokratischen Freiheits- und Gleichheitsrechten ist und eine Demokratie nur in einem rechtsstaatlichen System dauerhaft funktioniert.

3. Rechtfertigung der demokratischen Staatsform

87 Einzig die demokratische Staatsform ist in der Lage, den Interessen des freien, autonomen Individuums zu dienen und gleichzeitig ein Gemeinwesen dauerhaft zu organisieren. Der Konflikt zwischen dem Bestreben des Menschen nach Selbstbestimmung und dem Bedürfnis nach Zusammenleben in einem Staat wird in der Demokratie dadurch gelöst, dass der Einzelne sich freiwillig der Staatsgewalt unterwirft bzw. sich verpflichtet, das staatliche Handeln zu akzeptieren. Gleichzeitig erwirbt er aber das Recht, die *Staatsgewalt gemeinsam mit allen anderen Bürgern auszuüben*.

Durch die politischen Mitwirkungsrechte sind die Staatsbürger in der Lage, die Staatsgewalt zu kontrollieren. Die Staatsgewalt handelt nur, wenn die ihr Unterworfenen diese Entscheidung fällen. Es gilt das Ideal der Einheit von Regierenden und Regierten.

Wesentliches Merkmal der Demokratie ist also, dass das *Staatsvolk einen gemeinsamen Willen aus der Summe aller Einzelwillen seiner Angehörigen bildet*, der

---

3 Vgl. *Zippelius*, Allg. Staatslehre § 17 II m.w.N.
4 Vgl. *Zippelius*, Allg. Staatslehre § 17 III m.w.N.

identisch ist mit dem Staatswillen. Durch die Teilnahme an der staatlichen Willensbildung unterwirft sich der Einzelne gleichzeitig dem gemeinsamen Willen – also dem Willen des Staats, der mittels der staatlichen Gewalt ausgeübt wird. Der gemeinsame Wille enthält jeden einzelnen Willen und führt so zu gerechten, mit den Interessen aller übereinstimmenden Entscheidungen. Die rechtliche Bindung der Staatsgewalt entsteht durch die rechtlich verbürgte gleiche und freie Teilhabe und Einflussnahme aller bei Gelegenheit ihrer Ausübung.

Aus der prinzipiellen Einheit von staatlichem Willen und Volkswillen entsteht das **88** Kriterium der *demokratischen Legitimierung jeglicher staatlicher Gewalt.* Ausgeübte staatliche Gewalt ist nur demokratisch legitimiert, wenn sie auf einem Willensakt des Volkes beruht. Der Satz „Alle Staatsgewalt geht vom Volke aus" in Art. 20 Abs. 2 Satz 1 beschreibt die Eigenschaft des Volkes als Ursprung aller staatlichen Gewalt und das Erfordernis, alle Ausübung staatlicher Gewalt auf einen Willensakt des Staatsvolkes zurückführen zu können.

4. Notwendige Eigenschaften der demokratischen Staatsform

Die Rechtfertigung der demokratischen Staatsform beruht auf der Idee, dass sich **89** der gemeinsame Wille – gleichbedeutend mit dem Willen des Staats – und der Wille aller Individuen decken, so dass sich in dieser Staatsform individuelle Interessen und gerechte Gemeinordnung ausgleichen lassen. Eine demokratische Staatsform, die diesem Ideal möglichst nahe kommen will, muss in ihrer Verfassung zusätzliche Elemente regeln, und auch Grundentscheidungen treffen, welcher der verschiedenen Spielarten der Demokratie sie folgen will.

a) Gleiche staatsbürgerliche Mitwirkungsrechte. Demokratie bedeutet die *Teil-* **90** *habe aller Staatsbürger an der staatlichen Willensbildung und der Ausübung der Staatsgewalt.* Impliziert wird damit das Recht jedes Staatsbürgers, an der staatlichen Willensbildung und Willensausübung mitwirken und mitentscheiden zu können. Eine demokratische Staatsform muss deshalb jedem Einzelnen die gleichen politischen Mitwirkungsrechte gewähren und ihre freie Ausübung garantieren: also *Stimmrechte, Meinungsfreiheit, Versammlungsfreiheit.* Eine sachgerechte Mitwirkung an den politischen Entscheidungsprozessen ist nur unter Einschluss der entsprechenden Kommunikations- und Informationsrechte möglich. Diese Rechte müssen effektiv gewährt bzw. vom Staat gewährleistet werden.
Welche Rechte im Einzelnen gegeben sein müssen, hängt mit der konkreten verfassungsrechtlichen Ausgestaltung einer Demokratie zusammen. In einer repräsentativen Demokratie, in der eine Volksvertretung gewählt wird, ist ein allgemeines, freies, gleiches, geheimes Wahlrecht unverzichtbar. In einer unmittelbaren Demokratie muss ein entsprechendes Abstimmungsrecht bestehen.

Neuralgischer Punkt der staatsbürgerlichen Mitwirkungsrechte ist die Frage, wer **91** aus dem Staatsvolk zu den Inhabern gehört. Der (demokratischen) Staatsgewalt unterworfen sind alle Mitglieder des Staatsvolks (= alle Staatsangehörigen). Demokratische Rechte haben aber nur die sog. *aktiven Staatsbürger.* Nach dem modernen Menschenbild sind alle Staatsangehörigen auch aktive Staatsbürger, die die Fähigkeit haben, sinnvoll am politischen Entscheidungsprozess teilzunehmen. Kriterien wie Vermögen, Rasse oder Geschlecht sind unzulässig, weil sie nicht in

einem rational nachvollziehbaren Zusammenhang mit der von der Idee der
Gleichheit getragenen Partizipation des Staatsvolkes an der Willensbildung des
Staates stehen. Kriterien der Ausschließung des Einzelnen am Willensbildungsprozess des Staatsvolks können in formeller Hinsicht nur solche sein, bei denen Zweifel an der prinzipiellen Vernunftgemäßheit der individuellen Entscheidung auftauchen können. Das sind alle Fälle, bei denen Zweifel an der vernunftgemäßen
Willensbildung überhaupt bestehen, also z.B. bei Menschen unterhalb einer
bestimmten Altersgrenze oder bei allgemein in der geistigen Tätigkeit beschränkten.

Darüber hinaus gelten natürlich alle Kriterien, die ganz allgemein Voraussetzung
der Zugehörigkeit zum Staatsvolk sind. Ausländer können also im Prinzip von
Wahlen ausgeschlossen werden, ohne dass damit der Begriff der Demokratie in
Frage gestellt ist.

92 Der Demokratiebegriff im antiken Griechenland, der uns heute noch oft als ver-
klärtes Ideal vor Augen steht, hatte mit diesem Demokratieverständnis allerdings
wenig zu tun. Die griechische Demokratie hatte kein Problem mit der Haltung
von Sklaven. Nach antikem Selbstverständnis waren neben Kindern auch Frauen
von der Partizipation am Staatswillen ausgeschlossen. Die eigentlichen Träger der
Demokratie reduzierten sich somit auf weniger als 1/3 der tatsächlich der Gewalt
Unterworfenen.

93 b) **Demokratisch legitimiertes Repräsentativsystem.** Notwendige Einrichtung
jeder Demokratie ist ein System von Repräsentanten, die für das Volk den maßgeblichen staatlichen Willen bilden. Die vollständige Teilnahme jedes Einzelnen
gleichermaßen an jeglichen staatlichen Willensbildungen ist aus räumlichen, zeitlichen und tatsächlichen Gründen unmöglich.

94 Die tatsächliche Unmöglichkeit, alle gleichermaßen an der politischen und staatlichen Willensbildung effektiv teilnehmen zu lassen, führt zu einem notwendigen
Defizit gegenüber dem demokratischen Ideal. Eine *repräsentative Willensbildung*
sucht diese Schwierigkeit, jeden an der staatlichen Willensbildung teilnehmen zu
lassen, zu überwinden. Sie transformiert den Willen des Volkes auf eine entsprechend kleinere Menge von Personen, die effizienter, rationaler und schneller handeln kann. Sie kann sogar Demokratiedefizite ausgleichen, die durch den Ausschluss von Teilen des Staatsvolks (z.B. Kinder, Geisteskranke) von der staatlichen
Willensbildung entstehen, indem die Volksvertreter den mutmaßlichen Willen
bzw. die Interessen dieser Personen bündeln und in ihre Entscheidungen mit ein-
fließen lassen.

95 Im engeren Sinne versteht man unter Repräsentation des Volkes die Wahrnehmung der Gesetzgebung als Staatsfunktion durch *unmittelbar vom Volk bestimmte Volksvertreter.* Synonym werden vor allem die Begriffe Parlament/Parlamenta-
rier gebraucht und im Grundgesetz die Bezeichnung Bundestag/Abgeordneter.
Im weiteren Sinne meint der Begriff Repräsentativsystem aber alle Staatsorgane
und andere Stellen, die staatliche Funktionen ausüben, weil sie die Staatsgewalt,
die ideal vollständig unmittelbar vom Volk ausgeht, in ihrem Aufgabenbereich
stellvertretend für das Volk ausüben. Unterscheiden kann man eine personelle
Repräsentation durch gewählte Vertreter und eine funktionale Repräsentation
durch Erfüllung der staatlichen Aufgaben durch staatliche Organe und Stellen.

Die Einrichtung eines Repräsentativsystems sagt noch nichts aus über das Verhält-   **96**
nis zwischen den Repräsentanten und dem Volk. Die Transformation des Volks-
willens auf seine Repräsentanten kann dergestalt erfolgen, dass die Vertreter weisungsabhängig sind und nicht unabhängig entscheiden (sog. *imperatives Mandat*).
Eine solche Bindung ist organisatorisch mit der ständigen Abrufbarkeit des Volks-
vertreters verknüpft. Dieser unterliegt der ständigen Kontrolle durch das Volk.
Entscheidet der Repräsentant jedoch für das Volk nach seiner eigenen freien Überzeugung und ist der Volksvertreter auch nicht vor Ende seiner Amtszeit abrufbar
(*freies Mandat*), dann reduziert sich die effektive demokratische Kontrolle auf den
Akt der periodischen Neuentscheidung des Volkes über seine Repräsentanten.

Besteht ein repräsentatives System, dann müssen die Repräsentanten vom Volk   **97**
kontrolliert werden (unmittelbare demokratische Legitimierung). Soweit eine
direkte Kontrolle nicht möglich ist, müssen zumindest die Repräsentanten diese
Aufgabe für das Volk wahrnehmen (mittelbare demokratische Legitimierung).
Das BVerfG führt dazu aus:

> In der freiheitlichen Demokratie geht alle Staatsgewalt vom Volke aus. Sie wird vom
> Volk in Wahlen und Abstimmungen und durch besondere Organe der Gesetzgebung,
> der vollziehenden Gewalt und der Rechtsprechung ausgeübt [...]. Alle Organe und
> Vertretungen, die Staatsgewalt ausüben, bedürfen hierfür einer Legitimation, die sich
> auf die Gesamtheit der Bürger als Staatsvolk zurückführen lässt [...]. Das demokrati-
> sche Prinzip erstreckt sich nicht nur auf bestimmte, sondern auf alle Arten der Aus-
> übung von Staatsgewalt [...]. Die verfassungsrechtlich notwendige demokratische
> Legitimation erfordert eine ununterbrochene Legitimationskette vom Volk zu den mit
> staatlichen Aufgaben betrauten Organen und Amtswaltern. Die Legitimation muss
> jedoch nicht in jedem Fall durch eine unmittelbare Volkswahl erfolgen. In aller Regel
> genügt es, dass sie sich mittelbar auf das Volk als Träger der Staatsgewalt zurückführen
> lässt[5].

In der durch das Grundgesetz verfassten freiheitlichen Demokratie geht alle
Staatsgewalt vom Volke aus. Sie wird vom Volk in Wahlen und Abstimmungen
und durch besondere Organe der Gesetzgebung, der vollziehenden Gewalt und
der Rechtsprechung ausgeübt [...]. Diesen Organen wird die demokratische Legitimation, derer sie bedürfen, damit das Volk durch sie die von ihm ausgehende
Staatsgewalt ausübt, durch Wahlen vermittelt[6].
Art. 20 Abs. 2 Satz 2 gestaltet den Grundsatz der Volkssouveränität aus. Er legt
fest, dass das Volk die Staatsgewalt, deren Träger es ist, außer durch Wahlen und
Abstimmungen durch besondere Organe der Gesetzgebung, der vollziehenden
Gewalt und der Rechtsprechung ausübt. Das setzt voraus, dass das Volk einen
effektiven Einfluss auf die Ausübung der Staatsgewalt durch diese besonderen
Organe hat. Deren Akte müssen sich auf den Willen des Volkes zurückführen
lassen. Dieser Zurechnungszusammenhang zwischen Volk und staatlicher Herrschaft wird vor allem durch die Wahl des Parlaments, durch die von ihm beschlossenen Gesetze als Maßstab der vollziehenden Gewalt, durch den parlamentarischen Einfluss auf die Politik der Regierung sowie durch die grundsätzliche
Weisungsgebundenheit der Verwaltung gegenüber der Regierung hergestellt[7].

---

5 BVerfGE 77, 1, 40 m.w.N.
6 BVerfGE 83, 60, 70 f.
7 BVerfGE 93, 37, 66.

Außerdem benennt das GG noch eine weitere, nichtstaatliche Institution, die bei der Willensbildung des Volkes mitwirkt, die politischen Parteien nach Art. 21.

98 **c) Transparenz der staatlichen Entscheidungsverfahren.** Die Willensbildung des Volkes setzt hinreichende Information voraus. Eine moderne Demokratie ist daher nicht denkbar ohne grundsätzliche Transparenz der staatlichen und politischen Willensbildung. Nur durch Transparenz besteht die Möglichkeit der Meinungsbildung und der Kontrolle der Repräsentanten durch das Volk. Aus diesem Grund setzt der politische Willensbildungsprozess in den Staatsorganen ein Höchstmaß an Öffentlichkeit voraus, das allerdings nicht die grundsätzliche Entscheidungsfähigkeit der Staatsorgane beeinträchtigen darf.

99 **d) Mehrheitsprinzip.** Eine wirkliche gemeinsame Willensbildung des Volkes am Ende eines langen Diskurses, bei dem sich die besseren Argumente für eine Entscheidung durchgesetzt haben, ist eine Utopie, welche, bei einem Staatsvolk, das Millionen zählt, nicht realisierbar ist. Der prinzipiell auch in einer Massendemokratie zu führende Diskurs bedarf daher eines Diskursbegrenzungsverfahrens. Jede Massendemokratie benötigt ein *dezisionistisches* Element. Dieses dezisionistische Element kann nur eine Mehrheitsentscheidung sein, vermittelt durch ein vorher festgelegtes Abstimmungsverfahren.
Das BVerfG zählt das Mehrheitsprinzip zu den fundamentalen Prinzipien der Demokratie[8]. Durch das Mehrheitsprinzip werden demokratische Entscheidungen erst möglich – es reduziert aber die garantierte gleiche Beeinflussung des staatlichen Willens auf die garantierte gleiche Chance zur Einflussnahme.

100 Der Wille der Minderheit fließt – jedenfalls nicht in formaler Hinsicht – zwangsläufig nicht in das Ergebnis der staatlichen Willensbildung ein. Die primäre Rechtfertigung ergibt sich aus dem Bedürfnis, in demokratischen Strukturen überhaupt zu Entscheidungen zu kommen, die sich möglichst nahe an das Ideal der Einstimmigkeit anlehnen. Legitim sind Mehrheitsentscheidungen aber nur dann, wenn der Entscheidung der Mehrheit eine *gleichberechtigte Teilnahme* der Bürger zugrunde liegt und der Entscheidung ein freier, offener, gleichberechtigter Prozess der Meinungsbildung vorangegangen ist.

101 Die gleichberechtigte Teilnahme korrespondiert mit den *staatsbürgerlichen Mitwirkungsrechten*. Demokratisch ist eine Entscheidung nur, wenn jeder Bürger die gleiche Chance hat, durch seine Mitwirkung Einfluss auf die Ausübung der Staatsgewalt zu nehmen. Er muss die Chance haben, dass seine Meinung die Zustimmung der Mehrheit erlangt und sein Votum gleichwertig für die Entscheidungsfindung ist. Essentiell ist dafür auch die Gewährung von Rederechten, Antragsrechten etc., die ein faires Verfahren garantieren.

102 **e) Demokratischer Minderheitenschutz.** Eine Demokratie ohne Mehrheitsprinzip ist nicht entscheidungsfähig und damit als Staatsform ineffizient. Eine Demokratie ohne Minderheitenschutz bringt aber die Gefahr mit sich, dass die Mehrheit die Entscheidungsgewalt missbraucht. Daher muss die Minderheit effektiv geschützt werden. Ein solcher Missbrauch durch radikale Unterdrückung von Minderheiten wurde uns selbst durch sehr alte und stabile Demokratien vor Augen geführt. So

---

8 BVerfGE 29, 154, 165.

institutionalisierten die Vereinigten Staaten von Amerika – obwohl demokratisch organisierter Verfassungsstaat – die Unterdrückung der schwarzen Minderheit durch staatliche Gestattung der Sklaverei. Ähnliche Ansätze kamen auch während des Zweiten Weltkrieges auf, als nationale Minderheiten japanischer Abstammung in Folge der Kriegsteilnahme Japans unspezifisch verdächtigt und letztlich ohne tragfähige rechtliche Basis in Lagern interniert und entrechtet wurden.

Die Gefahr des Missbrauchs liegt darin, dass der Wille der Mehrheit bei einer Demokratie ohne zusätzliche Sicherungselemente keiner materiellen Bindung unterliegt und zu ungerechten Entscheidungen zu Lasten der Minderheit führen kann.

f) Rechtsstaatliche Anforderungen. Demokratie alleine gewährleistet nur die Ent- **103** scheidung der Mehrheit. Wie in den USA, England und Frankreich geschehen, kann die Mehrheit ihre Rechtsposition in schrecklicher Weise missbrauchen, indem sie z.B. Sklaverei zulässt oder ganz allgemein Minderheiten unterdrückt. Demokratie alleine garantiert in einem Staat nur wenig, insbesondere garantiert sie keine Rechtssicherheit und schon gar nicht Gerechtigkeit. Um zu verhindern, dass eine Demokratie Diktatur der Mehrheit ist, bedarf dieses Strukturelement der notwendigen Ergänzung durch die Idee des Rechtsstaates.

Zu den rechtsstaatlichen Bindungen der Demokratie zählen vor allem die *Grund-* **104** *rechte*, die dem Bürger Schutz und Freiraum vor dem Staat garantieren, und die *Gewaltenteilung*. Die Gewaltenteilung bewirkt die Aufteilung der Staatsgewalt in funktional und personal getrennte Gewalten sowie in verschiedene staatliche Ebenen und die gegenseitige Kontrolle der getrennten Gewalten bzw. der staatlichen Organe.

Das BVerfG führt zu demokratischen Entscheidungsverfahren nach dem Mehr- **105** heitsprinzip aus:

> „Nur wenn die Mehrheit aus einem freien, offenen, regelmäßig zu erneuernden Mei-
> nungs- und Willensbildungsprozess, an dem grundsätzlich alle wahlmündigen Bürger
> zu gleichen Rechten teilhaben können, hervorgegangen ist, wenn sie bei ihren Entschei-
> dungen das – je und je – zu bestimmende Gemeinwohl im Auge hat, insbesondere auch
> die Rechte der Minderheit beachtet und ihre Interessen mitberücksichtigt, ihr zumal
> nicht die rechtliche Chance nimmt oder verkürzt, zur Mehrheit von Morgen zu wer-
> den, kann die Entscheidung der Mehrheit bei Ausübung von Staatsgewalt als Wille der
> Gesamtheit gelten und nach der Idee der freien Selbstbestimmung aller Bürger Ver-
> pflichtungskraft für alle entfalten"[9].

II. Einzelne Demokratietypen der Gegenwart

Die Struktur der demokratischen Staaten der Gegenwart kann man auf einzelne **106** Grundelemente reduzieren. Diese Grundelemente finden sich aber nicht in Rein- form wieder, sondern sind, abgeschwächt durch andere Staatsformelemente, mit- einander kombiniert oder existieren nur auf dem Papier.

---

9 BVerfGE 44, 125, 142 – *Öffentlichkeitsarbeit der Bundesregierung.*

1. Direkte und indirekte Demokratie

107 Unterscheidungskriterium zwischen direkter und indirekter Demokratie ist, ob das Volk die Sachentscheidungen unmittelbar selbst trifft oder diese von einer Volksvertretung getroffen werden, deren Zusammensetzung das Volk vorher bestimmt hat[10].

108 In der *direkten* Demokratie fällt das Volk selbst die Sachentscheidungen. Sie entspricht dem reinen demokratischen Konzept, in dem der staatliche Wille vollständig und permanent vom Volk selbst gebildet wird. Die direkte Demokratie verkörpert das Ideal der Einheit zwischen dem Willen des Volkes und dem Willen des Staates. Direkte demokratische Entscheidungen besitzen die höchste, demokratische Legitimation. Anstelle des Begriffes direkte Demokratie wird auch die Bezeichnungen repräsentative Demokratie verwendet.

109 In einer *indirekten* Demokratie ist die Entscheidungsbefugnis des Volkes auf die Bestimmung seiner Repräsentanten beschränkt. Die staatliche Willensbildung erfolgt danach durch die Repräsentanten, die alle Sachentscheidungen autonom fällen. Das Volk ist auf eine periodisch wiederkehrende Personalentscheidung beschränkt.

110 Das GG geht von einem System der indirekten Demokratie aus, das plebiszitäre Elemente zwar nicht ausschließt, aber nur äußerst sparsam beinhaltet. Beispiel für eine demokratische staatliche Ordnung mit intensiven plebiszitären Elementen ist die Schweizer Bundesverfassung. Sie gewährt dem Volk umfangreiche Mitwirkungsrechte und Entscheidungsbefugnisse, die vor allem die staatliche Gesetzgebung beeinflussen.

111 Die Unterscheidung zwischen direkter und indirekter Demokratie findet sich in Art. 20 Abs. 1 Satz 2 in den Begriffen „Wahlen" und „Abstimmungen" wieder. Wahlen sind Personalentscheidungen des Volkes, in denen seine Repräsentanten bestimmt werden – gem. Art. 38 Abs. 1 in der Bundesrepublik Deutschland die Bundestagsabgeordneten. Entscheidet das Volk dagegen in einer Sachfrage, handelt es sich um eine Abstimmung[11].

112 Für die Möglichkeit des Volkes, direkt zu Sachfragen Stellung zu nehmen, unterscheidet man eine Anzahl von Begriffen[12]:

– die *Volksabstimmung* (= Abstimmung gem. Art. 20 Abs. 1 Satz 2) ist das Verfahren, in dem das Volk über eine Sachfrage entscheidet.

– der *Volksentscheid* ist das Ergebnis einer Volksabstimmung.

– das *Volksbegehren* ist der Antrag aus dem Volk auf Durchführung einer Volksabstimmung.

– die *Volksinitiative* ist der Antrag des Volkes, dass sich die Volksvertretung mit einer Sachfrage beschäftigt und darüber entscheidet.

---

10 Vgl. *Maurer*, Staatsrecht § 7 Rn. 7.
11 *Degenhart*, Staatsrecht Rn. 13.
12 Nach *Maurer*, Staatsrecht § 7 Rn. 31.

– die *Volksbefragung* ist die von staatlichen Stellen initiierte, unverbindliche Befragung des Volkes, um ein politisches Meinungsbild zu einer Sachfrage zu ermitteln.

– das *Referendum* ist ein Sonderfall der Abstimmung, bei der das Volk innerhalb des staatlichen Gesetzgebungsverfahrens über eine Sachfrage mitentscheidet.

2. Präsidiale und parlamentarische Demokratie

In der *präsidialen* Demokratie wird der Präsident, der dort das tatsächliche Oberhaupt der Regierung ist, direkt vom Volk gewählt (USA, Frankreich). Die demokratische Legitimierung der Regierung erfolgt nicht durch das Parlament, sondern durch die Wahl des Volkes. Die Regierung ist – vorbehaltlich der jeweiligen verfassungsmäßigen Rechte des Parlaments – nicht dem Parlament, sondern nur dem Volk verantwortlich. Allerdings nimmt das Parlament regelmäßig die Kontrolle der Regierung durch seine parlamentarischen Rechte für das Volk wahr. Beispiel sind das Budgetrecht oder das amerikanische Amtsenthebungsverfahren, für das der Kongress die Initiative und Kompetenz innehat. In der Präsidialdemokratie hat die Regierung durch die größere Unabhängigkeit vom Parlament eine stärkere Stellung als in der parlamentarischen Demokratie. Ein Wechsel der politischen Mehrheiten im Parlament führt nicht zu einem Regierungswechsel wie in der parlamentarischen Demokratie. **113**

In der *parlamentarischen* Demokratie wählt das Volk seine Vertretung. Darin erschöpft sich regelmäßig die unmittelbare Willensausübung des Volkes. Die weiteren Staatsorgane und insbesondere die Regierung werden nur noch mittelbar vom Volk bestimmt durch entsprechende Wahlen des Parlaments. In der parlamentarischen Demokratie ist die Volksvertretung das zentrale staatliche Organ, weil es als einziges unmittelbar demokratisch legitimiert ist. **114**

3. Exekutive und legislative Demokratie

Die Unterscheidung zwischen legislativer und exekutiver Demokratie bezieht sich auf die Frage, ob der Schwerpunkt der staatlichen Gewaltausübung in der Exekutive oder in der Legislative liegt. Entsprechende Bedeutung für die staatliche Rechtsordnung haben aufgrund dieser Vorentscheidung auch die Rechtsakte, denen sich Legislative und Exekutive zu ihrer Aufgabenerfüllung bedienen. Während die Legislative sich des Instruments des Gesetzes bedient, vollzieht die Exekutive ihre Aufgaben durch Exekutivakte wie Rechtsverordnungen, Verwaltungsakte oder Realakte. In einer legislativen Demokratie gilt grundsätzlich das Primat des Gesetzes, während es in einer exekutiven Demokratie nur einen begrenzten Gesetzeskatalog gibt. Der Stärke der Position des Parlaments im legislativen Demokratiemodell entspricht die starke Stellung der Verwaltung in der exekutiven Demokratie. Beispiel für eine exekutive Demokratie ist Frankreich, während das GG eine legislative Demokratie statuiert. **115**

4. Rätedemokratie

116 Kennzeichen einer Rätedemokratie ist, dass die staatliche Organisation auf allen Ebenen aus einem System von Räten besteht. Idee der Rätedemokratie ist, dass sich das Volk unmittelbar selbst regiert und sich dafür auf der untersten Ebene in Räten organisiert, in denen es seine Angelegenheiten selbst regelt. Soweit höhere staatliche Ebenen erforderlich sind werden höherstufige Räte bis zur obersten staatlichen Ebene gewählt.

117 Räte sind öffentliche, vom Volk gewählte Delegiertenversammlungen. Sie sind grundsätzlich allzuständig, d.h. sie können in jeglicher Angelegenheit tätig werden. Es existiert keine funktionale und personale Trennung von Exekutive und Legislative. Auch die Rechtsprechung unterliegt der Kontrolle der Räte. Die Richter haben keine unabhängige Position, sondern werden von den Räten befristet gewählt und sind jederzeit abrufbar. Die Räte selbst unterliegen der permanenten Kontrolle durch das Volk, werden befristet gewählt und sind jederzeit abrufbar. Die Wahl in einen Rat bedeutet ein imperatives Mandat, d.h. Räte entscheiden nicht frei und unabhängig, sondern in öffentlichen Sitzungen nach Maßgabe des Volkes. Im Ergebnis ist die Rätedemokratie eine Organisationsform der direkten Demokratie zu Lasten maßgeblicher rechtsstaatlicher Elemente wie der Gewaltenteilung und des Minderheitenschutzes[13].

118 Die Rätedemokratie war seit 1917 wesentlicher Teil der Staatsform der Sowjetunion (Räte = Sowjets) und nach 1945 in den meisten früheren Ostblockstaaten. Allerdings darf nicht verkannt werden, dass in diesen Ländern eine Rätedemokratie nur dem Begriff nach herrschte. Nirgendwo war die staatliche Organisation so geregelt, dass sich der Volkswille tatsächlich von unten nach oben entfalten konnte. Bei genauerem Hinsehen entpuppte sich die jeweilige sog. Rätedemokratie stets als eine Oligarchie der kommunistischen Partei. Der Willensbildungsprozess vollzog sich stets von oben nach unten und nicht umgekehrt.

5. „Volksdemokratie"

119 Der Begriff „Volksdemokratie" ist eine Wortschöpfung der früheren Ostblockstaaten, die man zu Recht als zynischen Pleonasmus bezeichnen kann[14]. Kennzeichnend für die Volksdemokratien war, dass das Volk sich durch Wahlen eine Volksvertretung schaffen konnte. Die Volksvertretungen waren keine wirklichen demokratischen Staatsorgane. Die Wahl ihrer Vertreter wurde von einer staatstragenden Partei dominiert, die allenfalls von den sog. Blockparteien auf Einheitslisten ergänzt wurden. Ein demokratischer Wettbewerb um die Stimmen der Wähler war von vornherein ausgeschlossen. Die Volksvertretung besaß zudem auch keine tatsächliche staatliche Macht.

---

13 Vgl. *Zippelius*, Allg. Staatslehre § 44 I m.w.N.
14 Vgl. *Maurer*, Staatsrecht § 7 Rn. 12.

III. Die Elemente der Demokratiekonzeption des Grundgesetzes

1. Demokratisch legitimiertes Repräsentativsystem

Die für das Demokratieprinzip zentrale Vorschrift des GG ist Art. 20 Abs. 2. **120**
Danach übt das Volk seine Staatsgewalt unmittelbar durch Wahlen (Personalentscheidungen) und Abstimmungen (Sachentscheidungen) aus, während die staatlichen Funktionen der Gesetzgebung, Rechtsprechung und vollziehenden Gewalt
besonderen Organen vorbehalten sind. Das Repräsentativsystem des Grundgesetzes besteht *personell aus den gewählten Volksvertretern* und *funktional aus den
besonderen Staatsorganen* sowie den ihnen nachgeordneten Stellen, die mit staatlichen Aufgaben betraut sind. Das Grundgesetz geht also von einer demokratischen Grundordnung aus, die offen für unmittelbare und repräsentative Elemente
ist.

a) Repräsentative Demokratie. Obwohl das GG in Art. 20 Abs. 2 Satz 2 formu- **121**
liert, dass die Staatsgewalt vom Volk in Wahlen und Abstimmungen ausgeübt
wird, geht die ganz herrschende Meinung davon aus, dass Abstimmungen (Plebiszite) nur insoweit zulässig sind, als das GG diese Abstimmungen außerhalb des
Art. 20 besonders anordnet. Weitere Abstimmungen könnten danach nur durch
eine Verfassungsänderung vorgenommen werden[15].
Das GG konkretisiert danach die Ausübung der Staatsgewalt durch das Volk in
einem streng repräsentativen System (Art. 20 Abs. 2 Satz 2). Abstimmungen sind
im GG nur in Art. 29 bei Änderungen der Gliederung des Bundesgebiets vorgesehen. Weitere Elemente der unmittelbaren Demokratie, in der das Volk direkt und
verbindlich über Sachfragen entscheidet, fehlen im GG. Die unmittelbare demokratische Willensäußerung des Volkes ist in Art. 38 geregelt (Wahl der Repräsentanten als Abgeordnete in den Bundestag). Die Abgeordneten erhalten durch ihre
Wahl ein freies Mandat, da sie unabhängig vom Willen des Volkes entscheiden
und ihr Status als Abgeordneter nicht vorzeitig gegen ihren Willen aufgehoben
werden kann. Auf die Besetzung aller anderen Staatsorgane hat das Volk keinen
unmittelbaren Einfluss. Das GG geht also davon aus, dass die **unmittelbare Äußerung des Volkswillen** praktisch nur *in der Wahl seiner Repräsentanten in den
Bundestag* besteht und die *weitere staatliche Willensbildung nur durch staatliche
Organe selbst* erfolgt.

b) Zulässigkeit von Abstimmungen. Die verfassungsrechtliche Entscheidung für **122**
eine strikt repräsentative Demokratie schließt jedoch nicht aus, dass im GG Elemente einer unmittelbaren Demokratie enthalten sein können, d.h. die Durchführung von Volksabstimmungen ist mit der repräsentativen Demokratie nicht gänzlich unvereinbar.

An wenigen Stellen des GG ist die *unmittelbare Beteiligung* des Volkes ausdrück- **123**
lich vorgesehen (Art. 29, 118, 118a, 146). Es stellt sich allerdings die Frage, ob
auf Bundesebene auch in anderen Bereichen eine Volksabstimmung möglich ist.
Richtigerweise ist jedoch der Wortlaut des Art. 20 Abs. 2 Satz 2, der von Abstim-

---

15 *Stern*, Staatsrecht I S. 607; *Herzog*, in: Maunz/Dürig Art. 20 II, Rn. 43; *Ipsen*, Staatsrecht Rn. 129.

mungen spricht, so zu verstehen, dass dieser nur auf die im GG an anderer Stelle vorgesehenen Abstimmungen verweist. Eine unmittelbare und für die Staatsorgane bindende Beteiligung des Volkes ist daher über die im GG vorgesehenen Fälle hinaus unzulässig[16]. Für eine Stärkung der plebiszitären Elemente müsste das GG geändert werden.

124 Dagegen ist eine *konsultative Volksbefragung*, die keine Bindung der Staatsorgane bewirkt, mit dem GG vereinbar.

> **Beispiele:**
>
> – Die Bundesregierung beabsichtigt, die Bundeswehr in eine Freiwilligenarmee umzuwandeln und hat einen Gesetzentwurf vorbereitet. Um die politische und gesellschaftliche Zustimmung zu diesem Gesetz einschätzen zu können, möchte sie eine offizielle Volksbefragung durchführen, die von den Kommunalverwaltungen organisiert wird. Zulässig?
>
> – Die Bundesregierung beauftragt ein Meinungsforschungsinstitut mit der Durchführung einer Umfrage, um herauszufinden, ob die Bevölkerung noch hinter der allgemeinen Wehrpflicht steht. Zulässig?

125 **c) Demokratische Legitimierung.** Nur der Bundestag wird durch die Bundestagswahl vom Volk unmittelbar demokratisch legitimiert. Alle anderen staatlichen Organe, die Staatsgewalt ausüben, bedürfen einer abgeleiteten, mittelbaren Legitimierung. Diese Legitimierung kann durch den Bundestag vermittelt werden, aber auch durch eine Kette von mittelbar demokratisch legitimierten Organen. Aufgrund der bundesstaatlichen Ordnung ist es auch möglich, dass eine demokratische Legitimierung über die Länderebene vermittelt wird.

126 Unterschieden werden kann zwischen einer personellen und einer funktionalen Legitimierung. *Personelle Legitimierung* wird dadurch erreicht, dass die personelle Besetzung von Staatsorganen und öffentlichen Ämtern von einer unmittelbar legitimierten Quelle ausgeht. Anknüpfungspunkt ist nicht das staatliche Handeln selbst, sondern die handelnde(n) Person(en). Auf der Bundesebene ist dies der Bundestag, der Wahlorgan insbesondere für den Bundeskanzler als Spitze der Exekutive ist. Bei der *funktionalen Legitimierung* staatlichen Handelns ist das formelle Gesetz Grundlage. Ein formelles Gesetz wird vom Bundestag als unmittelbar demokratisch legitimiertem Staatsorgan beschlossen und ermächtigt den Staat bzw. den staatlichen Gesetzesadressaten zum mittelbar demokratisch legitimierten Handeln.

> **Beispiele:**
>
> – Die Bundesregierung wird dadurch demokratisch legitimiert, dass sie von der Mehrheit des Bundestags gewählt wird. Der Bundestag ist durch die Bundestagswahl unmittelbar demokratisch legitimiert.
>
> – Die demokratische Legitimation des Bundespräsidenten wird von der Bundesversammlung vermittelt. Die Mitglieder der Bundesversammlung sind die unmittelbar gewählten Mitglieder von Bundestag und Vertreter der Länder (vgl. Art. 54 Abs. 3). Die Vertreter der Bundesländer werden von den jeweiligen Landtagen gewählt und dadurch mittelbar demokratisch legitimiert.

---

16 Vgl. *Sachs*, in: Sachs Art. 20 Rn. 31 ff.; *Stern*, Staatsrecht II S. 16.

2. Herrschaft auf Zeit

Eine unmittelbare Demokratie benötigt keine Wahlen, da das Volk jeweils selbst **127** Legislative, Exekutive und Jurisdiktionsgewalt innehat. In einer repräsentativen Demokratie wird die ursprüngliche Herrschaft des Volkes aber auf eine andere Organisation delegiert. Diese Organisation, die die eigentliche Herrschaftsgewalt ausübt, wäre aber nichts anderes als eine Aristokratie oder eine Monarchie, wenn die Übertragung der Herrschaftsgewalt unwiderruflich wäre. Jede Demokratie, die über ein repräsentatives System verfügt, bedarf daher einer zeitlichen Beschränkung der Herrschaftsübertragung. Eine repräsentative Demokratie benötigt daher ein Wahlsystem. Repräsentative Demokratie bedeutet Delegation der ursprünglichen Herrschaftsgewalt auf Zeit.

Im GG regelt Art. 39 Abs. 1 Satz 1 den *Grundsatz* der Herrschaft auf Zeit. Die **128** Wahl des Bundestags ist der Willensakt des Volkes, mit dem es die Staatsgewalt seinen Vertretern überantwortet. Mit Ablauf der Legislaturperiode (vier Jahre) fällt die Staatsgewalt wieder an das Volk zurück, das in einem neuen Wahlakt eine neue Volksvertretung bestimmt. Die Ämter des Bundeskanzlers und der Bundesregierung sind an die zeitliche Beschränkung der Übertragung der Herrschaftsgewalt auf den Bundestag gebunden. Mit dem Mandat des Bundestags entfällt auch die Regierungsgewalt.

3. Parlamentarismus

Der Begriff „Parlamentarismus" im staatsorganisatorischen Sinne ist eine Sam- **129** melbezeichnung für staatliche Ordnungen, in denen ein Repräsentativorgan (Parlament) bei der politischen und staatlichen Willensbildung eine Funktion eingeräumt wird[17]. Der Begriff „Parlament" wird im Staatsorganisationsrecht als Synonym für die Volksvertretung verwendet. Er ist jedoch ursprünglich nicht mit der Demokratie als Staatsform verbunden gewesen.

Historisch hat sich der Begriff Parlamentarismus aus dem Dualismus zwischen **130** der monarchischen Regierungsgewalt und ihren Untertanen entwickelt. Die Macht des Monarchen sollte beschränkt werden, zunächst durch beratende Funktionen und im Laufe der Zeit durch echte parlamentarische Kontrolle der Regierungsakte. Die klassischen parlamentarischen Rechte sind seit dem Ende des Absolutismus vor allem das Budgetrecht, das den staatlichen Haushalt von der parlamentarischen Genehmigung abhängig macht, und legislative Funktionen[18].

Durch die Verknüpfung mit dem Demokratieprinzip wird das Parlament zur all- **131** gemeinen Volksvertretung. Es ist nicht nur Vermittler der demokratischen Legitimation sondern besitzt auch Kontroll- und Informationsrechte und ist vor allen Dingen Gesetzgebungsorgan, eine Funktion, die im Zeitalter des Absolutismus durch die Regierung des Königs ausgeübt wurde[19]. Die moderne repräsentative Demokratie ist gleichzeitig immer auch ein parlamentarisches System.

---

17 Vgl. *Steffani*, Pluralistische Demokratie S. 233.
18 Vgl. *Stern*, Staatsrecht I S. 946 ff. m.w.N.
19 Vgl. *Steffani*, Pluralistische Demokratie S. 233 ff.

132 Die Bundesrepublik Deutschland ist eine *parlamentarische Demokratie*. Der Bundestag ist die Volksvertretung, die im politischen System der Bundesrepublik die demokratische Legitimation vermittelt. Er hat das Budgetrecht inne und ist das zentrale Organ der Legislative.

4. Parlamentarisches Regierungssystem

133 Kennzeichen des parlamentarischen Regierungssystems ist die Wahl des Regierungschefs durch das Parlament und die Abhängigkeit der Regierung vom Vertrauen des Parlaments. Das Gegensystem ist die präsidiale Demokratie, bei der der Staatspräsident direkt vom Volk gewählt wird und die Regierung in eigener Verantwortung ernennt, ohne dass das Parlament hieran beteiligt sein muss.

> **Beispiele:**
> Weimarer Reichsverfassung; das französische System der 5. Republik und die USA.

134 Die Entscheidung für ein parlamentarisches Regierungssystem im GG ergibt sich aus Art. 63 Abs. 1. Der Bundeskanzler als Regierungschef wird vom Bundestag gewählt. Entsprechend kann das Parlament einen Regierungschef auch wieder abwählen (vgl. Art. 67). Die Stellung des Regierungschefs ist also abhängig vom Vertrauen des Parlaments. Die Teilhabe des Bundestags an der Staatsleitung ist im GG vor allem durch die Gesetzgebung, Kontrolle der Regierung, Budgetrecht und das Zustimmungserfordernis zu völkerrechtlichen Verträgen festgelegt[20].

5. Parteiendemokratie

135 Parteien gehören zu den notwendigen Institutionen in einer repräsentativen Demokratie. Sobald die Willensbildung des Volkes in einer Volksvertretung konzentriert wird, bilden sich immer festere Gruppierungen, in denen Interessen gebündelt, Meinungen abgestimmt und vor allem Mehrheiten organisiert werden. In einer Volksvertretung, in der das Mehrheitsprinzip maßgeblich für alle Entscheidungen ist, hat der nicht organisierte Einzelne auf Dauer keine Chance, mit seiner Stimme Gehör zu finden. Die Vorstellung einer konsensualen Kommunikationsgemeinschaft und eines immerwährenden Dialogs, eingebettet in einen herrschaftsfreien Diskurs, der am Ende in einer einhelligen Meinung mündet, ist eine reine Idee, der in einer Massendemokratie keine empirische Realität zukommt. Die Massendemokratie ist gezwungen, neben dem Diskursbegrenzungsverfahren, wie der Abstimmung, auch inhaltliche Konsensbildungsverfahren einzuführen, die durch nichtstaatliche Organisationen vermittelt werden: die politischen Parteien (Art. 21). Moderne Massendemokratien sind ohne Parteien nicht denkbar, wenn auch der weitreichende Einfluss der Parteien auf alle politischen und gesellschaftlichen Entscheidungen nicht unproblematisch und die strikte Trennung von Staat und Parteien schlechterdings nicht möglich ist.

---

20 Vgl. *Stern*, Staatsrecht I S. 956.

6. Mehrheitskontrolle durch Gewaltenteilung

Die Funktion des Mehrheitsprinzips ist die Beschleunigung und die Erhöhung der **136**
Entscheidungsquote. Durch die Mehrheitsentscheidung bleiben Stimmen und
Anliegen der Minderheiten unberücksichtigt. Das bringt die Gefahr des Miss-
brauchs mit sich. Die Mehrheit kann die Minderheit unterdrücken. Die historischen Beispiele sind vielfältig. So waren es Mehrheitsentscheidungen und demokratische Mehrheitssysteme, die in den Vereinigten Staaten von Amerika
Jahrhunderte lang die Sklaverei an der schwarzen Bevölkerung und die Unterdrückung der indianischen Ureinwohner zuließen. Das Mehrheitssystem ist auch kein
Schutz davor, dass die Demokratie sich in ein Terrorsystem verwandelt.
Das demokratische Prinzip – als reines Mehrheitsprinzip verstanden – bedarf
daher in einem modernen Verfassungsstaat institutioneller Beschränkungen, die
eine Unterdrückungsherrschaft der Mehrheit ausschließen.

Eine solche Beschränkung ist die *Gewaltenteilung*, die aber vor allem ein Postulat **137**
des Rechtsstaats ist. Gegenstand ist die ursprünglich ungeteilte originäre Staatsgewalt, die funktional und personal geteilt wird. *Funktionale* Gewaltenteilung
bedeutet, dass die Staatsgewalt in die drei Bereiche Gesetzgebung, vollziehende
Gewalt und Rechtsprechung getrennt wird (Art. 20 Abs. 2 Satz 2 Halbsatz 2). Die
personale Gewaltenteilung verbietet eine Identität der Personen, die die Staatsämter ausüben. Wer Bundeskanzler ist, kann nicht gleichzeitig Bundespräsident oder
Bundesverfassungsrichter sein.

Die *funktionale* Gewaltenteilung organisiert eine Aufgliederung der staatlichen **138**
Gewalt in die genannten Bereiche; allerdings ist die Teilung der Gewalten nur zur
Rechtsprechung wirklich strikt durchgehalten. Zwischen Gesetzgebung und Exekutive gibt es Überschneidungen, die man z.B. daran erkennen kann, dass Bundesminister und der Bundeskanzler im Regelfall zugleich auch Abgeordnete des
deutschen Bundestags sind. Der Sinn der Gewaltenteilung liegt in erster Linie
darin, zu gewährleisten, dass die staatlichen Institutionen auch nur die Funktionen
wahrnehmen, die ihnen übertragen sind. Außerdem muss kontrolliert werden, ob
sich der Staat auch an die von ihm selbst vorgenommenen Regelungen in Form
der Gesetze hält. Gäbe es keine rechtsprechende Gewalt, die unabhängig von den
anderen die Einhaltung der Gesetzgebung überwacht, wäre der einzelne Bürger,
der den Gesetzen unterworfen ist, der Willkür der Staatsorgane hilflos ausgelie-
fert. Dass sich die Exekutive stets an die Gesetze hält, die ihr von der Legislative
vorgegeben sind, ist eine naive, weltfremde Sicht der Wirklichkeit. Dass das
Gegenteil der Fall ist, wird durch eine umfangreiche Verwaltungsrechtsprechung
leider nur allzu anschaulich demonstriert.

7. Mehrheitsbegrenzung durch Rechtsstaat

Aufgabe der Verfassung ist es, die Staatsgewalt zu beschränken. Aufgabe der **139**
Gewaltenteilung ist es, diese Beschränkung der Staatsgewalt zu kontrollieren.
Aufgabe des Rechtsstaates ist es, zu gewährleisten, wo die Grenzen der Aktivität
der Staatsgewalt inhaltlich sind.
Eine Bindung der Staatsgewalt an die Mehrheitsentscheidung ist keine Garantie
gegen Unterdrückung und Entrechtung des Einzelnen. Es bedarf zusätzlicher

Gewährleistungen in einem Verfassungsstaat, die besagen, wo die Grenze des staatlichen Herrschaftsanspruches und der staatlichen Regelungsmöglichkeiten zu finden sind. Diese Grenze wird festgelegt durch die Bindung aller staatlichen Gewalt an die Menschenwürde in Art. 1 Abs. 1. Ausformuliert ist der Gedanke der Menschenwürde als Konkretisierung in den einzelnen Grundrechten der Art. 1–19. Schließlich bindet Art. 1 Abs. 3 alle staatliche Gewalt an die fundamentale Beschränkung durch das Recht mit der Formulierung:

> (3) Die nachfolgenden Grundrechte binden Gesetzgebung, vollziehende Gewalt und Rechtsprechung als unmittelbar geltendes Recht.

Diese Norm ist im Zusammenspiel zu sehen mit Art. 20 Abs. 3, wo formuliert ist:

> (3) Die Gesetzgebung ist an die verfassungsmäßige Ordnung, die vollziehende Gewalt und die Rechtsprechung sind an Gesetz und Recht gebunden.

140 Beide Formulierungen zusammen gewährleisten eine Begrenzung des staatlichen Herrschaftsanspruchs an inhaltliche Vorgaben, die als unverzichtbar für einen modernen Verfassungsstaat angesehen werden. Nur durch diese Bindung kann verhindert werden, dass die Demokratie zu einer Diktatur der Mehrheit wird.

8. Anwendungsbereich des Demokratieprinzips

141 Der Begriff Demokratie wird in politischen Diskussionen immer wieder schlagwortartig gebraucht um auf vermeintliche Ungerechtigkeit in Entscheidungsprozessen hinzuweisen. Man findet das Schlagwort „undemokratisch" als Bewertung für nahezu jede Entscheidung, die in irgend einem gesellschaftsrelevanten Raum gefällt worden ist.

Beispiele:

– Der Lehrer entscheidet darüber, wann eine Klassenarbeit geschrieben wird. Eine undemokratische Entscheidung?

– Der Kompanieführer weigert sich, über eine militärische Maßnahme abstimmen zu lassen. Undemokratisch?

142 Besonders in der Zeit der sog. 68er Bewegung wurde der Begriff Demokratie überstrapaziert. Die universalistische Verwendung des Begriffes Demokratie ist vor allem auf eine Verkennung ihrer funktionalen Bedeutung zurückzuführen. Demokratie ist ein *Staatsorganisationsprinzip*, kein Gesellschaftsorganisationsprinzip.

Entscheidungen in einer Gesellschaft, in der Familie, in einem Unternehmen oder in anderen sozialen Strukturen müssen nicht zwingend demokratisch sein. Das liegt vor allem daran, dass bestimmte funktionale Systeme nicht auf der Idee der Gleichheit der einzelnen Beteiligten aufbauen, auf der ein demokratischer Verfassungsstaat im Hinblick auf die Staatsbürger aber aufbauen muss.

Eine Entscheidung innerhalb eines Konzerns ist nach hierarchischen Prinzipien organisiert. Gleichberechtigung gibt es hier nicht und kann es hier auch nicht geben. Das Gleiche gilt innerhalb der Kommandostruktur einer Armee. Es ist sozusagen gerade der Witz des militärischen Systems, dass Entscheidungen schnell getroffen werden und nicht etwa am Ende einer quasiparlamentarischen Diskussion stehen. Auch in Über-/Unterordnungsverhältnissen, wie der Schule, der exekutiven Struktur einer Behörde usw. ist die Demokratie notwendigerweise kein entscheidungsleitendes Organisationsprinzip, weil hier von einer Gleichberechtigung der Einzelnen, an der Organisation Beteiligten nicht nur nicht ausgegangen werden kann. Ihre funktionale Ungleichheit ist gerade die Voraussetzung des Funktionierens des Systems, so z.B. in der Organisationsstruktur der Exekutive. Die Gesellschaft schließlich ist insgesamt nicht demokratisch organisiert.

Das Demokratieprinzip als Staatsform stellt für die Ausgestaltung der staatlichen Rechtsordnung verbindliche Anforderungen auf, indem es vor allem Vorgaben für Verfahrens- und Organisationsstrukturen macht und dem Einzelnen subjektive öffentliche Rechte gewährt. Aus diesem Grunde ist es notwendig, den Anwendungsbereich zu bestimmen.

143 Das GG begrenzt den Anwendungsbereich positiv auf den staatlichen Bereich. Es legt in Art. 20 Abs. 2 fest, dass das Volk der Träger der Staatsgewalt ist und durch wen die Staatsgewalt ausübt wird. Der Staatsbürger kann sich auf die das Demokratieprinzip konkretisierenden demokratischen Mitwirkungsrechte berufen: Wahlrecht, politische Kommunikationsrechte wie Art. 5, 8. Über Art. 28 Abs. 1 wird das Demokratieprinzip auf die Länder (und die kommunalen Verwaltungsträger) ausgedehnt. Unter der Herrschaft des Demokratieprinzips gibt es keine Ausübung staatlicher Gewalt im weitesten Sinne ohne demokratische Legitimierung.

144 Der rechtliche Anwendungsbereich des Demokratieprinzips findet also *keine Anwendung im außerstaatlichen Bereich*, weil es an einer entsprechenden allgemeinen gesetzlichen Anordnung fehlt. Einzige verfassungsrechtliche Ausnahme ist Art. 21 Abs. 1 Satz 3, der die innere Ordnung der Parteien nach demokratischen Grundsätzen normiert. Diese Vorschrift trägt der besonderen Funktion der Parteien Rechnung, die an der Willensbildung des Volkes mitwirken.

Rechtsprechung:
BVerfGE 8, 104 – *Volksbefragung*; BVerfGE 20, 56 – *Zuschüsse an Parteien*; BVerfGE 44, 125 – *Öffentlichkeitsarbeit der Regierung*; BVerfGE 63, 230 – *Öffentlichkeitsarbeit der Bundesregierung vor Bundestagswahlen*; BVerfGE 73, 40 – *steuerliche Abzugsfähigkeit von Spenden*; BVerfGE 83, 37 – *Ausländerwahlrecht*; BVerfGE 83, 60 – *Ausländerwahlrecht*; BVerfGE 89, 155 – *Maastricht*; BVerfGE 93, 37 – *Personalvertretung im öffentlichen Dienst und demokratische Legitimierung staatlicher Ämter und Organe*; BVerfGE 95, 335 – *Verfassungsmäßigkeit von Überhangmandaten*; BVerfGE 95, 408 – *Verfassungsmäßigkeit von Grundmandatsklauseln*; BVerwG DVBl. 1997, 1276 – *Wahlempfehlung durch Bürgermeister*.

Literatur:
v. Arnim, H.-H. (Hrsg.), Direkte Demokratie, 2000; *Badura, P.*, Die parlamentarische Demokratie, HbStR I § 23; *Böckenförde, E.-W.*, Demokratie als Verfassungsprinzip, HbStR I § 22; *ders.*, Mittelbare/repräsentative Demokratie als eigentliche Form der Demokratie, in: FS für Eichenberger, 1982, S. 301; *ders.*, Demokratische Willensbildung und Repräsentation, HbStR II § 30; *Doehring, K.*, Allgemeine Staatslehre, 2. Aufl. 2000; *Dreier, H.*, Das Demokratieprinzip des Grundgesetzes, Jura 1997, 249; *Fleiner-Gerster, Th.*, Allgemeine Staatslehre,

2. Aufl. 1995; *Hättich, M.*, Begriff und Formen der Demokratie, 2. Aufl. 1991; *ders.*, Demokratie als Problem, 1996; *Herzog, R.*, Allgemeine Staatslehre, 1971; *Jellinek, G.*, Allgemeine Staatslehre, 3. Aufl. 1914; *Jochum, G.*, Materielle Anforderungen an das Entscheidungsverfahren in der Demokratie, 1997; *Kelsen, H.*, Vom Wesen und Wert der Demokratie, 2. Aufl. 1929, Neudruck 1963; *Leisner, W.*, Demokratie, Betrachtungen zur Entwicklung einer gefährdeten Staatsform, 1998; v. *Simon, W./Kriele, M.*, Das demokratische Prinzip im GG, VVDStRL 29, 3; *Starck, C.*, Grundrechtliche und demokratische Freiheitsidee, HbStR II § 29; *Steffani, W.*, Pluralistische Demokratie, 1980; *ders.*, 233; *Zippelius, R.*, Allgemeine Staatslehre, 13. Aufl. 1999.

§ 14 Republik

I. Die Lehre von den Beherrschungsformen

145 Die Lehre von den drei Beherrschungsformen bezieht sich auf die Staatslehre *Platons* und *Aristoteles*, die Staaten in drei Kategorien einteilten, deren maßgebliches Unterscheidungsmerkmal darauf abstellt, wer Inhaber der Staatsgewalt ist[1]. Jede Kategorie enthält eine legitime Staatsform, in der die Herrschaft zum Wohle des Allgemeinwohls ausgeübt wird und eine Entartung, in der die Staatsgewalt missbraucht wird.

1. Monarchie und Tyrannis (Despotie)

146 Monarchie bedeutet, dass die Staatsgewalt in der Hand einer Person liegt. Sie wird vom Alleinherrscher so ausgeübt, dass es dem Gemeinwohl und den Interessen aller dient. Dieser Konstellation entspricht das Ideal des Monarchen im aufgeklärten Absolutismus, in der sich der Monarch nur von seiner Vernunft leiten lässt. Despotie ist der Missbrauch der alleinigen Herrschaftsmacht zu Lasten des Gemeinwohls.

2. Aristokratie und Oligarchie

147 Aristokratie ist die Herrschaft einer Gruppe, die an der Spitze des Staates steht und zum Wohle der Gemeinschaft handelt. Die Entartung ist die Oligarchie, in der die staatliche Macht zum eigenen Wohle ausgenutzt wird.

3. Demokratie und Ochlokratie

148 Die Demokratie ist die Herrschaft des Volkes. Klassisches Vorbild ist die athenische Verfassung zur Zeit des *Perikles*. In dieser Zeit versammelte sich das Volk, um die Angelegenheiten der *polis* zu debattieren und zu entscheiden. Das Volk bestand aber trotz der geringen Bevölkerungsgröße der griechischen Stadtstaaten

---

1 Vgl. *Berber*, Das Staatsideal im Wandel der Weltgeschichte S. 84 f., 88 ff.

nicht aus der breiten Masse, sondern hatte einen viel kleineren, elitären Umfang. Nicht dazu gehörten Frauen, Kinder und Sklaven. Eine breitere, dem heutigen Volksbegriff nahestehende Zusammensetzung des aktiven, zur Mitwirkung an der staatlichen Willensbildung berechtigten Staatsvolks wäre nach den damaligen Vorstellungen die Ochlokratie[2], die Herrschaft des Pöbels gewesen.

II. Republikbegriff und Demokratiebegriff

Die Dreiteilung der Staatsformen in der Antike wurde seit Beginn der Neuzeit durch einen Dualismus zwischen Republik und Monarchie verdrängt. *Machiavelli* setzte in seinem Werk „Il Principe" an die Stelle der Demokratie und Aristokratie den Begriff der Republik. Er teilte die Staaten ein in solche, die sich am allgemeinen öffentlichen Wohl orientieren („res publica") und deren Wille sich an den Willensäußerungen seiner Bürger ausrichtet und solche, in denen ein absoluter Herrscher bei der Ausübung des staatlichen Willens sich nicht an den öffentlichen Angelegenheiten orientiert. Der Demokratiebegriff verschwand als eigenständige Staatsform aus der hervorgehobenen, zentralen Stellung, die ihm die antike Staatslehre einräumte und erlangte erst als Ablehnung des Absolutismus wieder seine Bedeutung als eigenständige Staatsform[3]. **149**

1. Republik als Ablehnung der Monarchie

Aus dem Dualismus von Republik und Monarchie entwickelte sich das Kennzeichen der Republik als Ablehnung der Monarchie. Monarchie ist die Herrschaft einer Einzelperson, während die Republik jede Staatsform ist, die nicht Monarchie ist[4]. Im weiteren Sinne schließt der Republikbegriff jegliche Form der Einzelherrschaft aus[5]. Verbunden mit der Alleinmacht ist immer eine potenziell unbeschränkte staatliche Herrschaft zu denken, während beim Begriff „Republik" immer die Vorstellung einer freiheitlichen, bürgerlichen Ordnung mitschwingt[6]. **150**

Seit dem Ende des Absolutismus wandelte sich die Monarchie immer mehr von einer effektiven Alleinherrschaft zu einer Staatsform, in der das Staatsoberhaupt zwar eine einzelne Person ist, aber keine echten Machtbefugnisse mehr besitzt und nur noch symbolische, repräsentative Aufgaben zu erfüllen hat. Entsprechend wandelte sich der Begriff der Republik und stellte nicht mehr auf die Machtbefugnisse ab, sondern auf die *Legitimation des Staatsoberhauptes*[7]. In einer Monarchie ist die lebenslange Stellung des Staatsoberhauptes nicht von einer Legitimierung durch das Volk abhängig, sondern erfolgt insbesondere nach dynastischen Gesichtspunkten. In einer Republik kann dagegen jedes Mitglied des Staatsvolks die Position als Staatsoberhaupt erlangen, wenn er durch das Volk **151**

---

2 Der Begriff geht nur indirekt auf *Aristoteles* zurück, da bei ihm bereits der Begriff Demokratie negativ besetzt war.
3 Vgl. *Stern*, Staatsrecht I S. 579 ff.
4 *Herzog*, in: Maunz/Dürig Art. 20 III Rn. 5 m.w.N.
5 Vgl. *Henke*, Staatsrecht S. 868 m.w.N.
6 Vgl. *Stern*, Staatsrecht I S. 575 f.
7 Vgl. *Stern*, Staatsrecht I S. 581 f.

unmittelbar oder mittelbar legitimiert wird. Kennzeichen der demokratischen Legitimierung ist die zeitlich begrenzte Amtsinhaberschaft und die Möglichkeit der Absetzung. Mit dem Begriff Republik wird immer eine freistaatliche Staatsform mit demokratischen, rechtsstaatlichen Strukturen beschrieben[8].

Beispiel

– für eine *monarchische Staatsform*, in der das Staatsoberhaupt nach dynastischen Gesichtspunkten bestimmt wird, ist Großbritannien (Erbmonarchie). Großbritannien ist trotzdem eine Demokratie, weil die effektive Staatsgewalt vom Volke ausgeht.

– für eine *Wahlmonarchie* war das Deutsche Reich. Dort kam zur Erbfolge das Erfordernis einer Wahl – seit dem 13. Jahrhundert musste der Erbe des deutschen Kaisers durch eine Fürstenwahl bestätigt werden.

2. Die Entscheidung des Grundgesetzes für die Republik

152 Die Entscheidung für die Republik ergibt sich schon aus der Bezeichnung (Bundes-)Republik Deutschland in Art. 20 Abs. 1. Durch die Schutzwirkung des Art. 79 Abs. 3 ist die Republik als Staatsform und die Absage an die Monarchie unter der Herrschaft des GG endgültig.

153 Die konkrete Ausgestaltung des republikanischen Prinzips ergibt sich aus den Regelungen des GG zum *Bundespräsidenten* (vgl. Art. 54 ff.). Der Bundespräsident ist das Staatsoberhaupt auch ohne ausdrückliche Festlegung im GG. Diese Position ergibt sich eindeutig aus der deutschen verfassungsrechtlichen Tradition, der Entstehungsgeschichte des GG und den traditionell dem Staatsoberhaupt zustehenden Funktionen, wie die Ernennung der Regierung oder die völkerrechtliche Vertretungsmacht. Der Bundespräsident wird von der Bundesversammlung für fünf Jahre gewählt und kann durch ein Verfahren vor dem BVerfG aus seinem Amt entfernt werden. Grundsätzlich kann jeder Deutsche über 40 Jahre Staatsoberhaupt werden.

Literatur:
Henke, W., Zum Verfassungsprinzip der Republik, JZ 1981, 249; *ders.,* Die Republik, HbStR I § 21; *Isensee, J.,* Republik, Sinnpotential eines Begriffs, JZ 1981, 1; *Reinalter, H.* (Hrsg.), Republikbegriff und Republiken seit dem 18. Jahrhundert im europäischen Vergleich, 1999.

---

8 Vgl. *Henke,* Staatsrecht S. 879 ff.

§ 15 Das Rechtsstaatsprinzip

Rechtsstaat ist ein Staat, in dem die Ausübung der Staatsgewalt Schranken unter- **154**
liegt[1]. Diese Schranken ergeben sich:

– aus der Rechtssubjektqualität der gewaltunterworfenen Bürger,

– aus der funktionalen Teilung der Staatsgewalt,

– aus der Bindung der Staatsgewalt an die Regelungen, die sie selbst erlassen hat.

Die Basis der gebundenen staatlichen Ordnung ist die Verfassung, die die Grund- **155**
ordnung eines Staates auf Dauer verbindlich festlegt und dem Staat damit ein
normatives Gefüge gibt, das nicht zur vollständigen Disposition des jeweiligen
Inhabers der Staatsgewalt steht. Die Verfassungsinhalte sind für den verfassungsändernden Gesetzgeber nur unter erschwerten Bedingungen abänderbar (vgl.
Art. 79 Abs. 2) und bleiben in einem Kernbereich jeder Änderung entzogen (vgl.
Art. 79 Abs. 3). Als einzige Möglichkeit, die Verfassung vollständig zu beseitigen,
bleibt nur die Schaffung einer neuen Verfassung durch die verfassungsgebende
Gewalt des Volks. In einem Verfassungsstaat kann die Staatsgewalt nicht mehr
vollkommen ungebunden, sondern nur noch in der Form und unter den Bedingungen ausgeübt werden, die in der Verfassung vorgefunden werden. Dem gegenüber steht der reine Machtstaat, in dem die Staatsgewalt totalitär wirkt[2].

I. Formeller Rechtsstaat

Für den formellen Rechtsstaat ist kennzeichnend, dass die Staatsgewalt organisa- **156**
torisch und verfahrenstechnisch an *Normen gebunden* ist, die eine willkürliche
Entfaltung ausschließen. So soll dem Missbrauch staatlicher Macht vorgebeugt
werden. Dagegen kommt es nicht darauf an, welche Inhalte und Ziele das staatliche Handeln hat. Kern des formellen Rechtsstaats sind[3]:

– *Verfassungsbindung der Staatsgewalt:* Der Staat handelt nur noch, wenn und
  soweit er dazu durch die Verfassung ermächtigt wird. Die Verfassung regelt
  verbindlich, welche Staatsorgane welche Zuständigkeiten haben und welche
  Instrumente ihnen dafür zur Verfügung stehen. Die verfassungsrechtlichen Vorgaben beanspruchen dabei Vorrang vor allen anderen innerstaatlichen Rechtssätzen[4].

– *Gewaltenteilung:* Die Staatsgewalt ist aufgeteilt in die drei getrennten Bereiche
  Gesetzgebung (Legislative), vollziehende Gewalt (Exekutive) und Rechtsprechung (Judikative)[5].

– *Gesetzmäßigkeit staatlichen Handelns:* Zentrales Instrument und Ausgangspunkt des staatlichen Handelns ist das Gesetz. Die vollziehende Gewalt bedarf

---

1 Zum Ganzen vgl. *Degenhart* Rn. 233 ff.; *Stern,* Staatsrecht I § 20; *Maurer,* Staatsrecht
   § 8 Rn. 5 ff.; *Schmidt-Aßmann,* HbStR I § 24.
2 Vgl. *Isensee,* HbStR I § 13; *Kirchhof,* HbStR I § 19 jeweils m.w.N.
3 Vgl. *Stern,* Staatsrecht I S. 784 ff.
4 Vgl. *Stern,* Staatsrecht I S. 787 f.
5 Vgl. *Stern,* Staatsrecht I S. 792 ff. m.w.N.

zum Handeln einer gesetzlichen Ermächtigung, die vom Gesetzgeber erst erlassen werden muss (Vorbehalt des Gesetzes). Es darf nicht gegen die geltenden Gesetze verstoßen werden (Vorrang des Gesetzes). So erlangt der Bürger im Rahmen der geltenden Gesetze Rechtssicherheit und Freiräume gegenüber dem Staat[6].

– *Unabhängiger Rechtsschutz:* Die Einhaltung der Gesetze wird durch die Rechtsprechung überwacht. Ihre Unabhängigkeit garantiert eine effektive Kontrolle, hebt aber nicht die gesetzliche Bindung der Rechtsprechung als Teil der Staatsgewalt auf[7].

157 Der formelle Rechtsstaat prägte die Verfassungen Deutschlands im 19. Jahrhundert. Der Monarch übte die vollziehende Gewalt aus. Um insbesondere in Freiheit und Eigentum der Bürger eingreifen zu können, bedurfte es einer gesetzlichen Ermächtigung, für deren Erlass die Zustimmung des Parlaments notwendig war. Unabhängige Gerichte konnten Maßnahmen der Exekutive auf ihre Rechtmäßigkeit überprüfen. So sollte der Machtmissbrauch und die Willkürherrschaft beendet werden, die Kennzeichen der absolutistischen Monarchien waren. Die Beschränkung auf einen formellen Rechtsstaat ohne Berücksichtigung der Inhalte staatlichen Handelns konnte dieses Ziel aber nicht dauerhaft verwirklichen. Der Bürger erlangte zwar Freiräume und Rechtssicherheit, den die geltenden Gesetze vermittelten. Indem der formelle Rechtsstaat aber keine inhaltlichen Bindungen der Staatsgewalt schuf, bestanden letztlich keine Grenzen für staatliches Handeln, soweit die Form gewahrt wurde. Im formellen Rechtsstaat kann also jedes formgerechte Unrecht rechtswirksam werden.

II. Materieller Rechtsstaat

158 Der Beschränkung auf die bindende Organisation und Form staatlichen Handelns steht der materielle Rechtsstaatbegriff gegenüber, der das staatliche Handeln auch inhaltlich bindet. Der materielle Rechtsstaat wird vor allem durch die inhaltlichen Vorgaben der Verfassung geprägt. Dazu zählen:

– die *Bindung aller staatlichen Gewalt an die Menschenwürde und die Grundrechte;*

– die *unantastbaren verfassungsrechtlichen Entscheidungen für Demokratie und den Sozialstaat;*

– die *Schaffung einer unabhängigen Rechtsprechungsinstanz,* die auch das Handeln der Gesetzgebung auf ihre Rechtmäßigkeit bzw. Verfassungsmäßigkeit überprüft.

159 Der materielle Rechtsstaat beseitigt die Unfähigkeit, die staatliche Gewalt nur durch formale Vorgaben effektiv zu binden und ist gleichzeitig die staatsrechtliche Antwort auf den Bedeutungswandel des Staates seit den gesellschaftlichen Veränderungen der Industrialisierung. Der Staat konnte sich nicht mehr darauf

---

6 Vgl. *Maurer,* Staatsrecht § 8 Rn. 7.
7 *Maurer,* Staatsrecht § 8 Rn. 23 ff.

beschränken, für innere und äußere Sicherheit zu sorgen (Polizeistaat, Nacht-wächterstaat), sondern musste durch Umverteilung die sozialen und politischen Umwälzungen auffangen, die mit dem Wandel der klassischen Bürgergesellschaft zur Industriegesellschaft einhergingen. Daher wird der materielle Rechtsstaat des GG im Gegensatz zum liberalen Rechtsstaat des 19. Jahrhunderts auch als sozialer Rechtsstaat (vgl. Art. 28 Abs. 1) bezeichnet.

III. Synthese von formellem und materiellem Rechtsstaat im Grundgesetz

Das GG vereinigt formellen und materiellen Rechtsstaat in der Erkenntnis, dass **160** eine sinnvolle Bindung der Staatsgewalt nur in einer Kombination von beiden verwirklicht werden kann. Der formelle Rechtsstaat ist wertlos, wenn die Staats-gewalt mittels gesetzlicher Regelungen zu jeglichem Zweck missbraucht werden kann. Andererseits sind inhaltliche Vorgaben wie Demokratie oder Grundrechte auch nicht effektiv gewährleistet, wenn nicht die formellen Elemente wie Gewal-tenteilung, Gesetzmäßigkeit staatlichen Handelns und unabhängige Rechtspre-chung diese flankieren.

IV. Normative Ausgestaltung des Rechtsstaatsprinzips im Grundgesetz

Das Rechtsstaatsprinzip wird in Art. 20 nicht wie die übrigen Strukturprinzipien **161** Demokratie, Bundesstaat und Sozialstaat ausdrücklich als Begriff ausformuliert. Im Wortlaut des Art. 28 Abs. 1 dagegen wird er als Maßstab für die staatliche Ordnung der Länder vorausgesetzt. Auch in Art. 23 Abs. 1 Satz 1 wird das Rechtsstaatsprinzip als Voraussetzung für die Mitwirkung der Bundesrepublik Deutschland an der Europäischen Union genannt. Es ist daher allgemeine Auffas-sung, dass das Rechtsstaatsprinzip den übrigen Strukturprinzipien des Art. 20 Abs. 1 gleichwertig ist und unter dem qualifizierten Schutz der Ewigkeitsgarantie von Art. 79 Abs. 3 steht.

Die normative Grundlage des Rechtsstaatsprinzips wird überwiegend aus einer **162** Zusammenschau mehrerer verfassungsrechtlicher Bestimmungen hergeleitet:

> „Das Rechtsstaatsprinzip gehört zu den Leitideen, die den Gesetzgeber unmittelbar binden; das ergibt sich aus einer Zusammenschau der Bestimmungen des Art. 20 Abs. 3 über die Bindungen der Einzelgewalten und der Art. 1 Abs. 3, 19 Abs. 4, 28 Abs. 1 Satz 1 GG sowie aus der Gesamtkonzeption des Grundgesetzes. Zwar enthält dieses Prinzip nach der Rechtsprechung des Bundesverfassungsgerichts […] keine für jeden Sachverhalt in allen Einzelheiten eindeutig bestimmten Gebote oder Verbote von Verfassungsrang; dieser Verfassungsgrundsatz bedarf vielmehr der Konkretisierung je nach den Gegebenheiten, wobei fundamentale Elemente des Rechtsstaates und die Rechtsstaatlichkeit im ganzen gewahrt bleiben müssen."[8]

In jüngeren Entscheidungen beschränkt sich das BVerfG auf Art. 20 Abs. 3[9]. Wie sich aus der angeführten Begründung des BVerfG herauslesen lässt, wird das allgemeine Rechtsstaatsprinzip in verschiedenen Vorschriften des GG konkret

---

8 BVerfGE 45, 187, 246.
9 BVerfGE 92, 365, 409; 93, 99, 107.

ausgestaltet. Insoweit ist das allgemeine Rechtsstaatsprinzip subsidiär. Es gilt aber über einzelne konkrete Regelungen hinaus für die gesamte Rechtsordnung als Wertentscheidung und allgemeines Prinzip, das vor allem die Auslegung einzelner Normen beeinflusst[10].

V. Oberste Prinzipien der Rechtsstaatlichkeit

1. Gewaltenteilung

163 a) **Grundlagen.** Durch die Verteilung staatlicher Aufgaben und Kompetenzen soll einem staatlichen Machtmissbrauch, der aus einer Konzentration der staatlichen Macht folgen kann, vorgebeugt werden. Dem Gewaltenteilungsgrundsatz liegt der Gedanke der Aufteilung der Staatsgewalt in unterschiedliche Staatsfunktionen zugrunde, um durch wechselseitige Kontrollen, Hemmungen und Mäßigungen der Teilgewalten (*„checks and balances"*) zur Begrenzung staatlicher Machtausübung, zu ihrer Berechenbarkeit, Kontrollierbarkeit, und Verantwortlichkeit zu gelangen. Andererseits aber auch soll sichergestellt werden, dass staatliche Funktionen bestmöglich wahrgenommen werden.

164 Im Rahmen des Grundsatzes der Gewaltenteilung kann zwischen funktioneller, organisatorischer und personeller Gewaltenteilung unterschieden werden[11]. *Funktionelle* Gewaltenteilung bedeutet die Unterscheidung der drei klassischen Staatsfunktionen Legislative, Exekutive und Judikative[12]. Jede dieser drei Teilgewalten wird einem anderen Träger zugewiesen und auf besondere Organe verteilt (*organisatorische* Gewaltenteilung).

165 Die *personelle* Gewaltenteilung bewirkt, dass die Staatsorgane und staatlichen Ämter mit unterschiedlichen Personen besetzt werden (*Inkompatibilität*).

166 Weitere Kategorien der Gewaltenteilung sind die horizontale Gewaltenteilung und die vertikale Gewaltenteilung. Die *horizontale* Gewaltenteilung meint die Aufteilung und Abgrenzung von Kompetenzen innerhalb derselben Ebene – also auf der Bundesebene die zwischen den Organen der drei Gewalten. Die *vertikale* Gewaltenteilung unterscheidet die Verteilung staatlicher Kompetenzen auf unterschiedliche Ebenen. In der bundesstaatlichen Ordnung gehören dazu die Länder und die Kommunen.

167 b) **Klassische, rechtsstaatliche Gewaltenteilung.** Die Gewaltenteilung als ein oberstes rechtsstaatliches Prinzip entspringt der historischen Erkenntnis, dass geballte staatliche Macht, oft in der Hand nur einer Person konzentriert, zu Machtmissbrauch, Willkürherrschaft und Unterdrückung der Menschen führt. Die Gewaltenteilung im klassischen Sinne ist vor allem auf die Lehre von *Montesquieu* (1689–1755) zurückzuführen, der als Reaktion auf die absolute monarchi-

---

10 Vgl. *Maurer*, Staatsrecht § 8 Rn. 2 f.
11 Vgl. *Herzog*, in: Maunz/Dürig Art. 20 V Rn. 13 ff.
12 Vgl. *Jarass*, in: Jarass/Pieroth Art. 20 Rn. 24.

sche Herrschaft in Europa eine Dreiteilung der staatlichen Gewalt forderte[13]. Die Staatsgewalt teilt sich auf in die *gesetzgebende Gewalt* (*Legislative*; *puissance législative*), die *vollziehende Gewalt* (*Exekutive, puissance exécutrice*) und die *rechtsprechende Gewalt* (*Judikative, puissance de juger*). Jede dieser Staatsfunktionen wird durch unterschiedliche Träger ausgeübt, die grundsätzlich unabhängig voneinander agieren sollen. Die Gesetzgebung wird von einem parlamentarischen Zweikammersystem aus Adel und Volksvertretern ausgeübt, die vollziehende Gewalt – damals vor allem auswärtige Angelegenheiten, Militär, Polizei und Steuern – durch den Monarchen bzw. ihm nachgeordnete Verwaltungsapparate und die Rechtsprechung durch die Richter. Die reine organisatorische Aufteilung wird so durch eine systematische Aufteilung der staatlichen Funktionen ergänzt, um staatliche Macht zu begrenzen. Ausschließlich der Gesetzgeber erlässt Gesetze und beschränkt über den Grundsatz der Gesetzmäßigkeit des staatlichen Handelns Inhalt und Reichweite der vollziehenden Gewalt. Die Rechtsprechung kontrolliert die Akte der vollziehenden Gewalt auf ihre Rechtmäßigkeit und macht sie unter Umständen rückgängig. Die Rechtsprechung selbst wird kontrolliert durch ihre Bindung an die geltenden Gesetze, die der Gesetzgeber erlässt. Wesentlich ist dabei die personelle Gewaltenteilung, die durch strenge Inkompatibilität erreicht werden soll. Niemand darf zugleich in mehr als einer der Gewalten ein Amt innehaben. Indem sich die drei Teilgewalten gegenseitig „behindern" und hemmen, wird die staatliche Machtausübung kontrolliert und der Machtmissbrauch erschwert[14].

An die Stelle der damaligen (Funktions-)Träger der Staatsgewalt tritt im demo- **168** kratischen Staat das Volk als alleiniger Träger der Staatsgewalt. Die Ausübung der Staatsgewalt wird auf die Volksvertretung als Gesetzgeber, auf die demokratisch legitimierte Regierung bzw. die ihr nachgeordneten Verwaltungsbehörden als vollziehende Gewalt und auf die Richter als Organe der Rechtsprechung verteilt.

Auch im demokratischen Staat wird die Staatsgewalt in Legislative, Exekutive und Judikative aufgeteilt[15]:

Die *Legislative* (Gesetzgebung) stellt abstrakt-generelle Regeln auf, die für Bürger und staatliche Stellen verbindliche Gebote und Verbote enthalten. Die Normen richten sich dabei an eine unbestimmte Anzahl von Personen und ihr Anwendungsbereich ist weder zeitlich noch örtlich festgelegt.

Exekutive (Vollziehung) setzt sich aus Regierung und Verwaltung zusammen. Ihre typische Aufgabe besteht im Vollzug von Gesetzen. Der Begriff der Exekutive ist weit auszulegen und umfasst jedes staatliche Handeln, das nicht Gesetzgebung oder Rechtsprechung ist[16]. Im Gegensatz zu der Legislative trifft die Exekutive konkrete Entscheidungen im Einzelfall.

Die *Judikative* (Rechtsprechung) trifft als unbeteiligte Dritte eine Rechtsentscheidung am Maßstab des Rechts in einem förmlichen Verfahren[17].

---

13 Esprit des lois – Oeuvres complètes de Montesquieu hrsg. André Masson, 1870 Bd. 1; s. auch *Stein/Frank*, Staatsrecht § 12.
14 Vgl. *Maurer*, Staatsrecht § 12 Rn. 7 ff.
15 Vgl. zu den typischen Aufgaben der Gewalten auch *Degenhart*, Staatsrecht Rn. 244 ff.; *Ipsen*, Staatsrecht Rn. 741 ff.
16 *Degenhart*, Staatsrecht Rn. 246.
17 *Ipsen*, Staatsrecht Rn. 744.

169 Der Begriff „Gewaltenteilung" ist jedoch insofern etwas irreführend, als eine vollständige Trennung in drei Funktionsbereiche unmöglich und auch aus rechtsstaatlichen Gründen unerwünscht ist. Es müssen *gegenseitige Einfluss-* und *Kontrollrechte* eingerichtet werden, um zu verhindern, dass eine der drei Gewalten überhand gewinnt. Nur ein System aus „checks and balances" kann ein staatliches Gefüge auf Dauer im Gleichgewicht halten und Machtmissbrauch vermeiden. Der demokratischen Staatsform läuft eine vollständige Gewaltenteilung schon deshalb zuwider, weil alle staatliche Gewalt nur von einem Träger, nämlich vom Volk, abgeleitet werden muss. Vermittelt die Volksvertretung die demokratische Legitimation aller staatlichen Gewalt, dann muss die Ausübung der Rechtsprechung und vollziehenden Gewalt zumindest mittelbar auf den Volkswillen zurückführbar sein. Das erfordert gewisse Einflussmöglichkeiten, Durchbrechungen, Kontroll- und Mitwirkungsrechte. Auch eine bundesstaatliche Organisationsform macht die reine klassische Gewaltenteilung faktisch unmöglich, weil eine sinnvolle Verteilung der Staatsgewalt nicht nur horizontal auf Bundesebene, sondern auch vertikal auf Länderebene erfolgen muss. Grundkonzeption der rechtsstaatlichen Gewaltenteilung bleibt jedoch die historisch gewachsene Dreiteilung der Ausübung der staatlichen Gewalt[18].

170 c) **Gewaltenteilung im Grundgesetz.** Die Konzeption der Gewaltenteilung des GG ist ein System aus gegenseitiger Verschränkung, Hemmung und Zusammenwirkung staatlicher Funktionen, deren Basis die klassische Dreiteilung der staatlichen Gewalt ist. Die Entscheidung für ein parlamentarisches Regierungssystem bewirkt eine enge Verzahnung von vollziehender Gewalt und Parlament. Verstärkt wird dieser Effekt durch die Entwicklung hin zu einer Parteiendemokratie, in der gleiche Parteizugehörigkeiten die Grenzen zwischen den einzelnen staatlichen Funktionen und Ämtern verwischen. Das Bundesstaatsprinzip erfordert neben der horizontalen Gewaltenteilung auf Bundesebene zunächst eine vertikale Gewaltenteilung, in der staatliche Kompetenzen zwischen Bund und Ländern aufgeteilt werden und Mitwirkungsrechte der Länder auf Bundesebene eingerichtet werden.
Nach der grundgesetzlichen Konzeption sind die Gewalten also nicht strikt voneinander getrennt, sondern es besteht eine *Gewaltenverschränkung* und zwar in organisatorischer, funktioneller und personeller Hinsicht[19]. Eingriffe in den Funktionsbereich einer anderen Gewalt sind nicht immer unzulässig. Der Grundsatz der Gewaltenteilung ist vielmehr erst bei einem Eingriff in den Kernbereich einer anderen Gewalt verletzt. Dies ist dann der Fall, wenn seine Verletzung ein Übergewicht der einen über die andere Gewalt bedeuten würde[20]. Was darunter genau zu verstehen ist, muss anhand einer Bewertung des Einzelfalls ermittelt werden.

171 *Ausgangspunkt* der Gewaltenteilung ist Art. 20 Abs. 2 Satz 2 i.V.m. Abs. 3. Die Staatsgewalt, die gem. Art. 20 Abs. 2 Satz 1 vom Volke ausgeht, wird in drei Funktionen aufgeteilt:

– Gesetzgebung

– vollziehende Gewalt

– Rechtsprechung

---

18 Vgl. *Stern*, Staatsrecht I S. 792 ff.
19 BVerfGE 95, 1, 15 – *Südumfahrung Stendal.*
20 BVerfGE 9, 268, 280; 95, 1, 15 – *Südumfahrung Stendal; Ipsen*, Staatsrecht Rn. 753.

Die *Ausübung* erfolgt durch besondere Organe, die jeweils getrennt voneinander **172**
nur eine dieser Funktionen erfüllen. Dies wird durch die einzelnen Vorschriften
des Grundgesetzes, die die Staatsorgane benennen, ihre Einrichtung und Zusammensetzung regeln und ihnen ihre jeweilige Funktion zuweisen, konkretisiert. Die
Gesetzgebung wird dem Bundestag und dem Bundesrat auferlegt, die vollziehende
Gewalt der Bundesregierung und den ihr nachgeordneten Verwaltungsbehörden,
die Rechtsprechung dem BVerfG, den obersten Bundesgerichten und den Gerichten der Länder.

Allerdings erfolgt die *Zuordnung* nicht vollständig und exklusiv. Insbesondere **173**
zwischen Gesetzgebung und vollziehender Gewalt besteht eine weitreichende Verflechtung. So ist der Bundeskanzler vom Vertrauen des Parlaments abhängig und
kann durch ein konstruktives Misstrauensvotum (Art. 67) entlassen werden. Weil
die Regierung, als Spitze der Exekutive, vom Parlament gewählt wird, ist sie mit
der parteipolitischen Mehrheit des Parlaments identisch. Eine Kontrolle durch die
parlamentarische Mehrheit wird daher nur eingeschränkt stattfinden. Die Kontrolle der Regierung erfolgt wesentlich stärker durch die parlamentarische Opposition, die zur Wahrnehmung dieser Kontrollfunktion besonders ausgestaltete
Minderheitenrechte benötigt. Eine weitere Verflechtung besteht in doppelter Hinsicht durch die Mitwirkung des Bundesrats an der Gesetzgebung. Zum einen sind
dort die Länder an der Bundesgesetzgebung beteiligt, zum anderen wirken Mitglieder der Exekutive an der Gesetzgebung mit.
Auch an anderen Stellen des GG wird die personelle und funktionale Verflechtung
deutlich: Beispielsweise sind der Bundeskanzler und die Minister als Mitglieder
der Exekutive auch regelmäßig gewählte Abgeordnete des Legislativorgans Bundestag, die vollziehende Gewalt verfügt im Rahmen des Art. 80 über Rechtssetzungsbefugnisse und Bundestag und Bundesrat besitzen Mitwirkungsrechte im
klassischen Regierungsbereich der auswärtigen Angelegenheiten (Art. 59 Abs. 2).

Am stärksten ist die Gewaltenteilung für die *Rechtsprechung* verwirklicht. Es gilt **174**
strenge personelle Inkompatibilität und der vollkommen unabhängige Status bei
der Aufgabenerfüllung, der in Art. 97 ausdrücklich abgesichert wird. Eine Verflechtung mit anderen Staatsorganen wäre unerträglich, weil es entscheidendes
Merkmal jeder Rechtsprechung ist, unabhängig und ohne Druck oder Weisungen
von außen darüber zu befinden, was rechtens ist. Die Einflussmöglichkeiten der
anderen Gewalten bestehen zum einen darin, dass die Besetzung der Richterstellen
der obersten Bundesgerichte und des BVerfG gemeinsam durch die Legislative und
Exekutive erfolgt (vgl. Art. 94 Abs. 1 Satz 2, Art. 95 Abs. 2). Zum anderen findet
die Rechtsprechung ihre Grenzen dort, wo die Rechtspolitik bzw. Rechtssetzung
beginnt. Die Gesetzgebung obliegt nicht den Richtern, sondern diese entscheiden
nur im Rahmen der geltenden Gesetze.

Das BVerfG beschreibt die grundgesetzliche Konzeption der Gewaltenteilung so[21]: **175**

> „Die Einzelfunktionen der Staatsgewalt sollen nicht scharf getrennt werden, vielmehr
> sollen sich die Organe der Legislativen, der Exekutiven und Justiz gegenseitig kontrol-
> lieren und begrenzen, damit die Staatsmacht gemäßigt und die Freiheit des Einzelnen
> geschützt wird.“

---

21 Vgl. *Stern,* Staatsrecht II S. 539.

„Die in Art. 20 Abs. 2 Satz 2 GG normierte Teilung der Gewalten ist für das Grundgesetz ein tragendes Organisations- und Funktionsprinzip. Sie dient der gegenseitigen Kontrolle der Staatsorgane und damit der Mäßigung der Staatsherrschaft. [...] Das Prinzip der Gewaltenteilung ist nirgends rein verwirklicht. Es bestehen zahlreiche Gewaltenverschränkungen und -balancierungen. Das Grundgesetz fordert nicht eine absolute Trennung, sondern die gegenseitige Kontrolle, Hemmung und Mäßigung der Gewalten. Allerdings muss die in der Verfassung vorgenommene Verteilung der Gewichte zwischen den drei Gewalten gewahrt bleiben. Keine Gewalt darf ein von der Verfassung nicht vorgesehenes Übergewicht über eine andere Gewalt erhalten. Keine Gewalt darf der für die Erfüllung ihrer verfassungsmäßigen Aufgaben erforderlichen Zuständigkeiten beraubt werden [...]."[22].

176   Besondere Elemente der Gewaltenteilung im GG entspringen aus dem Bundesstaatsprinzip und der verfassungsrechtlichen Garantie der kommunalen Selbstverwaltung. Das Bundesstaatsprinzip bedingt eine Abgrenzung der staatlichen Gewalt zwischen den Ländern und dem Bund. Die kommunale Selbstverwaltungsgarantie in Art. 28 Abs. 2 bewirkt eine weitere vertikale Gewaltenteilung und führt zu dezentraler, bürgernah ausgeübter Staatsgewalt[23].

2. Verfassungsbindung

177   Verfassungsbindung bedeutet, dass die gesamte staatliche Gewalt in organisatorischer und funktionaler Hinsicht auf die Verfassung verpflichtet ist. Die Verfassung ist nicht etwa nur ein politischer Programmsatz, sondern unmittelbar geltendes Recht, auf das sich der Bürger berufen kann und das die Staatsorgane direkt verpflichtet. Die Ausübung aller staatlichen Gewalt hat sich in den formellen und materiellen Grenzen der Verfassung zu halten[24].

178   Die Verfassung ist die höchste Ebene in der innerstaatlichen Normenhierarchie. Sie beansprucht Vorrang vor allen anderen Rechtsakten. Der Grundsatz der Verfassungsbindung richtet sich besonders an den Gesetzgeber, der die innerstaatliche Rechtsordnung durch den Erlass von Gesetzen wesentlich ausgestaltet. Durch den Vorrang der Verfassung wird erreicht, dass der Gesetzgeber nur Gesetze erlassen kann, die mit der Verfassung vereinbar sind. Soweit der Gesetzgeber die Verfassung selbst ändern kann, vermag er dies nur nach erschwerten verfassungsrechtlichen Vorgaben (Art. 79 Abs. 2). Eine absolute Bindung besteht insoweit, als die Verfassung bestimmte Änderungen durch den Gesetzgeber ausschließt (Art. 79 Abs. 3).

179   Anderes gilt für die Rechtsprechung und die vollziehende Gewalt, die zunächst auf die Beachtung des einfachen Gesetzes verpflichtet sind. Deshalb wird für sie bei der Ausübung ihrer Funktionen die Verfassungsbindung erst dann aktuell, wenn die Bindung an unterverfassungsrechtliche Normen aus besonderen Gründen entfällt, z. B. wenn Bedenken an der Verfassungsmäßigkeit des anzuwenden-

---

22 BVerfGE 95, 1, 15 – *Südumfahrung Stendal*.
23 Vgl. *Maurer*, Staatsrecht § 12 Rn. 13 ff.; *Stern*, Staatsrecht II § 36; *Degenhart*, Staatsrecht Rn. 243.
24 Vgl. *Isensee*, HbStR I § 13; *Stern*, Staatsrecht I S. 787 f.; *Degenhart*, Staatsrecht Rn. 258 ff.

den Gesetzes bestehen, oder die zu überprüfende staatliche Handlung nicht aufgrund eines Gesetzes ergeht.

Im GG wird die Bindung des Gesetzgebers an die Verfassung in Art. 20 Abs. 3 **180** durch die Formulierung „verfassungsmäßige Ordnung" festgelegt und für die Grundrechte in Art. 1 Abs. 3 besonders hervorgehoben. Gesetze, die nicht mit der Verfassung vereinbar sind, sind nichtig. Die Nichtigkeitsprüfung und Nichtigkeitserklärung ist als exklusive Aufgabe dem BVerfG zugewiesen.

3. Gesetzesbindung

Gesetzesbindung bedeutet, dass die Ausübung sämtlicher staatlicher Gewalt an **181** die gültigen geschriebenen (positiven) Gesetze gebunden ist. Die Gesetzesbindung bezieht sich sowohl auf den formellen als auch auf den materiellen Gesetzesbegriff – entscheidend ist die Positivität[25]. Formell ist ein Gesetz, das im verfassungsrechtlich vorgesehenen Verfahren vom Gesetzgeber beschlossen wurde (Parlamentsgesetz). Materielle Gesetze können dagegen auch von der Exekutive erlassen werden (Rechtsverordnungen, Satzungen).

Normative Grundlage der Gesetzesbindung der vollziehenden Gewalt und Recht- **182** sprechung ist Art. 20 Abs. 3. Wiederholt wird der Primat des Gesetzes für die Rechtsprechung in Art. 97 Abs. 1.

Die *Bindung der vollziehenden Gewalt* an die Gesetze ist *mehrstufig*. Es gibt eine **183** Ebene der gesetzesfreien Verwaltung, die keiner gesetzlichen Regelung bedarf. Das gilt z. B. für fiskalische Geschäfte des Alltags und solche Tätigkeiten, die weder in die Grundrechte der Bürger eingreifen noch so wesentlich sind, dass sie einer gesetzlichen Grundlage bedürfen (*Wesentlichkeitstheorie* des BVerfG).
Sobald die Verwaltung sich in einem Bereich bewegt, der grundrechtsrelevant oder nicht völlig unbedeutend (wesentlich) ist, bedarf sie einer gültigen parlamentsgesetzlichen Ermächtigungsgrundlage (Vorbehalt des Gesetzes). Auf der nächsten Stufe muss die vollziehende Gewalt die erlassenen Gesetze auch ausführen und darf dabei nicht in einer anderen Weise tätig sein, als das Gesetz es vorschreibt (Vorrang des Gesetzes). Die vollziehende Gewalt unterliegt vollständig der Gesetzesbindung, auch wenn sie der Auffassung ist, dass ein Gesetz verfassungswidrig ist. Sie muss die gesetzgeberische Entscheidung vollziehen und darf nicht unter Berufung auf die Verfassungsbindung die Anwendung eines Gesetzes verweigern. Ansonsten würde sie die Gesetzgebungskompetenz faktisch entwerten und das Verwerfungsmonopol des BVerfG unterlaufen. Einzige Möglichkeit der Exekutive ist, ein Verfahren vor dem BVerfG anzustrengen, um die Verfassungsmäßigkeit eines formellen Gesetzes zu klären (abstrakte Normenkontrolle gem. Art. 93 Nr. 2), was aber nur auf Regierungsebene möglich ist.

Bei der *Gesetzesbindung der einfachen Rechtsprechung* ist zu differenzieren. Die **184** einfache Rechtsprechung prüft die Rechtmäßigkeit von Akten der vollziehenden Gewalt. Einziger Maßstab sind die formellen Gesetze (vgl. Art. 97). Ein Gericht kann die Anwendung eines nur materiellen Gesetzes, z. B. einer Rechtsverord-

---

25 Vgl. *Herzog*, in: Maunz/Dürig Art. 20 VI Rn. 50 ff.

nung, die von der Exekutive erlassen worden ist, verwerfen, wenn es deren Vereinbarkeit mit höherrangigen Rechtssätzen verneint. Insoweit besteht keine Gesetzesbindung der Rechtsprechung. Keine Kompetenz hat die Rechtsprechung über die Gültigkeit von formellen Gesetzen zu entscheiden. Ein Gericht besitzt zwar einen gewissen Spielraum, weil es den Bedeutungsinhalt eines Gesetzes durch Auslegung beeinflusst. Die Grenze ist aber der Wortlaut, den der Gesetzgeber gewählt hat. Hier besteht absolute Gesetzesbindung. Ist ein Gericht dennoch der Auffassung, dass ein Gesetz selbst nicht rechtmäßig ist, weil es nicht mit der Verfassung vereinbar ist, ruft es das BVerfG an (vgl. Art. 100 Abs. 1). Dem BVerfG obliegt dann die Entscheidung, ob das Gesetz selbst verfassungswidrig ist und kein gültiger Maßstab einer gerichtlichen (und anderen staatlichen) Entscheidung sein darf.

185 Die Gesetzesbindung gilt auch für den *Gesetzgeber*. Er ist solange an das von ihm selbst erlassene Gesetz gebunden, wie es nicht von ihm in dem dafür verfassungsrechtlich vorgesehenen Verfahren abgeändert wird[26].

4. Rechtsbindung

186 Die Rechtsbindung in Art. 20 Abs. 3 als eigenständige Kategorie neben der Gesetzesbindung rührt vor allem aus der Erkenntnis her, dass nicht alles, was geschriebenes Gesetz ist, auch Recht ist. Die Legalität einer Norm sagt noch nichts über die Legitimität ihres Inhalts aus. Das GG hat dieser Erkenntnis folgend nicht nur den formellen, sondern auch den materiellen Rechtsstaat in der staatlichen Ordnung verankert. Gültige Gesetze müssen sowohl formell als auch materiell rechtmäßig sein. Nur diese sind fähig die staatliche Gewalt zu binden. Die Rechtmäßigkeit eines Gesetzes wird zwar ganz überwiegend durch dessen formelle und materielle Verfassungsmäßigkeit ausgedrückt, aber nicht nur. Die Bindung des Staates an das „Recht" umfasst nicht nur eine Bindung an das positive Recht sondern an das diesem positiven Recht vorgehende Natur- oder Vernunftrecht.

> „Die Formel [Gesetz und Recht in Art. 20 Abs. 3] hält das Bewusstsein aufrecht, dass sich Gesetz und Recht zwar faktisch im Allgemeinen, aber nicht notwendig und immer decken."[27]

187 Das Auseinanderklaffen von Recht und Gesetz wird anhand der *Radbruchschen Formel* beschrieben:
„Der Konflikt zwischen der Gerechtigkeit und der Rechtssicherheit [also das geschriebene Recht, d.h. das positive Gesetz] dürfte dahin zu lösen sein, dass das positive, durch Satzung und Macht gesicherte Recht auch dann den Vorrang hat, wenn es inhaltlich ungerecht und unzweckmäßig ist, es sei denn, dass der Widerspruch des positiven Gesetzes zur Gerechtigkeit ein so unerträgliches Maß erreicht, dass das Gesetz als „unrichtiges Recht" der Gerechtigkeit zu weichen hat."[28]
Ein solcher Fall ist unter der Herrschaft des GG nur sehr schwer möglich, weil die formellen und materiellen Anforderungen des GG an ein gültiges Gesetz solch

---

26 Vgl. *Herzog*, in: Maunz/Dürig Art. 20 VI Rn. 23.
27 BVerfGE 34, 269, 286 f.
28 *Radbruch*, Rechtsphilosophie S. 353; BVerfGE 3, 225, 233.

krasses Unrecht gar nicht erst zulassen. Die Rechtsbindung an höherrangiges überpositives Recht verdrängt also die Gesetzesbindung faktisch nicht. Dagegen trat der Widerstreit zwischen geschriebenem Gesetzesrecht und höherem ungeschriebenen Recht bei der strafrechtlichen Beurteilung von Handlungen einzelner DDR-Amtsträger auf, deren Handeln nach der geschriebenen DDR-Rechtsordnung zwar legal war, aber gegen absolute Grundsätze des materiellen Rechtsstaats verstieß (Stichwort: Schießbefehl an der innerdeutschen Grenze).

5. Grundrechte

Der wichtigste Fall der rechtsstaatlichen Bindung ist der Schutz der Grundrechte.   **188**

Die Grundrechte sind Ausdruck der Menschenwürde als oberstem Verfassungs-   **189** leitsatz (vgl. Art. 1 Abs. 1) und binden jegliche staatliche Gewalt (vgl. Art. 1 Abs. 3). Die wichtigsten Grundrechte sind die allgemeine Handlungsfreiheit gem. Art. 2 Abs. 1, die subsidiär zu den speziellen Freiheitsrechten jeder Person ein generelles Mindestmaß an Freiheitsraum garantiert, die Gleichheit vor dem Gesetz gem. Art. 3 Abs. 1 sowie die Rechtsschutzgarantie gem. Art. 19 Abs. 4, die eine prozessuale Durchsetzung subjektiver Rechte gegenüber dem Staat gewährleistet. Weitere prozessuale Grundrechte finden sich in den Art. 101, 103, 104. Als demokratische Mitwirkungsrechte gehören zu den Grundrechten vor allem die politischen Kommunikationsrechte der Art. 5 und 8 sowie das aktive und passive Wahlrecht in Art. 38.

Die wesentliche Funktion der Grundrechte für das Staatsorganisationsrecht liegt   **190** darin, dass sie das Rechtsverhältnis zwischen Staat und Bürger durch subjektive Rechte des Bürgers gegen den Staat ausgestalten. Die staatliche Gewalt benötigt für legitime Eingriffe in grundrechtlich geschützte Rechtspositionen immer eine *gesetzliche Eingriffsgrundlage (formelles Rechtsstaatselement*, Art. 19 Abs. 1). Ein Kernbereich bleibt für staatliche Eingriffe absolut verschlossen (*materielles Rechtsstaatselement*, Art. 19 Abs. 2). Darüber hinaus sind die Grundrechte auch objektiv-rechtliche Wertentscheidungen, die für die gesamte Rechtsordnung maßgeblich sind. Sie verpflichten den Staat, die grundrechtlich geschützten Rechtspositionen effektiv durch die innerstaatliche Rechtsordnung zu gewährleisten.

VI. Einzelne Ausprägungen der Rechtsstaatlichkeit

Die Rechtsstaatsidee ist in Art. 20 Abs. 3 verankert, aber keineswegs nur dort. Sie   **191** ergibt sich aus einem Zusammenspiel vieler einzelner Normen des GG und wird auch durch Prinzipien gewährleistet, die selbst keinen wörtlichen Niederschlag in einzelnen Normen der Verfassung gefunden haben.

1. Vorrang des Gesetzes

Der Vorrang des Gesetzes bezeichnet eine spezielle Ausprägung der Gesetzesbin-   **192** dung der vollziehenden Gewalt gem. Art. 20 Abs. 3 und gilt für jegliches Verwaltungshandeln, d.h. auch für begünstigende Maßnahmen. Der Grundsatz besagt, dass das Gesetz als höherrangige, vom demokratischen Gesetzgeber legitimierte Norm, Vorrang hat vor jedem untergesetzlichen Rechtsakt des Staates. Ein Verstoß gegen den Grundsatz vom Vorrang des Gesetzes zieht unterschiedliche Rechtsfolgen nach sich. Ein Verwaltungsakt bleibt nach § 43 Abs. 2 VwVfG wirksam, solange und soweit er nicht zurückgenommen, widerrufen, anderweitig aufgehoben oder durch Zeitablauf oder auf andere Weise erledigt ist. Für Verwaltungsverträge gilt § 59 VwVfG. Die von der Verwaltung rechtswidrig erlassenen Rechtsverordnungen und Satzungen sind nichtig. Bei Satzungen sind allerdings die besonderen Heilungsvorschriften (z.B. §§ 214 ff. BauGB) zu beachten[29].

2. Vorbehalt des Gesetzes

193 Der Grundsatz des Vorbehalts des Gesetzes besagt, dass die vollziehende Gewalt nur dann tätig werden darf, wenn ihr Handeln auf einer gesetzlichen Ermächtigung beruht. Negativ ausgedrückt beinhaltet er das Verbot, ohne gesetzliche Grundlage tätig zu werden[30]. Gesetzliche Grundlage in diesem Zusammenhang meint ein förmliches Parlamentsgesetz. Dass die Verwaltung nicht einfach z.B. auf der Grundlage einer Rechtsverordnung tätig werden darf, ergibt sich wiederum aus einer anderen Verfassungsnorm, die ebenfalls das Rechtsstaatsprinzip konkretisiert, nämlich aus Art. 80 Abs. 1. Danach müssen Inhalt, Zweck und Ausmaß der erteilten Ermächtigung, die eine Rechtsverordnung zulässt, in einem Gesetz bestimmt sein.

194 Der Gesetzesvorbehalt entspringt vornehmlich dem Grundsatz der rechtsstaatlichen Gesetzesbindung der vollziehenden Gewalt gem. Art. 20 Abs. 3. Bei Verwaltungshandeln, das mit Eingriffen in Grundrechte verbunden ist, gilt zudem das spezielle Erfordernis einer gesetzlichen Ermächtigungsgrundlage (vgl. Art. 19 Abs. 1). Auch das rechtsstaatliche Gebot der Gewaltenteilung und das Demokratieprinzip fordern, dass die Exekutive sich auf eine gesetzliche Ermächtigung stützt[31].

195 a) **Wesentlichkeitstheorie.** Nicht absolut jedes staatliche Handeln bedarf einer gesetzlichen Ermächtigung. Es gibt auch eine sog. gesetzesfreie Verwaltung. Fiskalische Geschäfte des Alltags, wie z.B. der Kauf eines Bleistiftes für eine Behörde, müssen sicher nicht auf eine gesetzliche Ermächtigungsgrundlage zurückgeführt werden können. Ein möglicher Fall ist der Eingriff in ein Grundrecht und darüber hinaus Verwaltungstätigkeit von einer gewissen Gewichtigkeit. Das BVerfG hat in ständiger Rechtsprechung zu dieser Frage eine Synthese aus rechtsstaatlichen und demokratiebedingten Erwägungen gebildet, die unter dem Stichwort „Wesentlichkeitstheorie" Eingang in die Rechtsdogmatik gefunden hat.

196 Die Wesentlichkeitstheorie bestimmt, welche Fragen dem Vorbehalt einer parlamentarischen Regelung vorbehalten sind (Parlamentsvorbehalt). Über den Gesetzesvorbehalt hinaus gilt der Parlamentsvorbehalt auch für andere parlamen-

---

29 Vgl. zu den Einzelheiten *Maurer*, Allg. Verwaltungsrecht § 6 Rn. 2.
30 Vgl. *Sachs*, in: Sachs Art. 20 Rn. 113.
31 *Maurer*, Allg. Verwaltungsrecht § 6 Rn. 4 ff.

tarische Willensakte, wie z.B. die Frage der Zustimmung des Parlaments bei Auslandseinsätzen der Bundeswehr.

Zur *Wesentlichkeitstheorie* führt das BVerfG aus: **197**

> „Der Grundsatz des Vorbehalts des Gesetzes wird zwar in der Verfassung nicht ausdrücklich erwähnt, seine Geltung ergibt sich jedoch aus Art. 20 Abs. 3 GG. (BVerfGE 40, 237 [248]). Das Verständnis dieses Grundsatzes hat sich, insbesondere in Erkenntnis seiner demokratischen Komponente, in den letzten Jahren gewandelt […]. Heute ist es ständige Rechtsprechung, dass der Gesetzgeber verpflichtet ist, – losgelöst vom Merkmal des „Eingriffs" – in grundlegenden normativen Bereichen, zumal im Bereich der Grundrechtsausübung, soweit diese staatliche Regelung zugänglich ist, alle wesentlichen Entscheidungen selbst zu treffen […]. In welchen Bereichen danach staatliches Handeln einer Rechtsgrundlage im förmlichen Gesetz bedarf, lässt sich nur im Blick auf den jeweiligen Sachbereich und die Intensität der geplanten oder getroffenen Regelung ermitteln. Die verfassungsrechtlichen Wertungskriterien sind dabei in erster Linie den tragenden Prinzipien des Grundgesetzes, insbesondere den vom Grundgesetz anerkannten und verbürgten Grundrechten zu entnehmen."[32]

Die Wesentlichkeitstheorie bestimmt also je nach Regelungsgegenstand, ob für **198** das staatliche Handeln eine formelle Regelung notwendig ist bzw. wenn ja, welche Regelungsdichte erforderlich ist. Je stärker die Grundrechtsrelevanz ist, desto wesentlicher ist das Bedürfnis einer gesetzlichen Ermächtigung des staatlichen Handelns und umso enger ist die erforderliche Regelungsdichte[33].

b) Eingriffsverwaltung. Unbestritten ist die Geltung des Gesetzesvorbehalts für **199** den Bereich der sog. Eingriffsverwaltung. Ein staatliches Handeln, das in die grundrechtlich geschützten Freiräume des Bürgers („Eigentum und Freiheit") eingreift, bedarf einer gesetzlichen Ermächtigung. Damit der Bürger Beschränkungen seiner geschützten Freiräume voraussehen kann und diese für ihn berechenbar sind, müssen die Eingriffsbefugnisse der vollziehenden Gewalt nach Inhalt, Zweck und Ausmaß hinreichend bestimmt und begrenzt sein.

Die Entwicklung der Grundrechtslehre hat zu einer weiten Ausdehnung der Eingriffsverwaltung geführt. Als Eingriff gilt jede tatsächliche, nicht nur unerhebliche, auch mittelbare Beeinträchtigung (sog. faktischer Eingriff). Die Funktion des Art. 2 Abs. 1 als allgemeines Freiheitsrecht führt im Ergebnis dazu, dass in weitem Ausmaße den Bürger belastende staatliche Akte der Eingriffsverwaltung zugeordnet werden können und einer gesetzlichen Ermächtigung bedürfen. Ein besonderes Problem liegt dabei in der Frage der Zulässigkeit von behördlichen Warnungen, z.B. bei Sekten[34] oder Lebensmitteln[35]. Problematisch ist in diesen Fällen aus Sicht des Gesetzesvorbehalts, ob Kompetenzvorschriften ausreichende Ermächtigungsgrundlagen der Regierung oder nachgeordneter Verwaltungsbehörden sein können[36].

---

32 BVerfGE 49, 89, 126 f. – *Schneller Brüter Kalkar.*
33 Vgl. *Degenhart*, Staatsrecht Rn. 66 ff.; *Stern*, Staatsrecht I S. 811 ff.
34 BVerfGE 105, 279 – *Osho.*
35 BVerfGE 105, 252 – *Glykol-Wein*; OLG Stuttgart NJW 1990, 2690 – *Birkel.*
36 Vgl. *Maurer*, Allg. Verwaltungsrecht § 6 Rn. 2 ff., Rn. 12.

201 c) **Leistungsverwaltung.** Weit weniger eindeutig ist die Reichweite des Gesetzesvorbehalts im Bereich der Leistungsverwaltung[37], bei der staatliches Handeln aus der Leistungsgewährung an seine Bürger besteht. Die Verwaltung wird in diesem Bereich nicht freiheitsverkürzend tätig, sondern erweitert durch staatliche Leistung den Rechtskreis der Bürger. Die Leistungsverwaltung besitzt hohe Bedeutung, weil staatliches Handeln, durch das dem Einzelnen Leistungen und Chancen gewährt und angeboten werden, für eine Existenz in Freiheit oft nicht weniger bedeutsam ist als das Unterbleiben eines „Eingriffs". Diese Frage hat jedoch in weiten Teilen der staatlichen Leistungsverwaltung ihre Bedeutung verloren, weil die wesentlichen sozialstaatlichen Leistungen eine gesetzliche Basis besitzen. Lediglich im Subventionsbereich besteht noch eine geringere formellgesetzliche Regelungsdichte.

202 Für die Geltung des Gesetzesvorbehalts auch im Bereich der Leistungsverwaltung spricht, dass sich die Einflussnahme des Staates durch die Gewährung von Leistungen nicht weniger intensiv darstellt als im Bereich der Eingriffsverwaltung. So sind die Bürger vielfach auf staatliche Leistungen angewiesen. Auch geht mit der Begünstigung des Leistungsempfängers meist eine Benachteiligung des Nichtbegünstigten einher (Wettbewerbsnachteil).
Gegen die Geltung des Gesetzesvorbehalts kann angeführt werden, dass dieser ursprünglich nur für staatliche Eingriffe entwickelt wurde und die Erweiterung des Rechtskreises der Bürger gerade keinen staatlichen Eingriff darstellt. Außerdem kann der Staat im Bereich der Leistungsverwaltung ohne die Geltung des Vorbehalts des Gesetzes flexibler reagieren.

203 Nach der Rechtsprechung wird grundsätzlich die formellgesetzliche Ermächtigung in der Bereitstellung der Haushaltsmittel im Haushaltsplan als ausreichend angesehen[38]. Aufgrund des Budgetrechts des Parlaments erfordert die Ausgabe staatlicher Finanzmittel einer vorherigen parlamentarischen Bewilligung, was als ausreichende parlamentarische Willensäußerung angesehen wird. Diese erfolgt in Form des Haushaltsgesetzes.

204 In einigen Bereichen ist allerdings die Bereitstellung von Haushaltsmitteln nicht ausreichend. Wegen der besonderen Grundrechtsrelevanz und der staatlichen Neutralitätspflicht ist im Bereich der Presse und der Religion ein förmliches Gesetz für die Leistungsvergabe erforderlich.
Die generelle Geltung des Gesetzesvorbehalts ist jedenfalls dann zu bejahen, wenn der Staat Vorteile und Leistungen gewährt, die als faktischer Grundrechtseingriff in die Grundrechtssphäre Dritter eingreifen, wie z. B. staatliche Subventionen an einen direkten Mitwettbewerber. Das entspricht der weiten Ausdehnung des Eingriffsbegriffs auf rein tatsächliche Beeinträchtigungen.

3. Verhältnismäßigkeitsprinzip

205 Das Verhältnismäßigkeitsprinzip – auch als Übermaßverbot bezeichnet – besagt, dass der Zweck jedes staatlichen Handelns in angemessenem Verhältnis zu dem

---

37 Vgl. zum Ganzen *Maurer*, Allg. Verwaltungsrecht § 6 Rn. 13 ff.
38 BVerwGE 6, 90, 112, 126.

gewählten Mittel stehen muss. Die Freiheit des Einzelnen darf nur soweit eingeschränkt werden, wie dies im Interesse des Allgemeinwohls unabdingbar ist.
Ursprünglich als rechtsstaatliche Anforderung an die Rechtmäßigkeit von Eingriffen durch die Verwaltung in die konstitutionellen Freiheitsrechte („Eigentum und
Freiheit") entwickelt, gehört das Verhältnismäßigkeitsprinzip zu den Leitsätzen,
die die Rechtmäßigkeit jeglichen staatlichen Handelns betreffen[39].

> „Es handelt sich um eine übergreifende Leitregel allen staatlichen Handelns, [die]
> zwingend aus dem Rechtsstaatsprinzip gefolgt [wird]."[40]

Das Rechtsstaatsprinzip betrifft aber nicht die innerstaatliche Rechtssphäre und **206**
ist dort grundsätzlich nicht anwendbar[41]. Rechtsgedanken des Verhältnismäßigkeitsgrundsatzes finden sich aber auch bei den staatsorganisatorischen Rechtsverhältnissen, wie der Pflicht zu bundesfreundlichem Verhalten. Im Staatsorganisationsrecht ist eher Zurückhaltung bei der Argumentation mit dem allgemeinen
Verhältnismäßigkeitsgrundsatz geboten. Zumeist findet sich der Rechtsgedanke
in anderen Prinzipien, Regelungen oder Verfahrensvorschriften wieder[42].
Das Verhältnismäßigkeitsprinzip findet seine klassische Anwendung im Verhältnis Staat-Bürger in der Grundrechtslehre, wo zu den Voraussetzungen eines recht-
mäßigen Eingriffs auch die Verhältnismäßigkeit gehört.

> „Nach [dem Grundsatz der Verhältnismäßigkeit] sind Eingriffe in die Freiheitssphäre
> nur dann und insoweit zulässig, als sie zum Schutz öffentlicher Interessen unerlässlich
> sind; die gewählten Mittel müssen in vernünftigem Verhältnis zum angestrebten Erfolg
> stehen."[43]

Die Anwendung des Verhältnismäßigkeitsgrundsatzes erfolgt in drei Schritten. **207**
Zuerst ist der angestrebte Zweck des staatlichen Handelns zu bestimmen und
danach genau festzulegen, aus welchem Mittel das staatliche Handeln besteht, mit
dem der angestrebte Erfolg bewirkt werden soll. Dann sind beide in Relation
zueinander zu setzen. Dieser letzte Schritt ist die eigentliche Verhältnismäßigkeits-
prüfung.

Für die *Ermittlung des Zwecks des staatlichen Handelns* ist zunächst auf das **208**
abzustellen, was die staatlichen Stellen als angestrebten Erfolg verlautbaren.
Dabei geht es um die Erfüllung eines Gesetzeszwecks durch Vollzugshandlungen
der Exekutive oder um ein Ziel, das der Gesetzgeber selbst durch Erlass eines
Gesetzes verwirklichen will. Der Zweck ermittelt sich dann aus dem Gesetz selbst,
aus der Gesetzesbegründung oder den parlamentarischen Beratungen. Der Zweck
muss legitim sein, d. h. mit der staatlichen Ordnung, insbesondere mit der Verfassung vereinbar sein.

Bestimmt werden muss das *Mittel, das zur Erfüllung des angestrebten Zwecks* **209**
gewählt wurde. Zumeist handelt es sich um den inhaltlichen Vollzug eines Gesetzes durch einen Verwaltungsakt oder um den Erlass eines Gesetzes selbst durch

---

39 Vgl. *Stern*, Staatsrecht I S. 861 m. w. N.
40 BVerfGE 23, 127, 133 m. w. N.
41 BVerfGE 81, 310, 338 – *Kalkar*.
42 Vgl. *Degenhart*, Staatsrecht Rn. 387 ff.; *Stern*, Staatsrecht I S. 861.
43 BVerfGE 35, 382, 401 – *Ausweisung*.

den Gesetzgeber. Dadurch wird dem Bürger regelmäßig eine Pflicht auferlegt oder ihn anderweitig belastet.

210 Der Zweck und das dafür gewählte staatliche Mittel sind *zueinander in Beziehung zu setzen*. Ein Mittel ist danach nur verhältnismäßig, wenn es zur Verwirklichung des angestrebten Zwecks geeignet, erforderlich und angemessen ist.

Geeignet ist jedes Mittel, das prinzipiell für die Verwirklichung des angestrebten Zwecks dienlich ist. Je nach Fallkonstellation kann es eine große Anzahl von geeigneten Mitteln neben dem gewählten geben.

Erforderlich ist das Mittel, das von allen geeigneten, gleich wirksamen Mitteln, die am wenigsten einschneidende Maßnahme darstellt. Im klassischen Staat-Bürger-Verhältnis ist also das Mittel erforderlich, das den Bürger am wenigsten belastet.

Angemessen (oder auch zumutbar) ist ein erforderliches Mittel nur, wenn der verfolgte Zweck nicht vollkommen außer Verhältnis dazu steht (Verhältnismäßigkeit i.e.S.). Die Angemessenheitsprüfung besteht in einem Abwägen zwischen dem erforderlichen Mittel und dem Zweck bzw. mit den Rechtsgütern, die dahinter stehen. Bildlich gesprochen darf man nicht mit Kanonen auf Spatzen schießen.

4. Rückwirkungsverbot

211 Rückwirkung eines Gesetzes bedeutet, dass nach dem Inkrafttreten eines Gesetzes auch Rechtsfolgen für zurückliegende Ereignisse eintreten können. Das frühere Geschehen und Verhalten der Bürger (Sachverhalt) wird durch Schaffung eines entsprechenden Tatbestands einer anderen rechtlichen Bewertung unterworfen als vor Inkrafttreten des Gesetzes. Die Rückwirkung kann darin bestehen, einen vollständig abgeschlossenen Sachverhalt durch Gestaltung eines gesetzlichen Tatbestands mit anderen bzw. erstmaligen Rechtsfolgen zu versehen (sog. *echte Rückwirkung*). Sie kann aber auch darin bestehen, dass der Tatbestand, an den das Gesetz die Rechtsfolge knüpft, noch nicht vollständig verwirklicht ist, sondern Sachverhalte erfasst, die noch andauern bzw. erst zukünftig abgeschlossen sind (sog. *unechte Rückwirkung*). In beiden Rückwirkungskategorien wird die Rechtssicherheit und vor allem das Vertrauen des Gesetzesadressaten, dass die Rechtslage bzw. seine Rechtspositionen im Zeitpunkt seines Handelns und seiner Dispositionen auch zukünftig erhalten bleiben, beeinträchtigt.

212 Rechtssicherheit und Vertrauensschutz sind elementare Bestandteile jeder rechtsstaatlichen Ordnung. Aus ihnen entspringt der rechtsstaatliche Gedanke des Rückwirkungsverbots. Auf der anderen Seite ist offensichtlich, dass eine Rechtslage nicht auf ewig zementiert sein kann. Insbesondere bei Dauersachverhalten kann es dem Gesetzgeber nicht absolut verwehrt sein, die rechtliche Beurteilung zu ändern. Die Zulässigkeit einer Rückwirkung ist daher einer Abwägung mit anderen wichtigen Verfassungsgütern zu entnehmen[44].

213 Keine Frage des Rückwirkungsverbots ist eine begünstigende oder wenigstens neutrale rechtliche Neubewertung von vergangenen bzw. andauernden Sachverhalten, weil der Vertrauensschutz nur die Verschlechterung vorhandener Rechts-

---

44 BVerfGE 72, 175, 196.

positionen verhindern will. Keine Frage der Rückwirkung ist natürlich auch die rechtliche Neubewertung zukünftiger Sachverhalte. Es besteht kein Vertrauensschutz, dass das bestehende Recht auch in Zukunft erhalten bleibt.

Die Frage, inwieweit Rückwirkung rechtsstaatlich zulässig ist, hängt vom betroffenen Rechtsgebiet und der Einordnung als echte oder unechte Rückwirkung ab. Im Strafrecht gilt ein verfassungsrechtlich garantiertes absolutes Rückwirkungsverbot (vgl. Art. 103 Abs. 2). Außerhalb seines Anwendungsbereiches hat das BVerfG die Geltung des Rückwirkungsverbots durch die Bildung zweier Kategorien geprägt, deren normative Grundlage das allgemeine Rechtsstaatsprinzip in seinen Ausprägungen Vertrauensschutz und Rechtssicherheit findet[45]. **214**

a) **Strafrechtliches Rückwirkungsverbot (Art. 103 Abs. 2).** Im Strafrecht gilt gem. Art. 103 Abs. 2 ein absolutes Rückwirkungsverbot: „*nulla poena sine lege*" (keine Strafe ohne Gesetz). Dem Gesetzgeber ist es verwehrt, ein Verhalten unter Strafandrohung zu stellen, das vor der Verkündung der Norm lag. Gleiches gilt für eine Strafverschärfung. Bei Dauerdelikten kann erst ab dem Inkrafttreten der Regelung eine Strafbarkeit begründet werden. Die Strafandrohung muss bei Begehung der Tat für den Bürger vorhersehbar und berechenbar sein. Gegenstand des Rückwirkungsverbots ist das materielle Straf- und Ordnungswidrigkeitsrecht, nicht jedoch das Verfahrensrecht oder die Verlängerung der Verjährungsfrist für die Strafverfolgung[46]. **215**

b) **Echte Rückwirkung (retroaktiv).** Eine Norm hat echte Rückwirkung, wenn durch ihren Tatbestand aus einem *Sachverhalt*, der im Zeitpunkt des Inkrafttretens schon *vollständig abgeschlossen* war, eine neue, ungünstigere Rechtsfolge erwächst. Der Adressat der Regelung hat keinen Einfluss mehr, durch sein Verhalten diese Rechtsfolgen zu umgehen. Sein Vertrauen auf die „alte" Rechtslage wird enttäuscht. **216**

Die echte Rückwirkung ist grundsätzlich *unzulässig*. Ein Gesetz, das durch echte Rückwirkung gegen das Rückwirkungsverbot verstößt, ist nichtig, weil es gegen den Grundsatz des Vertrauensschutzes verstößt. Die Berufung auf den Vertrauensschutz führt aber gleichzeitig zu der Erkenntnis, dass das Vertrauen des Bürgers schutzwürdig sein muss. **217**

Vertrauensschutz gilt nicht absolut, sondern nur da, wo er sachlich gerechtfertigt ist. Ein *nicht schutzwürdiges Vertrauen*, das eine echte Rückwirkung ausnahmsweise zulässt, hat das BVerfG in fünf Fallkonstellationen angenommen: **218**

– Der Adressat musste ab dem Zeitpunkt, auf den sich die Rückwirkung bezieht, bereits mit einer Neuregelung rechnen[47].

– Die Neuregelung beseitigt rückwirkend eine so verworrene und unklare Rechtslage, dass der Adressat mit einer klarstellenden Regelung rechnen musste.

---

45 Vgl. *Stern*, Staatsrecht I S. 831 ff.; *Degenhart*, Staatsrecht Rn. 358 ff.
46 Vgl. dazu im Einzelnen *Tröndle/Fischer*, StGB § 1 Rn. 11b.
47 BVerfGE 37, 363, 397; 45, 142, 173.

– Die Neuregelung ersetzt rückwirkend eine nichtige Bestimmung durch eine rechtlich nicht zu beanstandende Norm.

– Die Neuregelung führt zu einer nur unwesentlichen Verschlechterung der Rechtsposition des Adressaten (sog. Bagatellvorbehalt)[48].

– Schließlich können zwingende Gründe des gemeinen Wohls, die dem Gebot der Rechtssicherheit übergeordnet sind, eine Rückwirkungsanordnung rechtfertigen[49].

219 **c) Unechte Rückwirkung (retrospektiv).** Eine Norm hat unechte Rückwirkung, wenn sich ihre Rechtsfolgen auf einen *gegenwärtigen noch nicht abgeschlossenen Sachverhalt* beziehen, der zwar erst in der Zukunft vollendet wird, der aber bereits vor dem Zeitpunkt des Inkrafttretens der Norm teilweise verwirklicht war. Eine unechte Rückwirkung ist grundsätzlich zulässig, wenn nicht im Einzelfall ein schutzwürdiges Vertrauen der Betroffenen besteht. In Fällen der unechten Rückwirkung ist eine Abwägung zwischen dem öffentlichen Interesse an der Neuregelung und dem Vertrauen des Einzelnen auf den Fortbestand der Rechtslage durchzuführen, die im Einzelfall den Vertrauensschutz höher bewerten kann. Dabei sind auch die betroffenen Grundrechte des Normadressaten zu berücksichtigen.

5. Vertrauensschutz

220 Der allgemeine Vertrauensschutz besagt, dass der Einzelne bei seinem Verhalten auf die gültige Rechtslage und auf den ungeschmälerten künftigen Bestand seiner Rechtspositionen vertrauen darf. Der Vertrauensschutz wird aus dem Prinzip der Rechtsicherheit als Ausfluss des allgemeinen Rechtsstaatsprinzips, aus dem Prinzip von Treu und Glauben oder aus den Grundrechten und dem Sozialstaatsprinzip hergeleitet. Der Vertrauensschutz erhält besondere Konturen gegenüber dem Gesetzgeber durch das Rückwirkungsverbot. Er gilt aber grundsätzlich gegenüber jeglichem staatlichen Handeln, das den Adressaten in seinem Vertrauen beeinträchtigt. Inwieweit das staatliche Handeln der Exekutiven wegen Verstoßes gegen schutzwürdiges Vertrauen unzulässig bzw. rechtswidrig ist, hängt vom Einzelfall ab. Die Berücksichtigung schutzwürdigen Vertrauens durch die Exekutive findet sich im Verwaltungsrecht insbesondere in den Verfahrensvorschriften über die Aufhebung eines begünstigenden Verwaltungsakts wieder.

6. Bestimmtheitsgebot

221 Das allgemeine Bestimmtheitsgebot verpflichtet den Staat, bei der Rechtssetzung dem Adressaten einer Norm hinreichend deutlich zu machen, welches Gebot oder Verbot er verlangt. Das folgt aus dem rechtsstaatlichen Erfordernis der Rechtssicherheit des Einzelnen, der wissen muss, was der Staat rechtlich vorschreibt und welche Rechtsfolgen der Staat an das Verhalten seiner Bürger knüpft. Für den Gesetzgeber folgt das Bestimmtheitsgebot aus dem allgemeinen Rechtsstaatsprinzip. Die vollziehende Gewalt unterliegt vor allem in gesetzlichen Verfahrensvorschriften dem Bestimmtheitsgebot (vgl. § 37 Abs. 1 VwVfG). Das Bestimmtheits-

---

48 BVerfGE 72, 200, 258.
49 BVerfGE 37, 363, 397.

gebot verhindert nicht die Verwendung von unbestimmten Rechtsbegriffen, Generalklauseln oder die Einräumung von Ermessen auf der Rechtsfolgenseite, weil eine Rechtsordnung nicht ohne solche „offenen" Regelungen auskommen kann. Im Gegenteil würden zu starre rechtliche Ordnungen zu weniger gerechten Lösungen kommen. Ermessen, Generalklauseln, Beurteilungsspielräume und unbestimmte Rechtsbegriffe ihrerseits haben auch rechtliche Grenzen, die eine Umgehung des Bestimmtheitsgebots verhindern[50].

a) **Verweisungen.** Ein spezielles Problem des Bestimmtheitsgebots sind Verweisungen. Verweisungen sind allgemein Normen oder Normenteile, die für ihren Regelungsinhalt (auch) auf andere Vorschriften verweisen und an sich zur üblichen Gesetzestechnik zählen. **222**
Verweisungen innerhalb desselben Gesetzes oder Gesetze, die auf ein anderes Regelwerk in einer bestimmten Fassung verweisen, sog. *statische* Verweisungen, begegnen keinen Bedenken, denn der Gesetzgeber hätte den Gesetzestext ebenso gut abschreiben können. Anders sind jedoch die sog. *dynamischen* Verweisungen zu beurteilen. Bei einer dynamischen Verweisung wird auf die jeweils aktuelle Fassung einer anderen Vorschrift verwiesen. Diese Methode verstößt gegen das Demokratieprinzip sowie gegen das Rechtsstaatsprinzip, weil sich der Inhalt eines Gesetzes ändert, ohne dass der zuständige Gesetzgeber tätig wird. Das Demokratieprinzip erfordert, dass nur der Gesetzgeber gesetzgeberisch tätig wird. Verweist eine Norm dynamisch auf eine andere Vorschrift, dann werden verdeckt Gesetzgebungskompetenzen verlagert, unter Umständen sogar auf Stellen, die überhaupt keine demokratische Legitimierung haben, wie z.B. Verweise auf technische Normen (TA Lärm). Das Rechtsstaatsprinzip fordert, dass der Gesetzgeber den Inhalt seiner Gesetze eindeutig bestimmt und der Adressat hinreichend eindeutig weiß, was der Befehl einer Norm ist. Diese Bestimmtheit fehlt, wenn der Inhalt einer Norm aufgrund dynamischer Verweisung sich ständig wandeln kann, ohne dass der Gesetzgeber Einfluss darauf hat[51].

b) **Verordnungsermächtigung.** Rechtsverordnungen sind von der vollziehenden Gewalt aufgrund gesetzlicher Ermächtigung erlassene Rechtssätze. Die Rechtsverordnung wird üblicherweise erlassen, um detaillierte Regelungen zu einem förmlichen Gesetz zu treffen (sog. Ausführungs- und Durchführungsverordnung). Eine Rechtsverordnung trifft eine abstrakt-generelle Regelung, ist also materielles Gesetz. Mit der Ermächtigung zum Erlass von Rechtsverordnungen erlangt die vollziehende Gewalt begrenzte Rechtssetzungsbefugnisse. **223**

Die erforderliche verfassungsrechtliche Grundlage für die von der Gewaltenteilung abweichende Rechtssetzungsbefugnis ist Art. 80 Abs. 1. Voraussetzung für die Übertragung von Rechtssetzungsbefugnissen ist zunächst ein förmliches Gesetz. Der Gesetzgeber muss aufgrund von rechtsstaatlichen und demokratischen Prinzipien (Gewaltenteilung, Vorbehalt des Gesetzes) durch einen besonderen Akt seine originären Rechtssetzungsbefugnisse übertragen. Die Übertragung ist aber nur zulässig, wenn Inhalt, Zweck und Ausmaß der Ermächtigung im Gesetz bestimmt werden (vgl. Art. 80 Abs. 1 Satz 2). Es genügt allerdings, wenn **224**

---

50 Vgl. *Stern,* Staatsrecht I S. 830.
51 Vgl. *Stern,* Staatsrecht I S. 823 f.

sich Inhalt, Zweck und Ausmaß der Ermächtigung aus dem gesamten Gesetz ggf. durch Auslegung ermitteln lassen.

225 Rechtsverordnungen, die ohne hinreichende Ermächtigung i.S.d. Art. 80 Abs. 1 GG erlassen werden, d.h. über den vorgegebenen Rahmen hinaus stoßen, sind nichtig. Verstößt das ermächtigende Gesetz selbst gegen die Anforderungen, die Art. 80 Abs. 1 aufstellt, ist die Ermächtigung verfassungswidrig und damit nichtig[52].

226 **c) Satzungsermächtigung.** Die sog. Satzungsautonomie berechtigt juristische Personen des öffentlichen Rechts zum Erlass von Satzungen, in denen diese die Angelegenheiten ihrer Mitglieder und der ihnen sachlich (kraft Gebietshoheit) unterworfenen Personen regeln können.

> **Beispiele:**
> Kommunen, Handwerkskammern, Universitäten oder Sozialversicherungsträger.

Erforderlich ist eine gesetzliche Grundlage, in der die Selbstverwaltungsträgerschaft bestimmt und zur autonomen Rechtssetzung durch Satzungen ermächtigt wird. Für die Kommunen ist die begrenzte Satzungsermächtigung verfassungsrechtlich in Art. 28 Abs. 2 verankert und ergibt sich aus dem Begriff „regeln". Die Satzungsautonomie darf aber nicht vollkommen unbestimmt und allgemein zur Rechtssetzung berechtigen, sondern muss durch gesetzliche Regelung bzw. gesetzliche Bestimmung des Selbstverwaltungszwecks die Satzungsautonomie festlegen. Die Rechtssetzungsbefugnis wird also durch den Satzungszweck begrenzt. Je mehr die Selbstverwaltung grundrechtlich geschützte Lebensbereiche berührt, umso enger und dichter müssen die gesetzlichen Vorgaben für die Satzungsautonomie sein[53].

227 Das BVerfG führt dazu aus[54]:

> „Trotzdem bleibt auch im Rahmen einer an sich zulässigen Autonomiegewährung der Grundsatz bestehen, dass der Gesetzgeber sich seiner Rechtssetzungsbefugnisse nicht völlig entäußern und seinen Einfluss auf den Inhalt der von den körperschaftlichen Organen zu erlassenden Normen nicht gänzlich preisgeben darf. Das folgt sowohl aus dem Prinzip des Rechtsstaats wie aus der Demokratie. Fordert das eine, die öffentliche Gewalt in allen ihren Äußerungen auch durch klare Kompetenzordnung und Funktionstrennung rechtlich zu binden, so dass Machtmissbrauch verhütet und die Freiheit des Einzelnen gewahrt wird, so gebietet das andere, dass jede Ordnung eines Lebensbereichs durch Sätze objektiven Rechts auf eine Willensentschließung der vom Volk bestellten Gesetzgebungsorgane muss zurückgeführt werden können. Der Gesetzgeber darf seine vornehmste Aufgabe nicht anderen Stellen überlassen. Das gilt besonders, wenn der Akt der Autonomieverleihung dem autonomen Verband nicht nur allgemein das Recht zu eigenverantwortlicher Wahrnehmung der übertragenen Aufgaben und zum Erlass der erforderlichen Organisationsnormen einräumt, sondern ihn zugleich zu Eingriffen in den Grundrechtsbereich ermächtigt. Dem staatlichen Gesetzgeber erwächst hier eine gesteigerte Verantwortung: der verstärkten Geltungskraft der Grundrechte entspricht die besondere Bedeutung aller Akte staatlicher Gewaltaus-

---

52 Vgl. *Ossenbühl*, HbStR III S. 387 ff.; *Degenhart*, Staatsrecht Rn. 271 ff.
53 *Ossenbühl*, HbStR III S. 463 ff.
54 BVerfGE 33, 125, 158 – *Facharzt*.

übung, welche die Verwirklichung und Begrenzung von Grundrechten zum Gegenstand haben."

7. Rechtsschutzanspruch

a) Art. 19 Abs. 4 GG. Art. 19 Abs. 4 führt konsequent den Gedanken des Rechts- **228** staats zu Ende, dass die Ausübung der Staatsgewalt nicht nur an Verfassung, Recht und Gesetz gebunden ist, sondern der Bürger auch die Möglichkeit besitzt, vor Gericht diese Bindungen durchzusetzen. Bindungen und damit korrespondierende Rechte der Bürger haben nämlich nur dann einen echten Wert, wenn sie im Konfliktfall gegenüber dem Staat erzwungen werden können.

Einzelheiten, wie auch der Justizgewährleistungsanspruch gem. Art. 2 Abs. 1 und die Unabhängigkeit der Richter gem. Art. 97 werden in dem gesonderten Band „Grundrechte" dargestellt.

Rechtsprechung:

BVerfGE 1, 13 – *Bundesversorgungsgesetz;* BVerfGE 2, 380 – *Haftentschädigung;* BVerfGE 8, 274 – *Preisgesetz;* BVerfGE 9, 137 – *Einfuhrgenehmigung;* BVerfGE 11, 263; BVerfGE 13, 225 – *Bahnhofsapotheke;* BVerfGE 18, 172 – *Unvereinbarkeit von Amt und Mandat;* BVerfGE 19, 342 – *Haftverschonung;* BVerfGE 21, 378 – *Arreststrafe;* BVerfGE 22, 49 – *Rechtsprechende Gewalt;* BVerfGE 22, 103 – *Steuerzuschüsse;* BVerfGE 24, 33 – *Vertragsgesetz;* BVerfGE 24, 367 – *Legalenteignung;* BVerfGE 25, 269 – *strafrechtliches Rückwirkungsverbot;* BVerfGE 25, 371 – *Maßnahmengesetz lex Rheinstahl;* BVerfGE 27, 312: zu § 14 Abs. 3 SGG; BVerfGE 30, 392 – *Umsatzsteuerbefreiung;* BVerfGE 33, 1 – *Strafvollzug;* BVerfGE 33, 125 – *Facharzt;* BVerfGE 34, 165 – *Förderstufe in Hessen;* BVerfGE 34, 269 – *Soraya;* BVerfGE 35, 366 – *Kruzifix im Gerichtssaal;* BVerfGE 37, 1 – *Stabilisierungsfonds für Wein;* BVerfGE 37, 271 – *Solange I;* BVerfGE 37, 363 – *Zustimmungsbedürftigkeit eines Gesetzes;* BVerfGE 38, 348 – *Zweckentfremdung von Wohnraum;* BVerfGE 39, 128 (§ 46 Abs. 4 Satz 1: zu SoldatenG); BVerfGE 41, 251 (*Speyer-Colleg*); BVerfGE 42, 191 – *Personenbeförderungsgesetz;* BVerfGE 45, 142: zur VO über Intervention auf in der BRD geerntetem Getreide; BVerfGE 45, 297 – *öffentliche Last;* BVerfGE 45, 400 – *Oberstufenneuordnung;* BVerfGE 47, 46 – *Sexualkundeunterricht;* BVerfGE 49, 89 – *Schneller Brüter Kalkar;* BVerfGE 51, 268 – *vorläufiger Rechtsschutz;* BVerfGE 53, 30 – *Mühlheim-Kärlich;* BVerfGE 58, 257 – *Schulentlassung;* BVerfGE 58, 300 – *Nassauskiesung;* BVerfGE 60, 253: zu § 85 Abs. 2 ZPO; BVerfGE 68, 1 – *Natodoppelbeschluss;* BVerfGE 69, 315 – *Brokdorf;* BVerfGE 70, 297 – *Unterbringungsgesetz;* BVerfGE 71, 162 – *Ärztewerbung;* BVerfGE 72, 200 – *Rückwirkung einkommensteuerrechtlicher Vorschriften;* BVerfGE 73, 280 – *Notauswahlverfahren;* BVerfGE 73, 339 – *Solange II;* BVerfGE 74, 297 – *Rundfunkfreiheit;* BVerfGE 74, 358 – *Privatklage;* BVerfGE 76, 1 – *Familiennachzug;* BVerfGE 77, 1 – *Untersuchungsausschüsse,* BVerfGE 77, 170 – *C-Waffen;* BVerfGE 77, 381 – *Gorleben;* BVerfGE 78, 179 – *Heilpraktikergesetz;* BVerfGE 78, 214 – *Unterhaltsleistungen im EStG;* BVerfGE 78, 249 – *Fehlbelegungsabgabe;* BVerfGE 82, 106 – *Unschuldsvermutung;* BVerfGE 83, 130 – *Josefine Mutzenbacher;* BVerfGE 85, 360 – *Einigungsvertrag;* BVerfGE 87, 363 – *Nachtbackverbot;* BVerfGE 90, 145 – *Cannabis;* BVerfGE 92, 1 – *Sitzblockaden;* BVerfGE 92, 277 – *Strafbarkeit früherer Stasi-Mitarbeiter;* BVerfGE 92, 365 – *Lohnersatzleistung im Arbeits-*

kampf; BVerfGE 95, 1 – *Südumgehung Stendal;* BVerfGE 95, 96 – *Mauerschützen;* BVerfGE 95, 173 – *Gesundheitswarnung auf Tabakprodukten;* BVerfGE 97, 67 – *Sonderabschreibungen auf Schiffe;* BVerfGE 97, 271 – *Eigentumsgarantie und Rentenversicherung;* BVerfGE 98, 106 – *kommunale Verpackungssteuer;* BVerfGE 98, 218 – *Rechtschreibreform;* BVerfGE 102, 147 – *Bananenmarktordnung;* BVerfGE 103, 111 – *Wahlprüfung Hessen;* BVerfG, EuGrZ 1994 – *Strafmilderung bei zu langer Verfahrensdauer;* BVerfG NJW 1998, 2585 – *strafrechtliches Rückwirkungsverbot bei Richtern und Staatsanwälten der DDR;* BVerfGE 103, 44 – *Egon Krenz;* BVerfG NJW 2002, 2626 – *Jugendsekten;* BVerfG NJW 2002, 2621 – *Glykolwein;* NWVerfGH DVBl. 1999, 714 – *Zusammenlegung von Innen- und Justizministerium.*

Literatur:
Arnauld, v., Gewaltenteilung jenseits der Gewaltentrennung, ZParl. 2001, 678; *ders.,* Die normtheoretische Begründung des Verhältnismäßigkeitsgrundsatzes, JZ, 2000, 276; *Badura, E.,* Über den Rechtsstaat, Recht und Gesellschaft, 1974, 13; *Benda, E.,* Rechtsstaat im sozialen Wandel, AöR, Bd. 92, 497; *ders.,* Der soziale Rechtsstaat, HbVerfR, 2. Aufl. 1994; *Bleckmann, A.,* Begründung und Anwendungsbereich des Verhältnismäßigkeitsprinzips, JuS 1994, 177; *Böckenförde, E.-W.,* Entstehung und Wandel des Rechtsstaatsbegriffs, in: FS für Arndt, 1969, S. 54; *Brinktrine, R.,* Organisationsgewalt der Regierung und Vorbehalt des Gesetzes, Jura 2000, 123; *Dechsling, R.,* Das Verhältnismäßigkeitsgebot, 1989; *Degenhart, Ch.,* Gesetzgebung im Rechtsstaat, DÖV 1981, 477; *Detterbeck, S.,* Vorrang und Vorbehalt des Gesetzes, Jura 2002, 235; *Eichenberger, K.,* Gesetzgebung im Rechtsstaat, VVDStRl, Bd. 40, 7; *Fischer, K.,* Die Verfassungsmäßigkeit rückwirkender Normen, JuS 2001, 861; *Forsthoff, E.,* Rechtsstaat im Wandel, 2. Aufl. 1976; *Gassner, U.-M.,* Parlamentsvorbehalt und Bestimmtheitsgrundsatz, DÖV 1996, 18 und 37; *Gusy, Ch.,* Der Vorrang des Gesetzes, JuS, 1983, 189; *Häberle, P.,* Die Wesensgehaltsgarantie des Art. 19 Abs. 2 GG, 3. Aufl. 1983; *Hesse, K.,* Der Rechtsstaat im Verfassungssystem des Grundgesetzes, in: Festgabe für Smend, 1962, S. 71; *ders.,* Vertrauen und Vertrauensschutz im Rechtsstaat, in: FS für Kägi, 1979, S. 193; *Hirschberg, L.,* Der Grundsatz der Verhältnismäßigkeit, 1981; *Hölscheidt, S.,* Der Grundsatz der Gesetzmäßigkeit der Verwaltung, JA 2001, 409; *Isensee, J.,* Rechtsstaat – Vorgabe und Aufgabe der Einigung Deutschlands, HbStR IX, S. 3; *Jekewitz, J.,* Der Zeitpunkt wirksamer Zerstörung des Vertrauensschutzes bei rückwirkenden Rechtsnormen, NJW 1990, 3114; *Karpen, U.,* Der Rechtsstaat des Grundgesetzes, 1992; *Kirchhof, P.,* Demokratie ohne parlamentarische Gesetzgebung, NJW 2001, 1332; *Kotulla, M.,* Fortgeltung von Rechtsverordnungen nach Wegfall ihrer gesetzlichen Grundlage?, NVwZ 2000, 1263. *Krebs, W.,* Zur verfassungsmäßigen Verortung und Anwendung des Übermaßverbots, Jura 2001, 228; *Kunig, Ph.,* Das Rechtsstaatsprinzip, 1986; *ders.,* Einzelfallentscheidungen durch Gesetz, Jura 1993, 308; *Lege, J.,* Nochmals: Staatliche Warnungen, DVBl. 1999, 569; *Leidlinger, T.,* Hoheitliche Warnungen, Empfehlungen und Hinweise im Spektrum staatlichen Informationshandelns, DÖV 1993, 925; *Lerche, P.,* Übermaß und Verfassungsrecht, 2. Aufl. 1999; *Lorenz, D.,* Der Rechtsschutz des Bürgers und die Rechtsweggarantie, 1973; *Maurer, H.,* Kontinuitätsgewähr und Vertrauensschutz, HbStR III, S. 211; *Merten, D.,* Rechtsstaat und Gewaltmonopol, 1975; *ders.,* Verwaltung im Rechtsstaat, in: FS für Ule, 1987; *ders.,* Gewaltentrennung im Rechtsstaat: zum 300.

Geburtstag von Montesquieu, 1989; *Michael, L.*, Die drei Argumentationsstrukturen des Grundsatzes der Verhältnismäßigkeit, JuS 2001, 148; *Muckel, S.*, Kriterien des verfassungsrechtlichen Vertrauensschutzes bei Gesetzesänderungen, 1989; *Novak, R.*, Gesetzgebung im Rechtsstaat, VVDStRL Bd. 40, 40; *Ossenbühl, F.*, Vertrauensschutz im sozialen Rechtsstaat, DÖV 1972, 25; *ders.*, Vorrang und Vorbehalt des Gesetzes, HbStR III, S. 315; *ders.*, Gesetz und Recht – Die Rechtsquellen im demokratischen Rechtsstaat, HbStR III, S. 281; *ders.*, Rechtsverordnung, HbStR III, S. 387; *ders.*, Autonome Rechtssetzung der Verwaltung, HbStR III, S. 425; *Papier, H.-J./Möller, J.*, Das Bestimmtheitsgebot und seine Durchsetzung, AöR 1997, 177; *Pieroth, B.*, Die neuere Rechtsprechung des Bundesverfassungsgerichts zum Grundsatz des Vertrauensschutz, JZ 1984, 971 und JZ 1990, 279; *Püttner, G.*, Der Rechtsstaat und seine offenen Probleme, DÖV 1989, 137; *Redeker, K.*, Grundgesetzliche Rechte auf Verfahrensteilhabe, NJW 1980, 1593; *Roellecke, G.*, Der Begriff des positiven Gesetzes und das Grundgesetz, 1969; *ders.*, Die Bindung des Richters an Gesetz und Verfassung, VVDStRL Bd. 34, 7; *Rupp, H.-H.*, Die Bindung des Richters an das Gesetz, NJW 1973, 1769; *Schachtschneider, K.-A.*, Das Rechtsstaatsprinzip des Grundgesetzes, JA 1978, 185, *Schenke, W.-R.*, Die verfassungsrechtliche Problematik dynamischer Verweisungen, NJW 1980, 743; *Scheuner, U.*, Die neuere Entwicklung des Rechtsstaats in Deutschland, in: FS 100 Jahre Dt. Juristentag 1860–1960, S. 229; *Schmidt, R.*, Die verfassungsrechtliche Zulässigkeit rückwirkender Gesetze, DB 1993, 2250; *Schmidt-Aßmann, E.*, Der Rechtsstaat, HbStR I, S. 987; *ders.*, Art. 19 Abs. 4 GG als Teil des Rechtsstaatsprinzips, NVwZ 1983, 1; *Scholz, R.*, Rechtsfrieden im Rechtsstaat, NJW 1983, 705; *Schünemann, B.*, Nulla poena sine lege, 1978; *Sendler, H.*, 40 Jahre Rechtsstaat des Grundgesetzes: mehr Schatten als Licht?, DÖV 1989, 482; *Starck Ch./Berg, W./Pieroth, B.*, Der Rechtsstaat und die Aufarbeitung der vorrechtsstaatlichen Vergangenheit, Referate mit Diskussionen, VVDStRL Bd. 51 (1992), 384; *Starck, Ch.*, Der Gesetzesbegriff des Grundgesetzes, 1970; *ders.*, Die Bindung des Richters an Gesetz und Verfassung, VVDStRL Bd. 34, *Stern, K.*, Der Rechtsstaat, 1971; *Suhr, D.*, Rechtsstaatlichkeit und Sozialstaatlichkeit, Der Staat Bd. 9, S. 67; *Wank, R.*, Gewaltenteilung, Theorie und Praxis in der Bundesrepublik Deutschland, Jura 1991, 622; *Wehr, M.*, Grundfälle zu Vorrang und Vorbehalt des Gesetzes, JuS 1997, 231; *Wendt, R.*, Der Garantiegehalt der Grundrechte und das Übermaßverbot, AöR Bd. 104, 414; *Wernsmann, R.*, Grundfälle zur verfassungsrechtlichen Zulässigkeit rückwirkender Gesetze, JuS 1999, 1177 und JuS 2000, 39; *Wrege, R.*, Das System der Gewaltenteilung im Grundgesetz, Jura 1996, 436; *Ziekow, J.*, Verordnungsermächtigung mit supra- und internationalen Bezügen, JZ 1999, 963.

§ 16 Der Bundesstaat

I. Begriff und Abgrenzung

229 Ein Bundesstaat ist ein Staat, der aus *mehreren einzelnen Gliedstaaten* besteht, die zwar noch eine *eigene Staatlichkeit besitzen*, aber *nicht mehr souverän* sind. Sie können keine umfassenden Regelungen im Hinblick auf Staatsvolk und Staatsgebiet vornehmen. Es gibt im Bundesstaat vielmehr einen Regelungsbereich, der nur dem Bund obliegt und auf den die Einzelstaaten keinen Zugriff haben. Die Staatsqualität der Gliedstaaten wird dadurch garantiert, dass sie einen verfassungsverfestigten Regelungs- und Verantwortungsbereich besitzen, auf den der Bundesstaat keinen Zugriff hat und der noch über wesentliche Inhalte verfügt[1].

230 Die Kompetenzaufteilung richtet sich im Einzelnen danach, welche Aufgaben der Gesamtstaat erledigen soll bzw. was als gemeinsame Bundesinteressen erachtet werden und welche Aufgaben nicht unbedingt auf der Bundesebene gelöst werden müssen. Typischerweise besitzt der Bund die wesentlichen Kompetenzen im völkerrechtlichen Verkehr mit anderen Staaten (Außenpolitik, Verteidigung) und innerstaatlich diejenigen, bei denen weitgehende Einheit, insbesondere Rechtseinheit, erwünscht ist. Unverzichtbar ist, dass die Gliedstaaten Einfluss auf die Willensbildung des Gesamtstaates nehmen können[2].

231 Der Angehörige eines Bundesstaats sieht sich daher zwei verfassungsmäßig garantierten Ebenen von Staatlichkeit gegenüber, dem Gesamtstaat (Bund) und den Gliedstaaten (Länder)[3]. Die herkömmliche Staatenlehre grenzt den Bundesstaat gegenüber dem Zentralstaat (Einheitsstaat), dem Staatenbund und dem Staatenverbund ab.

1. Bundesstaat und Zentralstaat (Einheitsstaat)

232 Im Zentralstaat gibt es eine einheitliche zentrale Staatsgewalt. Diese kann organisatorisch und funktional auf verschiedene Ebenen und Organe verteilt werden. Staatliche Untergliederungen, wie z.B. Gebietskörperschaften (Provinzen, Regionen, Kommunen), sind letztlich aber nur Verwaltungseinheiten oder Selbstverwaltungsträger. Sie muss auch nicht unmittelbar durch das Handeln zentralstaatlicher Organe bzw. deren behördlichen Unterbau auftreten, sondern kann genauso gut nur mittelbar durch verselbständigte Einheiten, wie z.B. juristische Personen des öffentlichen Rechts, in Erscheinung treten, die im Rahmen der Gesetze ihre Angelegenheiten autonom regeln.

233 Die gesamte Staatsgewalt lässt sich im Zentralstaat auf nur einen Träger zurückführen. Es besteht auf allen staatlichen Ebenen grundsätzlich eine ununterbro-

---

1 Vgl. *Zippelius*, Allg. Staatslehre S. 64 f., 394 f.
2 Vgl. *Stern*, Staatsrecht I S. 645.
3 Eine Gliederung in drei staatliche Ebenen: Gesamtstaat, Zentralstaat, Gliedstaaten wird von einem Teil der Lehre vertreten, vgl. *Nawiasky*, Der Bundesstaat als Rechtsbegriff, S. 21 ff.

chene Hierarchie bis zu den obersten Staatsorganen als oberster Stufe, die jederzeit reorganisiert bzw. gesetzlich neu ausgestaltet werden kann[4]. Der Zentralstaat unterscheidet sich vom Bundesstaat letztlich dadurch, dass die untergeordneten Ebenen keine Kompetenzpositionen gegenüber dem Zentralstaat besitzen, die sie diesem gegenüber nach Art subjektiver Rechte verteidigen können. Was der Zentralstaat den unteren Ebenen kompetenziell gewährt, kann diesen jederzeit wieder entzogen werden.

2. Bundesstaat und Staatenbund

Einprägsamer lässt sich der Bundesstaat vom Staatenbund abgrenzen, weil in **234** beiden eine föderale Struktur mehrerer Gliedstaaten existiert, die jedoch im Staatenbund viel lockerer und ohne Preisgabe wesentlicher staatlicher Kompetenzen besteht. Historisch ist in mehreren Fällen ein Bundesstaat zunächst durch eine lose Verbindung einzelner Staaten in einem Staatenbund entstanden, in der deutschen Geschichte das Deutsche Reich aus dem Deutschen Bund. Der Staatenbund unterscheidet sich vom Bundesstaat in erster Linie dadurch, dass die im Staatenbund befindlichen Gliedstaaten nach wie vor ihre eigene Souveränität besitzen.

a) **Souveränität.** Souveränität ist die originäre Fähigkeit eines Staates, auf seinem **235** Gebiet (*Staatsgebiet*) und gegenüber seinen Staatsangehörigen (*Staatsvolk*) sämtliche Angelegenheiten kraft seiner eigenen, von keiner übergeordneten Instanz abgeleiteten Staatsgewalt zu regeln, wobei die staatliche Gewalt grundsätzlich ungeteilt und unbeschränkt ist (*Gebiets- und Personalhoheit*). Der souveräne Staat ist nach innen Inhaber der höchsten Gewalt und nach außen unabhängig von ausländischen Mächten[5].

Im *Bundesstaat* sind die Gliedstaaten nicht mehr souverän. Im Rahmen der ihnen **236** verfassungsrechtlich zustehenden Kompetenzen setzen zwar sowohl Bund als auch Länder unmittelbar geltendes innerstaatliches Recht und verfügen über einen Kernbestand staatlicher Aufgaben[6]. Die Staatlichkeit der Länder ist auch nicht vom Bund abgeleitet. Sowohl Bund als auch Länder sind eigene originäre Rechtspersönlichkeiten, so dass man bei einer Momentaufnahme von einer Teilung der staatlichen Souveränität sprechen könnte. In ihrer konkreten Ausgestaltung, d.h. dem Bestand der den Ländern kraft *Bundesverfassung* zustehenden Kompetenzen und der Normenhierarchie der innerstaatlichen Rechtsordnung, sind die Länder aber dem Bund untergeordnet. Der Bund hat die Möglichkeit, kraft Verfassungsänderung den Ländern Kompetenzen zu entziehen oder sogar einzelne Länder aufzulösen. Im Unterschied zum Zentralstaat kann der Bund die bundesstaatliche Struktur aber nicht vollständig beseitigen, sondern nur umgestalten.

Der *Staatenbund* ist eine völkerrechtliche Verbindung mehrerer Einzelstaaten. **237** Wie andere zwischenstaatliche Vereinbarungen beschränkt ein völkerrechtlicher Vertrag über die Gründung eines Staatenbundes nicht die originäre staatliche

---

4 Vgl. *Maurer*, Staatsrecht § 10 Rn. 6.
5 *Kimminich*, HbStR I § 26 Rn. 21 ff.
6 BVerfGE 13, 9, 19 f. – *Besoldungsgesetz.*

Souveränität der Vertragsparteien. Regelmäßig wird eine Kooperation bzw. sachlich begrenzte, institutionalisierte Zusammenarbeit vereinbart. Der Staatenbund verfügt zumeist über ein institutionalisiertes Verfahren mit Druck- und Zwangsmitteln, um die völkerrechtlichen Verpflichtungen seiner Mitgliedstaaten zu erzwingen. Allerdings erzwingt letztlich nicht der Staatenbund selbst als übergeordnete Rechtspersönlichkeit bzw. als Rechtsinhaber, sondern die anderen Mitgliedstaaten als Vertragsparteien bzw. Inhaber der vertraglichen Rechte den institutionellen Rahmen des Staatenbunds. Die Souveränität der Mitgliedstaaten wird dadurch nicht entscheidend, d. h. von vorneherein (originär) beschnitten, sondern die Mitgliedstaaten unterwerfen sich freiwillig einem vertraglich abgeleiteten Sanktionsmechanismus. Die Mitgliedschaft in einem Staatenbund ist grundsätzlich kündbar wie jede andere völkerrechtliche Vereinbarung[7].

Der Staatenbund erlangt im Gegensatz zum Gesamtstaat eines Bundesstaats keine Souveränität im Sinne einer staatlichen Rechtspersönlichkeit, die hoheitliche Rechte zur Ausübung innehat oder übertragen bekommt. Es existiert weder ein Staatsgebiet noch ein Staatsvolk. Er ist daher auch nicht in der Lage, kraft eigener staatlicher Gewalt unmittelbar in den Mitgliedstaaten geltende Rechtsakte zu setzen.

238 **b) Völkerrechtssubjektsqualität.** Völkerrechtssubjekt ist, wer Träger von Rechten und Pflichten völkerrechtlicher Art sein kann. Staaten sind die klassischen Völkerrechtssubjekte.

239 Im *Bundesstaat* besitzen sowohl der Gesamtstaat als auch die Gliedstaaten Staatsqualität, so dass grundsätzlich beide mit völkerrechtlicher Wirkung auftreten könnten. Wesentlich für den Bundesstaat ist jedoch, dass die Gliedstaaten zumindest den überwiegenden Teil ihrer völkerrechtlichen Kompetenzen verfassungsrechtlich an den Bund verloren haben. Typischerweise ist der Gesamtstaat im Verkehr mit Drittstaaten das maßgebliche Völkerrechtssubjekt, das auch die Gliedstaaten repräsentiert und die völkerrechtlichen Kompetenzen exklusiv für sich in Anspruch nimmt (vgl. Art. 32 Abs. 1). Die Berücksichtigung der Interessen der Gliedstaaten ist „nur" eine Frage der innerstaatlichen Ordnung. Die Fähigkeit der Gliedstaaten, Träger völkerrechtlicher Rechte und Pflichten zu sein, ist im Bundesstaat allerdings nicht umfassend zugunsten des Gesamtstaats aufgehoben. Den Gliedstaaten kann im Rahmen der innerstaatlichen Kompetenzverteilung ohne weiteres sachlich beschränkte Völkerrechtsqualität verbleiben (vgl. Art. 32 Abs. 3).

240 Der klassische *Staatenbund* selbst ist zunächst Ergebnis einer völkerrechtlichen Vereinbarung. Seine Mitgliedstaaten üben durch den Vertragsschluss gerade ihre ungeschmälerte völkerrechtliche Kompetenz aus. Zweck des Staatenbunds ist aber zumeist, dass die Mitgliedstaaten auf der völkerrechtlichen Ebene nur gemeinsam auftreten bzw. dass die Interessen der Mitgliedstaaten nach außen gegenüber Drittstaaten gebündelt werden. Regelmäßig ist der Staatenbund selbst auch Völkerrechtssubjekt. Dies berührt aber nicht die Staatsqualität seiner Mitgliedstaaten und ihre originäre Fähigkeit, anderweitige völkerrechtliche Vereinbarungen zu schließen. Eine andere Frage ist, ob dadurch gegen die vertraglichen

---

7 Vgl. *Maurer*, Staatsrecht § 10 Rn. 7; *Zippelius*, Allg. Staatslehre S. 400 ff.

Verpflichtungen gegenüber dem Staatenbund bzw. dessen anderen Mitgliedstaaten verstoßen wird.

c) **Selbstbestimmungsgrad der Partialvölker.** Der Begriff „Partialvölker" steht für **241** die Staatsangehörigen der Gliedstaaten eines Bundesstaats sowie die Staatsvölker der Mitgliedstaaten eines Staatenbunds.

Der Selbstbestimmungsgrad der Partialvölker entscheidet, ob eine Abspaltung **242** (Sezession) aus einem Staatenbund bzw. einem Bundesstaat ohne die Einwilligung der übrigen Partialvölker zulässig ist. Im Staatenbund sind die einzelnen Mitgliedstaaten souverän. Das autonome Recht eines jeden Volkes, sein Schicksal selbst in die Hand zu nehmen, ist ungebrochen. Die Frage des „Ob" einer Sezession soll durch den Staatenbund offen gehalten werden, indem die Vertragsparteien nicht ihre Eigenstaatlichkeit verlieren. Das „Wie", also unter welchen Voraussetzungen ein Mitgliedstaat einen Staatenbund wieder verlassen kann und welche völkerrechtlichen Sanktionen dies ggf. nach sich zieht, hängt von der konkreten vertraglichen Ausgestaltung des Staatenbunds ab.

Im *Bundesstaat* ist eine Sezession eines Gliedstaats ohne die Zustimmung der **243** übrigen Gliedstaaten bzw. des Gesamtstaats per se nicht zulässig[8]. Wesen des Bundesstaats ist, dass die Eigenstaatlichkeit zugunsten eines Gesamtstaats teilweise aufgegeben wurde und mit ihr das Recht, autonom über die Ausgestaltung der eigenen Staatlichkeit zu entscheiden. Die Aufgabe muss im Bundesstaat unwiderruflich erfolgen, wenn man einen souveränen Gesamtstaat schaffen will („point of no return"[9]). Will man die Eigenstaatlichkeit zurückerlangen, bedarf es der Einwilligung der übrigen Gliedstaaten bzw. des Gesamtstaats. Eine Veränderung der staatlichen Integrität des Bundes ist immer Sache des gesamten Staatsvolks auf der Bundesverfassungsebene – in der auch ein Austrittsrecht geregelt sein kann – und niemals nur die autonome Entscheidung eines Partialvolks, jedenfalls im nichtrevolutionären Rahmen.

3. Bundesstaat und supranationaler Staatenverbund

Der supranationale Staatenverbund – so die Terminologie des BVerfG zur Einord- **244** nung der Europäischen Gemeinschaften als supranationale Institutionen[10] – stellt eine Art Zwischenstufe dar zwischen Bundesstaat und Staatenbund, weil er Elemente beider Systeme kombiniert[11]. In ihm ist der Substanzverlust der Eigenstaatlichkeit seiner Mitgliedstaaten nicht so weit fortgeschritten wie im Bundesstaat, aber weitergehender als im Staatenbund. Der Staatenverbund verfügt über sachlich beschränkte staatliche Hoheitsrechte und tritt auch entsprechend auf völkerrechtlicher Ebene auf. Seine Hoheitsgewalt, die im Gegensatz zum Staatenbund zu unmittelbar in den Mitgliedstaaten wirkenden Hoheitsakten befähigt, hat jedoch

---

8 Vgl. zur Sezession: *Ipsen*, Staatsrecht S. 367 ff.
9 Vgl. *Zippelius*, Allg. Staatslehre S. 71 f., S. 402.
10 Vgl. BVerfGE 89, 155, 188 ff. – *Maastricht*.
11 Vgl. *Maurer*, Staatsrecht § 4 Rn. 20 ff., § 10 Rn. 8.

nicht die Qualität eines Bundesstaats, weil sie (noch) auf der vertraglichen Ablei-tung durch die Mitgliedstaaten basiert und nicht unwiderruflich ist[12].

245 Der supranationale Staatenverbund basiert wie der Staatenbund auf einer völker-rechtlichen Vereinbarung von Mitgliedstaaten. Dabei werden jedoch in sachlich beschränktem Umfang staatliche Hoheitsrechte an den mit eigener Rechtspersön-lichkeit ausgestatteten Staatenverbund übertragen – anders formuliert bedingt die Übertragung von staatlichen Hoheitsrechten gerade die Bildung einer eigenen Rechtspersönlichkeit, die Träger dieser Hoheitsrechte sein kann[13]. Der alleinige nationalstaatliche Hoheitsanspruch wird vertraglich zugunsten eines supranatio-nalen Trägers zurückgenommen, der mit entsprechenden Kompetenzen (Hoheits-rechten) ausgestattet wird. Im Rahmen dieser Hoheitsrechte übt der Staatenver-bund originäre Staatsgewalt anstelle der Mitgliedstaaten aus und setzt Rechtsakte, die unmittelbar in den Mitgliedstaaten und gegenüber den Staatsangehörigen gel-ten. Soweit verzichten die Mitgliedstaaten auf ihre staatliche Souveränität[14]. Der Staatenverbund ist aber noch kein Staat, weil ihm wesentliche Elemente fehlen. Die Mitgliedstaaten können immer noch autonom den Staatenverbund verlassen – was allerdings im Falle der EU als supranationaler Institution nicht unbestritten ist und eher eine theoretische Variante bleibt[15]. Die Rechtssetzung erfolgt nicht kraft originärer Staatsgewalt, sondern aufgrund einer vertraglich abgeleiteten hoheitlichen Rechtsquelle, die immer noch auf die Mitgliedstaaten zurückgeführt werden kann. Die sog. Kompetenz-Kompetenz, also die unbeschränkte Fähigkeit eines Staates zu entscheiden, welche Kompetenzen er wahrnimmt oder delegiert und in welcher Form und Organisation, hat der supranationale Träger nicht, sondern bleibt auf das beschränkt, was ihm zur Erledigung an Kompetenzen von den Mitgliedstaaten vertraglich eingeräumt wird[16]. Dagegen leitet der Bundes-staat seine Staatsgewalt nicht von den Gliedstaaten ab, sondern er verfügt über sie kraft seiner eigenen Souveränität.

II. Der Bundesstaat des Grundgesetzes

246 Wie die übrigen verfassungsrechtlichen Grundentscheidungen des Art. 20 besteht das Bundesstaatsprinzip weniger aus einer zentralen Norm als vielmehr aus einer Anzahl von einzelnen Verfassungsnormen, die in ihrer Gesamtschau die bundes-staatliche Ordnung ergeben. Dazu zählen vor allem die Mitwirkung der Länder an der Bundesgesetzgebung über den Bundesrat (vgl. Art. 50), die abschließende Verteilung der staatlichen Kompetenzen (vgl. Art. 30) sowie das Homogenitäts-prinzip gem. Art. 28 Abs. 1, das ein Mindestmaß an Übereinstimmung der inner-staatlichen Ordnung von Bund und Ländern garantiert, den Ländern im Übrigen aber die Gestaltungsfreiheit für ihre staatliche Selbstorganisation belässt. Plastisch

---

12 BVerfGE 89, 155 – *Maastricht*; *Pernice*, HbStR VIII § 191 Rn. 22; *Bleckmann*, Staats-recht § 4 Rn. 159 ff.
13 Vgl. zur Supranationalität der EG z.B. *Herdegen*, Staatsrecht Rn. 79 ff., *Maurer*, Staats-recht § 4 Rn. 12 f., § 10 Rn. 8.
14 *Maurer*, Staatsrecht § 4 Rn. 13.
15 *Pernice*, HbStR VIII § 191 m.w.N.; *Bleckmann*, Staatsrecht § 4 Rn. 149.
16 *Bleckmann*, Staatsrecht Rn. 143.

wird der föderale Aufbau der Bundesrepublik Deutschland in der Entstehungsgeschichte des GG und in der Präambel.

Das Bundesstaatsprinzip ergibt sich ausdrücklich bereits aus dem Namen *„Bundes-* **247**
republik" und der Bezeichnung *„Bundesstaat"* in Art. 20 Abs. 1. Der föderale Aufbau steht bezüglich zweier spezieller Merkmale unter dem Schutz der Ewigkeitsgarantie des Art. 79 Abs. 3. Danach ist es dem verfassungsändernden Gesetzgeber
verwehrt, die „Gliederung des Bundes in Länder" und deren grundsätzliche „Mitwirkung an der Bundesgesetzgebung" zu berühren, d.h. prinzipiell zu beseitigen.
Indem Art. 79 Abs. 3 diese beiden Merkmale des allgemeinen Bundesstaatsprinzips
ausdrücklich hervorhebt und als unabänderlich festschreibt, überlässt er die bundesstaatlichen Elemente des GG im Übrigen zwar der Verfügungsgewalt des verfassungsändernden Gesetzgebers[17]. Allerdings muss die Staatsqualität der Länder
erhalten bleiben, weil ansonsten der Bund nicht mehr aus einzelnen Gliedstaaten
bestehen würde. Er wäre dann kein Bundesstaat mehr. Im Ergebnis wird das allgemeine Bundesstaatsprinzip wie die anderen verfassungsrechtlichen Grundentscheidungen geschützt und es hängt vom Einzelfall ab, wo die Grenze des Art. 79 Abs. 3
für den verfassungsändernden Gesetzgeber liegt.
Das Bundesstaatsprinzip bewirkt neben der horizontalen eine zusätzliche vertikale Gewaltenteilung auf Bundesebene. Dadurch wird die Ausübung der Staatsgewalt dezentralisiert und bürgernäher gemacht.

1. Der zweigliedrige Bundesstaat

Die Bundesrepublik Deutschland setzt sich zusammen aus den 16 Ländern der **248**
Präambel des GG als Gliedsstaaten und dem Bund als Gesamtstaat. Diesem zweigliedrigen Staatsaufbau wird nur noch vereinzelt eine bundesstaatliche Konstruktion mit drei staatlichen Ebenen gegenübergestellt[18]. Das BVerfG hat sich schon
frühzeitig auf den zweigliedrigen Staatsaufbau der Bundesrepublik Deutschland
festgelegt[19]. Danach besteht der Bundesstaat aus zwei eigenstaatlichen Ebenen:
der staatlichen Ebene der Länder, als den in ihrer Souveränität und Völkerrechtsfähigkeit beschränkten Gliedstaaten und der staatlichen Ebene des Bundes, als
voll souveränem und unbeschränkt völkerrechtsfähigem Gesamtstaat, der allerdings an die innerstaatliche Kompetenzaufteilung gebunden ist.

Die zweigliedrige Staatlichkeit – durch Art. 79 Abs. 3 geschützt – garantiert zu- **249**
nächst zwei staatliche Ebenen. Die Staatlichkeit des Bundes gegenüber den Ländern bedarf keiner besonderen Sicherung. Die garantierte Zweigliedrigkeit ist im
Ergebnis eine Schutzvorschrift für den Bestand einer zweiten Staatlichkeit auf
Länderebene.

Geschützt ist die *prinzipielle* Gliederung der Bundesrepublik in einzelne Gliedstaa- **250**
ten (sog. labiler Bundesstaat), nicht jedoch die konkrete, gegenwärtige Struktur

---

17 Vgl. dazu a. A. *Lücke*, in: Sachs Art. 79 Rn. 37, der zusätzlich das Verbot der Aufgabe
   der Eigenstaatlichkeit des Bundes aus Art. 79 Abs. 3 i.V.m. dem allgemeinen Bundesstaatsprinzip herleitet – wie hier als abschließende lex specialis *Maunz/Dürig*, in: Maunz/
   Dürig Art. 79 Rn. 40.
18 *Nawiasky*, Bundesstaat als Rechtsbegriff, S. 21 ff.
19 BVerfGE 1, 34 – *Südweststaat*; 13, 54 – *Neugliederung*.

(sog. stabiler Bundesstaat)[20]. Dies ergibt sich auch aus Art. 29, der die Möglichkeit einer Neuordnung durch *Bundesgesetz* (vgl. Art. 29 Abs. 2) vorsieht. Zulässig wäre also auch eine totale Neugliederung des Bundesgebiets unter Auflösung und Neubildung der Länder. Streitig ist nur, ob die Mindestanzahl von zwei oder drei Ländern verfassungsrechtlich geboten ist[21].

251 Davon zu unterscheiden ist die gesetzlich festzulegende Anzahl der Verwaltungsebenen und vor allem die kommunale Selbstverwaltungsebene, die üblicherweise als dritte staatliche Ebene charakterisiert wird. Richtig daran ist, dass die *kommunale* Selbstverwaltungsebene gem. Art. 28 verfassungsrechtlich geschützt wird. Die kommunale Ebene ist aber keine eigenständige staatliche Ebene, die qualitativ denen von Bund und Ländern entspricht, sondern lediglich eine mit besonderen Selbstverwaltungsprivilegien ausgestattete Verwaltungsebene innerhalb der Länder.

252 Eine reine verfassungsrechtlich vorgesehene Aufteilung in Gebietskörperschaften garantiert also noch keine Staatlichkeit, selbst wenn gesetzlich eine qualifizierte Kompetenzverteilung besteht. Die eigene *Staatlichkeit* der Länder erfordert vielmehr, dass ihnen auf ihrem Gebiet ein Mindestmaß an sachlicher, funktionaler und organisatorischer Eigenständigkeit durch die Bundesverfassung garantiert sein muss. Nach Aufteilung der staatlichen Kompetenzen muss ein Bündel von staatlichen Aufgaben und Hoheitsrechten gewahrt bleiben, die die Länder über den Rang einer Verwaltungsebene hinausheben.

253 Das BVerfG führt dazu aus[22]:

> „Art. 79 Abs. 3 GG verbietet eine Änderung des Grundgesetzes, durch welche „die Gliederung des Bundes in Länder" berührt wird. Die „Länder" sind hier, wie es dem Begriff und der Qualität des Bundesstaats entspricht, gegen eine Verfassungsänderung gesichert, durch die sie die Qualität von Staaten oder ein Essentiale der Staatlichkeit einbüßen. Ob die Länder der Bundesrepublik „Staaten" sind oder von Körperschaften „am Rande der Staatlichkeit" zu „höchstpotenzierten Gebietskörperschaften" in einem dezentralisierten Einheitsstaat herabsinken, lässt sich nicht formal danach bestimmen, dass sie eine eigene Verfassung besitzen und dass sie über irgendein Stück vom Gesamtstaat unabgeleiteter Hoheitsmacht verfügen, also irgendeinen Rest von Gesetzgebungszuständigkeit, Verwaltungszuständigkeit und justizieller Zuständigkeit ihr eigen nennen. In solcher Sicht können die Länder in ihrer Qualität als Staaten durch Grundgesetzänderungen nach und nach ausgehöhlt werden, so dass am Ende nur noch eine leere Hülse von Eigenstaatlichkeit übrig bliebe. Die Länder im Bundesstaat sind nur dann Staaten, wenn ihnen ein Kern eigener Aufgaben als „Hausgut" unentziehbar verbleibt. Was immer im einzelnen dazu gehören vermag, jedenfalls muss dem Land die freie Bestimmung über seine Organisation einschließlich der in der Landesverfassung enthaltenen organisatorischen Grundentscheidungen sowie die Garantie der verfassungskräftigen Zuweisung am Gesamtsteueraufkommen im Bundesstaat verbleiben."

254 Maßgeblich für die Eigenstaatlichkeit ist also eine Gesamtschau der Kompetenzen, die die Länder besitzen. Diese müssen Essentialia der Staatlichkeit umfassen,

---

20 Vgl. *Stern,* Staatsrecht I S. 663.
21 *Pieroth,* in: Jarass/Pieroth Art. 79 Rn. 8 m.w.N.
22 BVerfGE 34, 9, 19 f. – *Besoldungsgesetz.*

wie die Fähigkeit, sich staatlich selbst zu organisieren. Dazu gehört zuvorderst das Recht, sich eine eigene Verfassung zu geben (Verfassungsautonomie, Organisationshoheit). Die Länder müssen allgemeine staatspolitische Aufgaben erfüllen können. Dazu bedarf es eines Mindestmaßes an Personalhoheit – also einen vom Bund unabhängigen landeseigenen Behördenaufbau. Zur Staatlichkeit gehören Gesetzgebungs-, Verwaltungs- und Rechtsprechungskompetenzen und zumindest die ausschließliche sachliche Kompetenz in Politikfeldern, für die sich ein bundesstaatliches Bedürfnis überhaupt nicht oder kaum herstellen lässt, wie z.B. in der Kulturpolitik. Eine sinnvolle Landespolitik ist nur bei konstanter, gesicherter Finanzausstattung denkbar, die nicht weniger durch eigene Finanzhoheiten als durch die angemessene Beteiligung am Gesamtsteueraufkommen gemessen wird.

Teil der Eigenstaatlichkeit ist die garantierte Mitwirkung an der Gesetzgebung des **255** Bundes – was auch die verfassungsändernde Gesetzgebung mit umfasst. (vgl. Art. 79 Abs. 2). Die Mitwirkung der Länder an der Gesetzgebung des Bundes muss prinzipiell gewährleistet sein. Wie diese Mitwirkung staatsorganisatorisch umgesetzt wird (z.B. alternativ durch eine echte zweite Kammer aus gewählten Volksvertretern der Länder), bleibt Sache der konkreten verfassungsrechtlichen Ausgestaltung.

Die verfassungsrechtliche Garantie eines Kernbestands von Eigenstaatlichkeit **256** relativiert den Verlust von Souveränität und Völkerrechtsfähigkeit, den die Länder durch die Unterordnung unter die Bundesverfassung erlitten haben.

2. Die Funktion der kommunalen Gebietskörperschaften

Die kommunalen Gebietskörperschaften (Gemeinden, Kreise) sind eine verfas- **257** sungsrechtlich garantierte Verwaltungsebene im staatlichen Aufbau der Bundesrepublik Deutschland. Gemeinden und Kreisen wird der Status von Gebietskörperschaften verliehen, verbunden mit besonderen Eigenschaften.

Zu diesen Eigenschaften gehört gem. Art. 28 Abs. 2 das Recht, im Rahmen der **258** Gesetze die örtlichen Angelegenheiten selbst in die Hand zu nehmen (*kommunale Selbstverwaltung*). Diese Selbstverwaltungsgarantie ist als subjektives Recht der Gebietskörperschaften ausgestaltet und prozessual gem. Art. 93 Nr. 4b durch ein Verfahren vor dem BVerfG abgesichert, die kommunale Verfassungsbeschwerde. Nach Art. 28 Abs. 1 Satz 2 muss jede kommunale Gebietskörperschaft eine repräsentative demokratische Struktur besitzen (kommunale Volksvertretung), die nach den allgemeinen Wahlrechtsgrundsätzen (Art. 38 Abs. 1 Satz 1) gewählt wird. Die Gemeinden haben einen Anspruch auf eine wirtschaftskraftbezogene Steuerquelle (vgl. Art. 28 Abs. 2 Satz 3 a.E.) und verfügen über finanzverfassungsrechtliche Rechtspositionen (vgl. Art. 106 Abs. 5–9). All diese besonderen (verfassungsrechtlich normierten) Merkmale dürfen aber nicht darüber hinweg täuschen, dass die kommunale Ebene letztlich nur ein verfassungsrechtlich besonders ausgestalteter Teil der Landesverwaltung ist und dabei einem allgemeinen Gesetzesvorbehalt unterliegt. Sie kann vom Gesetzgeber – je nach Sachgebiet Bund oder Land – im Rahmen der Gesetze ausgestaltet werden durch Zuweisung und Entzug von Aufgaben, gesetzliche Regelung der kommunalen Binnenstruktur (Gemeindeordnung) und durch Neugliederung der Gebietskörperschaften.

259 Die Gemeinden besitzen eine doppelte Funktion innerhalb des Aufbaus der Landesverwaltung. Sie sind sowohl Teil der unmittelbaren als auch der mittelbaren Landesverwaltung und schließlich üben sie selbst Verwaltung aus.
Sie erfüllen auf grundgesetzlicher Zuweisung Verwaltungsaufgaben des jeweiligen Landes und sind somit unmittelbarer Teil der Verwaltung des Landes. Sie haben innerhalb dieser Funktion denselben Status wie andere, unselbständige Landesbehörden und unterliegen sowohl der Rechts- als auch der Fachaufsicht. Sie sind in dieser Funktion vollständig weisungsabhängig gegenüber den übergeordneten Behörden.
Die Kommunen sind Bestandteil der mittelbaren Landesverwaltung, weil sie eigenständige Gebietskörperschaften des öffentlichen Rechts sind. Sie besitzen in Folge von Art. 28 Abs. 2 die kommunale Selbstverwaltungsgarantie. Diese wird konventionell aufgegliedert in

– Gebietshoheit

– Personalhoheit

– Planungshoheit

260 Innerhalb dieser kommunalen Selbstverwaltungsgarantie setzen sie eigenes Recht in Form von Satzungen, allerdings in den Schranken der jeweiligen gesetzlichen Vorgaben, den Gemeindeordnungen oder Kommunalgesetzen. In ihrer Selbstverwaltungsfunktion unterliegen sie nur der Rechtsaufsicht und sind nur beschränkt weisungsgebunden[23].

3. Homogenität von Bund und Ländern

261 Entscheidendes Wesensmerkmal der bundesstaatlichen Ordnung ist die doppelte Staatlichkeit auf Bundes- und Länderebene. Diese befähigt Bund und Länder, sich selbst zu organisieren, die Staatsgewalt an eine Verfassung zu binden und eine innerstaatliche Rechtsordnung zu schaffen. Jeder Staat hat zunächst den unbeschränkten Anspruch, staatliche Kompetenzen an sich zu ziehen und staatliche Aufgaben und Funktionen exklusiv auf seinem Staatsgebiet wahrzunehmen. Im Bundesstaat des GG ist dies nicht möglich. Bundesstaatsgebiet und Staatsgebiet der Länder sind identisch und auf demselben Staatsgebiet kann es nicht zwei unbeschränkte Staatsgewalten nebeneinander geben.

262 Im Bundesstaat erfordert die doppelte Staatlichkeit daher eine Abstimmung der beiden sich überlagernden innerstaatlichen Ebenen, um eine möglichst reibungslose, harmonische Struktur zu schaffen. Geregelt werden muss die Aufteilung der staatlichen Gewalt von Bund und Ländern durch verbindliche und vollständige Zuweisung von Staatsfunktionen und Sachkompetenzen und die Lösung von Kollisionen zwischen der Bundes- und den Länderrechtsordnungen. Diese notwendige Abstimmung zwischen Bund und Ländern kann offensichtlich nur in der Bundesverfassung vollzogen werden.

---

23 Vgl. zum Ganzen *Maurer*, Allg. Verwaltungsrecht § 23.

Das GG leistet dies vor allem durch drei Regelungsbereiche. Die vollständige **263**
Aufteilung der staatlichen Kompetenzen wird über Art. 30 gesichert. Soweit staatliche Kompetenzen nicht ausdrücklich dem Bund zugewiesen werden, haben die Länder die Wahrnehmungskompetenz. Das *Verhältnis von Bundes- und Landesrecht* wird in Art. 31 GG normiert. Diese Kollisionsvorschrift bestätigt das prinzipielle, formelle Übergewicht des Bundes dadurch, dass Bundesrecht das höherrangige Recht ist und sich gegenüber widerstreitendem Landesrecht durchsetzt. Das *Mindestmaß an Homogenität* im engeren Sinne zwischen Bundesstaat und Ländern wird über Art. 28 Abs. 1 hergestellt (sog. Homogenitätsprinzip).

a) Aufteilung der Kompetenzen (Art. 30 GG). Eine Abgrenzung der staatlichen **264**
Ebenen von Bund und Ländern erfolgt in erster Linie durch die abschließende Aufteilung der staatlichen Funktionen und Kompetenzen. Art. 30 weist die Ausübung der Staatsgewalt den Ländern zu, soweit keine abweichende Regelung im GG vorgesehen ist. Kompetenzwidriges staatliches Handeln ist rechtsunwirksam. Diese Rechtsunwirksamkeit kann mit dem Bund-Länder-Streit und dem speziellen Verfahren nach Art. 93 Abs. 1 Nr. 2a GG vor dem BVerfG gerügt werden. Durch die Grundgesetzänderung 2006 wurde darüber hinaus mit der Neufassung des Art. 93 Abs. 2 GG eine zusätzliche Überprüfungsmöglichkeit im Bund-/Länderverhältnis eingeführt.

Die Aufteilung der Kompetenzen abweichend von Art. 30 zugunsten des Bundes **265**
erfolgt im GG nach Staatsfunktionen und Sachaufgaben. Die Aufteilung der Gesetzgebungskompetenz als staatlicher Teilfunktion bewirkt eine besondere Homogenität, weil der Schwerpunkt der Gesetzgebung beim Bund liegt. Durch den Erlass von Bundesrecht wird eine weitgehende Rechtseinheit auf dem gesamten Bundesgebiet hergestellt.

b) Vorrang des Bundesrechts (Art. 31 GG). Der Satz „Bundesrecht bricht Landesrecht" wird häufig missverstanden. Vielfach wird davon ausgegangen, dass **266**
dies eine Regelung ist, die generellen Charakter hat. Das würde bedeuten, dass Landesrecht stets dann gebrochen wird, wenn auch eine entsprechende bundesrechtliche Regelung existiert, die den gleichen Regelungsgegenstand umfasst. Der Anwendungsbereich von Art. 31 ist jedoch sehr viel enger. Zunächst setzt er voraus, dass eine landesrechtliche Regelung existiert. Diese landesrechtliche Regelung muss auch verfassungsmäßig sein, was sie nur ist, wenn sie in Folge einer Gesetzgebungskompetenz zugunsten der Länder erlassen wurde. Hatte das entsprechende Land keine Gesetzgebungskompetenz, weil diese vielmehr dem Bund zugestanden hat, so ist das entsprechende Gesetz ohne weiteres verfassungswidrig. Es gibt dann kein Bedürfnis für ein „Brechen" dieses Landesgesetzes durch das Bundesrecht. Die Norm des Art. 31 läuft leer. Art. 31 setzt also voraus, dass das Land die entsprechende Gesetzesmaterie legitimerweise geregelt hat, was nur bei einer Materie geht, für die das Land auch die entsprechende Gesetzgebungskompetenz besitzt. Die Anwendung von Art. 31 setzt weiterhin voraus, dass neben der landesgesetzlichen Regelung eine bundesgesetzliche Regelung besteht. Die Verfassungsmäßigkeit dieser bundesgesetzlichen Regelung hat ebenfalls zur Voraussetzung, dass der Bund auf dem Gebiet der Regelung die Gesetzgebungskompetenz besitzt. Es gibt aber nur drei Gruppen von Gesetzgebungskompetenzen für den Bund, nämlich die ausschließliche Gesetzgebung, die konkurrierende Gesetzge-

bung und die Rahmengesetzgebung. Im Bereich der ausschließlichen Gesetzgebung des Bundes wäre das vorausgesetzte Landesrecht bereits verfassungswidrig. Im Falle einer Rahmengesetzgebung decken sich die Regelungsgegenstände nicht, weil der Bund nur einen Rahmen vorgibt, den das Land ausfüllt. Eine legitime bundesgesetzliche Regelung, bei der gleichzeitig eine legitime landesgesetzliche Regelung vorher bestanden hat, kann es daher nur im Bereich der konkurrierenden Gesetzgebungszuständigkeit geben. Die konkurrierende Gesetzgebungszuständigkeit setzt zusätzlich voraus, dass der Bund zeitlich nach dem Land regelt. Hat der Bund den Gegenstand bereits gesetzlich geregelt, so ist nämlich eine danach ergangene Regelung des Landes ebenfalls verfassungswidrig. Die Anwendung des Art. 31 ist daher auf Fälle zu beschränken, auf denen im Bereich der konkurrierenden Gesetzgebungszuständigkeit des Bundes eine Landesregelung existiert, der Bund innerhalb der gleichen Materie noch nicht tätig gewesen ist aber nunmehr nach der landesgesetzlichen Regelung durch eine eigene Regelung tätig wird[24].

267 c) **Homogenitätsprinzip (Art. 28 Abs. 1 GG).** Das GG schränkt die Verfassungsautonomie der Länder über das Homogenitätsprinzip des Art. 28 Abs. 1 ein, indem es für die verfassungsmäßige Ordnung der Länder die verfassungsrechtlichen Grundentscheidungen des Art. 20 Abs. 1 verbindlich festlegt. Die Länder müssen aufgrund ihrer verfassungsmäßigen Ordnung republikanisch, als repräsentative Demokratien organisiert sowie rechtsstaatlich und sozialstaatlich strukturiert sein (vgl. Art. 28 Abs. 1 Satz 1). Das Landesvolk muss sich nach den Wahlrechtsgrundsätzen des Art. 38 Abs. 1 eine Volksvertretung geben (vgl. Art. 28 Abs. 1 Satz 2).

268 Homogenität erfordert nur ein Mindestmaß an Übereinstimmung mit den Grundprinzipien[25]. Im Übrigen sind die Länder in ihrer Verfassungsgebung und Ausgestaltung frei. So haben einige Bundesländer nur ein Verhältniswahlrecht im Gegensatz zum personalisierten Verhältniswahlrecht auf Bundesebene. Abweichende Bestimmungen sind wegen Verstoßes gegen das höherrangige Bundesrecht in Art. 28 Abs. 1 nichtig[26].

269 Das Homogenitätsprinzip macht inhaltliche Vorgaben für die verfassungsmäßige Ordnung der Länder und ergänzt so die Geltung von Bundesrecht auf dem Gebiet der Länder. Die Homogenität wird über das Landesrecht selbst bewirkt und nicht durch höherrangiges, im Kollisionsfall sich durchsetzendes Bundesrecht gem. Art. 31.

4. Die Organisation des föderalen Systems im Einzelnen

270 a) **Das Prinzip des Vorrangs der Länder (Art. 30 GG).** Das GG hat sich in Art. 30 für einen grundsätzlichen kompetenziellen Vorrang der Länder bei der Ausübung der Staatsgewalt entschieden. Soweit keine abweichende Regelung im GG existiert, haben alleine die Länder die Kompetenz, staatliche Aufgaben wahrzuneh-

---

24 Vgl. *Pieroth*, in: Jarass/Pieroth Art. 31 Rn. 5 m.w.N.
25 BVerfGE 36, 342, 361 – *Beamtenbesoldung*.
26 Vgl. *Stern*, Staatsrecht I S. 704 ff.

men. Dieser Grundsatz wird für die klassischen staatlichen Funktionen der Gesetzgebung in Art. 70 Abs. 1, für die vollziehende Gewalt in Art. 80 Abs. 1 GG und für die Rechtsprechung in Art. 92 wiederholt.

Der prinzipielle Vorrang der Länder ist in der Verfassungswirklichkeit aber stark **271** abgeschwächt. Der Bund besitzt neben den klassischen Bundeskompetenzen, wie auswärtige Angelegenheiten oder Verteidigung, vor allem den kompetenziellen Schwerpunkt in der Gesetzgebung und verfügt so nach innen über die maßgebliche gestalterische Staatsfunktion. Die wichtigste Funktion des Art. 30 ist deshalb, eine vollständige, lückenlose Aufteilung der staatlichen Kompetenzen zu normieren. Er wird außerdem als länderfreundliche Auslegungsregel in Fällen fehlender eindeutiger Kompetenzzuordnung interpretiert[27]. Auch durch die europäische Integration werden weitere hoheitliche Kompetenzen zulasten der nationalstaatlichen Souveränität auf die supranationale Ebene der EU verlagert.

b) Das Prinzip des bundesfreundlichen Verhaltens (Bundestreue). Das Prinzip des **272** bundesfreundlichen Verhaltens ist ein ungeschriebener Verfassungsgrundsatz[28]. Er ergänzt die bundesstaatliche Ordnung des Grundgesetzes, indem er Bund und Ländern die Pflicht auferlegt, in föderalen Rechtsverhältnissen auf die Belange des oder der anderen Beteiligten im Interesse der übrigen Gliedstaaten und im gesamtstaatlichen Interesse die gebotene und ihnen zumutbare Rücksicht zu nehmen[29]. Bund und Länder sollen bei der Ausübung ihrer Rechte beachten, dass ein Bundesstaat nur funktionieren kann, wenn man dabei auch die Interessen der anderen Beteiligten berücksichtigt[30]. Das bedeutet jedoch nicht, dass Bund und Länder nicht auf eigenen Rechtspositionen beharren dürften oder diese nicht im staatspolitischen Prozess verteidigen könnten.

Die *Grenze* der Rechtsausübung zieht das Prinzip des bundesfreundlichen Verhal- **273** tens dort, wo ein föderal sich auswirkendes Verhalten oder Unterlassen rechtsmissbräuchlich erscheint. Es ähnelt vom Rechtsgedanken her dem Grundsatz von Treu und Glauben[31]. Ein funktionierendes Rechtsverhältnis besteht aus Rechten und Pflichten – die Ausübung soll aber nicht dazu führen, dass das Rechtsverhältnis selbst beschädigt bzw. zweckentfremdet wird. Das föderale Rechtsgeflecht des GG zwischen Bund und Ländern und den Ländern untereinander ist darauf angelegt, einen funktionierenden Bundesstaat zu schaffen. Bundesstaatliche Rechte und Pflichten müssen in diesem Sinne ausgeübt werden.

Das Prinzip des bundesfreundlichen Verhaltens ergänzt und modifiziert deshalb **274** die bundesstaatlichen Rechtsverhältnisse durch *Informationsrechte, Mitwirkungsrechte, Kompetenzbeschränkungen, Handlungs-* und *Unterlassungspflichten*. Diese Rechte und Pflichten begründen keine selbständigen neuen Rechtsverhältnisse, sondern gestalten die bestehenden Rechtsverhältnisse aus[32]. Man kann

---

27 Vgl. *Erbguth*, in: Sachs Art. 30 Rn. 9 m.w.N.
28 BVerfGE 34, 9, 20 – *Besoldungsgesetz*.
29 BVerfGE 92, 203, 230 – *Fernsehrichtlinie*.
30 Vgl. *Maurer*, Staatsrecht § 10 Rn. 50.
31 Vgl. *Degenhart*, Staatsrecht Rn. 219.
32 Vgl. *Stern*, Staatsrecht I S. 701 f. m.w.N.

das bundesfreundliche Verhalten auch als Auslegungsregel für das Bundesstaats-prinzip begreifen. Fehlen ausdrückliche Regelungen, dann begründet das allgemeine Bundesstaatsprinzip das Rechtsverhältnis und wird durch das Prinzip des bundesfreundlichen Verhaltens näher ausgestaltet.

Beispiele:

– Der Bund muss vor dem Erlass einer Bundesweisung gem. Art. 85 Abs. 3 dem jeweilige Land Gelegenheit zur Stellungnahme geben, auch wenn dies nicht ausdrücklich in Art. 85 Abs. 3 vorgesehen ist (BVerfGE 81, 310).

– Der Bund hat die Kompetenz, den Bundesstaat in auswärtigen Angelegenheiten zu vertreten (vgl. Art. 32). Dies beinhaltet vor allem die Kompetenz zum Abschluss völkerrechtlicher Verträge. Auch ohne ausdrückliche Normierung im GG folgt daraus die grundsätzliche Pflicht der Länder, eine völkerrechtliche Verpflichtung des Bundes zu beachten (BVerfGE 6, 309).

275 **c) Der Bundeszwang (Art. 37 GG).** Der Bundeszwang ist ein von der Verfassung eingeräumtes Instrument, um die Aufrechterhaltung der bundesstaatlichen Ordnung gegenüber einem Land durchzusetzen.
Der Bundeszwang beschränkt sich nicht auf die Ausführung von Bundesrecht im Ländervollzug gem. Art. 84, 85, sondern betrifft allgemein *jegliche Missachtung von Bundesrecht durch das Verhalten eines Landes.* Bundesrecht umfasst alle materiellen Gesetze vom Grundgesetz bis zur Rechtsverordnung und setzt lediglich eine objektive Rechtsverletzung durch ein Land voraus[33]. Verletzen Gemeinden als Selbstverwaltungsträger Bundesrecht, dann wird diese Verletzung dem Land erst zugerechnet, wenn dieses seiner Pflicht zum Einschreiten im Wege der kommunalen Rechtsaufsicht nicht nachkommt[34]. Gleiches gilt für andere Fälle der mittelbaren Landesverwaltung.

276 Der Bund ist berechtigt, im Rahmen des Bundeszwangs alle notwendigen Maßnahmen zu treffen, um das Land zur Erfüllung der bundesrechtlichen Pflichten anzuhalten. Zulässig können z.B. verbindliche Weisungen an das Land, die Ersatzvornahme von Handlungen durch Bundesorgane oder Dritte, die kommissarische Einsetzung eines Bundesbeauftragten oder die Sperrung von Finanzmitteln sein[35]. Im Rahmen des Bundeszwangs besteht bei Entsendung eines kommissarischen Bundesbeauftragten ein umfassendes Weisungsrecht gegenüber allen Ländern und deren Behörden gem. Art. 37 Abs. 2. Unzulässig ist der Einsatz der Bundeswehr (vgl. Art. 87a Abs. 2), die Auflösung eines Landes (vgl. Art. 29) oder die dauerhafte Beseitigung der landesrechtlichen Strukturen wie z.B. durch Auflösung des Landesparlaments[36]. Die Auswahl hat sich am Grundsatz der Verhältnismäßigkeit und der Bundestreue zu orientieren[37].

277 **d) Die Kompetenzverteilung.** In einer bundesstaatlichen Verfassung ist zwingend die Aufteilung der staatlichen Kompetenzen zwischen Gesamtstaat und Gliedstaaten erforderlich – die Kompetenzverteilung ist das Kernstück des föderalen Sys-

---

33 Vgl. *Stern*, Staatsrecht I S. 715 ff.
34 Vgl. *Maunz*, in: Maunz/Dürig Art. 37 Rn. 12.
35 Vgl. *Stern*, Staatsrecht I a.a.O.
36 Vgl. *Stern*, Staatsrecht I S. 717.
37 *Stern*, Staatsrecht I S. 717.

tems. Bund und Länder haben den Anspruch, grundsätzlich alle staatlichen Aufgaben bzw. Kompetenzen exklusiv wahrzunehmen und darüber zu entscheiden, was sie als staatliche Kompetenzen ansehen (sog. Kompetenz-Kompetenz)[38]. Die Aufteilung der Kompetenzen zwischen Bund und Ländern betrifft die Verbandskompetenz. Davon abzugrenzen ist die Organkompetenz, die darüber entscheidet, welche Organe innerhalb eines staatlichen Verbands die Befugnis zur Kompetenzausübung innehaben.

278 Im Bundesstaat teilen sich Bund und Länder die Kompetenzen. Die Länder schließen sich zu einem Gesamtstaat zusammen und verzichten im Rahmen der Bundesverfassung auf staatliche Kompetenzen. Die Kompetenzverteilung im GG lässt sich in erster Linie dem Schema der klassischen drei Staatsfunktionen Gesetzgebung, Verwaltung und Rechtsprechung zuordnen. Besondere Sachbereiche der Kompetenzverteilung sind die Regelungen innerhalb der Finanzverfassung, sowie die Gemeinschaftsaufgaben. Existiert keine besondere Kompetenzzuweisung, so gilt für sämtliche Staatsfunktionen und staatliche Tätigkeiten Art. 30, der, in subsidiärer Regelung, die Kompetenz grundsätzlich den Ländern zuweist.

279 (aa) **Gesetzgebungskompetenzen.** Gesetzgebungskompetenz bedeutet die Befugnis des Staates, formelle Gesetze zu erlassen[39]. Das GG meint mit dem Begriff „Recht zur Gesetzgebung" in Art. 70 Abs. 1 die Verbandskompetenz, die darüber entscheidet, ob Bund oder Länder für die Gesetzgebung zuständig sind. Dagegen legt die Organkompetenz fest, welche Organe für den Bund das Gesetzgebungsverfahren durchführen. Im GG kann nur die Organkompetenz der Bundesorgane bestimmt werden. Die Organkompetenz der Länder ist Regelungsgegenstand der einzelnen Länderverfassungen. Nicht mit der Verbandskompetenz zu verwechseln ist die Beteiligung der Länder am Bundesgesetzgebungsverfahren über das Bundesorgan Bundesrat.

280 Die Aufteilung der allgemeinen staatlichen Gesetzgebungskompetenz erfolgt hauptsächlich in den Art. 70–75. Art. 70 Abs. 1 wiederholt die generalklauselartige Regelung für die Verbandskompetenz des Art. 30 für den Bereich der Gesetzgebungszuständigkeit. Grundsätzlich liegt die Gesetzgebungszuständigkeit bei den Ländern, wenn sie das GG nicht ausdrücklich dem Bund zuweist. Das klingt nach einer sehr großzügigen Regelung zugunsten der Länder. In Wirklichkeit verhält es sich so, dass sich in den ausdrücklichen Kompetenzzuweisungen an den Bund die wichtigsten Regelungswerke befinden, so dass den Ländern nur noch ein relativ geringer Bereich verbleibt.

281 Dem Bund sind durch das GG folgende Gesetzgebungszuständigkeiten zugewiesen:
– die ausschließliche Gesetzgebung des Bundes (Art. 71, 73)
– die konkurrierende Gesetzgebung (Art. 72, 74, 74a)
– die Grundsatzgesetzgebung (Art. 91a Abs. 2, 109 Abs. 3)

---

38 Vgl. *Zippelius*, Allg. Staatslehre a.a.O. S. 60.
39 Vgl. *Rengeling*, HbStR IV § 100 Rn. 1.

Bis zur Verfassungsänderung 2006 besaß das GG noch die Regelung einer Rahmengesetzgebungskompetenz (Art. 75 a. F.). Diese wurde durch die Grundgesetzreform abgeschafft.

282   Neben diesen geschriebenen Kompetenzen gibt es spezielle Kategorien, in denen eine ungeschriebene Kompetenz des Bundes abweichend von Art. 30, 70 Abs. 1 anerkannt ist[40]. Beachtlich sind außerdem die vertraglichen Ermächtigungen auf europäischer Ebene, die mit einem Kompetenzverzicht auf nationaler Ebene korrespondieren.

283   Die *ausschließliche* Gesetzgebungskompetenz des Bundes bedeutet, dass der *Bund alleine zuständig* ist, d. h. eine gesetzgeberische Tätigkeit der Länder ist im Bereich der ausschließlichen Gesetzgebung unzulässig. Nur im Falle einer ausdrücklichen Ermächtigung sind die Länder zur Gesetzgebung berechtigt (vgl. Art. 71). Eine solche Ermächtigung der Länder durch den Bund ist bisher praktisch kaum relevant geworden[41]. Historische Beispiele sind die Eingliederung des Saarlandes sowie zwei Gesetze über die Insel Helgoland[42].

284   Die Zuordnung der Sachmaterien zur ausschließlichen Gesetzgebung erfolgt durch den Katalog des Art. 73 sowie weitere Zuweisungen an den Bund in einzelnen Vorschriften des Grundgesetzes z. B. Art. 21 Abs. 3 – *Parteiengesetz*, Art. 38 Abs. 3 – *Bundeswahlgesetz*, Art. 45b – *Wehrbeauftragter*, Art. 93 Abs. 2 und Art. 94 Abs. 2 – *Bundesverfassungsgericht*, Art. 95 Abs. 3 und Art. 96 – *Bundesgerichte* oder Art. 108 Abs. 6 – *Finanzgerichtsbarkeit*. Zu den Gegenständen der ausschließlichen Gesetzgebung im Katalog des Art. 73 gehören klassische bundesstaatliche Kompetenzen wie die auswärtigen Angelegenheiten, militärische Verteidigung, Staatsangehörigkeit, bei denen eine Rechtseinheit dem Bundesstaat wesensimmanent ist.

285   Die *konkurrierende* Gesetzgebung ist eine Bundeskompetenz, die *an besondere Voraussetzungen gebunden* ist (vgl. Art. 72 Abs. 2). Bund und Länder konkurrieren aber nicht gleichrangig auf dem Gebiet dieser Gesetzgebungskompetenz, sondern die Länder sind subsidiär zur Gesetzgebung befugt, soweit und solange der Bund von seiner Gesetzgebungszuständigkeit keinen Gebrauch gemacht hat (vgl. Art. 72 Abs. 1).

286   Wird der Bund im Bereich der konkurrierenden Gesetzgebung aktiv, dann sperrt er ab dem Verkündungszeitpunkt des Bundesgesetzes („solange") entsprechend seines gesetzlichen Regelungsinhalts und der sachlichen Reichweite („soweit") die subsidiäre Gesetzgebungskompetenz der Länder (zeitliche und sachliche Sperrwirkung)[43]. Ein früherer Zeitpunkt als der Verkündungszeitpunkt kann sich ggf. aus dem Grundsatz der Bundestreue ergeben, wenn der Bundesgesetzgeber durch die Einleitung des Gesetzgebungsverfahrens von seiner Gesetzgebungskompetenz Gebrauch macht[44]. Solange das Bundesgesetz in Kraft bleibt, scheitert eine lan-

---

40 Vgl. *Rengeling*, HbStR IV § 100 Rn. 4 ff.
41 Vgl. *Degenhart*, Staatsrecht Rn. 139.
42 Vgl. *Rengeling*, HbStR IV § 100 Rn. 66.
43 Vgl. *Maurer*, Staatsrecht § 17 Rn. 32 f. m. w. N.
44 *Maunz*, in: Maunz/Dürig Art. 72 Rn. 9.

desgesetzliche Regelung bereits an der fehlenden Kompetenz. Bei Verkündung
wird bereits wirksames Landesrecht gebrochen (vgl. Art. 31) und lebt auch nicht
wieder auf, wenn die bundesgesetzliche Regelung aufgehoben würde. Der Landesgesetzgeber hat aber nun wieder die (subsidiäre) Gesetzgebungskompetenz
mangels bundesgesetzlicher Sperrwirkung.
Die Reichweite der sachlichen Sperrwirkung einer bundesgesetzlichen Regelung
hängt von der Intention des Bundesgesetzgebers ab. Soll ein Gesetzeswerk für
einen Regelungsgegenstand eine abschließende Kodifikation bedeuten, bleibt kein
Raum für eine partielle subsidiäre Gesetzgebungskompetenz der Länder in dieser
Sachmaterie. Der Bundesgesetzgeber kann aber auch eine nur teilweise Regelung
anstreben und Teile ausdrücklich oder zumindest stillschweigend für eine landesgesetzliche Regelung offen lassen[45].
Die Reichweite der sachlichen Sperrwirkung von bundesgesetzlichen Regelungen
ist durch die Verfassungsreform des Jahrs 2006 nicht unerheblich modifiziert
worden. Nach Art. 72 Abs. 3 können die Länder, selbst wenn der Bund von seiner
Gesetzgebungszuständigkeit Gebrauch gemacht hat, zusätzlich abweichende
Regelungen auf folgenden Gebieten treffen:

1. das Jagdwesen (ohne das Recht der Jagdscheine);

2. die Naturschutz- und die Landschaftspflege (ohne die allgemeinen Grundsätze
   des Naturschutzes, das Recht des Artenschutzes oder des Meeresnaturschutzes);

3. die Bodenverteilung;

4. die Raumordnung;

5. den Wasserhaushalt (ohne stoff- oder anlagenbezogene Regelungen);

6. die Hochschulzulassung und die Hochschulabschlüsse.

Für das Inkrafttreten von abweichendem Landesrecht bei positiver bundesgesetzlicher Regelung gilt zudem eine grundsätzliche sechsmonatige Inkrafttretungsfrist
(vgl. Art. 72 Abs. 3 Ziff. 6).

Die konkurrierende Gesetzgebung ist nicht nur eine reine Anknüpfung an einen   **287**
Katalog von Sachgebieten. Die Gesetzgebungskompetenz des Bundes hängt vielmehr von den *zusätzlichen Voraussetzungen des Art. 72 Abs. 2* ab. Danach hat
der Bund das Gesetzgebungsrecht, wenn und soweit die Herstellung gleichwertiger Lebensverhältnisse im Bundesgebiet oder die Wahrung der Rechts- oder Wirtschaftseinheit im gesamtstaatlichen Interesse eine bundesgesetzliche Regelung
erforderlich macht.
Diese Erforderlichkeitsklausel ist durch die Grundgesetzreform 2006 allerdings
erheblich eingeschränkt worden. Sie gilt nur noch für die Gebiete des Art. 74 Abs.
1 Nr. 4, 7, 11, 13, 15, 19a, 20, 22, 25 und 26.
Das sind die Gebiete:

– Aufenthalts- und Niederlassungsrecht der Ausländer

– öffentliche Fürsorge

---

45 Vgl. *Maurer*, Staatsrecht § 17 Rn. 32 f.

- Recht der Wirtschaft

- Regelung der Ausbildungsbeihilfe und die Förderung der wissenschaftlichen Forschung

- Überführung von Grund und Boden, von Naturschätzen und Produktionsmitteln in Gemeineigentum oder in anderer Form der Gemeinwirtschaft

- wirtschaftliche Sicherung der Krankenhäuser und die Regelung der Krankenhauspflegesätze

- Schutz beim Verkehr mit Lebens- und Genussmitteln, Bedarfsgegenständen, Futtermitteln und land- und forstwirtschaftlichen Saat- und Pflanzgut,

- Schutz der Pflanzen gegen Krankheiten und Schädlinge

- Tierschutz

- Straßenverkehr

- Kraftfahrtwesen

- Bau- und Unterhaltung von Landstraßen für den Fernverkehr sowie die Erhebung und Verteilung von Gebühren für die Benutzung öffentlicher Straßen und Fahrzeugen

- Staatshaftung

- künstliche Befruchtung beim Menschen

- die Untersuchung und die künstliche Veränderung von Erbinformationen sowie Regelung zur Transplantation von Organen und Geweben.

Diese Sonderbestimmung führt zu vielfältigen Problemen, die mit der Verfassungsreform nicht abschließend geregelt sind. So bedeutet diese Regelung eine Durchbrechung des Art. 31 (Bundesrecht/Landesrecht).
Entweder wird mit dieser Regelung Art. 31 endgültig außer Kraft gesetzt oder - entgegen seinem ausdrücklichen Wortlaut - endgültig modifiziert, denn das dem Bundesrecht entgegenstehende Landesrecht, das aufgrund der abweichenden Regelung des Art. 72 Abs. 3 zukünftig ergehen wird, bricht eben das Bundesrecht gerade nicht.
Um das Ergebnis dieser neuen Regelung systemstimmig zu machen, hätte der verfassungsändernde Gesetzgeber Art. 31 abändern müssen, was aber unterblieben ist.

288 Bis zur Verfassungsreform 1994 kam es gem. Art. 72 Abs. 2 a.F. nur auf das Bedürfnis einer bundesgesetzlichen Regelung an (sog. *Bedürfnisklausel*). Die Entscheidung, ob ein solches Bedürfnis bestand, wurde vom BVerfG als politische Wertungsfrage in das Ermessen des Bundesgesetzgebers gestellt, was praktisch zur rechtlichen Nichtüberprüfbarkeit der Bedürfnisklausel führte[46]. Erklärtes Ziel der Verfassungsreform 1994 war, dass die konkurrierende Gesetzgebungskompetenz an verschärfte Voraussetzungen geknüpft werden sollte, die vom BVerfG überprüfbar sein sollten (vgl. Art. 93 Abs. 1 Nr. 2a)[47]. Als unbestimmte Rechtsbegriffe

---

46 Vgl. *Degenhart*, in: Sachs Art. 72 Rn. 5 ff.
47 Vgl. *Pieroth*, in: Jarass/Pieroth Art. 72 Rn. 11 m.w.N.

sind die Begriffe „gleichwertige Lebensverhältnisse", „Rechts- und Wirtschaftseinheit" und „erforderlich" auslegungsbedürftig und einer vollständigen gerichtlichen Kontrolle zugänglich[48].

„Erforderlich" im Sinne der neuen Fassung von Art. 72 Abs. 2 bedeutet mehr als   **289**
nur ein Bedürfnis. Erforderlich ist eine bundesgesetzliche Regelung, wenn einzelne
landesgesetzliche Regelungen weniger geeignete Alternativen für die Erreichung
der Ziele des Art. 72 Abs. 2 sind. Ist also das gesetzgeberische Ziel auch durch
Selbstkoordination der Länder in angemessener Zeit zu erreichen, so ist eine bundesgesetzliche Regelung nicht erforderlich[49].

Zur *Herstellung gleichwertiger Lebensverhältnisse* ist eine bundesgesetzliche   **290**
Regelung dann erforderlich, wenn sich die Lebensverhältnisse in den Ländern der
Bundesrepublik in erheblicher, das bundesstaatliche Sozialgefüge beeinträchtigen-
der Weise auseinander entwickelt haben oder sich eine derartige Entwicklung
konkret abzeichnet[50]. Gleichwertige Lebensverhältnisse bedeuten dabei keines-
wegs einheitliche Lebensverhältnisse[51].
Die *Wahrung der Rechtseinheit* im gesamtstaatlichen Interesse liegt vor, wenn eine
Gesetzesvielfalt auf Länderebene eine Rechtszersplitterung mit problematischen
Folgen darstellt, die im Interesse sowohl des Bundes als auch der Länder nicht
hingenommen werden kann[52]. Die Regelung ist dann von gesamtstaatlichem Interesse, wenn sie nicht nur im Interesse einzelner Länder steht.
Die Wahrung der Wirtschaftseinheit im gesamtstaatlichen Interesse ist gegeben,
wenn Landesregelungen oder das Untätigbleiben der Länder erhebliche Nachteile
für die Gesamtwirtschaft mit sich bringen[53]. Durch eine bundeseinheitliche
Rechtssetzung soll also die Funktionsfähigkeit des Wirtschaftsraums erhalten
werden.

Der Katalog der Sachmaterien, für die der Bund die konkurrierende Gesetz-   **291**
gebungskompetenz innehat, ist in den Art. 74, 74a aufgeführt. Gegenstände der
konkurrierenden Gesetzgebung sind u.a.: das Bürgerliche Recht, das Strafrecht,
der Strafvollzug, die Gerichtsverfassung, das Gerichtliche Verfahren, das Recht
der Wirtschaft, das Handelsrecht, das Arbeitsrecht, der Straßenverkehr.
Im Einzelnen hat die Verfassungsreform 2006 auch bei dem Katalog der konkurrierenden Gesetzgebung erhebliche Änderungen vorgenommen. Es bleibt allerdings dabei, dass die Gesetzesmaterien, die von überwiegender praktischer Bedeutung sind, wie das bürgerliche Recht und das Strafrecht, weiterhin Gegenstand
der konkurrierenden Gesetzgebungszuständigkeit sind und es daher bei den
bereits bestehenden bundesrechtlichen Regelungen belassen wird.
Damit sind weit über 80 % der Rechtsgebiete, die z.B. für die erste juristische
Staatsprüfung relevant sind im Bereich der konkurrierenden Gesetzgebungszuständigkeit des Bundes angesiedelt.

---

48 BVerfGE 106, 62, 135 ff. – *Altenpflegegesetz*; *Pieroth*, in: Jarass/Pieroth Art. 72 Rn. 15.
49 *Pieroth*, in: Jarass/Pieroth Art. 72 Rn. 10.
50 BVerfGE 106, 62, 144 – *Altenpflegegesetz*.
51 Vgl. *Degenhart*, in: Sachs, Art. 72 Rn. 11.
52 BVerfGE 106, 62, 145 – *Altenpflegegesetz*.
53 BVerfGE 106, 62, 147 – *Altenpflegegesetz*.

Weitere konkurrierende Gesetzgebungskompetenzen räumt die Finanzverfassung dem Bund in Art. 105 Abs. 2 GG auf dem Gebiet der Steuergesetzgebung ein. Den Ländern sind als bedeutende Gesetzgebungskompetenzen vor allem die Schulgesetzgebung, das Kommunalrecht, das allgemeine Verwaltungsrecht sowie das Gefahrenabwehrrecht geblieben.

292 Im Zuge der Föderalismusreform hat der Gesetzgeber das Institut der Rahmengesetzung vollständig abgeschafft, indem er die bisher in Art. 75 a.F. verankerten Sachbereiche teilweise der ausschließlichen oder konkurrierenden Gesetzgebungszuständigkeit des Bundes zugewiesen hat. Wo dies nicht der Fall ist, greift der unverändert gebliebene formale Grundsatz der Länderzuständigkeit.

293 Das „*Melde- und Ausweiswesen*" (Art. 75 Abs. 1 Nr. 5 a.F.) fällt nunmehr in die ausschließliche Gesetzgebungskompetenz des Bundes und ist – dem ansonsten unverändert gebliebenen – Art. 73 Abs. 1 Nr. 3 hinzugefügt worden. Entsprechendes gilt für „*den Schutz deutschen Kulturgutes gegen Abwanderung ins Ausland*" (Art. 75 Abs. 1 Nr. 6 a.F.), der nunmehr in Art. 73 Abs. 1 Nr. 5a n.F. geregelt ist. Das „*Jagdwesen*", der „*Naturschutz*" und die „*Landschaftspflege*" (Art. 75 Abs. 1 Nr. 3 a.F.) sind jetzt Gegenstand der konkurrierenden Gesetzgebungskompetenz des Bundes (Art. 74 Abs. 1 Nr. 28 u. Nr. 29 n.F.). Entsprechendes gilt für die „*Bodenverteilung*" (Art. 75 Abs. 1 Nr. 4 Variante 1 a.F., nunmehr Art. 74 Abs. 1 Nr. 30 GG n.F.), die „*Raumordnung*" (Art. 75 Abs. 1 Nr. 4 Variante 2 a.F., nunmehr Art. 74 Abs. 1 Nr. 31 GG n.F.) und den „*Wasserhaushalt*" (Art. 75 Abs. 1 Nr. 4 Variante 3 a.F., nunmehr Art. 74 Abs. 1 Nr. 32 n.F.).

294 Die bisher der Rahmengesetzgebung des Bundes gem. Art. 75 Abs. 1 Nr. 1a a.F. unterliegenden „*allgemeinen Grundsätze des Hochschulwesens*" sind jetzt – reduziert auf die „*Hochschulzulassung und die Hochschulabschlüsse*" – Gegenstand der konkurrierenden Gesetzgebung des Bundes (Art. 74 Abs. 1 Nr. 33 n.F.). In diesem Punkt wird deshalb ein Großteil der Regelungsbefugnisse aus der bisherigen Rahmenkompetenz auf die Länder übertragen.
Ähnliches gilt für die „*Rechtsverhältnisse der im öffentlichen Dienste der Länder, Gemeinden und anderen Körperschaften des öffentlichen Rechts stehenden Personen*" gem. Art. 75 Abs. 1 Nr. 1 a.F. Diese bisher der Rahmengesetzgebung zugewiesene Materie ist nun – beschränkt auf die „*Statusrechte und -pflichten der Beamten der Länder, der Gemeinden und anderen Körperschaften des öffentlichen Rechts sowie der Richter in den Ländern mit Ausnahme der Laufbahnen, Besoldung und Versorgung*" – gem. Art. 74 Abs. 1 Nr. 27 n.F. Gegenstand der konkurrierenden Gesetzgebungskompetenz des Bundes. Damit wird die Personalhoheit der Länder durch eine weitgehende Übertragung der Kompetenzen im öffentlichen Dienstrecht gestärkt. Statusrechte und -pflichten, auf die sich nunmehr die Zuständigkeit des Bundes beschränkt, sind insbesondere Wesen, Voraussetzungen, Rechtsform der Begründung, Arten, Dauer sowie Nichtigkeits- und Rücknahmegründe des Dienstverhältnisses; Abordnungen und Versetzungen der Beamten zwischen den Ländern und zwischen dem Bund und den Ländern; Voraussetzungen und Formen der Beendigung des Dienstverhältnisses etc.[54].

---

54 Vgl. BT-Drucks. 16/813, S. 14.

Außerdem wurde Art. 74a a.F. abgeschafft. Darüber hinaus hat der Bund seine Rahmengesetzgebungskompetenz für die *„allgemeinen Rechtsverhältnisse der Presse"* (Art. 75 Abs. 1 Nr. 2 a.F.) ganz verloren.

Grundsatzgesetzgebung ist ein eng mit der Rahmengesetzgebung verwandter **295** Typus, der in einzelnen Vorschriften des GG auftaucht. Gem. den Art. 91a Abs. 2, 109 Abs. 3 darf der Bund für Gemeinschaftsaufgaben und für das Haushaltsrecht Grundsatzregeln aufstellen, die auch den Landesgesetzgeber binden. Die Gesetzgebungskompetenz reicht nicht über den Grundsatzcharakter hinaus, der weitgehend dem der Rahmengesetzgebung entspricht. Detaillierte Einzelregelungen und unmittelbare Regelungen haben keinen Grundsatzcharakter mehr. Die Grundsatzgesetzgebung richtet sich aber auch an den Bundesgesetzgeber, wenn er z.B. die in einem Gesetz gem. Art. 109 Abs. 3 festgelegten Haushaltsgrundsätze in weiteren haushaltsrechtlichen Regelungen umsetzt[55]. Besondere Vorraussetzungen für die Inanspruchnahme der Gesetzgebungskompetenz, wie in Art. 72 Abs. 2, gelten nicht.

Ungeschriebene Gesetzgebungskompetenzen zugunsten des Bundes widerspre- **296** chen eigentlich dem Grundsatz von Art. 30, 70 Abs. 1, der dem Bund nur eine ausdrücklich aufgezählte Anzahl von Kompetenzen einräumt. Als ungeschriebene Bundeskompetenzen sind allgemein anerkannt:

– die Kompetenz kraft Natur der Sache

– die Kompetenz kraft Sachzusammenhangs

– die Annexkompetenz

Die *Kompetenz kraft Natur der Sache* enthält Regelungsgegenstände, die der **297** Bund deshalb regeln darf, weil nur er sie regeln kann[56].
Hier wurde früher immer als Paradebeispiel die Bestimmung der Bundeshauptstadt angeführt. Diese ist in Folge der Neufassung des GG in Art. 22 Abs. 1 nunmehr endgültig positiv geregelt.

> **Beispiele:**
> Bestimmung des Sitzes der Bundesorgane und der nationalen Symbole wie Flagge, Wappen und Nationalhymne.

Die *Bundeskompetenz kraft Sachzusammenhang* liegt dann vor, wenn eine dem **298** Bund ausdrücklich zugewiesene Materie verständigerweise nicht geregelt werden kann, ohne dass zugleich eine nicht ausdrücklich zugewiesene Materie mitgeregelt wird, wenn also ein Übergreifen in nicht ausdrücklich zugewiesene Materien unerlässliche Voraussetzung ist für die Regelung einer der Bundesgesetzgebung zugewiesenen Materie[57].

> **Beispiele:**
> – Die ausdrückliche Gesetzgebungskompetenz für das Parteiwesen gem. Art. 21 Abs. 3 berechtigt den Bund, auch die Rundfunkzeiten für die Parteiwerbung mitzuregeln[58].

---

55 Vgl. *Maurer*, Staatsrecht § 17 Rn. 41 f.
56 *Degenhart*, Staatsrecht Rn. 134
57 BVerfGE 3, 407, 421 – *Baugesetzbuch*; 98, 265, 299 – *Schwangerschaftsberatung*.
58 BVerfGE 12, 205, 237 – *1. Fernsehurteil*.

– Die ausdrückliche Gesetzgebungskompetenz für das Handwerk gem. Art. 74 Nr. 11 berechtigt zur Regelung der Altersvorsorge der Bezirksschornsteinfeger[59].

299 Die Kompetenz kraft Sachzusammenhang ist aber nicht immer schon dann gegeben, wenn eine einheitliche Regelung durch den Bund zweckmäßig und praktisch erscheint[60]. Die Kompetenz kraft Sachzusammenhang greift zwangsläufig in Kompetenzen der Länder ein und ist daher nur zu bejahen, soweit ein Verzicht auf eine sachlich zusammenhängende Materie die Regelungskompetenz unvollständig werden lässt. Sie darf nicht zu einer substanziellen Verschiebung der grundgesetzlichen Kompetenzverteilung führen[61].

300 Die *Annexkompetenz* betrifft nicht die Befugnis, eine dem Landesgesetzgeber zugewiesene Sachmaterie mitzuregeln, sondern um ergänzende Regelungen zur Vorbereitung und Durchführung einer dem Bund zugewiesenen Sachmaterie (sog. Annexregelungen)[62]. Praktisch bedeutet dies jedoch, dass wiederum eine abweichende Kompetenz berührt wird, so dass die Abgrenzung zur Kompetenz kraft Sachzusammenhang wenig praktikabel ist. Allgemein wird zur Abgrenzung auf die allgemeine Formel zurückgegriffen, dass die Annexkompetenz in die Tiefe, während die Kompetenz kraft Sachzusammenhang in die Breite geht[63].

Beispiele:
– Die Regelungskompetenz des Bundes für eine Sachmaterie umfasst auch die Annexkompetenz für verwaltungsverfahrensrechtliche Regelungen wie Gebühren[64].
– Die Kompetenz zur Regelung des Straßenverkehrs gem. Art. 74 Abs. 1 Nr. 22 umfasst als Annex auch die Regelung über den Straßenverkehr behindernde Werbeanlagen[65].
– Die Kompetenz zur Regelung des Eisenbahnverkehrs gem. Art. 73 Nr. 6a umfasst auch die Annexkompetenz für die Errichtung einer Bahnpolizei[66].
– Wappen, Nationalhymne oder der Sitz der Bundesorgane.

301 (bb) **Verwaltungskompetenzen.** Die Verwaltungskompetenzen lassen sich grob in zwei Typen gliedern.
– die gesetzesfreie Verwaltung
– die gesetzesakzessorische Verwaltung

302 In der *gesetzesfreien* Verwaltung nimmt der Staat Tätigkeiten vor, die – wie der Begriff besagt – nicht in der Ausführung eines bestimmten Gesetzes liegen, son-

---

59 BVerfGE 1, 264, 272 – *Schornsteinfegerbezirk.*
60 BVerfGE 3, 407, 421 – *Baugesetzbuch*; 15, 1, 20 – *Bundeswasserstraße*; 26, 246, 256 – *Berufsbezeichnung Ingenieur*; 26, 281, 300 – *Gebührenpflicht von Bahn und Post.*
61 *Degenhart,* Staatsrecht Rn. 137.
62 *Degenhart,* Staatsrecht Rn. 135 m.w.N.
63 *Degenhart,* Staatsrecht Rn. 136; *Pieroth,* in: Jarass/Pieroth Art. 70 Rn. 7; *Rengeling,* HbStR IV § 100 Rn. 57.
64 BVerfGE 11, 192, 199 – *Freie Gerichtsbarkeit.*
65 BVerfGE 40, 371 – *Werbeverbot.*
66 BVerfGE 97, 198, 225 f. – *Bahnpolizei.*

dern ganz allgemeine Verwaltungstätigkeiten sind, wie z.B. Materialbeschaffung, Organisation des Personals und dgl.

Die *gesetzesakzessorische* Verwaltung ist die Verwaltung, die *für die Ausführung von Gesetzen erforderlich* ist. Es handelt sich um den klassischen Gesetzesvollzug.

Die Aufteilung der Verwaltungskompetenzen für die gesetzesvollziehende Verwaltung ergibt vier verschiedene Typen: **303**

– der Vollzug von Landesgesetzen durch Landesbehörden (sog. landeseigene Verwaltung; sie ist im GG gem. der Art. 30, 83 ff. nicht eigens geregelt)

– der Vollzug der Bundesgesetze durch bundeseigene Behörden (sog. bundeseigene Verwaltung, Art. 86)

– der Vollzug der Bundesgesetze im Auftrag des Bundes (Bundesauftragsverwaltung, Art. 85)

– Ausführung der Bundesgesetze als eigene Angelegenheit der Länder (Bundesaufsichtsverwaltung, Art. 83, 84)

Bundeseigene Verwaltung und *Bundesauftragsverwaltung* sind nur zulässig, wenn sie im GG ausdrücklich angeordnet werden (vgl. Art. 83). Die Gegenstände der Auftragsverwaltung und der bundeseigenen Verwaltung ergeben sich durch Einzelanordnung in den Art. 87 ff. und aus einzelnen Vorschriften an anderer Stelle im GG, wie z.B. Art. 104a Abs. 3 oder Art. 108 Abs. 3. **304**

Der Vollzug von Bundesgesetzen *durch die Länder in eigener Angelegenheit* ist der verfassungsrechtliche Regelfall gem. Art. 83. Die Länder vollziehen die Bundesgesetze kraft ihrer originären Staatlichkeit wie eigene Landesgesetze. Nach außen und insbesondere gegenüber dem Bürger treten Landesbehörden auf, deren Handeln dem Land als Verwaltungsträger zugerechnet wird. **305**

Die Länder vollziehen nach eigenem vom Landesgesetzgeber erlassenen Verfahrensrecht bzw. Landesverwaltungsvorschriften und richten kraft ihrer Organisationshoheit die zuständigen Behörden ein (vgl. Art. 84 Abs. 1). Beim Vollzug von Bundesgesetzen sind die Länder kein organisatorischer Teil der Bundesverwaltung. Es gibt kein verwaltungsinternes Weisungsrecht durch übergeordnete Bundesbehörden oder eine Fachaufsicht, sondern nur eine beschränkte Rechtsaufsicht, die den Bund berechtigt, den gesetzesmäßigen Vollzug zu überwachen (vgl. Art. 84 Abs. 3 Satz 1). Zur Durchsetzung der Rechtsaufsicht kann der Bund Bundesbeauftragte entsenden oder das BVerfG anrufen (vgl. Art. 84 Abs. 3 Satz 2, Abs. 4). **306**

Die *Eigenverwaltung durch die Länder* entspricht dem Grundsatz der Länderzuständigkeit gem. Art. 30, die durch beschränkte Einflussmöglichkeiten des Bundes modifiziert wird. Ursprünglich regelte Art. 84 Abs. 1, dass, wenn die Länder die Bundesgesetze als eigene Angelegenheiten ausführen, sie die Einrichtung der Behörden und das Verwaltungsverfahren mitregeln. Wollte der Bund das Verwaltungsverfahren und die Einrichtung der Behörden selbst regeln, so bedurfte es hier eines Zustimmungsgesetzes. Dieser Fall vereinnahmte fast 80 % aller Zustimmungsgesetze des Bundes. Diese Norm wurde durch die Verfassungsreform 2006 entscheidend geändert. Regelt der Bund nunmehr die Einrichtung der Behörden **307** und das Verwaltungsverfahren, so ist das entsprechende Bundesgesetz nicht mehr ohne weiteres zustimmungsbedürftig. Zum Ausgleich können die Länder von der Bundesgesetzgebung abweichende Regelungen treffen (Art. 84 Abs. 1 Satz 2). Hiervon kann der Bund wiederum bei einem besonderen Bedürfnis nach bundeseinheitlicher Regelung abweichen, in dem er eine Regelung trifft, die diese Landesdivergenzregelung verbietet. Ein solches Gesetz ist dann wieder zustimmungsbedürftig (Art. 84 Abs. 1 Satz 5).

308   *Auftragsverwaltung durch die Länder* bedeutet zunächst auch, dass die Länder die Bundesgesetze kraft ihrer originären Staatlichkeit vollziehen. Sie sind alleine für den Behördenaufbau zuständig und die Ausführung erfolgt nach den landeseigenen Verfahrensvorschriften (vgl. Art. 85 Abs. 1)[67]. Bund und Länder stehen sich als unabhängige, eigenständige Körperschaften gegenüber. Nach außen handeln die Länder, wenn sie Bundesgesetze im Auftrag des Bundes ausführen. Mit Zustimmung des Bundesrates kann der Bund Verfahrensvorschriften und Verwaltungsvorschriften erlassen und die Behördeneinrichtung regeln (vgl. Art. 85 Abs. 1, 2). Die fehlende ausführliche Ermächtigung für das Verfahren wird als unschädliches Redaktionsversehen des Gesetzgebers angesehen, weil ansonsten die potentiellen Einflussmöglichkeiten des Bundes schwächer wären als bei landeseigenem Vollzug gem. Art. 83, 84[68].

309   Im Unterschied zur Eigenverwaltung hat der Bund jedoch weitergehende Einflussmöglichkeiten. Der bedeutsamste Unterschied ist die Fachaufsicht des Bundes, die mit einem entsprechenden Weisungsrecht an die obersten Landesbehörden sowie Informations- und Einsichtsrechten verbunden ist (vgl. Art. 85 Abs. 3, 4). Fachaufsicht berechtigt den Bund, nicht nur die Rechtmäßigkeit, sondern auch die Zweckmäßigkeit von landesbehördlichen Sachentscheidungen zu überwachen und ggf. durch abweichende Weisungen zu steuern. Gem. Art. 85 Abs. 2 Satz 2, 3 kann der Bund bereichsspezifisch die Ausbildungsregelungen für Landesbedienstete treffen und die Einstellung von Leitern der Mittelbehörden (Landesbeamte!) durch Versagung seines Einvernehmens verhindern. Letzteres gilt allerdings nur soweit spezielle Mittelbehörden für die Bundesauftragsverwaltung eingerichtet sind (z. B. die Bundesfernstraßenverwaltung), also insbesondere nicht für Regierungspräsidenten, die auch andere Verwaltungsaufgaben im eigenen Landesvollzug wahrnehmen[69].

310   Die Auftragsverwaltung muss im GG ausdrücklich angeordnet werden. Unterschieden wird zwischen fakultativer und obligatorischer Auftragsverwaltung. Obligatorisch bedeutet, dass die Auftragsverwaltung für einen Sachbereich vom GG zwingend vorgeschrieben wird, während bei der fakultativen Auftragsverwaltung diese Entscheidung dem Bundesgesetzgeber überlassen wird[70]. Angeordnet wird Auftragsverwaltung z. B. für die Kernenergie gem. Art. 87c, für die Bundesfernstraßen gem. Art. 90 Abs. 2, für den überwiegenden Teil der Finanzverwaltung gem. Art. 108 Abs. 3 oder die Ausführung von Geldleistungsgesetzen, deren Ausgaben mindestens zur Hälfte vom Bund getragen werden gem. Art. 104a

---

67   Gesetzliches Verfahrensrecht und Verwaltungsvorschriften.
68   Vgl. BVerfGE 26, 338, 385; a. A. *Lerche*, in: Maunz/Dürig Art. 85 Rn. 26 ff.
69   Vgl. *Dittmann*, in: Sachs Art. 85 Rn. 17.
70   *Maurer*, Staatsrecht § 18 Rn. 17.

Abs. 3. Außerdem bedürfen Bundesgesetze der Zustimmung des Bundesrates, wenn sie Pflichten der Länder zur Erbringung von Geldleistungen, geldwerten Sachleistungen oder vergleichbaren Dienstleistungen gegenüber Dritten begründen und von den Ländern als eigene Angelegenheit oder im Wege der Bundesauftragsverwaltung ausgeführt werden (Art. 104a Abs. 4).

Bundeseigene Verwaltung bedeutet den Vollzug von Bundesgesetzen durch Bundesbehörden oder selbständige Bundeseinrichtungen und kraft bundesgesetzlichem Verfahrensrecht. Die Länder bleiben vollständig außen vor. Unterschieden wird zwischen bundesunmittelbarer und bundesmittelbarer Verwaltung, sowie zwischen der fakultativen und obligatorischen Bundeseigenverwaltung[71]. **311**

Zur *bundesunmittelbaren Verwaltung* gehören alle rechtlich unselbständigen Bundesbehörden, die in die allgemeine Verwaltungshierarchie eingebunden sind und den Anordnungen und Weisungen der Bundesregierung bzw. den einzelnen Bundesministern als Verwaltungsspitze unterstehen. Bundesmittelbar sind die Verwaltungsträger, die als juristische Personen des öffentlichen Rechts rechtlich selbständig sind. Gegenüber mittelbaren Verwaltungsträgern besteht kein verwaltungsinternes Weisungsrecht, sondern grundsätzlich nur die allgemeine Rechtsaufsicht. Die Unterscheidung zwischen fakultativer und obligatorischer Bundeseigenverwaltung bezieht sich, wie bei der Auftragsverwaltung, auf die verbindliche Anordnung im GG. **312**

Die Gegenstände der Bundeseigenverwaltung werden hauptsächlich in den Art. 87–89 aufgeführt. Dazu zählen der Auswärtige Dienst, die Bundesfinanzverwaltung, die Bundeswehrverwaltung oder die Luftverkehrsverwaltung. **313**

Die Verbandskompetenz für die bundeseigene Verwaltung liegt logischerweise beim Bund. Im Rahmen der Organkompetenz haben dagegen gem. Art. 86 sowohl Bundesregierung als auch Bundesgesetzgeber die Möglichkeit, die verwaltungsorganisatorische Regelungen zu treffen. **314**

Für die Erfüllung von Verwaltungsaufgaben, die nicht unmittelbar den Vollzug von Gesetzen betreffen, gelten die speziellen Kompetenzzuweisungen zugunsten der Länder in den Art. 83–85 nicht. Heranzuziehen ist die allgemeine Zuständigkeit der Länder für die Erfüllung staatlicher Aufgaben gem. Art. 30. Davon abweichende Regelungen zugunsten des Bundes ergeben sich aber implizit aus den Kompetenzzuweisungen der bundeseigenen Verwaltung, den Organkompetenzen der Bundesorgane, wie z.B. das Informationsrecht der Bundesregierung, oder anderen Verfassungsvorschriften, aus denen die Zuweisung von Verwaltungskompetenzen an den Bund erkennbar wird, wie z.B. die Zuständigkeit für Behördeneinrichtungen. Keine abweichende Kompetenzzuweisung zugunsten des Bundes sind die Gesetzgebungskompetenzen selbst, da sie nicht die Staatsfunktion Verwaltung regeln. Verwaltungskompetenzen können aber als Annexkompetenz zu einer Gesetzgebungskompetenz bestehen. **315**

---

71 Vgl. *Blümel*, HbStR VII § 101 Rn. 74 ff.

316 Das Grundgesetz sieht in den Art. 91a, b vor, dass Bund und Länder auf bestimmten Sachgebieten staatliche Aufgaben *gemeinsam* ausführen können. Das ist der Fall bei der Verbesserung der regionalen Wirtschaftsstruktur, sowie der Verbesserung der Agrarstruktur und des Küstenschutzes. Ursprünglich gehörte hierzu auch der Aus- und Neubau von Hochschulen einschließlich der Hochschulkliniken. Dieser Gegenstand wurde durch die Verfassungsreform 2006 aus Art. 91a entfernt. Art. 91a, b treffen Regelungen sowohl zur Gesetzgebungskompetenz als auch die Finanzausstattung. Die Verwaltungskompetenz ist gesetzlich oder im Falle des Art. 91b durch Vereinbarung zu bestimmen[72].

317 Die Aufteilung der staatlichen Kompetenzen zwischen Bund und Ländern durch das GG ist abschließend und zwingend. Das *Verbot der Mischverwaltung* bedeutet, dass es grundsätzlich unzulässig ist, die Verwaltungskompetenzen durch anderweitige Konstruktionen, Einrichtungen, Mitwirkungsbefugnisse oder Abläufe zu unterlaufen, auch wenn dies im Einverständnis aller Beteiligten erfolgt. Es darf nicht zu einer Vermischung der Verwaltungsorganisation zwischen Bund und Ländern kommen, sondern Bundes- und Landesverwaltung müssen organisatorisch und rechtlich eigenständige Verwaltungseinheiten sein. Das Verbot der Mischverwaltung besagt eher allgemein, dass das Grundkonzept des GG aus zwei originären staatlichen Ebenen mit zwei eigenen, unabhängigen Verwaltungsunterbauten besteht. Dieses darf nicht durch eine generelle Vermischung von Bund- und Länderverwaltung aufgehoben werden[73]. Allerdings sind die Verwaltungskompetenzen bereits nach den verfassungsrechtlichen Vorgaben nicht streng getrennt. Es bestehen Verflechtungen, die auch durch weitere gesetzliche Regelungen verändert oder intensiviert werden können, z.B. durch Organleihen zwischen Bund und Ländern. Beispiel einer punktuellen vom Grundgesetz vorgesehenen Mischverwaltung ist die Finanzverwaltung (vgl. Art. 108 Abs. 4). Einflussnahme, wie z.B. durch Rechtsaufsicht, ist kein Element der Mischverwaltung.

318 (cc) **Rechtsprechungskompetenzen.** Die Rechtsprechung als Staatsfunktion wird im GG nicht definiert. Materiell ist Rechtsprechung die in einem besonderen Verfahren zu treffende verbindliche Entscheidung über einen Rechtsstreit mittels Anwendung von Recht und Gesetz durch den Richter als unbeteiligtes staatliches Organ[74].

319 Das GG regelt die Staatsfunktion Rechtsprechung in den Art. 92–104. Die Zuweisung an die Richter gem. Art. 92 Halbsatz 1 ist die Entscheidung über die Organkompetenz. Die Richter können aber sowohl staatliche Organe des Bundes als auch der Länder sein. Die Verbandskompetenz wird durch die Art. 92 Halbsatz 2 normiert.

320 Die Rechtsprechung liegt grundsätzlich bei den Richtern der Länder, mit Ausnahme des BVerfG und der im GG vorgesehenen Bundesgerichte. Die Länder üben ihre originäre Staatsgewalt durch alle Gerichte unterhalb der Bundesgerichte aus, unabhängig von dem Recht, das angewandt wird. Die Richter unterliegen der

---

72 Zum Ganzen vgl. *Blümel*, HbStR VII § 101 Rn. 124 ff.
73 Zum Ganzen vgl. *Blümel*, HbStR VII § 101 Rn. 120 ff.
74 Vgl. *Stern*, Staatsrecht II S. 898; *Maurer*, Staatsrecht § 19 Rn. 3 ff.

Personalhoheit der Länder, die Gerichte sind Landesbehörden. Allerdings hat der Bund die konkurrierende Gesetzgebungskompetenz für Gerichtsverfassung und Gerichtsverfahren gem. Art. 74 Abs. 1 Nr. 1 ausgeübt, so dass den Ländern wenig eigener Spielraum verbleibt. Im Bereich der Finanzgerichtsbarkeit verfügt der Bund sogar über die ausschließliche Gesetzgebung gem. Art. 108 Abs. 6. Hinzu kommen die zwingenden rechtsstaatlichen Vorgaben für die Rechtsprechung.

Das GG sieht in Art. 95 die Errichtung zwingender Bundesgerichte vor, die an der **321** Spitze des gerichtlichen Instanzenzugs für die Rechtskontrolle der Gerichte der Länder und die Rechtseinheit zuständig sind (Revisionsinstanz). Weitere fakultative Bundesgerichte sind gem. Art. 96 zulässig.

Eine besondere Funktion innerhalb der Rechtsprechung hat das BVerfG inne. Im **322** Gegensatz zu den Bundesgerichten ist es ein Verfassungsorgan mit besonderen verfassungsrechtlich geregelten Kompetenzen. Das BVerfG ist allein zuständig für die Auslegung des GG und als einziges Gericht berechtigt, Legislativakte zu verwerfen. Seine Entscheidungen haben insoweit Gesetzeskraft (vgl. § 31 BVerfGG). Sie binden sämtliche staatliche Gewalt und sind unanfechtbar. Die Rechtsprechungsfunktion des BVerfG gilt allerdings nur im Hinblick auf die Bindung staatlicher Gewalt von Bund und Ländern durch das GG. Für die landesverfassungsrechtliche Bindung der Staatsgewalt der Länder sind die Landesverfassungsgerichte zuständig.

(dd) Finanzkompetenzen. Im GG werden in der Finanzverfassung (Art. 104a– **323** 115) spezielle Regelungen sowohl für die Gesetzgebungskompetenzen als auch für die Verwaltungskompetenzen im Finanzwesen getroffen. Diese Regelungen bilden wohl den komplexesten Teil der Verfassung.

Die *Finanzhoheit* bezeichnet das originäre Recht des Staates, sich Finanzmittel zu **324** beschaffen und diese für die staatliche Organisation und die Erfüllung staatlicher Aufgaben zu verwenden. Die staatliche Finanzhoheit muss, wie andere staatliche Kompetenzen, zwischen Bund und Ländern aufgeteilt werden.

In einem Bundesstaat kommt ergänzend der *Finanzausgleich* hinzu. Durch den **325** Finanzausgleich werden die kraft Finanzhoheit zunächst nur dem Bund oder den Ländern zustehenden Finanzmittel umverteilt: zwischen Bund und Ländern im vertikalen und den Ländern untereinander im horizontalen Finanzausgleich. Der Finanzausgleich des GG ist ein komplexes und kaum mehr überschaubares Geflecht aus verfassungsrechtlichen Vorgaben und einfachgesetzlichen Regelungen. Eine besondere Stellung genießt das sog. Maßstäbegesetz, das die Verteilung des Steueraufkommens zwischen Bund und Ländern einfachgesetzlich und langfristig regeln soll[75]. Ergänzend kommt der kommunale Finanzausgleich hinzu, um die verfassungsrechtlich geforderte finanzielle Grundlage für die kommunale Selbstverwaltung zu schaffen (vgl. Art. 28 Abs. 2 Satz 3).

Die Bundesrepublik Deutschland ist ein *Steuerstaat*. Das wesentliche Instrument **326** zur Erzielung staatlicher Einnahmen ist die Erhebung von Steuern. Diese stellen

---

75 Vgl. BGBl. I 2001, S. 2302; zur Entstehung vgl. *Maurer*, Staatsrecht § 17 Rn. 42 f. m.w.N.

eine allgemeine, nicht zweckgebundene Einnahme für den Staat dar, die er nach allgemeinen politischen Erwägungen zur Finanzierung staatlicher Aufgaben verwenden kann. Zu unterscheiden ist bei der Steuerhoheit zwischen der Gesetzgebungshoheit, Verwaltungshoheit und Ertragshoheit.

327 Die *Ertragshoheit* entscheidet, wem primär die erhobenen Steuern als Einnahme für den Staatshaushalt zustehen. Sie wird in Art. 106 geregelt. Im Ergebnis stehen die wichtigsten Steuerarten Umsatzsteuer, Körperschaftsteuer und Einkommensteuer als sog. Gemeinschaftssteuern, Bund und Ländern gemeinsam zu (vgl. Art. 106 Abs. 3)[76]. Die alleinige Ertragshoheit des Bundes gem. Art. 106 Abs. 1 umfasst z.B. die Versicherungssteuer oder den Solidaritätszuschlag als ertragsteuerliche Ergänzungsabgabe (vgl. Art. 106 Abs. 1 Nr. 4, 6). Für andere Steuern, wie Erbschaftsteuer oder die Kfz-Steuer, haben die Länder die Ertragshoheit gem. Art. 106 Abs. 2.

328 Die *steuerliche Gesetzgebungshoheit* besagt, wer die Kompetenz für den Erlass von Steuergesetzen besitzt. Sie liegt im Ergebnis beim Bund, der über die konkurrierende Gesetzgebungskompetenz für alle wesentlichen Steuerarten verfügt (vgl. Art. 105 Abs. 2). Der Einfluss der Länder wird dadurch gewahrt, dass praktisch alle aufkommensrelevanten Steuergesetze bzw. deren Änderungen im Bundesrat zustimmungspflichtig sind (Art. 105 Abs. 3).

329 Die *Verwaltungshoheit* ist für die Finanzverwaltung in Art. 108 Abs. 1–4 normiert. Im Wesentlichen liegt die Verwaltungshoheit bei den Ländern, die gem. Art. 108 Abs. 2, wie z.B. bei der Erbschaftsteuer, kraft Eigenverwaltung oder gem. Art. 108 Abs. 3 im Auftrag des Bundes tätig werden, wie z.B. bei der Einkommensteuer. Besonderes Kennzeichen der Finanzverwaltung ist die Mischverwaltung auf der Ebene der Mittelbehörden (Oberfinanzdirektionen).

330 Die *Ausgabenzuständigkeit* entscheidet, wer von Bund und Ländern für die Erfüllung staatlicher Aufgaben seine Finanzmittel verwenden darf und vor allem verwenden muss. Die Verteilung der Ausgabenzuständigkeit folgt grundsätzlich dem *Konnexitätsprinzip* (vgl. Art. 104a Abs. 1), d.h. Bund und Länder tragen die Ausgaben, die bei der Erfüllung der ihnen zugewiesenen Aufgaben und Kompetenzen anfallen (sog. Konnexität von Aufgaben und Ausgaben).

331 Bund und Länder müssen ihre *Organisationskosten*, wie z.B. Personalkosten und allgemeine Verwaltungskosten selbst tragen. Zweckausgaben sind dagegen sachlich gebundene Ausgaben, die sowohl beim Vollzug von Gesetzen als auch in der gesetzesfreien Verwaltung anfallen. Soweit Bund oder Länder ihre eigenen Gesetze vollziehen oder andere eigene staatliche Aufgaben in der gesetzesfreien Verwaltung erfüllen, ist der Grundsatz des Art. 104a Abs. 1 sachgerecht. Problematisch ist aber, dass der Bund ein Übergewicht in der Gesetzgebung besitzt, während die Länder regelmäßig für den Verwaltungsvollzug zuständig sind, so dass bei einer reinen Umsetzung des Konnexitätsprinzips der Bund durch finanzrelevante Gesetzgebung die Verwendung der Länderfinanzmittel steuert. Deshalb sehen

---

76 Ihr Anteil am Gesamtsteueraufkommen betrug in 2000 knapp 75 % (Quelle: Statistisches Bundesamt).

Art. 104a Abs. 2, 3 vor, dass der Bund im Rahmen der Auftragsverwaltung die sich daraus ergebenden Kosten trägt und bei Geldleistungsgesetzen zumindest eine Kostenaufteilung möglich ist.

Die *Kommunen* verfügen als verfassungsrechtlich garantierte Verwaltungsträger **332** auch über besondere Kompetenzen und Rechte im Finanzbereich. Gem. Art. 28 Abs. 2 Satz 3 steht ihnen zur Wahrung ihrer finanziellen Eigenverantwortung eine mit Hebesatzrecht ausgestattete wirtschaftskraftbezogene Steuerquelle zu. Gem. Art. 106 Abs. 6 steht den Gemeinden ein Hebesatzrecht für die Grundsteuer und die Gewerbesteuer zu.
Die Kommunen und Kommunalverbände sind am verfassungsrechtlichen Finanzausgleich gem. Art. 106 Abs. 5–9 beteiligt. Dieser wird durch einfachgesetzliche Regelungen konkretisiert (sog. kommunaler Finanzausgleich).

III. Der Bundesstaat des Grundgesetzes in der Europäischen Union

Auf der supranationalen Ebene der EU repräsentiert der Bund die Bundesrepublik **333** Deutschland. Die bedeutsamste (laufende) Einflussnahme der Mitgliedstaaten auf die Ausübung von hoheitlicher Tätigkeit durch die EU erfolgt durch die Bundesregierung über den Rat gem. Art. 203 EG und den Europäischen Rat gem. Art. 4 EU. Dem völkerrechtlichen Alleinvertretungsrecht des Bundes für die Länder entspricht die innerstaatliche Kompetenzverteilung in Art. 32 Abs. 1, der dem Bund die Verbandskompetenz für die auswärtigen Angelegenheiten zuweist, wozu insbesondere der Abschluss völkerrechtlicher Verträge zählt. Den Ländern, die in der bundesstaatlichen Ordnung über Einfluss- und Mitwirkungsrechte verfügen (vgl. Art. 32 Abs. 2, 3 und 59 Abs. 2), besitzen vergleichbare Rechte auf supranationaler Ebene nicht, obwohl der supranationale Charakter der EU die Staatlichkeit der Länder genauso schmälert wie die des Bundes. Die Länder treten in den europäischen Institutionen grundsätzlich nicht auf, sondern sind auf die Vertretung und Wahrnehmung ihrer Interessen durch den Bund angewiesen.

Art. 23 ist die *zentrale verfassungsrechtliche Regelung* für die Mitwirkung der **334** Bundesrepublik Deutschland an der europäischen Einigung und die Übertragung von nationalen Hoheitsrechten auf die supranationale Ebene. Sie enthält die materiellen Bedingungen für die Struktur der EU, unter denen der deutsche Staat berechtigt ist, an der europäischen Integration mitzuwirken: demokratische, rechtsstaatliche, soziale und föderative Grundsätze, der Grundsatz der Subsidiarität und einen dem Grundgesetz im wesentlichen vergleichbarer Grundrechtsschutz (Art. 23 Abs. 1 Satz 1). Der Bund kann Hoheitsrechte übertragen, wobei die Mitwirkung der Länder über das Zustimmungserfordernis im Bundesrat gewährleistet ist (vgl. Art. 23 Abs. 1 Satz 2). Gleichzeitig weist Art. 23 Abs. 1 Satz 3 GG deklaratorisch auf die unter der Herrschaft des GG ewige Bindung der deutschen Staatsgewalt in Art. 79 Abs. 3 hin, die auch durch die europäische Integration nicht gegenstandslos werden kann. Für Änderungen der vertraglichen Grundlagen oder Änderungen mit vergleichbaren materiellen Auswirkungen auf den Inhalt des GG gilt Art. 79 Abs. 2.

Eine besondere bundesstaatliche Relevanz hat Art. 23, indem er dem *Bundesrat* **335** als Vertretungsorgan der Länder auf Bundesebene *besondere Mitwirkungsrechte* einräumt (vgl. Art. 23 Abs. 2–6). Dadurch soll die auf Länderebene bestehende Diskrepanz zwischen der fehlenden Mitwirkung auf europäischer Ebene und dem Verlust staatlicher Hoheitsrechte ausgeglichen werden. Indem die Länder über den Bundesrat beteiligt sind, wirken sie bei Entscheidungen mit, wieweit die Entstaatlichung zugunsten der supranationalen Ebene reichen soll. Die ursprünglich sehr weit gehenden Mitwirkungsrechte der Länder wurden durch die Verfassungsreform 2006 erheblich beschränkt. Nach Art. 23 Abs. 6 waren die Länder durch ihren Ländervertreter bei allen Gebieten, auf denen sie Gesetzgebungsbefugnisse besitzen, vertreten. Nunmehr gilt dies nur noch auf den Gebieten der schulischen Bildung, der Kultur und des Rundfunks.

Rechtsprechung:
BVerfGE 1, 14 – *Südweststaat;* BVerfGE 1, 82 – *Verfassungsbeschwerde gegen Verwaltungsvorschriften;* BVerfGE 1, 264 – *Schornsteinfegerbezirk;* BVerfGE 1, 299 – *Mittel für sozialen Wohnungsbau;* BVerfGE 3, 407 – *Baugesetz;* BVerfGE 4, 111 – *Besoldung;* BVerfGE 4, 178 – *Besoldung;* BVerfGE 4, 250 – *Neugliederung;* BVerfGE 5, 34 – *Neugliederung;* BVerfGE 6, 309 – *Konkordat;* BVerfGE 6, 376 – *Kommunalwahlgesetz;* BVerfGE 7, 367 – *Volksbefragung zur Atombewaffnung;* BVerfGE 8, 104 u. 122 – *Volksbefragung zur Atomwaffenstationierung;* BVerfGE 11, 192 – *Freiwillige Gerichtsbarkeit;* BVerfGE 12, 205 – *1. Fernsehurteil;* BVerfGE 13, 9 – *Besoldungsgesetz;* BVerfGE 13, 54 – *Neugliederung;* BVerfGE 15, 1 – *Bundeswasserstraßen;* BVerfGE 22, 267 – *Unterhaltszahlung;* BVerfGE 26, 246 – *Berufsbezeichnung Ingenieur;* BVerfGE 26, 281 – *Gebührenpflicht von Bahn und Post;* BVerfGE 32, 199 – *Besoldungsgesetz;* BVerfGE 34, 9 – *Besoldungsgesetz;* BVerfGE 34, 216 – *Staatsvertrag;* BVerfGE 35, 382 – *Ausweisung;* BVerfGE 36, 342 – *Beamtenbesoldung;* BVerfGE 40, 371 – *Werbeverbot;* BVerfGE 42, 103 – *ZVS;* BVerfGE 49, 15 – *Neugliederung;* BVerfGE 60, 175 – *Startbahn West;* BVerfGE 61, 149 – *Staatshaftung;* BVerfGE 72, 330 – *Finanzausgleich;* BVerfGE 81, 310 – *Kalkar;* BVerfGE 84, 25 – *Schacht Konrad;* BVerfGE 86, 148 – *Finanzausgleich;* BVerfGE 89, 155 – *Maastricht;* BVerfGE 90, 60 – *Staatsvertrag über Rundfunkgebühren;* BVerfGE 92, 203 – *Fernsehrichtlinie;* BVerfGE 96, 139 – *Neugliederung;* BVerfGE 96, 345 – *Landesverfassungsbeschwerde;* BVerfGE 97, 198 – *Bahnpolizei;* BVerfGE 98, 265 – *Schwangerschaftsberatung;* BVerfGE 101, 158 – *Länderfinanzausgleich.*

Literatur:
Arnim, H. v., Finanzzuständigkeit, HbStR IV § 103; *Bartelsperger, R.,* Das Verfassungsrecht der Länder in der gesamtstaatlichen Verfassungsordnung, HbStR IV § 96; *Bauer, H.,* Die Bundestreue, 1992; *Benz, A.,* Perspektiven des Föderalismus in Deutschland, DÖV 1991, 586; *Bleckmann, A.,* Zum Rechtsinstitut der Bundestreue. Zur Theorie der subjektiven Rechte im Bundesstaat, JZ 1991, 900; *Blümel, W.,* Verwaltungszuständigkeit, HbStR IV § 101; *ders.,* Rechtsprechungszuständigkeit, HbStR IV § 102; *Borchmann, M.,* Neue Bund-Länder-Vereinbarung über die Zusammenarbeit in Angelegenheiten der Europäischen Union, EuZW 1994, 172; *Brenner, M.,* Das Gesetz über die Zusammenarbeit von Bundesregierung und Deutschem Bundestag in Angelegenheiten der Europäischen Union, ThürVBl. 1993, 196; *Calliess, C.,* Die Justitiabilität des Art. 72 Abs. 2 GG vor dem Hindergrund von kooperativem und kompetitiven Föderalismus, DÖV 1997, 896; *Degenhart, C.,* Rechtseinheit und föderale Vielfalt im Verfassungsstaat, ZfA

24, 409, *Ehlers, D.*, „Ungeschriebene Kompetenzen", Jura 2000, 323; *Faller, H.J.*, Das Prinzip der Bundestreue in der Rechtsprechung des Bundesverfassungsgerichts, in: FS für Maunz, 1981, S. 53; *Hebeler, T.*, Die Ausführung der Bundesgesetze (Art. 83 ff. GG), Jura 2000, 164; *Heintzen, M.*, Die Beidseitigkeit der Kompetenzverteilung im Bundesstaat, DVBl. 1997, 689; *Hendler, R.*, Das Prinzip Selbstverwaltung, HbStR IV § 106; *Hesse, K*, Der unitarische Bundesstaat, 1962; *ders.*, Wandlungen der Bedeutung der Verfassungsgerichtsbarkeit für die bundesstaatliche Ordnung, in: FS für Schindler, 1989, S. 723; *Herzog, W.*, Mängel des deutschen Föderalismus, BayVBl. 1991, 513; *Hirscher, G.*, Die Zukunft des kooperativen Föderalismus in Deutschland, 1991; *Isensee, J:*, Idee und Gestalt des Föderalismus im Grundgesetz, HbStR IV § 98; *ders.*, Der Föderalismus und der Verfassungsstaat der Gegenwart, AöR 115, 248; *Jarass, H.*, Regelungsspielräume des Landesgesetzgebers im Bereich der konkurrierenden Gesetzgebung und in anderen Bereichen, NVwZ 1996, 1041; *Kimminich, O.*, Der Bundesstaat, HbStR I § 26; *Kunig, P.*, „Gesetzgebungsbefugnisse von Bund und Ländern – Allgemeine Fragen", Jura 1996, 254 ff.; *Laufer, H.*, Das föderalistische System der Bundesrepublik Deutschland, 6. Aufl. 1991; *Lerche, P.*, Föderalismus als nationales Organisationsprinzip, VVDStRL 21, S. 66; *ders.*, Zur Position der deutschen Länder nach dem neuen Europa-Artikel des Grundgesetzes, in: FS für Schambeck, 1994, S. 753; *Maunz, T.*, Staatlichkeit und Verfassungshoheit der Länder, HbStR IV § 94; *ders.*, Verfassungshomogenität von Bund und Ländern, HbStR IV § 95; *Nawiasky, H.*, Der Bundesstaat als Rechtsbegriff, 1920; *Oeter, S.*, Integration und Subsidiarität im deutschen Bundesstaatsrecht, 1998, *Ossenbühl, F.*, Föderalismus nach 40 Jahren Grundgesetz, DVBl. 1989, 1230; *Pietzcker, J.*, Zuständigkeitsordnung und Kollisionsrecht im Bundesstaat, HbStR IV § 99; *Püttner, G.*, Kommunale Selbstverwaltung, HbStR IV § 107; *Rengeling, H.-W.*, Gesetzgebungszuständigkeit, HbStR IV § 100; *Rudolf, W.*, Kooperation im Bundesstaat, HbStR IV § 105; *Rybak, F./Hofmann, H.*, Verteilung der Gesetzgebungsrechte zwischen Bund und Ländern nach der Reform des Grundgesetzes, NVwZ 1995, 230; *Sarcévic, E.*, Das Bundesstaatsprinzip, 2000; *Schenke, W.-R.*, Föderalismus als Form der Gewaltenteilung, JuS 1989, 698; *Schmehl, M.*, Die erneuerte Erforderlichkeitsklausel in Art. 72 Abs. 2 GG, DÖV 1996, 724; *Schmidt-Aßmann, E.*, Thesen zum föderativen System der Bundesrepublik Deutschland, Jura 1987, 449; *Schneider, P.*, Die bundesstaatliche Ordnung im vereinigten Deutschland, NJW 1991, 2448; *Scholz, R.*, Europäische Union und deutscher Bundesstaat, NVwZ 1993, 817; *Sommermann, K.-P.*, Stärkung der Gesetzgebungskompetenz der Länder, Jura 1995, 393; *Vogel, H.-J.*, Die bundesstaatliche Ordnung des Grundgesetzes, HbVerfR, 2. Aufl. 1994, S. 1041; *Wendt, R.*, Finanzhoheit und Finanzausgleich, HbStR IV § 104; *Winkelmann, J*, Die Bundesregierung als Sachwalter von Länderrechten, DÖV 1996, 1.

§ 17 Das Sozialstaatsprinzip

336   Normative Grundlage des Sozialstaatsprinzips ist Art. 20 Abs. 1. Danach ist die Bundesrepublik Deutschland ein *„sozialer* Bundesstaat". Diese Eigenschaft wird in Art. 28 Abs. 1 Satz 1 durch die Formulierung *„sozialer* Rechtsstaat" als materielle Vorgabe für die staatliche Ordnung der Länder wiederholt. Die Formulierung als Adjektiv beinhaltet – wie beim Demokratieprinzip – keine Wertung oder Rangfolge. Das Sozialstaatsprinzip steht als solches gleichwertig neben den anderen Prinzipien des Art. 20.

337   Isoliert betrachtet, weist das Sozialstaatsprinzip zunächst dieselbe inhaltliche Unbestimmtheit bzw. Offenheit auf, die allen Prinzipien des Art. 20 Abs. 1 als umfassenden Grundentscheidungen eigen ist. Im Gegensatz zu den anderen verfassungsrechtlichen Grundentscheidungen setzt sich die strukturelle Unbestimmtheit des Sozialstaatsprinzips aber in den übrigen Normen des GG fort. Für das Sozialstaatsprinzip fehlt es an entsprechenden Ausgestaltungen durch weitere Verfassungsnormen. Einzelne Vorschriften, in denen ausdrücklich oder inhaltlich auf das „Soziale" Bezug genommen wird, wie in Art. 6 Abs. 4, Art. 14 Abs. 2, Art. 15 oder die Art. 119–120a, sind keine festen, überkommenen Bestandteile des Sozialstaatsprinzips, sondern einzelne, zum Teil auch nur aus einmaligen, historischen Ausnahmesituationen erwachsene Berührungspunkte. Sie sind jedenfalls nicht in der Lage, dem Sozialstaatsprinzip einen festen, in sich geschlossenen und essentiellen Inhalt zu verschaffen, wie z.B. das Prinzip der Gewaltenteilung für das Rechtsstaatsprinzip gem. Art. 20 Abs. 3 oder das Volk als Quelle der staatlichen Gewalt für das Demokratieprinzip gem. Art. 20 Abs. 2[1].

338   Stärker als die anderen Strukturprinzipien des Art. 20 ist das Sozialstaatsprinzip deshalb eine allgemeine verfassungsrechtliche Grundentscheidung, die als solche beim staatlichen Handeln (ergänzend) heranzuziehen ist. Für den Gesetzgeber bedeutet dies in erster Linie einen Gestaltungsauftrag im Sinne einer Staatszielbestimmung, während Verwaltung und Rechtsprechung das Sozialstaatsprinzip vor allem bei der Auslegung zu beachten haben. Damit eng verbunden ist die Frage, ob das Sozialstaatsprinzip „nur" eine verfassungsrechtlich gem. Art. 79 Abs. 3 besonders garantierte Staatszielbestimmung ist, die den Gesetzgeber verpflichtet, aber keine subjektiven Rechte vermittelt oder ob das Sozialstaatsprinzip ggf. in Verbindung mit anderen Normen, wie den Grundrechten, auch Anspruchsgrundlage sein kann.

I. Inhalt des Sozialstaatsprinzips als Strukturprinzip

339   Für den Inhalt des Sozialstaatsprinzips als Strukturprinzip stehen vor allem die Forderungen nach *sozialer Gerechtigkeit* und *sozialer Sicherheit* im Vordergrund.

340   Das *Postulat der sozialen Gerechtigkeit* besagt, dass der Staat verpflichtet ist, einen Ausgleich innerhalb der Gesellschaft dergestalt herbeizuführen, dass es zu einem vernünftigen Ausgleich der Interessen aller, der Förderung des Wohls aller

---

1 *Herzog*, in: Maunz/Dürig Art. 20 VIII Rn. 5.

sowie einer vernünftigen, gleichmäßigen Verteilung der Lasten der Gesellschaft kommt. Die verschiedenen Gruppen und Schichten der Bevölkerung sollen auf einem angemessenen ökonomischen und kulturellen Niveau leben. Verhindert werden soll, dass in einer freiheitlichen Gesellschaftsordnung immer extremere Macht- und Abhängigkeitsverhältnisse zementiert werden.

Ein wesentliches Instrument des Staates ist die *Umverteilung*. Indem sich der Staat **341** finanzielle Mittel durch Abgaben beschafft und diese als Sozialleistungen im weitesten Sinne wieder verausgabt, werden Ungleichheiten, soziale Abhängigkeiten und wirtschaftliche Fehlentwicklungen gemildert oder beseitigt. Wichtigstes Beispiel außerhalb der Umverteilung mittels staatlicher Einnahmen und Ausgaben sind die Sozialversicherungen. Ein weiteres Stichwort ist die Daseinsvorsorge: der Staat schafft für die Allgemeinheit die Infrastruktur, die das menschliche Dasein in einer modernen Gesellschaft benötigt, wie z.B. die Gesundheitsversorgung, das Verkehrsnetz, Bildungseinrichtungen etc., und stellt diese prinzipiell jedem unabhängig von dessen individueller (finanzieller) Leistungsfähigkeit zur Verfügung. Er ermöglicht so auch den weniger Leistungsfähigen die gleichen Chancen im Leben (Chancengleichheit). Weitere Bereiche, in denen die Vorstellung von sozialer Gerechtigkeit eine Rolle spielt, sind die Durchsetzung sozialer Bindungen in der Privatrechtsordnung (Mietrecht oder Arbeitsrecht)[2].

Der *Grundsatz der sozialen Sicherheit* fordert die Schaffung oder Erhaltung von **342** Einrichtungen, die für den Fall des Fehlens eigener Daseinsreserven in Krisen, sei es Arbeitslosigkeit, Krankheit, Obdachlosigkeit, die notwendige Daseinshilfe gewähren[3]. Bedeutendes Stichwort ist das menschliche Existenzminimum. Auch dabei hat der Staat die Wahl, wie er diesen verfassungsrechtlichen Auftrag verwirklicht. Schon hier sei aber darauf hingewiesen, dass dabei Art. 1 zusammen mit dem Sozialstaatsprinzip besondere rechtliche Bedeutung erlangt.

Zusammenfassend lässt sich sagen, dass der Inhalt des Strukturprinzips Sozial- **343** staat sich kaum rechtlich fixieren lässt. Vielmehr steht die politische Dimension eindeutig im Vordergrund. Die inhaltliche Unbestimmtheit hat mehrere zusammenhängende Gründe. Staatsziele sind weit gefasste Programmaufträge, die hauptsächlich vom Gesetzgeber einfachgesetzlich ausgestaltet werden. Diese haben dynamischen Charakter, weil ihnen maßgeblich politische Vorstellungen und gesellschaftliche Entwicklungen zugrunde liegen, die ständigen Änderungen unterworfen sind. Ein Rückschluss von den jeweiligen Gesetzesinhalten auf den (zwingenden) Inhalt eines Staatsziels ist deshalb ein Zirkelschluss. Im Falle des Sozialstaatsprinzips ist dies umso bedenklicher, als der zwingende Inhalt des Sozialstaatsprinzips von der Ewigkeitsgarantie des Art. 79 Abs. 3 umfasst ist.

II. Anspruchsprinzip

Das Sozialstaatsprinzip kann im Zusammenwirken mit anderen Normen Ansprü- **344** che begründen auch ohne eine ausdrückliche einfachgesetzliche Einräumung. Zu

---

2 Vgl. zum Ganzen *Maunz/Zippelius*, Deutsches Staatsrecht S. 101 ff.
3 Vgl. *Stern*, Staatsrecht I S. 911 f.

diesen Normen gehören die Grundrechte, die im Einzelfall mit Hilfe des Sozialstaatsprinzips zu Leistungsrechten umgewandelt werden[4].

345 Die Begründung von Ansprüchen mit Hilfe der Grundrechte in Verbindung mit
dem Sozialstaatsprinzip berührt die Frage, ob es *originäre* grundrechtliche Leis-
tungsrechte gibt. Wesentliche Argumentationslinie ist, dass der Staat nicht nur
staatsfreie Bereiche seiner Bürger respektiert, sondern zusätzlich verpflichtet ist,
die Verwirklichung von grundrechtlich geschützten Tätigkeiten durch entsprechende Einrichtungen und Leistungen zu ermöglichen. Überwiegend wird dieser
Ansatz verneint, weil er der Konzeption der Grundrechte als Abwehrrechte widerspricht und den Staat vor unlösbare Leistungsverpflichtungen stellen würde. In
besonderen Fällen, insbesondere wenn es um die Pflicht des Staates geht, wesentliche grundrechtliche Rechtspositionen zu schützen, kann es aber zur Herleitung
von originären Ansprüchen kommen. Weniger umstritten ist die Ableitung von
derivativen Ansprüchen. Dabei werden einfachgesetzliche Anspruchsgrundlagen
mit Hilfe des Gleichheitssatzes und des Sozialstaatsprinzips auf zusätzliche Adressaten ausgedehnt. Allerdings stehen diese Ansprüche regelmäßig unter dem dop-
pelten Vorbehalt des Möglichen und des Gewollten: möglich ist das, was der Staat
finanzieren kann und gewollt das, was den Vorstellungen des Gesetzgebers entspricht – also im Prinzip der gleiche Spielraum, den Staatszielbestimmungen generell einräumen.

346 Bekanntestes Beispiel für einen Anspruch auf Zugang zu staatlichen Leistungen
aus dem Sozialstaatsprinzip ist die *Numerus-Clausus*-Entscheidung. Aus dem
Sozialstaatsprinzip i. V. m. Art. 3 Abs. 1 i. V. m. Art. 12 Abs. 1 wird der Anspruch
auf gleichberechtigten Zugang zu staatlichen Ausbildungseinrichtungen, wie den
Hochschulen, hergeleitet[5]. Weitere Beispiele sind die Förderpflicht für Privatschulen gem. Art. 7 Abs. 4 GG i. V. m. dem Sozialstaatsprinzip[6] oder die Witwenrente
gem. Art. 6 Abs. 1 i. V. m. dem Sozialstaatsprinzip[7].

III. Auslegungsprinzip

347 Das Sozialstaatsprinzip hat für Verwaltung und Rechtsprechung die wesentliche
Funktion als verfassungsrechtliche Wertentscheidung, die bei der Ermessensausübung, der Auslegung und Anwendung des einfachen Rechts zu beachten ist. Dies
gilt natürlich in erster Linie für die einfachgesetzlichen Ausgestaltungen des Sozialstaatsprinzips, die in seinem Lichte ausgelegt und angewendet werden müssen.

348 Das Sozialstaatsprinzip ist aber als objektiv-rechtliche Wertentscheidung grundsätzlich in der Lage, die gesamte innerstaatliche Rechtsordnung zu durchdringen
und in der Auslegung von sämtlichen Rechtssätzen oder auch den Grundrechten
eine Rolle zu spielen[8]. Das Sozialstaatsprinzip ist kein genereller Hebel, um Aus-
legungsgrenzen, wie den Wortlaut oder die Systematik eines Gesetzeswerkes, ohne

---

4 BVerfGE 33, 303 – *Numerus Clausus*.
5 BVerfGE 33, 303, 331 f. – *Numerus Clausus*.
6 BVerfGE 75, 40, 65 – *Privatschulen*.
7 BVerfGE 62, 323, 332 – *Witwenrenten*.
8 Vgl. BVerfGE 59, 231, 262 f. – *freie Rundfunkmitarbeiter*; m. w. N.

weiteres zu beseitigen, um zu sozial gerecht erscheinenden Ergebnissen bei der Rechtsanwendung zu gelangen. Das Sozialstaatsprinzip soll auch nicht in jedem Einzelfall Härten verhindern, die der Gesetzgeber durch seine gesetzliche Gestaltung, wie z.B. Typisierungen, in Kauf nimmt.

Die Bedeutung des Sozialstaatsprinzips als Auslegungsprinzip kommt besonders   **349** im Zusammenhang mit der Drittwirkung von Grundrechten zum Ausdruck. So verpflichtet das Sozialstaatsprinzip i.V.m. Art. 2 Abs. 1 den Richter, bei der Auslegung der Generalklauseln des Zivilrechts, dem Gefälle an sozialer Mächtigkeit Rechnung zu tragen[9].

IV. Ergänzung der Menschenwürde

Eine besondere Funktion hat das Sozialstaatsprinzip als Ergänzung der Men-   **350** schenwürde in Art. 1 Abs. 1 für die Frage der staatlichen Sicherung des *Existenzminimums*. Existenzminimum kann definiert werden als das Mindestmaß an wirtschaftlicher Substanz, das ein angemessenes menschliches Dasein mit kultureller Entfaltung benötigt. Außen vor bleibt zunächst der konkrete qualitative und quantitative Inhalt. Existenzminimum beinhaltet einerseits den Schutz vor staatlichen Eingriffen in seine Substanz. Andererseits stellt sich die Frage nach Leistungsansprüchen gegen den Staat auf Gewährleistung des Existenzminimums. Primärer verfassungsrechtlicher Anhaltspunkt ist die Menschenwürde in Art. 1 Abs. 1. Ein würdevolles Leben ist nicht unterhalb des Existenzminimums denkbar.

Die Gewährung des Existenzminimums wurde zunächst als reine Pflichtaufgabe   **351** des Sozialstaats angesehen. Gewährung des Existenzminimums bedeutete die Bereitstellung der für das menschliche Leben überlebensnotwendigen Güter wie Kleidung und Nahrung. Es gab insoweit keinen verfassungsrechtlichen Anspruch auf Gewährung dieser Leistungen. Die Menschenwürde in Art. 1 Abs. 1 gewährt keine auf materielle Inhalte ausgerichtete Ansprüche[10]. Die Würde des Menschen bedeutet Autonomie vom Staat und gewährte als subjektive Rechtsposition den Schutz vor Angriffen, wie Erniedrigungen, Brandmarkung, Ächtung und Verfolgung[11]. Bedeutet Menschenwürde Autonomie, dann ist sie keine Anspruchsgrundlage für Hilfen des Staats. Ein würdevolles Leben ist gerade nicht in Abhängigkeit von staatlichem Almosen möglich[12].

Dieser Ansatz wurde mit dem Argument zu beseitigen versucht, dass die Gewäh-   **352** rung des Existenzminimums gerade ein autonomes Leben ermöglichen soll. Nur wenn die existenziellen Bedingungen des menschlichen Daseins gesichert sind, wird der Einzelne in die Lage versetzt, sich seine Autonomie zu bewahren und sich (wieder) zu entfalten. Durch die Einräumung eines Anspruchs auf Sicherung des Existenzminimums gegen den Staat wird der Einzelne gerade aus seinem heteronomen Verhältnis zum Staat befreit, welches aus der Gewähr von Leistungen ohne

---

9 BVerfGE 89, 214, 232 – *Bürgenbeschluss;* 81, 242, 255 – *Werbeverbot für Handelsvertreter.*
10 Vgl. *Herdegen,* in: Maunz/Dürig Art. 1 Abs. 1 Rn. 44.
11 Vgl. BVerfGE 1, 97 – *Hinterbliebenenrente.*
12 Vgl. zum Ganzen *Neumann,* NVwZ 1995, 426 ff.

originären verfassungsrechtlichen Anspruch bestand[13]. Dogmatisch wird dieser Anspruch durch die Verbindung von Menschenwürde und Sozialstaatsprinzip begründet[14]. Das BVerfG formuliert folgendermaßen[15]:

> Aus Art. 1 Abs. 1 in Verbindung mit dem Sozialstaatsprinzip ist die Verpflichtung des Staates herzuleiten, jenes Existenzminimum zu gewähren, das ein menschenwürdiges Leben überhaupt erst ausmacht.

353 Die Ergänzung der Menschenwürde durch das Sozialstaatsprinzip beseitigt die Schwierigkeiten, die bei der ideellen Weite des Art. 1 Abs. 1, der wenig greifbaren Inhaltsbestimmung des Menschenwürdegehalts und vor allem bei der Frage nach dem Leistungsinhalt und Umfang des Existenzminimums auftreten. Wo die quantitative Grenze liegt, wie das Existenzminimum gegenständlich auszugestalten ist, bleibt trotz des für den Gesetzgeber unantastbaren Menschenwürdegehalts der gesetzlichen Ausgestaltung überlassen. Es orientiert sich am Inhalt des Sozialstaatsprinzips durch seine einfachgesetzliche Ausgestaltung, also insbesondere durch die Maßstäbe des Sozialhilferechts[16].

354 Ein anderer dogmatischer Ansatz für die Gewährleistung des Existenzminimums zielt nicht auf die gegen den Staat gerichteten Leistungsansprüche, sondern auf den grundrechtlich geschützten materiellen Freiraum, den das Existenzminimum ausmacht. Populärstes Beispiel ist das ertragsteuerliche Existenzminimum, das den Betrag des Erworbenen bezeichnet, der vom Staat nicht steuerlich belastet werden darf. Begründet wird das ertragsteuerliche Existenzminimum mit den Freiheitsrechten, Art. 2 Abs. 1, Art. 12, Art. 14[17].

V. Einschränkung von Grundrechten

355 Grundrechte lassen sich durch *formelle* Gesetze einschränken. Das gilt ausdrücklich für die dem allgemeinen Gesetzesvorbehalt des Art. 19 Abs. 1 unterliegenden Grundrechte, genauso aber für die ohne Vorbehalt formulierten Grundrechte. Für diese ist eine Einschränkung durch ein formelles Gesetz erforderlich, das Grundrechte Dritter oder Güter von Verfassungsrang schützt. Das Sozialstaatsprinzip selbst ist keine für eine Einschränkung von Grundrechten hinreichende Legitimation. Das Sozialstaatsprinzip kann nur einen gesetzlich festgelegten Eingriffszweck verfassungsrechtlich untermauern.

> „Dem Sozialstaatsprinzip kann Bedeutung für die Auslegung von Grundrechten sowie für die Auslegung und verfassungsrechtliche Beurteilung von – nach Maßgabe eines Gesetzesvorbehalts – grundrechtseinschränkenden Gesetzen zukommen. Es ist jedoch nicht geeignet, Grundrechte ohne nähere Konkretisierung durch den Gesetzgeber, also unmittelbar zu beschränken. Es begründet die Pflicht des Staates, für eine gerechte

---

13 Bahnbrechend BVerwGE 1, 159 – *Fürsorge.*
14 BVerfGE 40, 121, 133 – *Waisenrente*; 45, 187, 228 – *lebenslanger Strafvollzug*; 82, 60 – *Kindergeld*; 82, 198 – *Kinderfreibetrag.*
15 BVerfGE 45, 187, 228 – *lebenslanger Strafvollzug.*
16 Vgl. BVerfGE 87, 153, 170, nach der das Sozialhilferecht jedenfalls die unterste Grenze bestimmt.
17 BVerfGE 87, 153, 169 – *steuerliches Existenzminimum.*

Sozialordnung zu sorgen [...]; bei der Erfüllung dieser Aufgabe kommt dem Gesetzgeber ein weiter Gestaltungsspielraum zu [...]. Wegen dieser Offenheit kann das Sozialstaatsprinzip den Grundrechten keine unmittelbaren Schranken ziehen."[18]

Rechtsprechung:

BVerfGE 1, 97 – *Hinterbliebenenrente*; BVerfGE 5, 85 – *KPD*; BVerfGE 8, 274 – *Preisbildungs- und -überwachungsgesetz*; BVerfGE 9, 124 – *Armenrecht*; BVerfGE 18, 257 – *Sozialversicherung*; BVerfGE 22, 180 – *Bundessozialhilfegesetz*; BVerfGE 27, 253 – *Kriegsschäden*; BVerfGE 33, 303 – *numerus clausus*; BVerfGE 36, 73 – *Knappschaftsruhegeld*; BVerfGE 39, 32 – *AOK*; BVerfGE 40, 121 – *Waisenrechte*; BVerfGE 41, 126 – *Kriegsfolgelasten*; BVerfGE 42, 143 – *Prüfungsmaßstab bei zivilgerichtlichen Entscheidungen*; BVerfGE 45, 187 – *lebenslanger Strafvollzug*; BVerfGE 52, 283; BVerfGE 59, 231 – *freie Rundfunkmitarbeiter*; BVerfGE 62, 323 – *Witwenrenten*; BVerfGE 65, 182 – *Sozialplan*; BVerfGE 68, 193 – *Gesetzliche Krankenversicherung*; BVerfGE 70, 278 – *Lohnsteuerjahresausgleich*; BVerfGE 75, 40 – *Privatschulen*; BVerfGE 81, 242 – *Werbeverbot für Handelsvertreter*; BVerfGE 82, 60 – *Kindergeld*; BVerfGE 82, 198 – *Kinderfreibetrag*; BVerfGE 84, 90 – *SBZ-Enteignungen*; BVerfGE 87, 1 – *Kindererziehungszeiten in der Altersvorsorge*; BVerfGE 87, 153 – *steuerliches Existenzminimum*; BVerfGE 89, 214 – *Bürgenbeschluss*; BVerfGE 100, 271 – *Lohnabstandsklauseln*; BVerfGE 102, 254 – *Wiedergutmachung*; BVerwGE 1, 159 – *Fürsorge.*

Literatur:

Bachhof, O., Begriff und Wesen des sozialen Rechtsstaats, VVDStRL 12 (1954), 37; *Badura, P.*, Der Sozialstaat, DÖV 1989, 491; *Benda, E.*, Der soziale Rechtsstaat, HbVerfR § 17, 2. Aufl. 1994, *Bieback, K.-J.*, Sozialstaatsprinzip und Grundrechte, EuGrZ 1985, 657; *ders.*, Inhalt und Funktion des Sozialstaatsprinzips, Jura 1987, 229; *Degenhart, C.*, Rechtsstaat – Sozialstaat, in: FS für Scupin, 1983, S. 537; *Forsthoff, E.*, Begriff und Wesen des sozialen Rechtsstaats, VVDStRL 12 (1954), 8; *Isensee, J,.* Der Sozialstaat in der Wirtschaftskrise, in: FS für Broermann, 1982, S. 365; *Merten, D.*, Sozialrecht, Sozialpolitik, HbVerfR § 20, 2. Aufl. 1994; *Neumann, V.*, Sozialstaatsprinzip und Grundrechtsdogmatik, DVBl. 1997, 92; *ders.*, Menschenwürde und Existenzminimum, NVwZ 1995, 426; *Neuner, J.*, Privatrecht und Sozialstaat, 1999; *Rüfner, W.*, Daseinsvorsorge und soziale Sicherheit; *Scheuner, U.*, Die Funktion des Gesetzes im Sozialstaat, in: FS für Huber, Bern 1981, S. 127; *Zacher, H.-F.*, Das soziale Staatsziel, HbStR I § 25; *ders.*, Was können wir über das Sozialstaatsprinzip wissen?, Jura 1998, 873.

---

18 BVerfGE 59, 231 , 262 f. m.w.N – *freie Rundfunkmitarbeit.*

D. Sonstige Wesensmerkmale

§ 18 Staatszielbestimmungen

I. Allgemein

356   Staatsziele sind Verfassungsnormen mit rechtlicher Bindung, die der Staatstätigkeit die fortdauernde Beachtung oder Erfüllung bestimmter Aufgaben – sachlich umschriebener Ziele – vorschreiben[1]. Staatsziele verpflichten zwar den gesamten Staat, aber vor allem den Gesetzgeber, der durch seine potentiell unbegrenzte Gestaltungskraft die Staatsziele umsetzen kann. Verwaltung und Rechtsprechung müssen Staatsziele vor allem bei der Rechtsanwendung als Auslegungsmaxime und Vorgabe für die Ermessensausübung beachten.

357   Die Bindung des Gesetzgebers an die Staatsziele erfasst die generelle Pflicht zur Verwirklichung des Ziels, jedoch nicht die Wahl der Mittel und die konkrete Ausgestaltung des Inhalts eines Staatszieles[2]. Bei der Verwirklichung hat der Gesetzgeber einen besonders weiten Regelungs- und Gestaltungsspielraum[3], der nur eingeschränkt gerichtlich überprüfbar ist. Damit korrespondiert, dass der einzelne Bürger keine konkreten Ansprüche direkt aus den Staatszielbestimmungen herleiten kann. Die Entscheidung über Art und Inhalt von Ansprüchen soll gerade im Ermessen des Gesetzgebers liegen.

358   Die Benennung als Staatsziel hebt einen Regelungsgegenstand oder eine Sachmaterie in den Rang eines Verfassungsguts. Dadurch wird die prinzipielle Entscheidungsfreiheit des Staats darüber, welche Aufgaben und Kompetenzen er wahrnehmen will, durch eine bindende verfassungsrechtliche Vorgabe eingeschränkt. Die Veredelung einer Sachmaterie zum expliziten Verfassungsgut führt insbesondere dazu, dass dem Gesetzgeber die Begründung von Grundrechtseinschränkungen erleichtert wird. Staatszielbestimmungen sind aber nicht in der Lage, Grundrechte unmittelbar zu beschränken. Sie untermauern aber die gesetzliche Einschränkung verfassungsrechtlich.

> **Beispiel:**
> Die Baubehörde kann einem Künstler die Errichtung eines überdimensionalen Kunstwerks auf seinem Grundstück wegen der Berührung öffentlicher Belange gem. § 35 BauGB untersagen. Das Staatsziel Umweltschutz legitimiert den auf dem BauGB beruhenden Eingriff in die (vorbehaltlose) Kunstfreiheit durch Untersagungsverfügung[4].

359   Im Verhältnis zu anderen verfassungsrechtlichen Vorgaben kann man keine generelle Rangfolge aufstellen. Grundsätzlich gilt das *Gebot der Einheit der Verfassung*. Die verschiedenen Rechtssätze der Verfassung sind miteinander in Einklang

---

1 Definition der Sachverständigenkommission „Staatszielbestimmungen/Gesetzgebungsauftrag", vgl. *Maurer*, Staatsrecht § 6 Rn. 9 m. w. N.
2 Vgl. *Maurer*, Staatsrecht § 6 Rn. 12.
3 BVerfGE 102, 254, 298 m. w. N. – *Wiedergutmachung*.
4 Vgl. BVerwG DVBl. 1995, 1008 – *Monumentalplastik*.

zu bringen und Spannungen zwischen einzelnen Verfassungsgütern sind auszugleichen[5]. Das bedeutet aber keine zwingende Gleichwertigkeit. Es verhält sich im
Gegenteil gerade so, dass die Verwirklichung von Staatszielen unter dem Regime
der übrigen Verfassungsvorschriften steht, weil der Gesetzgeber seinem Pro-
grammauftrag nur durch den Erlass von *verfassungsmäßigen* Gesetzen nachkommen kann. Verwaltung und Rechtsprechung dürfen bei der Rechtsanwendung
nicht ein einzelnes Staatsziel verfolgen, sondern müssen es mit allen anderen rechtlichen Bindungen zum Ausgleich bringen.

Der entscheidende verfassungsrechtliche Unterschied zwischen Strukturprinzi-   **360**
pien und Staatszielen findet sich in Art. 79 Abs. 3, der nur die Grundsätze der
Strukturprinzipien dem verfassungsändernden Gesetzgeber vorenthält, nicht aber
die Staatszielbestimmungen.

II. Natürliche Lebensgrundlagen (Art. 20a GG)

Natürliche Lebensgrundlagen sind zunächst die elementaren Umweltgüter Was-   **361**
ser, Luft, Boden, Pflanzen- und Tierwelt, das Klima und die Natur als solche.
Darüber hinaus gehört dazu – in Ermangelung von verbliebenen unberührten
Naturlandschaften – die Landschaft in ihrer kulturellen Ausgestaltung durch den
Menschen[6]. Der Begriff „Schutz" gibt dem Staat den Auftrag, diese Umwelt zu
schützen. Schützen bedeutet, nach Möglichkeit das Unterlassen schädigender
staatlicher Eingriffe, die Abwehr von aktuellen Gefahren für die Umwelt oder
Beeinträchtigungen durch Eingriffe und Belastungen Dritter. Umfasst ist auch die
Schonung und der sparsame Umgang mit natürlichen Ressourcen[7]. Der Einzelne
hat allerdings *keinen unmittelbaren Anspruch* gegen den Staat auf die Umwelt
schützendes Handeln.

III. Tierschutz (Art. 20a GG)

Dem Art. 20a GG wurde durch die Einfügung *„und die Tiere"* der Tierschutz als   **362**
Staatsziel hinzugefügt[8]. Der Staat soll für ein ethisches Mindestmaß bei der
Behandlung der Tiere sorgen. Jedoch bedeutet dies in keinem Fall eine ethische
oder gar rechtliche Gleichstellung[9]. In der politischen Diskussion wird oftmals
versucht, den Tieren eine eigene Rechtsposition zuzubilligen. Das ist jedoch, von
dogmatischen Problemen abgesehen, schon bereits logisch unsinnig. Das Recht ist
eine normative Ordnung, die dem einzelnen Rechtsträger Kompetenzen zur Wahrung seiner Rechtspositionen zubilligt, gleichzeitig aber auch Pflichten auferlegt,
wie z.B. die, andere Rechtsträger nicht zu beeinträchtigen. Eine normative Ordnung ist eine Sollensordnung. Jedes Sollen setzt ein Können voraus. Nur wer
prinzipiell zu einer freien Entscheidung befähigt ist, kann auch Träger von Rech-

---

5 Vgl. zur Einheit der Verfassung, *Stern*, Staatsrecht I S. 131 f. m.w.N.
6 Vgl. *Degenhart*, Staatsrecht Rn. 443 ff.
7 *Degenhart*, Staatsrecht Rn. 443 ff.
8 BGBl. I 2002, S. 2862.
9 Vgl. *Murswiek*, in: Sachs Art. 20a Rn. 31b.

ten und Pflichten sein. Ein Tier kann weder Pflichten erfüllen, noch Rechte in Anspruch nehmen; ihm kommt keine Freiheit zu. Damit entfällt auch die Möglichkeit der Rechtsträgereigenschaft. Ein Tier kann somit nur Objekt von Rechten sein. Es besteht die Möglichkeit, es in den rechtlichen Schutz- und Pflichtenkreis der Menschen einzubinden. Durch diese Hineinnahme in den Pflichtenkreis in Folge der Staatszielbestimmung ergibt sich eine höhere Beschränkungsmöglichkeit der rechtlichen Kompetenzen anderer.

363   Wie der Umweltschutz, wurde auch der Tierschutz bereits vor der Einfügung in das GG einfachgesetzlich berücksichtigt. Durch die verfassungsrechtliche Normierung wird eine Bedeutungssteigerung erreicht, die Auswirkungen vor allem auf die Legitimierung von gesetzlichen Einschränkungen der Grundrechte haben wird. Zu denken ist dabei in erster Linie an Art. 5 Abs. 3 Satz 1 (Forschungsfreiheit), Art. 12 Abs. 1 (Berufsfreiheit). Eine bekannte Entscheidung des BVerfG zum Schächtverbot ist bereits vor Einfügung des Tierschutzes im GG ergangen, so dass der Tierschutz als ein die vorbehaltlosen Grundrechte (Art. 4: Religionsfreiheit) einschränkendes Verfassungsgut dabei keine Rolle spielte[10].

IV. Europäische Integration (Art. 23 Abs. 1 Satz 1 GG)

364   Bereits in der Präambel des GG wird auf die Stellung des deutschen Volkes als gleichberechtigtes Glied in einem vereinten Europa hingewiesen. Die Geschichte der Bundesrepublik und ihrer staatliche Ordnung ist auch von Beginn an mit dem immer intensiveren europäischen Einigungsprozess auf das Engste verbunden. Am Anfang steht die supranationale Kontrolle der kriegswichtigen Montanindustrie durch die EGKS und am vorläufigen Ende die Aufgabe der nationalen Währungshoheit mit der Gründung der EU.

365   Art. 23 Abs. 1 Satz 1 enthält das Staatsziel der Verwirklichung eines geeinten Europas. Er legt die europäische Einigung und die Mitwirkung der Bundesrepublik im institutionellen Rahmen der EU als verbindlichen politischen Handlungsauftrag fest. Allerdings wird keine Aussage über das Endstadium des europäischen Einigungsprozesses, z.B. in einem Bundesstaat, getroffen. Die europäische Integration ist offen und kann auch in dem jetzt erreichten Stadium enden[11]. Wie bei allen Staatszielen besteht ein weiter politischer Gestaltungsspielraum. Eine integrationsfeindliche Politik untersagt Art. 23 jedoch. Der theoretische Fall eines Ausscheidens der Bundesrepublik Deutschland aus der EU ist im Hinblick auf Art. 23 umstritten[12].

366   Ausdrücklich wird das Handlungsinstrument der Übertragung von Hoheitsrechten als lex specialis zu Art. 24 Abs. 1 für zulässig erklärt (vgl. Art. 23 Abs. 1 Satz 2). Die Gründung der EU und die Änderung ihrer vertraglichen Grundlagen werden innerstaatlich den formellen und materiellen Voraussetzungen einer Grundgesetzänderung gem. Art. 79 Abs. 2, 3 gleichgestellt (vgl. Art. 23 Abs. 1 Satz 3). Gleiches gilt für vergleichbare Regelungen, die eine entsprechende Aus-

---

10 BVerfGE 104, 337 – *Schächturteil*.
11 Vgl. *Jarass*, in: Jarass/Pieroth Art. 23 Rn. 6 m.w.N.
12 Vgl. *Jarass*, in: Jarass/Pieroth Art. 23 Rn. 14 m.w.N.

wirkung auf das GG haben oder ermöglichen (ebenfalls Art. 23 Abs. 1 Satz 3). Die weiteren Bestimmungen des Art. 23 stellen für die Verwirklichung des Staatszieles zusätzliche materielle und formelle Vorgaben auf, die von der deutschen Staatsgewalt zu beachten sind.

Das Staatsziel Europäische Einigung wird besonders dadurch präzisiert, dass **367** materielle Vorgaben für die Struktur der EU festgelegt werden, die ständige Bedingung für eine Mitwirkung bzw. Teilnahme der Bundesrepublik Deutschland an der europäischen Integration sind (Art. 23 Abs. 1 Satz 1 Halbsatz 2). Diese nehmen vor allem Bezug auf die Strukturprinzipien des Art. 20. Die EU *muss* rechtsstaatlichen (Rechtsstaatsprinzip), sozialen (Sozialstaatsprinzip), demokratischen (Demokratieprinzip) und föderativen (Bundesstaatsprinzip) Grundsätzen *verpflichtet* sein. Hinzu kommt der Grundsatz der Subsidiarität sowie ein dem GG im Wesentlichen vergleichbarer Grundrechtsschutz. Insoweit ist der politische Gestaltungsspielraum eingeschränkt.

Die Absätze 2–7 des Art. 23 GG enthalten spezielle Verfahrensregeln und Mitwir- **368** kungsabläufe, die zusätzlich die im Grundgesetz vorgesehenen allgemeinen Organkompetenzen und Verfahren modifizieren. Dadurch sollen für das Staatsziel europäische Einigung zwei verfassungsrechtliche Prinzipien beeinflusst werden: zum einen die Verbandskompetenz des Bundes für die auswärtigen Angelegenheiten (vgl. Art. 32 Abs. 1), die durch besondere Beteiligungsrechte der Länder über den Bundesrat gemildert wird und die alleinige Organkompetenz der Bundesregierung für die Außenpolitik, die durch entsprechende Rechte von Bundesrat und Bundestag abgeschwächt werden soll. Grund ist, dass die mit der EU erreichte Dichte der europäischen Entwicklung vorläufig als unumkehrbar erscheint und zukünftig tendenziell einen endgültigen Verlust von weiteren Elementen der Eigenstaatlichkeit des Bundes und der Länder (!) bedeutet. Die verfassungsrechtlichen Vorgaben sind durch einfachgesetzliche Regelungen konkretisiert worden:

– Gesetz über die Zusammenarbeit von Bundesregierung und Deutschem Bundestag in Angelegenheiten der Europäischen Union vom 12. März 1993[13];

– Gesetz über die Zusammenarbeit von Bund und Ländern in Angelegenheiten der Europäischen Union vom 12. März 1993[14];

– Vereinbarung zwischen Bund und Ländern über die Zusammenarbeit in Angelegenheiten der Europäischen Union vom 29.10.2003[15].

V. Gesamtwirtschaftliches Gleichgewicht (Art. 109 Abs. 2 GG)

Das Staatsziel des gesamtwirtschaftlichen Gleichgewichts[16] in Art. 109 GG richtet **369** sich an Bund und Länder und beschreibt die an sich selbstverständlich erscheinende Tatsache, dass der moderne Staat bzw. die öffentliche Hand eine gesunde ökonomische Entwicklung anstreben muss und durch seine Finanzmittel – insbe-

---

13 BGBl. I, S. 311.
14 BGBl. I, S. 313.
15 BAnz. Nr. 226, S. 10425.
16 Vgl. zur Entwicklung der Finanzverfassung z.B. *Stern*, Staatsrecht I S. 1064 ff.

sondere durch die Kreditaufnahme – auch faktisch über den entsprechenden Einfluss verfügt. Bund und Länder haben dem bei ihrer Haushaltswirtschaft Rechnung zu tragen (vgl. Art. 109 Abs. 2). Das gesamtwirtschaftliche Gleichgewicht ist ein unbestimmter Verfassungsbegriff, der einzelgesetzlicher Konkretisierung bedarf und so zweckmäßigerweise zukünftigen wirtschaftswissenschaftlichen Erkenntnissen offen bleibt. Zu berücksichtigen sind nach der einfachgesetzlichen Konkretisierung in § 1 STWG[17] die Preisstabilität, ein hohes Beschäftigungsniveau, außenwirtschaftliches Gleichgewicht sowie ein stetiges und angemessenes Wirtschaftswachstum (sog. magisches Viereck)[18]. Überlagert wird das Staatsziel, wie die gesamte staatliche Haushalts- und Finanzpolitik, durch die gemeinschaftsrechtlichen Vorgaben. Besondere Bedeutung besitzt Art. 104 EG, der auch eine der normativen Grundlagen des europäischen Wachstums- und Stabilitätspaktes ist. Rechtliche Vorgaben bestehen danach vor allem für die Höhe der staatlichen Verschuldung, d.h. in erster Linie die Fähigkeit der öffentlichen Hand, durch Ausweitung der Staatsausgaben die Konjunktur zu stimulieren.

370 Dem Bund wird für das Staatsziel selbst gem. Art. 109 Abs. 3 eine Kompetenz zur Grundsatzgesetzgebung eingeräumt. Liegt eine Störung des gesamtwirtschaftlichen Gleichgewichts vor, ermächtigt Art. 109 Abs. 4 zu besonderen Ausgleichsmaßnahmen durch Bundesgesetz. Bekannt ist das Staatsziel in Art. 109 Abs. 2 wegen der Feststellung, dass eine Störung des gesamtwirtschaftlichen Gleichgewichts vorliegt, um bei konjunkturellen Schwächephasen und entsprechenden Defiziten der öffentlichen Hand die Vorgaben des öffentlichen Haushaltsrechts, wie das Verhältnis von Investitionen und Kreditvolumen, zu umgehen (vgl. Art. 115 Abs. 1 Satz 3).

VI. Tatsächliche Gleichstellung der Geschlechter (Art. 3 Abs. 2 Satz 2 GG)

371 Im Grundrechtskatalog des GG ist in Art. 3 Abs. 2 Satz 2 das Staatsziel der tatsächlichen Gleichstellung der Geschlechter enthalten. Die aus dem Gleichheitssatz gem. Art. 3 Abs. 1 Satz 1 folgende Gleichheit vor dem Gesetz – also die Anwendung gleichen Rechts ohne direkte und indirekte Differenzierung aufgrund des Geschlechts – wurde als nicht ausreichend angesehen. Der verfassungsändernde Gesetzgeber nahm daher eine Bestimmung in das GG auf, nach der der Staat die tatsächliche Durchsetzung der Gleichberechtigung von Frauen und Männern fördert und auf die Beseitigung bestehender Nachteile hinwirkt.
Diese Vorschrift ist sprachlich und logisch verunglückt. Wenn das GG die Gleichberechtigung gebietet, dann ist sie auch überall dort durchzusetzen, wo es keine Gleichberechtigung gibt. Gleichberechtigung kann aber nur meinen, gleiche Rechte gegenüber dem Staat und vor dem Gesetz. Gleichberechtigung meint gerade nicht die Erzeugung eines bestimmten gewünschten Gesellschaftsverhaltens. Der Staat kann daher die tatsächliche Durchsetzung der Gleichberechtigung gar nicht fördern; er muss sie vielmehr durchsetzen.

---

17 BGBl. I 1967, S. 582 (Gesetz zur Förderung von Stabilität und Wachstum der Wirtschaft).
18 Vgl. BVerfGE 79, 311, 338 f. – *Kreditobergrenze.*

Mit „Förderung der Gleichberechtigung" in Art. 3 Abs. 1 Satz 1 ist politisch **372** etwas ganz anderes gemeint, als die Formulierung grammatikalisch eigentlich aussagt. Es ist nämlich gemeint die tatsächlich gleiche Situation von Männern und Frauen in der Gesellschaft herbeizuführen, die – wie bereits gesagt – mit Gleichberechtigung nichts zu tun hat. Eine derartige empirische Zielgleichheit in der sozialen Wirklichkeit kann, wenn die Gesellschaft sich nicht entsprechend verhält, eigentlich nur dadurch gefördert, bzw. durchgesetzt werden, dass der Staat Regelungen erlässt, die die Geschlechter ungleich behandeln. Dies ist an sich nach Art. 3 Abs. 1 Satz 1 verboten. Bei logisch wohlwollender Interpretation der Vorschrift wird man zu dem Ergebnis kommen müssen, dass die rechtliche Ungleichbehandlung zur Durchsetzung der gesellschaftlichen Gleichheit unzulässig ist, gleichwohl aber Fördermaßnahmen zugunsten von Frauen zulässig sein müssen. Die gesellschaftliche Ergebnisgleichheit kann aber letztlich nicht faktisches Ergebnis der Norm sein, ohne in einen Widerspruch mit dem prinzipiellen Anspruch auf Gleichheit vor dem Gesetz zu kommen.

Das Staatsziel der tatsächlichen Gleichstellung äußert sich in staatlichen Aktivi- **373** täten, wie Frauenförderplänen, Quotenregelungen, Abbau von Regelungen, die auf dem tradierten Bild der Hausfrauenehe beruhen (z.B. im Familien- und Sozialversicherungsrecht) oder in der Schaffung von Kindergartenplätzen[19].

VII. Gleichstellung der Behinderten (Art. 3 Abs. 3 Satz 2 GG)

Ähnlich dem Auftrag zur Gleichstellung von Mann und Frau enthält Art. 3 Abs. 3 **374** Satz 2 nicht nur ein spezielles Recht der Behinderten auf rechtliche Gleichbehandlung, sondern auch ein Gebot an den Staat zur (sofern möglich) tatsächlichen Gleichstellung. Dieses Staatsziel findet sich in staatlichen Maßnahmen, wie dem behindertengerechten Ausbau öffentlicher Einrichtungen oder der Bevorzugung Behinderter bei sonst gleicher Qualifikation. Problematisch für die Bestimmung der Reichweite von unmittelbaren Ansprüchen ist ebenfalls, dass sich spezieller Gleichheitssatz und Staatsziel überlagern. Der tatsächliche Gleichstellungsanspruch Behinderter und seine dogmatische Behandlung, ob als bloßes Grundrecht oder auch als Staatszielbestimmung, ist darüber hinaus im Einzelnen sehr umstritten[20].

Rechtsprechung:
BVerfGE 37, 271 – *Solange-I*; BVerfGE 52, 187 – *Normenkontrolle bei Gemeinschaftsrechts*; BVerfGE 74, 339 – *Solange-II*; BVerfGE 79, 311 – *Kreditobergrenze*; BVerfGE 86, 148 – *Finanzausgleich II*; BVerfGE 75, 223 – *Bindungswirkung bei Vorabentscheidungen*; BVerfGE 85, 191 – *Nachtarbeitsverbot*; BVerfGE 89, 155 – *Maastricht*; BVerfGE 92, 91 – *Feuerwehrdienstpflicht*; BVerfGE 92, 203 – *Fernsehrichtlinie*; BVerfGE 96, 288 – *Sonderschulzuweisung*; BVerfGE 97, 332 – *Kindergartengebühren*; BVerfGE 97, 350 – *Euro*; BVerfGE 102, 147 – *Bananenmarkt*; BVerwGE 101, 73 – *Verbandsklage*; BVerfGE 104, 337 – *Schächturteil*; BVerfG EuR 1989, 270 – *Tabak*; BVerwG NJW 1995, 2648 – *Monumentalplastik*; BVerwG NJW 1996, 1163 – *Elfenbein*; OVG Weimar, NVwZ 1998, 983 – *Windenergieanlage*.

---

19 Vgl. BVerfGE 97, 332, 348 – *Kindergartengebühren*.
20 Vgl. z.B. *Pieroth/Schlink*, Grundrechte Rn. 448, 476 m.w.N.

Literatur:
Badura, P., Das Staatsziel „Europäische Integration" im Grundgesetz, in: FS für Schambeck, 1994, S. 887, *Battis, U./Schulte-Trux, A./Weber, N.,* „Frauenquoten" und Grundgesetz, DVBl. 1991, 1165; *Bernsdorff, N.,* Positivierung des Umweltschutzes im GG, NuR 1997, 328; *Caspar, J./Geissen, M.,* Das neue Staatsziel „Tierschutz" in Art. 20a GG, NVwZ 2002, 913; *Degener, E.,* Verfassungsrechtliche Probleme mit der Behindertendiskriminierung in Deutschland, KJ 2000, 425; *Ekardt, F.-E.,* Praktische Probleme des Art. 20a GG in Verwaltung, Rechtsprechung und Gesetzgebung, SächsVBl. 1998, 49; *Di Fabio, U.,* Die Gleichberechtigung von Mann und Frau, AöR 122 (1997), 404; *Friauf, K.-H:,* Gleichberechtigung von Mann und Frau als Verfassungsauftrag, 1981; *Heckel, M.,* Art. 3 III GG: Aspekte des besonderen Gleichheitssatzes, in: FS für Dürig, 1990, S. 241; *Heinz, K. E.,* Staatsziel Umweltschutz in rechtstheoretischer und verfassungstheoretischer Sicht, NuR 1994, 1; *Heitsch, C.,* Prüfungspflichten des Bundesverfassungsgerichts unter dem Staatsziel der europäischen Integration, EuGrZ 1997, 461; *Henneke, H.-G.,* Der Schutz der natürlichen Lebensgrundlagen, NuR 1995, 325; *Höfling, W.,* Verfassungsfragen einer kreditfinanzierten Konjunkturpolitik, Wirtschaft und Recht 1989, S. 8; *Hofmann-Hoepel, J.,* Das Gleichberechtigungsgebot des Art. 3 II in Rechtsprechung und Lehre, Berlin, 1986; *ders.,* Das Gleichberechtigungsgebot in Art. 3 II GG, JuS 1988, 249; *Hobe, S.,* Tierversuche zwischen Tierschutz und Forschungsfreiheit, WissR 31 (1998), 309; *Holste, H.,* „… und die Tiere" – Das Staatsziel Tierschutz in Art. 20a GG, JA 2002, 907; *Ipsen, H.P.,* Die Bundesrepublik Deutschland in den Europäischen Gemeinschaften, HbStR VII § 181; *Jürgens, G.,* Die verfassungsrechtliche Stellung Behinderter nach Änderung des Grundgesetzes, ZfSH/SGB 1995, 353; *Kempen, B.,* Gleichberechtigung und Gleichstellung, ZRP 1989, 367; *Kirchhof, P.,* Der deutsche Staat im Prozess der europäischen Integration, HbStR VII § 183; *Kisker, G.,* Staatshaushalt, HbStR IV § 89; *Kloepfer, M./Rossi, M.,* Tierschutz in das Grundgesetz ?, JZ 1998, 369; *König, D.,* Die Grundgesetzänderungen in Art. 3 II GG, DÖV 1995, 837; *Koller, H.,* Der öffentliche Haushalt als Instrument der Staats- und Wirtschaftslenkung, 1983; *Lappin, R.,* Kreditäre Finanzierung des Staates unter dem Grundgesetz, 1994; *Murswiek, D.,* Staatsziel Umweltschutz (Art. 20a GG), NVwZ 1996, 222; *Pernice, I.,* Deutschland in der Europäischen Union, HbStR VIII, § 191; *ders.,* Europäisches und nationales Verfassungsrecht, VVDStRL 60 (2001), 148; *Sacksofsky, U.,* Das Grundrecht auf Gleichberechtigung, eine rechtsdogmatische Untersuchung zu Art. 3 Abs. 2 GG; 2. Aufl. 1996; *Scheuner, U.,* Die Erhaltung des gesamtwirtschaftlichen Gleichgewichts, Der verfassungsrechtliche Auftrag zu einer aktiven Konjunkturpolitik, in: FS für Schäfer, 1975, S. 109; *Schink, A.,* Umweltschutz als Staatsziel, DÖV 1997, 221; *Schmitt-Glaeser, W.,* Abbau des tatsächlichen Gleichberechtigungsdefizits der Frauen durch gesetzliche Quotenregelungen, 1982; *Sommermann, P.,* Staatsziel „Europäische Union". Zur normativen Reichweite des Art. 23 Abs. 1 Satz 1 GG n.F., DÖV 1994, 596; *Stern, K.,* Zur Aufnahme eines Umweltschutzstaatszieles in das Grundgesetz, NWVBl. 1988, 1; *ders.,* Grundfragen der globalen Wirtschaftssteuerung, 1969; *Uhle, A.,* Das Staatsziel Umweltschutz und das Sozialstaatsprinzip im verfassungsrechtlichen Vergleich, JuS 1996, 96; *Wachter, K.,* Umweltschutz als Staatsziel, NuR 1996, 321; *Westphal, S.,* Art. 20a GG – Staatsziel Umweltschutz", JuS 2000, 339; *vgl.* auch Nachweise zum Abschnitt „Europäische Union".

E. Die Organisation der Staatsfunktionen

Die Organisation der staatlichen Funktionen hat stets zwei unterschiedliche **375** Gegenstände. Zum einen muss jedes einzelne Staatsorgan in seiner spezifischen Stellung und mit seinen spezifischen Kompetenzen betrachtet werden. Zum anderen hat der Staat bestimmte Aufgaben zu erfüllen, wie z. B. die Gesetzgebung, die Verwaltung oder die Verteidigung.

§ 19 Die Obersten Staatsorgane des Bundes

I. Einleitung

Juristische Personen, wie der Bund, sind zwar rechtsfähig, aber nicht handlungs- **376** fähig. Sie benötigen natürliche Personen, die für sie handeln, d. h. ihre Funktionen ausüben bzw. ihre Rechte wahrnehmen und ihre Pflichten erfüllen. Das Handeln der natürlichen Personen muss rechtlich der juristischen Person zugerechnet werden, so dass die Rechtsfolgen ausschließlich sie treffen. Abhängig von den für eine juristische Person vorgesehenen Aufgaben und Funktionen bedarf es deshalb einer entsprechenden Organisationsstruktur, die letztlich eine Zuweisung der Funktionen und Aufgaben an einzelne handlungsfähige natürliche Personen leisten muss (sachliche und persönliche Zuständigkeiten).

Erforderlich ist zunächst die Schaffung von *einzelnen Organen* (Werkzeugen) **377** durch einen rechtlichen Organisationsakt. Organe sind verselbständigte Institutionen innerhalb einer juristischen Person (*Organträger*), die mit Zuständigkeiten betraut sind[1]. Das Handeln der Organe wird der juristischen Person unmittelbar zugerechnet. Die Organe erlangen innerhalb des Organträgers in gewisser Weise Rechtsfähigkeit, weil sie entsprechend ihrer Zuständigkeit über Organrechte und -pflichten verfügen. Diese Organrechte und -pflichten gelten aber nur in der Sphäre des Organträgers, nicht jedoch nach außen gegenüber Dritten. Die Organe setzten sich wiederum aus verschiedenen Organteilen zusammen. Bei Organteilen wird im Gegensatz zu Organen das rechtserhebliche Handeln nicht der juristischen Person zugerechnet. Organteile sind vielmehr unselbständige Teile eines Organs.

Organe sind, wie die juristische Person selbst, rechtliche Fiktionen ohne eigene **378** Handlungsfähigkeit. Damit sie handeln können, bedarf es der Ausfüllung durch einen *Organwalter*. Organwalter sind eine oder mehrere natürliche Personen, die ein Organ besetzen und dessen Zuständigkeiten wahrnehmen, d. h. die dem Organ obliegenden Funktionen und Aufgaben durch tatsächliches menschliches Handeln erfüllen. Die Existenz eines Organs ist unabhängig von ihrer Besetzung durch den

---

1 Organe existieren aber auch außerhalb juristischen Personen bei anderen rechtlichen Organisationseinheiten, wie z. B. bei den Personengesellschaften oder auch als (Teil-) Organ innerhalb eines Organs selbst.

konkreten Organwalter, sondern hängt von der rechtlichen Existenz des Organträgers ab. Geht dieser unter, dann gehen mit ihm auch seine Organe unter. Handelt der Organwalter, ist sein Handeln rechtlich zunächst das Handeln des Organs und wird über das Organhandeln gleichzeitig dem Organträger, also der juristischen Person zugerechnet[2].

379   Eng mit dem Organbegriff verbunden ist der Begriff des (öffentlichen) Amts bzw. *Amtswalters*. Ein öffentliches Amt kann im staatsrechtlichen Sinne definiert werden als institutionalisierter Zuständigkeitsbereich, der auf eine natürliche Person als Amtswalter zugeschnitten ist. Der Amtswalter erfüllt die Aufgaben, die mit seinem Amt verbunden sind. Sein Handeln wird aber dem Amtsträger zugerechnet. Ein Organ, das nur aus einer Person besteht, ist gleichzeitig ein Amt (z.B. der Bundespräsident). Ein Organ kann auch aus Organteilen bestehen, die gleichzeitig Ämter sind, wie z.B. der Bundestag, der sich aus den Bundestagsabgeordneten zusammensetzt.

380   Für die Organisation der Staatsfunktionen bedeutet dies, dass durch einen rechtlichen Organisationsakt die Staatsorgane geschaffen werden müssen, die die staatlichen Zuständigkeiten wahrnehmen. Dieser Rechtsakt kann für die obersten Staatsorgane nur die Verfassung sein, die die staatliche Grundordnung enthält. Geregelt werden müssen die Zuständigkeiten, die die Staatsorgane sowohl innerhalb der Staatssphäre, als auch nach außen wahrnehmen dürfen bzw. müssen. Die Zuweisung verlangt zum einen die funktionale Einteilung der Zuständigkeiten und gleichzeitig die entsprechende organisatorische Zuordnung. Für die staatliche Ordnung bedeutet dies insbesondere die Zuweisung der klassischen drei Staatsfunktionen Gesetzgebung, Verwaltung und Rechtsprechung an entsprechende Organe. Erforderlich ist die Regelung der inneren Struktur sowie organinterne und organexterne Verfahrensregeln für die Wahrnehmung der zugewiesenen Zuständigkeiten. Die personelle Besetzung der Staatsorgane durch die Organwalter muss festgelegt werden, damit der Staat durch seine Staatsorgane handlungsfähig wird.

381   Im GG sind sieben oberste Staatsorgane geregelt.

II. Der Bundestag

382   Der Bundestag nimmt unter den obersten Staatsorganen des Bundes eine hervorgehobene Stellung ein, weil er als einziges Bundesorgan unmittelbar demokratisch legitimiert ist. Die demokratische Legitimierung erfolgt durch die Wahl der einzelnen Abgeordneten, aus denen sich der Bundestag zusammensetzt (vgl. Art. 38 Abs. 1 GG, § 1 Abs. 1 Satz 1 BWahlG). Hauptfunktionen des Bundestags sind die zentrale Stellung als Gesetzgebungsorgan des Bundes, die Kontrolle der Exekutive vor allem der Bundesregierung, die Vermittlung der demokratischen Legitimation der sonstigen Staatsgewalt des Bundes in personeller und sachlich-funktionaler

---

2 Zum Ganzen vgl. *Maurer*, Allg. Verwaltungsrecht § 21 Rn. 19 ff.; *Zippelius*, Allg. Staatslehre § 14.

Hinsicht durch Wahl- und Zustimmungsrechte, sowie als klassische historische Parlamentskompetenz, das Budgetrecht[3].

Zentrale normative Grundlage des Bundestags im Grundgesetz ist der Abschnitt **383** III mit den Art. 38–48. In diesem Abschnitt sind die wesentlichen organisatorischen Regelungen getroffen worden, die durch einfachgesetzliche Vorschriften und durch die Selbstorganisation mittels einer Geschäftsordnung konkretisiert bzw. ergänzt werden (Parlamentsautonomie). Neben den Art. 38–48 nimmt die Verfassung in etlichen weiteren Regelungen funktional auf den Bundestag Bezug, indem sie dem Parlament Kompetenzen, Mitwirkungs- und Informationsrechte bei der Ausübung der Staatsfunktionen einräumt. Wichtigstes Beispiel ist das Gesetzgebungsverfahren des Abschnitts VII in den Art. 70–82.

1. Organteile

Der Bundestag besteht aus mehreren Organteilen. Dazu gehören das *Präsidium* **384** mit dem *Präsidenten* an der Spitze, der *Ältestenrat*, die *Fraktionen*, die *Ausschüsse* sowie die *einzelnen Abgeordneten*.

Parlamentarische *Opposition* ist kein ausdrücklicher Rechtsbegriff. Sie ist **385** zunächst die politische Bezeichnung für die parlamentarische Minderheit, die der regierungstragenden Parlamentsmehrheit gegenübersteht. Als solche ist sie aber eine parlamentarische Institution, die in gewissen Parlamentsbräuchen und in der Rechtsprechung des BVerfG anerkannt ist[4].

a) Präsident. Vom Bundestag wird ein Abgeordneter für die Dauer der Wahlpe- **386** riode zum Präsidenten gewählt (vgl. Art. 40 Abs. 1 Satz 1 GG, § 2 GOBT). Es entspricht dem Parlamentsbrauch, dass die stärkste Bundestagsfraktion den Bundestagspräsidenten stellt und dieser auch von den anderen Fraktionen gewählt wird. Abwählbar ist der Bundestagspräsident mangels rechtlicher Regelung nur bei einer vorherigen Abänderung der Geschäftsordnung des Bundestags (vgl. § 126 GOBT)[5]. Protokollarisch steht der Bundestagspräsident als Spitze des Bundestags an zweiter Stelle im Staat nach dem Bundespräsidenten[6]. Allerdings vertritt er diesen nicht, der Vertreter des Bundespräsidenten ist vielmehr der Präsident des Bundesrats (vgl. Art. 57). Nach der Wahl des Bundestagspräsidenten werden dessen Stellvertreter gewählt. Die Anzahl der Stellvertreter ist variabel, weil jede Fraktion einen stellen darf (vgl. § 2 GOBT).
Für die Wahl der Stellvertreter gelten die gleichen Grundsätze wie für die Wahl des Präsidenten. Findet sich nach mehreren Wahlgängen keine Mehrheit für einen vorgeschlagenen Kandidaten, so ist der Wahlvorschlag als endgültig gescheitert anzusehen. § 2 GOBT geht ersichtlich von einer Begrenzung der Anzahl der Wahlgänge aus. Die Idee der Wahl und des Wahlganges folgt zudem dem Prinzip der Begrenzung parlamentarischer Entscheidungsfindungsprozesse. Es ist gerade der Sinn von Wahlen und Abstimmungen, den theoretisch endlosen Diskurs zu

---

3 I.E. die erste spezifische Gesetzgebungskompetenz.
4 Vgl. *Zeh*, HbStR II § 42 Rn. 19 ff.
5 Str., vgl. *Magiera*, in: Sachs Art. 40 Rn. 5 m.w.N.
6 *Klein*, in: Maunz/Dürig Art. 40 Rn. 93.

begrenzen und zu einer Entscheidung zu gelangen. Dem würde es widersprechen, wenn endlose Wahlgänge durchgeführt würden, bis ein bestimmter Kandidat irgendwann einmal die erforderliche Mehrheit hat.

Beispiel:
Bei der Wahl der Stellvertreter des Bundestagspräsidenten im Jahr 2005 erhielt der Vertreter der Linkspartei, Bisky nach vier durchgeführten Wahlgängen nicht die erforderliche Mehrheit. Die Linkspartei verkündete daraufhin, so lange Wahlgänge durchzuführen, bis die erforderliche Mehrheit beisammen sei, Zulässig?

§ 2 GOBT und das Prinzip der Begrenzung parlamentarischer Abstimmungsvorgänge lassen die Durchführung einer unbegrenzten Anzahl von Wahlgängen nicht zu.

387 Der Bundestagspräsident ist *oberstes Leitungsorgan* des Bundestags und *Vorsitzender* des Bundestagspräsidiums. Damit verbunden sind besondere Organzuständigkeiten sowohl gegenüber den „einfachen" Abgeordneten als auch gegenüber Dritten. Er hat die Aufgabe, den Bundestag zu vertreten und seine Geschäfte zu regeln. Insbesondere leitet er die Verhandlungen gerecht und unparteiisch und wahrt die Ordnung im Haus (vgl. § 7 Abs. 1 GOBT). Dazu zählt die Bestimmung der Rednerreihenfolge (vgl. § 28 GOBT) und die Erteilung des Wortes (vgl. § 27 GOBT). Der Präsident kann Abgeordnete zur Sache und zur Ordnung rufen und Ordnungsverletzungen sanktionieren (vgl. §§ 36 ff. GOBT). Er ist Inhaber des aus dem Eigentum entspringenden Hausrechts und übt die öffentlich-rechtliche Polizeigewalt im Bundestag aus (vgl. Art. 40 Abs. 2 Satz 1). Ohne seine Genehmigung darf keine Durchsuchung oder Beschlagnahme in den Räumen des Bundestags stattfinden (vgl. Art. 40 Abs. 2 Satz 2). Der Bundestagspräsident hat neben dem Vorsitz im Bundestagspräsidium auch den Vorsitz im Ältestenrat inne (vgl. § 6 Abs. 1 GOBT) sowie im Gemeinsamen Ausschuss (vgl. § 7 Abs. 1 GO Gem. Ausschuss). Weitere Funktionen ergeben sich vor allem aus den §§ 7 ff. GOBT[7].

388 Das Amt des Bundestagspräsidenten *endet* mit dem Ende der Wahlperiode, also mit dem Zusammentritt des neuen Bundestags (vgl. Art. 39). Den Vorsitz in der konstituierenden Sitzung hat bis zur Wahl des neuen Bundestagspräsidenten der Alterspräsident inne, d.h. der älteste Abgeordnete im neuen Bundestag (vgl. § 1 Abs. 2 GOBT).

389 Der Bundestagspräsident hat zwar eine Leitungs- und Repräsentativfunktion, er verliert dabei aber nicht seine Stellung als gewählter Abgeordneter. Er behält seine Stimmrechte und sonstigen parlamentarischen Rechte. Das zusätzliche Amt verpflichtet ihn aber zu einer entsprechend zurückhaltenden Ausübung, da er in der Öffentlichkeit in erster Linie als Bundestagspräsident wahrgenommen wird.

390 b) **Präsidium.** Das Präsidium des Bundestags besteht gem. § 5 GOBT aus dem Bundestagspräsidenten und seinen Stellvertretern (Vizepräsidenten). In den Sitzungen werden Fragen der Leitungsfunktion des Präsidenten erörtert, die Handhabung des Ordnungsrechts, organisatorische oder verwaltungstechnische Fragen bezüglich der Bundestagsverwaltung etc. Da jede Fraktion über einen Stellvertreter im Präsidium vertreten ist und die Präsidiumssitzungen vor den Sitzungen des Ältestenrats stattfinden, kann sie zur vorherigen Besprechung von interfraktionel-

---

7 Vgl. Übersicht bei *Zeh*, HbStR II § 42 Rn. 31.

len Angelegenheiten genutzt werden[8]. Das Präsidium hat eher geringere Bedeutung für die parlamentarischen Geschäfte.

c) Ältestenrat. Der Ältestenrat ist in § 6 GOBT geregelt. Er setzt sich aus dem **391** Bundestagspräsidium und 23 weiteren von den Fraktionen zu benennenden Mitgliedern zusammen. Dabei muss sich im Ältestenrat das Verhältnis der Stärke der Fraktionen im Bundestag widerspiegeln (vgl. § 12 GOBT). Außerdem nimmt regelmäßig ein Vertreter der Bundesregierung an den Sitzungen teil[9]. Der Ältestenrat setzt sich zumeist aus erfahrenen Parlamentariern und den parlamentarischen Geschäftsführern der Fraktionen zusammen[10].

Der Ältestenrat ist ein parlamentarisches Gremium, das den Präsidenten des Bun- **392** destags bei der Führung seiner Geschäfte unterstützt (vgl. § 6 Abs. 2 Satz 1 GOBT). Zweck ist, zwischen den Fraktionen und dem Präsidium Verständigung über die inneren Angelegenheiten des Bundestags herzustellen bzw. den parlamentarischen Geschäftsablauf zu koordinieren (z.B. Sitzungstermine, Tagesordnung oder Besetzung des Ausschussvorsitzes). Diese Verständigung erfolgt einvernehmlich und nicht durch Mehrheitsbeschluss (vgl. § 6 Abs. 2 Satz 3 GOBT). Kann eine Verständigung nicht erreicht werden, ist eine Beschlussfassung durch den Bundestag selbst erforderlich.

Nicht einvernehmlich, sondern als Beschlussorgan, wird der Ältestenrat tätig, **393** soweit die inneren Angelegenheiten nicht gesetzlich bzw. verfassungsrechtlich dem Bundestagspräsidenten bzw. dem Präsidium vorbehalten sind (vgl. § 6 Abs. 3 Satz 1 GOBT). Dazu gehört die Verteilung der Räumlichkeiten des Bundestags oder der Voranschlag des Haushaltseinzelplans des Bundestags (vgl. § 6 Abs. 3 Satz 2 GOBT).

Im Ältestenrat können in nichtöffentlicher Sitzung Konflikte zwischen verschie- **394** denen Organteilen des Bundestags behandelt, Fragen der Geschäftsordnung geklärt und interfraktionelle Absprachen getroffen werden[11].

d) Ausschüsse. Die Ausschüsse sind Untergliederungen des Bundestags, die für **395** einen bestimmten Geschäftsbereich der parlamentarischen Arbeit zuständig sind. In ihnen und nicht im Plenum findet die eigentliche Sacharbeit der Abgeordneten statt.

Die Ausschüsse nehmen einen wesentlichen Teil der Informations-, Kontroll- und **396** Untersuchungsrechte des Bundestags wahr[12]. Die Gesetzesvorlagen werden nach erster Lesung an die jeweiligen Ausschüsse verwiesen (§ 80 Abs. 1 GOBT) und dort beraten. Die Ausschüsse bieten die Bedingungen für eine möglichst sachorientierte, von politischer Polemik freie Arbeit, die das Plenum des Bundestags nicht leisten kann. Regelmäßig tagen die Ausschüsse in nichtöffentlicher Sitzung (vgl.

---

8 Vgl. *Zeh*, HbStR II § 42 Rn. 32 f.
9 Vgl. *Klein*, in: Maunz/Dürig, Art. 40 Rn. 119.
10 Vgl. *Stern* II S. 91.
11 Zum Ganzen vgl. *Zeh*, HbStR II § 42 Rn. 36 ff.
12 Vgl. BVerfGE 84, 304, 323.

§ 69 Abs. 1 Satz 1 GOBT), so dass Argumente frei von politischem und medialem Echo ausgetauscht werden können. Die mit Fachleuten besetzten Ausschüsse ermöglichen es dem Parlament, dem geballten Fachwissen ministerialer Abteilungen entgegenzutreten, von denen die Gesetzesvorlagen der Bundesregierung erarbeitet worden sind, und effektive parlamentarische Kontrolle zu leisten.

397   Normative Grundlage der Ausschüsse sind Vorschriften des GG, einfachgesetzliche Vorschriften, die auf sie verweisen sowie die Geschäftsordnung des Bundestags. Danach richtet sich auch die übliche Einteilung in obligatorische und fakultative Ausschüsse. Die in der Verfassung oder in einfachen Gesetzen vorgesehenen Ausschüsse sind *obligatorisch*, weil sie in jeder Wahlperiode bestehen müssen. Die aufgrund des Selbstorganisationsrechts des Bundestags in der Geschäftsordnung vorgesehenen Ausschüsse sind dagegen *fakultativ*.

398   Zu den *obligatorischen* Ausschüssen gehören der Ausschuss für Angelegenheiten der EU (vgl. Art. 45), der Ausschuss für auswärtige Angelegenheiten und der Verteidigungsausschuss (vgl. Art. 45a), der Petitionsausschuss (vgl. Art. 45c), der Haushaltsausschuss (vgl. § 10a BHO), der G-10-Ausschuss (§ 9 Abs. 1 G-10[13]) und der Wahlprüfungsausschuss (vgl. § 6 BVerfGG). Nicht dazu gehören die parlamentarischen Untersuchungsausschüsse, für die das GG nur die Möglichkeit der Einsetzung garantiert (vgl. Art. 44) und auch nicht der Gemeinsame Ausschuss gem. Art. 53a, der kein parlamentarischer Ausschuss, sondern ein eigenes Bundesorgan ist.

399   *Fakultative* Ausschüsse haben trotz fehlender gesetzlicher Existenzgarantie keine geringere Bedeutung. Sie werden aufgrund der Selbstorganisation des Parlaments eingerichtet und spiegeln vor allem die fachliche Organisation der Bundesregierung wieder. Zu jedem Ressort (Ministerium) gibt es grundsätzlich einen entsprechenden Fachausschuss, wie z.B. den Finanzausschuss oder den Justizausschuss. Dadurch wird eine sachverständige parlamentarische Begleitung der Regierungsarbeit möglich. Diese Ausschüsse sind in den meisten Fällen ständige Ausschüsse, die für die gesamte Dauer einer Wahlperiode bestehen und auch in den darauf folgenden Wahlperioden wieder eingerichtet werden (vgl. § 54 Abs. 1 Satz 1 GOBT). Daneben können aber auch im Laufe einer Wahlperiode Sonderausschüsse für einzelne Angelegenheiten eingerichtet werden (vgl. § 54 Abs. 1 Satz 2 GOBT). Zu den Sonderausschüssen gehören die parlamentarischen Untersuchungsausschüsse (vgl. Art. 44) sowie die Enquête-Kommission (vgl. § 56 GOBT)[14].

400   Alle Ausschüsse sind zur Erledigung der ihnen vom Plenum oder Bundestagspräsidenten überwiesenen Aufgaben verpflichtet (vgl. § 62 Abs. 1 Satz 1 GOBT). Daneben haben sie auch das Recht, sich mit anderen Fragen ihres Geschäftsbereichs zu befassen (vgl. § 62 Abs. 1 Satz 3 GOBT). Sie werden grundsätzlich nur mit dem Ziel einer Beschlussempfehlung für den Bundestag tätig (sog. vorbereitende Beschlussorgane, § 62 Abs. 1 Satz 2 GOBT), es sei denn, sie werden durch das GG, einfachgesetzliche Vorschriften oder Vorschriften der Geschäftsordnung

---

13 Gesetz zur Beschränkung des Brief-, Post- und Fernmeldegeheimnisses (Art. 10).
14 Vgl. *Klein*, in: Maunz/Dürig Art. 40 Rn. 126 ff.

des Bundestags mit weitergehenden Rechten ausgestattet (vgl. § 61 Abs. 1 Satz 4 GOBT). Für Regelungen der Geschäftsordnung gilt dies aber nur insoweit, als nicht dadurch die Stimmrechte der Abgeordneten, insbesondere der in Ausschüssen nicht stimmberechtigten fraktionslosen Abgeordneten, entwertet werden.

Die Ausschüsse setzen sich aus dem *Ausschussvorsitzenden* und einer unterschied- **401** lichen Anzahl von *Ausschussmitgliedern* zusammen (§§ 57 f. GOBT). Die Anzahl der Mitglieder eines Ausschusses ist schwankend und kann vom Bundestag bei Bedarf neu festgelegt werden (vgl. § 57 Abs. 1 GOBT). Die Ausschussvorsitzenden werden nach den Vereinbarungen des Ältestenrats bestimmt (vgl. § 58 GOBT) und leiten die Ausschusssitzungen (vgl. § 59 GOBT). Die Ausschussbesetzung muss den Stärken der Fraktionen im Parlament entsprechen, damit bei den Abstimmungen in den Ausschüssen die entsprechenden Kräfteverhältnisse des Plenums widerspiegeln (vgl. § 12 GOBT)[15]. Die einzelnen Mitglieder werden von den Fraktionen benannt. *Fraktionslose* Abgeordnete haben Anspruch auf einen Ausschusssitz, jedoch nur mit beratender Stimme. Sie werden vom Bundestagspräsidenten benannt (§ 59 Abs. 2 Satz 2 GOBT). Diese Einschränkung ist gerechtfertigt, weil die Ausschüsse die Kräfteverhältnisse des Parlaments widerspiegeln müssen – diese würde bei einem Stimmrecht fraktionsloser Abgeordneter verzerrt[16].

e) Abgeordnete (Parlamentarier). Der Bundestag setzt sich aus 598 gewählten **402** Abgeordneten/Parlamentariern zusammen (vgl. Art. 38 Abs. 1 Satz 1 GG, § 1 BWahlG)[17]. Der Abgeordnete ist Inhaber eines öffentlichen Amtes, Träger des freien Mandats und Vertreter des gesamten Volkes (vgl. Art. 38 Abs. 1 Satz 2)[18]. Als Organteile nehmen die Abgeordneten an der Willensbildung des Bundestags teil. Die Stellung als Mitglied des Bundestags vermittelt Rechte und Pflichten. Diese können im Organstreitverfahren gem. Art. 93 Abs. 1 Nr. 1 vor dem BVerfG geltend gemacht werden[19].

Wesentliche normative Grundlagen sind die Art. 46–48 GG, einfachgesetzliche **403** Vorschriften, wie das Abgeordnetengesetz (AbgG) und das Bundeswahlgesetz (BWahlG), sowie die Geschäftsordnung des Bundestags (GOBT). Die Basisvorschrift ist Art. 38 Abs. 1, in dem in Satz 2 der Status des freien Mandats festgelegt ist.

Alle Abgeordneten haben den gleichen verfassungsrechtlichen Status inne. Die **404** Gleichheit der Parlamentarier ist streng formal zu verstehen und äußert sich beispielsweise in der nur äußerst eng zulässigen Differenzierung bei den Abgeordnetenentschädigungen. Besondere Rechte und Pflichten können allenfalls zusätzliche parlamentarische Funktionen bzw. die Zugehörigkeit zu einem besonderen Organ(-teil) des Bundestags rechtfertigen, und dies auch nur in sehr engem Rahmen[20].

---

15 Vgl. BVerfGE 84, 304, 323 m.w.N. – *Gruppenstatus PDS*.
16 Zum Ganzen vgl. *Klein*, in: Maunz/Dürig Art. 40 Rn. 126 ff.; *Zeh*, HbStR II § 41 Rn. 40 ff.
17 Die gesetzliche Anzahl kann sich wegen Überhangmandaten erhöhen.
18 Vgl. BVerfGE 40, 296, 314 – *Diäten*.
19 BVerfGE 80, 188, 208 f. – *Ausschussmitgliedschaft fraktionsloser Abgeordneter*; BVerfGE 90, 286, 342 f. – *Auslandseinsätze der Bundeswehr*.
20 Vgl. BVerfG v. 21.7.2000, DVBl. 2000, 1600.

„Das Grundgesetz kennt im Wahlrecht und im Parlamentsrecht keine für den Status des Abgeordneten erheblichen besonderen, in seiner Person liegenden Umstände, die eine Differenzierung innerhalb des Status rechtfertigen können. Alle Mitglieder des Parlaments sind einander formal gleichgestellt."[21]

405 Das *Amt* des Abgeordneten *beginnt* mit der wirksamen Annahme der Wahl, jedoch nicht vor Ablauf der Wahlperiode des letzten Bundestags (vgl. § 45 Abs. 1 BWahlG). Faktisch beginnt das Amt daher mit dem Zusammentritt des neuen Bundestags, der die letzte Wahlperiode enden lässt (vgl. Art. 39 Abs. 1 Satz 2).

406 Das Amt *endet* mit dem Ende einer Wahlperiode sowie naturgemäß durch den Tod des Abgeordneten. Sonstige materielle Gründe für einen Verlust des Mandats, wie z.B. der Verzicht oder die Neufeststellung des Wahlergebnisses, regelt § 46 Abs. 1 BWahlG. Formell wird darüber in verschiedenen parlamentsautonomen Verfahren gem. § 47 BWahlG von Organen des Bundestags (Wahlprüfungsausschuss, Ältestenrat, Bundestagspräsidenten) entschieden, was die Selbstorganisation und den Selbstverwaltungscharakter des Bundestags gegenüber anderen Staatsteilen unterstreicht. Ohne diese Verfahren bzw. eine entsprechende Entscheidung kann kein Abgeordneter sein Mandat verlieren. Zweck ist, dass grundsätzlich keine externe staatliche Stelle Einfluss auf die Wahlentscheidung des Souveräns (Volk) nehmen darf, sondern allenfalls der Bundestag selbst.

407 Gegenstand von Entscheidungen des BVerfG war die Rechtmäßigkeit von Mandatsverlusten nach Feststellung der Verfassungswidrigkeit einer Partei[22]. Dieser Verlustgrund ist in § 46 Abs. 1 Nr. 5 BWahlG normiert. Danach verliert ein Abgeordneter sein Mandat, wenn er als Mitglied dieser Partei im Bundestag sitzt. Sinn des Parteiverbots ist der Schutz des Staates und die Verteidigung der freiheitlich-demokratischen Grundordnung vor systemimmanenten Feinden, die in den staatlichen Institutionen nur mit dem Ziel der Selbstzerstörung mitwirken. Öffentliche Ämter können aber nur im Einklang mit der Verfassung ausgeübt werden. Deshalb müssen Abgeordnete einer verfassungswidrigen Partei aus dem Parlament entfernt werden. Der Schutz der Verfassung und der staatlichen Grundordnung überwiegt die Entscheidung des Souveräns bei der Wahl (zu seinem eigenen Schutz!).

408 *Unzulässig* ist das *ruhende Mandat*. So wird die Praxis bezeichnet, dass in die Regierung berufene Abgeordnete ihr Mandat während ihrer Amtszeit nicht ausüben, sondern es entsprechend befristet einem Nachfolger oder Ersatzkandidaten überlassen. Diese Praxis, die gem. § 40a LandtagswahlG 1975 vorgesehen war, wurde wegen Verstoßes gegen die Grundsätze der Unmittelbarkeit und Gleichheit der Wahl und den Status des freien Mandats für verfassungswidrig erklärt[23]. Ein Mandat kann entweder ausgeführt werden oder der Gewählte verzichtet endgültig und unwiderruflich auf die Ausübung.

409 Gem. Art. 38 Abs. 1 Satz 2 sind die Abgeordneten Vertreter des gesamten Volkes, an Aufträge und Weisungen nicht gebunden und nur ihrem Gewissen unterwor-

---

21 BVerfGE 40, 296, 317 f.
22 BVerfGE 2, 1 – *SRP-Verbot*; BVerfGE 6, 445 – *Mandatsverlust nach KPD-Verbot*.
23 HessStGH, NJW 1977, 2065; vgl. *Stern*, Staatsrecht I S. 1053.

fen. Damit wird das *freie Mandat* des Abgeordneten normiert, das Grundlage jeder echten repräsentativen Demokratie ist[24]. Repräsentation im freien Mandat bedeutet, dass die Mandatsträger anstelle des Volks den parlamentarischen Willen bilden und Entscheidungen treffen. Der Abgeordnete wird als Organwalter des Bundestags tätig und bildet zusammen mit den anderen Abgeordneten den Organwillen des Staatsorgans Bundestag. Dieser wird dann dem Staat zugerechnet[25].

Das Gegenteil des freien Mandats ist das *imperative Mandat*. Der Mandatsträger **410** ist jederzeit abrufbar und entscheidet während seiner Amtszeit nicht frei, sondern auf Anweisung seiner Wähler. Das imperative Mandat ist untauglich für eine echte funktionsfähige repräsentative Demokratie. In der Praxis ist das imperative Mandat nur in undemokratischen Strukturen aufgetaucht, wie z.B. in den Räten der Novemberrevolution 1918/1919 in Deutschland.

Die Abgeordneten sind *Vertreter des gesamten Volks*. Die Wahl in einem bestimm- **411** ten Wahlkreis oder über eine Landesliste entbindet nicht von diesem Auftrag, auch wenn die Interessen der „eigenen" Wähler natürlich im Vordergrund stehen, insbesondere bei den Direktkandidaten und ihrem Wahlkreis[26].

Wie ein Abgeordneter sein Amt erfüllt, also insbesondere seine Entscheidungen **412** im Parlament bei Beschlüssen fällt, unterliegt gem. Art. 38 Abs. 1 Satz 2 grundsätzlich keiner rechtlichen Bindung. Einzige Richtschnur ist das eigene Gewissen[27]. Rechtlich wird so die Fähigkeit beschrieben, dass der Abgeordnete autonom und nach bestem Wissen und Gewissen sein Amt wahrnehmen und sachgerechte Entscheidungen zum Wohle des gesamten Volks treffen soll. Diese Vorstellung ist natürlich nur ein Ideal – sie wird aber rechtlich abgesichert, insbesondere im Konflikt zur Parteiendemokratie (vgl. Art. 21). In der politischen Praxis wird das freie Mandat regelmäßig von den politischen Bindungen der Parteiendemokratie überlagert. Im Konfliktfall setzt sich aber das rechtlich garantierte freie Mandat durch.

Allerdings bedeutet das freie Mandat nicht, dass der Abgeordnete keinen rechtli- **413** chen Bindungen unterworfen werden kann, wie sich in vielen Verfahrens- und Organisationsregelungen zeigt. Der Abgeordnete ist in seinen Rechten naturgemäß durch das Erfordernis der Funktionsfähigkeit des Bundestags beschränkt, dem er angehört, sowie anderer Staatsorgane mit denen der Bundestag zusammenwirken muss, wie z.B. im Gesetzgebungsverfahren.

Wesentliches Element des freien Mandats ist die fehlende Möglichkeit der vorzei- **414** tigen Beendigung des Bundestagsmandats gegen den Willen des Mandatsträgers. Das Mandat ist auch nicht an die Zugehörigkeit zu einer Partei oder einer Fraktion gekoppelt (anders als der Zusammenhang von Parteimitgliedschaft und Fraktionszugehörigkeit). Keine Bindungen bzw. rechtliche Sanktionen entfaltet der Bruch von Wahlversprechen.

---

24 Repräsentation eben nicht nur verstanden als reine, weisungsgebundene Vertretung.
25 Vgl. *Stern*, Staatsrecht I S. 1052.
26 Vgl. BVerfGE 84, 304, 333 – *Gruppenstatus PDS*.
27 Vgl. *Klein*, HbStR II § 41 Rn. 3.

Das freie Mandat steht in einem Spannungsverhältnis zur Parteiendemokratie gem. Art. 21, weil die Organisation der Abgeordneten in parteipolitischen Blöcken (Fraktionen) die sachliche Entscheidungsfreiheit im Parlament politisch einschränkt.

Rein rechtlich sind die Abgeordneten „nur" Vertreter des Volks, faktisch aber sind sie in erster Linie die Vertreter der Partei, der sie angehören. Die Partei und regelmäßig auch die Wähler verlangen Loyalität, Bündelung von Stimmen für Mehrheiten und Unterstützung einer innerparteilich gebildeten Linie in den Entscheidungen im Bundestag. Diese politische und faktische Bindung des einzelnen Abgeordneten bei seinen parlamentarischen Entscheidungen und seinem übrigen Verhalten im Bundestag kollidiert mit dem Grundsatz des freien Mandats.

415 Eine rechtliche Bindung durch die Parteiendemokratie ist ausgeschlossen. Sie würde dem Verbot des Art. 38 Abs. 1 Satz 2 zuwiderlaufen. Eine politische Bindung ist dagegen zulässig. Die Grenze zwischen unzulässiger rechtlicher Bindung und zulässiger politischer Bindung beschreibt das Begriffspaar „Fraktionszwang" und „Fraktionsdisziplin". Sie liegt dort, wo an das Verhalten eines Abgeordneten unmittelbare rechtliche Sanktionen geknüpft werden sollen, um dessen verfassungsrechtlich garantierte Entscheidungsfreiheit zu beseitigen.

416 Unwirksam sind beispielsweise schriftliche Verpflichtungserklärungen über zukünftiges Abstimmungsverhalten oder daran gekoppelte finanzielle Sanktionen. Letztlich wären solche Verpflichtungen – abgesehen von ihrer rechtlichen Unwirksamkeit (vgl. § 134 BGB) – nicht gegenüber einem Abgeordneten durchsetzbar. Alle von einer Fraktion oder der dahinter stehenden Partei ausgehenden unzulässigen Maßnahmen, mit denen ein Abgeordneter zu einem bestimmten parlamentarischen Verhalten genötigt werden soll, kann unter die Bezeichnung *Fraktionszwang* zusammengefasst werden[28].

417 Die *Fraktionsdisziplin* beschreibt die (innere und äußere) politische Verpflichtung eines Abgeordneten, seine Entscheidungsfreiheit zugunsten der Fraktion einzuschränken bzw. aufzugeben.

> Beispiele:
> Festlegung des Abstimmungsverhaltens nach vorheriger Willenbildung der Fraktion durch ihre Mehrheit; ein im Ausschuss erarbeiteter Kompromiss; die Orientierung an der Auffassung des Fraktionsspezialisten zu einer Thematik oder eine vorherige Willensbildung der Parteigremien.

Die kritische Grenze zum Fraktionszwang liegt dort, wo ein von der Fraktionslinie abweichender Abgeordneter unter Druck gesetzt wird. Zulässig sind aber etwa namentliche Probeabstimmungen oder fraktionsinterne Sitzungen, auf denen Abweichler von der Fraktion argumentativ in die Pflicht genommen werden. Als weitergehende Sanktionen sind auch der Fraktionsausschluss bzw. der Rückruf aus Ausschüssen zulässig, weil die damit verbundenen Rechte und Pflichten untrennbar mit der Fraktionszugehörigkeit verknüpft sind[29]. Allerdings sind solche Sanktionen nur bei nachhaltiger und schwerwiegender Verletzung der Fraktionsdisziplin rechtmäßig[30].

---

28 Vgl. *Klein*, HbStR II § 41 Rn 13.
29 Vgl. *Maurer*, Staatsrecht § 13 Rn. 68 m.w.N.
30 Vgl. *Klein*, HbStR I § 41 Rn. 16.

Die Fraktionsdisziplin ist notwendige Folge der Organisation politischer Mehr- **418**
heiten im Parlament und keineswegs ein Makel der Demokratie. Die klassische
Vorstellung, dass sich für Sachentscheidungen jeweils eine Mehrheit einzelner
Parlamentarier aus unterschiedlichen politischen Lagern und Wurzeln bildet –
also ein Parlament mit wechselnden Mehrheiten – ist mit der modernen Medien-
und Massendemokratie unvereinbar. Diese Vorstellung gehört zu den Honorati-
orenparlamenten des vorletzten Jahrhunderts oder den antiken Volksversamm-
lungen und ist immer schnell zugunsten von festen politischen Lagern verdrängt
worden. Bedeutsame ausdrückliche Ausnahmen von der Fraktionsdisziplin sind
die ausdrückliche Freistellung der Abgeordneten vor parlamentarischen Entscheidungen mit engem Gewissensbezug moralisch-ethischer Themen, wie z. B. bei der
rechtlichen Sanktionierung der Abtreibung oder die Entscheidung über die Bundeshauptstadt.

Das Amt des Abgeordneten berechtigt und verpflichtet den Träger, *an der Wil-* **419**
lensbildung des Parlaments teilzunehmen.
Unterschieden wird zwischen *Rechten*, die der Abgeordnete als Organteil des
Bundestags wahrnimmt, um den Willen des Parlaments hervorzubringen und den
persönlichen Rechten, die die verfassungsrechtliche Stellung des Abgeordneten
absichern sollen[31].
Zur ersten Kategorie gehören die Rechte, die notwendig sind, damit das Organ
Bundestag seine Funktion als Staatsorgan ausüben kann. Wenn der Abgeordnete
diese Rechte wahrnimmt, dann nimmt er sie als Teil des Bundestags wahr. Nor-
mative Grundlagen sind verfassungsrechtlich vor allem die Vorschriften zum
Abgeordnetenstatus gem. Art. 38 Abs. 1 sowie die Ausgestaltung in der GOBT.
Zu den Rechten als Organteil gehören *Mitwirkungsrechte*, etwa das Recht, an den
Verhandlungen und Beschlüssen des Bundestags durch Wortbeiträge und Stimm-
abgabe teilzunehmen. Der Abgeordnete verfügt über *Informationsrechte* in
Gestalt von Frage- und Auskunftsrechten, um sich die zur Ausübung seines Mandats erforderlichen Informationen zu beschaffen. *Antragsrechte* verschaffen die
Möglichkeit, Themen und Vorgänge zum Gegenstand der parlamentarischen
Beratungen und Beschlüsse zu machen. Jeder Abgeordnete soll einen Ausschusssitz innehaben. Zum Teil bestehen diese Rechte nicht für einen Abgeordneten
allein, sondern nur für eine bestimmte Anzahl von Abgeordneten gemeinsam, wie
z. B. die Gesetzesinitiative gem. Art. 76 Abs. 1 GG, § 76 Abs. 1 GOBT, die ab 5 %
der Abgeordneten zulässig ist. Die rechtliche Ausgestaltung und insbesondere
Beschränkungen, wie beispielsweise begrenztes Rederecht, sind organisatorische
und verfahrensrechtliche Regelungen, die für die Funktionsfähigkeit des Parlaments erforderlich sind. In der Praxis bestimmen zudem die interfraktionellen
Absprachen große Teile der parlamentarischen Abläufe. Alle diese Rechte sind
notwendig, damit der Bundestag seinen Willen als Staatsorgan bilden kann.

Die zweite Kategorie von Rechten des Abgeordneten sind *persönliche Rechte* des **420**
Mandatsträgers, die den Status als Abgeordneter sichern sollen. Normative
Grundlagen sind verfassungsrechtlich die Art. 46–48 und einfachgesetzlich insbe-
sondere das Abgeordnetengesetz (AbgG). Gem. Art. 48 haben Abgeordnete
Anspruch auf Urlaub für den Wahlkampf (vgl. § 3 AbgG), genießen arbeitsrecht-

---

31 Zum Folgenden vgl. *Klein*, HbStR II § 41 Rn. 22 ff.; *Stern*, Staatsrecht I § 24.

lichen Schutz (vgl. §§ 2, 4, 5 ff. AbgG) und bekommen eine angemessene, ihre Unabhängigkeit sichernde Entschädigung für ihre parlamentarische Tätigkeit („Diäten", vgl. §§ 11 ff. AbgG). So soll jedem Bürger gleiche Zugangsmöglichkeiten zum Abgeordnetenmandat garantiert bzw. nicht durch materielle Hürden verbaut werden. Über die angemessene Entschädigung entscheiden die Abgeordneten selbst durch Gesetz (vgl. Art. 48 Abs. 3 Satz 3, §§ 11 ff. AbgG)[32]. Aus Art. 47 GG folgt ein Zeugnisverweigerungsrecht ähnlich dem anderer Vertrauenspersonen (z. B. Ärzte oder Pfarrer).

421 *Indemnität* bedeutet, dass ein Abgeordneter zu keiner Zeit wegen Äußerungen oder Abstimmungen in parlamentarischen Vorgängen oder in parlamentarischer Funktion gerichtlich oder dienstlich oder sonstwie verfolgt oder zur Verantwortung gezogen werden darf (vgl. Art. 46 Abs. 1). Erfasst sind Straftatbestände wie die Beleidigung oder die üble Nachrede gem. §§ 185 f. StGB, und zivilrechtliche Ansprüche wie Schadensersatz oder Disziplinarverfahren[33]. Ausgenommen ist die Verleumdung gem. Art. 46 Abs. 1 Satz 2, bei der der Abgeordnete nicht schutzwürdig ist (vgl. § 187 StGB „wider besseres Wissen"). Die Indemnität schützt lebenslang und ist nicht aufhebbar. Geschützt wird so die Funktionsfähigkeit des Parlaments bzw. das freie Wort und die Meinungsbildung der Parlamentarier. Keine Indeminität genießt ein Abgeordneter außerhalb des parlamentarischen Bereichs, z. B. bei Wahlkampfveranstaltungen.

422 *Immunität* (vgl. Art. 46 Abs. 2–4) schützt ebenfalls die Funktionsfähigkeit des Parlaments vor Eingriffen durch andere Teile der Staatsgewalt (Verwaltung, Rechtsprechung). Immunität bedeutet Schutz vor strafrechtlicher Verfolgung (Prozess, Ermittlungsverfahren) während der Zeit des Abgeordnetenmandats mit Ausnahme der Festnahme bei Begehung einer Straftat oder im Laufe des folgenden Tages (vgl. Art. 46 Abs. 2). Vor anderen Beschränkungen der persönlichen Freiheit oder Grundrechtsverwirkungen gem. Art. 18 schützt der Status der Immunität ebenfalls (vgl. Art. 46 Abs. 3). In beiden Varianten ist die Aufhebung der Immunität von einer Entscheidung des Bundestags abhängig. Der Bundestag kann auch den Status der Immunität in den genannten Fällen wiederherstellen (vgl. Art. 46 Abs. 4).
Funktion der Immunität ist, dass die Abgeordneten nicht durch Eingriffe anderer Teile des Staates an ihrer Amtsausübung gehindert werden können, es sei denn, dass das Parlament einverstanden ist. Hintergrund ist die Vorstellung, durch gezielte manipulierte Verfahren unliebsame Abgeordnete aus dem Verkehr zu ziehen und so die parlamentarische Willensbildung zu verfälschen. Die Immunität gilt nicht wie die Indemnität lebenslang, sondern nur für die Zeit des Abgeordnetenmandats.
Mit dem Amt des Abgeordneten sind auch *Pflichten* verbunden. Er unterliegt wie jeder Träger eines öffentlichen Amtes und insbesondere als Teil eines Staatsorgans zunächst den rechtlichen Bindungen, die die Verfassung der Staatsgewalt auferlegt.

423 Der Abgeordnete hat speziell die Pflicht sein Amt wahrzunehmen, indem er an der Arbeit des Bundestags teilnimmt (vgl. § 13 Abs. 2 Satz 1 GOBT). Er hat die

---

32 Vgl. ausführlich *Maurer*, Staatsrecht § 13 Rn. 76 ff. m. w. N.
33 Vgl. *Degenhart*, Staatsrecht Rn. 504.

Pflicht, die organisatorischen und verfahrensrechtlichen Regeln des Bundestags zu beachten und unterliegt bestimmten Verhaltenspflichten (vgl. § 44a AbgG, § 18 GOBT, Anlage 1 GOBT). Diese Pflichten sind mit dem Status des freien Mandats vereinbar. Sie wirken sich nicht auf die innere Entscheidungsfreiheit des Abgeordneten aus und sind grundsätzlich nicht unmittelbar durchsetzbar, sondern ziehen nur mittelbar Nachteile nach sich, wie die Kürzung finanzieller Zuwendungen. Insofern haben sie Obliegenheitscharakter. Ausnahme ist z.B. der Entzug des Rederechts bei andauernder Überschreitung der Redezeit, was durch die Funktionsfähigkeit des Parlaments gerechtfertigt ist.

Eine der wichtigsten Funktionen des Parlaments (Legislative) ist die *Kontrolle der* **424** *Regierung* und *Verwaltung* (Exekutive). Personelle Gewaltenteilung zwischen beiden Staatsfunktionen ist eine dafür notwendige Voraussetzung, damit nicht Identität zwischen Kontrolleur und Kontrollierten bestehen kann. Die Vorschriften zur *Inkompatibilität* (Unvereinbarkeit) von Amt und Mandat bezwecken diese Sicherung der organisatorischen Gewaltenteilung gegen Gefahren, die durch das Zusammentreffen eines Amts in der Exekutiven mit dem Abgeordnetenmandat entstehen können[34]. Gleiches gilt für das Verhältnis von Abgeordnetenmandat und Ämtern in der Rechtsprechung.

Verfassungsrechtlich ist die Inkompatibilität vom Abgeordnetenmandat und **425** einem Amt im öffentlichen Dienst in Art. 137 Abs. 1 geregelt. Für Angehörige des öffentlichen Dienstes – ausgenommen die Arbeiter – kann die Wählbarkeit in den Bundestag durch Gesetz beschränkt werden. Gleiches gilt für die Wählbarkeit in die Landes- und Kommunalparlamente[35]. Aufgrund dieser Ermächtigung regeln die §§ 5 ff. AbgG und weitere gesetzliche Vorschriften des öffentlichen Dienstrechts in umfangreichem Maße die Unvereinbarkeit von Amt und Mandat.

Unvereinbarkeit (Inkompatibilität) bedeutet eine Beschränkung der Wählbarkeit, **426** jedoch keinen anfänglichen Ausschluss der Wählbarkeit (*Ineligibilität*). Der Inhaber eines inkompatiblen Amts kann zwar gewählt werden. Er kann sein Mandat aber nur ausüben, wenn er während dieser Zeit auf die Ausübung seines öffentlichen Amtes verzichtet. Nach dem Ende des Mandats kehren ehemalige Abgeordnete regelmäßig wieder in ihre alte Funktion zurück.

Weitere Inkompatibilitäten regelt die Verfassung für den Bundespräsidenten in **427** Art. 55 und für Mitglieder des BVerfG in Art. 94 Abs. 1 Satz 2. Aus dem verfassungsrechtlichen Verhältnis von Bundestag und Bundesrat im Gesetzgebungsverfahren und der wechselseitigen Kontrollfunktion folgt, dass die Mitglieder des Bundesrats nicht gleichzeitig dem Bundestag angehören dürfen (vgl. § 2 GOBR). Streitig ist, ob dies auch für ein bloßes Mitglied der Landesregierung gilt, auch ohne Abordnung in den Bundesrat. Dagegen ist ein Doppelmandat in Bundestag und Landtag unproblematisch, allerdings aufgrund der Arbeitsbelastung eines Parlamentariers kaum zu bewältigen[36].

---

34 Vgl. BVerfGE 48, 64, 82 – *Inkompatibilität auf kommunaler Ebene.*
35 *Pieroth*, in: Jarass/Pieroth Art. 137 Rn. 6.
36 Zum Ganzen vgl. *Klein*, HbStR II § 41 Rn. 25 ff.

428 Die grundsätzliche Unvereinbarkeit von Amt und Mandat gilt in der Exekutive nicht für die Bundesregierung. Das parlamentarische Regierungssystem besteht gerade aus einer engen Beziehung zwischen dem Parlament und der Regierung, weil die Parlamentsmehrheit die Regierung trägt. Hier wäre eine Unvereinbarkeit eher systemwidrig oder zumindest unzweckmäßig. Der Bundeskanzler und die Bundesminister sind regelmäßig Mitglieder des Parlaments und wahren so den Kontakt zu „ihren" Fraktionen. Die Unvereinbarkeit gilt aber für die nachgeordnete „unpolitische" Verwaltung, die unabhängig von den politischen Mehrheiten und den Wechseln an der Spitze der Exekutive agiert.

429 **f. Fraktionen.** Fraktionen sind Vereinigungen von mindestens 5 % der Mitglieder des Bundestags, die derselben Partei oder solchen Parteien angehören, die aufgrund gleichgerichteter politischer Ziele in keinem Land miteinander in Wettbewerb stehen (vgl. § 45 AbgG, § 10 Abs. 1 GOBT). Die Mindestanzahl von 5 % entspricht der 5 %-Hürde beim Anteil an den Zweitstimmen, die jede Landesliste einer Partei nehmen muss, um in den Bundestag zu gelangen.

430 Die Fraktionen sind notwendige Einrichtungen des Verfassungslebens und maßgebliche Faktoren der politischen Willensbildung[37]. In ihnen wird die parlamentarische Arbeit gebündelt und werden Mehrheiten organisiert. Der zwangsläufigen Bildung von Parteien in repräsentativen Demokratien hat das GG durch Art. 21 Rechnung getragen, indem es den Parteien eine exklusive Stellung bei der politischen Willensbildung des Volkes einräumt. Für die staatliche Willensbildung setzt sich die Funktion der Parteien im Parlament in den Fraktionen fort. Die Fraktionen spiegeln die parteipolitische Aufteilung der gesellschaftlichen Sphäre im Staat bzw. im Bundestag wider. Rein rechtlich sind die Fraktionen aber „nur" Vereinigungen von Abgeordneten und vollkommen unabhängig von den Parteiinstitutionen (vgl. § 45 AbgG). Tatsächlich sind die Fraktionen aber in erster Linie der verlängerte Arm der Parteien im Parlament. Entscheidend ist nicht die freiwillige Vereinigung politisch gleich gesinnter Abgeordneter nach der Wahl, sondern die vorherige Aufstellung als Kandidat der Partei, die folgerichtig zur Fraktionszugehörigkeit führt. Die Fraktionszugehörigkeit ist aber nicht zwingende rechtliche Folge der Parteizugehörigkeit, sondern freie Entscheidung des einzelnen Abgeordneten. Dies verdeutlicht den Vorrang des freien Mandats gem. Art. 38 Abs. 1 Satz 2 vor der Parteiendemokratie gem. Art. 21.

431 *Verfassungsrechtliche Grundlage* der Fraktionen ist Art. 38 Abs. 1 Satz 2[38]. Aus dem freien Mandat erwächst das Recht des Abgeordneten, sich parlamentarisch zu organisieren. In dieser institutionalisierten Form haben die Fraktionen entsprechende parlamentarische Rechte. Das GG regelt den rechtlichen Status der Fraktionen nicht, geht aber von ihrer Existenz aus und erwähnt sie ausdrücklich nur in Art. 53a Abs. 1 Satz 2. Die wesentlichen Regelungen finden sich einfachgesetzlich in den §§ 45 ff. AbgG sowie in den §§ 10 ff. GOBT.

432 Der *rechtliche Charakter* der Fraktionen ist nicht eindeutig geklärt. Auch das BVerfG hat eine eindeutige Festlegung vermieden. Unterschieden werden muss nach der Rechtssphäre, in der die Fraktionen auftreten.

---

37 BVerfGE 84, 302, 322 – *Gruppenstatus PDS*.
38 Vgl. *Maurer*, Staatsrecht § 13 Rn. 105.

Innerhalb des Parlaments sind die Fraktionen *Teile des Organs* Bundestag wie die **433** einzelnen Abgeordneten. Sie wirken an der parlamentarischen Willensbildung mit. Ihr Status und ihr Handeln bestimmt sich durch die Verfassung, das AbgG sowie die GOBT. Insoweit ist aufgrund des Demokratieprinzips der innere parlamentarisch-demokratische Aufbau zwingend (vgl. § 48 AbgG). Besondere Bedeutung hat das Rechtsverhältnis zu den Abgeordneten. Diese sind Mitglieder der Fraktion und haben entsprechende Mitgliedsrechte aber auch Pflichten, etwa die Anwesenheitspflichten oder Beitragspflichten. Unzulässig sind aber alle organisatorischen und sonstigen fraktionsinternen Regelungen, die das freie Mandat einschränken oder die formale Gleichheit aufheben.

Der *Ausschluss* aus einer Fraktion ist nur möglich, wenn das Mitglied den Frak- **434** tionszweck konterkariert. Wichtigster Grund ist der Verlust der Parteizugehörigkeit durch Austritt oder Ausschluss, weil die gemeinsame Parteizugehörigkeit konstituierend für eine Fraktion ist (vgl. § 10 GOBT). Das schließt aber nicht die Möglichkeit aus, auch parteilose Abgeordnete mit in eine Fraktion aufzunehmen. Abweichungen von der Fraktionslinie, Fraktionsbeschlüssen oder die Missachtung von Fraktionspflichten können auch zum Fraktionsausschluss führen. Der Fraktionsausschluss darf aber nicht benutzt werden, um unliebsame Abgeordnete von den erweiterten parlamentarischen Möglichkeiten und Mitwirkungsrechten der Fraktion willkürlich auszuschließen. Deshalb muss ein Verhalten eines Fraktionsmitglieds auch von gewisser Dauer und Schwere sein. Dem Recht, sich in einer Fraktion zusammenzuschließen entspricht das Austrittsrecht. Ein Abgeordneter ist wegen des freien Mandats gem. Art. 38 Abs. 1 Satz 2 nicht verpflichtet, in einer Fraktion zu bleiben.

Die Fraktionen können auch außerhalb der organinternen parlamentarischen **435** Sphäre im allgemeinen Rechtsverkehr auftreten. Gem. § 46 Abs. 1 AbgG sind Fraktionen *rechtsfähige Vereinigungen* und auch *prozessual parteifähig* (vgl. § 46 Abs. 2 AbgG). Sie üben dann aber keine öffentliche Gewalt aus und sind kein Teil der öffentlichen Verwaltung (vgl. § 46 Abs. 3 AbgG). Insoweit kann man die Fraktionen als rechtsfähige Vereinigungen einordnen, die zivilrechtliche Vereinbarungen, wie Arbeitsverträge oder Kaufverträge, abschließen können. Das Vereinsgesetz findet aber keine Anwendung. Für die Organisation bleibt es bei den öffentlich-rechtlichen Vorschriften (vgl. § 2 Abs. 2 VereinsG)[39].

Die Fraktionen wirken an der *Erfüllung der Aufgaben des Bundestags* mit (vgl. **436** § 47 AbgG). Dazu werden ihnen in der GOBT und im AbgG eine Reihe von Rechten und Pflichten eingeräumt. Die Fraktionen besetzen die Ausschüsse mit ihren Mitgliedern (§§ 11 f. GOBT). Sie haben Antrags- und Informationsrechte (vgl. §§ 76 Abs. 1, 85 Abs. 1 GOBT) und Anspruch auf Geld- und Sachleistungen (vgl. § 50 AbgG). Wie die Abgeordneten unterliegen die Fraktionen bei ihrer Tätigkeit den verfassungsrechtlichen Bindungen und den organisatorischen und verfahrensrechtlichen Normen des Parlaments.

---

39 Vgl. zum Ganzen *Maurer*, Staatsrecht § 13 Rn. 108.

437 Wie die Abgeordneten können die Fraktionen *ihre Rechte* als Organteile des Bundestags vor dem BVerfG *im Organstreitverfahren* gem. Art. 93 Abs. 1 Nr. 1 *geltend machen*[40]. Im Gegensatz zu einzelnen Abgeordneten ist es den Fraktionen gestattet, neben eigenen Rechten auch Rechte des Gesamtorgans Bundestag selbst geltend zu machen (Prozessstandschaft)[41]. Dieser Ausnahmefall soll die Rechte des Parlaments sichern. Das parlamentarische Regierungssystem führt zu einer weitgehenden politischen Übereinstimmung von Regierung und der sie tragenden Parlamentsmehrheit. Um die parlamentarische Minderheit (Opposition) zu schützen, soll auch die organisierte Minderheit des Parlaments in Gestalt oppositioneller Fraktionen die Rechte des Bundestags geltend machen können. Der Minderheitenschutz soll dagegen nicht Gruppen und einzelnen Abgeordneten den Weg zur Prozessstandschaft eröffnen[42]. Diese Rechtssicht schützt vor allen Dingen auch die Funktionsfähigkeit des BVerfG, da sonst mit einer Unzahl Organstreitverfahren durch einzelne Abgeordnete gerechnet werden müsste.

438 Die Fraktionen werden im parlamentarischen Leben *privilegiert*, vor allem bei der personellen Besetzung von Parlamentsgremien und entsprechenden Befugnissen (vgl. § 12 GOBT). Diese Privilegierung ist gerechtfertigt, soweit sie im parlamentarischen Prozess die Hochpotenzierung mehrerer Abgeordneter zu einem „einheitlichen" Block nachvollzieht. Nicht gerechtfertigt ist sie aber, wenn dadurch die aus Art. 38 Abs. 1 Satz 2 garantierten Rechte von fraktionslosen Mandatsträgern (Einzelabgeordneten oder Gruppen) beeinträchtigt werden. Dazu zählen die wesentlichen Mitwirkungsrechte an parlamentarischen Vorgängen, angemessenes Rederecht im Plenum, die Mitgliedschaft in einem Ausschuss und ein angemessener Ausgleich für die Privilegien, die die Fraktionen innehaben[43].

439 Beispiel für einen solchen Konflikt ist die Frage des Stimmrechts in Ausschüssen, das Fraktionsmitgliedern vorbehalten ist. Fraktionslose Abgeordnete haben dagegen nur beratende Funktion (vgl. § 57 Abs. 2 Satz 2 GOBT). Dieser Unterschied ist gerechtfertigt, weil nur so die Aufgabe der Ausschüsse als vorbereitende Beschlussorgane erfüllt wird. Endresultat der Abstimmungen ist eine Beschlussempfehlung an das Plenum. Dort entscheiden praktisch nur die Kräfteverhältnisse der geschlossen abstimmenden Fraktionen. Dieses Verhältnis würde durch das Stimmrecht einzelner fraktionsloser Abgeordneter verzerrt, weil sich dieses Stimmrecht überproportional zum Plenum auswirken würde[44]. Das Stimmrecht im Bundestag wird dadurch nicht entwertet.

440 **g) Gruppen.** Der Normalfall der verfestigten Vereinigung von Abgeordneten im Parlament ist die Fraktion mit dem gemeinsamen Merkmal der Parteizugehörigkeit und einer Anzahl von mindestens 5 % der gesetzlichen Mitglieder des Bundestags. Es können jedoch auch andere verfestigte Vereinigungen von Abgeordneten gebildet werden, ohne die Fraktionsstärke zu erreichen (vgl. § 10 Abs. 4 GOBT).

---

40 BVerfGE 100, 266 – *Auslandseinsatz der Bundeswehr – Kosovo;* BVerfGE 90, 286 – *AWACS Auslandseinsätze der Bundeswehr – Adria* m.w.N.
41 BVerfGE 67, 100, 125 – *Flick-Untersuchungsausschuss;* BVerfGE 96, 286, 343 – *AWACS Auslandseinsätze der Bundeswehr – Adria.*
42 BVerfGE 90, 286, 344 – *AWACS Auslandseinsätze der Bundeswehr – Adria.*
43 Vgl. *Maurer,* Staatsrecht § 13 Rn. 111.
44 BVerfGE 80, 188 – *Wüppesahl.*

Dieses Recht zur gemeinsamen parlamentarischen Arbeit folgt aus Art. 38 Abs. 1 Satz 2[45]. Das kann beispielsweise der Zusammenschluss mehrerer parteiloser Direktkandidaten sein, aber auch die Abgeordneten einer Partei, die über die Grundmandatsklausel – also drei Direktmandate und der Anteil an den Zweitstimmen – in den Bundestag gewählt worden sind.

Ihnen kann der Status einer Gruppe eingeräumt werden gem. § 10 Abs. 4 GOBT. **441** Bei einer genügend verfestigten Zusammenarbeit darf der Gruppenstatus nicht verweigert werden. Mit diesem Status müssen Rechte und Berücksichtigungen in den parlamentarischen Gremien verbunden sein, die der proportionalen Größe der Gruppe im Parlament entsprechen, also insbesondere Sitze in den Ausschüssen[46]. Es besteht jedoch kein Anspruch auf Gewährung der parlamentarischen Rechte, die exklusiv den Fraktionen zugesprochen werden, wie den Ausschussvorsitz oder die Mitgliedschaft in besonderen Ausschüssen (Enquêtekommission oder Untersuchungsausschuss).
Fraglich ist, ob der Fraktionsstatus auch Abgeordneten verweigert werden darf, die als Angehörige derselben Partei über die Grundmandatsklausel in den Bundestag gelangt sind, wie etwa die PDS in der 13. Wahlperiode (1994–1998). Das BVerfG hat dies abgelehnt und die Zuerkennung des Gruppenstatus als hinreichend für eine effektive parlamentarische Arbeit angesehen. Die Sicherung der Funktionsfähigkeit des Parlaments durch die 5 %-Klausel ist ein sachgerechtes Kriterium auch für eine Einschränkung der Mitwirkung im Parlament[47]. Der Bundestag hat im Rahmen seiner Selbstorganisation die Mindeststärke der Fraktion sachgerecht festgelegt.

h. Parlamentarische Opposition. Parlamentarische Opposition ist kein ausdrück- **442** licher Rechtsbegriff, sondern die Bezeichnung der politischen Minderheit im Parlament. Die Opposition ist kein Organteil des Bundestags; ihr stehen als solcher keine eigenen Rechte zu. Gleichwohl besteht ein enger Zusammenhang in Gestalt der Oppositionsfraktionen. Sie bilden im Bundestag das entscheidende parlamentarische Gegengewicht zur Regierungsmehrheit, die die Bundesregierung stützt. Aufgrund des parlamentarischen Regierungssystems wird eine der Hauptfunktionen, nämlich die Kontrolle der Bundesregierung durch die Opposition ausgeübt.

Die parlamentarische Opposition ist eine parlamentarische Institution, da Parla- **443** mentsbräuche und die Rechtsprechung des BVerfG sich auf sie beziehen und dabei ihre besondere Funktion im parlamentarischen Regierungssystem unterstreichen[48].

Rechtsprechung:
BVerfGE 1, 115 – *Befugnisse des Bundestagspräsidenten*; BVerfGE 2, 1 – *Verbot der SRP*; BVerfGE 6, 445 – *Mandatsverlust nach Parteiverbot (KPD)*; BVerfGE 10, 4 – *Rechtsstellung von Bundestagsabgeordneten*; BVerfGE 18, 172 – *Wählbarkeit von Wahlbeamten*; BVerfGE 20, 56 – *Parteienfinanzierung aus Haushaltsmitteln*; BVerfGE 32, 157 – *Abgeordnetenentschädigung und Altersvorsorge*;

---

45 Vgl. BVerfGE 84, 304 – *Gruppenstatus PDS*.
46 Vgl. BVerfGE 84, 304 – *Gruppenstatus PDS*; *Maurer*, Staatsrecht § 13 Rn. 110.
47 Vgl. BVerfGE 96, 264, 278 f. Zweifelnd *Maurer*, Staatsrecht § 13 Rn. 110.
48 Vgl. *Zeh*, HbStR II § 41 Rn. 19 ff.

BVerfGE 38, 326 – *Inkompatibilität;* BVerfGE 40, 296 – *Diäten;* BVerfGE 42, 312 – *Inkompatibilität mit Kirchenämtern;* BVerfGE 43, 142 – *Gruppenstatus FDP;* BVerfGE 44, 308 – *Beschlussfähigkeit des Bundestags;* BVerfGE 48, 64 – *Inkompatibilität auf Kommunalebene;* BVerfGE 57, 1 – *NPD;* BVerfGE 60, 374 – *Redefreiheit des Abgeordneten;* BVerfGE 67, 100 – *Flick-Untersuchungsausschuss;* BVerfG 70, 324 – *Besetzung von Ausschüssen durch Fraktionen;* BVerfGE 76, 363 – *Lappas-Untersuchungsausschuss;* BVerfGE 77, 1 – *Neue-Heimat-Untersuchungsausschuss;* BVerfGE 80, 188 – *Wüppesahl;* BVerfGE 84, 304 – *Gruppenstatus PDS;* BVerfGE 90, 286 – *Auslandseinsätze der Bundeswehr – Adria, AWACS;* BVerfGE 94, 351 – *Gysi I;* BVerfGE 96, 264 – *Gruppenstatus PDS II;* BVerfG, DVBl. 2000, 1600 – *Funktionszulage für Abgeordnete;* BVerfGE 97, 408 – *Gysi II;* BVerfGE 100, 266 – *Auslandseinsatz der Bundeswehr – Kosovo;* BVerfGE 104, 310 – *Immunität von Abgeordneten.*

2. Wahlrecht

444   **a. Einleitung.** Im GG ist die periodisch wiederkehrende Wahl des Staatsorgans Bundestag der einzige Wahlakt i. S. d. Art. 20 Abs. 2 Satz 2 Halbsatz 2, an dem das Volk unmittelbar beteiligt ist (vgl. Art. 38, 39 GG). Das Volk bestimmt, aus welchen Abgeordneten sich das zentrale Legislativorgan auf Bundesebene zusammensetzt. Alle übrigen staatlichen Institutionen und Staatsorgane (auf Bundesebene) werden dagegen nicht vom Volk, sondern durch den Staat bzw. seine Entscheidungsträger selbst besetzt, d. h. diese sind lediglich mittelbar demokratisch legitimiert. Bedingt durch das parlamentarische Regierungssystem entscheidet die Bundestagswahl aber auch über die personelle Besetzung der Bundesregierung bzw. zumindest über den Posten des Bundeskanzlers (Kanzlerkandidaten), weil die Bundesregierung von der Mehrheit im Bundestag abhängig ist.

445   Die Bundestagswahl ist die einzige echte Kontrollmöglichkeit, die die repräsentative Demokratie des GG vorsieht. Die Entscheidung über die Wahl seiner Vertreter betrifft gleichzeitig die Frage, inwieweit das Volk (nachträglich) die Ausübung des Mandats durch einen Abgeordneten billigt. Während der Wahlperiode hindert das freie Mandat der Abgeordneten eine rechtliche Einflussnahme durch das Volk (Art. 38 Abs. 1 Satz 2). Mehr noch als über den einzelnen Abgeordneten wird in Bundestagswahlen über die politischen Parteien entschieden. Diese demokratische Kontrolle der Parteien steht letztlich im Vordergrund der Bundestagswahl, auch wenn rein rechtlich das Abgeordnetenmandat Gegenstand der Wahl ist. Die Person des einzelnen Abgeordneten hat dagegen immer weniger Gewicht und Bedeutung für die Aufstellung als Wahlkandidat und die Entscheidung des Wählers[49].

446   Das Wahlrecht kann definiert werden als die *Summe der verfassungsrechtlichen, einfachgesetzlichen und untergesetzlichen Normen, die die vom Volk ausgehende personelle Besetzung des Staatsorgans Bundestag regeln.* Um dieses Ziel zu verwirklichen, sind zum einen entsprechende verfahrenstechnische und organisatorische Regelungen erforderlich (*formelles Wahlrecht*). Zum anderen muss das Wahlrecht auch *materiell* der Funktion der Wahl als einziger unmittelbarer staatlicher Willensäußerung des Volks und demokratischer Legitimierung der Staats-

---

49 Vgl. *Meyer,* HbStR II § 37 Rn. 6 ff.

gewalt gerecht werden. Dazu zählen die Wahlrechtsgrundsätze des Art. 38 Abs. 1 Satz 1, die Regelungen zum aktiven und passiven Wahlrecht in Art. 38 Abs. 2 sowie die Festlegung der Wahlperiode in Art. 39. Allerdings lässt sich eine Einteilung in formelle und materielle Kategorien gerade bei den Wahlrechtsgrundsätzen nicht durchhalten, weil sich aus ihnen sowohl Anforderungen an das materielle als auch an das formelle Wahlrecht ergeben. Auch die Regelungen zum Wahlrecht in Art. 38 Abs. 2 werden durch Art. 38 Abs. 1 Satz 1 determiniert.

Unterhalb der Verfassungsebene ist wichtigster Bestandteil das gem. Art. 38 **447** Abs. 3 erlassene Bundeswahlgesetz (BWahlG) sowie das gem. Art. 41 Abs. 3 erlassene Wahlprüfungsgesetz (WahlprüfG). Neben den ausdrücklichen Bestimmungen beeinflussen insbesondere das Demokratieprinzip gem. Art. 20 Abs. 2 GG sowie die Entscheidung für die Parteiendemokratie in Art. 21 das Wahlrecht. Das Demokratieprinzip ist der übergeordnete Leitgedanke für das gesamte Wahlrecht, weil die Wahl des Bundestags die zentrale Ausübung demokratischer Rechte in einer repräsentativen Demokratie beinhaltet, flankiert durch die entsprechenden demokratischen Mitwirkungsrechte der Meinungs-, Versammlungs- und Pressefreiheit in Art. 5 und 8. Die Parteien genießen gem. Art. 21 einen hervorgehobenen Status für die politische Willensbildung des Volks, was zwangsläufig auch zu entsprechenden Auswirkungen im Wahlrecht führt.

Trotz grundsätzlicher verfassungsrechtlicher Vorgaben fehlt es an einer Bestim- **448** mung des *Wahlsystems* durch das GG[50]. Das strukturelle Problem dahinter ist, dass der Bundestag als zentrales Gesetzgebungsorgan die Kompetenz hat, in weitem Umfang die Regelungen und Bedingungen seiner eigene Existenz festzulegen, ohne sich dabei besonderen Anforderungen, wie den Barrieren einer Verfassungsänderung gem. Art. 79 gegenüberzusehen. Die Abgeordneten des Bundestags bestimmen mit einfacher Mehrheit darüber, wie ihre Nachfolge geregelt wird. Die exakte Ausgestaltung des Wahlrechts überlässt das GG nach Art. 38 Abs. 3 dem einfachen Gesetzgeber, was weniger als Berechtigung denn mehr als verbindlicher Gesetzgebungsauftrag auszulegen ist[51]. Der Staat ist verpflichtet, ein entsprechendes staatliches Verfahren zu organisieren, damit der Bürger sein vom Demokratieprinzip garantiertes Wahlrecht ausüben kann.

S. hierzu Rn. 1048: Übersicht 4: Wahlsystem der Bundesrepublik Deutschland.

b. Die Wahlrechtsgrundsätze nach Art. 38 Abs. 1 Satz 1 GG. In Art. 38 Abs. 1 **449** Satz 1 werden fünf Grundsätze normiert, die den Gesetzgeber bei der einfachgesetzlichen Ausgestaltung des gesamten Wahlrechts binden: *allgemeine*, *unmittelbare*, *freie*, *gleiche* und *geheime* Wahlen. Diese Grundsätze haben eine mitunter Jahrhunderte alte parlamentarische Tradition. Die Wahlrechtsgrundsätze konkretisieren verfassungsrechtlich, wie das Volk seine Herrschaft durch Wahlen gem. Art. 20 Abs. 2 Satz 2 Halbsatz 1 ausübt. Ursprung der Wahlrechtsgrundsätze ist daher, wie das gesamte Wahlrecht selbst, das Demokratieprinzip.

---

50 Vgl. dazu Kritik bei *Meyer*, HbStR II § 37 Rn. 22 ff., 31 ff. m.w.N.; *Maurer*, Staatsrecht § 13 Rn. 18.
51 Vgl. *Maunz*, in: Maunz/Dürig Art. 38 Rn. 71.

450 Ähnlich den verfassungsrechtlichen Strukturprinzipien gehört zum elementaren Charakter der Wahlrechtsgrundsätze einerseits ein unabdingbarer Kerninhalt, der nicht zur Disposition des einfachen Gesetzgebers und, soweit die Wahlrechtsgrundsätze den Kern des Demokratieprinzips konkretisieren, auch nicht zur Disposition des verfassungsändernden Gesetzgebers steht. Jedenfalls soweit die Wahlrechtsgrundsätze für die Demokratie unabdingbar sind, gehören sie zu den Grundsätzen des Art. 20 GG und werden damit von der Ewigkeitsgarantie des Art. 79 Abs. 3 geschützt. Dazu zählen nicht die Unmittelbarkeit sowie die Geheimheit der Wahl[52].

Andererseits bedeutet dies nicht, dass die Wahlrechtsgrundsätze nicht durch einfachgesetzliche Regelungen eingeschränkt werden können. Im Gegenteil, alle fünf Wahlrechtsgrundsätze können nicht ideal verwirklicht werden, sondern treten in Konflikt miteinander oder mit anderen verfassungsrechtlichen Gütern. Wie bei anderen verfassungsrechtlichen Regelungen sind gleichrangige oder überwiegende sachliche Gründe in der Lage, eine Einschränkung zu rechtfertigen. Teilweise impliziert auch das Demokratieprinzip selbst eine Einschränkung.

> **Beispiele:**
> – Der Grundsatz der Gleichheit der Wahl kollidiert mit der Funktionsfähigkeit des Parlaments durch die 5 %-Sperrklausel.
> – Der Grundsatz der Allgemeinheit der Wahl kollidiert mit der Geheimheit der Wahl durch die Möglichkeit der Briefwahl.
> – Die Regelungen zur Wahlmündigkeit beeinträchtigen den Grundsatz der Allgemeinheit der Wahl. Die Wahlmündigkeit, also die Fähigkeit, eine eigenverantwortliche und ernsthafte Wahlentscheidung treffen zu können, liegt aber gerade der demokratischen Staatsform zugrunde.

451 (aa) **Die Allgemeinheit der Wahl.** Der Grundsatz der Allgemeinheit der Wahl fordert, dass grundsätzlich alle Bürger (= alle Angehörigen des Staatsvolks) das vom Demokratieprinzip in Art. 20 Abs. 2 Satz 2 garantierte Wahlrecht ausüben können und so das gesamte Volk Träger der Staatsgewalt ist[53]. Allgemeinheit beschreibt also das demokratische Ideal der Identität von Staatsvolk und der Summe der Wahlberechtigten. Das Staatsvolk ist der Staatsgewalt unterworfen, übt und legitimiert sie aber gleichzeitig durch die Ausübung des ihm zustehenden (aktiven und passiven) Wahlrechts.

Der Gesetzgeber ist verpflichtet, sich diesem Ideal bei der einfachgesetzlichen Konkretisierung so weit als möglich zu nähern. Sachgerechte Gründe berechtigten ihn aber, vom Grundsatz der Allgemeinheit der Wahl abzuweichen. Sachgerecht sind nur solche Gründe, die sich aus dem Demokratieprinzip bzw. seiner verfassungsrechtlichen Ausgestaltung selbst ergeben, wie z. B. aus der Verwirklichung der übrigen Wahlrechtsgrundsätze. Verboten ist dagegen der Ausschluss von Teilen des Staatsvolkes aufgrund rechtlicher Kriterien, wie etwa Vermögen, gezahlte Steuern sowie Geschlecht oder anderen unzulässigen Merkmalen des Art. 3 Abs. 3.

> „Der Grundsatz der Allgemeinheit der Wahl (Art. 38 Abs. 1 GG) [...] untersagt den unberechtigten Ausschluss von Staatsbürgern von der Teilnahme der Wahl. Er verbietet dem Gesetzgeber, bestimmte Bevölkerungsgruppen von der Ausübung des Wahlrechts

---

52 *Maunz/Dürig*, in: Maunz/Dürig Art. 79 Rn. 47.
53 Das Prinzip der Allgemeinheit muss daher genauso für Abstimmungen gelten.

auszuschließen [...] und fordert, dass jeder sein staatsbürgerliches Recht zum Wählen in formal möglichst gleicher Weise ausüben kann."[54]

„Allgemeinheit [und Gleichheit] sichern die vom Demokratieprinzip vorausgesetzte Egalität der Staatsbürger."[55]

Üblicherweise wird zwischen der Ausübung des aktiven und passiven Wahlrechts **452** differenziert. Das aktive Wahlrecht ermöglicht dem Bürger, seine Repräsentanten in den Bundestag zu wählen. Das passive Wahlrecht dagegen garantiert, sich aus dem Volk heraus als dessen Vertreter in den Bundestag wählen zu lassen. Davon zu unterscheiden ist das generelle staatsbürgerliche Recht, in ein (sonstiges) öffentliches Amt zu gelangen (vgl. Art. 33 Abs. 2). Die Regelungen zum Wahlrecht sind lex specialis.

(1) Aktives Wahlrecht. Aktiv wahlberechtigt ist, wer *als Wähler* an den Wahlen **453** der Abgeordneten des Bundestags *teilnehmen darf*. Die normativen Grundlagen für das aktive Wahlrecht sind Art. 38 Abs. 2 Halbsatz 1 sowie die §§ 12–14 BWahlG. Danach hat das aktive Wahlrecht, wer die deutsche Staatsangehörigkeit besitzt, das 18. Lebensjahr vollendet hat (Wahlmündigkeit), seit drei Monaten im Bundesgebiet ansässig ist und nicht gem. § 13 BWahlG vom Wahlrecht ausgeschlossen ist (vgl. § 12 Abs. 1 BWahlG).

– Rechtliche Voraussetzungen. Aktiv wahlberechtigt ist nur, wer *Deutscher i.S.d.* **454** *116 Abs. 1* ist.
Das Kriterium der deutschen Staatsangehörigkeit ergibt sich aus dem Demokratieprinzip. Wählen bedeutet Ausübung der Staatsgewalt durch das Volk. Staatsvolk ist das deutsche Volk, das sich als staatlicher Verband organisiert. Der Ausschluss nichtdeutscher Bevölkerungsteile vom Wahlrecht ist daher sachgerecht bzw. entspricht den verfassungsrechtlichen Vorgaben, auch wenn Ausländer möglicherweise ihr gesamtes Leben lang der deutschen Staatsgewalt unterliegen und ein vergleichbares Interesse an deren Legitimierung besitzen[56]. Rechtlich bzw. rechtspolitisch ist dies aber eine Frage des Staatsangehörigkeitsrechts und nicht des Wahlrechts. Auf kommunaler Ebene besitzen die Staatsangehörigen anderer Mitgliedstaaten der EG ein Wahlrecht in Deutschland (vgl. Art. 28 Abs. 1 Satz 3 GG). Dieses Wahlrecht betrifft nur in begrenztem Maße die staatliche Ebene, weil es sich um eine lokale Selbstverwaltungskörperschaft handelt. Eine solche Regelung auf der allgemeinen staatlichen Ebene von Bund oder Ländern wäre mit der Eigenstaatlichkeit der Bundesrepublik nicht zu vereinbaren und betrifft letztlich die Frage, ob bzw. wie der deutsche Staat in einem europäischen Bundesstaat aufgehen kann.

Die Begrenzung des aktiven Wahlrechts auf *18 Jahre und älter* ist eine sachge- **455** rechte Regelung der Wahlmündigkeit. Der Demokratie liegt das idealtypische Bild aller mündigen Staatsbürger zugrunde, die gleichermaßen vernünftig und gebildet an allen politischen Entscheidungen teilhaben. In besonderem Maße gilt das Erfordernis der Mündigkeit für die Ausübung politischer Mitwirkungsrechte wie das Wahlrecht. Der Ausschluss von Kindern (Minderjährigen), die typischerweise

---

54 BVerfGE 36, 139, 141 – *Sesshaftigkeit.*
55 BVerfGE 99, 1, 13 – *Kommunales Wahlvorschlagsrecht.*
56 A.A. *Meyer,* HbStR II § 38 Rn. 5 ff.

noch nicht in der Lage sind, eigenverantwortlich zu entscheiden, ist daher nicht undemokratisch, sondern nur konsequent, weil ihnen die vom Demokratieprinzip vorausgesetzte Fähigkeit fehlt, am demokratischen Prozess teilzunehmen. Ein Kinderwahlrecht, das durch die Eltern als gesetzliche Vertreter ausgeübt werden würde, wäre de facto ein Doppelwahlrecht der Eltern. Dies wäre mit dem Grundsatz der Gleichheit der Wahl, der Unmittelbarkeit de Wahl sowie dem Charakter der Wahl als höchstpersönlichem[57] staatsbürgerlichem Recht (vgl. § 14 Abs. 4 BWahlG) unvereinbar[58].

456 Die Entscheidung, wer aufgrund seines Alters mündig genug ist, um voll am demokratischen Prozess teilzunehmen, wird in Art. 38 Abs. 2 Halbsatz 1 getroffen. Die Festlegung auf 18 Jahre mag rechtspolitisch angreifbar sein. Jedoch hat der verfassungsändernde Gesetzgeber einen Spielraum bei der Ausgestaltung der Allgemeinheit der Wahl, der sich sowohl in einer Anhebung als auch in einer Absenkung der Altersgrenze äußern kann. Die Altersgrenze muss sich nur an der Funktion der Wahlmündigkeit orientieren.

> **Beispiele:**
>
> – Die Wahlberechtigung soll von 18 Jahren auf 30 Jahre angehoben werden, weil erfahrungsgemäß die politischen Überzeugungen junger Menschen kaum gefestigt und durch die Massenmedien zu leicht zu manipulieren sind. Ihnen fehlt die Lebenserfahrung, insbesondere im Beruf, um für die wesentlichen politischen Themen die notwendige Einsicht zu haben und werden daher nicht der besonderen Bedeutung der Wahlentscheidung gerecht. Zulässig?
>
> – Weiterhin soll das Wahlalter auf 80 Jahre beschränkt werden, weil bei höherem Alter aufgrund medizinischer Erkenntnisse häufig eine gewisse Senilität vorliegt. Der Ausschluss vom Wahlrecht kann jedoch durch Vorlage eines ärztlichen Attests umgangen werden. Zulässig?

457 Mit dem Kriterium der *Ansässigkeit im Bundesgebiet* soll neben der personenrechtlichen Verbindung durch die Staatsangehörigkeit auch auf die tatsächliche Verbindung mit dem deutschen Staat abgestellt werden. Ähnlich der Argumentation beim Ausländerwahlrecht soll (nur) derjenige die deutsche Staatsgewalt durch Wahlen legitimieren, der ihr auch tatsächlich bzw. regelmäßig unterliegt. Grundsätzlich ist eine Ansässigkeit von drei Monaten im Bundesgebiet erforderlich (vgl. § 12 Abs. 1 Nr. 2 BWahlG). Weitreichende Ausnahmen in § 12 Abs. 2 BWahlG heben dieses Kriterium auf für im Ausland tätige Angehörige des öffentlichen Dienstes sowie deren Familienangehörigen, in Mitgliedstaaten des Europarats ansässige Deutsche[59] sowie im sonstigen Ausland ansässige deutsche Staatsangehörige für einen Zeitraum von 25 Jahren. Diese Regelungen sind zweckmäßig, weil sie die über die Staatsangehörigkeit typischerweise auch im Ausland weiter bestehende enge Verbindung mit dem Heimatstaat sowie das Recht zur jederzeitigen Rückkehr berücksichtigen.

458 Der *Ausschluss vom Wahlrecht* betrifft besondere Konstellationen, denen eine richterliche Einzelentscheidung vorangeht. Gem. § 13 Nr. 1 BWahlG ist vom akti-

---

57 *Maunz*, in: Maunz/Dürig Art. 38 Rn. 32.
58 Vgl. *Maurer*, Staatsrecht § 13 Rn. 6 m.w.N.
59 Praktisch alle europäischen Staaten.

ven Wahlrecht ausgeschlossen, wer wegen eines Richterspruchs nicht das Wahl-recht besitzt. Erforderlich ist also eine zusätzliche gesetzliche Regelung. Haupt-fälle sind die Entziehung des Wahlrechts durch Strafurteil gem. § 45 StGB bei Straftaten gegen den Staat sowie als Folge der Grundrechtsverwirkung durch Entscheidung des BVerfG gem. § 39 Abs. 2 BVerfGG[60].

§ 13 Nr. 2, 3 BWahlG betrifft spezielle Fälle *geistiger Defizite*, in denen einzelnen **459** Staatsbürgern die Möglichkeit fehlt, sinnvoll am demokratischen Prozess teilzu-nehmen und eigenverantwortlich das Wahlrecht als politisches Mitwirkungsrecht auszuüben.

– Ausübung des Wahlrechts. § 14 BWahlG stellt gewissermaßen den formellen **460** Teil des aktiven Wahlrechts dar. Für die Ausübung am Wahltag ist es erforderlich, dass jeder gem. §§ 12, 13 BWahlG materiell Wahlberechtigte entweder in einem Wählerverzeichnis geführt wird oder einen Wahlschein besitzt (vgl. § 14 Abs. 1 BWahlG). Diese Vorschrift gehört zu den organisatorischen und verfahrensrecht-lichen Vorschriften des Wahlrechts, ohne die ein Massenereignis wie die Bundes-tagswahl mit ca. 60 Millionen Wahlberechtigten nicht durchgeführt werden könnte[61]. Deshalb ist eine besonders strenge Formalisierung des Wahlverfahrens notwendig und auch zulässig. Wählerverzeichnis und Wahlscheine sollen die Manipulationsmöglichkeiten beispielsweise durch eine mehrfache Stimmabgabe verhindern und so auch den Grundsatz der gleichen Wahl sichern.

(2) Passives Wahlrecht. Das passive Wahlrecht verbürgt die Möglichkeit, sich in **461** den Bundestag *wählen zu lassen*. Normative Grundlage ist verfassungsrechtlich Art. 38 Abs. 2 Halbsatz 2 sowie einfachgesetzlich § 15 BWahlG.

Wählbar ist gem. § 15 Abs. 1 BWahlG jeder deutsche Staatsangehörige, der das **462** 18. Lebensjahr vollendet hat (Volljährigkeit). Vom passiven Wahlrecht ausge-schlossen sind gem. § 15 Abs. 2 Nr. 1 BWahlG die Personen, die nach § 13 BWahlG auch vom aktiven Wahlrecht ausgeschlossen sind. Gem. § 15 Abs. 2 Nr. 2 BWahlG kann auch durch andere einfachgesetzliche Regelungen das passive Wahlrecht entzogen werden. Wie beim aktiven Wahlrecht ist dafür jedoch eine richterliche Entscheidung zwingend erforderlich. Als Hauptfälle sind auch hier die Nebenfolgen eines Strafurteils (vgl. §§ 45 f. StGB)[62] sowie der Entzug durch das BVerfG gem. § 39 Abs. 2 BVerfGG anzuführen.

Auch für die Ausübung des *passiven Wahlrechts* gelten zusätzliche formelle Anfor- **463** derungen, die vor allem mit der Organisation des Wahlgangs zusammenhängen, etwa Fristen oder Unterschriften von Unterstützern eines Wahlvorschlages (vgl. 18 ff. BWahlG). Diese formellen Anforderungen sind zwingend notwendig und insoweit unbedenklich, als sie nicht die Ausübung des materiellen passiven Wahl-rechts unmöglich machen.

---

60 Kritisch *Meyer*, HbStR II § 38 Rn. 3.
61 Bei der Bundestagswahl 2002 waren 61 432 868 Bürger wahlberechtigt (Quelle: Bun-deswahlleiter).
62 Kritisch *Meyer*, HbStR II § 38 Rn. 9.

464 Allerdings ist die effektive (erfolgreiche) Ausübung des passiven Wahlrechts praktisch nur in Verbindung mit der (politischen) Zugehörigkeit zu einer Partei möglich[63]. Als parteiloser Kandidat ist nur die Bewerbung für ein Direktmandat in einem Wahlkreis möglich. Praktisch sind jedoch parteilose Kandidaten in einem Wahlkreis chancenlos. Die Bestimmung der Kandidaten auf einer Listenverbindung für die Zweitstimme ist sogar den Parteien vorbehalten. Dieses Privileg im politischen Kampf um Wählerstimmen, welches das passive Wahlrecht des einzelnen Bürgers einschränkt, wird durch die Verfassung in Art. 21 ausdrücklich legitimiert. Im Gegensatz zum Wähler, der sein aktives Wahlrecht als Bürger ausübt und um dessen Stimme sich die Parteien im Wahlkampf bemühen, wird das passive Wahlrecht also durch die Parteien dominiert.

465 **(bb) Die Unmittelbarkeit der Wahl.** Der Grundsatz der Unmittelbarkeit der Wahl gebietet es, dass die einzige Willensentscheidung für die Besetzung des Parlaments mit Abgeordneten durch den Wähler getroffen wird. Im Zeitpunkt des Wahlakts muss gesetzlich festgelegt sein, wie sich die Ausübung des Wahlrechts auf die Zusammensetzung des Parlaments auswirkt. Insbesondere das wahltechnische, mathematische Verfahren zur Umsetzung der Wählerstimmen in Mandate muss endgültig und abschließend sein. Verboten ist, dass zwischen die Stimmabgabe der Wähler und die endgültige Bestimmung der gewählten Volksvertreter eine Instanz tritt, die kraft eigener, freier Willensentscheidung Einfluss auf die Auswahl der Volksvertreter nimmt.

> „Um den Grundsatz der Unmittelbarkeit der Wahl […] zu gewährleisten, ist es […] erforderlich, dass von Beginn der Stimmabgabe an das Wahlergebnis nur noch von einer einzigen Willensentscheidung, nämlich derjenigen der Wähler abhängt, abgesehen allein von Nichtannahme, späterem Rücktritt oder ähnlichen Handlungen der Gewählten selbst […]."[64]

> „Dem Grundsatz der unmittelbaren Wahl ist mithin dann Genüge getan, wenn das Wahlverfahren so geregelt ist, dass jede abgegebene Stimme bestimmten oder bestimmbaren Wahlbewerbern zugerechnet werden muss, ohne dass erst nach der Stimmabgabe noch eine Zwischeninstanz nach ihrem Ermessen die Abgeordneten auswählt."[65]

466 Der Wähler muss darüber hinaus in der Lage sein, vor dem Wahlakt zu erkennen, welche Personen sich um ein Abgeordnetenmandat bewerben und wie sich die eigene Stimmabgabe auf den Erfolg oder Misserfolg der Wahlbewerber auswirken kann[66]. Dem entspricht nicht nur die unmittelbare Wahl der Direktkandidaten in einem Wahlkreis (vgl. § 5 BWahlG), sondern auch die (Zweit-)Stimme für eine Listenverbindung (§ 6 BWahlG), weil über die starre Reihenfolge auf der Liste die potentiellen Abgeordneten bestimmbar und für den Wähler erkennbar sind.

467 Ein Beispiel für eine nicht unmittelbare Wahl ist die Institution der gewählten Wahlmänner, die in einem weiteren Wahlgang nach freiem Ermessen über die personelle Besetzung der staatlichen Institutionen entscheiden. Dieses Verfahren wird heute noch in den Vereinigten Staaten bei der Präsidentschaftswahl benutzt. Die gewählten Wahlmänner sind rechtlich frei in ihrer Entscheidung, welchen

---

63 Möglich ist auch die Aufstellung durch eine Partei ohne Parteizugehörigkeit.
64 BVerfGE 3, 45, 50 – *Reserveliste*.
65 BVerfGE 7, 63, 65 – *Starre Liste*.
66 Vgl. BVerfGE 95, 335, 350 – *Überhangmandate*.

Kandidaten sie zum Präsidenten wählen – faktisch erfolgt allerdings immer die Wahl des Kandidaten der eigenen Partei.

Wegen Verstoßes gegen die Unmittelbarkeit der Wahl wurde die nach dem Wahl- **468** gang erfolgte nachträgliche Abänderung der Reihenfolge von Kandidaten auf Listenverbindungen einer Partei für unzulässig erklärt[67]. Dagegen ist eine richterliche Entscheidung über die Rechtmäßigkeit bzw. Gültigkeit von Wahlakten selbstverständlich zulässig. Der Grundsatz der Unmittelbarkeit schließt zwar Willensentscheidungen Dritter zwischen Wahlakt und Parlamentsbesetzung aus, unterbindet aber nicht die Möglichkeit, die Rechtmäßigkeit der Wahl im Übrigen durch eine richterliche Willensbildung überprüfen zu lassen.

Klassischer Problemfall der unmittelbaren Wahl ist die Frage, ob die Regelung des **469** § 48 Abs. 1 Satz 2 BWahlG nicht gegen den Unmittelbarkeitsgrundsatz verstößt[68]. Regelungsgegenstand dieser Vorschrift ist die Nachfolge für einen ursprünglich gewählten Listenplatzinhaber wegen Todes, Mandatsverzichts etc. Dabei bleiben die zwischenzeitlich aus der Partei ausgeschiedenen Bewerber auf nachfolgenden Listenplätzen unberücksichtigt. Soweit ein nachfolgender Listenbewerber freiwillig aus der Partei ausscheidet, liegt eine freie Willensentscheidung des potentiellen Mandatsträgers vor, die strukturell dem Mandatsverzicht oder der Nichtannahme der Wahl entspricht. Im Hinblick auf die verfassungsrechtliche Privilegierung der Parteien gem. Art. 21, die sich in der Listenwahl niederschlägt, ist diese Regelung, die an die Parteizugehörigkeit anknüpft, deshalb zulässig[69]. Zweifelhaft ist die Nichtberücksichtigung bei Bewerbern, die unfreiwillig, d.h. durch Parteiausschluss aus der Partei ausgeschieden sind. In diesem Falle entscheidet ein mit Dritten besetztes (Partei-)Gremium letztlich darüber, ob ein gewählter Listenbewerber in den Bundestag einzieht oder nicht[70]. Das BVerfG hat die Verfassungsmäßigkeit von § 48 Abs. 1 Satz 2 BWahlG allerdings bejaht mit dem zweifelhaften Argument, dass die Parteizugehörigkeit eine vom Gesetzgeber festlegbare objektive Bedingung gleich den sonstigen Wählbarkeitsvoraussetzungen wie Staatsangehörigkeit etc. ist, um über eine Listenverbindung in das Parlament gewählt zu werden[71]. Diese Eigenschaft kann durch einen zulässigen Parteiausschluss aufgehoben werden (vgl. § 10 Abs. 4 PartG). Dabei übersieht das Gericht jedoch, dass die Parteizugehörigkeit keineswegs eine objektive Eigenschaft für einen Listenplatz ist (vgl. § 27 BWahlG)[72].

(cc) Die Freiheit der Wahl. Der Grundsatz der Freiheit der Wahl garantiert, dass **470** die Ausübung des Wahlrechts aus freiem Willensentschluss erfolgt und das Ergebnis eines freien und offenen Meinungsbildungsprozesses ist[73]. Der spezielle Akt der Stimmabgabe mittels Wahlzettel wird allerdings besonders durch die geheime Wahl geschützt. Deshalb betrifft der Grundsatz der freien Wahl vor allem den

67 BVerfGE 95, 335, 350 – *Überhangmandate*.
68 Vgl. *Meyer*, HbStR II § 38 Rn. 12.
69 Im Ergebnis *Meyer*, HbStR II § 38 Rn. 12; *Pieroth*, in: Jarass/Pieroth Art. 38 Rn. 12 m.w.N.
70 *Meyer*, HbStR II § 38 Rn. 12; *Pieroth*, in: Jarass/Pieroth Art. 38 Rn. 12.
71 BVerfGE 7, 63, 72 f. – *Starre Liste*.
72 Vgl. *Frowein*, AöR 99 (1977), 102 f.
73 Vgl. BVerfGE 44, 125, 139 – *Öffentlichkeitsarbeit der Regierung im Wahlkampf*.

zeitlichen Bereich vor der Stimmabgabe einschließlich der Entscheidung, sein Wahlrecht *überhaupt* durch eine Stimmabgabe *auszuüben*. Der Wähler soll vor Beeinflussungen geschützt werden, die geeignet sind, seine Entscheidungsfreiheit trotz bestehenden Wahlgeheimnisses ernstlich zu beeinflussen[74].

471   Unvereinbar mit der freien Wahl wird überwiegend die Pflicht zur Wahl angesehen[75]. Allerdings wäre eine solche Wahlpflicht ohnehin nicht zweckmäßig, weil die Geheimheit der Wahl auch die Möglichkeit garantiert, unbemerkt eine ungültige Stimme abzugeben. Entsprechend wäre auch eine Bekanntgabe der Nichtwähler unzulässig[76].

472   Am bedeutsamsten ist der Grundsatz der freien Wahl für die rechtliche Beurteilung von *Wahlbeeinflussungen im Vorfeld der Wahl*. Die Entscheidung des Wählers am Wahltag ist Ziel und Ende eines permanenten und sich bereits Monate vorher verschärfenden Wahlkampfs. Die politischen Parteien und ihre Bewerber kämpfen um die Stimmen der Bürger. Flankiert wird der Wahlkampf u.a. durch unzählige Verbände, Interessengruppen, gesellschaftliche Institutionen oder die Medien. Dieses der Demokratie immanente und erwünschte Werben um Wählerstimmen findet dort seine Grenze, wo der Grundsatz der freien Wahl verletzt wird. Für die rechtliche Einordnung als zulässige oder unzulässige Wahlbeeinflussung bietet sich eine Einteilung nach der Quelle der Beeinflussung an. Dabei gilt der Grundsatz, dass Wahlbeeinflussung durch staatliche Institutionen unzulässig, durch Private zulässig ist.

473   Wahlbeeinflussung durch staatliche Institutionen ist grundsätzlich unzulässig, weil die freie Wahlentscheidung der Legitimierung und Kontrolle der Staatsgewalt dienen soll. Ansonsten würde die Staatsgewalt Einfluss auf ihre eigene Legitimierung nehmen. Insbesondere der nach dem GG vorgesehene und sich in der Wahl zuspitzende politische Kampf zwischen parlamentarischer Opposition und Regierungsmehrheit wäre extrem manipulierbar, wenn im Wahlkampf die Regierungsmehrheit ihre staatlichen und amtlichen Ressourcen nutzen dürfte. Allerdings liegt unzulässige Wahlbeeinflussung nur bei rechtlich eindeutiger Zuordnung von Wahlhilfe zur staatlichen Sphäre vor, wie z.B. beim Einsatz öffentlicher Finanz- und Sachmittel für den Wahlkampf, ausdrückliches Auftreten als Amtsträger im Wahlkampf, behördliche Wahlempfehlungen, positive Darstellung der Legislaturperiode durch staatliche Stellen kurz vor der Wahl etc. Darüber hinaus ist eine Trennung zwischen Wahlwerbung und amtlicher Öffentlichkeitsarbeit faktisch unmöglich. Spitzenkandidaten der Regierungsparteien werden in der Öffentlichkeit bzw. bei öffentlichen Auftritten immer auch in ihrer Amtsfunktion wahrgenommen bzw. profitieren davon (sog. Kanzler- oder Amtsbonus[77]). Dieser Vorteil

---

74 Vgl. BVerfGE 66, 369, 380 – *Wahlbeeinflussung durch Unternehmer.*
75 Vgl. *Pieroth*, in: Jarass/Pieroth Art. 38 Rn. 9 m.w.N.
76 Als Verstoß gegen die geheime Wahl gewertet von *Maunz*, in: Maunz/Dürig Art. 38 Rn. 54.
77 Aktuelles Beispiel ist der Sieg der SPD bei den Bundestagswahlen 2002, der laut Wahlforschern wesentlich auf dem Kanzlerbonus nach der Flutkatastrophe in Ostdeutschland beruht.

ist als systemimmanent hinzunehmen. Die rechtliche Trennung muss aber zumindest im Bereich der Wahlkampfkosten durch entsprechende nachträgliche Erstattungen der Parteien vollzogen werden[78].

Die Grenze der unzulässigen Wahlbeeinflussung ist bei den nicht staatlichen Institutionen rechtlich noch schwieriger zu fassen. Grundsätzlich gibt es keine unzulässige Wahlbeeinflussung durch Private[79]. Wesen der Demokratie ist gerade der politische Meinungsstreit und Wahlkampf, der insbesondere in den Medien ausgetragen wird und an dem sich unzählige Interessenverbände und gesellschaftliche Gruppierungen wie die Gewerkschaften, Kirchen etc. beteiligen. Diese Beteiligung wird grundrechtlich abgesichert, vor allem durch die politischen Mitwirkungsrechte der Art. 5 GG. Die unzulässige Wahlbeeinflussung beginnt erst dort, wo sie unter Druck, Täuschung oder unter Missbrauch wirtschaftlicher Macht erfolgt[80]. Strafrechtlich bewehrt ist der Grundsatz der freien Wahl in den §§ 108 ff. StGB. **474**

Beispiele:

– Ein Unternehmer droht mit der Entlassung von Teilen seiner Belegschaft, wenn es zu einem Sieg der SPD bei den Bundestagswahlen kommt. Zulässig?[81]
– Die katholische Kirche fordert in einem bundesweit verbreiteten Hirtenbrief ihre Mitglieder auf, bei der kommenden Bundestagswahl die CDU zu wählen. Pastoren werden aufgefordert, von der Kanzel herab entsprechend auf die Gläubigen einzuwirken. Zulässig?[82]
– Die Gewerkschaften fordern ihre Mitglieder auf, die SPD zu wählen und unterstützen dies mit öffentlichen Veranstaltungen. Zulässig?[83]
– Eine westfälische Regionalzeitung, die über eine Monopolstellung im Münsterland verfügt, möchte die CDU bei der Bundestagswahl unterstützen. Dazu wird im redaktionellen Teil der Zeitung entsprechend Stellung bezogen und der Anzeigenteil für Wahlwerbung der übrigen Parteien gesperrt. Zulässig?[84]

Das Verbot, Teile des Wahlergebnisses bzw. Wahltendenzen bereits vor der Schließung der Wahllokale zu veröffentlichen oder in unmittelbarer Umgebung von Wahllokalen Wahlwerbung zu verbreiten (vgl. §§ 31, 32 BWahlG) folgt auch aus dem Prinzip der freien Wahl[85]. **475**

Der Grundsatz der freien Wahl gilt natürlich auch für das *passive* Wahlrecht. Beispiel dafür ist das Recht, Wahlvorschläge für Direktkandidaten einzureichen **476**

---

78 Diese Konstellation ähnelt der rechtlich ebenso schwer zu erfassenden Trennung zwischen Fraktionsdisziplin und Fraktionszwang.
79 In diesem Zusammenhang zählen auch die Kirchen zu den Privaten, weil die Kirchen trotz des öffentlich-rechtlichen Status nicht Teil der (mittelbaren) Staatsverwaltung sind, vgl. BVerwGE 18, 14 – *Hirtenbrief*.
80 Vgl. *Maurer*, Staatsrecht § 13 Rn. 14.
81 Vgl. BVerfGE 66, 369 – *Wahlbeeinflussung durch Unternehmer*.
82 Vgl. BVerwGE 18, 14 – *Hirtenbrief*.
83 Zuletzt im Bundestagswahlkampf 2002.
84 Vgl. BVerfGE 37, 84 – *Volksentscheid*; BVerfGE 42, 53 – *Volksentscheid*.
85 Bestandteil ist auch die Wahlgleichheit, die die Stimmabgabe in gleicher Weise bzw. unter gleichen Bedingungen fordert.

(vgl. § 18 Abs. 1 3WahlG). Ein angemessenes Quorum von 200 Unterschriften (vgl. § 20 Abs. 2 BWahlG) dient als zulässige formelle Einschränkung der Aussortierung völlig aussichtsloser oder unernster Wahlvorschläge. Das Monopol der Parteien für die Listenvorschläge wird durch die verfassungsrechtliche Privilegierung der Parteien im politischen Prozess gem. Art. 21 gerechtfertigt sowie das Recht des einzelnen Bürgers, sich in Parteien zu organisieren bzw. mitzuwirken.

477 (dd) **Die Geheimheit der Wahl.** Die geheime Wahl ist eine spezielle Garantie für die freie Wahlentscheidung des Wählers bei der Stimmabgabe. Die Stimmabgabe des Wählers darf kein Dritter einsehen, die Stimmabgabe darf nicht rekonstruierbar und individuell zurechenbar sein, auch nicht für andere Zwecke als die Absicht, die Wahlentscheidung des Wählers zu ergründen[86].

478 Durch die Geheimheit wird jeder Druck vom Wähler genommen, sich für die von ihm getroffene Wahlentscheidung rechtfertigen, Sanktionen befürchten oder auch einer Wahlpflicht nachkommen zu müssen. Auf den geheimen Wahlakt kann der Wähler nicht verzichten. Er kann zwar seine (angebliche) Wahlentscheidung vor und nach dem Wahlakt verkünden, aber nicht während der Stimmabgabe selbst, weil die Geheimheit der Wahl nicht nur ein subjektives Recht, sondern auch ein nicht verfügbares objektives Rechtsprinzip ist. Die Legitimierung der Staatsgewalt durch das Volk ist nämlich nur gegeben, wenn das Volk frei seinen Willen bildet und in Wahlen äußert. Die geheime Wahl ist der Kern dieser freien Wahl, weil letztlich nur durch sie die freie Stimmabgabe gesichert ist. Der Staat ist verpflichtet, die geheime Wahl durch entsprechende Ausgestaltung des Wahlverfahrens zu sichern, etwa durch Stimmkabinen, obligatorische Einzelstimmabgabe, anonyme Wahlzettel etc. (vgl. § 33 BWahlG). Strafrechtlich bewehrt ist die Verletzung des Wahlgeheimnisses in § 107c StGB.

479 Die geheime Wahl wird zugunsten der Allgemeinheit der Wahl eingeschränkt durch das Institut der Briefwahl oder die Wahl durch eine Vertrauensperson (vgl. § 36 BWahlG)[87]. Allerdings bedürfen die zeitlichen und örtlichen Ausnahmen von der regulären Wahl bei der Briefwahl besonderer Gründe, wie Krankheit etc[88].

480 (ee) **Die Gleichheit der Wahl.** Der Grundsatz der Gleichheit der Wahl ist im Sinne einer streng formalen Gleichheit aller am Wahlverfahren Beteiligten (Wähler, Wahlkandidaten, Parteien) zu verstehen. Er gilt nicht nur für den Wahlgang selbst, sondern für das gesamte Wahlverfahren von der Wahlvorbereitung, über den Wahlkampf bis zur Feststellung des Wahlergebnisses und der Zuteilung der Wahlmandate[89]. Die Wahlrechtsgleichheit durchzieht das gesamte Wahlrecht als Ordnungsprinzip und engt den Spielraum des Gesetzgebers bei der Ausgestaltung des Wahlrechts ein, weil Differenzierungen nur noch aus besonders zwingenden Gründen gerechtfertigt sind. Diese zwingenden Gründe müssen durch die Verfassung legitimiert und von einem der Wahlrechtsgleichheit entsprechenden Gewicht sein[90].

---

86 Vgl. *Meyer,* HbStR I § 38 Rn. 14.
87 Kritisch *Maurer,* Staatsrecht § 13 Rn. 13.
88 *Maurer,* Staatsrecht § 13 Rn. 13.
89 Vgl. *Magiera,* in: Sachs Art. 38 Rn. 91.
90 Vgl. *Magiera,* in: Sachs Art. 38 Rn. 93; Stern, Staatsrecht I S. 305.

Die Wahlrechtsgleichheit hat besonderes Gewicht, weil sie Ausdruck des egalitä-   **481**
ren Staatsbürgers ist, der seine demokratischen Rechte gleichberechtigt mit allen
anderen Staatsbürgern ausübt[91]. Die demokratische Legitimierung der „übrigen"
Staatsgewalt durch die Ausübung des Wahlrechts erfordert, dass jeder Staatsbürger dabei seinen Willen in gleicher Weise und unter den gleichen Bedingungen
einbringt bzw. einbringen kann, da sonst nicht das Volk (= alle Staatsbürger),
sondern nur eine Teilmenge bzw. eine Elite die Staatsgewalt ausüben und legitimieren würde. „In gleicher Weise" ist deshalb streng formal zu verstehen und lässt
grundsätzlich keine Differenzierungen zwischen den Staatsbürgern bei der Ausübung demokratischer Rechte zu. Nur besonders zwingende Gründe rechtfertigen
Unterscheidungen.

> „Die durch das Grundgesetz errichtete demokratische Ordnung trägt insoweit einen
> formalen Charakter, als sie unbeschadet der bestehenden sozialen Unterschiede im
> Bereich der politischen Willensbildung alle Staatsbürger absolut gleich behandelt und
> eine Durchbrechung dieses Grundsatzes nur unter strengen Voraussetzungen zulässt."[92]

Die Wahlrechtsgleichheit ist eine spezielle Regelung gegenüber dem allgemeinen   **482**
Gleichheitssatz des Art. 3 Abs. 1[93]. Ein Rückgriff ist ausgeschlossen. Diese von
seiner früheren Rechtsprechung abweichende Auffassung des BVerfG hat vor
allem prozessuale Auswirkungen, da sie dem Einzelnen den Zugang zur Verfassungsbeschwerde versperrt, wenn eine Verletzung der Wahlrechtsgleichheit in den
Bundesländern gerügt wird, denn Art. 38 ist unmittelbar nur für Bundestagswahlen anwendbar.

Im Kern des Wahlrechts steht der Wahlgang selbst, d.h. die Stimmabgabe (Wahl-   **483**
vorgang), die Ermittlung des Wahlergebnisses (Zählvorgang) und dessen Umsetzung in Abgeordnetensitze (Wertungsvorgang).

(1) **Wahlvorgang.** Jeder Wähler muss die gleiche Anzahl an Stimmen besitzen.   **484**
Unzulässig wäre eine unterschiedliche Stimmenanzahl, wie sie historisch z.B. in
Verbindung mit Steuerzahlungen oder anderen sozialen Statusmerkmalen auftrat.
Gem. § 4 BWahlG hat jeder Wähler zwei Stimmen.

(2) **Zählvorgang.** Bei der Auszählung der Stimmen muss jede Stimme gleich   **485**
gewichtet werden (gleicher Zählwert). Das Wahlergebnis darf sich nur gleichmä-
ßig aus allen Stimmen zusammensetzen. Wie das so ermittelte Wahlergebnis in die
parlamentarische Sitzverteilung umgesetzt wird, ist Frage des Erfolgswerts der
Stimme und gehört zum Wertungsvorgang. Anders formuliert drückt der gleiche
Zählwert die formell gleiche Chance jeder Stimme aus, sich erfolgreich in der
parlamentarischen Sitzverteilung widerzuspiegeln (sog. Erfolgschancenwert).

Die Wahlrechtsgleichheit gilt hinsichtlich des Zählwerts absolut. Es gibt keinen   **486**
zwingen Grund für unterschiedliche Zählwerte. Insbesondere ist der gleiche Zählwert Grundlage und Ausgangspunkt für alle Wahlsysteme, die die Umsetzung
eines Wahlergebnisses in Parlamentssitze leisten.

---

91 Vgl. *Stern*, Staatsrecht I S. 305.
92 BVerfGE 8, 51, 69 – *Steuerliche Abzugsfähigkeit von Parteispenden.*
93 BVerfGE 99, 1, 10 – *Kommunales Wahlvorschlagsrecht.*

487   (3) **Wertungsvorgang.** Im Wertungsvorgang wird das mittels Auszählen der Stimmen gefundene Wahlergebnis in die Verteilung der Parlamentssitze umgesetzt. Den Wertungsvorgang determiniert das Wahlsystem, für das sich der Gesetzgeber entscheidet. Das GG legt kein bestimmtes Wahlsystem fest, sondern überlässt dies dem Gesetzgeber[94].

488   Die *Wahlrechtsgleichheit* gebietet, dass alle Stimmen bei der Umsetzung in Mandate gleich behandelt werden. Problematisch ist, ob sich deshalb auch alle Stimmen gleichermaßen in der parlamentarischen Sitzverteilung niederschlagen müssen (gleicher Erfolgswert)[95] und so im Ergebnis doch eine verfassungsrechtliche Vorgabe für ein bestimmtes Wahlsystem bestünde[96].
Klar ist jedoch, dass eine vollständige Wahlrechtsgleichheit niemals erreicht werden kann, denn dann müsste auf jeden Stimmberechtigten theoretisch ein Abgeordneter fallen. Die Tatsache, dass in einem repräsentativen System ein Abgeordneter ganze Wahlkreise repräsentieren muss, macht es notwendig, die Zahl der abgegebenen Stimmen auf eine sehr viel geringere Anzahl von Abgeordneten zu verteilen. Wenn der Deutsche Bundestag über 598 Mandate verfügt, so ist die Verteilung der Wählerstimmen auf diese Abgeordnetenanzahl nur möglich, wenn Stimmenanteile nicht berücksichtigt werden.
Für die Verteilung der Stimmen auf die Abgeordnetensitze haben sich historisch zwei große Systeme herausgebildet: die Mehrheitswahl und die Verhältniswahl.

489   Bei der *Mehrheitswahl* ringen in einem Wahlkreis mehrere Kandidaten um das zu vergebende Mandat. Nur einer der Kandidaten, nämlich der, der die meisten Stimmen auf sich vereint, erhält das Mandat. Die anderen Stimmen wirken sich nicht aus.

490   Bei der *Verhältniswahl* spielen Wahlkreise keine Rolle. Vielmehr werden alle im gesamten Wahlgebiet zu vergebenden Sitze entsprechend dem Anteil der Stimmen, die eine Wahlliste oder eine Partei erhält, verteilt. Sind 598 Sitze zu vergeben, so erhält eine Partei, die 10 % der Stimmen errungen hat 59 Sitze. Theoretisch stehen ihr 59,8 % der Sitze zu. Da ein Parlamentssitz aber nicht aufgeteilt werden kann, bedarf es für die Bruchteile, die bei den einzelnen Listen oder Parteien übrig bleiben, hier also die 0,8 %, eines besonderen Verteilungssystems auf die Sitze, die übrig bleiben, wenn alle Sitze, die sich in ganzen Zahlen zuordnen lassen, vergeben sind.

491   Obwohl die Verhältniswahl dem Ideal des gleichen Erfolgswerts am nächsten kommt, wird daraus überwiegend keine Schlussfolgerung für eine entsprechende verfassungsrechtliche Vorgabe des vom Gesetzgeber zu schaffenden Wahlsystems gemacht[97]. Der Grundsatz der Wahlgleichheit trifft insoweit keine verfassungsrechtliche Vorentscheidung. Im Gegenteil wird die grundsätzliche Entscheidungsfreiheit des Gesetzgebers betont, der nur die Systemgerechtigkeit des von ihm

---

94 BVerfGE 95, 335, 349 m.w.N. – *Überhangmandate*; *Maunz*, in: Maunz/Dürig Art. 38 Rn. 56, 72.
95 Vgl. *Meyer*, HbStR II § 38 Rn. 25; *Maurer*, Staatsrecht § 13 Rn. 7, 24.
96 Vgl. zu dieser Problematik *Meyer*, HbStR II § 37 Rn. 25 ff.
97 BVerfGE 95, 335, 349 m.w.N. – *Überhangmandate*; *Maunz*, in: Maunz/Dürig Art. 38 Rn. 56, 72.

festgelegten Wahlsystems zu beachten hat. Entscheidet er sich aber für ein Verhältniswahlrecht, dann muss prinzipiell der gleiche Erfolgswert garantiert sein und kann nicht beliebig modifiziert werden. Einen viel weiteren Spielraum für die Modifizierung des gleichen Erfolgswert besitzt der Gesetzgeber dagegen, wenn er sich für ein Mehrheitswahlsystem entscheidet, weil diesem von vorneherein eine Beschränkung des gleichen Erfolgswerts durch das Mehrheitsprinzip innewohnt[98].

Im Ergebnis gilt die Gleichheit beim Erfolgswert deshalb nicht absolut, wie beim Zählwert, sondern muss nur dem vom Gesetzgeber gewählten Wahlsystem gerecht werden. Das beschriebene Problem der (fehlenden) Verfassungsvorgabe für ein Wahlsystem ist durch zwei Gründe praktisch entschieden. Erstens betont die ständige Rechtsprechung des BVerfG die Entscheidungsfreiheit des Gesetzgebers bei der Ausgestaltung des Wahlsystems. Zweitens hat sich der Gesetzgeber grundsätzlich für die Verhältniswahl entschieden, die eine prinzipielle Erfolgsgleichheit aller Stimmen gewährleistet. Die Frage der Zulässigkeit eines Mehrheitswahlrechts dient deshalb eher dem rechtsdogmatischen Verständnis des Wahlrechts.   **492**

c) **Wahlsystemtypen.** Ein Wahlsystem kann definiert werden als das im Wahlrecht normierte Wertungsverfahren, das die Stimmen in die Verteilung der Parlamentssitze umwandelt. Traditionell werden Wahlsysteme in die zwei Grundtypen Mehrheitswahl und Verhältniswahl eingeteilt[99]. In der Rechtspraxis finden sich aber zumeist Kombinationssysteme.   **493**

(aa) **Mehrheitswahl (Personenwahl).** Grundlage der Mehrheitswahl ist das *Mehrheitsprinzip*. Für die Wahl ist nur die Mehrheit maßgeblich, während das Minderheitsvotum unberücksichtigt bleibt. Gewählt ist derjenige, der in einem bestimmten Gebiet die Mehrheit der abgegebenen Stimmen auf sich vereinigt. Umgesetzt wird das Mehrheitswahlrecht durch die Unterteilung des Wahlgebiets bzw. der (ansässigen) Wahlbevölkerung in Wahlkreise, in denen sich die relative oder absolute Mehrheit der Stimmen durchsetzt. Die relative Mehrheit in einem Wahlkreis hat, wer die meisten abgegebenen Stimmen auf sich vereinigt, während die absolute Mehrheit 50 % plus eine abgegebene Stimme erfordert.   **494**

Die Einteilung der Wahlkreise hat für das Mehrheitswahlrecht eine herausragende Bedeutung. Bestimmt die Mehrheit in einem Wahlkreis einen Parlamentssitz, dann ist eine möglichst gleichmäßige Aufteilung der Wahlbevölkerung in Wahlkreise erforderlich. Ansonsten würde das Mehrheitsprinzip pervertiert, weil extreme Missverhältnisse zwischen der Mehrheit der gewonnenen Wahlkreise (= Parlamentssitze = Parlamentsmehrheit) und der Mehrheit der Wählerstimmen insgesamt auftreten können.   **495**

Aufgrund des Mehrheitsprinzips tendiert das Mehrheitswahlrecht zu einer von zwei Lagern dominierten politischen Landschaft, weil sich die für einen Parlamentssitz erforderlichen Stimmen in einem Spektrum von ca. 35 % und mehr   **496**

---

98 Kritisch *Meyer*, HbStR II § 37 Rn. 25 ff.
99 Kritisch *Meyer*, HbStR II § 37 Rn. 22.

bewegen, abhängig vom relativen bzw. absoluten Mehrheitserfordernis[100]. Dauerhaft bleibt deshalb nur Platz für zwei sich gegenüberstehende Parteien, die abwechselnd die Regierungsmehrheit übernehmen. Allerdings ist es durchaus möglich, dass sich eine dritte kleinere Partei in bestimmten Wahlkreisen durchsetzt und ggf. langfristig eine der beiden dominierenden Parteien verdrängt. Beispielsweise ist in Großbritannien trotz Mehrheitswahlrecht die liberale Partei neben Labour und Conservatives ins Parlament eingezogen.

Für das Mehrheitswahlrecht ist es typisch, dass bereits geringe Änderungen des Wählerverhaltens die Mehrheitsverhältnisse im Parlament verändern können, auch wenn dies nicht einer allgemeinen Änderung des Wählerverhaltens entspricht[101].

497   Funktion des Mehrheitswahlrechts ist die Bildung klarer, stabiler parlamentarischer Mehrheiten, weil kleine Parteien mit geringen Stimmenanteilen dem erfolglosen Minderheitsvotum zugeschlagen werden, das sich nicht im Parlament widerspiegelt.

498   Beim reinen Mehrheitswahlrecht besitzt jede Stimme den gleichen Zählwert bzw. die gleiche Erfolgschance, aber nicht den gleichen Erfolgswert. Gleichwohl wird ein (reines) Mehrheitswahlrecht auch mit dem GG bzw. dem Grundsatz der gleichen Wahl als vereinbar angesehen[102].

499   **(bb) Verhältniswahl (Listenwahl).** Das Prinzip der Verhältniswahl ist, dass sich das Stimmverhältnis des Wahlergebnisses im Sitzverhältnis des Parlaments abbildet. Jede politische Gruppierung bekommt so viele Parlamentssitze, wie ihr nach dem Verhältnis der abgegebenen Stimmen zusteht. Erforderlich ist prinzipiell keine Einteilung des Wahlgebiets bzw. der Wahlbevölkerung in Wahlkreise. Gewählt werden nicht einzelne Personen, sondern Gruppierungen, wie Parteien oder Wahlbündnisse, die ihre Kandidaten in Listen aufstellen.

500   Die reine Verhältniswahl nähert sich am engsten an das Ideal der Erfolgsgleichheit aller Stimmen an, also einer möglichst genauen Übereinstimmung der Proportionen von Stimmen und Mandaten. Sie entspricht dem egalitär-demokratischen Ideal, dass die Ausübung des politischen Willens aller Staatsbürger (= Wahlberechtigte) in gleicher Weise auf die staatlichen Institutionen einwirkt, auch wenn sich mit wachsender Anzahl der Wahlberechtigten der Erfolgswert der einzelnen Stimme marginalisiert. Vollständig kann die Verhältniswahl dieses Ideal aber nicht verwirklichen, weil sich der (auch) aus Bruchteilen bestehende Proporz der Wählerstimmen nicht in der ganzzahligen Sitzverteilung im Parlament widerspiegeln kann. Bei der Verhältniswahl stellt sich deshalb immer das Problem, wie man die Reststimmenanteile behandelt, die sich nicht mehr anhand des Wahlquotienten einem Parlamentssitz zuweisen lassen.

---

100   Stimmenanteile von weniger als 30 % fallen aufgrund des Mehrheitsprinzips weg. Die Möglichkeit, mit weniger als 30 % einen Wahlkreis zu gewinnen, ist regelmäßig nur theoretisch vorhanden.

101   *Ipsen*, Staatsrecht Rn. 67.

102   Vgl. *Maunz*, in: Maunz/Dürig Art. 38 Rn. 72; a.A. *Meyer*, HbStR II § 37 Rn. 22.

Die Verhältniswahl unterstützt die Bildung von komplexeren politischen Spek- **501**
tren, weil sie politischen Minderheiten den Weg in das Parlament ebnet. Dieser
Effekt ist allerdings auch der bedeutsamste Kritikpunkt am Verhältniswahlsystem.
Es ermöglicht eine Zersplitterung des Parlaments und erschwert die Entstehung
einer stabilen Regierungsmehrheit im Parlament. Kleine parlamentarische Gruppierungen erlangen unter Umständen ein ihrem Stimmenanteil nicht entsprechendes politisches Gewicht. Beispiel sind die religiös-orthodoxen Parteien in Israel,
die als Mitglied einer Mehrparteienkoalition enormen Einfluss besitzen.

Gegenüber dem Mehrheitswahlrecht sinkt der persönliche Aspekt der Listenbe- **502**
werber als Entscheidungsfaktor für die Wahlentscheidung des Wählers. Maßgebend ist nur noch, ob die Stimme für ein bestimmtes politisches Lager abgegeben
werden soll oder nicht. Dies gilt jedenfalls, wenn der Wähler nicht über die Reihenfolge der Listenbewerber entscheiden kann (sog. starre Liste). Im deutschen
Wahlrecht existiert auf kommunaler Ebene die Möglichkeit, die Reihenfolge der
Listenbewerber bei der Wahl abzuändern (sog. freie Liste) oder sogar Kandidaten
anderer Listen zu übernehmen (Stichworte: kumulieren und panaschieren).

(cc) Kombinationssysteme. Im Ergebnis hat das Mehrheitswahlrecht die Schwä- **503**
che, dass aufgrund des Mehrheitsprinzips eine dominierende Parlamentsmehrheit
die Stimmverhältnisse des Wahlergebnisses verzerrt und der Minderheitenschutz
bzw. die Berücksichtigung gewichtiger politischer Kräfte in den staatlichen Institutionen darunter leidet. Das Verhältniswahlrecht gewährt auch politischen Minderheiten institutionellen Einfluss, schwächt aber die Ausübung der Staatsfunktionen durch Zersplitterung. Deshalb werden Wahlsysteme häufig durch
Kombination von Verhältnis- und Mehrheitswahl gebildet.

Eine Kombinationsmöglichkeit ist die Modifizierung eines Verhältniswahlsystems **504**
durch Sperrklauseln. Die proportionale Zuteilung der Parlamentssitze erfolgt nur
noch anhand der Stimmanteile, die über der Sperrklausel liegen. Das Element der
Mehrheitswahl zulasten der Verhältniswahl liegt darin, dass das beispielsweise
unter 5 % liegende Minderheitsvotum in der parlamentarischen Sitzverteilung
unberücksichtigt bleibt. Eine andere Kombinationsmöglichkeit besteht darin, dass
die Parlamentssitze aufgeteilt werden in einen Anteil, der durch Wahlkreise mit
Mehrheitswahl bestimmt wird und einen Anteil, der sich nach den Stimmenver-
hältnissen im Wahlgebiet zusammensetzt. Im Ergebnis existiert eine Vielzahl
unterschiedlichster Kombinationsmöglichkeiten[103].

d) Das Wahlsystem nach dem BWahlG. Die Verfassung überlässt dem Gesetzge- **505**
ber gem. Art. 38 Abs. 3 die einfachgesetzliche Ausgestaltung des Wahlsystems und
räumt ihm insbesondere die Wahl zwischen der Mehrheitswahl und der Verhältniswahl oder einer Kombination beider Wahlsysteme ein[104]. Entscheidet sich der
Gesetzgeber für ein bestimmtes Wahlsystem, dann muss die gesetzliche Ausgestaltung im Einzelnen systemtreu sein[105]. Allerdings ist der einfache Gesetzgeber an
die Wahlrechtsgrundsätze gebunden.

---

103 Eine Übersicht gibt *Meyer*, Wahlsystem und Verfassungsordnung.
104 Vgl. BVerfGE 95, 335, 349 – *Überhangmandate*.
105 Vgl. BVerfGE 95, 335, 354 m.w.N. – *Überhangmandate*; *Meyer*, HbStR II § 37
     Rn. 33 ff.

506 Das Wahlsystem auf Bundesebene ist im Bundeswahlgesetz (BWahlG) geregelt. Darin hat sich der Gesetzgeber für ein *Kombinationssystem von Verhältniswahlrecht und Mehrheitswahlrecht* entschieden, wobei die Grundsätze der Verhältniswahl maßgebend sind und das Wahlrecht dominieren (§ 1 Abs. 1 Satz 2 BWahlG)[106]. Die 598 Mandate des Bundestags werden im Verhältnis der Stimmen verteilt, die für die jeweiligen Listenverbindungen der zur Wahl angetretenen Parteien abgegeben wurden. Das Wahlsystem wird durch Elemente der Mehrheitswahl und andere Besonderheiten, wie die 5 %-Klausel oder Überhangmandate, modifiziert, die der Bundestagswahl aber nicht den grundsätzlichen Charakter einer Verhältniswahl nehmen.

507 Das deutsche Wahlsystem wird als *personalisierte Verhältniswahl* charakterisiert (vgl. § 1 Abs. 1 Satz 2 BWahlG). Aufgrund der vorgeschalteten Personenwahl besitzt jeder Wähler zwei Stimmen (vgl. § 4 BWahlG): die Erststimme für die Personenwahl sowie die Zweitstimme für die Wahl einer Partei (Listenverbindung). Wegen des Grundsatzes der Verhältniswahl ist im Regelfall nur die Zweitstimme entscheidend für die Kräfteverhältnisse im Parlament. Die Erststimme wirkt sich dagegen nur auf die personelle Zusammensetzung aus, indem die Hälfte der Listenmandate durch Direktmandate ersetzt wird.

508 Die konkrete gesetzgeberische Entscheidung für die personalisierte Verhältniswahl kann allerdings zur Folge haben, dass nicht ausschließlich die Zweitstimmen die parlamentarischen Kräfteverhältnisse bestimmen[107]. Ursache ist, dass in bestimmten Konstellationen die Ersetzung von Listenmandaten der Parteien durch Direktmandate strukturell nicht möglich ist. Dazu gehört der Fall der Überhangmandate, die Wahl eines parteilosen Direktkandidaten sowie die Wahl von Parteibewerbern, deren Listenverbindung nicht in den Bundestag gewählt wird.

S. hierzu Rn. 1049: Übersicht 5: Übersicht zum Wahlsystem I.

509 Das Mehrheitswahlrecht entscheidet über die personelle Besetzung der Hälfte der 598 Sitze im Bundestag. 299 Abgeordnete werden direkt in den 299 Wahlkreisen gewählt (vgl. § 1 Abs. 2 BWahlG). Gewählt wird mit der Erststimme (vgl. § 4 BWahlG). Das Direktmandat bekommt, wer die relative Mehrheit der Erststimmen im Wahlkreis erhält, d.h. die meisten der abgegebenen gültigen Erststimmen auf sich vereinigt (vgl § 5 BWahlG). Die unterlegenen Stimmanteile haben keinen Einfluss auf die Parlamentssitzverteilung (kein Erfolgswert, Mehrheitsprinzip).

510 Die *Aufstellung als Kandidat* in einem Wahlkreis regeln die §§ 18–26 BWahlG. Die Aufstellung als Direktkandidat für einen Wahlkreis erfolgt durch Wahlvorschlag, der von Parteien oder von Wahlberechtigten eingereicht werden kann (vgl. § 18 Abs. 1 BWahlG). Die formellen Voraussetzungen regeln die §§ 18–22 BWahlG. Für Kreiswahlvorschläge von Parteien gelten geringere Anforderungen als für Vorschläge von Wahlberechtigten, die ein Unterschriftenquorum von 200 Unterschriften gem. § 20 Abs. 3 BWahlG beibringen müssen. Nur für politisch unbedeutende Parteien i.S.d. § 18 Abs. 2 BWahlG gelten ebenfalls die erhöhten

---

106 *Ipsen*, Staatsrecht Rn. 104; *Maurer*, Staatsrecht § 13 Rn. 27; *Magiera*, in: Sachs Art. 38 Rn. 110.
107 Deshalb insoweit missverständlich *Maurer*, Staatsrecht § 13 Rn. 28.

formellen Anforderungen wie für einen parteilosen Bewerber[108]. Diese Einschränkung des passiven Wahlrechts bzw. des Wahlvorschlagsrechts wird durch den Zweck gerechtfertigt, völlig aussichtslose Wahlbewerbungen auszusortieren. Bisher hat – abgesehen von der ersten Bundestagswahl – auch noch kein parteiloser Bewerber ein Direktmandat im Bundestag erobern können[109].

Funktion der Mehrheitswahl ist die personelle Vorauswahl von Abgeordneten zu **511** Lasten der Listenbewerber einer Partei. Obwohl 299 direkt gewählte Kandidaten in jedem Fall in den Bundestag einziehen, bedeutet dies nicht, dass die Hälfte der Bundestagsabgeordneten direkt und die andere Hälfte nach Listen vergeben werden (sog. Grabensystem). Ausschlaggebend für die Sitzverhältnisse ist das Verhältnis der Zweitstimmen[110]. Die danach berechneten Sitze einer Partei werden soweit an Listenbewerber vergeben, als nach Abzug der Direktmandate noch Restplätze zu vergeben sind. Das ist der gesetzliche Regelfall. Abweichende Fälle sind zum einen der erfolgreiche parteilose Bewerber für ein Direktmandat sowie ein Wahlergebnis, das zu einem Überhang der Direktmandate einer Partei über die der Liste insgesamt nach Zweitstimmen zustehende Mandate führt.

Erobert ein parteiloser Erwerber oder ein Bewerber einer erfolglosen Partei ein **512** Direktmandat, dann fallen seine Zweitstimmen und sein Parlamentssitz für die Ermittlung der übrigen parlamentarischen Kräfteverhältnisse weg (vgl. § 6 Abs. 1 Satz 2, 3 BWahlG), weil sich ansonsten diese Stimmen zweimal in der Mandatsverteilung niederschlagen würden. In diesen Fällen ist nur das Mehrheitswahlrecht für die Sitzverteilung im Bundestag entscheidend. Die Verhältniswahl bleibt außen vor, weil sie nur auf Listenverbindungen Anwendung finden kann.

Wie bereits erwähnt, spielt die Einteilung des Wahlgebiets in Wahlkreise eine **513** besondere Rolle im Mehrheitswahlrecht. Gem. §§ 2 f. BWahlG müssen die Wahlkreise eine möglichst gleichmäßige Bevölkerungsanzahl besitzen – Abweichungen vom Durchschnitt sind grundsätzlich nur in engem Rahmen bis 15 % nach oben bzw. unten zulässig (vgl. § 3 Abs. 1 Nr. 2, 3 BWahlG). Erforderlich ist aufgrund der föderalen Struktur die Einhaltung der Ländergrenzen, damit eine landesinterne Anrechnung der Direktmandate auf die Landeslisten möglich ist.

Die Verhältniswahl ist das für die parlamentarische Sitzverteilung im Bundestag **514** entscheidende Prinzip[111]. Gegenstand der Verhältniswahl sind nur die Listenverbindungen der Parteien (§ 1 Abs. 2 BWahlG). Diese Landeslisten können gem. § 27 Abs. 1 Satz 1 BWahlG nur von den Parteien aufgestellt werden (Listenprivileg der Parteien[112]) und dies nur nach den im BWahlG festgelegten Regeln. Gewählt werden sie mit der Zweitstimme (vgl. § 4 letzter Halbsatz BWahlG). Der bundesweit errungene Zweitstimmenanteil jeder Liste entspricht einer Anzahl von

---

108 Parteilos bezieht sich nicht auf die Mitgliedschaft, sondern nur darauf, ob ein Direktkandidat von einer Partei vorgeschlagen wird oder nicht. Eine Divergenz zwischen Mitgliedschaft und Kandidatur für eine Partei tritt aber praktisch kaum auf.

109 Vgl. *Maurer*, Staatsrecht § 13 Rn. 38.

110 Daher stellen die Parteien im Wahlkampf auch immer die Zweitstimme als entscheidend heraus.

111 BVerfGE 6, 84, 90 – *Sperrklausel*; 13, 127, 129 – *Wahlkreisgröße*; 95, 335, 356 – *Überhangmandate*.

112 *Ipsen*, Staatsrecht Rn. 105.

Bundestagssitzen, die ihr zur Verfügung steht (Prinzip der Verhältniswahl). Auf jeder Liste bewerben sich die von einer Partei in fester Reihenfolge aufgestellten Personen für den Bundestag (sog. starre Liste) – je weiter man oben steht, desto höher sind die Chancen, über die einer Liste zugeteilten Bundestagssitze in den Bundestag gewählt zu werden.

515   Die föderale Struktur der Bundesrepublik hat zu einer Einteilung des Wahlgebiets nach Bundesländern geführt, in denen sich die (Landes-)Parteien mit Landeslisten bewerben und nicht mit einer einheitlichen Bundesliste. Für die Berechnung der Sitzanteile jeder Partei wird aber eine fiktive Bundesliste aus den Landeslisten derselben Partei gebildet (vgl. § 7 Abs. 1, 2 BWahlG).

516   **(aa) Ermittlung der Sitzverteilung/Auszählsystem.** Das Auszählsystem wertet die abgegebenen Stimmen in Parlamentssitze um. Normiert ist es für die Direktmandate in §§ 4, 5 BWahlG und für die Listenmandate in §§ 6, 7 BWahlG.

517   **(1) Auszählung der Wahlkreise und Ermittlung der Direktmandate (§§ 4, 5 BWahlG).** Erster Schritt ist zwingend die Ermittlung der Wahlergebnisse in den 299 Wahlkreisen. Dazu werden die abgegebenen gültigen Erststimmen ausgezählt. Gewählt ist, wer die Mehrheit der gültigen Stimmen auf sich vereinigt (relative Mehrheit, § 5 Satz 2 BWahlG). Die gewählten Kandidaten sind sicher im Bundestag.

518   **(2) Ermittlung des Bundesproporz der Zweitstimmen (§ 6 Abs. 1 Satz 1, 2 BWahlG).** Zweiter Schritt ist die Auszählung der Stimmen, die auf die einzelnen Parteien bzw. deren fiktive Bundeslisten entfallen (Bundesproporz, § 6 Abs. 1 Satz 1–2, § 7 Abs. 1, 2 BWahlG). Unberücksichtigt bleiben gem. § 6 Abs. 6 BWahlG die Listen, die im Wahlgebiet – d.h. bundesweit – nicht die 5 %-Sperrklausel überwinden konnten und bei denen auch nicht die Ausnahmebestimmungen Grundmandatsklausel bzw. Partei nationaler Minderheit eingreifen.

S. hierzu Rn. 1050: Übersicht 6: Übersicht zum Wahlsystem II.

519   **(3) Umwandlung der Zweitstimmenanteile in Bundestagsmandate (Hare/Niemeyer).** Aufgrund des Bundesproporz steht jeder Bundesliste einer Partei eine bestimmte Anzahl von Bundestagsmandaten zu (soweit diese nicht bereits an einen Bewerber i.S.d. § 6 Abs. 1 Satz 2 BWahlG vergeben sind).

520   Problematisch ist bei der Verhältniswahl immer die Umrechnung der Stimmenverhältnisse in Sitzanteile, weil sich ein Parlament nur aus ganzzahligen Sitzanteilen zusammensetzen kann, die Stimmanteile aber immer auch Zahlenbruchteile enthalten. Jede Berechnungsmethode steht daher vor der Frage, wie sich die Restbruchteile von Stimmen, die nicht mehr einem ganzen Bundestagssitz zugeordnet werden können, auf die Sitzverteilung auswirken sollen. Bis zur Bundestagswahl 1983 galt das Berechnungsverfahren des Belgiers *d'Hondt*, bei dem die Restbruchteile wegfielen. Seit der Bundestagswahl 1983 erfolgt die Berechnung der Sitzanzahl durch das sog. *Hare/Niemeyer*-Verfahren. Eine ebenfalls für Verhältniswahlen benutzte Methode auf Länderebene bzw. für parlamentsinterne Wahlen ist das *Sainte-Lague/Schepers*-Verfahren[113].

---

113   Vgl. Nachweise bei *Maurer*, Staatsrecht § 13 Rn. 29.

Beim *Hare/Niemeyer*-Verfahren werden zunächst die benötigten Stimmen für **521** einen Parlamentssitz ermittelt (Wahlquotient) und dann die Anzahl von Sitzen vergeben, die dem ganzzahligen Vielfachen des Wahlquotienten entspricht (vgl. § 6 Abs. 2 Satz 2, 3 BWahlG). Danach noch nicht vergebene Restsitze werden in der Reihenfolge der höchsten Nachkommastellen vergeben, die sich nach Division der eroberten Zweitstimmen durch den Wahlquotienten ergeben (vgl. § 6 Abs. 2 Satz 4 BWahlG).

Der Vorgänger des *Hare/Niemeyer*-Verfahrens war das *d'Hondt'sche* Höchstzahl- **522** verfahren. Im Unterschied zu *Hare/Niemeyer* werden bei *d'Hondt* die Nachkommastelle nicht berücksichtigt, sondern fallen bei der Sitzverteilung weg. Dadurch werden tendenziell die großen Parteien begünstigt, weil der ersatzlose Wegfall von Reststimmen bei großen absoluten Stimmenanteilen natürlich weniger Bedeutung hat als bei kleinen Stimmanteilen. Beide Verfahren sind verfassungsgemäß und gehören in den zulässigen Spielraum, den die Verfassung dem Gesetzgeber bei der Ausgestaltung des Wahlsystems eröffnet.

Berechnungsbeispiele für *Hare/Niemeyer* und *d'Hondt*[114]:

Es sind 100.000 Stimmen abgegeben worden, für die Partei A 50.000 Stimmen, für die Partei B 35.000 Stimmen und für die Partei C 15.000 Stimmen. 11 Abgeordnetensitze sind zu vergeben.

Nach dem *d'Hondtschen* Höchstzahlverfahren ergibt sich:

Partei	Stimmen	Dividiert :1	Dividiert : 2	Dividiert : 3	Dividiert : 4	Dividiert : 5	Dividiert : 6
A	50.000	50.000 = 1	25.000 = 3	16.666 = 5	12.500 = 7	10.000 = 9	8.333 = 11
B	35.000	35.000 = 2	17.500 = 4	11.666 = 8	8.750 = 10	7.000	5.833
C	15.000	15.000 = 6	7.500	5.000	3.750	3.000	2.500

Es müssen nach diesem Verfahren die Stimmenanteile der Parteien; also 50.000 (A-Partei), 35.000 (B-Partei), 15.000 (C-Partei); *jeweils so lange* durch ganze Zahlen geteilt werden, bis eine Zahl von ganzzahligen Brüchen entsteht, die der Anzahl der zu vergebenden Abgeordnetensitze entspricht, hier also 11. Es werden dementsprechend die Zahlen 50.000, 35.000, 15.000 erst durch 1 geteilt; dies ergibt die Zahlen 50.000, 35.000, 15.000. Dann wird durch 2 geteilt; dies ergibt die Zahlen 25.000, 17.500, 7.500. Dann wird durch 3 geteilt; dies ergibt die Zahlen 16.666, 11.666, 5000. usw. Die Ergebnisse der Teilungen werden in der Reihenfolge der Höhe der Zahlen geordnet: 50.000, 35.000, 25.000, 17.500 usw. Jeweils eine Zahl entspricht einem Parlamentssitz und zwar für die Partei, der der Bruch durch Teilung „ihrer" Stimmenzahl entstanden ist. 50.000 (A-Partei = 1. Sitz), 35.000 (B-Partei = 2. Sitz) 25.000 (A-Partei = 3. Sitz), 17.500 (B-Partei = 4. Sitz), 15.000 (C-Partei = 5. Sitz) bis alle 11 Sitze vergeben sind.

Entsprechend der Höchstzahlen nach den Gleichheitszeichen erhält die A-Partei von den 11 Parlamentssitzen 6, die B-Partei 4 und die C-Partei 1 Sitz.

Nach *Hare/Niemeyer* ergibt sich:

Wahlquotient = wie viele Stimmen braucht man für einen Parlamentssitz?
100.000 Gesamtstimmen/11 Parlamentssitze = 9.090,90

---

114 Nach *von Münch*, Staatsrecht I S. 70 f.

A-Partei = 50.000/9.090,90 = 5,50 = 5 Sitze plus 0,5 Zahlenbruchteil
B-Partei = 35.000/9.090,90 = 3,85 = 3 Sitze plus 0,85 Zahlenbruchteil
C-Partei = 15.000/9.090,90 = 1,65 = 1 Sitz plus 0,65 Zahlenbruchteil

Vergeben sind bisher 9 der 11 Sitze. Die beiden restlichen Sitze werden den Parteien zugewiesen, die die höchsten Zahlenbruchteile haben, d. h. an die Partei B und die Partei C.

Endgültig erhält die Partei A 5 Sitze, die Partei B 4 Sitze und die Partei C 2 Sitze.

523 Das *Hare-Niemeyer*-Verfahren kann dazu führen, dass eine Partei, die mehr als die Hälfte der Zweitstimmen erobert, trotzdem nicht mehr als die Hälfte der Sitze erlangen würde. Für diesen Fall wird vor der Zuweisung der Restsitze nach Höchstbruchteilen ein zusätzlicher Sitz an diese Partei vergeben (vgl. § 6 Abs. 3 BWahlG).

524 **(4) Verteilung der Bundestagsmandate einer Partei auf die einzelnen Landeslisten (Länderproporz).** Am Ende des vorangegangenen Schrittes steht die Anzahl der Bundestagssitze fest, die jeder Partei als fiktiver Bundesliste insgesamt zustehen. Erforderlich ist nunmehr die Aufteilung auf die einzelnen Landeslisten. Die Zuteilung der Bundestagsmandate an die Landeslisten erfolgt über die Relation der Zweitstimmen, die auf die jeweiligen Landeslisten derselben Partei entfallen (vgl. § 7 Abs. 3 BWahlG).

525 **(5) Abzug der in einem Land errungenen Direktmandate (vgl. § 6 Abs. 4 BWahlG).** Von den jeder Landesliste zugeteilten Mandaten werden zunächst alle von Parteibewerbern im Land errungenen Direktmandate abgezogen. Die restlichen Mandate werden als Listenmandate durch die entsprechende Anzahl von Personen der Landesliste besetzt. Aus diesem Grund schlägt sich nur eine von beiden Stimmen effektiv in einem Mandat nieder – wobei man streiten kann, ob das Erst- oder Zweitstimme ist. Von der gesetzlichen Systematik aus soll die Zweitstimme das „Ob" eines Bundestagsmandats für eine Partei entscheiden, während die Erststimme das „Wer" bestimmt. Sind in einem Land mehr Direktmandate errungen worden, als einer Partei nach Zweitstimmen zustehen, dann bestehen sog. Überhangmandate.

526 **(bb) Sperrklausel, Grundmandatsklausel und Überhangmandate.** Im deutschen Wahlrecht gibt es teils bedingt durch die Ausgestaltung als personalisierte Verhältniswahl einige Besonderheiten: dazu zählen die Sperrklausel, die Grundmandatsklausel und die Überhangmandate.

527 Die reine Verhältniswahl wird durch die *Sperrklausel* eingeschränkt. Gem. § 6 Abs. 6 BWahlG bleiben von der Zuteilung der Bundestagssitze diejenigen Parteien ausgeschlossen, die nicht mindestens 5 % der im Wahlgebiet (vgl. § 2 Abs. 1 BWahlG) abgegebenen gültigen Stimmen auf sich vereinigen, d. h. Parteien mit weniger als 5 % Zweitstimmen bundesweit. Zweitstimmen für diese Parteien fallen ersatzlos weg. Die Verteilung der 598 Bundestagssitze erfolgt nach den Stimmanteilen der übrigen Parteien in Relation zur Summe der Zweitstimmen nach Anwendung der Sperrklausel. Die Sperrklausel führt also nicht zu einer Verkleinerung des Bundestags. Die nicht berücksichtigten Stimmenanteile werden den in den Bundestag gelangten Parteien (Listen) zugeschlagen. Keine Auswirkung hat die Sperrklausel auf die Ermittlung der Direktmandate. Erringt ein Bewerber ein Direktmandat, dessen Partei an der Sperrklausel scheitert, dann zieht er trotzdem in den Bundestag ein. Die restlichen Bundestagsmandate werden dann nach dem Zweitstimmenanteil der übrigen Parteien aufgeteilt (vgl. § 6 Abs. 1 Satz 3 BWahlG).

Funktion der Sperrklausel ist die Schaffung eines stabilen Parlaments. In ihm sollen nur die politischen Kräfte vertreten sein, die über eine gewisse gesamtdeutsche Bedeutung verfügen. Verhindert werden soll, dass Splitterparteien in den Bundestag einziehen und dadurch die parlamentarische Mehrheitsbildung erschwert wird. Ob ein höherer oder niedrigerer Wert als 5 % der Zweitstimmen sinnvoll ist, bleibt eine rechtspolitische Entscheidung im Ermessen des Gesetzgebers. Allerdings dürfte eine Sperrklausel über 10 % dem Grundsatz der Verhältniswahl zuwiderlaufen[115]. Die Sperrklausel in der jetzigen Form ist jedenfalls verfassungsgemäß[116]. Sie schränkt zwar den Grundsatz der Erfolgsgleichheit jeder Stimme ein, was ein Verhältniswahlrecht eigentlich verhindern will. Diese Einschränkung kann aber durch sachliche Gründe gerechtfertigt werden, zumal ein reines Mehrheitswahlrecht, wofür der Gesetzgeber sich grundsätzlich entscheiden könnte, zu einer viel größeren Erfolgswertungleichheit führen würde. Rechtfertigender sachlicher Grund ist die Funktionsfähigkeit des Parlaments, die gefährdet würde, wenn Splitterparteien in das Parlament gelangen und dort die Mehrheitsbildung verhindern oder zumindest erschweren würden[117].

Die Sperrklausel wurde bei der ersten gesamtdeutschen Wahl nach der Wiedervereinigung nur im westdeutschen Wahlgebiet angewandt, um den beitrittsbedingten, besonderen politischen Verhältnissen in Ostdeutschland gerecht zu werden. Ansonsten wäre es für politische Neugründungen kaum möglich gewesen, sich gegen die etablierte westliche Konkurrenz behaupten zu können[118]. **528**

Die Sperrklausel gilt nicht uneingeschränkt, sondern mit zwei Ausnahmen, der sog. Grundmandatsklausel zugunsten von Parteien nationaler Minderheiten (vgl. § 6 Abs. 6 BWahlG). **529**

Die Grundmandatsklausel nimmt solche Parteien von der Sperrklausel aus, deren Bewerber im Wahlgebiet in drei Wahlkreisen ein Direktmandat gewonnen haben (vgl. § 6 Abs. 6 Satz 1 Halbsatz 2 BWahlG). Typisiert wird angenommen, dass eine Partei in diesem Falle eine besondere regionale oder lokale Bedeutung besitzt, die es rechtfertigt, sie von der Anwendung der Sperrklausel auszunehmen. Die Grundmandatsklausel führt dazu, dass bei der Verteilung der Bundestagssitze nach Zweitstimmen auch die unter 5 % bleibenden Parteien berücksichtigt werden, wenn sie über drei Direktmandate verfügen. **530**

Teilweise wird die Grundmandatsklausel als verfassungswidrig eingestuft, da sie zu einer nicht hinnehmbaren Ungleichbehandlung von kleineren Parteien führt **531**

---

115 Enger *Maurer*, Staatsrecht § 13 Rn. 33.
116 BVerfGE 1, 208, 247 – *Landeswahlgesetz Schleswig-Holstein;* BVerfGE 82, 322, 338 – *Wahlrechtsvertrag BRD/DDR;* BVerfGE 95, 408, 419 – *Grundmandatsklausel;* vgl. dazu auch eine Fallbearbeitung bei *Degenhart,* Klausurenkurs, Fall 6.
117 Vgl. *Maurer*, Staatsrecht § 13 Rn. 32.
118 Vgl. BVerfGE 82, 322 – *Wahlrechtsvertrag BRD/DDR.*

und damit Schwerpunktparteien gegenüber Splitterparteien bevorzugt (Verstoß gegen den Grundsatz der Gleichheit der Wahl)[119]. Es besteht nämlich eine Ungleichbehandlung zwischen den von der Abmilderung begünstigten und den hiervon weiterhin ausgeschlossenen Parteien. Das BVerfG[120] geht jedoch von der Verfassungsmäßigkeit der Grundmandatsklausel aus, denn es sieht diese Differenzierung durch sachliche Gründe gerechtfertigt. Zwar wird durch die Grundmandatsklausel das Anliegen der Sperrklausel, Splitterparteien zu verhindern, abgemildert, doch belegen Parteien durch die Erringung von drei Direktmandaten ihre spezifische Verankerung und Akzeptanz in der Bevölkerung. Der einfache Gesetzgeber darf bei der Ausgestaltung des Wahlrechts die besondere politische Kraft einer Partei und die Billigung der politischen Anliegen einer Partei, die bei der Wahl von drei Direktkandidaten zum Ausdruck kommt, berücksichtigen. Dies rechtfertigt die Abmilderung der Sperrklausel und den Eingriff in den Grundsatz der Gleichheit der Wahl und sichert somit den Integrationscharakter von Wahlen[121].

Beispiele:

– Die X-Partei erringt 5 % der Zweitstimmen und drei Direktmandate. Insgesamt erhält sie 5 % der Bundestagsmandate, von denen die drei Direktmandate abgezogen werden (Normalfall).

– Die X-Partei erringt 4 % der Zweitstimmen und drei Direktmandate. Insgesamt erhält sie 4 % der Bundestagsmandate, von denen die drei Direktmandate abgezogen werden (Grundmandatsklausel).

– Die X-Partei erringt 4 % der Zweitstimmen und zwei Direktmandate. Sie erhält keine Listenmandate (Sperrklausel) und zwei Direktmandate.

532 Die Sperrklausel gilt gem. § 6 Abs. 6 Satz 2 BWahlG auch nicht für Parteien nationaler Minderheiten, wie den SSW (Südschleswiger Wählerverband), der die dänische Minderheit in dieser Region vertritt. Diese Klausel dient einem besonderen Minderheitenschutz[122], hat aber zu keiner nennenswerten Beeinflussung der politischen Verhältnisse außerhalb von Schleswig-Holstein geführt. Nationale Minderheiten sind deutsche Staatsangehörige[123] ohne deutsche Volkszugehörigkeit[124].

Beispiel:

Deutsche Volkszugehörige (vgl. Art. 116 Abs. 1 GG) treten als Aussiedlerpartei bei den nächsten Bundestagswahlen 2006 an und erreichen 3,5 % und 2 Direktmandate. Wie viele Mandate bekommt die Aussiedlerpartei im Bundestag?

533 *Überhangmandate* entstehen, wenn eine Partei in einem Bundesland mehr Direktmandate erobern konnte, als ihrer Landesliste nach Zweitstimmenanteilen (Länderproporz) insgesamt zustehen würden. Der Begriff „Überhangmandat" bezeichnet einen zahlenmäßigen Überhang der Direktmandate über die einer Partei nach Zweitstimmen insgesamt zustehenden Mandate.

---

119 Vgl. *Pieroth*, in: Jarass/Pieroth Art. 38 Rn. 22b m.w.N.
120 BVerfGE 95, 408 – *Grundmandatsklausel*.
121 Vgl. dazu auch eine Fallbearbeitung bei *Degenhart*, Klausurenkurs, Fall 6.
122 Verfassungsmäßigkeit bejaht in BVerfGE 1, 208, 257 – *Landeswahlgesetz Schleswig-Holstein*; 6, 84, 98 – *Sperrklausel*.
123 Ansonsten hätten sie kein Wahlrecht.
124 BVerfGE 6, 84, 98 – *Sperrklausel*.

§ 6 Abs. 5 BWahlG ordnet an, dass die Direktmandate einer Partei auch in einem **534** solchen Fall fehlender Verrechnungsmöglichkeit erhalten bleiben. Die Gesamtzahl des Bundestags erhöht sich um die Anzahl an Überhangmandaten und die Verteilung der schon vorhandenen 598 Sitze findet im Übrigen genauso statt, wie im gesetzlichen Regelfall. Durch die Sitzerhöhung sind deshalb nicht mehr allein die Zweitstimmenverhältnisse maßgeblich für die Kräfteverhältnisse im Parlament.

Überhangmandate führen zu einer partiellen Verletzung der Wahlrechtsgleichheit **535** (Einschränkung der Erfolgswertgleichheit), da eine Partei mehr Mandate erhält, als ihr nach dem Verhältnis der Zweitstimmen zustehen. Insbesondere entsteht dieser Effekt beim sog. Stimmensplitting, bei dem die Erststimme einer großen Partei, die Zweitstimme aber einer kleinen Partei gegeben wird. Wegen der Verletzung der Wahlrechtsgleichheit werden Überhangmandate als verfassungswidrig eingestuft, wenn sie ein solches Ausmaß annehmen, dass das Gewicht der Wählerstimmen verschoben wird[125]. Es ist zwar nicht zu beanstanden, dass sich der einfache Gesetzgeber für das personalisierte Verhältniswahlrecht und damit auch für die Möglichkeit des Entstehens von Überhangmandaten entschieden hat, doch hätte der Gesetzgeber Vorkehrungen treffen müssen, um eine derartige Beeinträchtigung der Wahlrechtsgleichheit auszugleichen und die Entstehung von Überhangmandaten möglichst zu verhindern. Dies könnte beispielsweise durch Ausgleichsmandate[126] oder dadurch geschehen, dass Überhangmandate erst dann entstehen, wenn eine Partei bundesweit mehr Direktmandate erzielt, als ihr nach den Zweitstimmen zustehen (sog. Kompensationsmodell)[127]. Überwiegend werden die Überhangmandate jedoch als verfassungsgemäß eingestuft, da diese durch die Besonderheiten der personalisierten Verhältniswahl gerechtfertigt und diesem System immanent sind, für das sich der einfache Gesetzgeber zulässigerweise entschieden hat[128]. Innerhalb des Systems der personalisierten Verhältniswahl können in Bezug auf die Erfolgsgleichheit der Stimmen nicht die gleichen Maßstäbe angelegt werden wie in einem System der reinen Verhältniswahl. Es ist daher ausreichend, wenn jede Stimme die gleiche rechtliche Erfolgschance besitzt, was durch die Regelungen des BWahlG sichergestellt ist, denn jeder Wähler hat die gleiche Möglichkeit auf die Sitzverteilung und die parteipolitischen Kräfteverhältnisse Einfluss zu nehmen. Allerdings betont auch das BVerfG, dass sich die Überhangmandate in einem Rahmen halten müssen, der den Grundcharakter der Wahl als Verhältniswahl nicht aufhebt und nennt als Orientierungspunkt die 5 %-Klausel[129].

e) **Wahlperiode.** Die Wahlperiode, also der Zeitraum für den die Abgeordneten **536** in den Bundestag gewählt werden, regelt Art. 39 Abs. 1, 2.

Gem. Art. 39 Abs. 1 Satz 1 wird der Bundestag vorbehaltlich der nachfolgenden **537** Bestimmungen für vier Jahre gewählt. Nachfolgend bestimmt Satz 2, dass die Wahlperiode eines Bundestags mit dem Zusammentritt eines neuen gewählten Bundestags endet. Der Zusammentritt des neuen gewählten Bundestags hat spä-

---

125 BVerfGE 95, 335, 367 – *Sondervotum; Pieroth*, in: Jarass/Pieroth Art. 38 Rn. 22b.
126 Solche Ausgleichsmandate sind bei einigen Landtagswahlen vorgesehen.
127 Vgl. zur Kritik an diesen möglichen Vorkehrungen *Maurer*, Staatsrecht § 13 Rn. 37.
128 Vgl. BVerfGE 95, 335 m.w.N. – *Überhangmandate; Magiera*, in: Sachs Art. 38 Rn. 95.
129 BVerfGE 95, 335, 348 ff.

testens 30 Tage nach den Bundestagswahlen zu erfolgen (vgl. Art. 39 Abs. 2). Die Bundestagswahlen finden zwischen 46 und 48 Monaten (= 4 Jahren) nach dem erstmaligen Zusammentritt des letzten Bundestags statt (vgl. Satz 3). Aufgrund dieser Regelungen endet die Wahlperiode des „alten" Bundestags nicht vor, sondern gleichzeitig mit dem Zusammentritt eines neuen Bundestags, dessen Wahlperiode eine juristische Sekunde später beginnt. Sinn dieser Regelung ist, dass immer ein funktionsfähiges, durch Wahlen legitimiertes Legislativorgan existiert und nicht eine Lücke im Verfassungsgefüge entstehen kann, in die möglicherweise andere Kräfte streben. Im Ergebnis dauert daher die Wahlperiode jedes Bundestags zwischen 46 und 49 Monaten.

538   Ein *vorzeitiges* Ende der Wahlperiode ist in zwei Fällen möglich. Gem. Art. 63 Abs. 4 kann der Bundespräsident für den Fall, dass ein Kanzlerkandidat nicht mit absoluter, sondern nur mit einfacher Mehrheit vom Bundestag gewählt wird, sich zwischen der Ernennung des Gewählten und der Auflösung des Bundestags entscheiden. Der Bundespräsident kann außerdem den Bundestag auflösen, wenn dieser dem Kanzler nicht mit der Mehrheit seiner Mitglieder (sog. Kanzlermehrheit) das Vertrauen ausspricht (Art. 68 Abs. 1). In beiden Fällen hat der Kanzler nicht das Vertrauen einer Mehrheit im Parlament. Diese für das parlamentarische Regierungssystem des GG unerwünschte Konstellation, die instabile staatspolitische Verhältnisse nach sich zieht, soll durch eine neue Entscheidung des Souveräns (Wähler, Staatsvolk) beendet werden. Nicht zulässig ist dagegen die Selbstauflösung des Bundestags, wenn keine dieser im GG vorgesehenen Auflösungssituationen vorliegt.

539   Trotz des Strebens nach Kontinuität durch nahtlosen Anschluss der Wahlperioden des Bundestags, findet am Ende jeder Wahlperiode durch den Zusammentritt des neuen Bundestags eine Zäsur statt: Es gilt der *Grundsatz der Diskontinuität* des Bundestags als Verfassungsgewohnheitsrecht[130]. Er besagt, dass alle nicht abgeschlossenen parlamentarischen Vorgänge mit dem Zusammentritt eines neuen Bundestags ihre Wirksamkeit verlieren. Die während einer Wahlperiode konstituierten Organe und Organteile des Bundestags wie Ausschüsse, Präsident, Ältestenrat enden gemeinsam mit dem Bundestag.

> **Beispiele:**
> Gesetzesvorlagen, für die noch kein Gesetzesbeschluss existiert, müssen neu in den Bundestag eingebracht werden. – Die Geschäftsordnung des alten Bundestags wird unwirksam. – Ein Untersuchungsausschussverfahren kann nicht über das Ende einer Legislaturperiode fortgeführt werden.

540   Der Grundsatz der Diskontinuität erfasst nur die unabgeschlossenen parlamentsinternen Vorgänge sowie den inneren organisatorischen Aufbau. Man spricht in Anlehnung an die Wahlperiode auch vom 1., 2., 3., ... 15. Bundestag[131]. Der Bundestag als Staatsorgan ist dagegen permanent existent und nach außen gültige Rechtsakte werden ihm auch über die Wahlperiode hinaus zugerechnet, etwa ein Gesetzesbeschluss, ein Normenkontrollantrag vor dem BVerfG oder ein Arbeitsvertrag mit einem Bediensteten der Bundestagsverwaltung.

---

130 Vgl. *Stern*, Staatsrecht II, S. 74 ff.; *Maurer*, Staatsrecht § 13 Rn. 53 m.w.N.
131 *Stern*, Staatsrecht II, S. 74 ff.; *Maurer*, Staatsrecht § 13 Rn. 53.

„Die Diskontinuität des Deutschen Bundestags hat als solche keinen Einfluss auf das Fortbestehen wirksam vorgenommener Rechtshandlungen des Deutschen Bundestags selbst oder eines Teils seiner Mitglieder."[132]

Begrenzt wird der Grundsatz der Diskontinuität auf die parlamentarischen Vorgänge, die eines Parlamentsbeschlusses bedürfen (vgl. 125 GOBT). Dazu gehören z.B. nicht beim Parlament eingereichte Petitionen[133]. **541**

Die Diskussion über die Zweckmäßigkeit einer 4-jährigen Wahlperiode flackert regelmäßig auf. Je länger eine Wahlperiode dauert, desto geringer ist das kontrollierende Element, das aus der zeitlichen Begrenzung erwächst. Eine Wahlperiode von mehr als sieben Jahren wird daher überwiegend als nicht mit dem Demokratieprinzip vereinbar angesehen[134]. Unter einer zu kurzen Wahlperiode leidet dagegen die Effizienz. Der Beginn der Legislaturperiode ist geprägt durch die Neukonstituierung des Bundestags. Aufgrund der Diskontinuität fängt jeder Bundestag bei Null an. Das Ende einer Wahlperiode ist schon ein Jahr vorher gekennzeichnet durch den Wahlkampf und lässt einer Sachpolitik nur wenig Raum. Hinzu kommt, dass auch jede laufende Wahlperiode durch nahezu anschlusslosen Landtagswahlkampf geprägt wird und die Bewältigung von sachpolitischen Problemen erschwert. **542**

f) Rechtsschutz im Wahlrecht. § 49 BWahlG beschränkt den Rechtsschutz im Wahlrecht auf die Rechtsbehelfe des BWahlG und der BWahlO sowie auf die Wahlprüfung gem. Art. 41. **543**

Das *Wahlprüfungsverfahren* ist verfassungsrechtlich in Art. 41 geregelt. Aufgrund des Gesetzgebungsauftrags in Art. 41 Abs. 3 wurde das Wahlprüfungsgesetz (WahlprüfG) zur näheren Ausgestaltung des Verfahrens erlassen. **544**

Das Wahlprüfungsverfahren hat nachträglichen objektiven Überprüfungscharakter. Gegenstand ist nicht der Schutz bzw. die Verletzung subjektiver Rechte – also vor allem nicht das Wahlrecht des Bürgers (in seiner insbesondere durch die Wahlrechtsgrundsätze verbürgten Ausgestaltung). Überprüft wird nur die Gültigkeit der Wahl, d.h. ihre Durchführung in Übereinstimmung mit dem Wahlrecht, die in der korrekten Zusammensetzung des Parlaments münden muss. Ein Verstoß gegen das Wahlrecht führt zu einem Wahlfehler. Dieser ist aber nur erheblich, wenn er sich auf das konkrete Wahlergebnis, d.h. auf die parlamentarischen Kräfteverhältnisse, auswirken konnte bzw. ausgewirkt hat[135]. Liegt ein erheblicher Wahlfehler vor, so muss dieser korrigiert werden, bis das rechtmäßige Wahlergebnis vorliegt, aus welchem sich die rechtmäßige parlamentarische Sitzverteilung ergibt. Die Berichtigung des Wahlfehlers kann z.B. eine Neuauszählung von Stimmen, aber auch eine begrenzte Nachwahl in einem Wahlkreis und zuletzt sogar eine vollständige Neuwahl des gesamten Bundestags erfordern. Letzteres ist bisher noch nicht vorgekommen. Die Betonung, dass es sich um ein objektives Kontrollverfahren handelt, schließt natürlich nicht aus, dass Wahlfehler aus der Verletzung **545**

---

132 BVerfGE 79, 311, 327 – *Kreditvolumen im Bundeshaushalt.*
133 Vgl. weitere Beispiele bei *Stern*, Staatsrecht II S. 77 f.
134 Vgl. *Maurer*, Staatsrecht § 13 Rn. 51.
135 Vgl. *Maurer*, Staatsrecht § 13 Rn. 47.

subjektiver Wahlrechtspositionen resultieren können. Die Unterscheidung zwischen subjektivem Rechtsschutzcharakter und objektiver Rechtskontrolle hat „nur" entsprechende verfahrensrechtliche Konsequenzen auf den Kreis der Berechtigten und die Reichweite des Prüfungsmaßstabs.

546 Der Bundestag als erste Prüfungsinstanz wird nur auf *Einspruch* tätig (§ 2 WahlprüfG). Einspruch einlegen kann jeder Wahlberechtigte (vgl. § 2 Abs. 2 WahlprüfG). Der Bundestag prüft nur, ob die Wahl im Einklang mit dem einfachgesetzlichen Wahlrecht erlassen worden ist. Die Vereinbarkeit gesetzlicher Normen mit höherrangigem Verfassungsrecht ist dagegen – entsprechend seinem Verwerfungsmonopol – allein Sache des BVerfG. Verfassungswidriges Wahlrecht kann vom Bundestag selbst nicht im Wahlprüfungsverfahren, sondern nur in einem ordnungsgemäßen Gesetzgebungsverfahren beseitigt werden. Die Zuständigkeit des Bundestags für die Überprüfung der eigenen „Existenzberechtigung" entspricht dem Selbstverwaltungscharakter des Parlaments. Anderen staatlichen Institutionen soll möglichst kein Hebel zur Verfügung stehen, um ein politisch missliebiges Parlament über die Wahlprüfung zu beseitigen.

547 Die *Zuständigkeit* des Bundestags für die Wahlprüfung in erster Instanz wird ergänzt durch das BVerfG als zweite Instanz. So soll durch eine Kontrolle der Bundestagsentscheidung zum einen ein Missbrauch durch das Parlament selbst verhindert werden, das naturgemäß ein hohes Interesse an der eigenen Existenz hat. Zum anderen kann das BVerfG auch das einfachgesetzliche Wahlrecht auf seine Verfassungsmäßigkeit überprüfen[136]. Beim BVerfG kann nach der Bundestagsentscheidung über den Einspruch als weitergehender Rechtsbehelf Beschwerde eingelegt werden (vgl. § 13 Nr. 3 BVerfGG). Nunmehr gelten nur die verfahrensrechtlichen Vorschriften des BVerfGG (vgl. § 48 BVerfGG). Danach ist eine Beschwerde durch einen Wahlberechtigten nicht mehr zulässig, sondern nur noch gemeinsam mit 100 beigetretenen Wahlberechtigten (vgl. § 48 Abs. 1 BVerfGG).

548 Wahlprüfungsbeschwerden vor dem BVerfG haben bisher noch nie Erfolg gehabt[137]. Sie sind aber nicht zwecklos geblieben, weil einige Änderungen im Wahlrecht auf sie zurückzuführen sind[138].

549 Neben dem Wahlprüfungsverfahren als nachträglichem Rechtsschutz soll *sonstiger Rechtsschutz* gegen hoheitliche Maßnahmen, die sich auf das Wahlverfahren beziehen, nur nach den Rechtbehelfen des BWahlG sowie der BWahlO eröffnet sein (vgl. § 49 Abs. 1 BWahlG). Klassische Fälle sind die Nichtaufführung eines Wahlberechtigten im Wählerverzeichnis oder die Nichterteilung eines Wahlscheins. In beiden Fällen fehlt es an einer formellen Voraussetzung für die Ausübung des (materiell gegebenen) aktiven Wahlrechts (vgl. § 14 BWahlG).

550 Das BWahlG sowie die BWahlO sehen *keinen gerichtlichen Rechtsschutz* vor, sondern lediglich rein behördliche Rechtsbehelfsverfahren (im Vorfeld der

---

136 Diese Möglichkeit hat das Gericht aber auch in anderen Verfahrensarten wie der abstrakten Normenkontrolle.
137 Vgl. BVerfGE 16, 130 – *Überhangmandate;* 59, 119 – *Briefwahl.*
138 Vgl. *Meyer,* HbStR II § 38 Rn. 60.

Wahl)[139]. Die Begrenzung auf eine verwaltungsinterne Kontrolle steht in eklatantem Widerspruch zur Rechtsschutzgarantie gem. Art. 19 Abs. 4 GG[140]. Der Ausschluss vom Rechtsweg ist offensichtlich diktiert von der Befürchtung, dass das Wahlverfahren als Massenverfahren mit einem (endgültigen) Endergebnis als Ziel undurchführbar werden könnte, wenn man es durch eine Flut von Rechtsbehelfen gegen einzelne Rechtsakte des Wahlverfahrens lahm legen könnte. Ein vollständiger Ausschluss vom gerichtlichen Rechtsschutz rechtfertigt diese Befürchtung jedoch nicht. Angemessen wäre ein entsprechend verkürzter (vorläufiger) Rechtsschutz im Vorfeld der Wahl, der einerseits dem Rechtsschutzbedürfnis des Wahlberechtigten und andererseits den organisatorischen Besonderheiten einer einheitlichen Wahl Rechnung trägt[141].

Rechtsprechung:
BVerfGE 1, 8 – *Landeswahlgesetz Schleswig-Holstein;* BVerfGE 3, 45 – *Reserveliste;* BVerfGE 5, 2 – *passives Wahlrecht;* BVerfGE 6, 84 – *Sperrklausel;* BVerfGE 7, 63 – *Starre Liste;* BVerfGE 8, 104 – *Volksbefragungen;* BVerfGE 13, 127 – *Wahlkreisgröße;* BVerfGE 16, 130 – *Überhangmandate;* BVerfGE 21, 196 – *Wahlgeschenke;* BVerfGE 21, 200 – *Briefwahl;* BVerfGE 24, 300 – *Unterschriftenquorum für Wahlvorschlag;* BVerfGE 32, 157 – *Abgeordnetenentschädigungsgesetz;* BVerfGE 36, 139 – *Wahlrecht von Auslandsdeutschen;* BVerfGE 37, 84 – *Volksentscheid;* BVerfGE 42, 53 – *Volksentscheid;* BVerfGE 44, 125 – *Öffentlichkeitsarbeit der Regierung im Wahlkampf;* BVerfGE 49, 10 – *Neugliederung des Bundesgebiets;* BVerfGE 51, 222 – *Europawahl;* BVerfGE 58, 202 – *Wahlrecht von Auslandsdeutschen;* BVerfGE 59, 119 – *Briefwahl;* BVerfGE 66, 369 – *Wahlbeeinflussung durch Arbeitgeber;* BVerfGE 68, 1 – *Mitwirkungsrechte des BT an auswärtigen Beziehungen;* BVerfGE 70, 324 – *Informationsrecht der Abgeordneten;* BVerfGE 71, 81 – *Arbeitnehmerkammerwahl;* BVerfGE 78, 350 – *Kommunale Wählervereinigung;* BVerfGE 79, 161 – *Zweitstimmenabzug, Stimmensplitting;* BVerfGE 79, 169 – *Überhangmandate;* BVerfGE 79, 311 – *Kreditvolumen im Bundeshaushalt;* BVerfGE 80, 188 – *Abgeordnetenrechte;* BVerfGE 81, 310 – *Bundesauftragsverwaltung;* BVerfGE 82, 322 – *Wahlrechtsvertrag BRD/DDR;* BVerfGE 82, 353 – *Unterschriftenquorum;* BVerfGE 83, 37 – *Ausländerwahlrecht;* BVerfGE 85, 148 – *Wahlprüfung;* BVerfGE 91, 262 – *Parteienbegriff;* BVerfGE 92, 80 – *Überhangmandate;* BVerfGE 93, 195 – *Untersuchungsausschuss;* BVerfGE 94, 351 – *Abgeordnetenstatus;* BVerfGE 95, 335 – *Überhangmandate;* BVerfGE 95, 408 – *Grundmandatsklause*l; BVerfGE 97, 317 – *Nachrückerentscheidung;* BVerfGE 99, 1 – *Kommunales Wahlvorschlagsrecht;* BVerfGE 103, 111 – *Wahlprüfung Hessen;* BVerwGE 18, 14 – *Hirtenbrief.*

Literatur:
Badura, P., Über Wahlen, AöR 97 (1972), 1; *Böckenförde, E.-W.,* Demokratische Willensbildung und Repräsentation, HbStR II § 30; *Brenner, M.* Die Entwicklung des Wahlrechts und der Grundsatz der Wahlrechtsgleichheit im wiedervereinigten Deutschland, AöR 116, (1991) 537; *Bruha, T./Möllers, P.,* Rotationsprinzip und Verfassung, JA 1985, 13; *Dicke, K./Stoll, T.,* Freie Mandat, Mandatverzicht des Abgeordneten und Rotationsprinzip der Grünen, ZParl. 1985, 451; *Erichsen,*

---

139 Nach der Wahl steht nur das Wahlprüfungsverfahren zur Verfügung.
140 Zu rechtlichen Begründungsversuchen vgl. *Meyer,* HbStR II § 38 Rn. 63 ff.
141 Vgl. *Meyer,* HbStR II § 38 Rn. 61 ff.

H.-U., Wahlsystem, Jura 1984, 22; *ders.,* Die Wahlrechtsgrundsätze des Grundgesetzes, Jura 1983, 635; *Frotscher,* Die parteienstaatliche Demokratie – Krisenzeichen und Zukunftsperspektiven, DVBl. 1985, 917; *Gassner, U.,* Kreation und Repräsentation – Zum demokratischen Gewährleistungsgehalt von Art. 38 I GG, Der Staat 34 (1995) 429; *Genssler, G.,* Das d'Hondt'sche und andere Sitzverteilungsverfahren, 1984; *Gramlich, L.,* Allgemeines Wahlrecht – in Grenzen, JA 1986, 129; *Heintzen, M.,* Die Bundestagswahl als Integrationsvorgang, DVBl. 1997, 744; *Heyen, E.,* Allgemeines und gleiches Wahlrecht durch gleiche Quoten?, DÖV 1989, 649; *Hobe, S.,* Alte und neue Probleme der Wahlrechtsgleichheit, JA 1998, 50; *Hoppe, W.,* Die Verfassungswidrigkeit der Grundmandatsklausel (§ 6 Abs. 6 Bundeswahlgesetz), DVBl. 1995, 265; *Ipsen, J.,* Das Zwei-Stimmen-System des Bundeswahlgesetzes – reformbedürftig?, JA 1987, 232; *ders.,* Kandidatenaufstellung, innerparteiliche Demokratie und Wahlprüfungsrecht, ZParl. 1994, 295; *Klein, E./Giegerich, T.,* Grenzen des Ermessens bei der Bestimmung des Wahltages, AöR 112 (1987) 544; *Koenig, C.,* Mandatsrelevanz und Sanktionen im verfassungsrechtlichen Wahlbeschwerdeverfahren, ZParl. 1994, 241; *Krause, P.,* Verfassungsrechtliche Möglichkeiten unmittelbarer Demokratie, HbStR II § 39; *Krech, J.,* Möglichkeiten und Grenzen der Verlängerung der laufenden Wahlperioden, VR 1993, 401; *Lenz, C.,* Die Wahlrechtsgleichheit und das Bundesverfassungsgericht, AöR 121 (1996) 337; *Lippold, R.,* Die Prüfung der Verfassungsmäßigkeit des Wahlrechts durch den Wahlprüfungsausschuss, DVBl. 1987, 933; *Mager, U.,* Die Kontrolle der innerparteilichen Kandidatenaufstellung im Wahlprüfungsverfahren, DÖV 1995, 9; *Meyer, H.,* Demokratische Wahl und Wahlsystem, HbStR II § 37; *ders.,* Wahlgrundsätze und Wahlverfahren, HbStR II § 38; *Oppermann, T.,* Wahlprüfung, Wahlbeeinflussung und Wählernötigung – BVerfGE 66, 369, JuS 1985, 519; *Pauly, W.,* Das Wahlrecht in der neuen Rechtsprechung des Bundesverfassungsgerichts, AöR 123 (1998) 232; *Püttner, G.,* Vorzeitige Neuwahlen – ein ungelöstes Reformproblem, NJW 1983, 15; *Rinck, H.-J.,* Herkunft und Entfaltung der Allgemeinheit und Gleichheit der Wahl, in: FS für Zeidler II, 1987, S. 1119; *Roth, G.,* Zur Durchsetzung der Wahlrechtsgrundsätze vor dem Bundesverfassungsgericht, DVBl. 1998, 214; *Schiffer, E.,* Wahlrecht, HdbVerfR S. 295; *Schild, H.-H.,* Die Größe der Wahlkreise und der Grundsatz der Wahlgleichheit, NVwZ 1983, 597; *Schreiber, W.,* Handbuch des Wahlrechts zum Deutschen Bundestag, 6. Aufl. 1998; *Starck, C.,* Wahlen im demokratischen Verfassungsstaat, in: FS für Winkler, 1997, S. 1099; *Stoll, T.,* Das Rotationsprinzip und seine verfassungsrechtliche Würdigung, JuS 1987, 25; *Studenroth, S.,* Wahlbeeinflussung durch staatliche Funktionsträger, AöR 125 (2000) 257; *Weides, P.,* Bestimmung des Wahltages von Parlamentswahlen, in: FS für Carstens II, 1984, S. 933.

3. Zuständigkeiten des Bundestags

551 a) **Einleitung.** Der Bundestag besitzt unter den obersten Staatsorganen des Bundes eine hervorgehobene Stellung, die sich in erster Linie aus seinem exklusiven Status als Volksvertretung (Parlament)[142] speist und sich in einer Fülle staatsorganisatorischer Zuständigkeiten äußert. Nach überwiegender Auffassung existiert jedoch

---

142 Andere Staaten haben ein Zweikammersystem, in denen auch die zweite Kammer (= Bundesrat) unmittelbar demokratisch legitimiert ist.

trotz der besonderen Stellung im Gefüge der Staatsorgane keine Vermutung oder subsidiäre Zuständigkeit des Bundestags für die Ausübung einer staatlichen Aufgabe. Gleichfalls gibt es keinen allgemeinen Parlamentsvorbehalt, der dem Bundestag generell den Einbruch in Kompetenzen der übrigen Staatsorgane gestattet. Der Bundestag darf, wie alle staatlichen Organe, nur im Rahmen der ihm vom GG zugewiesenen Organkompetenzen tätig werden. Eine Lücke in der grundgesetzlichen Zuweisung von Organkompetenzen wird durch die Zuordnung der in Frage stehenden staatlichen Aufgabe zu einer der drei Staatsfunktionen Gesetzgebung, Verwaltung, Rechtsprechung geschlossen. Innerhalb der drei Staatsfunktionen nehmen dann die zuständigen Staatsorgane ihre verfassungsmäßigen Kompetenzen wahr[143].

> „Die konkrete Ordnung der Verteilung des Ausgleichs staatlicher Macht, die das Grundgesetz gewahrt wissen will, darf nicht durch einen aus dem Demokratieprinzip fälschlich abgeleiteten Gewaltenmonismus in Form eines allumfassenden Parlamentsvorbehalts unterlaufen werden [...]. Auch der Grundsatz der parlamentarischen Verantwortung der Regierung setzt notwendigerweise einen Kernbereich exekutivischer Eigenverantwortung voraus [...]. Die Demokratie, die das Grundgesetz verfasst hat, ist eine rechtsstaatliche Demokratie, und das bedeutet im Verhältnis der Staatsorgane zueinander vor allem eine gewaltenteilende Demokratie."[144]

Die *wichtigsten Zuständigkeiten des Bundestags* sind: **552**

– Wahlfunktion (Kreationsfunktion)

– Gesetzgebungsfunktion

– Zustimmungsfunktion

– Selbstorganisation (Parlamentsautonomie)

– Kontrollfunktion

– Öffentlichkeitsfunktion

– Oberste staatliche Finanzverteilung (Budgetrecht)

– Beschlussorgan

– Anklageorgan

b) Wahlfunktion (Kreationsfunktion). Der Bundestag ist als einziges Staatsorgan **553** auf Bundesebene unmittelbar demokratisch legitimiert durch die Wahl seiner Abgeordneten (vgl. Art. 38 Abs. 1). Um das aus dem Demokratieprinzip erwachsene Gebot der lückenlosen demokratischen Legitimierung aller staatlichen Gewalt in funktionaler und personeller Hinsicht zu erfüllen, muss alle weitere staatliche Gewalt zumindest mittelbar auf das Volk zurückzuführen sein. Das wichtigste Mittel in personeller Hinsicht ist die Besetzung bestimmter Staatsorgane und staatlicher Stellen durch einen Wahlakt des Bundestags als Ganzes, durch Organteile oder zusammen mit anderen Staatsorganen.

---

143 Vgl. dazu *Stern*, Staatsrecht II S. 43; *Klein*, HbStR II § 40 Rn. 1 ff. m.w.N.
144 BVerfGE 68, 1, 87 – *NATO-Doppelbeschluss*.

554 aa) Wahl des Bundespräsidenten (vgl. Art. 54 GG). Das für die Wahl des Bundespräsidenten zuständige Wahlorgan ist die *Bundesversammlung* (vgl. Art. 54 Abs. 1 Satz 1). Die Bundesversammlung setzt sich zur Hälfte aus den Abgeordneten des Bundestags zusammen (vgl. Art. 54 Abs. 3 Halbsatz 1). Die andere Hälfte wird über die Volksvertretungen der Länder demokratisch legitimiert.

555 bb) Wahl des Bundeskanzlers (vgl. Art. 63 GG). Aufgrund des parlamentarischen Regierungssystems ist der bedeutsamste Kreationsakt des Bundestags die Wahl des Bundeskanzlers zum Regierungschef und zur politischen Spitze der Exekutive (vgl. Art. 63)[145]. Der Bundestag hat auch als einziges Staatsorgan die Möglichkeit, den Bundeskanzler seines Amtes zu entheben, indem er einen neuen Bundeskanzler wählt (vgl. Art. 67). Die Bundesminister als übrige Regierungsmitglieder werden nicht vom Parlament gewählt, sondern vom Bundespräsidenten auf Vorschlag des gewählten Bundeskanzlers ernannt (vgl. Art. 64). Die Ämter der Bundesminister enden in jedem Fall mit dem des Bundeskanzlers (vgl. Art. 69 Abs. 2).

556 cc) Wahl der Bundesverfassungsrichter (vgl. Art. 94 Abs. 1 Satz 2 GG). Die Richter des BVerfG werden zur Hälfte vom Bundestag gewählt (vgl. Art. 94 Abs. 1 Satz 2 GG, § 5 BVerfGG). Die Wahl selbst erfolgt nicht im Plenum, sondern durch den vom Bundestag zu bildenden Wahlmännerausschuss (vgl. § 6 BVerfGG).

557 dd) Sonstige Wahlfunktionen des Bundestags. Über den vom Bundestag zu wählenden Richterwahlausschuss ist das Parlament auch an der Wahl der obersten Bundesrichter beteiligt (vgl. Art. 95 Abs. 2). Gem. § 3 BRHG wählt der Bundestag den Präsidenten des Bundesrechnungshofes sowie gem. § 13 WehrbeauftragtenG den parlamentarischen Wehrbeauftragen (vgl. Art. 45b GG).

558 c) Gesetzgebungsfunktion. Die Bundesgesetzgebung ist die wichtigste staatliche Funktion, die die Verfassung dem Bundestag zuweist. Nach dem Rechtsstaats- und Demokratieprinzip ist ein formelles Gesetz grundsätzlich für jedes wesentliche staatliche Handeln erforderlich[146]. Über die Gesetzesbindung gem. Art. 20 Abs. 3 ist die Legislative in der Lage, verbindliche Vorgaben für die anderen Staatsfunktionen bzw. das Handeln der übrigen Staatsorgane zu machen. Rechtsprechung und Verwaltung können nur in dem gesetzlichen Rahmen handeln, den ihnen die Gesetzgebung vorgibt und über die verfassungsändernde Gesetzgebung ist die Legislative sogar in der Lage, grundlegend in das staatsorganisatorische Gefüge einzugreifen[147].

---

145 In präsidialen Systemen, wie Frankreich oder den Vereinigten Staaten, wird der Präsident vom Volk demokratisch legitimiert und besitzt nicht nur überwiegend repräsentative Funktionen wie der Bundespräsident, sondern umfassende echte Machtbefugnisse. Im französischen Staatsgefüge existiert aber ein zusätzlicher Dualismus in der Exekutive durch den von der Nationalversammlung abhängigen Ministerpräsidenten als Regierungschef neben dem Staatspräsidenten. Treffen unterschiedliche politische Lager in beiden Positionen zusammen, spricht man von der sog. Kohabitation.

146 Die umstrittenen Ausnahmefälle ändern nichts an der überwältigenden Geltung dieses Prinzips.

147 Einzige Ausnahme in der Rechtsprechung ist das BVerfG, das Legislativakte auf ihre Rechtmäßigkeit hin überprüfen kann und die Verfassungsbindung des Gesetzgebers verbindlich überprüft.

Allerdings hat der Bundestag kein Rechtssetzungsmonopol auf Bundesebene. Das **559** GG beteiligt den Bundesrat (vgl. Art. 50) und den Bundespräsidenten (vgl. Art. 82) an der Gesetzgebung und räumt auch der Bundesregierung gem. Art. 80 die Möglichkeit ein, als Rechtssetzungsorgan tätig zu werden. Im Ergebnis bleibt aber trotz der Mitwirkung weiterer Staatsorgane der Bundestag das zentrale Gesetzgebungsorgan des Bundes. Die Fälle des Gesetzgebungsnotstands (vgl. Art. 81) und des Verteidigungsfalls (vgl. Art. 115e) ändern nichts an diesem Befund, weil sie Ausnahmesituationen betreffen, in denen die regulären staatlichen Funktionszuweisungen durch staatsorganisatorische Krisen beeinträchtigt sind.

Zentrales Legislativorgan kann in einer demokratischen Staatsform nur das Par- **560** lament sein[148]. Die Aufstellung der verbindlichen Regeln, die das Zusammenleben in einem demokratischen Staat organisieren, muss dem Volk als Inhaber der verfassunggebenden Gewalt sowie seinen Repräsentanten in der Volksvertretung als demokratisch legitimierten Gesetzgeber (Volksvertretung) zustehen. Das schließt natürlich nicht aus, dass aus anderen verfassungsrechtlichen Gründen auch noch andere Staatsorgane an der Gesetzgebung mit beteiligt sind, wie beispielsweise der Bundesrat aufgrund des Bundesstaatsprinzips.

d) **Zustimmungsfunktion.** Das GG räumt dem Bundestag außerhalb der klassi- **561** schen Gesetzgebungsfunktion wichtige Mitwirkungsrechte in Aufgabenbereichen ein, die kompetenziell eigentlich der Exekutive als Staatsfunktion vorbehalten sind. Diese Mitwirkungsrechte gelten vor allem gegenüber der Bundesregierung als staatspolitischer Spitze der Verwaltung.

Vereinfachend kann man sagen, dass wichtige Entscheidungen der Exekutive auf **562** den bedeutenden staatlichen Handlungsfeldern immer auch einer zustimmenden Willensäußerung des Bundestags bedürfen. Allerdings muss ein Zustimmungsbedürfnis als Einzelanordnung oder als Ausfluss eines (traditionellen) verfassungsrechtlichen Prinzips ausdrücklich im GG angeordnet sein. Es existiert kein allgemeiner umfassender Parlamentsvorbehalt. Die Zustimmung drückt die Mitwirkung der Volksvertretung an der Staatsleitung aus und beinhaltet gleichzeitig Kontrollfunktionen gegenüber der Exekutive. Sie kann entweder durch (qualifizierten) Mehrheitsbeschluss des Parlaments erfolgen, wie z.B. der Feststellung des Verteidigungsfalls, oder auch als formeller Gesetzesbeschluss, etwa beim Haushaltsgesetz.

Die *wichtigsten Zustimmungsfunktionen* im GG sind:

aa) **Mitwirkung bei völkerrechtlichen Verträgen gem. Art. 59 Abs. 2 Satz 1 GG.** **563** Die auswärtigen Angelegenheiten gehören zu den originären Kompetenzen der Exekutive, d.h. im Staatsgefüge des GG zu den Kompetenzen der Bundesregierung.

> „Die grundsätzliche Zuordnung der Akte des auswärtigen Verkehrs zum Kompetenzbereich der Exekutive beruht auf der Annahme, dass institutionell und auf Dauer

---

148 In den Vereinigten Staaten ist der Kongress das Parlament und besteht aus zwei direkt vom Volk gewählten Kammern: dem Senat und dem Repräsentantenhaus. In Deutschland ist nur eine der beiden Kammern direkt gewählt.

typischerweise allein die Regierung im hinreichendem Maße über die personellen, sachlichen und organisatorischen Möglichkeiten verfügt, auf wechselnde äußere Lagen zügig und sachgerecht zu reagieren und so die staatliche Aufgabe, die auswärtigen Angelegenheiten wahrzunehmen, bestmöglich zu erfüllen."[149]

564 Art. 59 Abs. 2 Satz 1 räumt der Legislative Zustimmungsvorbehalte bzw. Mitwirkungsrechte für Verträge ein, die die politischen Beziehungen des Bundes regeln oder sich auf Gegenstände der Bundesgesetzgebung beziehen. Die Vorschrift besitzt zwei Hauptfunktionen. Erstens soll sie vermeiden, dass eine für den deutschen Staat völkerrechtlich verbindliche Vereinbarung gegenüber einem anderen Staat innerstaatlich nicht umgesetzt wird. Aus diesem Grund ist für Vertragsgegenstände, die innerstaatlich durch ein Bundesgesetz vollzogen werden müssen, vor der völkervertraglichen Verpflichtung die Mitwirkung der Legislativorgane in Form eines Bundesgesetzes erforderlich. Zweitens dient die Zustimmungsbedürftigkeit politischer Verträge der allgemeinen parlamentarischen Kontrolle der Exekutive und schränkt die traditionelle Organkompetenz der Bundesregierung für die Außenpolitik ein.

565 Da der Bundestag an jedem formellen Legislativakt zwingend beteiligt sein muss, gehört er immer zu den gem. Art. 59 Abs. 2 Satz 1 zu beteiligenden Körperschaften. Der Umfang der Mitwirkung des Bundesrats als zweitem Legislativorgan hängt dagegen von den innerstaatlichen Kompetenzvorschriften ab.

566 **bb) Zustimmung zum Haushaltsplan durch Haushaltsgesetz gem. Art. 110 Abs. 2 Satz 1 GG.** Die jährliche Legitimation des staatlichen Finanzgebarens durch ein Haushaltsgesetz ist eines der ältesten parlamentarischen Rechte: das sog. Budgetrecht. Alle Einnahmen und Ausgaben des Bundes sind gem. Art. 110 Abs. 1 Satz 1 in den Haushaltsplan einzustellen. Der Haushaltsplan ist gem. Art. 110 Abs. 3 von der Bundesregierung als Gesetzesentwurf einzubringen. Ohne die Feststellung des Haushalts durch entsprechenden Gesetzesbeschluss dürfen nur die zwingenden Einnahmen und Ausgaben vollzogen werden (vgl. Art. 111). Durch das Budgetrecht erlangt der Bundestag enormen Einfluss auf die politische Gestaltungskraft der Bundesregierung.

567 **cc) Feststellung des Verteidigungsfalls gem. Art. 115a Abs. 1 Satz 1 GG.** Die Feststellung des Verteidigungsfalls trifft der Bundestag mit Zustimmung des Bundesrats. Diese Feststellung zieht eine Reihe von staatsorganisatorischen Folgen nach sich, die im GG in der sog. Notstandsverfassung der Art. 115a–115l geregelt sind und prinzipiell eine Konzentration staatlicher Befugnisse bei der Exekutive zur Folge hat. Dadurch soll einer existenziellen Bedrohung der staatlichen Integrität Deutschlands begegnet werden.

568 **dd) Zustimmung zum militärischen Einsatz der Bundeswehr.** Der Einsatz der Bundeswehr gehört, wie die Außenpolitik, zum Kernbereich der Exekutive. Der Verteidigungsminister und im Verteidigungsfall der Bundeskanzler haben die oberste Befehls- und Kommandogewalt (vgl. Art. 65a, 115b). Im Gegensatz zur Außenpolitik enthält das Grundgesetz nach Auffassung des BVerfG aber das Prinzip eines konstitutiven Parlamentsvorbehalts für den militärischen Einsatz der Streit-

---

149 BVerfGE 68, 1, 87 – *NATO-Doppelbeschluss.*

kräfte[150]. Die Bundeswehr ist als Parlamentsheer konzipiert und nicht als Macht-potential allein der Exekutive überlassen, so dass der Einsatz bewaffneter Streit-kräfte grundsätzlich eine Beteiligung des Parlaments vorsieht[151]. Ob ein solcher Parlamentsvorbehalt dem GG zu entnehmen ist und wie weit ein solcher reicht, ist zweifelhaft[152]. Diskutiert wird aufgrund der zunehmenden Einbindung der Bundeswehr in internationale Friedenseinsätze immer häufiger ein Entsendungs-gesetz, das eindeutige Modalitäten für den militärischen Einsatz der Bundeswehr schaffen würde.

e) Selbstorganisation (Parlamentsautonomie). Die Selbstorganisation und Selbst-   **569**
verwaltung ist ein Prinzip, das nicht für das Parlament, sondern für alle Verfas-sungsorgane gilt. Die innere Organisation, die Entscheidung über das Ob und Wie des Tätigwerdens, die Festlegung der zu verhandelnden Gegenstände, das Verfah-ren der Willensbildung usw. obliegen den einzelnen Organen selbst, im Rahmen der für sie geltenden verfassungsrechtlichen Vorgaben[153]. Geschützt wird die auto-nome Ausübung der verfassungsrechtlichen Kompetenzen vor äußerer Einfluss-nahme.

Die verfassungsrechtliche Normierung der Parlamentsautonomie enthält Art. 40.   **570**
Gem. Art. 40 Abs. 2 übt der *Bundestagspräsident* das eigentümerähnliche *Haus-recht* sowie die öffentlich-rechtliche *Polizeigewalt* aus. Durchsuchungen und Beschlagnahmen in Parlamentsräumen sind von seiner Genehmigung abhängig. Durch diese Regelungen soll die Funktionsfähigkeit des Bundestags vor Störungen durch Außenstehende gesichert werden, indem sie dem Bundestagspräsident das Recht gibt, diese Störungen aus eigener Zuständigkeit abzuwehren. Ebenfalls dem Schutz des Parlaments dient das Bannmeilengesetz[154], das Demonstrationen in unmittelbarer Nähe des Bundestags untersagt, um öffentlichem Druck auf die Parlamentarier zu begegnen.

Art. 40 Abs. 1 Satz 1 bestimmt die *Wahl der Leitungsorgane* in der ersten, kon-   **571**
stituierenden Sitzung der Wahlperiode. Die Wahl der Leitungsorgane ist – wie die Geschäftsordnung – zwingend notwendig für die Handlungsfähigkeit des Bundes-tags und versetzt ihn in die Lage, seine verfassungsmäßig vorgesehenen Organ-kompetenzen auszuüben.

Schließlich räumt Art. 40 Abs. 1 Satz 2 dem Bundestag gleichermaßen das Recht   **572**
und die Pflicht ein, sich selbst eine *Geschäftsordnung* zu geben. Erforderlich ist eine detaillierte Regelung der inneren Struktur und der Verfahrensweise, weil das GG auf eine genauere Regelung zugunsten der parlamentarischen Autonomie verzichtet hat. Die Geschäftsordnung konkretisiert und ergänzt deshalb den ver-fassungsrechtlichen Rahmen.

---

150 Vgl. BVerfGE 90, 286, 381 ff. – *Auslandseinsätze der Bundeswehr – Adria, AWACS.*
151 BVerfGE 90, 286, 381 ff. – *Auslandseinsätze der Bundeswehr – Adria, AWACS.*
152 Vgl. *Maurer,* Staatsrecht § 13 Rn. 124.
153 Z.B. besteht unter Umständen eine verfassungsrechtlich normierte Pflicht zum Zusam-mentreten des Bundestags gem. Art. 39 Abs. 3 Satz 3.
154 Gesetz über befriedete Bezirke für Verfassungsorgane des Bundes v. 11.8.1999, BGBl. I, S. 1818.

573 Die *Rechtsnatur* der Geschäftsordnung ist umstritten. Überwiegend wird die GOBT als spezielle Satzung und damit als Regelungstyp eigener Art qualifiziert[155], deren Besonderheit gegenüber herkömmlichen Satzungen darin besteht, dass sich die Satzungsautonomie nicht aus dem durch Rechtsakt verliehenen Status einer Selbstverwaltungskörperschaft (z.B. Kommunen, Berufskammern) speist, sondern unmittelbar aus der verfassungsrechtlich eingeräumten Autonomie. Das BVerfG qualifiziert die Geschäftsordnung als *autonome Satzung*. In der Sache gelangen alle Auffassungen zu einem Bündel gleicher Eigenschaften:

– Die Geschäftsordnung erzeugt keine Außenrechtswirkung, sondern schafft lediglich organinternes Ordnungsrecht. Verletzungen von Ordnungsvorschriften haben grundsätzlich auf die Wirksamkeit von nach außen wirkenden Rechtsakten (z.B. Gesetzesbeschlüsse, Wahlakte) keine Auswirkung.

– Der Anwendungsbereich der Geschäftsordnung beschränkt sich streng auf den parlamentsinternen Bereich. *Persönlich* werden nur Parlamentsmitglieder (Abgeordnete) erfasst sowie die Personen (Bürger, Regierungsmitglieder), die sich räumlich im Parlamentsbereich aufhalten oder sachlich an parlamentarischen Vorgängen beteiligt sind. *Sachlich* erfasst werden nur Parlamentsvorgänge. *Zeitlich* erstreckt sich die GOBT nur auf die Wahlperiode des Bundestags, welcher sie sich durch Beschluss gegeben hat[156]. Es gilt der Grundsatz der Diskontinuität. Regelmäßig wird jedoch die alte Geschäftsordnung durch ausdrücklichen Beschluss oder fortführenden Gebrauch (= stillschweigender Beschluss) vom neuen Bundestag übernommen[157].

– In der Normenhierarchie rangiert die Geschäftsordnung *unterhalb der Verfassung und den formellen Gesetzen*. Wie bei der einfachgesetzlichen Ausgestaltung des GG besteht auch bei der GOBT immer die Problematik, ob es sich um eine zulässige Konkretisierung oder um eine unzulässige, unwirksame Überdehnung bzw. Einschränkung des GG handelt. Die Gültigkeit eines Gesetzes, das Gegenstände der Parlamentsautonomie berührt, hängt seinerseits von der Vereinbarkeit des Gesetzes mit der verfassungsrechtlich (!) garantierten Parlamentsautonomie ab. Eine gesetzliche Regelung könnte die Parlamentsautonomie unzulässig einschränken, weil für sie die Regeln des Gesetzgebungsverfahrens gelten, möglicherweise andere Gesetzgebungsorgane (Bundesrat) beteiligt sind, nicht der Grundsatz der Diskontinuität gilt, sondern ein Gesetz allgemeinverbindlich ist bis zu seiner Änderung oder Abschaffung. Die GOBT ist dagegen nur Gegenstand eines einfachen Bundestagsbeschlusses, für sie gilt der Grundsatz der Diskontinuität, d.h. sie endet in jedem Fall mit der Wahlperiode, von ihr kann im Einzelfall abgewichen werden (vgl. § 126 GOBT). Alle diese Unterschiede sprechen gegen die Zulässigkeit einer gesetzlichen Regelung, die die Parlamentsautonomie berührt und insbesondere zukünftige gewählte Bundestage in ihrer Geschäftsordnungsautonomie einschränkt. Dennoch hat das BVerfG eine gesetzliche Regelung dann für gültig erachtet,

---

155 *Magiera*, in: Sachs Art. 40 Rn. 25 f.; *Pieroth*, in: Jarass/Pieroth Art. 40 Rn. 7.
156 Formal korrekt wäre deshalb bei der Zitierweise immer ein Hinweis auf die Wahlperiode.
157 Vgl. zu den Anwendungskategorien *Maurer*, Staatsrecht § 13 Rn. 89 f.

„wenn das Gesetz – auch seine Aufhebung – nicht die Zustimmung des Bundestags bedarf, der Kern der Geschäftsordnungsautonomie nicht berührt wird und überdies gewichtige sachliche Gründe dafür sprechen, die Form des Gesetzes zu wählen."[158]

Inhaltlich besteht die GOBT aus zwei großen Bereichen: die innere Struktur des Bundestags sowie die Ausgestaltung des parlamentarischen Verfahrens. **574**

Die *innere Struktur des Bundestags* regelt die GOBT, indem sie Regelungskomplexe wie die Ausschüsse (Abschnitt VII. GOBT), die Fraktionen (Abschnitt IV. GOBT) oder den Ältestenrat (§ 6 GOBT) normiert und deren Rechte und Pflichten im parlamentarischen Prozess ausgestaltet. Zum Teil werden dabei verfassungsrechtliche Vorgaben ausgestaltet (z. B. bei den Ausschüssen, dem Präsidium), zum Teil gibt es aber kaum ausdrückliche Vorgaben im GG (z. B. für die nur in Art. 53a erwähnten Fraktionen oder den Ältestenrat)[159]. Gleiches gilt für den verfassungsrechtlichen Status des freien Mandats gem. Art. 38 Abs. 1 Satz 2. Dieser wird durch eine Fülle einzelner Regelungen über den Abgeordneten für den parlamentarischen Prozess konkretisiert. **575**

Das *parlamentarische Verfahren* ist vor allem in den Abschnitten VI–IX. der GOBT geregelt. Enthalten sind die Behandlung von parlamentarischen Vorlagen, die Ausgestaltung des Gesetzgebungsverfahrens, die Arbeitsweise der Ausschüsse, der Ablauf von Debatten im Plenum etc. **576**

Besonders wichtig für die Handhabung der GOBT sind die Schlussvorschriften im XII. Abschnitt. Gem. § 126 GOBT kann von den Vorschriften der GOBT *im Einzelfall abgewichen* werden, wenn eine Zweidrittelmehrheit der anwesenden Mitglieder dies beschließt und diese Abweichung nicht gegen das GG verstößt. Die Auslegung der GOBT obliegt gem. § 127 GOBT in Zweifelsfällen dem Bundestagspräsidenten oder dem Ausschuss für Wahlprüfung, Immunität und Geschäftsordnung (vgl. § 128 GOBT). Allerdings werden solche Zweifelsfälle im Regelfall einvernehmlich gelöst, z. B. im Ältestenrat oder durch eine sonstige interfraktionelle Absprache. **577**

f) Kontrollfunktion. Eine der weiteren zentralen Aufgaben des Parlaments ist die Kontrolle der Regierung. Bedingt durch das parlamentarische Regierungssystem besteht allerdings eine enge Verzahnung zwischen Exekutive und Legislative, weil die parlamentarische Mehrheit die Bundesregierung als Spitze der Exekutive stützt und daher die Bundesregierung de facto nur von der Opposition als parlamentarischer Minderheit kontrolliert wird. Es genügt somit nicht, dass die Kontrollrechte als Parlamentsrechte verankert sind, vielmehr müssen sie der parlamentarischen Minderheit effektiv zur Verfügung stehen, um eine wirksame Kontrolle der Exekutive zu gewährleisten[160]. **578**

---

158 BVerfGE 70, 324, 361 mit ablehnendem Sondervotum – *Informationsrecht der Abgeordneten*; vgl. *Maurer*, Staatsrecht § 13 Rn. 92 m.w.N.

159 Zurückgegriffen werden muss für die Bestimmung der verfassungsrechtlichen Vorgaben auf allgemeine verfassungsrechtliche Vorgaben, wie das Demokratieprinzip, das freie Mandat etc.

160 Vgl. zu den Minderheitsrechten im parlamentarischen Regierungssystem *Stern*, Staatsrecht I S. 988 ff.

579 Die Kontrollfunktion gegenüber der Exekutive besteht daher in erster Linie aus *parlamentarischen Minderheitsrechten*. Inhaltlich bestehen die Kontrollrechte vor allem aus *Informations- und Auskunftsrechten* gegenüber der Exekutive, die häufig Rechtfertigungszwänge nach sich ziehen. Dadurch entsteht die notwendige Transparenz, die für eine politische Beurteilung und (ggf. auch rechtliche) Kontrolle erforderlich ist oder sogar zu Sanktionen führen kann. Die Kontrollfunktionen kollidieren häufig mit dem Anspruch der Regierung auf eine interne, machtpolitische Entscheidungssphäre sowie der Frage, inwieweit sensible staatliche Entscheidungsprozesse oder Rechte Dritter ins Licht der Öffentlichkeit gezogen werden dürfen.

> **Beispiel:**
> Interne Willenbildung der Exekutive; Kabinettsprotokolle; Geheimdiensterkenntnisse; etc).

Zumindest müssen Informationsrechte insoweit modifiziert werden, als Auskünfte nicht allgemein der Öffentlichkeit zugänglich werden und die Parlamentarier zur Geheimhaltung verpflichtet sind.

580 Die rechtliche Ausgestaltung der parlamentarischen Kontrollrechte erfolgt neben verfassungsrechtlichen Bestimmungen im Wesentlichen durch die GOBT.

581 Gem. Art. 43 Abs. 1 GG kann der Bundestag oder einer seiner Ausschüsse die *Anwesenheit jedes Mitglieds der Bundesregierung verlangen*. Zweck dieses *Zitierrechts* ist, dass das jeweilige Regierungsmitglied den Parlamentariern Rede und Antwort stehen muss. Mit dieser Pflicht korrespondiert das *Anwesenheitsrecht* gem. Art. 43 Abs. 2, um sich jederzeit (rechtfertigendes) Gehör zu verschaffen oder sich über die parlamentarische Seite zu informieren.
Das verfassungsrechtliche Zitierrecht sowie das korrespondierende Anwesenheitsrecht sind in den §§ 42, 43, 68 GOBT konkretisiert. Das Zitierrecht ist als Mehrheitsrecht ausgestaltet (vgl. §§ 42, 68 Satz 2 GOBT)[161]. Es verpflichtet jedes Mitglied der Bundesregierung, das Adressat eines ordnungsgemäßen Zitierbeschlusses ist, d.h. den Bundeskanzler und alle Bundesminister, aber nicht die Staatssekretäre (vgl. Art. 62). Ein Konflikt zwischen Bundesregierung und Bundestag/Ausschuss über das Zitierrecht kann Gegenstand eines Organstreitverfahrens sein, z.B. bei einer Weigerung eines Regierungsmitglieds wegen vermeintlich rechtsmissbräuchlicher Ausübung des Zitierrechts[162].

582 Aus dem Status des freien Mandats erwachsen jedem einzelnen Abgeordneten Frage-, Auskunfts- und Informationsrechte. Diese sind notwendig, um das Mandat als Volksvertreter sinnvoll ausüben zu können. Zwei besondere Informationsverfahren sind das Interpellationsrecht sowie das parlamentarische Untersuchungsrecht. Beide sind im Gegensatz zum Zitierrecht in Art. 43 Abs. 1 als Rechte der einzelnen Abgeordneten und als parlamentarische Minderheitsrechte zugunsten der Opposition ausgestaltet. Wesentlicher Zweck dieser Instrumente ist – neben dem allgemeinen Bedürfnis nach Informationen zur zweckmäßigen Mandatsausübung – die Kontrolle der Bundesregierung, insbesondere durch die Herstellung von Öffentlichkeit.

---

161 Ohne abweichende Regelung gilt das Mehrheitsprinzip.
162 Vgl. *Stern*, Staatsrecht II S. 54 f.

Das *Interpellationsrecht (Fragerecht)* wird verfassungsrechtlich aus Art. 38 **583**
Abs. 1 Satz 2 abgeleitet[163]. Inhalt des Interpellationsrechts ist die Möglichkeit, an
die Bundesregierung eine parlamentarische Anfrage zu richten. Die nähere Ausgestaltung des Interpellationsrechts erfolgt durch die Vorschriften der GOBT:

– Die *Große Anfrage* gem. §§ 100–103 GOBT: Große Anfragen können von einer
  Opposition oder eine Gruppe von Abgeordneten mit Fraktionsstärke (5 % der
  Mitglieder des Bundestags) eingereicht werden. Eine Große Anfrage hat regelmäßig bedeutende politische Themen zum Gegenstand und zieht regelmäßig
  eine parlamentarische Debatte nach sich.

– Die *Kleine Anfrage* gem. § 104 GOBT: Kleine Anfragen sind von der Bundesregierung schriftlich zu beantworten. Sie können ebenfalls nur von Fraktionen
  oder einer Abgeordnetengruppe in Fraktionsstärke an die Bundesregierung
  gestellt werden (vgl. §§ 75 Abs. 3, 76 GOBT).

– Die *Frage einzelner Mitglieder* des Bundestags gem. § 105 GOBT: Einzelne
  Abgeordnete sind berechtigt, kurze Einzelfragen entweder zur schriftlichen
  Beantwortung an die Bundesregierung zu richten oder mündlich in einer Frage-
  stunde zu stellen.

– Die *Aktuelle Stunde* gem. § 106 Abs. 1 GOBT: Eine aktuelle Stunde ist eine Art
  Kurzdebatte zu einem bestimmten bezeichneten Thema, in der eine verkürzte
  Redezeit gilt und eine parlamentarische Aussprache mit der Bundesregierung
  möglich ist.

– Die *Befragung der Bundesregierung* gem. § 106 Abs. 2 GOBT: Die Befragung
  der Bundesregierung findet in Sitzungswochen des Bundestags bei Fragen von
  aktuellem Interesse, vorrangig jedoch im Anschluss an Kabinettsitzungen statt.
  Sie ermöglicht die Befragung einzelner Regierungsmitglieder.

Die Interpellationsrechte korrespondieren mit der Pflicht der betroffenen Regie- **584**
rungsmitglieder, wahrheitsgemäß und grundsätzlich umfassend Auskunft zu erteilen[164]. Einschränkungen können sich insbesondere bei rechtsmissbräuchlichen
Anfragen ergeben oder in sensiblen Bereichen, in denen ein besonderes staatliches
Interessen an Geheimhaltung besteht.

Das Parlament besitzt gem. Art. 44 ein besonderes *Untersuchungsrecht (Enquê-* **585**
terecht) zur Beschaffung von Informationen und Aufklärung von Sachverhalten.
Dieses Untersuchungsrecht ist nicht auf einen bestimmten Zweck, insbesondere
nicht auf einen Kontrollzweck beschränkt (sog. Missbrauchsenquête, Kontrollen-
quête, Skandalenquête), sondern kann auch der informatorischen Vorbereitung
besonderer gesetzgeberischer Vorhaben aus der Mitte des Bundestags dienen (vgl.
Art. 76 Abs. 1 GG; sog. Gesetzgebungsenquête)[165].

---

163 Vgl. *Pieroth*, in: Jarass/Pieroth Art. 38 Rn. 34, Art. 43 Rn. 3 m.w.N.; a.A. *Stern*,
     Staatsrecht II S. 55 (systemimmanente Weiterentwicklung des Zitierrechts gem.
     Art. 43 Abs. 1 GG in der GOBT).
164 Vgl. *Magiera*, in: Sachs Art. 38 Rn. 41.
165 Vgl. zu den Einteilungen *Stern*, Staatsrecht II S. 61; *Klein*, in: Maunz/Dürig Art. 44
     Rn. 4.

586 Gegenüber den sonstige parlamentarischen Informationsbeschaffungsrechten zeichnet sich das Untersuchungsrecht durch ein besonderes formalisiertes Verfahren mit verschärften Aufklärungsmitteln aus, die über die sonstigen parlamentarischen Möglichkeiten hinausgehen (vgl. Art. 44 Abs. 2, 3). Hinzu kommt der Charakter als Minderheitenrecht, weil für die Ausübung ein Viertel der Bundestagsmitglieder ausreichend ist (vgl. Art. 44 Abs. 1 Satz 1). Aufgrund dieser beiden Eigenschaften besteht die Hauptfunktion des parlamentarischen Untersuchungsrechts in einem Kontrollrecht der Opposition gegenüber der Bundesregierung[166].

587 Rechtsgrundlagen des parlamentarischen Untersuchungsrechts bzw. des Untersuchungsverfahrens sind Art. 44 sowie das Parlamentarische Untersuchungsausschussgesetz (PUAG)[167]. Das parlamentarische Untersuchungsrecht wird nicht vom Parlament als Organ ausgeübt, sondern von einem einzusetzenden *Untersuchungsausschuss* als Unterorgan (Hilfsorgan), das anstelle des Bundestags dessen Untersuchungsrecht wahrnimmt[168]. Der Bundestag entscheidet also über das Ob durch Einsetzung und Auflösung des Untersuchungsausschusses. Wie sein Recht wahrgenommen wird, erfolgt eigenständig durch den Untersuchungsausschuss.

588 Der *Verteidigungsausschuss* besitzt gem. Art. 45a Abs. 2 die Rechte eines Untersuchungsausschusses. Diese Funktion ist ebenfalls als Recht der Minderheit ausgestaltet, so dass die folgenden Ausführungen sinngemäß gelten.

589 – **Zulässiger Untersuchungsgegenstand.** Mangels normativer Einschränkung des Spektrums zulässiger Untersuchungsgegenstände ergeben sich die Grenzen zunächst nur aus *den allgemeinen verfassungsrechtlichen Begrenzungen*, die dem Bundestag als Staatsorgan bei seiner Tätigkeit auferlegt sind[169]. Denn die Zuständigkeiten eines Untersuchungsausschusses können nicht weiter reichen als die Kompetenzen des Bundestags, dessen Recht ausgeübt wird und dem das Handeln letztlich zugerechnet wird (sog. *Korollartheorie*)[170]. § 1 PUAG beschränkt die zulässigen Untersuchungsgegenstände auf den Rahmen der verfassungsmäßigen Zuständigkeit des Bundestags. Die verfassungsmäßige Zuständigkeit des Bundestags wird sowohl durch die Verbandskompetenz des Bundes als auch durch die Organkompetenzen auf Bundesebene bestimmt. Einschränkend wirken aber auch die allgemeine Rechtsbindungen (vgl. Art. 1 Abs. 3, 20 Abs. 3).

590 Als Abgrenzungskriterium ist organschaftlich vor allem das *Prinzip der Gewaltenteilung* zu beachten. Das parlamentarische Untersuchungsverfahren darf nicht die anderen Staatsfunktionen zugewiesenen Aufgaben ersetzten. Z.B. dürfen nicht einzelne Gerichtsurteile Gegenstand eines Untersuchungsausschusses sein, weil sonst die als Rechtsprechung exklusiv den Gerichten vorbehaltene Tätigkeit

---

166 Vgl. eine Fallbearbeitung zum Thema Untersuchungsausschüsse von *Ortmann*, Jura 2003, 847.

167 Gesetz zur Regelung des Rechts der Untersuchungsausschüsse des Deutschen Bundestags v. 19.6.2001 (BGBl. I, S. 1142).

168 Vgl. *Klein*, in: Maunz/Dürig Art. 44 Rn. 15.

169 Vgl. *Stern*, Staatsrecht II S. 62 m.w.N.

170 Dieser einleuchtende Befund ist streng zu trennen von den speziellen Befugnissen des Untersuchungsausschusses im Rahmen eines Untersuchungsverfahrens, die gerade weit über die allgemeinen Informationsrechte des Bundestags hinausgehen.

unterlaufen werden würde (vgl. Art. 92). Eine allgemeine Kontrolle der Justiz widerspräche der besonders strengen funktionalen Unabhängigkeit der Dritten Gewalt. Dies schließt aber nicht aus, dass das Justizsystem Gegenstand einer parlamentarischen Bestandsaufnahme wird[171]. Ein ständiger Untersuchungsausschuss zur Überwachung der Bundesregierung ist ebenfalls abzulehnen, weil eine solche permanente Kontrolle der Exekutive verfassungsrechtlich gerade nicht vorgesehen ist. Es widerspräche der Funktion des Art. 44, der das Instrument des Untersuchungsausschusses gerade nicht als ständiges Aufklärungsinstrument ansieht[172]. Der Regierung muss ein eigener Handlungsbereich verbleiben, der parlamentarischer Überwachung (zunächst) verschlossen bleibt[173], denn durch einen permanenten Kontrollzugriff des Parlaments wird eine effektive Regierungsarbeit verhindert. Ein Kern exekutiver Eigenverantwortung muss verbleiben[174]. Eine Kontrolltätigkeit kann daher erst dann beginnen, wenn ein durch die Regierung abgeschlossener Vorgang vorliegt.

> „Die Verantwortung der Regierung gegenüber Volk und Parlament [...] setzt notwendigerweise einen „Kernbereich exekutiver Eigenverantwortung" voraus [...], der einen auch von parlamentarischen Untersuchungsausschüssen grundsätzlich nicht ausforschbaren Initiativ-, Beratungs- und Handlungsbereich einschließt. Dazu gehören z. B. die Willensbildung der Regierung selbst, sowohl hinsichtlich der Erörterungen im Kabinett als auch bei der Vorbereitung von Kabinetts- und Ressortentscheidungen, die sich vornehmlich in ressortübergreifenden und -internen Abstimmungsprozessen vollzieht. Die Kontrollkompetenz des Bundestags erstreckt sich demnach grundsätzlich nur auf bereits abgeschlossene Vorgänge. Sie enthält nicht die Befugnis, in laufende Verhandlungen und Entscheidungsvorbereitungen einzugreifen. Aber auch bei abgeschlossenen Vorgängen sind Fälle möglich, in denen die Regierung aus dem Kernbereich exekutiver Eigenverantwortung geheimzuhaltende Tatsachen mitzuteilen nicht verpflichtet ist."[175]

Neben den Organkompetenzen ist das Bundesstaatsprinzip und die *Aufteilung der*   **591** *Verbandskompetenzen* zwischen Bund und Ländern zu beachten[176]. Das parlamentarische Untersuchungsverfahren erlaubt es nicht, andere Gegenstände als die dem Bund kompetenziell zugewiesenen wahrzunehmen. Länderkompetenzen sind keine zulässigen Gegenstände eines parlamentarischen Untersuchungsverfahrens. Sehr schwierig ist die Grenzziehung im Bereich des Landesvollzugs von Bundesgesetzen, weil hier die Reichweite der Bundeskompetenz entscheidend ist[177].

Die Einschränkung der Verbandskompetenz des Bundes gilt natürlich nicht nur   **592** nach „unten" gegenüber den Ländern, sondern auch nach „oben" gegenüber der europäischen Ebene. Verliert der Bund Zuständigkeiten durch Verlagerung auf die europäische Ebene, gilt dies natürlich auch im Rahmen des parlamentarischen Untersuchungsrechts.

---

171 Z. B. allgemeine Missstände in der Justiz, vgl. *Klein*, in: Maunz/Dürig Art. 44 Rn. 25.
172 Vgl. *Maurer*, Staatsrecht § 13 Rn. 144.
173 Vgl. *Magiera*, in: Sachs Art. 44 Rn. 9 m.w.N.
174 Vgl. *Klein*, in: Maunz/Dürig Art. 44 Rn. 4; *Stern*, Staatsrecht II S. 62 f.; *Maurer*, Staatsrecht § 13 Rn. 142 m.w.N.
175 BVerfGE 67, 100, 139 – *Flick*.
176 Vgl. *Stern*, Staatsrecht II S. 62; *Klein*, in: Maunz/Dürig Art. 44 Rn. 16.
177 *Klein*, in: Maunz/Dürig Art. 44 Rn. 16.

593   Erachtet man mit der überwiegenden Meinung auch *Untersuchungsgegenstände außerhalb der staatlichen Sphäre* für zulässig, wie z.b. die Untersuchung wirtschaftlicher, gesellschaftlicher oder privater Angelegenheiten[178], wird der Untersuchungsgegenstand (wie das gesamte Verfahren) auch durch die Grundrechte sowie die allgemeinen rechtsstaatlichen Prinzipien, etwa die Verhältnismäßigkeit, eingeschränkt. Es gelten die üblichen Bindungen bei der Ausübung staatlicher Gewalt außerhalb der innerstaatlichen Sphäre (vgl. Art. 1 Abs. 3, 20 Abs. 3). Als Einschränkung für derartige Untersuchungsgegenstände wird das Bedürfnis eines „öffentlichen Interesses von hinreichendem Gewicht" an einer Aufklärung gefordert, welches das Interesse des Einzelnen am grundrechtlich geschützten Bereich überwiegt[179]. Diese Interessenabwägung gilt dann auch für die Durchführung des Untersuchungsverfahrens im Einzelnen, also vor allem die rechtliche Beurteilung einzelner Untersuchungsmethoden oder die Frage der Öffentlichkeit von Ausschusssitzungen[180]. Ausdrücklich unberührt bleibt nach Art. 44 Abs. 2 Satz 2 der Grundrechtschutz durch Art. 10, der das Brief-, Post- und Fernmeldegeheimnis wahrt. Deshalb ist nach überwiegender Auffassung eine entsprechende Anwendung der auf Art 10 Abs. 2 beruhenden gesetzlichen Einschränkung dieser Grundrechte nicht zulässig und führt zu entsprechenden Einschränkungen der Beweiserhebung und -verwertung[181].

594   Eine besondere Rechtsfolge für einen unzulässigen Untersuchungsgegenstand sieht § 2 Abs. 3 PUAG vor. Danach kann der Bundestag einem Antrag auf Einsetzung eines Untersuchungsausschusses durch die parlamentarische Minderheit, den er für teilweise verfassungswidrig hält, mit einer entsprechenden Einschränkung im Einsetzungsbeschluss entsprechen.

595   **– Beginn und Ende eines Untersuchungsverfahrens.** Das parlamentarische Untersuchungsverfahren beginnt mit der Einsetzung durch Beschluss des Bundestags (vgl. § 1 Abs. 1 PUAG). Die Einsetzung kann „freiwillig" durch Mehrheitsbeschluss des Bundestags (vgl. Art. 44 Abs. 1 Satz 1 Variante 1, sog. Mehrheitsenquête) oder „unfreiwillig" durch pflichtgemäßen Mehrheitsbeschluss auf Antrag eines Viertels (vgl. Art. 44 Abs. 1 Satz 1 Variante 2, § 2 Abs. 1 PUAG; sog. Minderheitsenquête) erfolgen. Abgesichert wird das Einsetzungsrecht durch die Bindung eines Untersuchungsausschusses an den Untersuchungsgegenstand (vgl. § 3 Satz 1 PUAG) sowie die fehlende Möglichkeit, den Untersuchungsgegenstand gegen den Willen der „einsetzenden" Minderheit (später) abzuändern (vgl. §§ 2 Abs. 2, 3 Satz 2 PUAG) oder das Verfahren abzukürzen.

Das Verfahren endet grundsätzlich mit Abschluss der Untersuchung und der Vorlage des Abschlussberichts an den Bundestag (vgl. § 33 PUAG). Die Untersuchung ist abgeschlossen, wenn alle Beweise erhoben worden sind. Durch Minderheitsrechte wird sichergestellt, dass die Beweiserhebung nicht verkürzt oder anderwei-

---

178   Dagegen *Maurer*, Staatsrecht § 13 Rn. 139; dafür z.B. BVerfGE 67, 100 – *Flick*; BVerfGE 77, 1, 44 ff. – *Neue Heimat*; *Stern*, Staatsrecht II S. 63; *Magiera*, in: Sachs Art. 44 Rn. 10; *Klein*, in: Maunz/Dürig Art. 44 Rn. 19.

179   Vgl. *Magiera*, in: Sachs Art. 44 Rn. 10 m.w.N.

180   Für einen Untersuchungsausschuss im Rahmen eines legislativen Vorhabens spielen die vorangegangenen Erwägungen praktisch kaum eine Rolle, da es sich nicht um einen Einzelfall, sondern um ein allgemeinen Gegenstand der Bundesgesetzgebung handelt.

181   Vgl. *Jarass*, in: Jarass/Pieroth Art. 10 Rn. 18, Art. 44 Rn. 7 m.w.N.

tig manipuliert werden kann (vgl. § 17 PUAG). Aufgrund des Grundsatzes der Diskontinuität endet ein Untersuchungsverfahren immer mit dem Ende der Wahlperiode des Bundestags, der die Einsetzung des Untersuchungsausschusses beschlossen hat. Außerdem kann ein Untersuchungsausschuss trotz fehlender gesetzlicher Auflösungsmöglichkeit aufgrund der Geschäftsordnungsautonomie jederzeit wieder durch Bundestagsbeschluss aufgelöst werden. Allerdings sind dabei die Rechte der parlamentarischen Minderheit zu beachten.

g) Öffentlichkeitsfunktion. In einer Demokratie müssen staatliche Entschei-   **596**
dungsprozesse transparent sein, da sonst weder eine Beurteilung, noch eine Kontrolle der staatlichen Gewalt möglich ist und auch die Willensbildung des Volks für die Wahlen nicht auf einer hinreichenden Faktengrundlage beruht.

Die Öffentlichkeitsfunktion wird für den Bundestag an zentraler Stelle verfas-   **597**
sungsrechtlich normiert: Gem. Art. 42 Abs. 1 Satz 1 verhandelt der Bundestag öffentlich. *Öffentlichkeit* bedeutet freier Zugang zu den Sitzungen des Parlaments, d.h. zu den Zuschauertribünen und dem Pressebereich. Begrenzt wird der freie Zugang durch die tatsächlichen Kapazitäten sowie das Hausrecht des Bundestagspräsidenten, der Störer entfernen darf. Allerdings kann die Öffentlichkeit auf Antrag ausgeschlossen werden (vgl. Art. 42 Abs. 1 Satz 2, 3). Ein solcher Ausschluss bedarf eines sachlichen Grundes, der die Geheimhaltung rechtfertigt, wie z.B. die Vertraulichkeit von Staatsangelegenheiten oder Angelegenheiten der Privat- und Intimsphäre einer Person. Der Ausschluss der Öffentlichkeit ist nicht zu begründen, um die Geheimhaltung zu gewährleisten.

Für die *Ausschusssitzungen* gilt gem. § 69 Abs. 1 Satz 1 GOBT das Prinzip der   **598**
Nichtöffentlichkeit, soweit nicht verfassungsrechtlich oder gesetzlich etwas anderes bestimmt ist. Dadurch soll die ungestörte und reibungslose Sacharbeit unterstützt werden.

h) Oberste staatliche Finanzverteilung (Budgetrecht). Der Bundestag ist Inhaber   **599**
des traditionellen parlamentarischen Budgetrechts. Grundsätzlich bedarf jede staatliche Finanztätigkeit einer Legitimation durch das Parlament. Die Legitimation erfolgt durch das jährlich zu beschließende Haushaltsgesetz. Allerdings beinhalten andere finanzwirksame (Gesetzes-)Beschlüsse ebenfalls eine materielle Ermächtigung, auch wenn der Bundestag später formell seine Zustimmung im Haushaltsgesetz verweigern würde (vgl. Art. 111). Solche zwingenden Einnahmen und Ausgaben machen mittlerweile den größten Teil des staatlichen Budgets aus, so dass sich der Bundestag faktisch bereits für die Zukunft gebunden hat. Hinzu kommen die Vorgaben der Finanzverfassung und europarechtliche Vorgaben für das staatliche Finanzwesen. Trotz des parlamentarischen Regierungssystems mit der „eigenen" Regierungsmehrheit sind die Haushaltsberatungen oft Gegenstand von Konflikten zwischen den Regierungsfraktionen und der Opposition.

i) Beschlussorgan. Der Bundestag als Kollegialorgan entscheidet durch Beschluss   **600**
– und zwar mit einfacher Mehrheit (Art. 42 Abs. 2 Satz 1 GG). Dieses kann allerdings durch Ausgestaltung des erforderlichen Quorums qualifiziert werden. Durch einen ordnungsgemäßen Beschluss bildet der Bundestag seinen Willen.

Nach der Rechtsnatur des Beschlusses wird unterschieden zwischen echten und schlichten Parlamentsbeschlüssen. *Echte Parlamentsbeschlüsse* sind rechtserheblich, d.h. sie erzeugen eine Rechtswirkung.

Beispiele:
Wahlbeschlüsse; organinterne Beschlüsse etwa zur Geschäftordnung, die Gesetzesbeschlüsse; sowie alle übrigen formellen Parlamentsbeschlüsse, bei denen der Bundestag parlamentarische Mitwirkungs- und Kontrollrechte ausübt.

Schlichte Parlamentsbeschlüsse betreffen dagegen allgemeine politische Entschließungen, Absichtserklärungen etc. Allerdings müssen sich auch schlichte Parlamentsbeschlüsse trotz ihrer Unverbindlichkeit an die grundsätzliche Kompetenzzuweisung der Verfassung halten[182].

601 j) **Anklageorgan.** Der Bundestag kann auch als Anklageorgan gegenüber anderen Staatsorganen auftreten. Neben dem gem. Art. 93 Abs. 1 Nr.1 GG grundsätzlich allen Staatsorganen offen stehenden Organstreitverfahren vor dem BVerfG, bei dem es um den Schutz eigener Organrechte geht, kann der Bundestag den *Bundespräsidenten* vor dem BVerfG anklagen (vgl. Art. 61 GG). Gegenstand müssen nicht eigene Organrechte des Bundestags sein. „Ausreichend" ist eine vorsätzliche Verletzung verfassungsrechtlicher Pflichten, so dass der Bundestag allgemein zum Schutz der Verfassung tätig wird.

602 Ein ähnliches Anklagerecht ohne die Verletzung eigener subjektiver Rechte besitzt der Bundestag gegenüber *Bundesrichtern* gem. Art. 98 Abs. 2.

4. Verfahren

603 Alle Verfahren des Bundestags, die einer Entscheidung bedürfen, werden nach dem Mehrheitsprinzip durchgeführt. Solche Entscheidungen sind:

– Wahlverfahren

– Beschlüsse

– sonstige Abstimmungen

604 Zu den *Wahlverfahren* zählen: die Wahl des Bundeskanzlers (Art. 63); die Wahl des Bundestagspräsidenten (Art. 40); das konstruktive Misstrauensvotum (Art. 67).

605 Der *Beschluss* ist die wichtigste Handlungsform des Bundestags (Art. 42). Alle Gesetze ergehen in Beschlussform (Art. 77 Abs. 1), sowie die Regelungen über die Geschäftsordnung (Art. 40, 42 Abs. 2); darüber hinaus gibt es besondere Beschlüsse, wie den Beschluss über die Anklage des Bundespräsidenten (Art. 61).

606 Zu den *sonstigen Abstimmungen* zählen alle Entscheidungen des Bundestags, die weder Wahlen noch Beschlüsse sind. Hierzu gehören die Entscheidung über die Vertrauensfrage des Bundeskanzlers (Art. 68), die Feststellung des Spannungsfalls (Art. 80a), die Feststellung des Verteidigungsfalls (Art. 115a).

---

182 Zum Ganzen vgl. *Klein*, HbStR II § 40 Rn. 11 f.; *Stern*, Staatsrecht II S. 48 f.

Über das, was mit *Mehrheit* gemeint ist, herrscht eine geradezu babylonische **607** Begriffsverwirrung. Das ist bedingt durch die kaum unterscheidbare Vermengung der verfassungsrechtlichen Mehrheitsbegriffe mit denen der Umgangssprache, wie sie vor allem durch die Medien verursacht wird. Es wird gesprochen von absoluter Mehrheit, relativer Mehrheit, Mehrheit der Anwesenden, Mehrheit der abgegebenen Stimmen, der Kanzler-Mehrheit usw.

Das GG unterscheidet grundsätzlich zwei Verfahren, für die auch unterschiedliche verfassungsrechtliche Inhalte des Begriffs der Mehrheit gelten:

– Wahlverfahren

– Beschlüsse und sonstige Entscheidungen des Bundestags.

Der Unterschied zwischen den beiden Gruppen ist der, dass bei Wahlverfahren **608** nicht mit Ja oder Nein gestimmt wird, sondern sich das Gremium zwischen mehreren Kandidaten entscheiden muss.

Im Allgemeinen gilt der Satz: gewählt ist, wer die meisten Stimmen auf sich vereint.

Der Begriff „die meisten Stimmen" kann auch bedeuten, dass nur eine sehr geringe Anzahl von Stimmen zu der Wahl des Kandidaten führt; maßgeblich ist nur, dass der Kandidat mehr Stimmen erhält als die anderen.

Eine Ausnahme hiervon gibt es, wenn das GG für einen *Wahlakt eine besondere Mehrheit* anordnet, wie z.B. in Art. 63, der Wahl des Bundeskanzlers. Gewählt ist nach dieser Vorschrift, wer die Mehrheit der Stimmen der Mitglieder des Bundestags erhält. Der Begriff der Mehrheit der Mitglieder ist in Art. 121 definiert.

> Artikel 121
> Mehrheit der Mitglieder des Bundestags und der Bundesversammlung im Sinne dieses Grundgesetzes ist die Mehrheit ihrer gesetzlichen Mitgliederzahl.

Die gesetzliche Mitgliederzahl des Bundestags beträgt 598. Die Mehrheit hiervon **609** sind 300 Stimmen. In weiteren Wahlgängen kann auch zum Bundeskanzler gewählt werden, wer nicht die Mehrheit der Stimmen der Mitglieder erhält sondern nur die Mehrheit, womit die meisten Stimmen von allen Kandidaten gemeint sind.

Für *Beschlussverfahren* des Bundestags gilt in erster Linie Art. 42, wenn das GG **610** nicht eine andere Mehrheit verlangt. Die normale Mehrheit mit der der Bundestag beschließt, ist die *Mehrheit der abgegebenen Stimmen*. Für diesen Begriff ist zu bedenken, dass es sich nicht um einen Wahlakt handelt, die Entscheidung also nur mit Ja oder Nein ergehen kann. Die Verfassung kennt im Übrigen *keine Enthaltung*. Eine Enthaltung ist im Prinzip eine nicht abgegebene Stimme[183]. Ein Mehrheitsbeschluss ist somit ein Beschluss mit der absoluten Mehrheit der abgegebenen Stimmen.

Eine Sonderregelung für Enthaltungen gilt – allerdings nur nach Maßgabe der Geschäftsordnung – bei dem sog. Hammelsprung[184] (§ 51 Abs. 2 GOBT).

Nicht sinnvoll ist die Unterscheidung in absolute und relative Mehrheit. Wie sich aus der Aufzählung ergibt, kann eine relative Mehrheit (gemeint ist hiermit eine

---

183 S. auch *Maurer*, Staatsrecht Rn. 115.
184 Erläuterung s. unten Rn. 616.

Mehrheit, die weniger als die Hälfte der Stimmen umfasst) sich ohnehin nicht auf Entscheidungen mit Ja oder Nein sondern nur auf Wahlen beziehen. Einziger Fall ist der oben genannte Begriff der „meisten Stimmen" bei der Wahl des Bundeskanzlers nach Art. 63 Abs. 4.

611 Demzufolge sind für Verfahren im Bundestag folgende Mehrheitsbegriffe zu unterscheiden:

– die *Mehrheit der abgegebenen Stimmen* (Regelfall, vgl. Art. 42 Abs. 2)

– die *Mehrheit von 2/3 der abgegebenen Stimmen* (nur Spannungs- und Verteidigungsfall).

– die *Mehrheit der gesetzlichen Mitgliederzahl* (hier kommt es nicht drauf an, ob die Stimmen abgegeben worden sind oder nicht; diese Mehrheit wird in den Medien oft als Kanzlermehrheit bezeichnet; sie beträgt gegenwärtig 300 Stimmen.

Beispiele:
Wahl des Bundeskanzlers (Art. 63); die Abstimmung über die Vertrauensfrage (Art. 68); Beschluss über die Errichtung von Behörden (Art. 87 Abs. 3)

– die *Mehrheit von 2/3 der gesetzlichen Mitgliederzahl*

Beispiele:
Beschluss über die Anklage des Bundespräsidenten; Beschlüsse über verfassungsändernde Gesetze

612 Für den Begriff der *Mehrheit der abgegebenen Stimmen*[185] gilt zudem, dass vor der Anwendung des Mehrheitsprinzips die Frage der *Beschlussfähigkeit* steht. Denn ohne Beschlussfähigkeit ist jeder Beschluss trotz Erreichens der benötigten Mehrheit unwirksam[186]. Das GG trifft keine Regelung bezüglich der Beschlussfähigkeit, so dass dies unter die Befugnis des Bundestags zur Selbstorganisation fällt[187]. Nach § 45 Abs. 1 GOBT hängt die Beschlussfähigkeit zwar materiell von der Anwesenheit der Mehrheit der gesetzlichen Mitglieder des Bundestags ab (300 Abgeordnete ohne Überhangmandate). Gem. § 45 Abs. 2 GOBT bedarf es für die fehlende Beschlussfähigkeit aber einer formellen Feststellung, die nur auf Antrag vom mindestens 5 % der Mitglieder des Bundestags oder einer Fraktion erfolgt. Es werden deshalb regelmäßig Beschlüsse gefasst, obwohl der Bundestag materiell beschlussunfähig ist[188]. Nur wenige Abgeordnete können daher wirksam den Willen des gesamten Bundestags bilden. Darin liegt jedoch kein Verstoß gegen das

---

185 Die Mehrheit der gesetzlichen Mitgliederzahl überwindet automatisch eine denkbare Beschlussunfähigkeit.
186 Dies entspricht z.B. dem zivilrechtlichen Erfordernis der Geschäftsfähigkeit als erster zwingend zu prüfender Voraussetzung für die Wirksamkeit einer Willenserklärung. Im Bereich der Grundrechte ist vor der Frage, ob ein Eingriff in ein Grundrecht vorliegt, zunächst die Grundrechtsfähigkeit (Fähigkeit, Träger eines Grundrechts zu sein) zu überprüfen.
187 Vgl. BVerfGE 44, 308, 315 – *Beschlussfähigkeit des Bundestages*.
188 Die gilt natürlich auch im Falle einer Mehrheit der Opposition. Aber die parlamentarische Mehrheit wird darauf achten, dass eine ausreichende Anzahl der eigenen Abgeordneten anwesend ist, um die Beschlussmehrheit zu garantieren. Üblich sind auch Absprachen, die parlamentarischen Mehrheitsverhältnisse nicht zu unterlaufen.

Prinzip der repräsentativen Demokratie, welcher in der Willensbildung des Bundestags durch die geringe Anzahl von demokratisch legitimierten Volksvertretern gesehen werden könnte[189]. Die Arbeit der Abgeordneten findet nämlich in allen parlamentarischen Gremien statt, insbesondere in den Ausschüssen, so dass sich die Willensbildung des Bundestags nicht auf die (endgültige) Beschlussfassung im Plenum reduzieren lässt[190]. Besteht schon vor einer Beschlussfassung im Plenum ein breiter Konsens über einen Beschlussgegenstand, ist eine Anwesenheit aller Abgeordneten nicht notwendig. Bei umstrittenen Vorhaben und knappen Mehrheiten sind bei der Beschlussfassung regelmäßig alle Abgeordneten anwesend. Dies gilt vor allem, wenn es um die Wahrung der Mehrheitsverhältnisse geht oder nicht nur ein einfacher, sondern eine qualifizierter Mehrheitsbeschluss erforderlich ist[191].

Kurz erwähnt werden sollen noch die verschiedenen *Abstimmungsformen*, die **613** *nach der GOBT* vorgesehen sind. Grundsätzlich gilt entsprechend dem Öffentlichkeitsprinzip der Grundsatz der öffentlichen Beschlussfassung. Das bedeutet, dass das Verhalten des einzelnen Abgeordneten erkennbar sein muss.

Abstimmungen (Beschlussfassung über Sachgegenstände) werden grundsätzlich **614** mittels (gleichzeitigem) Handzeichen oder durch (gleichzeitiges) Aufstehen oder Sitzenbleiben durchgeführt (vgl. § 48 Abs. 1 Satz 1 GOBT). Eine namentliche Abstimmung kann beantragt werden, soweit dies nicht für Verfahrensfragen ausgeschlossen ist (vgl. §§ 52 f. GOBT). Dies verschärft das Öffentlichkeitsprinzip, weil noch klarer das Stimmverhalten der einzelnen Abgeordneten zu Tage tritt.

Wahlen erfolgen grundsätzlich ebenfalls öffentlich. Ordnen das GG, einfaches **615** Gesetz oder die GOBT allerdings die geheime Wahl an, werden verdeckte Stimmzettel benutzt (vgl. § 49 GOBT).

Ein besondere Form der Beschlussfassung ist der sog. *Hammelsprung* (vgl. § 51 **616** Abs. 2 GOBT). Bei diesem Verfahren müssen alle Abgeordneten den Sitzungssaal verlassen. Danach wird abgestimmt, indem die Abgeordneten den Sitzungssaal durch eine von drei Türen wieder betreten, die mit „Ja", „Nein" oder „Enthaltung" bezeichnet sind. Der Hammelsprung wird angewendet, wenn Uneinigkeit über das Ergebnis einer Abstimmung besteht oder die Beschlussfähigkeit angezweifelt wird (vgl. § 45 Abs. 2 GOBT).

Rechtsprechung:
BVerfGE 1, 372 – *Deutsch-Französisches Wirtschaftsabkommen*; BVerfGE 44, 308 – *Beschlussfähigkeit des Bundestags*; BVerfGE 67, 100 – *Flick*; BVerfGE 68, 1 – *NATO-Doppelbeschluss*; BVerfGE 70, 324 – *Informationsrecht der Abgeordneten*; BVerfGE 77, 1 – *Neue Heimat*; BVerfGE 90, 286 – *Auslandeinsätze der Bundeswehr – Adria, AWACS*.

---

189 So die Begründung einer Verfassungsbeschwerde. Vgl. BVerfGE 44, 308, 311 – *Beschlussfähigkeit des Bundestages*.
190 Die Bilder eines leeren Bundestages täuschen über diese Tatsache hinweg.
191 Für die absolute Mehrheit der Mitglieder des Bundestages ist mindestens die Anwesenheit von mehr als der Hälfte der gesetzlichen Abgeordneten notwendig. Aus diesem Grund hat der Bundesrat keine entsprechende Regelung, weil er im Gegensatz zum Bundestag nur mit absoluter Mehrheit seiner Mitglieder entscheiden kann.

Literatur:
Badura, P., Das Recht der Minderheit auf Einsetzung eines parlamentarischen Untersuchungsausschusses, in: FS für Helmrich, 1994, S. 191; *Bollmann, G.,* Verfassungsrechtliche Grundlagen und allgemeine verfassungsrechtliche Grenzen des Selbstorganisationsrechts des Bundestags, 1992; *Brandt, M./Gosewinkel, D.,* Der Ausschluss eines Abgeordneten von einer Plenarsitzung, ZRP 1986, 33; *Demmler, W.,* Der Abgeordnete im Parlament der Fraktionen, 1994; *Di Fabio, U.,* Parlament und Parlamentsrecht, Der Staat 29 (1990) 599; *Edinger, F.,* Wahl und Besetzung parlamentarischer Gremien – Präsidium, Ältestenrat, Ausschüsse, 1992; *Graul, E.,* Indemnitätsschutz für Regierungsmitglieder?, NJW 1991, 1717; *Härth, W.,* Die Rede- und Abstimmungsfreiheit der Parlamentsabgeordneten der Bundesrepublik Deutschland, 1983; *ders.,* Abwählbar oder nicht? Der Parlamentspräsident und sein Amt, ZParl. 1985, 490; *Heyde, W./Wöhrmann, G.* (Hrsg.), Auflösung und Neuwahl des Bundestags 1983 vor dem Bundesverfassungsgericht (Dokumentation des Verfahrens), 1984; *Hölscheidt, S.,* Das Recht der Parlamentsfraktionen, 2001; *ders.,* Information der Parlamente durch die Regierungen, DÖV 1993, 593; *Ismayr, W.,* Der Deutsche Bundestag, 2000; *Jekewitz, J.,* Parlamentsausschüsse und Ausschussberichterstattung, Der Staat 25 (1986) 399; *Kassing, R.,* Das Recht der Abgeordnetengruppe, 1988; *Kästner, K.-H.,* Parlamentarisches Untersuchungsrecht und richterliche Kontrolle, NJW 1990, 2649; *Klenke, R.,* Zum Konflikt zwischen parlamentarischem Enquêterecht und dem Recht auf informationelle Selbstbestimmung des Betroffenen, NVwZ 1996, 644; *Klein, H. H.,* Aufgaben des Bundestags, HStR II § 40; *ders.,* Status der Abgeordneten, HStR II § 41; *Köhler, G.,* Die Polizeigewalt des Parlamentspräsidenten im deutschen Staatsrecht, DVBl. 1992, 1577; *Kühnreich, M.,* Das Selbstorganisationsrecht des Deutschen Bundestags unter besonderer Berücksichtigung des Hauptbeschlusses, 1997; *Kretschmer, G.,* Fraktionen – Parteien im Parlament, 2. Aufl. 1992; *Kunig, P.,* Politische Kontrolle der Bundesregierung durch das Parlament, Jura 1993, 220; *Linck, J.,* Die Parlamentsöffentlichkeit, ZParl. 1992, 673; *Loibl, P.,* Der Status der Abgeordnetengruppe im Deutschen Parlament, Diss. Köln 1995; *Mageira, S.,* Parlament und Staatsleitung, 1979; *Maiwald, C.,* Berichtspflichten gegenüber dem Deutschen Bundestag, 1993; *Masing, J.,* Parlamentarische Untersuchungen privater Sachverhalte, 1998; *Mayntz, G.,* Die Fernsehberichterstattung über den Deutschen Bundestag, ZParl. 1993, 351; *Mößle, W.,* Regierungsfunktionen des Parlaments, 1986; *Morlok, M.,* Parlamentarisches Geschäftsordnungsrecht zwischen Abgeordnetenrechten und politischer Praxis, JZ 1989, 1035; *Oppermann, T.,* Das parlamentarische Regierungssystem des Grundgesetzes, VVDStRL 33 (1975) 69; *Peine, F.-J.,* Der befangene Abgeordnete, JZ 1985, 914; *Pieroth, B.,* Offene oder geheime Wahlen und Abstimmungen?, JuS 1991, 89; *Porzner, K./Oberreuter, H./ Thaysen, U.* (Hrsg.), 40 Jahre Deutscher Bundestag, 1990; *Röper, E.,* Parlamentarier und Parlament, 1998; *Scherer, J.,* Fraktionsgleichheit und Geschäftsordnungskompetenz des Bundestags, AöR 112 (1987) 189; *Schmidt-Jortzig, E.,* Regierungskontrolle durch die Parlamentsmehrheit, in: FS für Rauschning, 2001, S. 42; *Schneider, H.-P.,* Die parlamentarische Opposition im Verfassungsrecht der Bundesrepublik Deutschland, Bd. 1, 1974; *ders.,* Das parlamentarische System, HbVerfR, 2. Aufl., S. 537; *ders.,* Das Parlamentsrecht im Spannungsfeld von Mehrheitsentscheidung und Minderheitsschutz, in: FS 50 Jahre BVerfG II, 2001, S. 627; *ders./Zeh, W.* (Hrsg.), Parlamentsrecht und Parlamentspraxis in der Bundesrepublik Deutschland, 1989; *Schönberger, K.,* Die Rechtsstellung der Parlamentsfraktionen, Diss. Tübingen 1989; *Schultze-Fielitz, H.,* Der Fraktionslose im Bundestag:

Einer gegen alle? DÖV 1989, 829; *Schüttemeyer, S.*, Fraktionen im Deutschen Bundestag 1949–1997, 1998; *Schwerin, T.*, Der Deutsche Bundestag als Geschäftsordnungsgeber, 1998; *Sendler, H.*, Abhängigkeiten der unabhängigen Abgeordneten, NJW 1985, 1425; *Steinberg, R.*, Aberkennung des Abgeordnetenmandats im Verfassungsstaat, Der Staat 39 (2000) 588; *Umbach, D.*, Der „eigentliche" Verfassungsstreit vor dem Bundesverfassungsgericht: Abgeordnete und Fraktionen als Antragsteller im Organstreit, in: FS für Zeidler II, 1987, S. 1235; *ders.*, Parlamentsauflösung in Deutschland. Verfassungsgeschichte und Verfassungsprozess, 1989; *Vetter, J.*, Die Parlamentsausschüsse im Verfassungssystem der Bundesrepublik Deutschland, 1986; *ders.*, Abgeordneten-Überprüfung durch Untersuchungsausschüsse?, ZParl. 1993, 211; *Weis, H.*, Parlamentarisches Fragerecht und Antwortpflicht der Regierung, DVBl. 1988, 268; *Zeh, W.*, Gliederung und Organe des Bundestags, HbStR II § 42; *ders.*, Parlamentarisches Verfahren, HbStR II § 43; *ders.*, Bundestagsauflösung und Neuwahlen, Der Staat 22 (1983) 1.

III. Der Bundesrat

Der Bundesrat ist das Bundesorgan, durch das die Länder (Gliedstaaten) an Willenbildung und Staatshandeln des Bundes (Gesamtstaat) mitwirken. Das GG enthält einen eigenen Abschnitt IV. „Der Bundesrat" (Art. 50–53 GG). Art. 50 enthält die *generelle Aufgabenzuweisung* an den Bundesrat. Die Kompetenzen ergeben sich aber nicht aus dieser Vorschrift, sondern aus den im GG verstreuten einzelnen Normen, die dem Bundesrat Befugnisse einräumen, sowie aus einfachgesetzlichen Zuweisungen. Regelungsgegenstand der Art. 51–53 sind der grundlegende Aufbau als Kollegialorgan, die innere Organisation und das Verfahren im Bundesrat. Die wenigen verfassungsrechtlichen Vorgaben werden, wie bei allen Verfassungsorganen, nach dem Prinzip der Selbstorganisation durch eine Geschäftsordnung konkretisiert und ergänzt (vgl. Art. 52 Abs. 3 Satz 2). *Funktion* des Bundesrats ist, die Interessen der Länder auf der Ebene der obersten Bundesorgane zu vertreten. Die Mitwirkung der Länder an der Willensbildung und der Ausübung der Staatsfunktionen durch den Bund stellt ein wesentliches Merkmal des Bundesstaatsprinzips dar. Die konkrete Ausgestaltung im GG beruht auf einer langen deutschen föderalen Tradition[192]. Sie geht über die vom GG garantierte Mitwirkung an der Bundesgesetzgebung hinaus und erstreckt sich auch auf die Exekutive[193] und die Angelegenheiten der Europäischen Union (vgl. Art. 50).

617

Die Länderinteressen werden durch die *Vertreter der amtierenden Landesregierungen* wahrgenommen, die in den Bundesrat entsandt sind (vgl. Art. 51 Abs. 1 Satz 1). Der Bundesrat ist daher keine zweite Volksvertretung, die durch Wahlen in den einzelnen Ländern unmittelbar demokratisch legitimiert ist[194]. Daher gilt

618

---

192 Vgl. *Stern*, Staatsrecht II S. 11 ff.; *Maurer*, Staatsrecht § 16 Rn. 29 ff.
193 Der Wortlaut „Verwaltung" ist zu eng, weil sich aus den einzelnen Kompetenzen des GG Mitwirkungsrechte des Bundesrats sowohl bei der Erfüllung von Verwaltungsfunktionen als auch von Regierungsfunktionen ergeben, d.h. beide Teilbereiche der Exekutive berührt sind.
194 Bekanntestes Beispiel dafür ist der US-Senat als zweite Kammer des Kongresses.

auch nicht der Grundsatz der sachlichen Diskontinuität wie im Bundestag[195]. Der Bundesrat wird häufig als permanentes Organ bezeichnet[196]. Es gibt keine vollständige Neubesetzung, sondern eine permanente Änderung der Zusammensetzung, die sich nach den politischen Verhältnissen in den Ländern richtet. Der Bundesrat setzt sich aus Vertretern der Landesregierungen zusammen. Deren Besetzung und damit die Regelung der Entsendung im Einzelnen richtet sich nach dem Verfassungsrecht des jeweiligen Landes[197].

619 Der Bundesrat soll eigentlich Rechte und Interessen der Länder wahren. Er hat sich jedoch zunehmend zu einem parteipolitischen Instrumentarium entwickelt, da er der parlamentarischen Opposition im Bundestag die Möglichkeit gibt über die Landesregierungen – sofern diese von den Oppositionsparteien gestellt werden – auf die Gesetzgebung des Bundes einzuwirken. Die föderale Funktion geht daher zunehmend verloren.

1. Organe

620 Der Bundesrat besitzt eine Anzahl von Organen[198]. Dazu zählen der Bundesratspräsident, das Präsidium, die Ausschüsse sowie als besondere Institution die Europakammer. Das Plenum ist kein Organ, soll aber entsprechend der Erläuterungen zum Bundestag an dieser Stelle Erwähnung finden. Die Organe sind im Abschnitt IV. des GG und in der Geschäftsordnung des Bundesrats (GOBR) geregelt.

621 **a) Präsident und Präsidium.** Der *Präsident* ist das oberste Leitungsorgan des Bundesrats und gleicht in dieser Funktion dem Bundestagspräsidenten. Die Sitzungen des Bundesrats werden von ihm einberufen (vgl. Art. 52 Abs. 2 GG, § 15 GOBR), vorbereitet (vgl. § 15 Abs. 2 GOBR) und geleitet (vgl. § 20 Abs. 1 GOBR). Dazu ist er Chef der Bundesratsverwaltung, Inhaber des Hausrechts, übt während der Sitzungen die Ordnungsgewalt aus und vertritt den Bundesrat nach außen (vgl. §§ 6, 22 GOBR). Im Falle einer Verhinderung des Bundesratspräsidenten nimmt einer der drei Vizepräsidenten seine Aufgaben wahr (vgl. § 7 GOBR).

622 Gem. Art. 52 Abs. 1 wird der Bundesratspräsident für ein Jahr (Geschäftsjahr) aus der Mitte der Mitglieder des Bundesrats gewählt[199]. Diese Wahl modifiziert schon seit dem 30.8 1950 das sog. Königsteiner Abkommen[200]. Danach stellen alle Länder in einer festgelegten wiederkehrenden Reihenfolge nacheinander den Bundesratspräsidenten[201].

---

195 Die Bundesratstätigkeit wird in Geschäftsjahre vom 1. November–31. Oktober eingeteilt (vgl. § 3 GOER).
196 Was insofern ungenau ist, als alle Bundesorgane unabhängig von ihren Organwaltern existieren.
197 Vgl. BVerfG v. 18.12.2002, DVBl. 2003, 194 ff.
198 Systematisch ist der Bundesrat selbst nur Organ und seine Untergliederungen Organteile. Es hat sich eingebürgert auch von diesen Teilen als „Organen" zu sprechen. Dieser Sprachgebrauch wird hier beibehalten.
199 Vgl. *Scholz*, in: Maunz/Dürig Art. 52 Rn. 5
200 Eine schriftliche Fassung dieses Abkommens existiert nicht. Sein Inhalt ergibt sich aus dem Protokoll und dem stenographischen Bericht der Ministerpräsidentenkonferenz dieses Tages; vgl. dazu auch *Ipsen*, Staatsrecht Rn. 344.
201 Die Reihenfolge ergibt sich aus der Stärke der Einwohnerzahl, beginnend mit der höchsten Einwohnerzahl.

Das *Präsidium* besteht aus dem Bundesratspräsidenten und drei Vizepräsidenten. **623**
Das Präsidium berät den Präsidenten bei seinen Aufgaben und entscheidet durch
Mehrheitsbeschluss über die inneren Angelegenheiten, soweit keine abweichende
Entscheidungsbefugnis zugunsten anderer Organe besteht (vgl. § 8 GOBR).

Mit dem *Amt des Bundesratspräsidenten* ist eine besondere staatsorganisatorische **624**
Funktion verbunden. Im Falle einer Verhinderung des Bundespräsidenten wird er
durch den Präsidenten des Bundesrates vertreten (vgl. Art. 57). Während dieser
Zeit ruht die Funktion im Bundesrat (vgl. § 7 Abs. 1 Satz 2 GOBR). Protokollarisch ist aber der Bundestagspräsident der zweite Mann im Staat nach dem Staatsoberhaupt[202].

b) Mitglieder. Der Bundesrat ist ein Kollegialorgan, das aus den Vertretern der **625**
Länderregierungen besteht (vgl. Art. 51 Abs. 1 Satz 1). Wer Mitglied im Bundesrat ist, regelt ausschließlich das jeweilige Landesrecht. Funktional sind die Länder
selbst Mitglieder. Für sie handeln im Bundesrat die entsandten Mitglieder.

Unterschieden wird zwischen ordentlichen und stellvertretenden Bundesratsmit- **626**
gliedern. Beide werden nach dem jeweiligen Landesrecht bestellt und ggf. wieder
abberufen (vgl. Art. 51 Abs. 1 Satz 1 und 2). Stellvertretung ist unter den Bundesratsmitgliedern eines Landes praktisch unbegrenzt möglich, insbesondere bei der
Stimmenabgabe (vgl. Art. 51 Abs. 3 Satz 2 a.E.).

Die Entscheidung über die ordentlichen und stellvertretenden Mitglieder muss **627**
aber unabhängig von der jeweiligen Landesverfassung nur der Exekutive, d.h. der
Landesregierung zustehen, weil im GG die Mitgliedschaft im Bundesrat als
Organkompetenz der Landesregierung angelegt ist. Die Bestellung durch die Landesregierung ist konstitutiv für die Mitgliedschaft im Bundesrat. Die Mitteilung
an den Präsidenten des Bundesrats gem. § 1 GOBR hat dagegen nur deklaratorische Bedeutung.

Rechtliche Vorraussetzung für eine Bestellung als ordentliches oder stellvertreten- **628**
des Bundesratsmitglied ist zunächst die Mitgliedschaft in der jeweiligen Landesregierung (vgl. Art. 51 Abs. 1). Deshalb erlischt die Mitgliedschaft automatisch
mit dem Verlust des Regierungsamts, insbesondere aufgrund eines Wechsels der
Landesregierung. Außerdem besteht Unvereinbarkeit zwischen Mitgliedschaft im
Bundesrat und dem Mandat als Abgeordneter im Bundestag (vgl. § 2 Satz 1
GOBR)[203]. Die Unvereinbarkeit mit anderen Ämtern folgt auch aus anderen
Inkompatibilitätsregelungen, wie z.B. denen des Bundespräsidenten, des Bundes-
kanzlers oder denen des BVerfG[204].

Den Bundesratsmitgliedern werden durch das GG und die Geschäftsordnung **629**
Rechte und Pflichten eingeräumt, um ihre Aufgaben zu erfüllen. Im Bundesrat
stehen den Mitgliedern nach der Geschäftsordnung Rederechte, Frage- und
Antragsrechte zu. Gem. Art. 43 Abs. 2 haben die Bundesratsmitglieder jederzeit
das Zutrittsrecht zum Bundestag und dessen Ausschüssen und müssen jederzeit
gehört werden.

---

202 Vgl. *Klein*, in: Maunz/Dürig Art. 40 Rn. 93
203 Vgl. *Herzog*, HbStR II § 46 Rn. 8.
204 Vgl. *Herzog*, HbStR II § 46 Rn. 8.

630 Als Angehörige der Landesregierungen sind die Bundesratsmitglieder *weisungs-abhängig.*
Dies ergibt sich aus einem Umkehrschluss der Formulierung über den gemeinsamen Ausschuss in Art. 53 Abs. 1 Satz 3 Halbsatz 2. Danach wird jedes Land im gemeinsamen Ausschuss durch ein von ihm bestelltes Mitglied des Bundesrats vertreten. Diese Mitglieder des gemeinsamen Ausschusses sind an Weisungen nicht gebunden. Daraus schließt man, dass die Mitglieder des Bundesrats im Übrigen an Weisungen gebunden sind.
Die Weisungsabhängigkeit gilt aber nur für das Innenverhältnis auf Landesebene. Auf die Rechtswirksamkeit von Handlungen im Bundesrat hat ein weisungswidriges Verhalten keinen Einfluss. Die Wirksamkeit einer Handlung im Bundesrat beurteilt sich nur nach Bundesrecht bzw. dem Organrecht des Bundesrats. Nach den bundesrechtlichen Regelungen nehmen die Bundesratsmitglieder ihre Rechte als Landesvertreter autonom war. Dies gilt insbesondere für die Stimmabgabe. Inwieweit eine weisungswidrige Stimmabgabe sanktioniert wird, bleibt Sache des Landesrechts.

631 Die *Anzahl* der Mitglieder des Bundesrats beträgt maximal 69, da jedes Land nur so viele Vertreter entsenden kann, wie es Stimmen hat (vgl. Art. 51 Abs. 3 Satz 1). Aufgrund der Möglichkeit der Stellvertretung und des Erfordernisses der einheitlichen Stimmenabgabe können auch weniger Mitglieder entsendet werden.

632 c) **Ausschüsse.** Wie im Bundestag findet auch im Bundesrat die eigentliche Sacharbeit und Beratung in den Ausschüssen statt und nicht im Plenum. In den Ausschüssen werden die Beschlussfassungen des Bundesrats vorbereitet (vgl. § 39 Abs. 1 GOBR). Die erforderliche verbindliche Entscheidung einer Angelegenheit trifft der Bundesrat selbst. Geregelt sind die Ausschüsse in den §§ 11 f., 36 ff. GOBR.

633 Der Bundesrat richtet ständige Ausschüsse ein, die im Wesentlichen die Fachministerien der Bundesregierung widerspiegeln. Sie tagen grundsätzlich nichtöffentlich, um eine sachliche Arbeitsatmosphäre zu gewährleisten und werden von einem Ausschussvorsitzenden geleitet. In den Ausschüssen sind die Länder mit jeweils einem Ausschussmitglied vertreten. Allerdings ist es nicht notwendig, dass es sich um ein Mitglied des Bundesrats handelt. Zulässig ist auch die Besetzung eines Ausschusssitzes mit einem Beauftragten, so dass regelmäßig Angehörige der Ministerialverwaltung der Länder an den Ausschusssitzungen teilnehmen (vgl. Art. 52 Abs. 4).

634 Die Stimmverteilung in den Ausschüssen entspricht nicht denen des Bundesrats. Jedes Ausschussmitglied verfügt über eine Stimme (vgl. § 42 Abs. 2 GOBR), so dass es im Gegensatz zu den Ausschussabstimmungen im Bundestag häufiger zu einer Beschlussempfehlung an den Bundesrat kommt, der im Plenum aufgrund der abweichenden Mehrheitsverhältnisse nicht gefolgt wird.

635 d) **Europakammer.** Eine besondere Bedeutung innerhalb des Bundesrats hat die Europakammer (vgl. Art. 52 Abs. 3a GG, §§ 45b–45k GOBR). Strukturell entspricht sie einem einzelnen Fachausschuss für die Angelegenheiten der Europäischen Union. Seine besondere Bedeutung erwächst aus der in Art. 52 Abs. 3a angeordneten Rechtsfolge, dass die Beschlüsse der Europakammer als verbind-

liche Beschlüsse des Bundesrats gelten. Aus diesem Grund entspricht die Stimmverteilung in der Europakammer derjenigen des Bundesrats (vgl. Art. 53 Abs. 3a
Halbsatz 2) und es können nur ordentliche oder stellvertretende Mitglieder des
Bundesrats in die Europakammer gesendet werden, nicht dagegen Beauftragte
(vgl. § 45b Abs. 2 GOBR). Regelmäßig nehmen die Ministerpräsidenten der Länder an den Sitzungen der Europakammer teil.

Aus Art. 23 Abs. 2 Satz 1 sowie Art. 50 ergibt sich die generelle Mitwirkung des   **636**
Bundesrats in Angelegenheiten der Europäischen Union. Inwieweit Kompetenzen
nicht durch das Plenum, sondern durch die Europakammer wahrgenommen werden, regelt als Teil der Selbstorganisation § 45d GOBR. Unterscheidungskriterien
sind Eilfälle sowie Fälle, in denen die Vertraulichkeit gewahrt sein soll (vgl. § 45d
Abs. 2, 3 GOBR).

e) **Plenum.** Das Plenum ist keine Bezeichnung für ein Organ des Bundesrats. Wie   **637**
beim Bundestag bezeichnet es die Gesamtheit der Bundesratsmitglieder. Im Plenum versammelt man sich für die Debatten und Abstimmungen.

2. Zusammensetzung

Die Mitglieder des Bundesrates haben keine echten Mandate, weshalb der Begriff   **638**
„Zusammensetzung" nicht ganz funktionsgerecht ist. Beschrieben wird damit die
Zusammensetzung der Stimmen des Bundesrates durch die einzelnen Länder. Da
jedes Land seine Stimmen *nur einheitlich* abgeben kann (vgl. Art. 51 Abs. 3
Satz 1) besitzen alle Länder nur eine Stimme, die entsprechend der Bevölkerungs-
größe der Länder einen unterschiedlichen Zählwert hat.

Der *Zählwert der Stimmen* bemisst sich nach der Einwohnerzahl (nicht den Staats-   **639**
angehörigen) jedes Landes aufgrund amtlich ermittelter Daten (vgl. Art. 51 Abs. 2
GG, § 27 GOBR). Darin liegt kein Verstoß gegen das Demokratieprinzip, sondern
eine sinnvolles Kriterium für die Stimmengewichtung im Bundesrat[205]. Der Zählwert wird nicht proportional bestimmt. Es gibt vier unterschiedliche Wertigkeiten
mit drei, vier, fünf oder sechs Stimmen (vgl. Art. 51 Abs. 2). Bei einer rein proportionalen Verteilung würde sich im Bundesrat nur das Stimmenverhältnis wie-
derspiegeln, das bereits im Bundestag besteht. Das ist aber gerade nicht gewollt.
Im Bundesrat soll der Existenz eines Bundeslandes ein eigenes, besonderes
Gewicht gegeben werden. Die Staatlichkeit der Bundesländer besitzt einen Eigen-
wert, unabhängig von ihrer Bevölkerungszahl. Das ist ein Attribut, dass dem
besonderen Entstehungsprozess des GG als einer Gründung durch die bereits
vorher bestehenden Länder Rechnung trägt.

– *drei Stimmen* (Länder mit einer Einwohneranzahl von bis zu zwei Millionen):
  Bremen, Hamburg, Mecklenburg-Vorpommern und das Saarland.

– *vier Stimmen* (Länder mit zwei bis sechs Millionen Einwohnern): Brandenburg,
  Berlin, Rheinland-Pfalz, Sachsen, Sachsen-Anhalt, Schleswig-Holstein und Thüringen.

– *fünf Stimmen* (Länder mit sechs bis sieben Millionen Einwohnern): Hessen.

---

205 Vgl. *Maurer*, Staatsrecht § 16 Rn. 7 m. w. N.

– *sechs Stimmen* (Länder mit mehr als sieben Millionen Einwohnern): Baden-Württemberg, Bayern, Niedersachsen und Nordrhein-Westfalen.

640 Daraus ergibt sich zurzeit eine Anzahl von 69 Stimmen[206]. Da der Bundesrat nur mit der absoluten Mehrheit seiner Mitglieder Beschlüsse fasst (vgl. Art. 52 Abs. 3 Satz 1), benötigt jeder Beschluss mindestens 35 Ja-Stimmen. Ein Vetorecht ist nicht vorgesehen.

3. Zuständigkeit

641 Die Zuständigkeiten (Organkompetenzen) des Bundesrats werden allgemein in Art. 50 GG aufgezählt. Danach wirkt der Bundesrat bei der Gesetzgebung und der Verwaltung des Bundes und in den Angelegenheiten der Europäischen Union mit. Diese Aufgabenbeschreibung bedarf der Konkretisierung durch einzelne Kompetenzzuweisungen. Solche finden sich verstreut im gesamten GG. Weitere Kompetenzzuweisungen enthalten einfachgesetzliche Vorschriften, auf die im Einzelnen hier nicht näher eingegangen werden kann[207].

642 Die mit Abstand bedeutsamsten verfassungsrechtlichen Mitwirkungsrechte des Bundesrats betreffen die *Zustimmungsfunktion im Gesetzgebungsverfahren*. Daneben bedarf es auch der Zustimmung für sonstige Akte des Bundes, wie z. B. den Erlass von Verwaltungsvorschriften im Bereich der Auftragsverwaltung (vgl. Art. 85 Abs. 2 Satz 1) oder die Durchführung des Bundeszwangs (vgl. Art. 37 Abs. 1). Erkennbar ist die Zustimmungsfunktion in der Formulierung „mit Zustimmung des Bundesrats", die in etlichen Normen des GG auftaucht. Im Ergebnis bedarf jeder Akt des Bundes, der aufgrund einer ausdrücklichen Anordnung des GG zustimmungsbedürftig ist, für seine Wirksamkeit (Rechtmäßigkeit) der Zustimmung des Bundesrats. Dafür ist ein entsprechender Mehrheitsbeschluss notwendig.

643 Der Bundesrat wirkt bei der *Gesetzgebung des Bundes* chronologisch an mehreren Stellen des Gesetzgebungsverfahrens mit:
Zu Beginn besitzt er ein Recht zur Stellungnahme bei Gesetzesinitiativen der Bundesregierung (vgl. Art. 76 Abs. 1). Er kann auch selbst ein Gesetzgebungsverfahren einleiten durch Ausübung seines eigenen Gesetzesinitiativrechts (vgl. Art. 76 Abs. 2). Dabei unterstützt ihn die Ministerialbürokratie der Länder, von denen die Gesetzesinitiative ausgeht und die insofern auch ein Gegengewicht zur Ministerialverwaltung des Bundes bildet[208]. Nach dem Gesetzesbeschluss des Bundestags gem. Art. 77 Abs. 1 erfolgt die Mitwirkung des Bundesrats entweder über das Einspruchs- oder das Zustimmungsverfahren (vgl. Art. 77 Abs. 2–4). Dazu gehört auch die Einberufung des Vermittlungsausschusses, der von Bundes-

---

206 Eine Verschiebung der einzelnen Stimmengewichte und eine entsprechende Veränderung der Gesamtstimmen erfolgt bei sich wandelnder Einwohnerzahl.
207 Vgl. Überblick bei *Stern*, Staatsrecht II S. 131, 149 ff.
208 Die Fachkenntnis der Ministerialverwaltungen der Ländern werden im weiteren Verlauf des Gesetzgebungsverfahrens wieder benötigt, wenn es um die Beratung der vom Bundestag beschlossenen Gesetze geht, insbesondere in den Ausschüssen des Bundesrates. Die Bundesratsverwaltung selbst dient nur der verwaltungstechnischen Unterstützung.

rat und Bundestag paritätisch besetzt ist. Im Rahmen des Einspruchsverfahrens beschränkt sich die Mitwirkung des Bundesrats letztlich nur auf eine zeitliche Verschiebung des Gesetzes[209]. Bei einem Zustimmungsgesetz kann der Bundesrat das Zustandekommen des Gesetzes allerdings endgültig verhindern.

Im *Bereich der Exekutive* besitzt der Bundesrat ebenfalls weitreichende Mitwir-   **644**
kungsrechte. Zustimmungsbedürftig sind der überwiegende Teil der von der Exekutive erlassenen Rechtsverordnungen (vgl. Art. 80 Abs. 2), Verwaltungsvorschriften, die den Verwaltungsvollzug der Länder regeln (vgl. z.B. Art. 84 Abs. 2, 85 Abs. 2 Satz 1) wie auch bestimmte Aufsichtsmaßnahmen gegenüber den Verwaltungen der Länder (vgl. Art. 85 Abs. 3). Gegenüber der Bundesregierung bestehen Zitier-, Interpellations- und Anhörungsrechte (vgl. Art. 53 Satz 1, 2). Generell ist der Bundesrat von der Bundesregierung über die Führung der Regierungsgeschäfte ständig auf dem Laufenden zu halten (vgl. Art. 53 Satz 3).

Die Mitwirkungsrechte des Bundesrats in *Angelegenheiten der Europäischen*   **645**
Union (EU) sind verfassungsrechtlich in Art. 23 geregelt. Neben der Zustimmungsbedürftigkeit für die Übertragung von Hoheitsrechten auf die EU gem. Art. 23 Abs. 1 Satz 2 enthalten die Absätze 4–6 umfangreiche Beteiligungsrechte. Der Bundesrat besitzt Informations- und Anhörungsrechte oder das Recht zur formellen Stellungnahme für eine möglichst einvernehmliche Zusammenarbeit von Bundestag, Bundesregierung und Bundesrat. Das Staatsziel der europäischen Integration soll als gesamtstaatlicher Prozess, der sowohl den Bund als auch die Länder essentiell betrifft, in einem kooperativen staatsorganisationsrechtlichen Verhältnis umgesetzt werden. Diese Beteiligungsrechte werden einfachgesetzlich konkretisiert (vgl. Art. 23 Abs. 7)[210]. Ausgeübt werden die Mitwirkungsrechte im Bereich der EU durch den Bundesrat oder durch die Europakammer.

Neben diesen drei großen Bereichen werden dem Bundesrat *weitere vereinzelte*   **646**
Mitwirkungsrechte eingeräumt. Die Hälfte der Bundesverfassungsrichter werden vom Bundesrat gewählt (vgl. Art. 94 Abs. 1 Satz 2). Beim BVerfG kann der Bundesrat ein Organstreitverfahren einleiten, ein Parteiverbot beantragen (vgl. § 43 Abs. 1 BVerfGG) und den Bundespräsidenten anklagen (vgl. Art. 61 Abs. 1 Satz 1 GG). Der Bund-Länder-Streit betrifft nicht den Bundesrat (Bundesorgan), sondern das Verhältnis zu den Ländern selbst, weshalb nicht der Bundesrat, sondern eine einzelne Landesregierung ein Verfahren einleiten kann (vgl. § 68 BVerfGG). Gleiches gilt für das abstrakte Normenkontrollverfahren (vgl. § 76 Abs. 1 BVerfGG), soweit es sich nicht um das spezielle Verfahren des Art. 93 Abs. 1 Nr. 2a handelt (vgl. § 76 Abs. 2).

Wie alle obersten Verfassungsorgane ist der Bundesrat auch zuständig für die   **647**
Regelungen seiner inneren Struktur und die inneren Verfahrensabläufe. Diese

---

209 Besteht im Bundesrat aber eine Zwei-Drittel-Mehrheit der Opposition, dann können auch Einspruchsgesetze blockiert werden, es sei denn die Bundesregierung verfügt ebenfalls über eine solche Mehrheit im Bundestag. Dieser Fall ist aber aufgrund der politischen Konstellation von zwei großen Volksparteien auf absehbare Zeit nur theoretisch denkbar.
210 Gesetz zur Zusammenarbeit von Bund und Ländern in Angelegenheiten der Europäischen Union v. 12.3.1993, BGBl. I S. 313.

Kompetenz räumt ihm die Verfassung ausdrücklich in Art. 53 Abs. 3 Satz 2 ein. Die Grenzen der Selbstorganisation finden sich in den verfassungsrechtlichen Vorgaben.

4. Verfahren

648 Das Verfahren des Bundesrats wird neben den verfassungsrechtlichen Vorschriften im IV. Abschnitt vor allem in der GOBR geregelt. Angelegenheiten des Bundesrats werden vom Bundesratspräsidenten sofort an die zuständigen Ausschüsse verwiesen. In ihnen finden die Sachberatungen statt und werden die Beschlussfassungen des Bundesrats vorbereitet. Im Anschluss entscheidet der Bundesrat im Plenum.

649 Für das Plenum des Bundesrats gilt das *Mehrheitsprinzip* als klassisches Verfahrensprinzip für die Beschlussfassung eines Kollegialorgans. Beschlüsse des Bundesrats werden mit Mehrheit der Stimmen seiner Mitglieder gefasst (vgl. Art. 53 Abs. 3 Satz 1). Mit dem Ende der Sitzung wird der Beschluss wirksam (vgl. § 32 Satz 1 GOBR). Die Beschlussfähigkeit ist nur gegeben, wenn mindestens die Mehrheit der Stimmen vertreten ist, weil ansonsten nicht die verfassungsrechtlich erforderliche Mehrheit erreicht werden kann (vgl. § 28 Abs. 1 GOBR).

650 Die *Stimmabgabe jedes Landes* kann nur einheitlich erfolgen (vgl. Art. 51 Abs. 3 Satz 1). Ein Stimmensplitting ist unzulässig und führt zu einer ungültigen Stimmenabgabe. Effektiv wird eine ungültige Stimme als Ablehnung des Beschlussgegenstandes gewertet, weil es für einen Beschluss nur auf die (absolute) Mehrheit der Stimmen ankommt. Die gleiche Wirkung haben Enthaltungen[211]. Abgestimmt wird durch gleichzeitiges Handaufheben (§ 29 Abs. 1 Satz 1 GOBR), das aber auf Antrag eines Landes durch Aufrufen der einzelnen Länder in alphabetischer Reihenfolge erfolgt (vgl. § 29 Abs. 1 Satz 2, 3 GOBR)[212].

651 Aufgrund der weitreichenden Stellvertretungsmöglichkeiten erfolgt in Abstimmungen üblicherweise die *Bündelung der Stimmabgabe durch einen Stimmführer*, was dem GG nicht entgegensteht. Dieser ist bei der Stimmabgabe regelmäßig im Innenverhältnis festgelegt, übt aber sein Stimmrecht autonom aus. Die Weisungswidrigkeit der Stimmabgabe hat daher für die Wirksamkeit der Stimme keine Auswirkung. Widerspricht aber ein stimmberechtigtes ordentliches Mitglied eines Landes dem Stimmführer, dann führt dies zur Ungültigkeit der gesamten Stimmabgabe des Landes, weil die Stimmen nicht einheitlich abgegeben wurden und durch den Widerspruch die Voraussetzungen der Stimmführerschaft entfallen. Die landesrechtlichen Verhältnisse, also z.B. eine Richtlinienkompetenz des Ministerpräsidenten als Stimmführer, spielen auf Bundesebene keine Rolle. Eine uneinheitliche Stimmabgabe wegen Widerspruchs eines Mitglieds gegen die Abstimmung des Stimmführers führte zur Nichtigkeitserklärung des Zuwande-

---

211 Die Praxis in koalitionsregierten Ländern, sich bei Uneinigkeit über den Gegenstand der Abstimmung zu enthalten, ist daher eine Ablehnung im Bundesrat.
212 Spektakuläres Beispiel für die Einzelabstimmung war die Abstimmung über das Zuwanderungsgesetz am 22.3.2002. Vgl. dazu BVerfGE 106, 310, DVBl. 2003, 194. Vgl. dazu eine Fallbearbeitung von *Palme*, Jura 2003, 272.

rungsgesetzes durch das BVerfG[213]. Problematisch war insbesondere, ob der damalige Bundesratspräsident *Wowereit* berechtigt war, nach der uneinheitlichen Stimmabgabe durch zwei Landesminister durch Nachfrage auf ein einheitliches Stimmverhalten Brandenburgs hinzuwirken. Eine solche Nachfrage bewegt sich außerhalb der mit dem Abstimmungsverfahren gewählten Form des Aufrufs nach Ländern und muss insofern besonders gerechtfertigt werden. Zwar ist der Bundesratspräsident als unparteiischer Sitzungsleiter grundsätzlich berechtigt, bei Unklarheiten im Abstimmungsverlauf mit geeigneten Maßnahmen eine Klärung herbeizuführen und auf eine wirksame Abstimmung eines Landes hinzuwirken. Das Recht zur Nachfrage entfällt allerdings, wenn ein einheitlicher Landeswille erkennbar nicht besteht und nach den gesamten Umständen auch nicht zu erwarten ist, dass ein solcher noch während der Abstimmung zustande kommt. Bereits im Vorfeld der Bundesratssitzung und auch während der vorausgehenden Debatte im Plenum hatte der Innenminister Schönbohm des Landes Brandenburg unmissverständlich seine ablehnende Haltung gegenüber dem Zuwanderungsgesetz dargelegt, so dass der uneinheitliche Wille des Landes Brandenburg offensichtlich war. Die Nachfrage des Bundesratspräsidenten war dementsprechend unberechtigt, so dass die Stimmen des Landes Brandenburg als uneinheitlich protokolliert und damit als Nein-Stimmen hätten gewertet werden müssen. Sie greift in den Verantwortungsbereich des Landes ein und erweckt den Anschein, es gelte den „wahren Landeswillen" festzustellen oder doch noch auf eine einheitliche Stimmabgabe des Landes hinzuwirken[214].

Das *Öffentlichkeitsprinzip* ist ein weiteres grundsätzliches Verfahrensmerkmal. **652** Die Sitzungen des Bundesrats finden grundsätzlich öffentlich statt (vgl. Art. 52 Abs. 3 Satz 3). Die Öffentlichkeit einer Sitzung kann aber gem. Art. 53 Abs. 3 Satz 4 ausgeschlossen werden. Die Ausschüsse tagen dagegen nichtöffentlich, um eine möglichst reibungslose Sacharbeit zu gewährleisten.

Rechtsprechung:
BVerfGE 1, 299 – *Wohnungsbaumittel*; BVerfGE 8, 104 – *landesinterne Bindung der Bundesratsmitglieder*; BVerfGE 8, 274 – *Preisgesetz*; BVerfGE 26, 338 – *Zustimmung zu Verwaltungsvorschriften*; BVerfGE 28, 66 – *Postverwaltungsgesetz*; BVerfGE 37, 363 – *Rentenversicherungsänderungsgesetz*; BVerfGE 48, 127 – *Wehrpflichtänderungsgesetz*; BVerfGE 55, 274 – *Ausbildungsplatzförderungsgesetz*; BVerfGE 75, 108 – *Künstlersozialversicherungsgesetz*; BVerfGE 92, 203 – *Mitwirkung beim Erlass von EG-Richtlinien*; BVerfGE 106, 310 – *Abstimmung im Bundesrat*.

Literatur:
Antoni, M., Zustimmungsvorbehalte des Bundesrates zu Rechtssetzungsakten des Bundes – Die Zustimmungsbedürftigkeit von Bundesgesetzen, AöR 113 (1988) 329; *Bandorf, W.-R.*, Das Stimmverhalten im Bundesrat als Gegenstand von Koalitionsvereinbarungen, ZRP 1977, 81; *Becker, F.*, Die uneinheitliche Stimmabgabe im Bundesrat – Zur Auslegung von Art. 51 III 2 GG, NVwZ 2002,

---

213 BVerfG v. 18.12.2002, DVBl. 2003, 194; vgl. zu den unterschiedlichen Positionen beispielsweise *Dörr/Wilms*, ZRP 2002, 265.
214 So die Senatsmehrheit in der Entscheidung BVerfG DVBl. 2003, 194; a.A. die abweichende Senatsminderheit BVerfG DVBl. 2003, 194, 196.

569; *Blanke, H.-J.*, Der Bundesrat im Verfassungsgefüge des Grundgesetzes, Jura 1995, 57; *Bundesrat* (Hrsg.), Der Bundesrat 1949–1969, 1969; *ders.*, Der Bundesrat als Verfassungsorgan und politische Kraft, 1974; *ders.*, Bundesrat und Europäische Gemeinschaften, 1988; *ders.*, 30 Jahre Bundesrat 1949–1979, 1979; *ders.*, Vierzig Jahre Bundesrat, 1989; *Dästner, C.*, Zur Aufgabenverteilung zwischen Bundesrat, Landesregierungen und Landesparlamenten in Angelegenheiten der Europäischen Union, NWVBl. 1994, 1; *Deecke, C.*, Verfassungsrechtliche Anforderungen an die Stimmverteilung im Bundesrat, 1998; *Dolzer, R./Sachs, M.*, Das parlamentarische Regierungssystem und der Bundesrat – Entwicklungsstand und Reformbedarf, Referate mit Diskussion, VVDStRL 58 (1999), 7; *Erbguth, W.*, Bundesstaatliche Kompetenzverteilung im Bereich der Gesetzgebung, DVBl. 1988, 317; *Fleiner, T.*, Deutscher Bundesrat – Schweizerischer Ständerat: Zweikammer-Entwicklungen im Vergleich, in: FS für Maurer, 2001, S. 67; *Frowein, J. A.*, Zustimmung des Bundesrates zu politischen Verträgen?, JuS 1972, 241; *Grönscher, R.*, Das Zuwanderungsgesetz im Bundesrat, JZ 2002, 621; *Hanickel, A.*, Die Organisation des Bundesrates, 1991; *Herzog, R.*, Stellung des Bundesrates im demokratischen Bundesstaat, HbStR II 1998, § 44; *ders.*, Aufgaben des Bundesrates, HbStR II 1998, § 45; *ders.*, Zusammensetzung und Verfahren des Bundesrates, HbStR II 1998, § 46; *Hoppe, W.*, Das Schweigen von Innenminister Schönbohm im Bundesrat, DVBl. 2002, 725; *Ipsen, J.*, Gespaltenes Votum bei Abstimmungen im Bundesrat (Art. 51 Abs. 3 Satz 2 GG), DVBl. 2002, 653; *Klein, H. H.*, Parteipolitik im Bundesrat?, DÖV 1971, 325; *ders.*, Der Bundesrat der Bundesrepublik Deutschland – Die „Zweite Kammer", AöR 108 (1983) 329; *ders.*, Der Bundesrat im Regierungssystem der Bundesrepublik Deutschland, ZG 2002, 297; *Knies, W.*, Der Bundesrat: Zusammensetzung und Aufgaben, DÖV 1977, 575; *Koch, T.*, Der Erlass von Verwaltungsvorschriften nach Art. 84 Abs. 2, 85 Abs. 2 Satz 1 GG, Jura 2000, 179; *Krüger, H.*, Rechtsfragen im Bereich der Zustimmungsbedürftigkeit von Bundesgesetzen, DVBl. 1998, 293; *Lange, K.*, Die Legitimationskrise des Bundesrates, in: FS für E. Stein, 1983, S. 181; *Laufer, H./Muench, U.*, Das föderative System der Bundesrepublik Deutschland, 1998; *Lepa, M.*, Probleme der Zustimmungsbedürftigkeit von Bundesgesetzen, DVBl. 1974, 399; *Limberger, G.*, Die Kompetenzen des Bundesrates und ihre Inanspruchnahme, 1982; *Maurer, H.*, Der Bundesrat im Verfassungsgefüge der Bundesrepublik Deutschland, in: FS für Winkler, 1997, S. 615; *Meyer, H.* (Hrsg.), Abstimmungskonflikt im Bundesrat im Spiegel der Staatsrechtslehre, 2003; *Nolte, M./Tams, C.*, Das Gesetzgebungsverfahren nach dem Grundgesetz, Jura 2000, 158; *Oschatz, G.-B./Risse, H.*, Bemerkungen zum Gesetzesinitiativrecht des Bundesrates, ZG 1989, 316; *dies.*, Bundesrat und Europäische Gemeinschaften, DÖV 1989, 509; *Ossenbühl, F.*, Die Zustimmung des Bundesrates beim Erlass von Bundesrecht, AöR 99 (1974) 369; *Pestalozza, C.*, Das Vetorecht des Bundesrates – BVerfGE 37, 363, JuS 1975, 366; *Pfizer, A./Reuter, K.*, Der Bundesrat, 3. Aufl. 1991; *Posser, D.*, Der Bundesrat und seine Bedeutung, HbVerfR § 24; *Reuter, K.*, Praxishandbuch Bundesrat, 1991; *ders.*, Bundesrat und Bundesstaat, 7. Aufl. 1991; *Schede, C.*, Bundesrat und Europäische Union, Diss. Würzburg 1994; *Schenke, W.-R.*, Die verfassungswidrige Bundesratsabstimmung, NJW 2002, 1318; *Schmidt, R.*, Die Zustimmungsbedürftigkeit von Bundesgesetzen, JuS 1999, 861; *Scholz, R.*, Landesparlamente und Bundesrat, in: FS für Carstens, 1984, S. 831; *ders.*, Die Zustimmung des Bundesrates zu

Rechtsverordnungen des Bundes, DÖV 1990, 455; *Schürmann, M.*, Die Umgehung des Bundesrates im sog. „Ersten Durchgang" einer Gesetzesvorlage, AöR 115 (1990) 45; *Schweitzer; M.*, Die Zustimmung des Bundesrates zu Gesetzen, Der Staat 15 (1976) 169; *Vogel, B.*, Machtkontrolle und Machtbalance – Zur Rolle des Bundesrates, in: FS für Sternberger, 1977, S. 384; *Weides, P.*, Mitwirkung des Bundesrates bei der Änderung eines zustimmungspflichtigen Bundesgesetzes, JuS 1973, 337; *Wilms, H.*, Überlegungen zur Reform des Föderalismus in Deutschland, ZRP 2003, 86; *Wyduckel, D.*, Der Bundesrat als Zweite Kammer, DÖV 1989, 181; *Ziller, G./Oschatz, G.-B.*, Der Bundesrat, 10. Aufl. 1998.

IV. Der Gemeinsame Ausschuss

Der Gemeinsame Ausschuss wurde im Zuge der Erweiterung um den *Verteidigungsfall* (vgl. Abschnitt Xa. Art. 115a–155l) durch den Art. 53a in das GG eingefügt. Der Verteidigungsfall wird festgestellt, wenn das Bundesgebiet mit Waffengewalt angegriffen wird oder ein solcher Angriff unmittelbar droht (vgl. Art. 115a Abs. 1 Satz 1). In diesem Falle übernimmt der Gemeinsame Ausschuss die Funktionen von Bundestag und Bundesrat, wenn der Bundestag nicht in der Lage ist, seine Befugnisse wahrzunehmen (vgl. Art. 115e Abs. 1). Bisher hat der Gemeinsame Ausschuss mangels Eintritt des Verteidigungsfalls keine praktische Bedeutung erlangt. **653**

Der Gemeinsame Ausschuss setzt sich zu *zwei Dritteln* aus Mitgliedern des *Bundestags* und zu *einem Drittel* aus Mitgliedern des *Bundesrats* zusammen (vgl. Art. 53a Abs. 1 Satz 1). Weil jedes Land durch ein Mitglied vertreten wird (vgl. Art. 53a Abs. 1 Satz 3), besitzt der Gemeinsame Ausschuss zurzeit 48 Mitglieder[215]. Wie die übrigen obersten Bundesorgane gibt sich der Gemeinsame Ausschuss selbst eine Geschäftsordnung (GO GemAussch). **654**

Der Gemeinsame Ausschuss hat die Funktion eines *legislativen Notorgans*. Im Verteidigungsfall besteht die hohe Wahrscheinlichkeit, dass die tatsächlichen Verhältnisse keine regulären verfassungsrechtlichen Abläufe zulassen. Aufgrund der existentiellen Bedrohung der Bundesrepublik, deren Abwehr schnelles und effektives Handeln und insbesondere den Einsatz der Streitkräfte erfordert, erlangt die Exekutive ein enormes Übergewicht, das sich auch in den verfassungsrechtlichen Regelungen des Verteidigungsfalls niederschlägt (vgl. Art. 115a–115l). Der gemeinsame Ausschuss soll das Vakuum in der Legislative füllen und eine Mindestkontrolle der Exekutive gewährleisten. **655**

Sobald die regulären Bundesorgane der Legislativen wieder fähig sind, ihre Kompetenzen wahrzunehmen, verliert der Gemeinsame Ausschuss seine Befugnisse. Gleiches gilt bei Beendigung des Verteidigungsfalls. Alle Akte des Gemeinsamen Ausschusses können rückgängig gemacht werden (vgl. Art. 115 l Abs. 1 Satz 1). **656**

---

215 16 Länder sowie 32 Abgeordnete des Bundestages.

V. Der Bundespräsident

657 Das GG widmet dem Bundespräsidenten einen eigenen Abschnitt V. mit den Art. 54–61. In diesen Vorschriften sind die wesentlichen Regelungen zur verfassungsrechtlichen Stellung des Bundespräsidenten, sowohl als Staatsorgan als auch für den Amtsinhaber getroffen.

1. Stellung von Organ und Amtsinhaber

658 a) **Staatsoberhaupt.** Der Bundespräsident ist das Staatsoberhaupt der Bundesrepublik Deutschland, d.h. formell bzw. protokollarisch das höchste aller Staatsorgane. Die Stellung als Staatsoberhaupt ergibt sich jedoch nicht aus einer ausdrücklichen verfassungsrechtlichen Norm, sondern wurde bei der Schaffung des GG als selbstverständlich vorausgesetzt[216]. Sie ergibt sich auch aus den verfassungsrechtlichen Zuständigkeiten des Bundespräsidenten, die klassische Kompetenzen eines Staatsoberhaupts sind, insbesondere der völkerrechtliche Vertretungsmacht (vgl. Art. 59 Abs. 1) oder der Ernennung und Entlassung der Regierungsmitglieder (vgl. Art. 63 f.)[217].

659 Die formelle Spitzenposition des Bundespräsidenten geht nicht mit gleichwertigen materiellen verfassungsrechtlichen Kompetenzen einher. Das GG stattet den Bundespräsidenten mit nur wenigen rechtlichen Befugnissen aus. Seine Funktionen als Staatsoberhaupt werden von repräsentativen, integrativen und staatsnotariellen Zwecken dominiert, so dass die persönliche Autorität des Amtsinhabers und der Stil der Amtsführung die Bedeutung des Bundespräsidenten maßgeblich mitbestimmen. Zum echten politischen Machtfaktor im Staatsgefüge mit entsprechenden Befugnissen erwächst der Bundespräsident nur dann, wenn das parlamentarische Regierungssystem in eine funktionelle Krise gerät (sog. *Reservefunktion*). Der Bedeutungszuwachs des Bundespräsidenten ist jedoch streng befristet, um eine dauerhafte Präsidialherrschaft, wie während der Geltung der Weimarer Reichsverfassung, auszuschließen.

660 Die wenigen *echten verfassungsrechtlichen Zuständigkeiten* des Bundespräsidenten ergeben keine eindeutige Zuordnung zu einer der drei Staatfunktionen Legislative, Exekutive oder Judikative. Aus diesem Grund wird der Bundespräsident zum Teil als Organ sui generis bezeichnet[218]. Nach der hier vertretenen Auffassung ist der Bundespräsident funktional Teil der Exekutive. Zum einen ist das (monarchische) Staatsoberhaupt, solange und soweit es seit der Gewaltenteilung noch über zentrale Kompetenzen verfügte, traditionell Teil der Exekutive gewesen, der das Parlament als Legislativorgan gegenüber stand[219]. Zum anderen enthalten die

---

216 Vgl. *Stern*, Staatsrecht II S. 190 ff.
217 Vgl. *Herzog*, in: Maunz/Dürig Art. 54 Rn. 3 ff.
218 Vgl. *Stern*, Staatsrecht II S. 212.
219 Zwar hatte das Staatsoberhaupt (Monarch) auch legislative Kompetenzen. Je mehr sich aber das Parlament durch das Erstarken der Gewaltenteilung als zentrales Legislativorgan etablierte, rückte das Staatsoberhaupt in die Exekutive. Im Übrigen hat es eine vollständige funktionale Gewaltenteilung, bei der die Organkompetenzen eines Staatsorgans nur einer der drei Gewalten angehörten, auch nie gegeben, vgl. auch *Stern*, Staatsrecht II S. 211 f.

echten materiellen Befugnisse des Bundespräsidenten keine Rechtsprechungskompetenzen und lediglich begrenzte Kontrollfunktionen im Bereich der Gesetzgebung. Da die Staatsfunktionen in Art. 1 Abs. 3 und Art. 20 Abs. 3 lückenlos erfasst werden, fällt der Bundespräsident in den Bereich der Exekutive. Dafür sprechen auch Befugnisse wie das Begnadigungsrecht oder die Ernennung von Staatsbediensteten.

Die aufgrund des Demokratieprinzips notwendige demokratische Legitimation **661** erlangt der Bundespräsident über die Wahl durch die Bundesversammlung. Eine unmittelbare Legitimation durch eine Volkswahl, wie noch in der Weimarer Reichsverfassung, ist nicht vorgesehen.

b) Amtsvoraussetzungen. Amtsvoraussetzungen meint die rechtlichen Eigen- **662** schaften, die eine Person besitzen muss, um überhaupt das Amt des Bundespräsidenten ausüben zu können. Der spätere Wegfall einer Amtsvoraussetzung führt daher zur automatischen Beendigung des Amts.

Die Voraussetzungen für die Ausübung des Bundespräsidentenamts ergeben sich **663** fast vollständig aus der Verfassung. Gem. Art. 54 Abs. 1 Satz 2 GG ist als Bundespräsident nur wählbar, wer Deutscher ist, das 40. Lebensjahr vollendet hat und das Wahlrecht zum Bundestag besitzt.

Ebenfalls Amtsvoraussetzung ist, dass die *Wiederwahl* derselben Person *nur einmalig* zulässig ist. Nach zwei Amtszeiten ist der Amtsinhaber nicht erneut wählbar (vgl. Art. 54 Abs. 2). Die Möglichkeit der Wiederwahl lebt aber nach Unterbrechung durch einen anderen Amtsinhaber wieder auf[220]. **664**

c) Persönlicher Status. Der Amtsinhaber steht in einem *öffentlich-rechtlichen* **665** *Amtsverhältnis*, für das jedoch keine spezielle einfachgesetzliche Regelung existiert, wie z.B. für die Mitglieder der Bundesregierung das BMinG oder für die parlamentarischen Staatssekretäre das ParlStG. Teilweise können jedoch Vorschriften analog herangezogen werden, soweit keine abschließende verfassungsrechtliche Regelung besteht, wie z.B. das Verbot eines Disziplinarverfahrens oder die Geheimhaltungspflicht nach dem BMinG[221]. Die Amtsbezüge des Bundespräsidenten werden im Haushaltsplan festgelegt[222].

Art. 55 bestimmt als Rechtsfolge des Bundespräsidentenamts eine weitgehende **666** *Inkompatibilität* mit anderen Ämtern und Funktionen, um eine neutrale, integrative Position des Amtsinhabers ohne Interessenkonflikte zu gewährleisten. Art. 55 Abs. 1 betrifft die Ausübung legislativer und exekutiver Funktionen. Der Bundespräsident darf weder der Regierung noch einer gesetzgebenden Körperschaft des Bundes oder eines Landes angehören. Gem. Art. 55 Abs. 2 gilt dies auch für Leitung und den Aufsichtsrat von Unternehmen, die auf Erwerb ausgerichtet sind. Diese Positionen müssen aufgegeben werden, während das Bundespräsidentenamt

220 Str., dafür z.B. *Pieroth*, in: Jarass/Pieroth Art. 54 Rn. 3
221 Vgl. dazu *Herzog*, in: Maunz/Dürig Art. 54 Rn. 60 ff.
222 Ausnahme ist das Gesetz über die Ruhebezüge des Bundespräsidenten v. 17.6.1953, BGBl. I S. 406. Die Amtsbezüge ergeben sich unmittelbar aus den Zuweisungen im Haushaltplan.

ausgeübt wird[223]. Die Ausübung besoldeter Ämter (Beamter, Richter), Berufe und Gewerbe muss während der Amtszeit unterbleiben. Art. 55 führt zu einer verfassungsrechtlichen Verpflichtung des amtierenden Bundespräsidenten. Deren Verletzung beendet jedoch nicht automatisch das Amt wie beim Wegfall einer Amtsvoraussetzung.

Amtspflichtverletzungen müssen entweder im Wege des Organstreits oder mittels der Präsidentenanklage durchgesetzt bzw. sanktioniert werden und können zur Beendigung des Amts durch Amtsenthebung führen (vgl. Art. 61 Abs. 2 Satz 1).

667   Im Ergebnis darf der Bundespräsident nur öffentliche Ehrenämter innehaben in Vereinigungen mit allgemein gesellschaftlich anerkannten neutralen Zwecken[224]. Die Mitgliedschaft in einer politischen Partei ist zulässig. Allerdings gehört zur Stellung als Staatsoberhaupt und der integrativen Funktion die entsprechende parteipolitische Zurückhaltung[225].

668   Gem. Art. 60 Abs. 4 i.V.m. Art. 46 Abs. 2–4 besitzt der Bundespräsident dieselben *Immunitätsrechte* wie die Abgeordneten des Bundestags. Die Indemnität gem. Art. 46 Abs. 1 ist dagegen ausgenommen, weil ihre Funktion sich auf den Schutz der freien Rede in der politischen Parlamentssphäre beschränkt, in der sich der Bundespräsident nicht bewegt. Aufgrund seiner Stellung als Staatsoberhaupt besitzt der Bundespräsident außerdem völkerrechtliche Vorrechte wie die Immunität im Ausland.

669   d) **Amtszeit.** Die Amtszeit des Bundespräsidenten dauert fünf Jahre (vgl. Art. 54 Abs. 2 Satz 1).

670   Sie *beginnt* mit der Annahme der Wahl durch den Kandidaten, allerdings nicht vor dem Ablauf der Amtszeit des amtierenden Bundespräsidenten (§ 10 BPWahlG). Die zweite Variante ist der Normalfall: Ein neuer Bundespräsident wird vor Ablauf der Amtszeit des amtierenden Bundespräsidenten gewählt (vgl. Art. 54 Abs. 4 Satz 1 Halbsatz 1). Die erste Variante betrifft die vorzeitige Beendigung einer Amtszeit, z.B. durch den Tod des Amtsinhabers (vgl. Art. 54 Abs. 4 Satz 1 Halbsatz 2).

671   Die Amtszeit *endet* generell durch Zeitablauf. Weitere ungeschriebene Beendigungsgründe sind der Tod des Amtsinhabers, der vorzeitige Rücktritt oder (eher theoretisch) der Verlust einer Amtsvoraussetzung, z.B. der Verlust der deutschen Staatsangehörigkeit. Zu keiner unmittelbaren Beendigung führt eine Verletzung der Inkompatibilitätsregelungen des Art. 55, die aber möglicherweise in einer Amtsenthebung enden.

672   Die *Amtsenthebung* oder eine *vorläufige Amtsverhinderung* ist eine mögliche Rechtsfolge der Präsidentenanklage vor dem BVerfG (vgl. Art. 61 Abs. 2). Mittels dieses speziellen Organstreitverfahrens kann eine vorsätzliche Verletzung des GG durch den Bundespräsidenten sanktioniert werden.

---

223 Zur Frage der Geltung des Art. 55 für ehemalige Bundespräsidenten vgl. *Stern*, Staatsrecht II S. 206.
224 Caritas, Deutscher Sportbund etc.
225 *Ruhen der Parteiämter* vgl. *Schlaich*, HbStR II § 48 Rn. 3.

e) Amtseid. Gem. Art. 56 hat der Bundespräsident bei seinem Amtseintritt vor **673** den versammelten Mitgliedern von Bundesrat und Bundestag einen Amtseid zu leisten. Darin schwört der Bundespräsident insbesondere seine Pflicht, das GG zu „wahren und zu verteidigen". Der Amtseid begründet allerdings keine Rechte und Pflichten, sondern ist nur ein feierliches Gelöbnis des Amtsträgers, seine anderweitig begründeten Rechte und Pflichten zugunsten des deutschen Volkes und der deutschen Rechtsordnung wahrzunehmen[226]. Der Eid ist auch keine Amtsvoraussetzung[227]. Bei einer Wiederwahl ist streitig, ob ein erneuter Amtseid zu leisten ist. Die Verfassungspraxis verzichtet darauf[228].

f) Vertretung. Der Bundespräsident wird bei einer Verhinderung im Amt oder **674** einer vorzeitigen Erledigung des Amts durch den Präsidenten des Bundesrats vertreten (vgl. Art. 57). Aufgrund der im Jahresturnus rotierenden Bundesratspräsidentschaft gibt es deshalb keinen ständigen Vizebundespräsidenten. Während der Zeit der Vertretung ist der Bundesratspräsident in der Ausübung seines eigenen Amts verhindert und wird selbst durch einen seiner Vizepräsidenten vertreten (vgl. § 7 Abs. 1 GOBR).

Vertretung bedeutet, dass der Bundesratspräsident die Organfunktionen des Bun- **675** despräsidenten ausübt[229] und die damit verbundenen Rechte und Pflichten besitzt. Das Stellvertreterhandeln des Bundesratspräsidenten kann im Wege der Präsidentenklage oder des Organstreitverfahrens überprüft werden[230]. Der persönliche Status des Bundespräsidenten geht dagegen nicht im Vertretungsfall über[231].

2. Zuständigkeiten

Die Zuständigkeiten des Bundespräsidenten sind von seiner Stellung als Staats- **676** oberhaupt geprägt und finden sich verstreut in Vorschriften des GG und einfachgesetzlichen Regelungen oder sind überhaupt nicht positiv normiert. Eine gewisse Systematisierung erreicht die Einordnung in verschiedene Kategorien anhand der Funktionen des Bundespräsidenten. Dazu zählen die Integrationsfunktion, die Repräsentationsfunktion sowie die Reservefunktion. Für die Verwirklichung dieser Funktionen besitzt der Bundespräsident bestimmte Zuständigkeiten. Außerdem hat der Bundespräsident gewisse staatsnotarielle und sonstige Befugnisse, die sich traditionell aus der Stellung als Staatsoberhaupt ergeben.

a) Integrationsfunktion. Die Integrationsfunktion des Bundespräsidenten be- **677** schreibt die Aufgabe, als überparteiliche, neutrale Figur unterschiedliche gesellschaftliche Strömungen auszugleichen und miteinander zu versöhnen. Für diese Funktion steht dem Bundespräsidenten vor allem das eigene amtliche Auftreten in der Öffentlichkeit zur Verfügung, öffentliche Reden, mahnende Worte und Hinweise auf gesellschaftliche und politische (Fehl-)Entwicklungen, Gespräche mit staatlichen Funktionsträgern etc. Direkte geschriebene Befugnisse oder Rege-

---

226 Statt aller *Pieroth*, in: Jarass/Pieroth Art. 56 Rn. 1 m.w.N.
227 So die h.M.; vgl. z.B. *Herzog*, in: Maunz/Dürig Art. 56 Rn. 14 m.w.N.
228 Vgl. *Herzog*, in: Maunz/Dürig Art. 56 Rn. 18 m.w.N.
229 Vgl. Art. 57 „die Befugnisse werden wahrgenommen".
230 Dagegen *Herzog*, in: Maunz/Dürig Art. 57 Rn. 26, dafür *Stern*, Staatsrecht II S. 210.
231 Vgl. *Stern*, Staatsrecht II, S. 210.

lungen im Grundgesetz zu dieser Funktion existieren nicht. Sie hat sich vor allem aus der Praxis der bisherigen Amtsträger entwickelt und hängt kaum von rechtlichen Befugnissen, sondern von der persönlichen Autorität und Amtsführung ab. Die Integrationsfunktion ist daher weniger ein Sammelbegriff für konkrete Zuständigkeiten des Bundespräsidenten als vielmehr eine generelle Charakterisierung von Amt und Organfunktion.

678   **b) Repräsentationsfunktion.** Repräsentation und Integrationsfunktion hängen eng zusammen. An einer repräsentativen Autorität und Ausstrahlung für den gesamten Staat fehlt es meist, wenn der Repräsentant nicht innerstaatlich als integrierender Faktor anerkannt ist.

679   Das Staatsoberhaupt ist auf der völkerrechtlichen Ebene der *Vertreter der Bundesrepublik Deutschland*. Art. 59 Abs. 1 räumt dem Bundespräsidenten die entsprechenden Organkompetenzen ein. Gem. Art. 59 Abs. 1 Satz 1 vertritt der Bundespräsident völkerrechtlich den Bund, d.h. den Gesamtstaat aber nicht die Länder als Gliedstaaten[232]. Gem. Art. 59 Abs. 1 Satz 2, 3 schließt er dazu im Namen des Bundes Verträge mit auswärtigen Staaten und beglaubigt und empfängt (akkreditiert) die Gesandten (z.B. Botschafter).

680   *Ausgeschlossen* ist, dass der Bundespräsident unter Berufung auf seine Repräsentationsfunktion gem. Art. 59 Abs. 1 auch materiell auf die auswärtigen Angelegenheiten einwirkt und beispielsweise den Inhalt völkerrechtlicher Verträge mit anderen Staaten beeinflusst oder während einer Auslandsreise oder gegenüber ausländischen Staatsgästen Außenpolitik betreibt, indem er zu außenpolitischen Fragen als Vertreter Deutschlands Stellung nimmt. Dazu gehört auch die spezielle politische Repräsentation auf europäischer und internationaler Ebene, wie z.B. die Mitwirkung in den Gremien der EU, der UNO oder der NATO. Auf diese findet Art. 59 Abs. 1 Satz 1 von vorneherein keine Anwendung, weil die Mitwirkung staatlicher Organe durch völkerrechtliche Verträge und spezielle Verfassungsvorschriften bereits zugewiesen ist. Abstrakter formuliert hat der Bundespräsident nur die Funktion, einen von anderen Staatsorganen gebildeten Willen durch seine völkerrechtliche Vertretungsmacht wirksam nach außen zu artikulieren.

681   **c) Reservefunktion.** Mit dem Begriff Reservefunktion wird die Aufgabe des Bundespräsidenten bezeichnet, *in einer Krise des parlamentarischen Regierungssystems* an einer möglichst schnellen Beilegung mitzuwirken. Funktionsstörungen im bundesstaatlichen Bereich (Konflikt zwischen Bundestag und Bundesrat) sind dagegen von der Reservefunktion nicht erfasst[233].

682   Das parlamentarische Regierungssystem beruht darauf, dass die Mehrheit des Parlaments die Regierung bestimmt und stützt. Ist diese Mehrheit aufgrund von politischen Veränderungen nicht mehr vorhanden, besteht die Möglichkeit des Rücktritts des Bundeskanzlers oder der Stellung der Vertrauensfrage. Außerdem kann er durch ein konstruktives Misstrauensvotum abgewählt und zugleich ein

---

232   Die Länder haben als Gliedstaaten eines Bundesstaates grundsätzlich überhaupt keine eigenen Befugnisse in auswärtigen Angelegenheiten (vgl. Art. 32 Abs. 1).
233   Vgl. *Maurer*, Staatsrecht § 15 Rn. 23.

neuer Bundeskanzler bestimmt werden. Bleibt der Bundeskanzler im Amt und verfügt aber nicht mehr über eine Mehrheit im Parlament, kommt dem Bundespräsidenten als Reserveorgan ein Gestaltungsspielraum zu. Er kann entscheiden, ob ein Bundeskanzler trotz fehlender Mehrheit der Mitglieder des Bundestags (weiter-)regiert (sog. *Minderheitskanzler*[234]) oder ob der Bundestag aufgelöst wird, damit eine Neuwahl zu stabilen parlamentarischen Mehrheiten mit einem Mehrheitskanzler führt. Der Bundespräsident wird zum echten politischen Machtfaktor, weil die Entscheidung alleine in seinem politischen Ermessen liegt. Daher gibt es hier auch keine Gegenzeichnungspflicht (vgl. Art. 58 Satz 2). Allerdings bleibt der Bundestag in der Lage, durch Bildung einer neuen Regierungsmehrheit das Auflösungsrecht des Bundespräsidenten zu beseitigen (vgl. Art. 63 Abs. 4 Satz 2, Art. 68 Abs. 1 Satz 2). Verhindert werden soll, dass der Bundespräsident dauerhaft in eine präsidialdemokratische Position wie nach der Weimarer Reichsverfassung gelangt.

Chronologisch betrachtet entsteht die erste Krisensituation, wenn der Bundestag **683** einen Bundeskanzler nicht mit der Kanzlermehrheit, sondern nur mit der einfachen Mehrheit der Stimmen wählt (vgl. Art. 63 Abs. 4 GG). Gem. Art. 63 Abs. 4 Satz 3 hat der Bundespräsident binnen sieben Tagen die Wahl zu treffen, ob er den Gewählten als Minderheitskanzler ernennt oder ob er den Bundestag für Neuwahlen auflöst. Diese Entscheidung steht alleine in seinem politischen Ermessen und seiner verfassungsrechtlichen Aufgabe, für stabile staatspolitische Verhältnisse zu sorgen[235].
Ist Ergebnis einer gescheiterten Vertrauensfrage ein Minderheitskanzler, dann kann der Bundespräsident auf Vorschlag des Minderheitskanzlers den Bundestag binnen 21 Tagen auflösen (vgl. Art. 68 Abs. 1). Auch hier besitzt der Bundespräsident ein eigenes politisches Ermessen. Dieses ist allerdings insoweit eingeschränkt, als dem Bundeskanzler der Beurteilungs- und Einschätzungsspielraum für das Vorhandensein der Auflösungslage zusteht[236]. Ohne Vorschlag des Bundeskanzlers darf der Bundespräsident nicht tätig werden.
Im Zuge einer gescheiterten Vertrauensfrage kann der Bundespräsident auch auf Antrag der Bundesregierung und mit Zustimmung des Bundesrats den sachlich und zeitlich begrenzten Gesetzgebungsnotstand erklären, um einen Minderheitskanzler zumindest für eine gewisse Zeit zu stabilisieren (vgl. Art. 81 Abs. 1). Den Gesetzgebungsnotstand kann der Bundespräsident zwar nicht alleine, aber nach eigenem politischem Ermessen erklären. Dieser Fall ist bisher nie praxisrelevant geworden.

d) Staatsnotarielle Funktionen und Prüfungsrecht. Mit der Stellung als Staatso- **684** berhaupt sind bestimmte staatsnotarielle Funktionen verbunden. Dazu gehören die Ernennung und Entlassung der Mitglieder der Bundesregierung (vgl. Art. 63,

---

234 Minderheitskanzler bedeutet also nicht, dass der Bundeskanzler für seine Politik immer keine Mehrheit hat, sondern dass ihm die Kanzlermehrheit fehlt, um eine Abwahl gem. Art. 67 Abs. 1 Satz 1 zu vermeiden.
235 Rechtsgrundlage ist die ungeschriebene Organpflicht aller Verfassungsorgane, auf die Funktionsfähigkeit des Staates hinzuwirken (Verfassungstreue, Schutz der Verfassung, Hüter der Verfassung).
236 Vgl. BVerfGE 62, 1, 2 – *Vertrauensfrage Kohl.*

64) sowie bestimmter Bedienstete des Bundes (vgl. Art. 60) und die Mitwirkungsbefugnisse des Bundespräsidenten im Gesetzgebungsverfahren des Bundes.
Staatsnotariell werden diese Funktionen wegen ihres vornehmlich förmlich fest-
stellenden und dokumentierenden Charakters genannt, der kaum echte inhaltliche
Einflussnahme auf einen staatlichen Rechtsakt gestattet[237]. Ähnlich der Notars-
funktion sind damit aber gewisse Kontrollrechte verbunden, die sich zumindest
auf die Prüfung des Vorliegens der rechtlichen Voraussetzungen eines staatlichen
Rechtsakts erstreckt. Sie unterliegen nur teilweise der Gegenzeichnungspflicht
nach Art. 58.

685 Der Bundespräsident *schlägt* dem Bundestag eine Person zur *Wahl als Bundeskanzler* vor, von der er der Überzeugung ist, dass sie über eine parlamentarische
Mehrheit verfügt. Ist der Bundeskanzler vom Bundestag gewählt, so muss ihn der
Bundespräsident ernennen. Prüfen kann er lediglich das Vorliegen rechtlicher Voraussetzungen[238]. Gleiches gilt für die *formelle Entlassung des Bundeskanzlers*
durch Rücktritt oder konstruktives Misstrauensvotum. Nur im Rahmen der
Reservefunktion besitzt der Bundespräsident einen politischen Ermessensspielraum für die Ernennung oder Entlassung des Bundeskanzlers. Die *Ernennung* und
Entlassung der Bundesminister erfolgt gem. Art. 64 Abs. 1 auf Vorschlag des
Bundeskanzlers. Hier steht dem Bundespräsidenten nur ein formelles Prüfungsrecht zu. Die politische Entscheidung obliegt alleine dem Bundeskanzler.

686 Der Bundespräsident *ernennt* und *entlässt* gem. Art. 60 Abs. 1 *bestimmte Bedienstete*, soweit nicht gesetzlich etwas anderes vorgesehen ist. Diese Befugnis ist
überwiegend gem. Art. 60 Abs. 3 delegiert. Die persönliche Auswahl bei wichtigen Ämtern, wie den Bundesrichtern, sind durch abweichende gesetzliche Regelungen anderer Gremien zugewiesen (vgl. Art. 95 Abs. 2), so dass der Bundespräsident nur noch formell die Ernennung oder Entlassung durchführt. Dabei steht
ihm immer ein Prüfungsrecht bezüglich der rechtlichen Voraussetzungen zu.

687 Besondere Bedeutung hat die Mitwirkung des Bundespräsidenten im *Gesetzgebungsverfahren* des Bundes[239]. Diese ist in Art. 82 Abs. 1 Satz 1 geregelt. Danach
werden die nach diesem Grundgesetz zustande gekommenen Gesetze vom Bundespräsidenten nach Gegenzeichnung ausgefertigt und im Bundesgesetzblatt verkündet. Fraglich ist dabei, inwieweit der Bundespräsident bei seiner Mitwirkung
eine *Kontrollfunktion mittels eines Prüfungsrechts* besitzt und ob er ggf. berechtigt ist, die Ausfertigung eines Gesetzes abzulehnen[240].

---

237 Es sei denn, der Bundespräsident übt gleichzeitig seine Reservefunktion aus.
238 Vgl. *Oldiges*, in: Sachs Art. 63 Rn. 24.
239 Vgl. dazu auch *Erichsen*, Jura 1985, 424.
240 Die Bezeichnung „Prüfungsrecht bzw. Prüfungskompetenz des Bundespräsidenten" ist
     nicht wörtlich zu verstehen. Denn selbstverständlich hat der Bundespräsident das
     Recht, die Verfassungsmäßigkeit eines Gesetzes in jeglicher Hinsicht zu überprüfen.
     Die Formulierung „Prüfungsrecht bzw. Prüfungskompetenz des Bundespräsidenten"
     meint die Frage, ob der Bundespräsident das Recht hat, die Ausfertigung des Gesetzes
     zu verweigern. Im juristischen Sprachgebrauch hat sich für diese Frage allerdings der
     Terminus „Prüfungsrecht bzw. Prüfungskompetenz des Bundespräsidenten" eingebür-
     gert, so dass er auch im Folgenden verwendet werden soll.

Zu unterscheiden ist zwischen dem formellen, dem materiellen und dem politi- **688** schen Prüfungsrecht. Das *formelle* Prüfungsrecht erstreckt sich auf die Einhaltung der verfassungsrechtlichen Vorschriften des Gesetzgebungsverfahrens[241]. Prüfungsgegenstand ist die formelle Verfassungsmäßigkeit (Rechtmäßigkeit) eines Gesetzes. Das *materielle* Prüfungsrecht betrifft die inhaltliche Vereinbarkeit eines Gesetzes mit der Verfassung, d.h. die materielle Verfassungsmäßigkeit (Rechtmäßigkeit). Das politische Prüfungsrecht beinhaltet eine Zweckmäßigkeitskontrolle des Gesetzes.

Weitgehend unstreitig steht dem Bundespräsidenten kein politisches Prüfungs- **689** recht im Sinne einer Zweckmäßigkeitskontrolle zu[242]. Denn als nicht unmittelbar demokratisch legitimiertes Staatsorgan darf der Bundespräsident nicht in die politische Staatsleitung eingreifen.

Das *formelle Prüfungsrecht* des Bundespräsidenten im Gesetzgebungsverfahren **690** wird kaum bestritten und ist zu bejahen[243]. Es ergibt sich aus der Auslegung des Wortlauts von Art. 82 Abs. 1 Satz 1. Die Formulierung

> „nach den Vorschriften dieses Grundgesetzes zustande gekommenes Gesetz"

impliziert zumindest die formelle Einhaltung der verfassungsrechtlichen Vorschriften für das Gesetzgebungsverfahren, d.h. die Einleitung des Gesetzgebungsverfahrens durch ein berechtigtes Staatsorgan (Gesetzesinitiative), das parlamentarische Verfahren mit dem Mehrheitsbeschluss des Bundestags gem. Art. 77 Abs. 1, die ordnungsgemäße Beteiligung des Bundesrats gem. Art. 77 Abs. 2–4 GG sowie die Kompetenz des Bundes zur Gesetzgebung. Diese Auslegung ergibt sich auch aus der von allen Verfassungsorganen zu beachtenden Verfassungsbindung (vgl. Art. 20 Abs. 3). Kein Verfassungsorgan ist verpflichtet, an einem formell verfassungswidrigen Rechtsakt mitzuwirken und besitzt im Rahmen seiner Kompetenzen immer ein Prüfungsrecht bezüglich der formellrechtlichen Voraussetzungen.
Für das formelle Prüfungsrecht spricht zudem, dass der Begriff des Zustandekommens auch in Art. 78 gebraucht wird, der den Abschluss des Gesetzgebungsverfahrens regelt[244]. Außerdem besteht im Zeitpunkt der Entscheidung des Bundespräsidenten erstmals die Möglichkeit ‚das gesamte Gesetzgebungsverfahren zu überblicken und zu beurteilen'.
Der Bundespräsident kann im Rahmen seines Prüfungsrechts die Ausfertigung eines nach seiner Auffassung formell verfassungswidrigen Gesetzes verweigern. Allerdings ist es überwiegende Praxis der Bundespräsidenten, dass sie auch in sehr zweifelhaften Konstellationen die Ausfertigung nicht verweigern, sondern die Ent-

---

241 Zusätzliche einfachgesetzliche Anforderungen an das Gesetzgebungsverfahren sind grundsätzlich unzulässig, weil dazu eine Verfassungsänderung notwendig ist. Geschäftsordnungsvorschriften sind nur relevant, soweit sie bereits verfassungsrechtliche Vorgaben konkretisieren und nicht nur organinterne Ordnungsvorschriften ohne Außenwirkung enthalten.
242 *Maurer*, Staatsrecht § 17 Rn. 86; *Stern*, Staatsrecht II S. 234 f.
243 Ganz h. M.; vgl. nur *Degenhart*, Staatsrecht Rn. 562; *Ipsen*, Staatsrecht Rn. 488; *Pieroth*, in: Jarass/Pieroth Art. 82 Rn. 3. Schneider/Zeh, Hb Parlamentsrecht § 30 Rn. 60, *Bryde*, in: v. Münch-Kunig Art. 82, Rn. 3; *Lücke*, in: Sachs Art. 82, Rn. 3 ff. sehr einschränkend und Mindermeinung.
244 *Stern*, Staatsrecht II S. 233.

scheidung dem BVerfG im Rahmen einer abstrakten Normenkontrolle überlassen wird[245]. Dies ist aber nicht Ergebnis verfassungsrechtlicher Zwänge, sondern zumeist ein Akt politischer Klugheit.

691 Umstritten ist die Frage des *materiellen Prüfungsrechts*. Der Wortlaut des Art. 82 („„nach den Vorschriften dieses Grundgesetzes zustande gekommenes Gesetz") spricht eher für ein materielles Prüfungsrecht des Bundespräsidenten (grammatikalische Auslegung)[246]. Einerseits legt der enge sachliche Zusammenhang mit Art. 78 und dem Gesetzgebungsverfahren nahe, dass das Prüfungsrecht auf die formellen Voraussetzungen des Zustandekommens beschränkt ist. Andererseits kann man die Formulierung „nach den Vorschriften dieses GG zustande gekommenes Gesetz" nur so deuten, dass auch materiell-rechtliche Bestimmungen umfassen, so dass ein Gesetz nur dann nach den Vorschriften des GG zustande gekommen ist, wenn es inhaltlich nicht gegen die Verfassung verstößt[247].

692 Die *historische* Auslegung ergibt, dass es die Bestrebung des Verfassungsgebers war, dem Bundespräsidenten aufgrund der negativen Erfahrungen während der Weimarer Republik trotz seiner Stellung als Staatsoberhaupt der Bundesrepublik Deutschland im Vergleich zum Reichspräsidenten weniger Kompetenzen zu verleihen. Dieser historische Hintergrund könnte aber allenfalls ein Indiz gegen ein materielles Prüfungsrecht sein, denn ob dem Bundespräsidenten ein solches Recht zusteht, ist allein durch eine umfassende Auslegung des GG zu ermitteln[248]. Die *teleologische* Auslegung hilft nicht weiter, so dass die *systematische* Auslegung entscheidend ist.

Aus dem Amtseid (Art. 56) ergibt sich, dass der Bundespräsident das Grundgesetz wahren und verteidigen muss. Hierzu ist er jedoch nur in der Lage, sofern ihm das Grundgesetz entsprechende Befugnisse einräumt. Der Amtseid selbst begründet keine Rechte und Pflichten, sondern ist nur ein feierliches Gelöbnis des Amtsträgers, seine anderweitig begründeten Rechte und Pflichten zugunsten des deutschen Volkes und der deutschen Rechtsordnung wahrzunehmen[249]. Art. 56 hat keine kompetenzbegründende Wirkung. Aus dem Amtseid kann ein materielles Prüfungsrecht also nicht abgeleitet werden[250].

Ein materielles Prüfungsrecht könnte sich aus dem Institut der Präsidentenanklage (Art. 61) ergeben, wonach sich der Bundespräsident wegen vorsätzlicher Verfassungsverstöße verantworten muss. Doch dieses Argument führt zu einem Zirkelschluss, denn es ist ja gerade zu untersuchen, welche Befugnisse der Bundespräsident hat. Steht ihm gar kein materielles Prüfungsrecht zu, so kann er ein solches auch nicht verletzen, wenn er ein materiell verfassungswidriges Gesetz ausfertigt.

---

245 So zuletzt geschehen durch Bundespräsident *Rau* im Streit um die Verfassungsmäßigkeit des Zuwanderungsgesetzes; weitere Beispiele bei *Maurer*, Staatsrecht § 17 Rn. 90.
246 Vgl. *Ipsen*, Staatsrecht Rn. 490.
247 Vgl. für die h.M. *Maunz/Dürig/Herzog/Scholz* Art. 82 Rn. 1 ff.; *Maurer*, in: Bonner Kommentar Art. 82 Rn. 60 ff.; v. *Mangoldt-Klein* III, Art. 82 Anm III; *Ramsauer* AK II, Art. 82, Rn. 24; für die ältere Literatur: *Ipsen*, DV 49, 490; *Schäfer*, DVBl. 1951, 434; *Claus Arndt*, DÖV 1958, 605; *Wertenbruch*, DÖV 1952, 203.
248 Vgl. *Degenhart*, Staatsrecht Rn. 563.
249 Statt aller *Pieroth*, in: Jarass/Pieroth Art. 56 Rn. 1 m.w.N.
250 Vgl. *Degenhart*, Staatsrecht Rn. 563.

Aus der schwachen Stellung des Bundespräsidenten im Verfassungsgefüge der Bundesrepublik Deutschland (Gegenzeichnungspflicht, oberster Staatsnotar) lässt sich allenfalls ein Indiz gegen ein materielles Prüfungsrecht herleiten.

Das Normverwerfungsmonopol des BVerfG für formelle, nachkonstitutionelle Gesetze könnte der materiellen Prüfungskompetenz des Bundespräsidenten entgegenstehen (vgl. Art. 100). Ohne die Ausfertigung durch den Bundespräsidenten tritt allerdings ein Gesetz gar nicht in Kraft, so dass ein Konkurrenzverhältnis zu Art. 100 fehlt[251]. Der Bundespräsident verwirft also kein geltendes Recht, sondern fertigt lediglich ein seiner Meinung nach verfassungswidriges Gesetz nicht aus und verhindert damit schon das Inkrafttreten des Gesetzes. Außerdem behält das BVerfG das letzte Wort, da es im Wege des Organstreits die Entscheidung des Bundespräsidenten nachprüfen kann, wobei das Gericht inzident die in Frage stehende Norm auf deren Verfassungsmäßigkeit überprüft. Im Übrigen gilt das Normverwerfungsmonopol des BVerfG nur im Verhältnis zu den anderen Gerichten und sagt daher nichts über das Verhältnis zum Bundespräsidenten aus[252].

Für ein materielles Prüfungsrecht könnte die Untrennbarkeit von formellen und materiellen Erfordernissen sprechen, so dass die formelle Prüfungskompetenz zwangsläufig auch zu einer materiellen Prüfungskompetenz des Bundespräsidenten führt. Diese Überlegung beruht auf dem Gedanken, dass ein inhaltlich der Verfassung widersprechendes Gesetz, nur dann den formellen Anforderungen genügen kann, wenn es den Voraussetzungen des Art. 79 entspricht. Dagegen spricht jedoch, dass das GG strikt zwischen einem verfassungsändernden Gesetz und einem einfachen Gesetz unterscheidet. Ein einfaches Gesetz, das nicht den materiellen Anforderungen des GG entspricht, ist keineswegs verfassungsändernd, sondern schlicht verfassungswidrig. Denn eine Verfassungsänderung ist nur durch ausdrückliche Textänderung (Art. 79 Abs. 1) möglich.

Letztlich spricht entscheidend für ein materielles Prüfungsrecht die *Grundgesetzbindung der Verfassungsorgane* in Art. 1 Abs. 3, Art. 20 Abs. 3. Mit dieser Verfassungsbindung ist es nicht vereinbar, wenn der Bundespräsident verpflichtet wäre, ein Gesetz auszufertigen und damit dessen Rechtswirkungen in Kraft treten zu lassen, das seiner Meinung nach mit der Verfassung nicht im Einklang steht. Der Bundespräsident kann nicht verpflichtet werden, „sehenden Auges" einem verfassungswidrigen Gesetz zur Gültigkeit zu verhelfen und damit an einem verfassungswidrigen Akt mitzuwirken. Dies gilt besonders, da er nicht Antragsteller im Normenkontrollverfahren ist und eine verfassungsrechtliche Überprüfung nicht herbeiführen kann.

Im Ergebnis ist dem Bundespräsidenten ein materielles Prüfungsrecht zuzugestehen, d.h. er kann die Ausfertigung von Gesetzen verweigern, wenn diese inhaltlich mit dem GG nicht im Einklang stehen. Obwohl das BVerfG noch nicht ausdrücklich über die Frage des materiellen Prüfungsrechts zu entscheiden hatte, lassen einige beiläufige Bemerkungen des Gerichts den Schluss zu, dass es die materielle Prüfungskompetenz wohl bejaht[253]. **693**

---

251 *Pieroth*, in: Jarass/Pieroth Art. 100 Rn. 6.
252 Vgl. *Maurer*, Staatsrecht § 17 Rn. 88.
253 BVerfGE 1, 396, 413; 2, 143,169; 35, 9, 22 f.

694 Teilweise wird dieses materielle Prüfungsrecht des Bundespräsidenten auf evidente und offensichtliche Verfassungsverstöße begrenzt[254]. Diese Einschränkung rührt aus den verfassungssystematischen Bedenken her, insbesondere der schwachen Stellung des Bundespräsidenten. Verweigert der Bundespräsident die Ausfertigung eines Gesetzes, dann blockiert er das gesamte Gesetzgebungsverfahren, was seiner Stellung als integrativem, überparteilichem Staatsorgan ohne echte Machtbefugnisse in den drei Staatsfunktionen nicht entspricht. Eine solche Begrenzung des Prüfungsrechts ist indes richtigerweise abzulehnen. Dem Bundespräsidenten steht ein *umfassendes materielles Prüfungsrecht* zu[255]. Für eine Unterscheidung zwischen evidenten und nicht evidenten Verfassungsverstößen findet sich im GG kein Anhaltspunkt. Vielmehr schreibt Art. 20 Abs. 3 eine umfassende Verfassungsbindung vor. Außerdem ist die Abgrenzung zwischen evidenten und nicht evidenten Verfassungsverstößen äußerst schwierig.

695 Die Frage, ob der Bundespräsident tatsächlich berechtigt war, die Ausfertigung zu verweigern, kann vom BVerfG in einem Organstreitverfahren überprüft werden.

696 **e) Sonstige Funktionen.** Der Bundespräsident übt das traditionell Staatsoberhäuptern zustehende *Begnadigungsrecht* aus (vgl. Art. 60 Abs. 2). Gemeint ist der (partielle) Verzicht oder die Umwandlung des staatlichen Anspruchs auf eine gerichtlich festgestellte rechtskräftige Bestrafung[256] in einem Einzelfall.

697 Zu den traditionellen, gewohnheitsrechtlich anerkannten Befugnissen des Staatsoberhaupts wurde die Schaffung der Staatssymbole (Fahne, Wappen, Nationalhymne, Orden, Feiertage, Hauptstadt etc.) gezählt. Abgesehen von den Nationalfarben schwarz-rot-gold gem. Art. 22 gibt es im GG keine Regelung. Die Nationalhymne wurde beispielsweise durch einen Briefwechsel von Bundeskanzler *Adenauer* und Bundespräsident *Heuss* festgelegt. Generell wird man sagen müssen, dass aufgrund des Demokratieprinzips eine organschaftliche Kompetenz des Bundestags besteht[257]. Bezüglich der Schaffung und Verleihung von Orden hat der Bundestag seine Kompetenzen durch eine gesetzliche Regelung ausgeübt und dem Bundespräsidenten gesetzliche Vorgaben gemacht[258]. Der Nationalfeiertag und die Bundeshauptstadt sind im Einigungsvertrag festgelegt worden (vgl. Art. 2 EV)[259].

3. Gegenzeichnungspflicht

698 Die Gegenzeichnungspflicht gem. Art. 58 Satz 1 besagt, dass Präsidialakte für ihre Gültigkeit (Rechtmäßigkeit) der Gegenzeichnung durch den Bundeskanzler oder durch den zuständigen Bundesminister bedürfen. Wer innerhalb der Bundesregie-

---

254 Vgl. *Degenhart*, Staatsrecht Rn. 566; *Pieroth*, in: Jarass/Pieroth Art. 82 Rn. 3.
255 Vgl. *Erichsen*, Jura 1985, 424, 426; *Stern*, Staatsrecht II S. 235.
256 Dazu gehören auch Nebenstrafen, Disziplinarmaßnahmen und die Grundrechtsverwirkung gem. Art. 18, aber nicht Maßnahmen der Besserung und Sicherung. Streitig sind Ordnungswidrigkeiten. Vgl. *Pieroth*, in: Jarass/Pieroth Art. 60 Rn. 5 m.w.N.
257 Für eine gewohnheitsrechtliche Kompetenz des Bundespräsidenten, soweit es an anderen Regelungen mangelt, *Maurer*, Staatsrecht § 15 Rn. 20.
258 Vgl. *Schlaich*, HbStR II § 49 Rn. 6 f.
259 Vgl. weitere Beispiele bei *Maurer*, Staatsrecht § 15 Rn. 19.

rung zuständig ist, hängt von dem Präsidialakt und den Zuständigkeitsprinzipien der Bundesregierung ab (Richtlinienkompetenz, Ressortprinzip, GOBReg).

Vornehmlicher Zweck der Gegenzeichnung ist, dass der Bundespräsident nicht an der Bundesregierung vorbei eigenständig Politik führen kann. Die Staatsleitung durch die Exekutive soll einheitlich der Bundesregierung zustehen und nicht, wie noch in der Weimarer Reichsverfassung, zwischen Regierung und Reichspräsident aufgeteilt sein. Die Gegenzeichnungspflicht unterstreicht, dass der Bundespräsident kaum echte staatspolitische Machtbefugnisse haben soll, abgesehen von den geschriebenen Ausnahmen in staatspolitischen Krisen.   **699**

Die Gegenzeichnungspflicht erstreckt sich dem Wortlaut des Art. 58 Satz 1 nach auf Anordnungen und Verfügungen des Bundespräsidenten. Die Vorschrift erfasst aber entgegen dem Wortlaut nicht nur rechtsverbindliche und schriftliche Akte. Vielmehr unterfällt nach dem Zweck der Vorschrift *jedes positive Verhalten*, das faktisch mit der Autorität des Amtes des Bundespräsidenten ausgeübt wird – also jede positive Amtshandlung, dem Art. 58 Abs. 1 Satz 1. Insbesondere zählen dazu auch öffentliche Reden, Interviews, Gespräche mit Repräsentanten ausländischer Staaten etc. Grund dafür ist, dass durch die Gegenzeichnung der Bundesregierung die parlamentarische Verantwortung des Bundespräsidenten hergestellt wird. Die Rechtsfolge der Gegenzeichnung ist in diesen Fällen sinngemäß als vorherige Abstimmung zwischen Bundespräsident und Bundesregierung aufzufassen und auch nicht an eine Form gebunden[260].   **700**

Ausdrücklich von der Gegenzeichnung *ausgenommen* sind nach Art. 58 Abs. 1 Satz 2 die Fälle, in denen der Bundespräsident aufgrund seiner Reservefunktion eigene politische Entscheidungsbefugnisse besitzt und Adressat seiner Entscheidung der zur Gegenzeichnung berechtigte Bundeskanzler wäre. Unterlassungen des Bundespräsidenten können nicht Gegenstand einer Gegenzeichnungspflicht sein[261].   **701**

Rechtsprechung:
BVerfGE 62, 1 – *Auflösung des 9. Bundestags;* BVerfGE 89, 359 – *Kandidatur des Bundesverfassungsgerichtspräsidenten für das Amt des Bundespräsidenten.*

Literatur:
Bachof, O., Über Fragwürdigkeiten der Gnadenpraxis und der Gnadenkompetenz, JZ 1983, 469; *Bernhardt, R.,* Verfassungsrecht und völkerrechtliche Verträge, HbStR VII 1992, § 174; *Biehl, H.-J.,* Die Gegenzeichnung im parlamentarischen Regierungssystem der Bundesrepublik Deutschland, 1971; *Braun, B.,* Die Bundesversammlung, 1993; *Busse, P.,* Die Ernennung der Bundesrichter durch den Bundespräsidenten, DÖV 1965, 469; *Butzer, H.,* Der Bundespräsident und sein Präsidialamt, VerwArch. 82 (1981) 497; *Carstens, K.,* Die Auflösung des Deutschen Bundestags im Januar 1983, in: FS der Universität Köln, 1988, S. 661; *Epping, V.,* Das Ausfertigungsverweigerungsrecht im Selbstverständnis der Bundespräsidenten, JZ 1991, 1102; *Erichsen, H.-U.,* Der Bundespräsident, Jura 1985,

---

260   Vgl. dazu auch *Erichsen*, Jura 1985, 373, 378.
261   Vgl. *Herzog*, in: Maunz/Dürig Art. 58 Rn. 44. Verweigert der Bundespräsident eine Amtshandlung, kann er nur über ein Organstreitverfahren dazu gezwungen werden.

373 und 424; *Friauf, K. H.*, Zur Prüfungszuständigkeit des Bundespräsidenten bei der Ausfertigung der Bundesgesetze, in: FS für K. Carstens, Bd. 2, 1984, S. 545; *Friesenhahn, E.*, Zum Prüfungsrecht des Bundespräsidenten, in: FS für G. Leibholz, Bd. 2, 1966, S. 679; *Hederich, M.*, Zur Kompetenz des Bundespräsidenten, die Gesetzesausfertigung zu verweigern, ZG 1999, 123; *Herzog, R.*, Entscheidung und Gegenzeichnung, in: FS für G. Müller, 1970, S. 117; *ders.*, Bundespräsident und Bundesverfassungsgericht, in: FS für K. Carstens, 1984, S. 601; *Heun, E.*, Die Stellung des Bundespräsidenten im Licht der Vorgänge um die Auflösung des Bundestags, AöR 109 (1984) 13; *Hömig, W.*, Designierter Bundespräsident und Mitgliedschaft in der Bundesregierung, DÖV 1977, 798; *Isensee, J./Leuze, D.*, Braucht die Republik einen Präsidenten?, NJW 1994, 1329 und 1768; *Jäckel/Möller/Rudolph* (Hrsg.), Von Heuss bis Herzog: Die Bundespräsidenten im System der Bundesrepublik, 1999; *Jülich, C.*, Die Wahl des Bundespräsidenten, DÖV 1969, 92; *Killian, M.*, Der Bundespräsident als Verfassungsorgan, JuS 1988, L33; *Kimminich, O.*, Das Staatsoberhaupt in der parlamentarischen Demokratie, VVDStRL 25 (1967) 2; *Kirchschläger, R.*, Gelöbnis des Bundespräsidenten und dessen religiöse Bedeutung, in: FS für Schambeck, 1994, S. 29; *Knöpfle, F.*, Das Amt des Bundespräsidenten in der Bundesrepublik Deutschland, DVBl. 1966, 713; *Kunig, P.*, Der Bundespräsident, Jura 1994, 217; *Lange, E.*, Die Diskussion um die Stellung des Staatsoberhauptes 1945–1949 mit besonderer Berücksichtigung der Erörterungen im Parlamentarischen Rat, Vierteljahreshefte der Zeitgeschichte 26 (1978) 601; *Leisner, W.*, Der Staatspräsident als „demokratischer Führer", in: FS für Broermann, 1982, S. 433; *Maurer, H.*, Hat der Bundespräsident ein politisches Mitspracherecht?, DÖV 1966, 665; *ders.*, Die Gegenzeichnung nach dem Grundgesetz, in: FS für K. Carstens, 1984, S. 701; *Menzel, E.*, Ermessensfreiheit des Bundespräsidenten bei der Ernennung der Bundesminister?, DÖV 1965, 581; *Nierhaus, M.*, Entscheidung, Präsidialakt und Gegenzeichnung, 1973; *ders.*, Verfassungsrechtliche Probleme des Kanzlerrücktritts, JR 1975, 265; *ders.*, Nochmals: Das Prüfungsrecht des Bundespräsidenten bei der Ausfertigung von Bundesgesetzen, in: FS für Friauf, 1996, S. 233; *Pitschas, R.*, Die Vertretung des Bundespräsidenten durch den Präsidenten des Bundesrates, Der Staat 12 (1973) 183; *Pohl, W. M.*, Die Prüfungskompetenz des Bundespräsidenten bei der Ausfertigung von Gesetzen, 2001; *Schambeck, H.*, Der Bundespräsident und das Parlament, in: FS für K. Carstens, Bd. 2, 1984, S. 789; *Schenke, W.-R.*, Rechtsschutz gegen Gnadenakte, JA 1981, 588; *Scheuner, U.*, Das Amt des Bundespräsidenten als Aufgabe verfassungsrechtlicher Gestaltung, 1966; *Schlaich, K.*, Die Bundesversammlung und die Wahl des Bundespräsidenten, HbStR II 1998, § 47; *ders.*, Der Status des Bundespräsidenten, HbStR II 1998, § 48; *ders.*, Die Funktionen des Bundespräsidenten im Verfassungsgefüge, HbStR II 1998, § 49; *Schnapp, F. E.*, Ist der Bundespräsident verpflichtet, verfassungsmäßige Gesetze auszufertigen?, JuS 1995, 286; *Scholz, G.*, Die Bundespräsidenten: Biographien eines Amtes, 3. Aufl. 1996; *Schulz, A.*, Die Gegenzeichnung – eine verfassungsrechtliche Untersuchung, 1978; *Seidel, D.*, Der Bundespräsident als Träger auswärtiger Gewalt, 1972; *Seltenreich, H.*, Volkswahl des Bundespräsidenten, KJ 1995, 238; *Spath, F.*, Das Bundespräsidialamt, 1982; *Weber-Fas, R.*, Zur staatsrechtlichen Stellung des Bundespräsidenten, in: FS für Duden, 1977, S. 685.

VI. Die Bundesversammlung

Die Bundesversammlung hat – obwohl oberstes Bundesorgan – keinen eigenen **702** Abschnitt im GG. Geregelt ist sie in einigen Absätzen des Art. 54 sowie im gem. Art. 54 Abs. 7 zu erlassenden BPWahlG[262]. Die Bundesversammlung hat nur eine einzige Organfunktion, die Wahl des Bundespräsidenten.

1. Zusammensetzung

Die Zusammensetzung der Bundesversammlung regelt Art. 54 Abs. 3. Danach **703** besteht die Bundesversammlung zur Hälfte aus den Mitgliedern des Bundestags, d.h. 598 Abgeordneten zuzüglich der Überhangmandate. Die andere Hälfte wählen die Volksvertretungen der Länder (Landtage) nach den Grundsätzen der Verhältniswahl, d.h. unter Wahrung des landesparlamentarischen Parteienproporzes. Die näheren Reglungen über die Wahlen in den Landtagen treffen die §§ 1–7 BPWahlG. Weil Voraussetzung für die Wählbarkeit durch die Landtage nur die Wählbarkeit zum Bundestag ist (vgl. § 3, 15 BWahlG), werden regelmäßig verdiente Bürger und prominente Persönlichkeiten in die Bundesversammlung gewählt. Die §§ 4, 5 BPWahlG stellen sicher, dass der landesparlamentarische Parteienproporz durch Listenwahlen gewahrt bleibt.

2. Wahl des Bundespräsidenten

Zur Wahl des Bundespräsidenten wird die Bundesversammlung vom Präsidenten **704** des Bundestags einberufen (vgl. Art. 54 Abs. 4 Satz 2). Die Wahl des (neuen) Bundespräsidenten erfolgt spätestens 30 Tage vor Ablauf der Amtszeit des (amtierenden) Bundespräsidenten, bei vorzeitiger Beendigung spätestens 30 Tage nach Ablauf der Amtszeit (vgl. Art. 54 Abs. 4 Satz 1)[263].

Die Wahl selbst erfolgt ohne vorherige Aussprache (vgl. Art. 54 Abs. 1 Satz 1). **705** Eine Personaldebatte über die Bewerber wäre mit der Stellung als Staatsoberhaupt und der Funktion als Integrationsfigur nicht vereinbar. Die Wahl erfolgt mit verdeckten Zetteln (vgl. § 9 Abs. 3 Satz 1 BPWahlG) und wird vom Bundestagspräsidenten geleitet (vgl. § 8 Satz 1 BPWahlG). Für das Amt des Bundespräsidenten bewirbt sich, wer von einem Mitglied der Bundesversammlung vorgeschlagen wird (vgl. § 9 BPWahlG). Nach dem ersten oder zweiten Wahlgang ist gewählt, wer die Mehrheit der gesetzlichen Mitglieder der Bundesversammlung erhält (vgl. Art. 54 Abs. 6 Satz 1). Erreicht kein Bewerber das erforderliche Quorum, dann wird in weiteren Wahlgängen so lange gewählt, bis ein Bewerber die Mehrheit der abgegebenen Stimmen auf sich vereinigt (vgl. Art. 54 Abs. 6 Satz 2).

---

262 Gesetz über die Wahl des Bundespräsidenten durch die Bundesversammlung v. 25.4.1959, BGBl. I S. 230.
263 Art. 54 Abs. 5 ist gegenstandslos, weil die Wahlperiode des alten Bundestags immer mit dem Zusammentritt des neuen Bundestags abläuft (vgl. Art. 39 Abs. 1 Satz 2).

VII. Die Bundesregierung

706 Die Bundesregierung ist das oberste Staatsorgan der vollziehenden Gewalt (Exekutive). Die wesentlichen Organkompetenzen für die Erfüllung beider Teilbereiche der vollziehenden Gewalt (Regierungsfunktion im engeren Sinne und Verwaltungsfunktion auf Bundesebene) werden der Bundesregierung vom GG an verschiedenen Stellen zugewiesen[264]. Die Bundesregierung setzt sich aus dem *Bundeskanzler* und den *Bundesministern* zusammen, die als Kollegialorgan aber auch als einzelne Staatsorgane handeln.

707 Die verfassungsrechtlichen Regelungen über Struktur, inneren Aufbau und Organisation der Bundesregierung enthält der Abschnitt VI. „Die Bundesregierung" in den Art. 62–69. Weitere normative Grundlagen sind die entsprechend dem Prinzip der Selbstorganisation beschlossene Geschäftsordnung sowie die einfachgesetzliche Regelung zum Status der Regierungsmitglieder durch das Bundesministergesetz (BMinG), das entgegen dem missverständlichen Titel auch für den Bundeskanzler gilt[265].

708 Maßgeblich geprägt wird die Stellung der Bundesregierung im staatsorganisatorischen Gefüge durch die Entscheidung des GG für ein parlamentarisches Regierungssystem. Zwischen Regierung und Parlament besteht nicht der historische Gegensatz von kontrollierter Exekutive und kontrollierender Legislative. Regierung und Parlamentsmehrheit sind durch die Wahl und Unterstützung des Bundeskanzlers sehr eng miteinander verzahnt, während die Kontrolle effektiv nur durch die politische Opposition (Parlamentsminderheit, Bundesratsmehrheit[266]) ausgeübt wird[267]. Im Gegensatz zum Präsidialsystem, wo die präsidiale Spitze der Exekutive durch direkte Wahl des Volks legitimiert wird, vermittelt nach dem GG das Parlament die demokratische Legitimation. Die Regierung ist unmittelbar dem Parlament verantwortlich und abhängig vom Vertrauen der Parlamentsmehrheit. Ihre Amtszeit reicht nicht über die Wahlperiode des Parlaments hinaus[268]. Innerhalb der Exekutive besteht auch keine präsidiale Konkurrenz wie im Weimarer Verfassungssystem. Die generelle geringe staatspolitische Machtposition des Bundespräsidenten wird im Verhältnis zur Bundesregierung deutlich durch die Gegenzeichnungspflicht gem. Art. 58, die die Wirksamkeit präsidialer Rechtsakte von der Billigung der Bundesregierung abhängig macht.

---

264 Aus der Summe der Organkompetenzen erwächst der sog. organisatorische Regierungsbegriff.

265 Gesetz über die Rechtsverhältnisse der Mitglieder der Bundesregierung v. 27.7.1971, BGBl. I S. 1166.

266 Letzteres entspricht nicht der ursprünglichen Funktion des Bundesrats als Interessenvertretung der Ländern, ist aber seit längerem gängige Verfassungspraxis.

267 In wesentlich geringerem Umfang erfolgt innerhalb der Parlamentsmehrheit eine Kontrolle, z.B. durch den kleineren Partner einer Koalition oder durch die politischen Parteien, vermittelt über die Regierungsfraktionen. Denkbar ist auch eine extreme Missachtung des Parlaments durch die Regierung, die zu einem Vertrauensentzug der Regierung führen könnte.

268 Ausnahme ist die geschäftsführende Tätigkeit in der Interimszeit bis zur Ernennung des neu gewählten Bundeskanzlers.

Die innere Struktur der Bundesregierung wird durch die dominierende Stellung **709**
des Bundeskanzlers geprägt, auf der auch die Bezeichnung „Kanzlerdemokratie"
fußt. Nur der Bundeskanzler wird vom Parlament gewählt. Ihm obliegt die Entscheidung über die personelle und sachliche Zusammensetzung sowie die politische Ausrichtung der Bundesregierung.

1. Organe (Mitglieder)

Gem. Art. 62 setzt sich die Bundesregierung aus dem Bundeskanzler und den **710**
Bundesministern zusammen. Üblicherweise werden diese als Mitglieder bezeichnet und bei Regierungshandlungen zwischen dem Kollegialorgan und den einzelnen Mitgliedern unterschieden. Bundeskanzler und Bundesministern kommt nach
der hier gewählten Definition eine doppelte Organstellung zu. Der Bundeskanzler
und die Bundesminister sind sowohl Organe der Bundesregierung als auch eigenständige Staatsorgane, soweit sie nicht als Regierungsmitglieder, d.h. als Teile des
Kollegialorgans Bundesregierung auftreten – ihr Handeln wird dann entweder der
Bundesregierung oder dem Bund direkt zugerechnet.

Alle Mitglieder der Bundesregierung stehen in einem *öffentlich-rechtlichen Amts-* **711**
verhältnis zum Bund (vgl. § 1 BMinG). Dieses wird in den Vorschriften des
BMinG näher ausgestaltet und ähnelt dem Beamtenstatus. Mit dem öffentlichen
Amt sind besondere Treuepflichten gegenüber Staat und Verfassung verbunden,
die sich aus dem Amtseid in Art. 56 sowie den §§ 3, 6 BMinG ergeben[269]. Das
Regierungsamt ist grundsätzlich unvereinbar mit anderen Positionen (vgl. Art. 66
GG, §§ 4 f. BMinG)[270]. Zulässig und üblich ist aber die gleichzeitige Mitglied-
schaft in Bundesregierung und Bundestag. Bei einer Doppelstellung, die mit ent-
sprechenden Rechten und Pflichten verbunden ist, bedarf es daher immer einer
Prüfung, in welcher Funktion eine Person auftritt.

Die Mitglieder der Bundesregierung werden wie Beamte speziell besoldet (vgl. **712**
§ 11 BMinG) und erwerben für die Zeit nach dem Ende ihres Amts spezielle
Versorgungsansprüche (vgl. §§ 13 ff. BMinG). Im staatshaftungsrechtlichen
Sinne gelten die Mitglieder der Bundesregierung als Beamte. Gleiches gilt für die
strafrechtlichen Vorschriften[271].

a) **Bundeskanzler.** Der Bundeskanzler bildet die Spitze der Bundesregierung. Er **713**
bedarf des *ständigen Vertrauens der Mehrheit im Bundestag* und vermittelt
durch dieses Vertrauen der gesamten Bundesregierung die notwendige Legitimation. Als Mitglied der Bundesregierung ist er dem Bundestag jederzeit zu Rede
und Antwort verpflichtet (vgl. Art. 43 Abs. 1). Als Stellvertreter des Bundeskanzlers wird seit den 1960iger Jahren gem. Art. 69 Abs. 1 traditionell der
Außenminister ernannt[272].

---

269 Diese Treuepflichten sind an sich selbstverständlich für die obersten Staatsämter.
270 Weitere Unvereinbarkeiten ergeben sich aus den Amtsvoraussetzungen anderer Staats-
    ämter, wie z.B. beim Bundespräsidenten (vgl. Art. 55 Abs. 1).
271 Vgl. *Stern*, Staatsrecht II S. 277.
272 Vgl. *Schröder*, HbStR II § 50 Rn. 21 – der Begriff Vizekanzler taucht allerdings nicht
    im GG auf.

Die Bezeichnung „Kanzler" ist die traditionelle Bezeichnung des deutschen Regierungschefs[273]. Sein Verhältnis zu den übrigen Regierungsmitgliedern sowie zum Staatsoberhaupt hat sich im Laufe der deutschen verfassungsrechtlichen Entwicklung mehrfach gewandelt[274]. Das GG räumt dem Bundeskanzler eine dominierende Position innerhalb der Bundesregierung und der Exekutive ein, die mit dem Begriff „Kanzlerdemokratie" gekennzeichnet wird.

714 Nur die *Person des Bundeskanzlers* wird *unmittelbar durch den Bundestag demokratisch* legitimiert (vgl. Art. 63). Die Bundesminister ernennt und entlässt der Bundespräsident auf Vorschlag des Bundeskanzlers (vgl. Art. 64 Abs. 1), so dass nur der entsprechende (positive) Wille des amtierenden Bundeskanzlers die notwendige Legitimation vermittelt. Konsequenterweise enden daher die Ämter aller Bundesminister mit dem Ende der Amtszeit „ihres" Bundeskanzlers.

715 Neben der alleinigen unmittelbaren Legitimation durch den Bundestag beruht die dominierende Stellung als Regierungschef auf der alleinigen sachlichen und personellen Organisationsgewalt des Bundeskanzlers innerhalb der Bundesregierung sowie auf seiner Richtlinien- und Geschäftsleitungskompetenz. Umschrieben wird diese Position mit dem Begriff *„Kanzlerprinzip".*
Für die Ausübung seines Amts untersteht dem Bundeskanzler mit dem Bundeskanzleramt ein eigener Verwaltungsunterbau parallel zu den Ministerialverwaltungen der Bundesminister. Geleitet wird das Bundeskanzleramt vom Kanzleramtsminister.

716 b) **Bundesminister.** Die Bundesminister werden *auf Vorschlag des Bundeskanzlers* vom Bundespräsidenten ernannt und entlassen (Art. 64 Abs. 1). Ihr Amt hängt vom Amt des Kanzlers und von dessen Vertrauen ab. Sie sind *nicht dem Parlament direkt verantwortlich*, auch wenn sie verpflichtet sind, im Bundestag jederzeit Rede und Antwort zu stehen (vgl. Art. 43 Abs. 1). Ihnen wird mit der Ernennung zugleich ein Geschäftsbereich zugewiesen, den sie selbständig und eigenverantwortlich leiten (*Ressortprinzip*). Sie unterliegen als Mitglieder der Bundesregierung der Richtlinienkompetenz des Bundeskanzlers (*Kanzlerprinzip*). Gleichzeitig sind sie stimmberechtigte Mitglieder des Kollegialorgans Bundesregierung.

717 Die Bundesminister besitzen im Gegensatz zum Bundeskanzler, dessen Schwerpunkt im Regierungshandeln liegt, eine doppelte Funktion als *Regierungsmitglied* und *Verwaltungsspitze*. Regierungsfunktionen üben sie als stimmberechtigte Mitglieder der Bundesregierung, aber auch innerhalb ihres Geschäftsbereiches (Ressort) aus. Gleichzeitig fungieren sie als Verwaltungsspitze ihres Ressorts.

718 Während das Amt des Bundeskanzlers zwingend erforderlich bzw. von einem Amtsträger auszufüllen ist, bestehen für die konkrete Anzahl der Bundesminister und die Ressorteinteilung nur wenige verfassungsrechtliche Vorgaben. *Zwingend erforderlich* ist das Amt des Bundesverteidigungsministers (vgl. Art. 65a), des Bundesjustizministers (vgl. Art. 96 Abs. 3) sowie des Bundesfinanzministers (vgl. Art. 108, 112, 114). Allerdings existieren weitere klassische Ministerien, die nicht hinwegzudenken sind. Dazu zählen insbesondere das Innen- und das Außenmi-

---

273 „Erzkanzler", „Kanzler", „Reichskanzler", „Bundeskanzler".
274 Vgl. *Stern*, Staatsrecht II S. 275.

nisterium. Im übrigen obliegt die Zusammensetzung der Bundesregierung der Organisationsgewalt des Bundeskanzlers.
Zu Beginn der 15. Wahlperiode bestand die Bundesregierung aus 13 Bundesministern mit eigenen Geschäftsbereichen.

Grundsätzlich verfügt jeder Bundesminister über einen *Geschäftsbereich*, für des- **719**
sen Angelegenheiten er verantwortlich ist. Unterstützt wird er dabei von einem
ministerialen Unterbau, nämlich dem entsprechenden Bundesministerium. Zulässig ist auch die Ernennung von *Ministern ohne Geschäftsbereich*, die dann für
besondere Regierungsfunktionen vorgesehen sind.

c) **Bundeskabinett.** Im GG taucht das Wort Kabinett nicht auf. Es hat aber eine **720**
jahrhunderte alte Tradition in der Staatsorganisation und wird in der Öffentlichkeit und in den Medien ständig verwendet. Der Name Kabinett ist die gängige
Bezeichnung für das Regierungskollegium aus Bundeskanzler und Bundesministern. Im Kabinett wird entschieden, wenn die Bundesregierung als Kollegialorgan
auftritt. Wann dies erforderlich ist, hängt vor allem von der Anordnung im GG
ab und wird ergänzt durch die von der Bundesregierung beschlossene Geschäftsordnung.

2. Amtszeit

Aufgrund des parlamentarischen Regierungssystems hängt die Amtszeit jeder **721**
Bundesregierung von der *Wahlperiode* des Bundestags ab. Jeder Bundestag ist für
eine Wahlperiode vom Volk legitimiert und kann diese Legitimation nur während
dieser Zeit an „seine" Bundesregierung vermitteln. Verliert die Bundesregierung
das Vertrauen des Bundestags, sieht das GG Verfahren zur Ablösung durch eine
neue Bundesregierung vor. Anknüpfungspunkt ist aber nur das Amt des Bundeskanzlers. Beginn und Ende seiner Amtszeit hängen vom Bundestag ab. Eine
„neue" Bundesregierung unterscheidet sich von der „alten" nur durch eine neu
beginnende Amtszeit des Bundeskanzlers[275], an die das Amt der Bundesminister
geknüpft ist.

a) **Bundeskanzler.** Für das Amt des Bundeskanzlers sind im GG nur wenige Vor- **722**
aussetzungen vorgesehen. Gem. Art. 66 sind mit dem Amt des Bundeskanzlers die
Ausübung eines anderen besoldeten Amts, eines Berufes oder Gewerbes unvereinbar. Die Zugehörigkeit zur Leitung eines Unternehmens oder der Sitz in einem
Aufsichtsrat ist zwar mit Zustimmung des Bundestags zulässig, verbietet sich aber
politischen Gründen. Zulässig ist die gleichzeitige Mitgliedschaft im Bundestag[276].
Als ungeschriebene Voraussetzung wird die Wählbarkeit in den Bundestag angesehen (§ 15 BWahlG analog.)[277]

(aa) **Beginn der Amtszeit.** Das Amt des Bundeskanzlers beginnt mit seiner Wahl **723**
durch den Bundestag und der sich daran anschließenden Ernennung durch den
Bundespräsidenten. Wahl und Ernennungsverfahren sind in Art. 63 geregelt. Die

---

275 Das kann natürlich auch dieselbe Person sein bei einer Wiederwahl.
276 *Adenauer* ist mit seiner eigenen Stimme erstmals Bundeskanzler geworden.
277 Vgl. *Pieroth*, in: Jarass/Pieroth Art. 63 Rn. 1.

Wahl entscheidet materiell über die Person des Bundeskanzlers. Formell hängt der Beginn der Amtszeit aber von der Ernennung durch den Bundespräsidenten ab. Das GG sieht drei aufeinander folgende Verfahren vor, an deren Ende entweder ein Bundeskanzler ernannt oder der Bundestag für Neuwahlen aufgelöst wird.

724 **(1) Verfahren gem. Art. 63 Abs. 1, 2 GG.** Im *ersten Wahlgang* besitzt der *Bundespräsident das Vorschlagsrecht* für das Amt des Bundeskanzlers (Art. 63 Abs. 1). Er unterliegt dabei keinen rechtlichen Bindungen abgesehen von den rechtlichen Voraussetzungen, die an das Amt des Bundeskanzlers geknüpft sind[278]. Vorgeschlagen wird die Person, die über eine politische Mehrheit im Bundestag verfügt. Alles andere wäre politisch unklug und würde den amtierenden Bundespräsidenten nachhaltig beschädigen – zumal nach erfolglosem Durchlauf des ersten Wahlgangs der Bundestag auch alleine die Möglichkeit hat, „seinen" Mehrheitskandidaten zum Bundeskanzler zu wählen. Für das Vorschlagsrecht existiert keine geschriebene Frist – der Bundespräsident hat aber die ungeschriebene Organpflicht, in angemessener Zeit nach Beginn der Wahlperiode durch den Zusammentritt des neu gewählten Bundestags von seinem Vorschlagsrecht Gebrauch zu machen. Andernfalls erlischt es und das zweite Verfahren gem. Art. 63 Abs. 3 beginnt.

725 Die *Wahl* des vorgeschlagenen Kandidaten ergeht ohne Aussprache (vgl. Art. 63 Abs. 1). Der potentielle Bundeskanzler soll vor beschädigenden Debatten geschützt werden. Die Wahl selbst erfolgt geheim (vgl. § 4 GOBT). Als Bundeskanzler ist gewählt, wer die *Mehrheit der gesetzlichen Mitglieder* des Bundestags auf sich vereinigt (vgl. Art. 63 Abs. 2 Satz 1, sog. *Kanzlermehrheit*), d.h. in einem Bundestag ohne Überhangmandate benötigt der Bundeskanzler im ersten Wahlgang 300 Stimmen (vgl. § 1 Abs. 1 Satz 1 BWahlG).

726 Der Gewählte ist vom Bundespräsidenten zu ernennen (vgl. Art. 63 Abs. 2 Satz 2). Die Ernennung erfolgt nach Leistung des in Art. 56 vorgesehenen Amtseids durch Überreichung der Ernennungsurkunde. Erst zu diesem Zeitpunkt bekleidet der Gewählte das Amt.

727 **(2) Verfahren gem. Art. 63 Abs. 3 GG.** Wird der vom Bundespräsidenten vorgeschlagene Kandidat nicht gewählt, kann der *Bundestag binnen 14 Tagen einen „eigenen" Kandidaten wählen.* Das Vorschlagsrecht ist in der GOBT geregelt. § 4 GOBT erfordert, dass der Wahlvorschlag von einem Viertel der Mitglieder des Bundestags oder einer Fraktion, die mindestens ein Viertel der Mitglieder des Bundestags umfasst, zu unterzeichnen ist[279]. Das Quorum soll aussichtslose Vorschläge verhindern, damit der zweite Wahlgang nicht entwertet wird, z.B. durch ein zersplittertes Parlament mit vielen kleinen Fraktionen.

728 Die Wahl erfolgt ebenfalls ohne Aussprache, weil insoweit der Schutzgedanke des Art. 63 Abs. 1 entsprechend gilt[280]. Erforderlich ist, wie im ersten Wahlgang, die *Mehrheit der gesetzlichen Mitgliederzahl des Bundestags.* Der Gewählte ist vom Bundespräsidenten zu ernennen.

---

278 Vgl. *Pieroth*, in: Jarass/Pieroth Art. 63 Rn. 1 mit Nachw. zu den abweichenden Meinungen.
279 Vgl. *Herzog*, in: Maunz/Dürig Art. 63 Rn. 35.
280 Vgl. *Oldiges*, in: Sachs Art. 63 Rn. 22 m.w.N.

(3) Verfahren gem. Art. 63 Abs. 4 GG. Das dritte Verfahren ist als Notlösung für **729** den Fall konzipiert, dass sich bis dahin keine eindeutigen Mehrheitsverhältnisse im Bundestag gebildet haben, die zu einem erfolgreichen zweiten Wahlgang geführt hätten. In dieser verfassungspolitischen Krisensituation verstärkt sich die Position des Bundespräsidenten.

Wird innerhalb von 14 Tagen kein Bundeskanzler mit absoluter Mehrheit der **730** Bundestagsmitglieder gewählt, dann *führt der Bundestag unverzüglich einen weiteren Wahlgang durch* (vgl. Art. 63 Abs. 4 Satz 1). Das Vorschlagsrecht bleibt exklusiv beim Bundestag (vgl. § 4 GOBT). Gewählt ist, wer die *meisten abgegebenen Stimmen* auf sich vereint (vgl. Art. 63 Abs. 4 Satz 2 GG).
Erreicht die Anzahl der meisten Stimmen auch die Zahl der Mehrheit der Bundestagsmitglieder (sog. Kanzlermehrheit oder absolute Mehrheit), dann ist er vom Bundespräsidenten innerhalb von sieben Tagen zu ernennen. In diesem Fall haben sich die politischen Mehrheitsverhältnisse im Bundestag doch noch stabilisiert.
Verfehlt der Gewählte die absolute Mehrheit der Mitglieder, dann obliegt dem Bundespräsidenten, innerhalb einer Frist von sieben Tagen, einen Bundeskanzler ohne absolute Mehrheit zu ernennen (sog. *Minderheitskanzler*) oder den Bundestag für Neuwahlen aufzulösen. Diese Entscheidung liegt im politischen Ermessen des Bundespräsidenten und unterliegt nur einer Missbrauchskontrolle[281].
S. hierzu Rn. 1074: Schema 14: Die Wahl des Bundeskanzlers.

(bb) Ende der Amtszeit. Die gewöhnliche Beendigung der Amtszeit des Bundes- **731** kanzlers ist gemäß des parlamentarischen Regierungssystems an den Ablauf der Wahlperiode des Bundestags geknüpft, der den Bundeskanzler gewählt hat, d.h. mit Zusammentritt des neu gewählten Bundestags (vgl. Art. 39 Abs. 1 Satz 2 i.V.m. Art. 69 Abs. 2 Halbsatz 1). Bis zum Amtsbeginn des neuen Bundeskanzlers erfüllt regelmäßig der bisherige Amtsträger das Amt als geschäftsführender Bundeskanzler auf Ersuchen des Bundespräsidenten, damit die laufenden Regierungsgeschäfte nicht brachliegen (vgl. Art. 69 Abs. 3).

Andernfalls endet die Amtszeit des Bundeskanzlers nur unter besonderen Umstän- **732** den. Nicht geschriebene, selbstverständliche Gründe sind der Tod, die Amtsunfähigkeit oder der Rücktritt des amtierenden Bundeskanzlers. In diesen Fällen führt der Bundeskanzler bzw. der zum Stellvertreter ernannte Bundesminister die Amtsgeschäfte (vgl. Art. 69 Abs. 1, 3). Die Nachfolge wird gem. Art. 63 ermittelt.

Im GG sind zwei Möglichkeiten vorgesehen, nach denen das Amt des Bundes- **733** kanzlers vorzeitig endet. Das sind das erfolgreiche konstruktive Misstrauensvotum gem. Art. 67 sowie das Scheitern der Vertrauensfrage gem. Art. 68. Grundgedanke beider Fälle ist die Situation, dass ein Bundeskanzler nicht oder nicht mehr über eine parlamentarische Mehrheit verfügt.

(1) Konstruktives Misstrauensvotum gem. Art. 67 GG. Im Falle des konstruktiven **734** Misstrauensvotums erfolgt die Abwahl des amtierenden Bundeskanzlers durch *gleichzeitige* Neuwahl eines anderen Kandidaten. Dazu ist ein unterzeichneter Antrag eines Viertels der gesetzlichen Mitglieder des Bundestags oder einer entsprechend starken Fraktion an den Bundespräsidenten erforderlich, in dem dieser

---

281 Vgl. *Oldiges*, in: Sachs Art. 63 Rn. 32 m.w.N.

ersucht wird, den amtierenden Bundeskanzler zu entlassen und den neu Gewählten zu ernennen (vgl. Art. 67 Abs. 1 Satz 1 GG, § 97 GOBT). Zwischen dem Antrag und der Wahl müssen gem. Art. 67 Abs. 2 48 Stunden liegen. Die Wahl selbst erfolgt geheim (vgl. § 97 Abs. 2 Satz 1 GOBT). Vereinigt der Gewählte die Mehrheit der gesetzlichen Mitglieder des Bundestags auf sich, dann ist der amtierende Bundeskanzler abgewählt und der Gewählte vom Bundespräsidenten zu ernennen (vgl. Art. 67 Abs. 1 Satz 2).

735 *Zweck* des konstruktiven Misstrauensvotums ist, die Abwahl eines amtierenden Bundeskanzlers dadurch zu erschweren, dass sich die parlamentarische Opposition auf einen mehrheitsfähigen neuen Bundeskanzler einigen muss und das Instrument der Abwahl nicht rein destruktiv verwendet wird. Vermieden werden soll gleichzeitig, dass dauerhaft ein Bundeskanzler ohne eigene legitimierende Regierungsmehrheit im Amt ist.

736 (2) **Vertrauensfrage gem. Art. 68 GG.** Durch die Vertrauensfrage vergewissert sich der Bundeskanzler der eigenen parlamentarischen Mehrheit, die von einer handlungsfähigen Bundesregierung benötigt wird, insbesondere im Bereich der Gesetzgebung. Sie ermöglicht die Disziplinierung der Abgeordneten des Regierungslagers und schafft insbesondere bei gleichzeitiger Verknüpfung mit einer Sachfrage ein besonderes Druckmittel, um eine politische Entscheidung zugunsten der Bundesregierung zu erzwingen. In politischen Krisensituationen kann die Vertrauensfrage stabilisierend wirken.

737 Die Vertrauensfrage wird *positiv* gestellt, dass der Bundeskanzler im Bundestag den Antrag stellt, ihm das Vertrauen in einer Abstimmung auszusprechen (vgl. Art. 68 Abs. 1, § 98 GOBT). Zwischen dem Antrag und der Abstimmung müssen 48 Stunden liegen (vgl. Art. 68 Abs. 2 GG). Der Antrag kann sowohl isoliert gestellt, als auch mit einer Sachfrage (z.B. Gesetzesvorlage) verknüpft werden (vgl. Art. 81 Abs. 1 Satz 2).

738 Der Bundestag spricht dem Bundeskanzler das Vertrauen aus, wenn er bei der beantragten Abstimmung *mehr als die Hälfte der gesetzlichen Mitglieder des Bundestags* auf sich vereinigt. Bekommt er bei der Abstimmung nicht das Vertrauen ausgesprochen, obliegt dem Bundeskanzler die Entscheidung, ob er trotz fehlender Kanzlermehrheit weiter regieren will oder ob er dem Bundespräsidenten die Auflösung des Bundestags für Neuwahlen vorschlägt[282]. Die Entscheidung liegt im *politischen* Ermessen des Bundeskanzlers.

739 Schlägt der Bundeskanzler dem Bundespräsidenten die Auflösung des Bundestags vor, wird der Bundespräsident vorübergehend zu einem echten Machtfaktor. Die Entscheidung über die Auflösung hängt alleine von seinem politischen Ermessen ab, insbesondere von der *Prüfung*, ob eine *materielle Auflösungslage vorliegt*[283]. Er ist nicht verpflichtet, dem Vorschlag des Bundeskanzlers zu entsprechen. 21 Tagen nach der Vertrauensfrage erlischt das Auflösungsrecht. Es erlischt schon

---

282 Natürlich kann der Bundeskanzler auch die Konsequenz aus der verlorenen Abstimmung ziehen und zurücktreten.
283 BVerfGE 62, 1 – *Vertrauensfrage Kohl*.

vorher, wenn der Bundestag einen neuen Bundeskanzler mit absoluter Mehrheit der Mitglieder wählt (vgl. Art. 68 Abs. 1 Satz 2).

Für die Auflösung des Bundestags ist eine *materielle Auflösungslage erforderlich*, **740** d.h. der Bundeskanzler *darf nicht über eine sichere dauerhafte Mehrheit* im Parlament *verfügen*. Für die Beurteilung hat der Bundeskanzler eine Einschätzungs- und Beurteilungskompetenz. Diese ist vom Bundespräsidenten bei seiner Entscheidung über die Auflösung zu berücksichtigen.

Unzulässig wäre dagegen, durch eine manipulierte Abstimmung die Vertrauens- **741** frage trotz stabiler Mehrheitsverhältnisse formell scheitern zu lassen, um vorzeitige Neuwahlen herbeizuführen. In diesem Fall hätte der Bundespräsident die Pflicht, die Auflösung des Bundestags zu verweigern[284]. Der *Bundestag* hat also *kein Selbstauflösungsrecht*.
Unzulässig ist also, wenn der Bundeskanzler die Vertrauensfrage stellt, damit ihm das Vertrauen *nicht* ausgesprochen wird[285]. Denn Ziel des Art. 68 ist es gerade, das Vertrauen zu erhalten. Es ist nicht Ziel der Norm, die Auflösung des Bundestags herbeizuführen.

> „Der Bundeskanzler, der die Auflösung des Bundestags auf dem Wege des Art. 68 GG anstrebt, soll dieses Verfahren nur anstrengen dürfen, wenn es für ihn nicht mehr politisch gewährleistet ist, mit den im Bundestag bestehenden Kräfteverhältnissen weiterzuregieren. Die politischen Kräfteverhältnisse im Bundestag müssen seine Handlungsfähigkeit so beeinträchtigen oder lähmen, dass er eine vom stetigen Vertrauen der Mehrheit getragene Politik nicht sinnvoll zu verfolgen vermag. Dies ist ungeschriebenes Tatbestandsmerkmal des Art. 68 Abs. 1 Satz 1 GG.
>
> Eine Auslegung dahin, dass Art. 68 GG einem Bundeskanzler, dessen ausreichende Mehrheit im Bundestag außer Zweifel steht, sich zum geeigneten erscheinenden Zeitpunkt die Vertrauensfrage negativ beantworten zu lassen mit dem Ziel, die Auflösung des Bundestags zu betreiben, würde dem Sinne des Art. 68 GG nicht gerecht. Desgleichen rechtfertigen besondere Schwierigkeiten der in der laufenden Wahlperiode sich stellende Aufgaben die Auflösung nicht.“[286]

Das BVerfG hat in seiner Entscheidung zur Auflösung des Deutschen Bundestages **741a** vom 25.8.2005 die Voraussetzungen, unter denen eine Vertrauensfrage nach Art. 68 gestellt werden kann, erheblich ausgeweitet. Das Gericht hält nunmehr eine sog. *auflösungsgerichtete Vertrauensfrage* für zulässig[287]. Das Gericht spricht in diesem Zusammenhang auch von einer sog. *unechten Vertrauensfrage*[288]. Das ist alleine schon deshalb äußerst problematisch, weil das Grundgesetz weder eine unechte Vertrauensfrage noch eine auflösungsgerichtete Vertrauensfrage kennt. Ziel des Art. 68 ist, dass der Bundeskanzler erreichen kann, dass ihm das Vertrauen ausgesprochen werde. Zumindest kann er mit der Vertrauensfrage aber erreichen, dass eine Klarheit darüber besteht, *ob* er das Vertrauen der Mehrheit des Parlamentes besitzt. Unumstößlicher Sinn der Vertrauensfrage über Art. 68 ist daher, Klarheit über die *tatsächliche Situation des Vertrauens*, d.h. des Rück-

---

284 Vgl. Leitsätze BVerfGE 62, 1 – *Vertrauensfrage Kohl*.
285 S. hierzu auch Rn. 741a.
286 Vgl. BVerfGE 62, 1, 2 – *Vertrauensfrage Kohl*.
287 BVerfG 2 BvE 4/05 v. 25.8.2005, Absatz-Nr. 132, 137, 149.
288 BVerfG 2 BvE 4/05 v. 25.8.2005, Absatz-Nr. 137.

haltes des Bundeskanzlers bei der Mehrheit des Parlamentes zu erhalten. Die Vorschrift verfolgt kein anderes Ziel; insbesondere verfolgt die Vorschrift nicht das Ziel, die Auflösung des Bundestages herbeizuführen. Die Auflösungsmöglichkeit ist die Rechtsfolge des Art. 68 für den Fall, dass dem Bundeskanzler das Vertrauen nicht ausgesprochen wird. Diese Rechtsfolge ist zudem noch mit dem Ermessen des Bundespräsidenten behaftet; sie ist also nicht zwingend. Diese mögliche Rechtsfolge ist nicht der Zweck der Vorschrift.

Zwar bleibt das Gericht bei den Grundsätzen, die es in der Entscheidung 62, 1 – *Vertrauensfrage Kohl* – aufgestellt hat. Es hält eine *auflösungsgerichtete Vertrauensfrage* für grundsätzlich zulässig, will sich aber offenbar nicht vollständig der Möglichkeit einer rechtlichen Überprüfung der Voraussetzungen des Art. 68 begeben. Es bleibt daher nach Auffassung des Gerichts festzuhalten, dass die Situation des mangelnden Vertrauens der parlamentarischen Mehrheit bestehen muss. Ob es aber tatsächlich an diesem Vertrauen mangelt, werde von drei Verfassungsorganen vorgeprüft, nämlich dem Bundeskanzler, dem Bundestag und schließlich dem Bundespräsidenten. Die Voraussetzungen des tatsächlichen Vorliegens des Vertrauens wird vom BVerfG sehr feinsinnig uminterpretiert in eine bloße *Vertrauensbekundung*[289]. Ob diese Vertrauensbekundung dem tatsächlichen Vertrauen entspricht, wird vom BVerfG, das sich nach eigener Einschätzung einem Kaskadenermessen dreier Verfassungsorgane gegenübersieht, nur noch sehr eingeschränkt geprüft.

> „Der Einschätzungsspielraum des Kanzlers wird nur dann in verfassungsrechtlich gefordertem Umfang geachtet, wenn bei der Rechtsprüfung gefragt wird, ob eine andere Einschätzung der politischen Lage aufgrund von Tatsachen eindeutig vorzuziehen ist (vgl. BVerfGE 62, 1 [52]). Tatsachen, die auch andere Einschätzungen als die des Kanzlers zu stützen vermögen, sind nur dann geeignet, die Einschätzung des Bundeskanzlers zu widerlegen, wenn sie keinen anderen Schluss zulassen als den, dass die Einschätzung des Verlusts politischer Handlungsfähigkeit im Parlament falsch ist."[290]

Nach der hier vertretenen Ansicht lag selbst dieser extrem enge Fall, dass nämlich zwingend ein anderer Schluss hinsichtlich der politischen Handlungsfähigkeit des Bundeskanzlers zu ziehen gewesen wäre, vor. Die Fraktionen von SPD und Grünen hatten in vielfältiger Weise bei vorherigen relevanten Abstimmungen über Gesetzesprojekte und andere Entscheidungen gezeigt, dass die Regierung vollständig mehrheitlich handlungsfähig war. Die Verlautbarungen von Kanzler und Fraktionsvorsitzendem der SPD zeigten eindeutig, dass die Vertrauensfrage mit dem ausschließlichen Ziel gestellt worden war, das Vertrauen nicht ausgesprochen zu bekommen und über diesen Weg Neuwahlen herbeizuführen. Von einem mangelnden Vertrauen der Parlamentsmehrheit in den Bundeskanzler konnte nicht die Rede sein. Das BVerfG hätte demnach zwingend eine andere Entscheidung treffen müssen.

742   b) **Bundesminister.** Die Amtszeit der Bundesminister ist an die Amtszeit des Bundeskanzlers geknüpft (vgl. Art. 69 Abs. 2 Halbsatz 2).

743   Das Amt eines Bundesministers *beginnt* mit der Ernennung des Bundespräsidenten auf Vorschlag des Bundeskanzlers (vgl. Art. 64 Abs. 1). Der Bundesminister hat vor dem Bundestag den Amtseid gem. Art. 56 zu leisten (vgl. Art. 64 Abs. 2).

---

289 BVerfG 2 BvE 4/05 v. 25.8.2005, Absatz-Nr. 157.
290 BVerfG 2 BvE 4/05 v. 25.8.2005, Absatz-Nr. 161.

Der Bundespräsident ist grundsätzlich verpflichtet, jede vorgeschlagene Person zum Bundesminister zu ernennen. Alleine die fehlenden rechtlichen Voraussetzungen für ein Ministeramt berechtigen zur Ablehnung eines Vorschlags.

Die Amtszeit aller Bundesminister *endet* mit dem Ende der Amtszeit des Bundes- **744** kanzlers, der sie vorgeschlagen hat (vgl. Art. 64 Abs. 2 Halbsatz 2). Abgesehen von den ungeschriebenen Fällen des Rücktritts, Todes oder Amtsunfähigkeit hängt die Amtszeit jedes Bundesministers nur *vom Vertrauen des Bundeskanzlers ab*, nicht aber vom Vertrauen des Bundestags. Einzelne Bundesminister können nicht gegen den Willen des Bundeskanzlers durch Bundestagsbeschluss aus dem Amt entfernt werden. Entsprechende Beschlüsse des Bundestags sind zulässig, aber rein politischer Natur ohne Rechtswirkung.

Ein Bundesminister wird auf Vorschlag des Bundeskanzlers vom Bundespräsiden- **745** ten *entlassen* (vgl. Art. 64 Abs. 1). Der Bundespräsident muss dem Entlassungs-vorschlag entsprechen. Es handelt sich um eine rein politische Entscheidung des Bundeskanzlers.

3. Organisation

a) **Kanzlerprinzip.** Der Begriff „Kanzlerprinzip" steht für die dominierende Rolle, **746** die der Bundeskanzler innerhalb der Bundesregierung besitzt. Das Kanzlerprinzip besteht aus der sachlichen und personellen Organisationsgewalt des Bundeskanzlers, seiner Richtlinienkompetenz sowie der Befugnis zur Geschäftsleitung, d.h. die persönliche und sachliche Kabinettsbildung sowie dessen Regierungspolitik liegt in den Händen des Bundeskanzlers.

Personelle Organisationsgewalt betrifft die Auswahl der Mitglieder der Bundes- **747** regierung. Sie steht dem *Bundeskanzler alleine*, uneingeschränkt und während seiner gesamten Amtszeit zu. Wie bereits erläutert, wählt der Bundeskanzler die Personen aus, die seinem Kabinett angehören sollen (vgl. Art. 64 Abs. 1). Die Ernennung durch den Bundespräsidenten ist rein formeller Natur. Abgesehen von der Prüfung der rechtlichen Voraussetzungen für die Bekleidung eines Minister-amts hat der Bundespräsident keine Entscheidungskompetenz, ob er dem Vor-schlag des Bundeskanzlers folgt oder nicht. Er ist verpflichtet, den Vorgeschlage-nen zum Bundesminister zu ernennen. Gleiches gilt für die Entlassung eines Bundesministers durch den Bundespräsidenten.

Die *sachliche Organisationsgewalt* beinhaltet die Befugnis, über die innere Eintei- **748** lung der Bundesregierung in einzelne Geschäftsbereiche (*Ressorts*) mit ihren Zuständigkeiten und Aufgaben zu entscheiden, d.h. insbesondere die Anzahl der Ministerien sowie den Inhalt und Umfang der ihnen zugeordneten Fachbereiche festzulegen. Wegen der Erwähnung im GG sind verfassungsrechtlich das Amt des Verteidigungsministers (vgl. Art. 65a), des Justizministers (vgl. Art. 96 Abs. 3) sowie das des Finanzministers (vgl. Art. 108, 112, 114) verbindlich angeordnet und der sachlichen Organisationsgewalt des Bundeskanzlers insoweit entzogen.

Die *Richtlinienkompetenz* sichert dem Bundeskanzler die alleinige Entscheidung **749** über die grundsätzliche politische Ausrichtung der Bundesregierung (vgl. Art. 65

Satz 1) und ermöglicht eine einheitliche Geschäftsführung bzw. ein einheitliches Auftreten der Bundesregierung (vgl. §§ 1–4 GOBReg). Adressaten sind die Bundesminister. Zwar garantiert das Ressortprinzip ihnen die eigenverantwortliche und selbständige Leitung ihrer Geschäftsbereiche. Diese ist jedoch im Einklang mit den Richtlinienvorgaben des Bundeskanzlers auszuüben (vgl. Art. 65 Satz 2). Indem der Bundeskanzler eine Thematik zum Gegenstand einer Richtlinienentscheidung macht, wird das Ressortprinzip zugunsten einer verbindlichen Weisungsmöglichkeit durchbrochen (vgl. §§ 1–4 GOBReg).

Die Richtlinien sind ihrer Rechtsnatur nach *innerdienstliche Anweisungen*, deren Nichtbeachtung jedoch keine unmittelbare Sanktion nach sich zieht. Denkbar wäre zwar ein Organstreit vor dem BVerfG. Entscheidend ist aber, dass ein Bundesminister vom Vertrauen des Bundeskanzlers abhängig ist. Eine dauerhafte eigenständige Ressortpolitik gegen den Willen des Bundeskanzlers führt letztlich zur Entlassung des Bundesministers.

Was zum Gegenstand einer Richtlinienentscheidung gemacht werden kann, steht im politischen Ermessen des Bundeskanzlers. Systematisch handelt es sich um die grundlegende sachpolitische Ausrichtung der Bundesregierung. Einzelregelungen und Einzelentscheidungen fallen üblicherweise in den ministeriellen Geschäftsbereich. Das *Ressortprinzip verbietet* dem Bundeskanzler *unmittelbare* und *direkte Eingriffe*. Dennoch kann auch eine vom Minister zu treffende Einzelentscheidung Gegenstand einer Richtlinienentscheidung sein, wenn sie grundlegenden Charakter hat und eine entsprechende politische Bedeutung für die Bundesregierung besitzt.

750   Der Bundeskanzler leitet die Regierungsgeschäfte (vgl. Art. 65 Satz 4). Regelmäßig leitet er als Vorsitzender die Kabinettssitzungen (vgl. § 22 Abs. 1 Satz 1 GOBReg) und verfügt bei einem Abstimmungspatt über die ausschlaggebende Stimme (vgl. § 24 Abs. 2 Satz 2 GOBReg).

751   b) Ressortprinzip. Das Ressortprinzip besagt, dass die Bundesminister ihren *Geschäftsbereich selbstständig* und *in eigener Verantwortung* leiten (vgl. Art. 65 Satz 2)[291]. Der Bundeskanzler hat keine Möglichkeit, direkt und unmittelbar in den Geschäftsbereich einzuwirken – insbesondere verfügt er nicht über ein Selbsteintrittsrecht, um Vorgänge aus einem Geschäftsbereich an sich zu ziehen.

752   Den *Umfang des Geschäftsbereichs* legt der Bundeskanzler bei der sachlichen Zuschneidung im Zuge der Kabinettsbildung fest. Zum Geschäftsbereich gehört das entsprechende Bundesministerium sowie die dem Bundesministerium nachgeordneten Bundesbehörden, für die jeder Bundesminister die innere Organisationsgewalt hat[292]. Innerhalb ihrer Zuständigkeiten üben die Bundesminister die Regierungs- und Verwaltungsfunktionen aus. Sie sind Inhaber der obersten Fach- und Dienstaufsicht. Ihre Weisungsbefugnis erfasst den gesamten nachgeordneten Verwaltungsunterbau. Als oberste Bundesbehörde erlassen sie Verwaltungsakte und Rechtsverordnungen. Akte des Bundespräsidenten sind dem zuständigen Bundesminister zur Gegenzeichnung vorzulegen (vgl. Art. 58).

---

291 Für Minister ohne eigenen Geschäftsbereich gelten diese Erwägungen natürlich nicht. Ihre Aufgabenstellung ähneln zumeist denen von parlamentarischen Staatssekretären.

292 Zu beachten ist die Möglichkeit des Gesetzgebers, durch entsprechende gesetzliche Regelungen in die Organisationsgewalt einzugreifen.

Das Ressortprinzip wird *begrenzt durch das Kanzlerprinzip*. Zum einen besteht **753** rechtliche Abhängigkeit von der Richtlinienkompetenz, zum anderen hängt das Amt jedes Bundesministers politisch vom Vertrauen des Bundeskanzlers ab. Konkretisiert wird die Abhängigkeit der Bundesminister bei der Geschäftsführung auch durch die Informations- und Berichtspflichten gemäß der GOBReg.

Begrenzt wird das Ressortprinzip auch *vom Kollegialprinzip*. Soweit verfassungs- **754** rechtlich oder einfachgesetzlich die Bundesregierung zuständig ist, wird das Ressortprinzip überlagert (vgl. auch § 15 Abs. 1 lit. e GOBReg). Gleiches gilt in den übrigen Fällen, die § 15 GOBReg anordnet. Allerdings führt eine Verletzung von Vorschriften der Geschäftsordnung grundsätzlich nicht zur Unwirksamkeit von ministeriellen Handlungen, weil diese Vorschriften keine Außenwirkung erzeugen.

c) **Kollegialprinzip.** Das Kollegialprinzip bedeutet, dass die Bundesregierung ein **755** Kollegialorgan aus Bundeskanzler und Bundesministern ist, das nach dem Mehrheitsprinzip Beschlüsse fasst. In welchen Fällen nicht die einzelnen Mitglieder, sondern die Bundesregierung als Ganzes zuständig ist, ergibt sich aus dem GG, einfachen Gesetzen und der GOBReg. Wie die Bundesregierung als Kollegialorgan handelt, ergibt sich aus den Regelungen der GOBReg.

Die Fälle, in denen die Bundesregierung *als Kollegium* zuständig ist, ergeben sich **756** im GG aus der Bezeichnung „die Bundesregierung". Wesentlich sind die Ausübung der Gesetzesinitiative und andere Mitwirkungsrechte im Gesetzgebungsverfahren, der Erlass von Rechtsverordnungen und Verwaltungsvorschriften oder die Anrufung des BVerfG[293]. Über Meinungsverschiedenheiten unter den Bundesministern entscheidet ebenfalls das Kabinett (vgl. Art. 65 Satz 3). Gegenstand eines Kabinettsbeschlusses ist auch die Geschäftsordnung der Bundesregierung (vgl. Art. 65 Satz 4). In der GOBReg sind die Zuständigkeiten des Kollegialorgans in den §§ 15, 15a GOBReg aufgeführt.

Das Kabinett entscheidet durch *Beschlussfassung nach dem Mehrheitsprinzip* **757** (vgl. § 20 Abs. 1, § 24 Abs. 2 Satz 1 GOBReg). Jedes teilnehmende Kabinettsmitglied hat eine Stimme. Bei einem Patt ist die Stimme des Vorsitzenden entscheidend. Den Vorsitz hat üblicherweise der Bundeskanzler inne (vgl. § 22 Abs. 1 Satz 1 GOBReg). Möglich ist demnach, dass der Bundeskanzler eine Abstimmungsniederlage erleidet, zumal in den wichtigsten Regierungsfunktionen die Bundesregierung als Kollegium zuständig ist. Nicht zulässig ist, den Gegenstand einer Abstimmung zum Ziel einer Richtlinienentscheidung zu machen und so eine richtlinienkonforme Abstimmung herbeizuführen[294].

Trotz der Zuständigkeit der Bundesregierung in den wichtigsten Regierungsfunk- **758** tionen und trotz der fehlenden Richtlinienkompetenz im Kollegialorgan, bleibt der Bundeskanzler aber in seiner dominierenden Stellung. Entscheidend ist, dass es nicht möglich ist, dauerhaft gegen den Willen des Bundeskanzlers als Bundesminister im Amt zu bleiben. Der Bundeskanzler kann einen Bundesminister jederzeit aus seinem Amt entfernen. Erleidet der Bundeskanzler eine Abstimmungsnie-

---

293 Vgl. Übersicht bei *Achterberg*, HbStR II § 52 Rn. 61.
294 A.A. *Hesse*, Verfassungsrecht Rn. 642; *Stern*, Staatsrecht II S. 304.

derlage, ist es praktisch nicht vorstellbar, dass das Bundeskabinett in dieser Zusammensetzung weiterregiert[295].

759 **d) Selbstorganisation.** Das Prinzip der Selbstorganisation gilt, wie bei allen Verfassungsorganen, auch für die Bundesregierung. Normiert ist das Prinzip in Art. 65 Satz 4. Danach gibt sich die Bundesregierung durch Mehrheitsbeschluss eine Geschäftsordnung, die vom Bundespräsidenten genehmigt werden muss. Diesem steht ein formelles Prüfungsrecht hinsichtlich der Vereinbarkeit mit den sonstigen rechtlichen Vorgaben des GG oder einfachen Gesetzesvorschriften zu. Das Selbstorganisationsprinzip kann insbesondere nicht die verfassungsrechtlichen Organisationsprinzipien der Bundesregierung aufheben. Letztere unterliegen nur dem verfassungsändernden Gesetzgeber.

760 Die Geschäftsordnung hat *organinternen* Charakter und ordnet den Geschäftsablauf innerhalb der Bundesregierung. Verletzungen sind grundsätzlich für die Wirksamkeit (Rechtmäßigkeit) des Regierungshandelns unbeachtlich. Anderes gilt, wenn gleichzeitig gegen gesetzliche bzw. verfassungsrechtliche Vorgaben verstoßen wird, die in der Geschäftsordnung konkretisiert werden.

761 **e) Staatssekretäre.** Zum Aufbau der Bundesregierung gehören traditionell die Ämter der Staatssekretäre, die zwar *nicht Regierungsmitglieder* sind, aber bei der Erfüllung der Regierungs- und Verwaltungsfunktionen unmittelbar beteiligt sind. Eingeteilt werden diese in die verbeamteten Staatssekretäre und die parlamentarischen Staatssekretäre.

762 Die *verbeamteten* Staatssekretäre stehen als politische Beamte an der Spitze der Bundesministerien. Sie unterstehen unmittelbar einem Bundesminister und leiten für diesen die Ministerialverwaltung. Neben der Unterstützung ihres jeweiligen Ministers in dessen Regierungsarbeit üben sie die laufenden Verwaltungsgeschäfte aus. Für sie gelten die Vorschriften des Bundesbeamtenrechts.

763 Die *parlamentarischen* Staatssekretäre stehen in einem beamtenähnlichen öffentlich-rechtlichen Amtsverhältnis, welches im ParlStG[296] geregelt ist. Nur *Abgeordnete des Bundestags* können während ihres Mandats parlamentarische Staatssekretäre werden. Sie unterstützen Regierungsmitglieder in der Ausübung ihrer Regierungstätigkeit, z.B. durch Öffentlichkeitsarbeit, regelmäßige Kontakte zum Parlament, Fraktionen, Ausschüssen etc. Gem. § 8 ParlStG kann ihnen der Titel eines „Staatsministers" verliehen werden.

764 **f) Koalitionsvereinbarung.** Seit den 1960iger Jahren sind in der Bundesrepublik nur Koalitionsregierungen gebildet worden. Die Koalitionsvereinbarung ist das parteipolitische Fundament. In ihr werden die politischen Absprachen für die kommende Regierungsperiode schriftlich niedergelegt. Üblicherweise werden die Koalitionsvereinbarungen zwischen dem Wahltag und der Wahl des Bundeskanzlers von den an der zukünftigen Koalition beteiligten Parteien verhandelt und durch Parteitage genehmigt.

---

295 Eine solche Konstellation ist auch unter modernen parteipolitischen Verhältnissen kaum denkbar.

296 Gesetz über die Rechtsverhältnisse der Parlamentarischen Staatssekretäre v. 24.7.1974, BGBl. I S. 1538.

Die *Rechtsnatur* der Koalitionsvereinbarung ist Gegenstand vieler Diskussionen. **765**
Nach der hier vertretenen Auffassung ist sie eine *rein politische Absprache* und
nicht rechtserheblich. Insbesondere im staatsorganisationsrechtlichen Raum – der
rein rechtlich den Parteien verschlossen ist – bleibt kein Raum für verbindliche
Absprachen zwischen Parteien, weil das zukünftige Verhalten von Staatsorganen
und insbesondere das Stimmverhalten der einzelnen Abgeordneten als Regelungsgegenstand unzulässig wäre.

g) **Verwaltungsunterbau.** Die Bundesregierung bzw. ihre einzelnen Mitglieder ste- **766**
hen an der Spitze eines Verwaltungsunterbaus aus Bundesministerium und nachgeordneten Einrichtungen der Bundesverwaltung.

Der *Bundeskanzler* verfügt über das Bundeskanzleramt als eigenen Verwaltungs- **767**
unterbau, der ihn bei der Ausübung seiner Regierungsfunktion unterstützt (z.B.
Kontakt zu anderen Staatsorganen, Koordinierung der Bundesregierung, Vorbereitung der Kabinettssitzung, Öffentlichkeitsarbeit etc.). Geleitet wird es vom
Kanzleramtsminister, der eine Doppelfunktion als weisungsabhängiger Staatsse-
kretär und eigenverantwortlicher Bundesminister besitzt[297].

Die *Bundesminister* werden in ihrer Regierungs- und Verwaltungsfunktion durch **768**
ihre Ministerialverwaltung unterstützt. Gleichzeitig wird die Dienst- und Rechtsaufsicht über die nachgeordnete Bundesverwaltung ausgeübt. Ebenfalls durch die
Ministerialverwaltung ausgeübt wird die von der Bundesregierung delegierte
Fach- bzw. Rechtsaufsicht über den Ländervollzug von Bundesgesetzen.

4. Zuständigkeiten

a) **Regierungsfunktion.** Die Bundesregierung besitzt die wesentlichen Organkom- **769**
petenzen im Bereich der Regierungsfunktion, d.h. der Staatsleitung im Ganzen.
Im weiteren Sinne ist die Staatsleitung vor allem mit der Legislative geteilt, die
Mitwirkungs- und Kontrollrechte besitzt.

Die einzelnen Regierungsfunktionen sind über das gesamte GG verteilt[298]. **770**
Wesentlich sind die Befugnisse im Gesetzgebungsverfahren (Gesetzesinitiativrecht, Anrufung des Vermittlungsausschusses, Zustimmung zu finanzwirksamen
Gesetzen), die Befugnisse in der Haushalts- und Finanzverfassung (Entwurf des
Haushalts, Zustimmung zu finanzwirksamen Gesetzen) sowie im Bereich der Verteidigung (Genehmigungsvorbehalt bei Kriegswaffen) und den auswärtigen Angelegenheiten. Ebenfalls dazu gezählt wird die Öffentlichkeits- und Informationstätigkeit der Bundesregierung. Sie wird entweder durch die Bundesregierung als
Kollegialorgan oder durch die einzelnen Regierungsmitglieder ausgeübt. Der Bundeskanzler ist mangels eigenem Geschäftsbereich und seiner Richtlinienkompetenz dominierend in der Ausübung der Regierungsfunktionen, sowohl alleine als
auch über das Kabinett.

---

297 Vgl. *Maurer*, Staatsrecht § 14 Rn. 15.
298 Vgl. Überblick bei *Maurer*, Staatsrecht § 14 Rn. 52.

771 b) **Verwaltungsfunktion.** Der Schwerpunkt der Verwaltungsfunktion liegt bei den einzelnen Bundesministern. Sie stehen an der Spitze ihres Geschäftsbereichs. Ihnen unterstehen eine Ministerialverwaltung sowie die nachgeordnete Bundesverwaltung. Außerdem üben sie regelmäßig anstelle der Bundesregierung die Fach- und Rechtsaufsicht beim Vollzug von Bundesgesetzen durch die Länder aus.

772 Die Einteilung des Kabinetts in Geschäftsbereiche bestimmten zunächst die Gegenstände der Ministerialverwaltung, d.h. Verteidigung, Finanzen, Justiz, Inneres, auswärtiger Dienst etc. Weitere Gegenstände der Bundesverwaltung ergeben sich hauptsächlich aus den Art. 86 ff. GG, wie z.b. die Bundeswehrverwaltung, oder anderen Vorschriften im GG, etwa die Bundesfinanzverwaltung gem. Art. 108.

773 c) **Rechtssetzungsfunktion.** Die Bundesregierung bzw. ihre einzelnen Mitglieder verfügen über eine Reihe von Rechtssetzungsmöglichkeiten. Traditionell können sowohl die Bundesregierung als auch die einzelnen Regierungsmitglieder interne Weisungen erteilen. Die Bundesregierung kann Verwaltungsvorschriften erlassen (z.B. gem. Art. 86 Satz 1, Art. 84 Abs. 2, Art. 85 Abs. 2 Satz 1). Nach außen können Verwaltungs- und Regierungsakte erlassen werden.

774 Gem. Art. 80 erlässt die Bundesregierung oder einzelne Bundesminister auch Rechtsverordnungen aufgrund einer Ermächtigung in einem formellen Gesetz.

Rechtsprechung:
BVerfGE 27, 44 – *Parlamentarisches Regierungssystem*; BVerfGE 44, 125 – *Öffentlichkeitsarbeit der Bundesregierung*; BVerfGE 62,1 – *Auflösung des 9. Bundestags*; BVerfGE 63, 230 – *Öffentlichkeitsarbeit der Bundesregierung*; BVerfGE 67, 100 – *Herausgabe von Akten für ein parlamentarisches Untersuchungsverfahren*; BVerfGE 90, 286 – *Entscheidung über den Einsatz der Bundeswehr im Ausland*; BVerfGE 91, 148 – *Bundesregierung als Kollegialorgan*; BVerfGE 100, 249 – *Verwaltungsvorschriften für den Vollzug von Bundesgesetzen*; BVerfG DVBl. 2002, 1351 und 1358 – *Informationstätigkeit der Bundesregierung*.

Literatur:
Achterberg, N., Innere Ordnung der Bundesregierung, HbStR II 1998, § 52; *ders.,* Vertrauensfrage und Auflösungsanordnung, DVBl. 1983, 477; *Badura, P.,* Die parlamentarische Verantwortlichkeit der Minister, ZParl. 11, 1980, 573; *ders.,* Das politische Amt des Ministers, in: FS für Quaritsch, 2000, S. 295; *Beaucamp, G.,* Konflikte in der Bundesregierung, JA 2001, 478; *Berthold, L.,* Das konstruktive Misstrauensvotum und seine Ursprünge in der Weimarer Staatsrechtslehre, Der Staat 1997, 87; *Beyer, H.,* Die Unvereinbarkeit von Ämtern innerhalb der Bundesregierung, Diss. Tübingen 1976; *Böckenförde, E.-W.,* Die Organisationsgewalt im Bereich der Regierung, 2. Aufl. 1999; *Brauneck, J.,* Die rechtliche Stellung des Bundeskanzleramtes, 1994; *Busse, V.,* Regierungsbildung aus organisatorischer Sicht, DÖV 1999, 313; *ders.,* Bundeskanzleramt und Bundesregierung, 3. Aufl. 2001; *Delbrück, J./Wolfrum, R.,* Die Auflösung des 9. Bundestags vor dem BVerfG – BVerfGE 62, 1, JuS 1983, 758; *Derlien, H.-U.,* Zur Logik und Politik des Ressortzuschnitts, VerwArch. 87 (1996) 548; *Dittmann, A.,* Unvereinbarkeit von Regierungsamt und Abgeordnetenmandat, ZRP 1978, 52; *Epping,*

V., Die Willensbildung der Bundesregierung und das Einwendungsausschlussverfahren, NJW 1992, 2605; *ders.*, Die Willensbildung von Kollegialorganen, DÖV 1995, 719; *ders.*, Die Trennung von Amt und Mandat, DÖV 1999, 529; *Friauf, K. H.*, Grenzen der politischen Entschließungsfreiheit des Bundeskanzlers und der Bundesminister, in: FS für Herrfahrdt, 1961, S. 45; *Friehe, H.-J.*, Die Organisationsgewalt des Bundeskanzlers, JuS 1983, 208; *Friesenhahn, E*, Parlament und Regierung im modernen Staat, VVDStRL 16 (1958), 9; *Frotscher, W.*, Regierung als Rechtsbegriff, 1975; *ders.*, Politische Planung zwischen Regierung und Parlament, Der Staat 19 (1980) 370; *Heyde, W./Wöhrmann, G.* (Hrsg.), Auflösung und Neuwahl des Bundestags 1983 vor dem Bundesverfassungsgericht: Dokumentation des Verfahrens, 1984; *Hochrathner, U. J.*, Anwendungsbereich und Grenzen des Parlamentsauflösungsrechts nach dem Bonner Grundgesetz, 1985; *Hüttl, A.*, Institutionelle Schwächen des deutschen Kabinettssystems, DVBl. 1967, 61; *Kaja, H.*, Ministerialverfassung und Grundgesetz, AöR 89 (1964) 381; *Karehnke, H.*, Richtlinienkompetenz des Bundeskanzlers, Ressortprinzip und Kabinettsgrundsatz, DVBl. 1974, 101; *Kewenig, W. A.*, Zur Problematik der Koalitionsvereinbarungen, AöR 90 (1965) 182; *Klein, E.*, Zuständigkeiten und Rolle der Bundesregierung, in: Deutsche Landesreferate zum öffentlichen Recht und Völkerrecht, XI. Internationaler Kongress für Rechtsvergleichung, Caracas 1982, S. 55; *Klein, F.*, Grundgesetz und parlamentarische Staatssekretäre (Staatsminister), DVBl. 1965, 862; *Knöpfle, F.*, Inhalt und Grenzen der „Richtlinien der Politik" des Regierungschefs, DVBl. 1965, 857 und 925; *Kölble, J.*, Ist Art. 65 GG (Ressortprinzip im Rahmen von Kanzlerrichtlinien und Kabinettsentscheidungen) überholt?, DÖV 1973, 1; *Krüger, H.*, Der Regierungsstaat, ZBR 1978, 117; *Lehnguth, G.*, Die Organisationsgewalt des Bundeskanzlers und das parlamentarische Budgetrecht, DVBl. 1985, 1359; *Leicht, R.*, Misstrauensvotum und Vertrauensfrage – eine konstruktive Alternative, ZRP 1972, 204; *Leisner, W.*, Regierung als Macht kombinierten Ermessens: zur Theorie der Exekutivgewalt, JZ 1978, 727; *ders.*, Gewaltenteilung innerhalb der Gewalten, in: FS für Maunz, 1971, S. 267; *Lippert, M. R.*, Bestellung und Abberufung des Regierungschefs und ihre funktionale Bedeutung für das parlamentarische Regierungssystem, 1973; *Magiera, S.*, Parlament und Staatsleitung in der Verfassungsordnung des Grundgesetzes, 1979; *Maurer, H.*, Vorzeitige Auflösung des Bundestags, DÖV 1982, 1001; *ders.*, Die verfassungswidrige Parlamentsauflösung, NJW 1982, 2521; *ders.*, Die Richtlinienkompetenz des Bundeskanzlers, in: FS für Thieme, 1993, S. 123; *ders.*, Zur Organisationsgewalt im Bereich der Regierung, in: FS für K. Vogel, 2000, S. 331; *Mehde, V.*, Die Ministerverantwortlichkeit nach dem Grundgesetz, DVBl. 2001, 13; *Menzel, E.*, Ermessensfreiheit des Bundespräsidenten bei der Ernennung der Bundesminister?, DÖV 1965, 581; *ders.*, Die heutige Auslegung der Richtlinienkompetenz des Bundeskanzlers als Ausdruck der Personalisierung der Macht?, in: FS für Leibholz, 1966, S. 877; *v. Münch, I.*, Rechtliche und politische Probleme von Koalitionsregierungen, 1993; *ders.*, Minister und Abgeordneter in einer Person, NJW 1998, 34; *Neumann, M.*, Parlamentarische Staatssekretäre in der Bundesverwaltung, ZRP 2002, 203; *Oldiges, M.*, Die Bundesregierung als Kollegium, 1983; *ders.*, Die interimistische Weiterführung der Amtsgeschäfte des Bundeskanzlers durch den Vizekanzler, DVBl. 1975, 79; *Puhl, T.*, Die Minderheitsregierung nach dem Grundgesetz, 1986; *Rein, H.*, Die verfassungsrechtlichen Kompetenzen des Bundespräsidenten bei der Bildung der Regierung, JZ 1969, 573; *Ritter, G. A./Niehuss, M.*, Die Regierungen der Bundesrepublik Deutschland, JöR 49

(2001) 215; *Röttger, H.-E.*, Konstruktives Misstrauensvotum gegen den geschäftsführenden Bundeskanzler?, JuS 1975, 358; *Schenke, W.-R.*, Die Bildung der Bundesregierung, Jura 1982, 57; *ders.*, Die Aufgabenverteilung innerhalb der Bundesregierung, Jura 1982, 337; *Schlichting, G.*, Zur Auslegung des Art. 68 GG durch das Bundesverfassungsgericht, JZ 1984, 120; *Schmidt-Jortzig, E.*, Die Pflicht zur Geschlossenheit der kollegialen Regierung (Regierungszwang), 1973; *ders.*, Die Bundestagszugehörigkeit der Bonner Minister, ZParl. 5 (1974) 313; *Schmidt-Preuß, M.*, Das Bundeskabinett, Die Verwaltung 21 (1981), 199; *Schneider, H. P.*, Die vereinbarte Parlamentsauflösung, JZ 1983, 652; *Schröder, M.*, Aufgaben der Bundesregierung, HbStR II 1998, § 50; *ders.*, Bildung, Bestand und parlamentarische Verantwortung der Bundesregierung, HbStR II 1998, § 51; *ders.*, Bereiche der Regierung und Verwaltung, HbStR III § 67; *Schürmann, F.*, Die Öffentlichkeitsarbeit der Bundesregierung, 1992; *Schuppert, G. F.*, Regierung und Verwaltung, HbVerfR § 31; *Sellmann,, K.-A.*, Personalvertretungsrecht und Ressortprinzip, DVBl. 1997, 297.

VIII: Das Bundesverfassungsgericht

775 Das BVerfG ist das Rechtsprechungsorgan der Verfassungsgerichtsbarkeit des Bundes (vgl. Art. 92 Halbsatz 2). Normative Grundlagen sind neben den verfassungsrechtlichen Vorgaben das gem. Art. 93 Abs. 2, Art. 94 Abs. 2 erlassene Bundesverfassungsgerichtsgesetz (BVerfGG). Aufgrund seines Verfassungsorganstatus gibt sich das BVerfG im Rahmen der bestehenden verfassungsrechtlichen und gesetzlichen Vorgaben eine Geschäftsordnung (GO BVerfG; vgl. § 1 Abs. 3 BVerfGG).

1. Aufbau und Status

776 Das BVerfG besteht aus *zwei Spruchkörpern* (Senate) mit je acht Richtern, von denen jeweils drei von den obersten Bundesgerichten (vgl. Art. 95 f. GG) stammen müssen (vgl. § 2 BVerfGG). Unter den beiden Senaten werden die Verfahren, für die das BVerfG zuständig ist, exklusiv aufgeteilt (vgl. § 14 BVerfGG). Jeder Senat bildet Kammern, die mit jeweils drei Richtern zu besetzen sind (vgl. § 15a BverfGG).

777 Die *Richter* des BVerfG werden je zur Hälfte vom Bundestag und vom Bundesrat gewählt, woraus sich eine besondere demokratische Legitimierung für ihre Rechtsprechungstätigkeit ergibt (vgl. Art. 94 Abs. 1 Satz 1 GG, §§ 5–11 BVerfGG). Zur Wahl gehört auch die Bestimmung von Präsident und Vizepräsident, die jeweils zu verschiedenen Senaten gehören müssen (vgl. § 9 Abs. 1 BVerfGG). Die einzelnen Vorrausetzungen für die Wählbarkeit in das Amt des Bundesverfassungsrichters sind in § 3 BVerfGG geregelt. Danach ist die Vollendung des 40. Lebensjahres, das passive Wahlrecht zum Bundestag, die Befähigung zum Richteramt nach dem DRiG[299] sowie das vorab erklärte Einverständnis mit der Wahl in das Amt erforderlich. Die Amtszeit beträgt zwölf Jahre ohne Möglichkeit der Wiederwahl und

---

299 Deutsches Richtergesetz.

endet spätestens mit Ablauf des 68. Lebensjahres (vgl. § 4 BVerfGG). Gründe für eine vorherige Beendigung des Amts sind etwa Tod, Dienstunfähigkeit oder nach § 12 BVerfGG die Entlassung auf eigenen Wunsch. Während der Amtszeit gilt eine umfassende Unvereinbarkeit mit anderen Ämtern und Funktionen (vgl. Art. 94 Abs. 1 Satz 3 GG, § 2 Abs. 3, 4 BVerfGG). Ähnliche Funktion hat das punktuelle Verbot einer Mitwirkung an einzelnen Entscheidungen wegen Befangenheit oder Ausschluss eines Verfassungsrichters (vgl. §§ 18, 19 BVerfGG).

2. Zuständigkeiten

Das BVerfG unterscheidet sich von anderen Rechtsprechungsorganen vor allem **778** durch zwei Merkmale. Zum einen ist es das einzige Gericht, das für die verbindliche Auslegung der Normen des GG zuständig ist. Zum anderen erfasst die exklusive Kompetenz zur Auslegung des GG auch die Überprüfung von Akten des Gesetzgebers auf ihre Verfassungsmäßigkeit. Dadurch erlangt das BVerfG eine enorme Verantwortung und Machtfülle, weil seine Entscheidungen nicht von einer anderen Institution überprüft werden können und die Entscheidungsgegenstände häufig eine große staatspolitische Bedeutung haben[300].

Für die Zuständigkeit des BVerfG gibt es keine Generalklausel, sondern nur eine **779** enumerative Aufzählung, d.h. das BVerfG ist nur in den *ihm ausdrücklich zugewiesenen Fällen zuständig*. Jeder Zuständigkeit entspricht ein eigenes Verfahren mit eigenen Regeln. Normative Grundlagen sind neben der Aufzählung in Art. 93 Abs. 1 andere verfassungsrechtliche Zuständigkeiten an gesonderter Stelle, wie etwa Art. 18, Art. 21 Abs. 2, Art. 61 oder Art. 100. Die Zuständigkeiten werden einfachgesetzlich in § 13 BVerfGG zusammengefasst. Außerdem gibt es die Möglichkeit, dem BVerfG weitere Zuständigkeiten durch einfaches Gesetz einzuräumen (vgl. Art. 93 Abs. 2 GG, § 13 Nr. 15 BVerfGG)[301]. Aus staatsorganisationsrechtlicher Sicht ist die nähere Kenntnis des Normenkontrollverfahrens, des Organstreitverfahrens sowie der Bund-Länderstreitigkeit unverzichtbar[302].

3. Verfahrensprozessuale Grundsätze

Unabhängig von den einzelnen Verfahren gelten für das BVerfG eine Reihe von **780** prozessualen Grundsätzen. Rechtsquellen sind in erster Linie das BVerfGG inklusive seiner einzelnen Verweise auf Vorschriften der einfachen Gerichtsbarkeit, wie z.B. auf den Öffentlichkeitsgrundsatz (vgl. § 17 BVerfGG). Lücken im Verfassungsprozessrecht werden durch die analoge Anwendung von einfachgesetzlichen Prozessnormen geschlossen. Vor Anwendung der allgemeinen verfassungsprozessualen Regelungen im vorderen Teil des BVerfGG ist aber immer zu prüfen, ob nicht eine spezielle Vorschrift innerhalb der Abschnitte zu den einzelnen Verfahren als lex specialis Vorrang hat.

300　Vgl. Beispiel bei *Maurer*, Staatsrecht § 20 Rn. 11.
301　Vgl. Beispiele bei *Benda/Klein*, HbVerfR § 1 Rn. 31 Fn. 45.
302　Vgl. zu den einzelnen Verfahren vor dem BVerfG beispielsweise *Gersdorf*, Verfassungsprozessrecht und Verfassungsmäßigkeitsprüfung, 2. Aufl. 2005; *Maurer*, Staatsrecht § 20.

781 a) **Antragsprinzip.** Für die Einleitung eines Verfahrens ist das Antragsprinzip maßgeblich. Das BVerfG wird nur auf schriftlichen, mit Begründung versehenen Antrag und *nicht von Amts wegen* tätig (§ 23 BVerfGG). Es ist in seinem Untersuchungsrecht allerdings nicht durch den Antrag begrenzt und nimmt anlässlich eines zulässigen Verfahrens auch ohne ausdrücklichen Antrag regelmäßig eine umfassende Sachprüfung vor.

782 b) **Zulässigkeit und Begründetheit des Verfahrens.** Jedes Verfahren gliedert sich in eine Zulässigkeits- und eine Begründetheitsprüfung. Ergebnis der Zulässigkeitsprüfung ist die Entscheidung, ob die verfahrensrechtlichen Voraussetzungen für eine Entscheidung in der Sache gegeben sind. Dazu gehören prozessuale Bedingungen wie die Einhaltung von Fristen oder ein verfahrensspezifisches Rechtsschutzbedürfnis für den Ausschluss von Popularklagen[303]. Gegenstand der Begründetheitsprüfung ist die sachliche Überprüfung einer Entscheidung.

783 c) **Entscheidung des Bundesverfassungsgerichts.** Abgeschlossen wird jedes beantragte Verfahren durch eine Entscheidung des Gerichts. Entscheidungen sind entweder *Beschlüsse ohne mündliche* oder *Urteile mit mündlicher Verhandlung* (vgl. § 25 BVerfGG). Zur Entlastung des Gerichts gibt es die Möglichkeit, einen Antrag, der offensichtlich ohne Erfolgsaussichten ist, in einem *abgekürzten Vorverfahren* durch einstimmigen Beschluss des Gerichts abzulehnen (vgl. § 24 BVerfGG). Speziell für Verfassungsbeschwerden und die konkrete Normenkontrolle (Richtervorlage gem. Art. 100 Abs. 1) gibt es das *Kammerverfahren* (vgl. §§ 81a, 93a ff. BVerfGG).

784 Für die *Beschlussfähigkeit eines Senats*, d.h. die Fähigkeit eine wirksame Entscheidung zu treffen, ist die Anwesenheit von mindestens sechs Richtern erforderlich, so dass nicht immer alle Richter eines Senats an einer Entscheidung mitwirken müssen (vgl. § 15 Abs. 2 Satz 1 BVerfGG). Allerdings sind nach Beginn der Sachberatung die übrigen Richter von der Mitwirkung ausgeschlossen (vgl. § 15 Abs. 3 BVerfGG). Welche Richter mitgewirkt haben, ergibt sich aus der Unterzeichnung gem. § 30 Abs. 1 Satz 2 a.E. BVerfGG.

785 Ein Senat entscheidet grundsätzlich mit *einfacher Mehrheit* (vgl. § 15 Abs. 4 Satz 2 BVerfGG). Aufgrund der gesetzlich vorgesehenen geraden Anzahl von acht Richtern ist eine *Stimmenparität* möglich. In diesem Fall liegt kein Verstoß gegen das GG bzw. gegen Bundesrecht vor, so dass der Antrag abgewiesen wird (vgl. § 15 Abs. 4 Satz 3 BVerfGG). Bei bestimmten Verfahren ist eine *qualifizierte Zweidrittelmehrheit* der gesetzlichen Mitglieder des Senats erforderlich (6 Stimmen). Dazu gehören die Entscheidung über eine Grundrechtsverwirkung, das Parteiverbot, die Präsidentenanklage sowie die Richterklage. Das Stimmverhältnis einer Entscheidung kann veröffentlicht werden (vgl. § 30 Abs. 2 Satz 2 BVerfGG).

---

303 Der Ausschluss von Popularklagen ist ein allgemeiner Grundsatz des deutschen Prozessrechts. Die Rechtsprechung soll sich grundsätzlich nur mit subjektivrechtlichen Rechtsverletzungen beschäftigen. Daher gilt im Verfassungsprozessrecht kein verfahrensspezifisches Rechtsschutzbedürfnis, soweit es sich um objektivrechtliche Verfahren wie die Normenkontrollen handelt. In diesen Fällen wird die Begrenzung des Rechtsschutzes über die Anzahl der zulässigen Antragsteller herbeigeführt.

Entscheidungen des BVerfG ergehen *schriftlich* und sind zu *begründen* (vgl. § 30   **786**
Abs. 1 Satz 2 BVerfGG). Zulässig ist die Anhängung einer abweichenden Meinung (*Sondervotum*), die sich sowohl auf die Entscheidung selbst als auch auf die
Begründung beziehen kann (§ 30 Abs. 2 Satz 1 BVerfGG). Zur Wahrung einer
einheitlichen Rechtsprechung beider Senate entscheidet bei unterschiedlicher
Rechtsauffassung das Plenum, das sich aus allen 16 Richtern zusammensetzt (vgl.
§ 16 BVerfGG).

Entscheidungen des BVerfG sind – mangels höherer Instanzen – nicht überprüfbar,   **787**
es sei denn, das Gericht selbst kommt – ggf. auf Antrag – zu der Auffassung, dass
die Entscheidung grob prozessuales Unrecht beinhaltet. Geschriebene Ausnahmen
gelten für die Richterklage und die Grundrechtsverwirkung[304].

Entscheidungen des BVerfG *binden* nach § 31 Abs. 1 BVerfGG *alle staatlichen*   **788**
Institutionen, d.h. die Rechtswirkung tritt nicht nur zwischen den Parteien ein
(„inter partes"). Entscheidungen, die nach bestimmten Verfahren ergehen, haben
sogar *Gesetzeskraft*, d.h. sie binden grundsätzlich jedermann und den Gesetzesadressaten („inter omnes"; vgl. Art. 94 Abs. 2 Satz 1 GG, § 31 Abs. 2 BVerfGG).
Betroffen sind die Verfahren, in denen das Gericht über die Verfassungsmäßigkeit
von Gesetzen entscheidet. Die Wirkung der Entscheidung entspricht der Befugnis
des BVerfG, eine Legislativakt unwirksam werden zulassen. Folgerichtig sind sie
auch im Bundesgesetzblatt zu veröffentlichen (vgl. § 31 Abs. 2 Satz 3, 4
BVerfGG).

Inhaltlich umfasst die *Bindungswirkung* die *Entscheidungsformel* sowie die *tra-*   **789**
genden Gründe der Entscheidung. Sie ergeben sich aus den der Begründung vor-
angestellten Leitsätzen sowie der Begründung selbst. Im Einzelnen ist vieles
umstritten[305]. Aus zeitlicher Sicht gelten die Rechtswirkungen einer Entscheidung
des BVerfG regelmäßig rückwirkend („ex tunc"), wenn sie sich auf die Verfassungswidrigkeit einer Norm bezieht. Ausnahmen gelten für die Unvereinbarkeits-
erklärung, wenn eine rückwirkende Nichtigkeit zu unübersehbaren oder faktisch
nicht zu korrigierenden Folgen führt oder der Gesetzgeber mehrere Korrektur-
möglichkeiten besitzt. Letzteres gilt hauptsächlich bei einem Verstoß gegen das
Gleichheitsgebot in Art. 3 Abs. 1 GG[306].

4. Verhältnis zu überstaatlicher Gerichtsbarkeit

Für die Rechtsprechung des BVerfG können Urteile des Europäischen Gerichts-   **790**
hofs (EuGH), des Internationalen Gerichtshofs (IGH) und des Europäischen
Gerichtshofs für Menschenrechte von Bedeutung sein. Problematisch ist dabei die
Frage, welchen Urteilen der höhere Stellenwert zukommt, d.h. in welchem Rangverhältnis die verschiedenen Gerichte zueinander stehen.

---

304 Vgl. *Benda/Klein*, HbVerfR § 16 Rn. 331 f., § 38 Rn. 1304 ff.
305 Vgl. *Benda/Klein*, HbVerfR § 38 Rn. 1323 ff.
306 Vgl. Fallgruppen bei *Benda/Klein*, HbVerfR § 37 Rn. 1267 ff.

791   Das BVerfG entscheidet über die Verfassungsmäßigkeit des Handelns der deutschen Staatsgewalt, der *EuGH* überprüft die Rechtsakte von Gemeinschaftsorga-
nen am Maßstab des Gemeinschaftsrechts. Trotz dieser formal eindeutigen Trennung der Zuständigkeiten kann es zu *Überschneidungen* kommen. Insbesondere
stellt sich die Frage, welches Gericht letztverbindlich über die Rechtmäßigkeit von
Gemeinschaftsrechtsakten zu entscheiden hat und ob das GG tauglicher Prüfungsmaßstab für Gemeinschaftsrechtsakte ist[307]. Weder im europäischen Gemeinschaftsrecht noch im deutschen Verfassungsrecht ist das Verhältnis von EuGH und
BVerfG geregelt. Entscheidend ist daher das Rangverhältnis des Europarechts zum
deutschen Recht[308].
Aus der Sicht des EuGH[309] gilt grundsätzlich der *Vorrang des Gemeinschaftsrechts* vor jeder wie auch immer gearteten nationalen Vorschrift, d.h. es besteht
ein Anwendungsvorrang des Gemeinschaftsrechts vor entgegenstehendem einfachen nationalen Recht und nationalem Verfassungsrecht. Folge davon ist, dass der
EuGH aus seiner Sicht alleine die Letztentscheidung über die Rechtmäßigkeit von
Rechtsakten der Gemeinschaft fällen kann.
Grundsätzlich erkennt das BVerfG den Vorrang des Gemeinschaftsrechts an.
Allerdings erkennt es den Vorrang des sekundären Gemeinschaftsrechts vor dem
GG nur solange an, wie ein dem GG *adäquater Grundrechtsschutz auf Gemein-
schaftsebene* gewahrt ist, d.h. der europäische Grundrechtsschutz muss nach
Inhalt und Wirksamkeit im Wesentlichen dem Schutz entsprechen, der nach dem
GG geboten ist[310]. Ist dies der Fall, verzichtet das BVerfG darauf, das sekundäre
Gemeinschaftsrecht am Maßstab des GG zu überprüfen. Dementsprechend geht
das BVerfG von einem „Kooperationsverhältnis" zum EuGH aus[311].
Danach ist grundsätzlich der EuGH befugt über die Rechtmäßigkeit von Gemeinschaftsrechtsakten zu entscheiden. Verfassungsbeschwerden und konkrete Normenkontrollverfahren vor dem BVerfG sind insofern als unzulässig zurückzuwei-
sen. Das BVerfG wird aber dann tätig und überprüft das sekundäre
Gemeinschaftsrecht am Maßstab des GG, wenn es eine Kompetenzüberschreitung
des handelnden Organs feststellt oder nach seiner Auffassung Gemeinschaftsrechtsakte einschließlich der Rechtsprechung des EuGH unter den erforderlichen
Grundrechtsstandard gesunken sind (*evidente Missachtung des deutschen Grund-
rechtsstandards*)[312].

792   Die Urteile des IGH als richterliches Hauptorgan der Vereinten Nationen sind
nach Art. 59 IGH-Statut[313] nur für die Streitparteien und nur in Bezug auf die
Sache bindend, in der entschieden wurde. Es besteht also lediglich eine Rechtswirkung inter partes, die die beteiligten Staaten völkerrechtlich bindet.

---

307   Vgl. zum Problem des Verhältnisses von EuGH und BVerfG auch *Hirsch*, NJW 1996,
      2457.
308   Vgl. ausführlich zum Rangverhältnis *Streinz*, Europarecht Rn. 168 ff.
309   Grundlegend EuGH, Rs. 6/64 – *Costa/ENEL*, Slg. 1964, 1251, 1269 f.; für den Vor-
      rang vor nationalem Verfassungsrecht EuGH, Rs. 106/77– *Simmenthal II*, Slg. 1978,
      629.
310   BVerfGE 73, 339, 387 – *Solange II*.
311   BVerfGE 89, 155, 175 ff. – *Maastricht*.
312   Vgl. dazu im Einzelnen *Hirsch*, NJW 1996, 2457, 2458 f.
313   Statut des Internationalen Gerichtshofs v. 26.6.1945, BGBl. 1973 II, S. 505.

Nach Art. 46 Abs. 1 EMRK[314] sind die Urteile des *Europäischen Gerichtshofs für* **793** *Menschenrechte* von den Vertragsparteien zu befolgen, wenn sie in der betreffenden Rechtssache Partei sind. Die Urteile des Europäischen Gerichtshofs für Menschenrechte entfalten in den Mitgliedstaaten aber keine unmittelbaren Rechtswirkungen[315] an die das BVerfG gebunden wäre. Vielmehr tritt nur eine völkerrechtliche Verpflichtung der Staaten ein.

Rechtsprechung:
BVerfGE 20, 1 – *Befangenheit des Richters Leibholz*; BVerfGE 72, 296 – *Selbstablehnung des Richters Herzog*; BVerfGE 73, 330 – *Ablehnung des Bundesverfassungsrichters Simon*; BVerfGE 102, 192 – *Ablehnung des Richters Jentsch wegen Besorgnis der Befangenheit.*

Literatur:
Alexy, R./Kunig, P./Heun, W./Hermes, G., Verfassungsrecht und einfaches Recht – Verfassungsgerichtsbarkeit und Fachgerichtsbarkeit, VVDStRL 61 (2002) 7; *Bethge, H.,* Verfassungsstreitigkeiten als Rechtsbegriff, Jura 1998, 529; *Bettermann, K. A.,* Opposition und Verfassungsrichterwahl, in: FS für Zweigert, 1981, S. 723; *Böckenförde, E.-W.,* Verfassungsgerichtsbarkeit: Strukturfragen, Organisation, Legitimation, NJW 1999, 9; *Brohm, W.,* Die Funktion des BVerfG – Oligarchie in der Demokratie?, NJW 2001, 1; *Broß, S.,* Das Bundesverfassungsgericht und die Fachgerichte, BayVBl. 2000, 513; *Enders, C.,* Die neue Subsidiarität des Bundesverfassungsgerichts, JuS 2001, 462; *Friesenhahn, E.,* Verfassungsgerichtsbarkeit, Jura 1982, 505; *Geck, W. K.,* Wahl und Status der Bundesverfassungsrichter, HbStR II 1998, § 55; *ders.,* Zum Status der Bundesverfassungsrichter: Besoldungs- und Versorgungsrecht, in: FS für Zeidler, 1987, S. 189; *Herzog, R.,* Offene Fragen zwischen Verfassungsgericht und Gesetzgeber, ZG 1987, 290; *Hesse, K.,* Funktionelle Grenzen der Verfassungsgerichtsbarkeit, in: FS für H. Huber, 1981, S. 270; *ders.,* Verfassungsrechtsprechung im geschichtlichen Wandel, JZ 1995, 265; *Höffe, O.,* Das Grundgesetz nur auslegen – Wieviel Politik ist dem Verfassungsgericht erlaubt?, JZ 1996, 83; *Höfling, W./Roth, T.,* Ungesetzliche Bundesverfassungsrichter?, DÖV 1997, 67; *Isensee, J.,* Bundesverfassungsgericht – quo vadis?, JZ 1996, 1085; *Jeastaedt, M.,* Verfassungsrecht und einfaches Recht – Verfassungsgerichtsbarkeit und Fachgerichtsbarkeit, DVBl. 2001, 1309; *Klein, E.,* Verfahrensgestaltung durch Gesetz und Richterspruch: Das „Prozessrecht" des Bundesverfassungsgerichts, in: FS BVerfG, 2001, S. 507; *Korinek, K.,* Bundesverfassungsgericht und Rechtsprechung („Fachgerichte"), in: FS BVerfG, 2001, S. 55 *Kirchhof, P.,* Die Aufgaben des Bundesverfassungsgerichts in Zeiten des Umbruchs, NJW 1996, 1497; *Klein, E.,* Verfassungsprozessrecht – Versuch einer Systematik anhand der Rechtsprechung des Bundesverfassungsgerichts, AöR 108 (1983) 410 und 561; *Klein, H. H.,* Gedanken zur Verfassungsgerichtsbarkeit, in: FS für Stern, 1997, S. 1135; *Lange, K.,* Das Bundesverfassungsgericht und die Landesverfassungsgerichte, in: FS BVerfG, 2001, S. 289;

---

314 Konvention zum Schutze der Menschenrechte und Grundfreiheiten v. 4.11.1950, BGBl. 1952 II, S. 685.
315 Vgl. *Frowein,* HbStR VII S. 741.

Lerche, P., Das Bundesverfassungsgericht als Notgesetzgeber, insbesondere im Blick auf das Recht des Schwangerschaftsabbruchs, in: FS für Gitter, 1995, S. 509; *Limbach, J.,* Das Bundesverfassungsgericht und der Grundrechtsschutz in Europa, NJW 2001, 2913; *Löwer, W.,* Zuständigkeit und Verfahren des Bundesverfassungsgerichts, HbStR II 1998, § 56; v. *Münch, I.,* Das Bundesverfassungsgericht als Teil des Rechtsstaates, Jura 1992, 505; *Nickel, R.,* Zur Zukunft des Bundesverfassungsgerichts im Zeitalter der Europäisierung, JZ 2001, 625; *Niehues, N.,* Die Bindungswirkung und Umsetzung verfassungsgerichtlicher Entscheidungen, NJW 1997, 557; *Ossenbühl, F.,* Bundesverfassungsgericht und Gesetzgebung, in: FS BVerfG, 2001, S. 33; *Preuß, U. K.,* Die Wahl der Mitglieder des BVerfG als verfassungsrechtliches und -politisches Problem, ZRP 1988, 389; *Roellecke, G.,* Aufgaben und Stellung des Bundesverfassungsgerichts im Verfassungsgefüge, HbStR II 1998, § 53; *ders.,* Aufgabe und Stellung des Bundesverfassungsgerichts in der Gerichtsbarkeit, HbStR II 1998, § 54; *ders.,* Zum Problem der Reform der Verfassungsgerichtsbarkeit, JZ 2001, 114; *ders.,* Roma locuta – Zum 50-jährigen Bestehen des BVerfG, NJW 2001, 2924; *Schnapp, F./Henkenötter, S.,* Zur Bindungswirkung der Entscheidungen des BVerfG, JuS 1994, 121; *Schneider, H.-P.,* Richter oder Schlichter? Das Bundesverfassungsgericht als Integrationsfaktor, in: FS für Zeidler, 1987, S. 293; *Scholz, R.,* Karlsruhe im Zwielicht – Anmerkungen zu den wachsenden Zweifeln am BVerfG, in: FS für Stern, 1997, S. 1201; *Schulte, M.,* Zur Lage und Entwicklung der Verfassungsgerichtsbarkeit, DVBl. 1996, 1009; *Schulze-Fielitz, H.,* Wirkung und Befolgung verfassungsgerichtlicher Entscheidungen, in: FS BVerfG, 2001, S. 385; *ders.,* Das Bundesverfassungsgericht in der Krise des Zeitgeists, AöR 122 (1997) 1; *Schwarze, J.,* Das „Kooperationsverhältnis“ des Bundesverfassungsgerichts mit dem Europäischen Gerichtshof, in: FS BVerfG, 2001, S. 223; *Simon, H.,* Verfassungsgerichtsbarkeit, HbVerfR § 34; *Starck, C.,* Verfassungsgerichtsbarkeit und Fachgerichte, JZ 1996, 1033; *ders.,* Das Bundesverfassungsgericht in der Verfassungsordnung und im politischen Prozeß, in: FS BVerfG, 2001, S. 1; *Steiner, U.,* Der Richter als Ersatzgesetzgeber, NJW 2001, 2919; *Stern, K.,* Gedanken zum Wahlverfahren für Bundesverfassungsrichter, in: GS für Geck, 1989, S. 885; *Wassermann, R.,* Zur Richterablehnung in verfassungsgerichtlichen Verfahren, in: FS für Hirsch, 1981, S. 465; *ders.,* Richterlicher Selbstschutz bei der Ablehnung von Richtern des BVerfG?, NJW 1987, 418; *ders.,* Manipulation bei der Amtsdauer von Bundesverfassungsrichtern?, NJW 1996, 702.

§ 20 Die Parteien als Organe der Verfassung

Die politischen Parteien sind notwendige Institutionen für die Funktionsfähigkeit **794** repräsentativer Demokratien. In einer repräsentativen Demokratie wird der Staatswille nicht unmittelbar durch das Volk in seiner Gesamtheit, sondern durch eine Volksvertretung gebildet[1]. Die Repräsentation einer pluralistischen Gesellschaft und die Entscheidungsfindung nach dem Mehrheitsprinzip führen zwangsläufig zu einer verfestigten Bildung von politischen Gruppierungen und Lagern, zunächst hauptsächlich innerhalb der Parlamentssphäre[2]. Die parlamentarische Institutionalisierung politischer Gruppierungen ist der Ursprung der politischen Parteien der heutigen Massendemokratien, die nicht nur im parlamentarischen Prozess dominieren, sondern praktisch auf allen Gebieten des öffentlichen Lebens präsent sind.

Den politischen Parteien wurde im GG in Art. 21 GG diese Funktion ausdrücklich zugewiesen. Damit verbunden ist eine besondere rechtliche Stellung im Staatsgefüge, sowie verfassungsrechtliche Vorgaben für Aufbau und Betätigung.

I. Funktion der politischen Parteien

1. Organisation und Vermittlung der politischen Willensbildung des Volks

Gem. Art. 21 Abs. 1 Satz 1 wirken die Parteien bei der politischen Willensbildung **795** des Volks mit. Zentraler Akt ist die Wahl der Volksvertretungen. Die politischen Parteien stellen ihre Kandidaten auf und führen Wahlkampf, um die staatlichen Mandate und Ämter in Parlament und Regierung zu besetzen und so die eigenen politischen Überzeugungen in die Willensbildung der Staatsorgane einzubringen. Deshalb sind die Parteien in erster Linie *Wahlvorbereitungsorganisationen*. Darin erschöpft sich aber nicht ihre politische Mitwirkung.

Eine wichtige Funktion der Parteien besteht auch außerhalb der Wahlen. Sie sind **796** *Träger der ständigen Auseinandersetzung um den richtigen politischen Kurs*. Sie formulieren die politischen Ziele und vermitteln sie den Bürgern, wodurch dem Einzelnen oft erst eine aktive Teilnahme am Willensbildungsprozess des Staates ermöglicht wird. Die Parteien sind somit das Rückkopplungsinstrument zwischen dem Willen der Bürger und der Willensbildung der Staatsorgane[3].

Die politischen Parteien besitzen zwar kein Monopol, sie nehmen jedoch die Schlüsselstellung bei der politischen Willensbildung des Volks ein. Punktuelle Einflussnahme durch Lobbyisten, Interessenverbände, Kirchen etc. findet zwar statt, öffentliche Ämter auf Bundesebene werden aber fast ausschließlich durch Parteimitglieder besetzt.

---

1 Repräsentative Staatsformen sind ab einer bestimmten Anzahl von Menschen, die sich in einem Verband organisieren, unabdingbare Voraussetzung für ein funktionsfähiges Zusammenleben.

2 Politische Gruppierungen gab es natürlich zu jeder Zeit und auch außerhalb der Parlamente. Diese waren aber nicht die Vorläufer in der Entwicklung der modernen politischen Parteien, sondern durch andere Interessen oder Merkmale miteinander verbunden, wie z.B. der Adel oder die Gewerkschaften.

3 BVerfGE 91, 262, 267 f. – *Parteiverbot „Nationale Liste"*.

797 Ausgeschlossen ist die unmittelbare Einflussnahme der Parteien auf die Rechtsprechung und die Verwaltung. Die zuständigen Staatsorgane und Ämter werden nicht direkt durch Volkswahlen nach parteipolitischen Präferenzen besetzt. Für die persönliche Besetzung sind rechtlich nur „unpolitische" Kriterien maßgeblich (vgl. Art. 33 Abs. 2, Art. 97 f. GG).

2. Funktionsgerechter Verfassungsstatus.

798 Die durch Art. 21 GG normierte Schlüsselfunktion der politischen Parteien erfordert einen besonderen, ihrer Funktion gerecht werdenden Verfassungsstatus.

799 a) **Rechtliche Trennung von Staatsinstitutionen und Parteien.** Ausgangspunkt ist die rechtliche Zugehörigkeit der Parteien zur politisch-gesellschaftlichen Sphäre und die strikte rechtliche Trennung von den staatsorganisatorisch geregelten Abläufen. Parteien sind keine unmittelbaren rechtlichen Akteure der staatlichen Willensbildung, sondern außerhalb der staatlichen Sphäre aktiv. Die politische Willensbildung des Volks, an der die Parteien unmittelbar beteiligt sind, kann nur im *staatsfreien Raum* stattfinden, wenn sie dem demokratischen Prinzip gerecht werden will.

> „Das Verfassungsgebot der grundsätzlich staatsfreien und offenen Meinungs- und Willensbildung vom Volk zu den Staatsorganen wehrt eben wegen dieser Tätigkeit der politischen Parteien jede staatlich-institutionelle Verfestigung der Parteien ab und verbietet ihre Einfügung in den Bereich der organisierten Staatlichkeit."[4]

800 Die Parteien sind auch deshalb *keine Staatsorgane*[5], weil ihre Willensbildung kraft positivem (Verfassungs-) Recht nicht dem Staat zugerechnet wird. Sie haben nach der Rechtsprechung des BVerfG aber den Status von Verfassungsorganen „im inneren Bereich des Verfassungslebens"[6]. Die Literatur geht teilweise davon aus, dass das BVerfG von dieser Rechtsauffassung wieder abgerückt sei[7]. Die Verfassungsorganrechtsprechung sei durch die Lehre von der *„verfassungsrechtlichen Institution"* ersetzt worden. Unbestritten wird die Stellung als Verfassungsorgan jedenfalls im Verfassungsprozessrecht aufrecht erhalten[8].

801 b) **Verfassungsrechtlicher Sonderstatus.** Den politischen Parteien wird jedoch eine verfassungsrechtliche Sonderstellung eingeräumt, die sich aus der verfassungsrechtlichen Funktionszuweisung in Art. 21 Abs. 1 Satz 1 ergibt. Dadurch wird die rechtliche Trennung zwischen staatlicher Sphäre nicht aufgehoben, aber ein gewisser besonderer institutioneller Status in der Verfassung eingeräumt:

– Die Parteien haben *verfassungsprozessual* partiell die *Stellung eines Staatsorgans* inne. Konsequenz ist, dass sie spezifische aus der Verfassung herrührenden Mitwirkungsrechte – die systematisch im Wege einer Verfassungsbeschwerde

---

4 BVerfGE 20, 56 – *Parteienfinanzierung*.
5 *Ipsen*, Staatsrecht Rn. 152.
6 Vgl. BVerfGE 1, 208 – *SSW*; 4, 27 – *Parteifähigkeit politischer Parteien im Organstreit*. Kritik bei Stern, Staatsrecht I S. 457 f.; *Maurer*, Staatsrecht § 11 Rn. 23 ff.
7 S. *Maurer*, Staatsrecht Rn. 24; s. auch BVerfGE 20, 56 – *Parteienfinanzierung*; 91, 262 m.w.N. – *Verbotsverfahren „Nationale Liste"*.
8 Vgl. *Pieroth*, in: Jarass/Pieroth Art. 21 Rn. 44 m.w.N. *Maurer*, Staatsrecht § 11 Rn. 25.

gegen den Staat geltend zu machen wären – wie Organrechte vor dem BVerfG im Organstreitverfahren geltend machen können (vgl. Art. 93 Abs. 1 Nr. 1).

– Die Parteien sind kein Teil des Staates und keine Träger öffentlicher Gewalt. Sie sind daher *grundrechtsfähig* i. S. d. Art. 19 Abs. 3. Der grundrechtliche Schutz wird durch die Funktionszuweisung des Art. 21 intensiviert. Aus Art. 21 wird insbesondere der Grundsatz der Chancengleichheit aller Parteien hergeleitet, der eine verschärfte formelle Anwendung des Gleichheitsgebots durch den Staat fordert.

– Die *grundrechtlich geschützte politische Betätigungsfreiheit* wird durch Art. 21 intensiviert. Dies gilt sowohl für die Parteien selbst, als auch für die in einer Partei organisierten Bürger als selbständige Grundrechtsträger.

Rechtlich bleiben die Parteien trotzdem „nur" zivilrechtliche Vereinigungen der **802** außerstaatlichen Sphäre, die jedoch permanent faktisch und funktional in den staatsorganisatorischen Bereich, insbesondere in die Willensbildung der Staatsorgane hineinwirken.

II. Stellung und Aufbau der politischen Parteien

Normative Grundlage für Stellung und Aufbau der politischen Parteien ist verfas- **803** sungsrechtlich Art. 21. Einfachgesetzlich finden zwar grundsätzlich die Vorschriften des Zivilrechts aufgrund des Status der Parteien als zivilrechtliche Vereinigungen Anwendung. Sie werden aber überwiegend durch öffentlich-rechtliche Regelungen überlagert. Dazu gehört in erster Linie das gem. Art. 21 Abs. 3 erlassene Parteiengesetz (PartG), die Regelungen des Bundeswahlgesetzes (BWahlG) sowie die spezifischen Normen des Parteiverbots im Bundesverfassungsgerichtsgesetz (BVerfGG). Spezielle Vorschriften finden sich auch im Steuerrecht im Hinblick auf Steuerbefreiungstatbestände und die Abzugsfähigkeit von Spenden an politische Parteien.

1. Begriff der politischen Partei

Im GG selbst ist der Begriff der politischen Partei nicht definiert[9]. Eine einfachge- **804** setzliche Legaldefinition findet sich in § 2 PartG[10]. Danach sind Parteien *Vereinigungen von Bürgern, die dauernd oder für längere Zeit für den Bereich des Bundes oder eines Landes* auf die *politische Willensbildung Einfluss nehmen und an der Vertretung des Volks im Deutschen Bundestag oder einem Landtag mitwirken wollen*, wenn sie nach dem Gesamtbild der tatsächlichen Verhältnisse [...] eine ausreichende Gewähr für die Ernsthaftigkeit dieser Zielsetzungen bieten.

Entscheidend ist damit die *Dauerhaftigkeit* und die *Zielsetzung, in einem Parla-* **805** *ment vertreten* zu sein. Zwar kann diese einfachgesetzliche Konkretisierung für

---

9 Der Begriff „Partei" wird in der Rechtswissenschaft in vielerlei Hinsicht verwendet (z. B. Vertragspartei, Prozesspartei), so dass der Zusatz „politisch" ständig verwendet wird.
10 Ständige Rechtsprechung BVerfG, vgl. BVerfGE 91, 262, 266 f. – *Verbotsverfahren „Nationale Liste"*.

die Auslegung des Art. 21 aufgrund der Normenhierarchie nicht maßgeblich sein. Allerdings kann davon ausgegangen werden, dass der Begriff der Partei in § 2 Abs. 1 PartG dem des Art. 21 GG entspricht[11].

806 a) **Vereinigung von Bürgern.** Eine politische Partei ist eine Vereinigung von Bürgern, d.h. der freiwillige Zusammenschluss von *natürlichen* Personen. Das Tatbestandsmerkmal „Bürger" beschränkt die Mitgliedschaft auf natürliche Personen (vgl. § 2 Abs. 1 Satz 2 PartG). Der Begriff „Bürger" bedeutet aber zunächst nicht, dass nur deutsche Staatsangehörige als Mitglieder zulässig sind, was sich im Umkehrschluss aus § 2 Abs. 3 Nr.1 PartG ergibt. Eine Vereinigung *verliert* ihren *Parteistatus* aber, wenn nicht die Mehrheit der Mitglieder und des Vorstands deutsche Staatsangehörige sind oder der Sitz bzw. die Geschäftsleitung sich im Ausland befindet.

Rechtliche Grundlage für die Parteien als Vereinigungen natürlicher Personen sind die Vereinigungsformen, die das Zivilrecht anbietet, also insbesondere die des rechts- oder nichtrechtsfähigen Vereins mit den dafür geltenden Vorschriften (vgl. §§ 21 ff. BGB). Aber auch die Formen des Gesellschaftsrechts sind möglich. Traditionell sind die Parteien nicht-rechtsfähige Vereine[12].

807 b) **Ziel der politischen Einflussnahme.** Ziel der Vereinigung muss sein, *dauerhaft* und *langfristig* auf die politische Willensbildung im Bund oder einem Land Einfluss nehmen zu wollen und dafür die Mitwirkung im Bundestag oder einem Landtag anzustreben, d.h. an Wahlen zum Parlament teilzunehmen. Dies entspricht der oben beschriebenen Funktion der Parteien, den politischen Willen des Volks in die Staatsorgane zu tragen und vor allem Wahlvorbereitungsorganisation zu sein. *Ausgenommen* sind deshalb *kommunale Wählervereinigungen*, weil diese keine Mitwirkung in den staatlichen Parlamenten anstreben, sondern nur in besonderen Selbstverwaltungsorganen auf kommunaler Ebene (sog. Rathausparteien). Für diesen Bereich gilt nicht Art. 21, sondern die Regelungen der kommunalen Selbstverwaltungsgarantie (vgl. Art. 28)[13]. Ebenfalls nicht unter den Parteienbegriff würden Vereinigungen fallen, die ausschließlich eine Mitwirkung auf europäischer Ebene anstreben[14].

808 c) **Ernsthaftigkeit der Zielsetzung.** Das Tatbestandsmerkmal der Ernsthaftigkeit der Zielsetzung soll einen Missbrauch des Parteienstatus durch Vereinigungen mit anderer Zielrichtung verhindern[15]. Es soll ausgeschlossen werden, dass sich Zufallsbildungen von kurzer Lebensdauer um Wähler bewerben[16]. Die Ernsthaftigkeit hängt neben der nicht effektiv zu kontrollierenden Absicht der Parteimitglieder von einer Gesamtschau objektiver Merkmale wie der organisatorischen Verfestigung, der Gesamtzahl der Mitglieder sowie dem nachhaltigen Hervortre-

---

11 BVerfGE 24, 260, 263 f.; 91, 262, 267 – *Verbotsverfahren „Nationale Liste"; Maurer,* Staatsrecht § 11 Rn. 29.
12 Ursache war die repressive Haltung des Staates im 19. Jahrhundert, der durch eine möglichst gering staatlich reglementierte Rechtsform ausgewichen werden sollte, insbesondere der staatlichen Aufsicht bei eingetragenen rechtsfähigen Vereinen.
13 Vgl. BVerfGE 99, 69 m.w.N.
14 Für eine analoge Anwendung des PartG *Maurer*, Staatsrecht § 11 Rn. 33.
15 Vgl. *Stern*, Staatsrecht I S. 442.
16 BVerfGE 91, 262, 270 – *Verbotsverfahren „Nationale Liste".*

ten in der Öffentlichkeit ab[17]. An der Ernsthaftigkeit der Zielsetzung mangelt es, wenn eine Partei sechs Jahre lang weder an einer Bundestagswahl noch an einer Landtagswahl teilgenommen hat (vgl. § 2 Abs. 2 PartG). Auf den erfolgreichen Einzug in die Parlamente kommt es nicht an. Umgekehrt bedeutet dies aber nicht, dass bei einer Teilnahme an einer Wahl zwingend der Parteienbegriff erfüllt ist[18]. Entscheidend ist, ob eine Gesamtschau den Schluss zulässt, dass es eine realistische Chance der dauerhaften politischen Betätigung und Wahrnehmung in der Öffentlichkeit gibt, auch wenn sich dies nicht in gewonnenen Parlamentsmandaten niederschlägt.

> **Beispiel:**
> Die rechtsradikale Nationale Liste (NL) hat zweimal an den Hamburger Bürgerschaftswahlen teilgenommen und dabei nur Stimmen im absoluten Bagatellbereich gewonnen. Sie tritt in der Öffentlichkeit kaum auf und hat nicht genug Mitglieder, um alle Vereinsämter zu besetzen. Ein regelmäßiges Vereinsleben findet nicht statt. Die öffentliche Wahrnehmung findet praktisch nicht statt, von einer spezifisch rechtsradikalen Szene und dem Verfassungsschutz abgesehen. Daher fehlt es an der Ernsthaftigkeit der Zielsetzung, politisch mitzuwirken. Die NL kann sich im Rahmen eines Vereinsverbots nicht auf den Parteienstatus und das daraus folgende Monopol des BVerfG für ein Parteiverbot berufen (vgl. Sachverhalt nach BVerfGE 92, 262 – *Verbotsverfahren Nationale Liste*).

Aufgrund der mangelnden organisatorischen Verfestigung und der fehlenden **809** nachhaltigen politischen Betätigung fallen kurzfristige Wahlkampfbündnisse, Bürgerinitiativen oder Aktionsgemeinschaften nicht unter den Parteibegriff[19].

d) Inhalt der Zielsetzung. Die inhaltliche Zielsetzung selbst ist zunächst absolut **810** irrelevant für den Parteienbegriff (sog. *formaler Parteibegriff*). Alle Parteien werden im Hinblick auf ihre politischen Ziele gleichbehandelt, d.h. letztere sind rechtlich unbeachtlich. Welche politischen Ziele eine Partei verfolgt, ist nur maßgeblich für die Voraussetzungen eines Parteiverbotes (vgl. Art. 21 Abs. 2). Ansonsten gilt der rein formale Parteibegriff des § 2 PartG. Ausgeschlossen sein soll jegliche inhaltliche staatliche Einflussnahme oder politische Zensur. Auch Parteien, die die freiheitlich demokratische Grundordnung bekämpfen, sind bis zu ihrem Verbot durch das BVerfG Parteien i.S.d. Art. 21[20].
Der formelle Parteibegriff erstreckt sich auch auf die Mitglieder, so dass die Parteizugehörigkeit und die damit verbundenen politischen Überzeugungen grundsätzlich kein rechtlich beachtliches Kriterium darstellen darf.

2. Politische Betätigung

Nach Art. 21 Abs. 1 Satz 2 ist die Gründung einer politischen Partei frei. Die **811** politische Betätigung jeglicher Art der Partei wird nicht nur von Art. 21 garantiert, sondern auch durch die Grundrechte verfassungsrechtlich geschützt. Dazu gehören vor allem die politischen Grundrechte in Art. 5 und 8, auf die sich die Parteien

---

17 Die Aufzählung in § 2 Abs. 1 PartG ist nicht abschließend, vgl. BVerfGE 91, 262, 271 – *Verbotsverfahren „Nationale Liste".*
18 BVerfGE 91, 262, 271 – *Verbotsverfahren „Nationale Liste".*
19 Vgl. *Stern,* Staatsrecht I S. 441.
20 *Maurer,* Staatsrecht § 11 Rn. 31.

bei ihrer politischen Betätigung gegenüber dem Staat berufen können (vgl. Art. 19 Abs. 3).

812 Der Grundrechtsschutz wird durch die Funktionszuweisung des Art. 21 verstärkt. Soweit eine (prozessuale) Berufung auf Grundrechte nicht möglich ist, schützt Art. 21 GG die politische Betätigung der Parteien. Prozessual drückt sich dies vor allem in der Möglichkeit aus, ein Organstreitverfahren vor dem BVerfG anzustrengen. Adressaten der Betätigungsfreiheit sind neben den Parteien selbst auch die einzelnen Parteimitglieder[21]. Auch bei ihrer parteipolitischen Betätigung ist der formelle Parteibegriff zu beachten, d.h. der politische Inhalt darf bei der Reichweite des Grundrechtschutzes grundsätzlich keine Rolle spielen.

813 Aus der Gründungsfreiheit und dem daraus folgenden Mehrparteienprinzip folgt, dass alle Parteien *formal gleich behandelt* werden müssen[22]. Die freiheitlich-demokratische Grundordnung sieht einen Wettbewerb der Parteien um die Stimmen des Volks vor, der ohne Beeinflussung durch die staatliche Sphäre entschieden werden soll. Vorraussetzung sind freiheitliche und gleiche Bedingungen im politischen Kampf. Neben der Gründungs- und Betätigungsfreiheit sowie dem formellen Parteibegriff ist deshalb eine Chancengleichheit der Parteien im politischen Wettbewerb erforderlich[23]. Sie korrespondiert mit der freiheitlich-egalitären Ausgestaltung der demokratischen Mitwirkungsrechte der Staatsangehörigen, zuvörderst mit dem Wahlrecht, und ist in ähnlicher Weise formell ausgestaltet[24].

814 Gegenüber dem allgemeinen Gleichheitssatz verschärft die Chancengleichheit die Rechtmäßigkeitsvoraussetzungen für eine staatliche Ungleichbehandlung. Ausreichend für eine Ungleichbehandlung ist nicht ein sachliches Differenzierungskriterium, sondern nur ein zwingender verfassungsrechtlicher Grund. Als rechtfertigender Grund ist aufgrund des formellen Parteienbegriffs die politische Zielsetzung ausgeschlossen. Akzeptiert wird von der Rechtsprechung eine eingeschränkte Differenzierung nach der politischen Bedeutung einer Partei bei der Gewährung öffentlicher Leistungen, wie z.B. die Zuteilung von Wahlkampfzeiten im öffentlich-rechtlichen Rundfunk und Fernsehen[25] oder die Nutzung von öffentlichen Einrichtungen.

815 § 5 Abs. 1 Satz 1 PartG normiert das *verfassungsrechtliche Gleichbehandlungsgebot* bei der Gewährung öffentlicher Leistungen als „Soll-Vorschrift". Den Trägern öffentlicher Gewalt wird ein Ermessensspielraum belassen, der durch weitere Kriterien in § 5 PartG rechtlich reguliert wird. Bei verfassungskonformer Auslegung reduziert sich das Ermessen regelmäßig auf eine Verpflichtung zur streng formellen Gleichbehandlung nach den verfassungsrechtlichen Vorgaben, soweit nicht die begrenzte Verfügbarkeit der öffentlichen Leistungskapazitäten eine Ungleichbehandlung erzwingt.

---

21 Letztere können nicht als Organteile „Partei" in einem Organstreitverfahren sein.
22 BVerfGE 82, 322, 337 – *Anwendung der Sperrklausel nach der Wiedervereinigung.*
23 Vgl. *Hesse*, Verfassungsrecht Rn. 176.
24 Vgl. zur Wechselbeziehung auch BVerfGE 82, 322, 337 ff. – *Anwendung der Sperrklausel nach der Wiedervereinigung.*
25 Vgl. dazu ein Beispiel bei *Maurer*, Staatsrecht § 11 Rn. 45.

Von der Gleichbehandlung zu unterscheiden ist die Frage, ob es auch einen origi- **816** nären Anspruch der Parteien auf Gewährung öffentlicher Leistungen gibt. § 5 PartG sowie die verfassungsrechtlich gebotene Chancengleichheit normieren nur einen abgeleiteten Anspruch aus der Gewährung öffentlicher Leistungen an die politische Konkurrenz. Dh werden öffentliche Leistungen an andere Parteien erbracht oder öffentliche Einrichtungen zur Verfügung gestellt (z.B. Vermietung der Stadthalle), so kann sich daraus ein Anspruch auf Gleichbehandlung aus § 5 Abs. 1 PartG i.V.m. Art. 3 Abs. 1 GG ergeben.

3. Parteiverbot

Verfassungsrechtliche Grundlage des Parteiverbots ist Art. 21 Abs. 2. Das Partei- **817** verbot dient dem Schutz von Staat und Verfassung und ist Ausdruck der „streitbaren bzw. wehrhaften Demokratie", die den Gegnern des demokratischen Staates kämpferisch entgegentritt. Parteien, die auf dem institutionellen Wege versuchen, die freiheitliche demokratische Grundordnung oder den Bestand der Bundesrepublik Deutschland zu beeinträchtigen oder zu beseitigen, sind verfassungswidrig[26]. An die Verfassungswidrigkeit ist als Rechtsfolge eine umfassende Auflösung der Partei geknüpft, die sich auch auf Ersatzorganisationen erstreckt. Die Entscheidung über die Verfassungswidrigkeit obliegt nur dem BVerfG (sog. *Parteienprivileg*), damit das Parteiverbot nicht im politischen Wettbewerb durch die in Exekutive und Parlament befindlichen Konkurrenzparteien missbraucht werden kann. Vor der Entscheidung des BVerfG kann die Verfassungswidrigkeit einer Partei von niemandem rechtlich geltend gemacht werden. Das Parteienprivileg hindert die Behörden aber nicht daran, eine Partei in Publikationen als „radikal" oder „extremistisch" zu bezeichnen[27].

Die *materielle Verfassungswidrigkeit* wird mit „kämpferische, aggressive Grund- **818** haltung gegen die freiheitliche demokratische Grundordnung und den Bestand des Staates" beschrieben. Das BVerfG[28] definiert die *freiheitliche demokratische Grundordnung* als Ordnung, die unter Ausschluss jeglicher Gewalt- und Willkürherrschaft eine rechtsstaatliche Herrschaftsordnung auf der Grundlage der Selbstbestimmung des Volks nach dem Willen der jeweiligen Mehrheit und der Freiheit und Gleichheit darstellt. Zu den *grundlegenden Prinzipien dieser Ordnung* sind mindestens zu rechnen:

– die Achtung vor den im GG konkretisierten Menschenrechten, vor allem vor dem Recht der Persönlichkeit auf Leben und freie Entfaltung,

– die Volkssouveränität,

– die Gewaltenteilung,

– die Verantwortlichkeit der Regierung,

– die Gesetzmäßigkeit der Verwaltung,

– die Unabhängigkeit der Gerichte,

---

26 So BVerfG NJW 2001, 2076, 2077; 2, 1, 13 – *Sozialistische Reichspartei.*
27 So BVerfGE 40, 287 – *Verfassungsschutzbericht.*
28 BVerfGE 2, 1, 12 f. – *SRP-Urteil.*

– das Mehrparteienprinzip und die

– Chancengleichheit für alle politischen Parteien mit dem Recht auf verfassungsmäßige Bildung und Ausübung einer Opposition.

819 Die *verfassungsfeindliche Grundhaltung* muss politisches Programm und Zielsetzung nach Erlangung von politischer Macht sein. Sie kann sich auch in der inneren Struktur und dem Auftreten in der Öffentlichkeit äußern. Nicht ausreichend sind Ausfälle einzelner Parteimitglieder oder einzelne Programmpunkte, deren Verwirklichung mit der Verfassung kollidieren würde. Maßgeblich ist eine Gesamtschau der tatsächlichen Verhältnisse.

820 Das Parteiverbot kann sich auch auf einen *rechtlichen* oder *organisatorischen Teil einer Partei beschränken*, wie z.B. einen Landesverband oder eine institutionalisierte Gruppierung.

821 Die Rechtsfolgen der materiellen Verfassungswidrigkeit werden erst wirksam mit der konstitutiven Feststellung der Verfassungswidrigkeit durch das BVerfG (vgl. Art. 21 Abs. 2 Satz 2). Vorher darf die materielle Verfassungswidrigkeit grundsätzlich bei keiner staatlichen Entscheidung Berücksichtigung finden. Zulässig sind jedoch einzelne Maßnahmen im Vorfeld eines Verbotsverfahrens, wie die Beobachtung durch den Verfassungsschutz, damit ein effektiver Schutz überhaupt möglich ist. Für das Parteiverbot gibt es im Verfassungsprozessrecht ein spezielles Verfahren (vgl. § 13 Nr. 2 BVerfGG).

822 Mit der *Feststellung durch das BVerfG* werden die *Rechtsfolgen* der Verfassungswidrigkeit einer Partei *wirksam*. Gem. § 46 Abs. 3 BVerfGG ist die Feststellung der Verfassungswidrigkeit mit der Auflösung der Partei zu verbinden. Nicht nur das zukünftige politische Auftreten ist umfassend verboten, es wird auch der Verlust aller aktuellen parlamentarischen Mandate gesetzlich angeordnet (vgl. § 46 Abs. 1 Nr. 5 BWahlG). Gleichzeitig tritt das Verbot in Kraft, anstelle der verfassungswidrigen Partei eine Ersatzorganisation zu gründen, die an deren Stelle die verfassungswidrigen Bestrebungen weiterverfolgt (vgl. § 33 PartG), um so das Parteiverbot ad absurdum zu führen. Mit der Auflösung kann außerdem die Einziehung des Parteivermögens ausgesprochen werden (vgl. § 46 Abs. 3 Satz 2 BVerfGG). Weitere Rechtsfolgen ergeben sich für die Zivil- und die Strafrechtsordnung[29].

4. Prozessuale Stellung

823 Die Parteien sind zivilrechtliche Vereinigungen und rechtlicher Bestandteil des außerstaatlichen Raums, in dem sich die Willensbildung durch das Volk abspielt. Die Einflussnahme des Staats ist in diesem Bereich rechtlich begrenzt durch die Grundrechte – insbesondere die politischen Grundrechte – sowohl der Parteimitglieder als auch der Parteien selbst. Die Funktionszuweisung in Art. 21 verstärkt den Schutz vor staatlicher Einflussnahme.
Systematisch wäre daher eine prozessuale Geltendmachung dieser Rechte vor dem BVerfG mittels Verfassungsbeschwerde der richtige Weg.

---

29 Vgl. *Stern*, Staatsrecht I S. 214 f.

Diese Schlussfolgerung gilt in der Verfassungspraxis aber nur bedingt, weil das **824** BVerfG den Parteien einen *besonderen verfassungsprozessualen Status* einräumt. Soweit die Parteien in ihrem funktionalen Verfassungsauftrag aus Art. 21 GG durch ein *Verfassungsorgan* (Art. 93 Abs. 1 Nr. 1 GG, § 63 BVerfGG) beeinträchtigt werden, steht ihnen das Organstreitverfahren offen[30].

Diese verfassungsprozessuale Sonderstellung wird überwiegend kritisiert[31]. Für **825** die sachliche Prüfungsintensität ergibt sich im Ergebnis keine Auswirkung. Im Rahmen der Verfassungsbeschwerde sind die Grundrechte Prüfungsmaßstab, allerdings verstärkt durch den Funktionsauftrag in Art. 21. Im Rahmen des Organstreitverfahrens ist Art. 21 GG Maßstab, intensiviert durch die politischen Grundrechte, die die politischen Parteien und ihre Mitglieder über die Parteibetätigung wahrnehmen[32].

5. Innere Ordnung und Aufbau

a) **Rechtliche Vorgaben.** Der inneren Ordnung und der Aufbau der politischen **826** Parteien wird durch Art. 21, das gem. Art. 21 Abs. 3 erlassene PartG sowie die Vorschriften des Zivilrechts geregelt. Für die bedeutsamste Funktion der Parteien, die in der Aufstellung der Kandidaten für die Parlamentswahlen besteht, macht das Wahlrecht die rechtlichen Vorgaben. Diese gesetzlichen Vorgaben schränken das Recht der Partei- bzw. Gründungsmitglieder ein, die innere Ordnung nur durch die Satzung zu gestalten.

b) **Demokratische Grundsätze.** Art. 21 Abs. 1 Satz 3 schreibt einen inneren Auf- **827** bau der Parteien nach demokratischen Grundsätzen vor. Das GG dehnt an dieser Stelle die Anwendung des Demokratieprinzips auf den außerstaatlichen Bereich aus. Das erfordert die *Willensbildung nach dem Mehrheitsprinzip von der Basis der Partei aus*, sei es durch programmatische Beschlüsse oder durch die regelmäßige Wahl der Parteiorgane und die Beschränkung des Mehrheitsprinzips durch den Minderheitenschutz. Vor allem die Mitwirkungsrechte der Parteimitglieder wie das Stimmrecht müssen streng egalitär ausgestaltet sein[33]. Ausgestaltet werden die demokratischen Grundsätze durch das PartG.

Sinn der demokratischen Binnenordnung ist, dass keine Partei mit undemokrati- **828** schen Strukturen Einfluss auf die politische Willensbildung des Volks und der Staatsorgane bekommen darf.

c) **Föderativer Aufbau.** § 7 PartG schreibt einen föderalen Aufbau der politischen **829** Parteien vor. Sie müssen sich in *Gebietsverbände gliedern*, die dem einzelnen Parteimitglied eine angemessene Mitwirkung an der Willensbildung ermöglicht. Die föderale Dezentralisierung soll den inneren demokratischen Aufbau und die Willensbildung von der Basis aus unterstützen. Üblicherweise läuft der föderative Aufbau parallel zu der staatlichen Gebiets- bzw. Verwaltungsstruktur und reicht

---

30 Vgl. *Maurer*, Staatsrecht § 11 Rn. 57.
31 Vgl. *Ipsen*, in: Sachs Art. 21 Rn. 49; *Stern*, Staatsrecht I S. 465 f.
32 Vgl. *Maurer*, Staatsrecht § 11 Rn. 60.
33 Vgl. *Stern,* Staatsrecht I S. 445 f.

vom Bundesverband über die Landesverbände bis zu den Bezirks-, Kreis- und Gemeindeverbänden.

830 d) **Satzung und Programm.** Zwingend erforderlich ist für jede Partei die Schaffung einer *schriftlichen Satzung* sowie eines *schriftlichen Programms.* Die Satzung ist das innere Organisationsstatut, das Aufbau und Struktur der Partei im Rahmen der gesetzlichen Vorgaben regelt. Das PartG macht für den Inhalt der Satzung detaillierte Vorgaben. Das Programm fixiert die politischen Zielsetzungen der Partei. Über Programm und Satzung wird von der Mitgliederversammlung auf dem Parteitag entschieden (vgl. § 9 PartG).

831 e) **Parteiorgane.** Das PartG schreibt zwingend die Mitgliederversammlung sowie den Vorstand als Parteiorgane vor. Die *Mitgliederversammlung* ist das oberste Organ und entscheidet über alle wesentlichen, die gesamte Partei betreffenden Fragen, z.B. das Parteiprogramm, die Satzung, die Wahlen des Vorstands (vgl. § 9 PartG). Der *Vorstand* ist das Leitorgan, das die Geschäfte führt und die Partei nach außen vertritt. Er wird mindestens alle zwei Jahre gewählt (vgl. § 11 PartG). Im Übrigen unterliegt die organschaftliche Struktur der Partei nach Maßgabe der Gesetze der Satzungshoheit der Mitglieder.

832 Als weitere Parteiinstitution muss ein *Parteischiedsgericht* über die Schlichtung von Streitigkeiten zwischen Partei und Mitgliedern eingerichtet werden (vgl. § 14 PartG).

6. Parteifinanzen

833 a) **Finanzierung der politischen Parteien.** Jede Partei benötigt eine finanzielle Ausstattung. Die Parteien finanzieren sich durch private und öffentliche Zuwendungen. *Private* Finanzquellen sind die Mitgliedsbeiträge der Parteimitglieder sowie Spenden von Parteimitgliedern oder Dritten. Außerdem sind die politischen Parteien auch erwerbswirtschaftlich tätig und legen ihr Vermögen gewinnbringend an. Hinzu kommt eine *staatliche Teilfinanzierung*, die sich an den Wahlerfolgen der einzelnen Parteien orientiert (vgl. § 18 ff. PartG). Neben dieser unmittelbaren staatlichen Parteifinanzierung trägt der Staat auch mittelbar zur Parteifinanzierung bei, indem er *Spenden* an politische Parteien steuerlich begünstigt.

> *„Der verfassungsrechtliche Grundsatz der Staatsfreiheit erlaubt jedoch nur eine Teilfinanzierung der allgemeinen Tätigkeit der politischen Parteien aus staatlichen Mitteln. Er untersagt – unbeschadet der für den politischen Prozess in der freiheitlichen Demokratie kennzeichnenden Verschränkung der Willensbildung des Volkes mit der Willensbildung der Staatsorgane – eine Einflussnahme des Staates auf die Willensbildung in den Parteien und damit auf den Prozess der politischen Willensbildung insgesamt [...]. [...]."*[34]

834 b) **Transparenz.** Im GG gehört die Transparenz der Parteifinanzen zu den Vorgaben, die Art. 21 für den Aufbau der politischen Parteien macht. Gem. Art. 21 Abs. 1 Satz 4 müssen die Parteien über die Herkunft und Verwendung ihrer Mittel sowie über ihr Vermögen öffentlich Rechenschaft geben. Die *Rechnungslegungs-*

---

34 BVerfGE 85, 264, 287 – *Parteienfinanzierung.*

pflicht ist in den §§ 23 ff. PartG einfachgesetzlich konkretisiert. Durch diese Regelungen soll es dem Wähler ermöglicht werden, sich über die Kräfte zu unterrichten, die die Politik der Parteien durch finanzielle Zuwendungen beeinflussen bzw. zu steuern versuchen[35].

> *„Diesem Verfassungsgebot kommt zentrale Bedeutung zu. Es zielt darauf ab, den Prozess der politischen Willensbildung für den Wähler durchschaubar zu machen und ihm offen zu legen, welche Gruppen, Verbände oder Privatpersonen durch Geldzuwendungen auf die Parteien politisch einzuwirken suchen. Der Wähler soll über die Herkunft der ins Gewicht fallenden Spenden an politische Parteien korrekt und vollständig unterrichtet werden und die Möglichkeit haben, daraus Schlüsse zu ziehen."*[36]

Wichtigste Regelung in dieser Hinsicht ist die *namentliche Offenlegung von privaten Spendern* ab einer Einzelspende von mehr als 3.300 € gem. § 24 Abs. 5 PartG sowie die *Unzulässigkeit von Spenden in bar*, die höher als 1.000 € sind (vgl. § 25 Abs. 1 Satz 2 PartG). **835**

Rechtsprechung
BVerfGE 1, 208 – *Parteien als Beteiligte im Organstreitverfahren*; BVerfGE 2, 1 – *SRP-Verbot*; BVerfGE 4, 27 – *Parteien als Beteiligte im Organstreitverfahren*; BVerfGE 5, 85 – *KPD-Verbot*; BVerfGE 8, 51 – *Steuerliche Abzugsfähigkeit von Parteispenden*; BVerfGE 11, 266 – *„Rathausparteien"/Freie Wählervereinigungen*; BVerfGE 20, 56 – *Staatliche Parteienfinanzierung*; BVerfGE 24, 300 –*Parteiengesetz*; BVerfGE 34, 160 – *Sendezeiten*; BVerfGE 40, 287 – *Bezeichnung einer Partei als „verfassungsfeindlich"*; BVerfGE 41, 399 – *Wahlkampfkostenerstattung für Einzelbewerber – Fall Daniel*; BVerfGE 47, 198 – *Verfassungswidrige Wahlwerbung*; BVerfGE 52, 63 – *Steuerliche Abzugfähigkeit von Parteispenden – „Niedersachsen-Urteil"*; BVerfGE 69, 92 – *Steuerliche Absetzbarkeit von Spenden an Wählervereinigungen*; BVerfGE 69, 257 – *Zurückweisung von Wahlwerbespots*; BVerfGE 73, 1 – *Globalzuschüsse an parteinahe Stiftungen*; BVerfGE 73, 40 – *Steuerliche Abzugsfähigkeit von Parteispenden, Wahlkampfkostenerstattung*; BVerfGE 78, 350 – *Ausschluss kommunaler Wählervereinigungen von steuerlichen Entlastungen*; BVerfGE 82, 54 – *Teilnahme an Fernsehdiskussionen*; BVerfGE 82, 322 – *Parteien als Beteiligte im Organstreitverfahren*; BVerfGE 84, 290 – *Vermögen der DDR-Parteien*; BVerfGE 85, 264 – *Parteienfinanzierung*; BVerfGE 87, 394 – *staatliche Finanzierung*; BVerfGE 91, 262 und 276 – *Parteieigenschaft als Verbotsvoraussetzung*; BVerfGE 99, 69 – *Befreiung von der Körperschafts- und Vermögenssteuer*; BVerfGE 105, 287 – *Parteienfinanzierung, Nichtberücksichtigung ehrenamtlicher Leistungen*; BVerwGE 31, 368 – *Öffentliche Einrichtungen für Parteien – „Stadthalle"*; BVerwGE 75, 67 und 79 – *Wahlwerbesendungen von Parteien im Rundfunk und Fernsehen*; BVerwGE 87, 270 – *Wahlwerbesendungen von Parteien im Rundfunk und Fernsehen*; BVerwGE 106, 177 – *Voraussetzungen für die Genehmigung einer parteinahen Stiftung*; BVerwGE 110, 126 – *Beobachtung einer Partei durch den Verfassungsschutz*; OVG Berlin DVBl. 2002, 1426 – *Rechenschaftsbericht*; VG

---

35 BVerfGE 52, 63, 87 – *Steuerliche Abzugsfähigkeit von Spenden und Beiträgen.*
36 BVerfGE 52, 63, 87 – *Parteispenden.*

Berlin, NJW 2001, 1367 – *CDU-Rechenschaftsbericht 1998*; BGHZ 75, 158 –
Ausschluss aus Parteien; BGHZ 79, 265 – *Namensrecht der Parteien*; BGHZ
101, 193 – *kein Anspruch auf Aufnahme in eine Partei*; BGH NJW 1994, 2610
– *Parteiausschluss.*

Literatur
v. Arnim, H. H., Verfassungsfragen der Parteienfinanzierung, JA 1985, 121 und
207; *ders.*, Politische Parteien, DÖV 1985, 539; *ders.*, Die Partei, der Abgeordnete und das Geld, 1996; *ders.*, Die neue Parteienfinanzierung, DVBl. 2002,
1065; *Benda, E.*, Rechtliche Perspektiven der Wahlwerbung im Rundfunk,
NVwZ 1994, 521; *Boyken, F.*, Die neue Parteienfinanzierung, 1998; *Cornils, M.*,
Das Sanktionssystem des Parteiengesetzes: verfassungsmäßige Grundlage einer
Kürzung des Anspruchs auf staatliche Teilfinanzierung?, VerwArch. 91 (2000)
327; *Deppenhauer, O./Grzeszick, B.*, Zwischen gesetzlicher Haftung und politischer Verantwortlichkeit, DVBl. 2000, 736; *Drysch, T.*, Staatliche Parteienfinanzierung und kein Ende: das neue Parteienfinanzierungsgesetz, NVwZ 1994, 218;
ders., Parteifinanzierung: Österreich, Schweiz, Bundesrepublik Deutschland,
1998; *Frotscher, W.*, Die parteienstaatliche Demokratie, DVBl. 1985, 917; *Grawert, F.*, Parteiausschluss und innerparteiliche Demokratie, 1987; *Grimm, D.*,
Politische Parteien, HbVerfR, S. 599; *Harms, A.*, Die Gesetzgebungszuständigkeit des Bundes aus Art. 21 III GG in Abgrenzung zum Zuständigkeitskreis der
Länder, 1986; *Heinig, H. M./Streit, T.*, Die direkte staatliche Parteienfinanzie-
rung: Verfassungsrechtliche Grundlagen und parteiengesetzliche Rechtsfragen,
Jura 2000, 393; *Henke, W.*, Die Parteien und der Ämterstaat, NVwZ 1985, 616;
Herzog, R., Verfassungsrechtliche Grundlagen des Parteienstaates, 1993; *Hesse,
K.*, Die verfassungsrechtliche Stellung der politischen Parteien im modernen
Staat, VVDStRL 17 (1959) 11; *Hofmann, H.*, Die staatliche Teilfinanzierung der
Parteien, NJW 1994, 691; *Huber, P. M.*, Der Parteienstaat als Kern des politi-
schen Systems – Wie tragfähig ist das Grundgesetz?, JZ 1994, 689; *ders.*, Das
parteienrechtliche Transparenzgebot und seine Sanktionierung, DÖV 2000, 745;
Ipsen, J., Globalzuschüsse statt Wahlkampfkostenerstattung, JZ 1992, 753;
ders., Kandidatenaufstellung, innerparteiliche Demokratie und Wahlprüfungs-
recht, ZParl. 1994, 235; *ders.*, Verfassungsfragen degressiv gestaffelter Global-
zuschüsse an politische Parteien, ZParl. 1994, 401; *ders.*, Transparentsgebot und
„Sanktionssystem" bei der staatlichen Parteienfinanzierung, JZ 2000, 685; *ders.*,
Parteiverbot und „politisches" Ermessen, in: FS für Maurer, 2001, S. 163; *ders.*,
Rechtsfragen des NPD-Verbots, NJW 2002, 866; *ders.*, Das neue Parteirecht,
NJW 2002, 1909; *Jasmut, G.*, Die politischen Parteien und die Europäische
Integration, 1995; *Klein, H. H.*, Die Rechenschaftspflicht der Parteien und ihre
Kontrolle, NJW 2000, 1441; *ders.*, Parteien – Presse – Rundfunk, in: FS für
Maurer, 2001, S. 193; *Koch, T.*, Verlust der Teilhabe an staatlicher Parteienfi-
nanzierung bei fehlendem Rechenschaftsbericht?, NJW 2000, 761; *König, G.*,
Die Verfassungsbindung der politischen Parteien, 1993; *Kressel, D.*, Parteige-
richtsbarkeit und Schiedsgerichtsbarkeit, 1998; *Kriele, M.*, Feststellung der Ver-
fassungsfeindlichkeit von Parteien ohne Verbot?, ZRP 1975, 201; *Kröger, K.*,
Schematische Parteiengleichheit als Grundbedingung der modernen Demokratie,
in: FS für Grewe, 1981, S. 507; *Kühne, J.-D.*, Parteienrechtliche Bundeskompetenz und Föderalismusadäquanz, in: FS für Schiedermair, 2001, S. 304; *Kunig,
P.*, Parteien, HbStR II, 1998, § 33; *ders.*, Politische Parteien im Grundgesetz, Jura

1991, 247; *Lange, C./Schütz, C.*, Grundstrukturen des Rechts der Europäischen politischen Parteien i. S. d. Art. 138a EGV, EuGRZ 1996, 299; *Leisner, W.*, „Dienstleistungen an Parteien", NJW 2000, 1998; *Lorenz, D.*, Verfassungswidrige Parteien und Entscheidungsmonopol des Bundesverfassungsgerichts, AöR 101 (1976) 1; *Masing, J.*, Auslegung und Auslegungsverweigerung? Zum Parteienfinanzierungsurteil des VG Berlin, NJW 2001, 2353; *Mauersberger, A.*, Die Freiheit der Parteien, 1994; *Maurer, H.*, Die Rechtsstellung der politischen Parteien, JuS 1991, 881; *ders.*, Die politischen Parteien im Prozess, JuS 1992, 296; *ders.*, Das Verbot politischer Parteien, AöR 96 (1971) 203; *Meessen, K. M.*, Parteienstaatlichkeit – Krisensymptome des demokratischen Verfassungsstaats?, NJW 1985, 2289; *Merten, H.*, Parteinahe Stiftungen und Parteienrecht, 1999; *Morlok, M.*, Sicherung der Rechtsstellung als politische Partei durch Teilnahme an Wahlen zum Europäischen Parlament?, DVBl. 1989, 393; *ders.*, Der Anspruch auf Zugang zu den politischen Parteien, in: FS für Knöpfle, 1996, S. 231; *ders.*, Spenden – Rechenschaft – Sanktionen: Aktuelle Rechtsfragen der Parteienfinanzierung, NJW 2000, 761; *ders.*, Parteiverbot als Verfassungsschutz – Ein unauflösbarer Widerspruch?, NJW 2001, 2931; *Nessler, V.*, Deutsche und europäische Parteien, EuGRZ 1998, 191; *Neumann, D./Wesener, W.*, Rundfunkfreiheit, Grundsatz der Chancengleichheit und Wahlwerbung der politischen Parteien, DVBl. 1984, 914; *Ossenbühl, F.*, Die Parteien im System des Grundgesetzes, BayVBl. 2000, 161; *Papadopoulou, T.*, Parteien auf europäischer Ebene, 1999; *Rudzio, W.*, Die Parteienfinanzen und die Zukunft des Parteiensystems, ZParl. 2000, 428; *Schmidt, W.*, Politische Parteien und andere Vereinigungen, NJW 1984, 762; *Schulze-Sölde, A.*, Politische Parteien und Wahlwerbung in der dualen Rundfunkordnung, 1994; *Schwartmann, R.*, Verfassungsfragen der Allgemeinfinanzierung politischer Parteien, 1995; *Sendler, H.*, Verfassungsgemäße Parteienfinanzierung?, NJW 1994, 365; *Sodan, H.*, Innerparteilicher Minderheitenschutz durch Stimmenhäufung, DÖV 1988, 828; *Stein, K.*, Parteiverbote in der Weimarer Republik, 1999; *Stolleis, M.*, Parteienstaatlichkeit – Krisensymptome des demokratischen Verfassungsstaats, VVDStRL 44 (1986) 7; *Tsatsos, D.*, Europäische politische Parteien?, EuGRZ 1994, 45; *ders.*, Verfassung – Parteien – Europa, 1999; *Volkmann, U.*, Parteispenden als Verfassungsproblem, JZ 2000, 539; *ders.*, Politische Parteien und öffentliche Leistungen, 1993; *ders.*, Verfassungsrecht und Parteienfinanzierung, ZRP 1992, 325; *Wassermann, R.*, Ämterpatronage durch politische Parteien, NJW 1999, 2330, *Weihrauch, O.*, Wahlwerbespots und soziale Appelle im Rundfunk, VerwArch. 85 (1994) 399; *Wietschel, W.*, Der Parteibegriff, 1996.

§ 21 Die Staatsfunktionen

I. Einleitung

836   Die wichtigste Einteilung folgt dem klassischen Gewaltenteilungsprinzip. Staatliches Handeln (Staatsgewalt) ist Gesetzgebung (*Legislative*), vollziehende Gewalt (*Exekutive*) oder Rechtsprechung (*Judikative*).
Wesentliches Merkmal dieser drei Kategorien ist neben der zentralen rechtsstaatlichen Funktion, dass grundsätzlich eine umfassende, allgemeine und funktionale Zuordnung jeglichen staatlichen Handelns möglich ist, unabhängig davon, welche staatlichen Organe tätig werden, auf welchem Sachgebiet der Staat handelt oder welche Verbandskompetenz besteht. Dies gilt allgemein für die moderne Staatslehre. Für das deutsche Staatsorganisationsrecht ist diese Einteilung umso zweckmäßiger, als das GG erkennbar von ihr ausgeht. In Art. 1 Abs. 3, Art. 20 Abs. 3 sowie in den Abschnitten VII., VIII., IX. wird die staatliche Gewalt in diese drei Gewalten geteilt.

837   Die Staatsorgane der einzelnen Gewalten, mit Ausnahme der Gerichtsbarkeit, wirken notwendigerweise zusammen. Dies zeigt sich besonders im Gesetzgebungsverfahren, aber auch in den Bereichen Verwaltung und Finanzen.

II. Die Gesetzgebung

1. Der Gesetzesbegriff

838   **a) Formelles und materielles Gesetz.** Entscheidend für die Qualifizierung als Gesetz ist die *Form seiner Entstehung*. Sie muss *vom parlamentarischen Gesetzgeber im verfassungsmäßig vorgesehenen Gesetzgebungsverfahren* erlassen worden sein. Auf den Inhalt kommt es nicht an[1]. Gegenstand des Gesetzes kann eine allgemein verbindliche Regelung sein (d.h. es handelt sich gleichzeitig um ein materielles Gesetz). Zulässig kann die Form des förmlichen Gesetzes aber auch für eine Regelung sein, die einen Einzelfall betrifft, wie z.B. Maßnahmengesetze oder Organisationsgesetze.

> **Schulbeispiele** für ein nur formelles Gesetz:
> Haushaltsgesetz oder ein reines Zustimmungsgesetz zu einem völkerrechtlichen Vertrag.

> **Weitere Beispiele:**
> Errichtung von Behörden und sonstigen staatlichen Institutionen durch Gesetz (Organisationsgesetz); Planung von Verkehrswegen per Gesetz (Maßnahmengesetz); Gesetz zur Bereitstellung von Hilfen in staatlichen Krisen bzw. Notsituationen wie Flutkatastrophen.

---

1 Ob die Form des Parlamentsgesetzes rechtmäßig gewählt wurde, ist eine andere Frage und betrifft vor allem rechtsstaatliche Fragen und die Einhaltung der Kompetenzgrenzen zwischen den Staatsorganen.

Anstelle der Bezeichnung „formelles Gesetz" wird häufig auch der Begriff des **839**
Parlamentsgesetzes verwendet. Er darf aber nicht darüber hinwegtäuschen, dass
am förmlichen Gesetzgebungsverfahren nicht nur das Parlament, sondern auch
noch weitere Organe beteiligt sind. Der bei jedem förmlichen Gesetzgebungsverfahren nach dem GG zwingend beteiligte Bundestag rechtfertigt aber die begriff-
liche, einprägsame und traditionelle Verkürzung.

Andere Formen für Normen als das Parlamentsgesetz sind die *Rechtsverordnung* **840**
sowie die *Satzung*. Vom formellen Gesetz (Parlamentsgesetz) unterscheiden sie
sich, weil sie in einem anderen Verfahren von einem anderen Normengeber erlassen werden. Die Rechtsverordnung ist ein von der Exekutive erlassener Rechtssatz
mit abstrakt-generellem Inhalt, wie z.B. die Verpackungsverordnung. Satzungen
sind die von juristischen Personen (unterhalb des Staats) erlassenen Normen zur
Regelung ihrer eigenen Angelegenheiten, wie z.B. Gemeindesatzungen, Universi-
tätssatzungen oder Vereinsatzungen.

Ein *materielles Gesetz* ist jede Norm, die eine abstrakt-generelle Regelung trifft, **841**
unabhängig von der Form. Generell ist eine Regelung, die für eine unbestimmte
oder unbestimmbare Anzahl von Gesetzesadressaten (persönlicher Regelungsbereich) gilt. Abstrakt bedeutet, dass der sachliche Regelungsbereich kein Einzelfall
ist, sondern dass der Tatbestand einer Norm auf eine unbestimmte Zahl von
Sachverhalten Anwendung findet.

Bedeutsam ist der materielle Gesetzesbegriff vor allem für das Verwaltungsrecht **842**
und seinen Zentralbegriff des Verwaltungsakts. Verwaltungsakte sind Einzelfall-
regelungen, d.h. konkret-individuelle Regelungen. Sie setzen eine Rechtsfolge für
einen konkreten Sachverhalt und betreffen individuell eine bestimmte Person oder
zumindest einen bestimmbaren Personkreis als Adressaten[2].

Weil der materielle Gesetzesbegriff nur auf den Inhalt einer Norm abstellt, kann **843**
ein materielles Gesetz in verschiedenen Formen auftauchen. Ein materielles Gesetz
kann die Form eines Parlamentsgesetzes (dann ist es gleichzeitig ein formelles
Gesetz !), die Form einer Rechtsverordnung oder einer Satzung haben. Auf europäischer Ebene fallen unter den materiellen Gesetzesbegriff die Verordnung und
die Richtlinie.

b) Der Gesetzesbegriff im Grundgesetz. Der Gesetzesbegriff wird im GG nicht **844**
einheitlich gebraucht. Die Bedeutung ist jeweils aus dem Zusammenhang, in dem
er verwendet wird, aus dem Zusammenhang der Vorschrift mit anderen Bestimmungen der Verfassung sowie aus ihrem Sinn und Zweck zu ermitteln[3].
Zum Teil wird ausdrücklich auf die Förmlichkeit eines Gesetzes verwiesen (vgl.
Art. 104 Abs. 1 Satz 1, Art. 59 Abs. 2 Satz 1). Aus dem Budgetrecht sowie der
Struktur von Art. 110 ergibt sich, dass das Haushaltsgesetz ein Parlamentsgesetz
ist (vgl. Art. 110 Abs. 3). Der einfache Gesetzesvorbehalt für Eingriffe in Grundrechte gem. Art. 19 Abs. 1 Satz 1 erfolgt durch oder aufgrund eines Gesetzes. Die
erste Variante meint ein Parlamentsgesetz, während die zweite Variante auch eine
Rechtsverordnung als materielles Gesetz zulässt. Allerdings liegt einer rechtmäßi-

---

2 Vgl. dazu *Maurer*, Allg. Verwaltungsrecht § 9.
3 BVerfGE 24, 184, 195 f.

gen Rechtsverordnung immer ein formelles Gesetz zugrunde (vgl. Art. 80 Abs. 1), so dass im Endeffekt ein rechtmäßiger Eingriff in Grundrechte immer von einer Ermächtigung durch ein Parlamentsgesetz abhängt.

845 Im juristischen Sprachgebrauch wird meistens der Begriff „Gesetz" oder „einfaches Gesetz" zur Bezeichnung des formellen Gesetzes verwendet.

846 c) **Normenhierarchie.** Der Rang einer Norm in der Normenhierarchie entscheidet darüber, welche Norm sich in einem Konfliktfall zwischen zwei sich widersprechenden Normenbefehlen (Rechtfolgen) durchsetzt, d. h. welche Rechtsfolge gilt. Für das öffentliche Recht gilt grundsätzlich die Rangfolge:

- 1. Verfassung

- 2. Parlamentsgesetz

- 3. Rechtsverordnung

- 4. Satzung

847 Im Staatsorganisationsrecht kann man zwischen dem Bund und den Länder als staatlichen Normengebern unterscheiden[4]. *Bund- und Landesrecht* setzen sich wiederum aus der oben aufgestellten vierstufigen Normenhierarchie zusammen. Im Verhältnis von Bund und Ländern zueinander gilt aber der Vorrang des Bundesrechts vor dem Landesrecht. Höherrangig ist jegliches Bundesrecht unabhängig von seiner Form.

848 Besonderheiten gelten für das *supranationale EG-Recht* und das *Völkerrecht*, weil beide Rechtskreise eigene Rechtsnormen kennen, die von der üblichen Einteilung innerstaatlicher Normen abweichen und auch eine spezifische Rangfolge und Wirkung besitzen können.

2. Das Gesetzgebungsverfahren für Bundesgesetze

849 a) **Einleitung.** Gegenstand des förmlichen Gesetzgebungsverfahrens im Staatsorganisationsrecht ist nur die Gesetzgebung des Bundes[5]. Das Verfahren der Landesgesetzgebung ist in den einzelnen Landesverfassungen geregelt.

850 Das Gesetzgebungsverfahren lässt sich grundsätzlich einteilen in:

- Gesetzesinitiative (Art. 76)

- Verfahren im Bundestag (Art. 77 Abs. 1)

- Mitwirkung des Bundesrats (Art. 77, 78)

- Ausfertigung durch den Bundespräsidenten (Art. 82)

- Verkündung im Gesetzblatt (Art. 82)

---

4 Die Gemeinden sind staatliche Verwaltungskörperschaften, die Satzungen erlassen, aber mangels Staatsqualität keine formellen Gesetze.

5 Zum Gesetzgebungsverfahren des Bundes im materiellen Sinne zählt die Gesetzgebung durch Rechtsverordnungen der Exekutive.

– Inkrafttreten des Gesetzes (Art. 82)

Alle Schritte müssen für ein wirksames Gesetzgebungsverfahren stattfinden, unabhängig vom sachlichen Gegenstand des Gesetzes.

Die zentralen normativen Regelungen des regulären Gesetzgebungsverfahrens finden sich in den Art. 76–78 sowie den Geschäftsordnungen von Bundestag (§§ 75 ff. GOBT), Bundesrat (§§ 23 ff. GOBR) und Vermittlungsausschuss (GOVerm). Für besondere Sachgebiete gelten spezielle Regelungen, etwa im Bereich der Finanzverfassung. Außen vor bleiben hier die Modifikationen des Gesetzgebungsverfahrens im Notstands- und im Verteidigungsfall. **851**

S. hierzu Rn. 1065: Schema 5: Das Gesetzgebungsverfahren.

b) Die Gesetzesinitiative (Art. 76 GG). Gesetzesinitiative bedeutet die *Einleitung des Gesetzgebungsverfahrens durch Erstellung eines Gesetzesentwurfs* und seine *Einbringung als Gesetzesvorlage* in den Bundestag. **852**

Gem. Art. 76 Abs. 1 können Gesetzesvorlagen nur **853**

– von der Bundesregierung,

– durch den Bundesrat oder

– aus der Mitte des Bundestags

eingebracht werden. Die Gesetzesvorlage enthält den *Gesetzesentwurf*. Gesetzesentwurf bedeutet die vollständige Gesetzesformulierung und umfasst regelmäßig auch eine Gesetzesbegründung. Ziel der Einbringung des Gesetzesentwurfes als Gesetzesvorlage beim Bundestag ist, dass der Bundestag die Gesetzesvorlage als Gesetz beschließt[6]. Dieser hat die Pflicht, in angemessener Frist über die Gesetzesvorlage zu beraten und abschließend Beschluss zu fassen[7]. Kommt der Bundestag dieser Pflicht nicht nach, wird das Gesetzesinitiativrecht des einbringenden Organs verletzt. Diese Frage kann Gegenstand eines Organstreitverfahrens vor dem BVerfG sein.

Das Initiativrecht enthält auch die Befugnisse, einen Gesetzesentwurf auch nach Beginn des parlamentarischen Gesetzgebungsverfahrens *zurückzuziehen*[8]. Erforderlich ist ein entsprechender Beschluss des Initiativorgans (actus contrarius), das den Gesetzentwurf eingebracht hat. Ausgeschlossen ist die negative Ausübung des Initiativrechts, wenn eine Pflicht zur Einbringung eines Gesetzesentwurfs besteht, wie z. B. beim Haushaltsgesetz[9]. **854**

(aa) Gesetzesinitiative der Bundesregierung. Die meisten Gesetzesinitiativen (ca. 80 %) gehen von der Bundesregierung aus. Die Erstellung des Gesetzesentwurfs erfolgt durch den Verwaltungsunterbau, d. h. durch die Ministerialbürokratie. Sie besitzt die personellen, fachlichen und organisatorischen Ressourcen, um Geset- **855**

---

6 Endgültiges Ziel ist natürlich die erfolgreiche Durchführung des gesamten Gesetzgebungsverfahrens.
7 Vgl. *Stern*, Staatsrecht II S. 618; *Pieroth*, in: Jarass/Pieroth Art. 76 Rn. 4 m.w.N.
8 Vgl. *Pieroth*, in: Jarass/Pieroth Art. 76 Rn. 4, *Stern*, Staatsrecht II S. 617.
9 Vgl. *Stern*, Staatsrecht II S. 617; weitere Beispiele bei *Lücke*, in: Sachs Art. 76 Rn. 14.

zesentwürfe für eine moderne, mit einem komplexen Normengeflecht überzogene Gesellschaft zu erstellen.

856 In diesem Stadium des Gesetzgebungsverfahrens taucht oft der Begriff *Referentenentwurf* auf, der den Vorschlag der Ministerialbürokratie (zuständiger Referent des Ministers) für einen Gesetzentwurf bezeichnet. Regelmäßig ist er Produkt eines federführenden Bundesministeriums in Zusammenarbeit mit weiteren betroffenen Ministerien. Beeinflusst wurde sein Inhalt bereits durch verschiedene Lobbyistengruppierungen (Gewerkschaften, Interessenverbände) oder Parteifunktionäre, aber möglicherweise auch durch externe Fachleute, Kommissionen, Ländervertreter etc.

Als *Ministerialentwurf* wird der Referentenentwurf schließlich abgelöst, indem der zuständige Bundesminister den Entwurf der Bundesregierung als Vorlage zur Beratung und Beschlussfassung unterbreitet (vgl. § 15 lit. a GOBReg). Um Gesetzesentwurf der Bundesregierung zu werden, bedarf es eines entsprechenden Mehrheitsbeschlusses des Kabinetts. Nach Beschlussfassung erfolgt gem. § 28 Abs. 1 GOBReg die Zuleitung als Regierungsvorlage an die gesetzgebenden Körperschaften Bundestag und Bundesrat (vgl. Art. 76 Abs. 1, 2).

857 *Regelfall* ist der *Ablauf gem. Art. 76 Abs. 1 Satz 1–3*. Die Bundesregierung leitet die Regierungsvorlage dem Bundesrat zu. Der Bundesrat kann innerhalb von sechs Wochen zu der Regierungsvorlage Stellung nehmen. Es besteht allerdings keine Pflicht des Bundesrats, eine Stellungsnahme abzugeben. Die Frist kann aus wichtigem Grund auf neun Wochen verlängert werden. Nach Eingang der Stellungnahme bei der Bundesregierung leitet diese die Vorlage zusammen mit der Stellungnahme und ggf. einer Erwiderung an den Bundestag weiter. Das parlamentarische Gesetzgebungsverfahren gem. Art. 77 beginnt.

858 In Art. 76 Abs. 2 Satz 4 wird die Bundesregierung berechtigt, eine von ihr als *eilbedürftig bezeichnete Vorlage* bereits vor Ablauf der normalen Fristen zu einem früheren Zeitpunkt beim Bundestag einzureichen, ohne den Eingang der Stellungnahme des Bundesrats abzuwarten. Die Stellungnahme ist dann nachträglich von der Bundesregierung an den Bundestag weiterzuleiten. Die Möglichkeit zur Beschleunigung des Gesetzgebungsverfahrens steht der Bundesregierung aber *nicht* bei verfassungsändernden Gesetzen sowie bei Gesetzen zur Übertragung von Hoheitsrechten auf supranationale Einrichtungen zu (vgl. Art. 76 Abs. 2 Satz 5).

859 Funktion der *Zuleitung an den Bundesrat* zwecks Stellungnahme ist, dass dieser frühzeitig Kenntnis über ein Gesetzgebungsverfahren erlangt und Bundestag und Bundesregierung über seine Auffassung informieren kann. Die Bundesregierung kann als Reaktion und mit entsprechendem Beschluss auf die Zuleitung an den Bundestag verzichten und das Gesetzgebungsverfahren abbrechen[10].

860 Die Zuleitung an den Bundesrat ist die erste obligatorische Mitwirkung des Bundesrats im Gesetzgebungsverfahren (sog. *erster Durchlauf beim Bundesrat*). Eine echte materielle Mitwirkung besteht jedoch nicht, weil dem Bundesrat nur ein

---

10 Ist der Entwurf bereits eingebracht, muss sie ihn formell zurückziehen.

Recht zur Stellungnahme eingeräumt wird und die Stellungnahme auch nicht rechtserheblich ist. Fraglich ist, ob die Nichtbeachtung des Art. 76 Abs. 2 ein Gesetz formell verfassungswidrig macht. Die Stellungsnahme des Bundesrates ist weder rechtlich bindend, noch ist sie zwingend vorgeschrieben. Dies könnte es rechtfertigen, Art. 76 Abs. 2 als bloße Ordnungsvorschrift anzusehen, so dass ein Verstoß nicht zur formellen Verfassungswidrigkeit führt. Nach dem Wortlaut der Vorschrift sind jedoch Gesetzesvorlagen dem Bundesrat zuzuleiten. Auch soll nach dem Sinn und Zweck des Art. 76 Abs. 2 der Bundesrat möglichst frühzeitig am Gesetzgebungsverfahren beteiligt werden. Dies spricht für den materiellen Gehalt der Vorschrift und damit für die Nichtigkeitsfolge bei deren Verletzung[11].

S. hierzu Rn. 1066: Schema 6: Gesetzesinitiative durch die Bundesregierung.

(bb) Gesetzesinitiative des Bundesrates. Über das Gesetzesinitiativrecht des Bundesrates haben die Länder bzw. die Landesregierungen die Möglichkeit, ein Gesetzgebungsverfahren auf Bundesebene einzuleiten. Der Bundesrat kann dabei auf die Ministerialbürokratie von Landesregierungen zurückgreifen. **861**

Um einen Gesetzentwurf in den Bundestag einzubringen, ist zunächst von einem Land im Bundesrat ein Antrag auf Abstimmung dieses Entwurfs zu stellen (vgl. §§ 26, 28 GOBR). Erlangt der Antrag bei der Abstimmung die Mehrheit (vgl. Art. 52 Abs. 3 Satz 1), dann wird der Gesetzesentwurf über die Bundesregierung an den Bundestag weitergeleitet (vgl. Art. 76 Abs. 3). Die Bundesregierung hat dabei die Möglichkeit ihre eigene Auffassung der Gesetzesinitiative beizufügen. **862**

Funktion der Weiterleitung über die Bundesregierung ist, dass diese ebenfalls möglichst früh von einem parlamentarischen Gesetzgebungsverfahren Kenntnis erlangt und dabei ihre Auffassung oder ihre Bedenken äußern kann. Die Darlegung der eigenen Auffassung ist nicht rechtserheblich. **863**

Den *Regelfall beschreibt Art. 76 Abs. 3 Satz 1–3.* Die Bundesregierung hat von der Zuleitung durch den Bundesrat an sechs Wochen Zeit, den Gesetzesentwurf zusammen mit ihrer Auffassung an den Bundestag weiterzuleiten (Sätze 1–2). Aus wichtigem Grund kann die Frist auf neun Wochen verlängert werden (Satz 3). **864**

Art. 76 Abs. 3 Satz 4 ermöglicht dem Bundesrat, das Verfahren der Gesetzesinitiative in der Weise zu beschleunigen, dass der Gesetzesentwurf von der Bundesregierung nach nur drei bzw. sechs Wochen an den Bundestag weitergeleitet werden muss. Dies gilt *nicht* bei verfassungsändernden Gesetzen sowie bei Gesetzen zur Übertragung von Hoheitsrechten auf supranationale Einrichtungen (vgl. Art. 76 Abs. 3 Satz 5). **865**

Mit der Weiterleitung durch die Bundesregierung ist der Gesetzesentwurf des Bundesrats als Gesetzesvorlage in den Bundestag eingebracht. Das parlamentarische Gesetzgebungsverfahren beginnt. **866**

S. hierzu Rn. 1067: Schema 7: Gesetzesinitiative durch den Bundesrat.

---

11 *Degenhart*, Staatsrecht Rn. 674.

867 (cc) **Gesetzesinitiative des Bundestages.** Die Gesetzesinitiative aus der Mitte des Bundestages ist vor allem eine Möglichkeit der parlamentarischen Opposition, eigene Gesetzesentwürfe in den Bundestag einzubringen.

Häufig werden aus taktischen Gründen die Gesetzesvorhaben der Bundesregierung von der Regierungsfraktion als Gesetzesvorlage „aus der Mitte des Bundestags" eingebracht. So wird die in Art. 76 Abs. 2 vorgesehene frühzeitige Beteiligung des Bundesrats umgangen. Als gezielte Umgehung wird diese Vorgehensweise gelegentlich als verfassungswidrig eingestuft[12]. Allerdings entspricht das Verfahren der Staatspraxis und ist richtigerweise verfassungsrechtlich nicht zu beanstanden. Denn das Initiativrecht des Bundestags ist unbegrenzt, so dass der Bundestag auch das Recht hat, sich einen Gesetzesentwurf der Bundesregierung zu eigen zu machen[13].

868 Gem. Art. 76 Abs. 1 wird das Initiativrecht *„aus der Mitte"* des Bundestags ausgeübt. Diese Verfassungsbestimmung wird durch § 76 GOBT konkretisiert. Erforderlich ist, dass die Gesetzesvorlage von einer Fraktion oder einer Anzahl von 5 % der gesetzlichen Mitglieder des Bundestags (Fraktionsstärke) eingebracht wird[14]. Gesetzentwürfe müssen mit einer kurzen Begründung versehen sein (vgl. § 76 Abs. 2 GOBT). Mit der Einbringung beginnt das parlamentarische Gesetzgebungsverfahren.

869 Eine informatorische Beteiligung der beiden anderen initiativberechtigten Staatsorgane Bundesregierung und Bundesrat ist nicht vorgesehen. Bei einer Gesetzesvorlage aus der Mitte des Bundestags werden die Mitglieder der beiden anderen Staatsorgane Bundesrat und Bundesregierung aber vom Inhalt in Kenntnis gesetzt (vgl. § 77 Abs. 1 GOBT).

870 c) **Das Verfahren im Bundestag (Art. 77 Abs. 1 GG).** Das parlamentarische Verfahren ist aufgrund der zentralen Stellung des Bundestages als Legislativorgan der *Kern des Gesetzgebungsverfahrens*[15]. Die Verfahrensvorschriften finden sich jedoch „nur" in der Geschäftsordnung des Bundestags. Im GG wird lediglich der Gesetzesbeschluss normiert (vgl. Art. 77 Abs. 1 Satz 1). Außerdem gelten die allgemeinen Grundsätze des parlamentarischen Verfahrens, d.h. Öffentlichkeitsprinzip, Mehrheitsprinzip etc.

871 Ziel und Abschluss des Gesetzgebungsverfahrens im Bundestag ist der endgültige Gesetzesbeschluss i.S.d. Art. 77 Abs. 1 Satz 1 GG. Danach wird das Gesetz vom Bundestagspräsidenten *unverzüglich an den Bundesrat weitergeleitet* (vgl. Art. 77 Abs. 1 Satz 2). Das Verfahren bis dahin ist in den §§ 75 ff. GOBT geregelt. Es gliedert sich in *drei Lesungen (Beratungen)* im Plenum (vgl. § 78 Abs. 1 Satz 1

---

12 Vgl. *Maurer*, Staatsrecht § 17 Rn. 63.
13 Vgl. *Degenhart*, Staatsrecht Rn. 675; *Ipsen*, Staatsrecht Rn. 222; *Bryde*, in: v. Münch/Kunig Art. 76 Rn. 21; differenzierend *Lücke*, in: Sachs Art. 76 Rn. 24 ff.
14 Diese Begrenzung des Initiativrechts wird teilweise als verfassungswidrig angesehen, was allerdings nicht überzeugend ist. So auch *Lücke*, in: Sachs Art. 76 Rn. 10.
15 Die Gesetzgebungspraxis hat aber auf die ständige Konfrontation zwischen Bundestags- und Bundesratsmehrheit reagiert, indem sie den Vermittlungsausschuss als Teil des inhaltlichen Gesetzgebungsprozesses dauerhaft aufgewertet hat. Verfassungsrechtlich und insbesondere verfassungspolitisch ist diese Gewichtsverschiebung hin zu einem „Hinterzimmerorgan" bedenklich, vgl. dazu *Wilms*, ZRP 2003, 86.

GOBT), in denen der ursprüngliche Gesetzesentwurf inhaltlich bearbeitet wird, bis der Bundestag die endgültige Fassung *in der Schlussabstimmung billigt* (vgl. Art. 77 Abs. 1 Satz 1 GG, § 86 GOBT).

Mangels ausdrücklicher verfassungsrechtlicher Normierung führt ein Verstoß **872** gegen das Verfahren der drei Lesungen nicht zur formellen Verfassungswidrigkeit eines Gesetzes[16], jedenfalls solange, als nicht verfassungsrechtliche Rechte von Organen und Organteilen des Bundestags durch das Verfahren konkretisiert werden.

Nach Einbringung einer Gesetzesvorlage werden die Vorlagen gedruckt und an **873** die Mitglieder des Bundestags verteilt (vgl. § 77 Abs. 1 GOBT). Anschließend wird die erste Lesung in einer der kommenden Bundestagssitzungen auf die Tagesordnung gesetzt.

Die *erste Lesung* ist in den §§ 79, 80 GOBT normiert. Sie endet mit der Überwei- **874** sung der Gesetzesvorlage an den zuständigen Ausschuss (vgl. § 80 Abs. 1 GOBT). In der ersten Lesung kann eine allgemeine Aussprache über die Grundsätze der Gesetzesvorlage stattfinden (vgl. § 79 Abs. 1 Satz 1, 2 GOBT). Sie erfolgt vor allem bei den bedeutenden, politisch wichtigen Gesetzesvorlagen. Dann dient sie der Bundesregierung als öffentliche Rechtfertigung vor dem Parlament und der Opposition als Möglichkeit, ihre Ablehnung oder Kritik zu äußern. Regelmäßig wird die erste Lesung des Haushalts (d.h. die erste Haushaltsdebatte) als Aussprache über die Politik der Regierung genutzt. Bei Gesetzesvorlagen ohne besondere politische Bedeutung wird dagegen meist auf die allgemeine Aussprache verzichtet. Dann erfolgt die direkte Überweisung der Gesetzesvorlagen an die Ausschüsse, so dass die erste Lesung lediglich eine Formalie ist. Insbesondere ist vor den Ausschussberatungen noch kein Sachantrag zulässig (vgl. § 79 Satz 3 GOBT). Die *inhaltliche Arbeit am Gesetzentwurf* soll erst in den Ausschüssen beginnen, was ihrer beschlussvorbereitenden Funktion entspricht. Es ist gem. § 80 Abs. 2 GOBT aber auch möglich, auf Ausschussberatungen zu verzichten und sofort mit der zweiten Lesung zu beginnen, wenn ein Fall überwältigender politischer Übereinstimmung im Bundestag besteht[17].

Der Gesetzentwurf ist je nach Regelungsgegenstand an den *zuständigen Ausschuss* **875** *zu überweisen* (vgl. § 80 Abs. 1 GOBT). Es wird ein federführender Ausschuss bestimmt, während weitere Ausschüsse nur beratend auftreten (vgl. § 80 Abs. 1 GOBT).

Nur in *besonderen Fällen* wird eine Vorlage gleichzeitig *an mehrere Ausschüsse* **876** überwiesen, d.h. wenn mehrere Ausschüsse von einem umfassenderen Regelungsgegenstand besonders betroffen sind. In den Ausschusssitzungen wird der Gesetzentwurf von den Fachpolitikern beraten, überprüft und ggf. inhaltlich abgeändert. Es gelten die für die Ausschüsse normierten Verfahrensvorschriften. Der Gesetzentwurf wird schließlich wieder an den Bundestag für die zweite Lesung zurückverwiesen und auf die Tagesordnung gesetzt.

---

16 BVerfGE 1, 144, 151; 29, 221, 234.
17 Für diesen Beschluss ist eine Zweidrittel-Mehrheit der anwesenden Bundestagsmitglieder notwendig (vgl. § 80 Abs. 2 Satz 1 GOBT).

877 Die *zweite Lesung* ist in den §§ 81–83 GOBT geregelt. Sie kann auch mit einer allgemeinen Aussprache eröffnet werden (vgl. § 81 Abs. 1 GOBT). Gegenstand der zweiten Lesung ist die Beratung und Abstimmung über die einzelnen Bestimmungen des Gesetzentwurfes in der Gestalt, die dieser durch die Ausschussberatungen angenommen hat (vgl. § 81 Abs. 2 GOBT). Möglich ist, auch in größeren Blöcken bis hin zum gesamten Gesetzentwurf abzustimmen (vgl. § 81 Abs. 3, Abs. 4 Satz 1 GOBT). Von den einzelnen Abgeordneten können Änderungsanträge gestellt werden, was dazu führt, dass Einzelabstimmung erforderlich ist (vgl. § 82 Abs. 1 GOBT). Die zweite Lesung ist erst abgeschlossen, wenn über alle Bestimmungen des Gesetzentwurfs abgestimmt wurde. Solange können Gesetzentwürfe oder Teile davon erneut an die Ausschüsse überwiesen werden mit der Folge, dass die zweite Lesung nicht abgeschlossen ist (vgl. § 82 Abs. 3 GOBT). Werden *alle Teile* eines Gesetzentwurfes in der zweiten Lesung *abgelehnt*, dann ist der Gesetzentwurf *gescheitert* (vgl. § 83 Abs. 3 GOBT).

878 Die *dritte Lesung* regeln die §§ 84–86 GOBT. Im Anschluss an sie findet die *Schlussabstimmung* statt (vgl. § 86 Abs. 1 Satz 1 GOBT). Grundlage der dritten Lesung ist der Inhalt des Gesetzentwurfes, wie er in der zweiten Lesung beschlossen worden ist (vgl. § 83 Abs. 2 GOBT). In der dritten Lesung sind Änderungsanträge nicht mehr durch einzelne Abgeordnete, sondern nur noch durch die Fraktionen oder von Abgeordneten in Fraktionsstärke (5 %) möglich (vgl. § 85 Abs. 1 Satz 1 GOBT). Sachlicher Gegenstand eines Änderungsantrags darf nur noch eine Bestimmung sein, die in der zweiten Lesung geändert worden ist (vgl. § 85 Abs. 1 Satz 2 GOBT). Nur ausnahmsweise ist eine allgemeine Aussprache zu Beginn der dritten Lesung zulässig (vgl. § 84 Satz 2 GOBT). Wurden in der zweiten Lesung keine Änderungen beschlossen, erfolgt direkt im Anschluss die dritte Lesung mit der Schlussabstimmung (vgl. § 84 lit. a GOBT), ansonsten zu einem späteren Zeitpunkt (vgl. § 84 lit. b GOBT). Zulässig ist allerdings auch, die Schlussabstimmung durch eine (teilweise) Verweisung des Gesetzentwurfes zur Beratung an einen anderen Ausschuss zu verhindern (vgl. § 85 Abs. 2 Satz 1 GOBT). Dann kann erneut eine zweite Lesung erforderlich werden (vgl. § 85 Abs. 2 Satz 2 GOBT).

879 Die Schlussabstimmung i. S. d. Art. 77 Abs. 1 Satz 1 bildet den Endpunkt des parlamentarischen Verfahrens. Das beschlossene Gesetz wird vom Bundestagspräsidenten unverzüglich dem Bundesrat zugeleitet (vgl. Art. 77 Abs. 1 Satz 2).

S. hierzu Rn. 1068: Schema 8: Parlamentarisches Verfahren.

880 **d) Die Mitwirkung des Bundesrates (Art. 77, 78 GG).** Unabänderlicher Bestandteil des Bundesstaatsprinzips ist die *grundsätzliche Mitwirkung der Länder* an der Gesetzgebung des Bundes (vgl. Art. 79 Abs. 3 GG). Dieses Mitwirkungsrecht ist durch die Beteiligung des Bundesrats am Gesetzgebungsverfahren verfassungsrechtlich konkretisiert.

881 Die *Mitwirkung des Bundesrats* ist in den Art. 77 Abs. 2–4, 78 normiert. Im Ergebnis stehen dem Bundesrat zwei Beteiligungsformen im Gesetzgebungsverfahren zur Verfügung: *Einlegung eines Einspruchs* und *Erteilung der Zustimmung*. Einspruch und Zustimmung vermitteln eine unterschiedliche Machtposition des Bundesrats. Bei einem *Einspruchsgesetz* ist der Bundesrat nicht in der

Lage, ein Gesetzgebungsverfahren aus eigener Kraft endgültig scheitern zu lassen. Gegen den Willen des Bundestags kann das Gesetzgebungsverfahren *nur zeitlich verzögert* werden. Der Einspruch hat nur den Charakter eines aufschiebenden Vetos, da der Bundestag den Einspruch des Bundesrats zurückweisen kann[18]. Verzichtet der Bundesrat darauf, durch Einlegung eines Einspruchs am Gesetzgebungsverfahren mitzuwirken, dann kommt das Gesetz zustande. Für *Zustimmungsgesetze* ist dagegen ein *positiver Mitwirkungsakt*, d.h. die Erteilung der Zustimmung zu einem Gesetz zwingend. Verweigert der Bundesrat den Zustimmungsakt, dann ist das Gesetz gescheitert. Die Verweigerung der Zustimmung hat den Charakter eines endgültigen Vetos[19].

Weder beim Einspruch noch bei der Zustimmung kann der Bundesrat den Inhalt **882** eines Gesetzes unmittelbar verändern. Inhaltliche Abänderungen nach dem Gesetzesbeschluss des Bundestags gem. Art. 77 Abs. 1 Satz 1 GG erfolgen nur im Vermittlungsverfahren. Rein faktisch beeinflusst der Bundesrat regelmäßig schon im Vorfeld die inhaltlichen Beratungen und Beschlussfassungen im Bundestag mit Hinweis auf sein späteres Mitwirkungsverhalten.

aa) Unterscheidung zwischen Einspruchs- und Zustimmungsgesetzen. Das Tatbe- **883** standsmerkmal zur Unterscheidung zwischen Zustimmungsgesetzen und Einspruchsgesetzen ist die Zustimmungsbedürftigkeit eines Gesetzes. *Zustimmungsbedürftigkeit* besteht nur, wenn *im GG ausdrücklich* die „Zustimmung des Bundesrates" *angeordnet* ist, d.h. die Zustimmungsgesetze sind im GG einzeln aufgeführt (*Enumeration der Zustimmungsgesetze*)[20]. Ungeschriebene Fallgruppen der Zustimmungsbedürftigkeit gibt es nicht. Insbesondere kommt es nicht darauf an, dass aus politischer, gesellschaftlicher oder sonstiger Sicht ein Gesetz elementare Interessen der Länder betrifft. Im Umkehrschluss ergibt sich, dass alle übrigen Gesetze „nur" Einspruchsgesetze sind. Ist also die Zustimmungsbedürftigkeit im GG nicht ausdrücklich angeordnet, dann handelt es sich um ein Einspruchsgesetz.
Ursprünglich war das Einspruchsgesetz der Regelfall und das Zustimmungsgesetz die Ausnahme. Dieses Verhältnis hat sich mittlerweile gewandelt, vor allem aufgrund der Vielzahl von Bundesgesetzen, die Regelungen im Bereich der Verwaltungshoheit der Länder treffen (vgl. Art. 84 Abs. 1 GG) und die extensive Auslegung, die diese Vorschrift durch das BVerfG erfahren hat[21]. Auch wurden nachträglich Verfassungsbestimmungen als Preis der Länder für Gesetzesvorhaben des Bundes eingefügt[22].

Die in der Praxis wichtigsten Beispiele für Vorschriften, in denen das GG die **884** *Zustimmungsbedürftigkeit für ein Gesetz anordnet*, sind[23]:

---

18 *Pieroth*, in: Jarass/Pieroth Art. 77 Rn. 8.
19 *Maurer*, Staatsrecht § 17 Rn. 69.
20 *Ipsen*, Staatsrecht Rn. 349.
21 Vgl. dazu BVerfGE 37, 363, 384 f.; 55, 274, 320 f.; 75, 108, 152.
22 Vgl. dazu auch *Lücke*, in: Sachs Art. 77 Rn. 15 f.
23 Eine Übersicht über alle zustimmungspflichtigen Gesetze nach dem GG findet sich bei *Masing*, in: v. Mangoldt/Klein/Starck Art. 77 Rn. 48.

– verfassungsändernde Gesetze. gem. Art. 79 Abs. 2.

– Übertragung von Hoheitsrechten auf die supranationale europäische Ebene gem. Art. 23 Abs. 1 Satz 2;

– Zustimmung zu bestimmten völkerrechtlichen Verträgen gem. Art. 59 Abs. 2 Satz 1;

– Gesetze, die Regelungen für dabweichenden Verwaltungsvollzug durch die Länder untersagen (Art. 84 Abs. 1 Satz 4 u. 5) oder die Einrichtung von Behörden und Regelung des Verwaltungsverfahrens durch den Bund im Falle der Bundesauftragsverwaltung (Art. 85 Abs. 1);

– Gesetze, die bestimmte Regelungen für die Bundesverwaltung treffen gem. Art. 86 Abs. 3 Satz 2, Art. 87b Abs. 1 Satz 3, 4, Art. 87c, Art. 87d Abs. 2, Art. 87e Abs. 5, Art. 87f Abs. 1;

– Gesetze im Bereich der Finanzverfassung gem. Art. 104a Abs. 5, Art. 105 Abs. 3, 5, Art. 106 Abs. 3, 4, 5, 5a, 6, Art. 107 Abs. 1, Art. 108 Abs. 2, Art. 109 Abs. 3, 4;

– Gesetze über Gemeinschaftsaufgaben gem. Art. 91a Abs. 2;

– Gesetze im Bereich des Asylrechts gem. Art. 16a Abs. 2, 3.

885 Die Fälle, die die Zustimmungsbedürftigkeit von Bundesgesetzen am häufigsten auslösten, waren bis zur Verfassungsreform 2006 Gesetze, die Regelungen für den Verwaltungsvollzug durch die Länder vorgenommen haben, gem. Art. 84 Abs. 1, Art. 85 Abs. 1.

Durch die Verfassungsreform ist die wichtige Regelung über die Durchführung der Bundesaufsichtsverwaltung (Art. 84 Abs. 1), also der Normalfall der Gesetzesausführung, nicht mehr ohne weiteres zustimmungsbedürftig. Die ursprüngliche Norm des Art. 84 Abs. 1 wurde durch eine sehr komplizierte Neuregelung verändert, die nicht mehr von einer Zustimmungsbedürftigkeit von Regelungen über die Einrichtung der Behörden und das Verwaltungsverfahren bei der Bundsaufsichtsverwaltung ausgeht. Das Gesetz ist vielmehr im Grundsatz nicht zustimmungsbedürftig. Es wird aber den Ländern die Möglichkeit eingeräumt, die Einrichtung der Behörden und das Verwaltungsverfahren abweichend vom Bundesgesetz selbständig zu regeln (Art. 84 Abs. 1 Satz 2). Ein solches Landesgesetz erhält für diese Abweichung eine besondere Inkrafttretungsfrist von 6 Monaten. Der Bund kann seinerseits von dieser Frist eine Abweichung regeln. Diese Abweichung ist dann zustimmungsbedürftig.

Außerdem kann der Bund bei einem besonderen Bedürfnis nach bundeseinheitlicher Regelung das Verwaltungsverfahren ohne Abweichungsmöglichkeit für die Länder regeln. Sieht er dies in dem Gesetz vor, so ist das Gesetz dann ebenfalls zustimmungsbedürftig.

Im Grundsatz entfällt damit die Zustimmungsbedürftigkeit für die Einrichtung von Behörden und der Regelung des Verwaltungsverfahrens im Normalfall.

886 Zulässig ist es, *Gesetzentwürfe*, die inhaltlich auf einer Gesamtkonzeption beruhen, so *aufzuspalten*, dass zustimmungsbedürftige und nicht zustimmungsbedürftige Regelungsgegenstände in *getrennten Gesetzgebungsverfahren* ablaufen[24].

---

24 *Pieroth*, in: Jarass/Pieroth Art. 77 Rn. 4 m.w.N.

Dies geschieht regelmäßig durch Aufspaltung in einen materiell-rechtlichen und einen verfahrensrechtlichen Teil. Ein bekanntes Beispiel dieser Vorgehensweise ist die rechtliche Aufwertung gleichgeschlechtlicher Lebensgemeinschaften durch das Lebenspartnerschaftsgesetz, bei der die oppositionelle Bundesratsmehrheit die Gleichstellung in zustimmungspflichtigen Bereichen, wie der Steuergesetzgebung, verhindern konnte, aber nicht die Einrichtung des Rechtsinstituts der Lebenspartnerschaft selbst.

Die zunächst so eindeutig erscheinende ausdrückliche Anordnung der „Zustimmung durch den Bundesrat" wird problematisch, wenn es um die *Bestimmung der Reichweite* der Zustimmungsbedürftigkeit eines Gesetzes geht. **887**

(1) Erstmalig erlassene Gesetze. Ein erstmalig zu einem Regelungsgegenstand erlassenes Gesetz ist ein Zustimmungsgesetz, wenn es *eine einzelne Norm mit einer zustimmungsbedürftigen Regelung enthält*. Die sachliche Reichweite der Zustimmungsbedürftigkeit erfasst das Gesetz als Ganzes, d.h. das vom Bundestag beschlossene Gesetz wird als gesetzestechnische Einheit begriffen. Ihm kann vom Bundesrat nur insgesamt zugestimmt werden, auch wenn nur eine einzige Regelung die Zustimmungsbedürftigkeit auslöst[25]. Für diese Ansicht spricht, dass das nur partielle Zustandekommen eines Gesetzes nicht dem Gesetzgebungswillen des Bundestags entspricht. **888**

(2) Änderungsgesetze. Änderungsgesetze haben die Funktion, den Inhalt bereits erlassener Gesetze abzuändern („Gesetz zur Änderung des Gesetzes …"). Für die Frage der Zustimmungsbedürftigkeit kommt es darauf an, ob auf das Änderungsgesetz als Gegenstand des Gesetzgebungsverfahrens abgestellt wird oder ob auch die Eigenschaften des zu ändernden Gesetzes beachtlich sind. **889**

Der *Bundesrat ist der Auffassung*, dass die Änderung eines Gesetzes, das bei seinem damaligen Erlass zustimmungsbedürftig war, *insgesamt zustimmungspflichtig* ist, weil er mit der Zustimmung die legislative Verantwortung für das Gesetz als Ganzes übernommen hat[26]. Entscheidend ist also das zu ändernde Gesetz und nicht das Änderungsgesetz selbst. **890**
Nach *Auffassung des BVerfG* ist *grundsätzlich* nur *auf das Änderungsgesetz selbst abzustellen*[27]. Denn das Änderungsgesetz muss – wie jedes andere Gesetz auch – für sich betrachtet den verfahrensmäßigen Voraussetzungen genügen. Ein *Änderungsgesetz* ist somit *zustimmungsbedürftig*, wenn

– das Änderungsgesetz selbst zustimmungsbedürftige Regelungen enthält;

– das Änderungsgesetz Vorschriften des ursprünglichen Gesetzes betrifft, die dessen Zustimmungsbedürftigkeit begründet haben;

---

25 Für die Gesamtbetrachtung S. auch BVerfGE 8, 274, 294 f.; 37, 363, 381; 55, 274, 318, 326 f.; *Stern,* Staatsrecht II S. 145; *Maunz,* in: Maunz/Dürig Art. 77 Rn. 8 m.w.N.; *Pieroth,* in: Jarass/Pieroth Art. 77 Rn. 4; *Ipsen,* Staatsrecht Rn. 363; a.A. und damit für eine Einzelbetrachtung *Maurer,* Staatsrecht § 17 Rn. 74 m.w.N.; *Lücke,* in: Sachs Art. 77 Rn. 15.
26 Zweck dieser Auslegung ist die Erweiterung der Zustimmungsbedürftigkeit und Stärkung der eigenen Position im Gesetzgebungsverfahren.
27 BVerfGE 37, 363, 381 f.; *Pieroth,* in: Jarass/Pieroth Art. 77 Rn. 5.

– das Änderungsgesetz zwar keine zustimmungsbedürftigen Teile des Ursprungsgesetzes abändert, die Änderungen aber dem Ursprungsgesetz inhaltlich eine
wesentlich andere Bedeutung und Tragweite verleihen und damit eine „Systemverschiebung" bewirken, die von der ursprünglichen Zustimmung des Bundesrates nicht mehr als gedeckt angesehen werden können.

> „[Das Erfordernis der Zustimmung des Bundesrats greift ein], [...] wenn die Änderung
> materiellrechtlicher Normen eine grundlegende Umgestaltung der Rechtsqualität [...]
> bewirkt und dadurch [dem Gesetz] eine wesentlich andere Bedeutung und Tragweite
> verleiht, die von der früher erteilten Zustimmung ersichtlich nicht mehr umfasst wird.
> [...] Das Gesetz bewirkt eine neuerliche Systemverschiebung im föderativen Gefüge."[28]

891   **bb) Das Vermittlungsverfahren und der Vermittlungsausschuss.** Das *Vermittlungsverfahren* ist in Art. 77 Abs. 2 sowie in der Geschäftsordnung des dafür zu bildenden Vermittlungsausschusses (GOVerm)[29] geregelt. Das Vermittlungsverfahren hat die Funktion, zwischen den unterschiedlichen Auffassungen von
Bundestag und Bundesrat über den Inhalt eines Gesetzgebungsverfahrens einen
Kompromiss herbeizuführen.

S. hierzu Rn. 1069: Schema 9: Vermittlungsverfahren.

892   Ursprünglich war das Vermittlungsverfahren auf die *Lösung einer Interessenkol-
lision zwischen Bund und Ländern* ausgerichtet. Parteipolitische Verhältnisse sollten dabei keine Rolle spielen. Die Möglichkeit, den Bundesrat als Blockadeinstru-
ment der Opposition zu nutzen, sofern diese über die Mehrheit in der
Länderkammer verfügt, hat dazu geführt, dass es vor allem auf die parteipolitischen Mehrheitsverhältnisse der im Bundesrat vertretenen Länderregierungen
ankommt.
Das Vermittlungsverfahren dient in einem solchen Fall nicht mehr dem Ausgleich
von Bundes- und Länderinteressen, sondern ersetzt Funktionen des Bundestages.
Das ist vor allem deshalb problematisch, weil das Vermittlungsverfahren nichtöffentlich und innerhalb enger Fristen durchgeführt werden muss. Faktisch entscheidet damit eine kleine Gruppe in nicht transparenter Art und Weise über entscheidende Gesetzesprojekte[30].

893   Das für das Vermittlungsverfahren zuständige Organ ist der *Vermittlungsausschuss* (vgl. Art. 77 Abs. 2 Satz 1). Seine Zusammensetzung und Arbeitsweise
wird nach dem Prinzip der Selbstorganisation durch eine Geschäftsordnung geregelt (vgl. Art. 77 Abs. 2 Satz 2). Danach setzt sich der Vermittlungsausschuss
paritätisch aus insgesamt 32 Mitgliedern zusammen, von denen jeweils 16 aus
dem Bundestag und dem Bundesrat entsandt werden (vgl. § 1 GOVerm). Die vom
Bundesrat entsandten Mitglieder unterliegen gem. Art. 77 Abs. 2 Satz 3 keinen
Weisungen wie im Bundesrat selbst. Der Vermittlungsausschuss tagt nichtöffentlich (vgl. § 6 GOVerm) und wird von einem Ausschussvorsitzenden geleitet (vgl.
§ 2 GOVerm). Nur Vertreter der Bundesregierung haben ein Recht auf Teilnahme
an den Sitzungen und können durch Beschluss des Vermittlungsausschusses auch

---

28 BVerfGE 48, 127, 180 f. – *Kriegsdienstverweigerung.*
29 Gemeinsame Geschäftsordnung des Bundestags und des Bundesrats für den Ausschuss
    nach Art. 77 GG – *Vermittlungsausschuss.*
30 Vgl. dazu *Wilms*, ZRP 2003, 86.

zur Anwesenheit verpflichtet werden (vgl. § 5 GOVerm). Der Vermittlungsausschuss bildet seinen Willen durch Mehrheitsbeschluss (vgl. § 8 GOVerm). Ein Vermittlungsverfahren muss jedoch nicht durch *Mehrheitsbeschluss* enden. Das Verfahren bleibt *erfolglos*, wenn es in zwei Anläufen (Sitzungen) nicht zu einer Einigung durch Mehrheitsbeschluss kommt (vgl. § 12 GOVerm). In diesen Fällen entscheiden die üblichen verfassungsrechtlichen Regelungen des Art. 77, 78 über das Schicksal des Gesetzes.

Gegenstand des Vermittlungsverfahrens ist der vom Bundestag beschlossene **894** Gesetzesinhalt. Die Abänderung erfolgt jedoch nicht im Vermittlungsverfahren selbst. Der Vermittlungsausschuss formuliert nur per Mehrheitsbeschluss Einigungsvorschläge für die umstrittenen Bestandteile (vgl. §§ 10, 11 GOVerm). Sie sind in keiner Weise bindend für das weitere Verhalten von Bundestag und Bundesrat. Über das weitere Schicksal des Gesetzes bzw. der Einigungsvorschläge entscheiden danach Bundestag bzw. Bundesrat im Rahmen des Einspruchs- bzw. Zustimmungsverfahrens.

cc) Beteiligung des Bundesrates bei Zustimmungsgesetzen. Ein Zustimmungsge- **895** setz kommt nur zustande, wenn der *Bundesrat ausdrücklich zustimmt* (Art. 78 Abs. 1 Variante 1).
Die Entscheidung über die Zustimmung ist durch Beschlussfassung innerhalb angemessener Frist zu fassen (vgl. Art. 77 Abs. 2a). Verweigert der Bundesrat die Zustimmung, d.h. wird kein Mehrheitsbeschluss über die Zustimmung gefasst, dann ist das Gesetz gescheitert. Das Gleiche gilt, wenn der Bundesrat untätig bleibt. Der Bundesrat kann die Zustimmung auch ohne Anrufung des Vermittlungsausschusses verweigern[31].

Verweigert der Bundesrat die Zustimmung, so können neben diesem auch die **896** *Bundesregierung* und der *Bundestag den Vermittlungsausschuss anrufen* (Art. 77 Abs. 2 Satz 4). Weil bei einem Zustimmungsgesetz ein positiver Akt des Bundesrats erforderlich ist und ein ablehnender Beschluss, also die Verweigerung der Zustimmung, zum Scheitern des Gesetzgebungsverfahrens führt, haben aber in erster Linie der Bundestag d.h. seine parlamentarische Regierungsmehrheit sowie die Bundesregierung ein Interesse daran, mit Hilfe des Vermittlungsverfahrens ein inhaltlich konsensfähiges Gesetz zu formulieren, das die Zustimmung des Bundesrats findet.
Grundsätzlich gilt für die Einberufung des Vermittlungsausschusses durch Bundesregierung und Bundestag keine Frist. Aus Gründen der Rechtsklarheit ist allerdings zu fordern, dass das Einberufungsverlangen nach der Zustimmungsverweigerung durch den Bundesrat innerhalb einer angemessenen Frist erfolgt[32].
Ruft dagegen der *Bundesrat den Vermittlungsausschuss* an, so ist umstritten, innerhalb welcher Frist dies geschehen muss. Möglich wäre, die Drei-Wochen-Frist des Art. 77 Abs. 2 Satz 1 zugrunde zu legen[33]. Nach seinem Wortlaut bezieht

---

31 *Degenhart*, Staatsrecht Rn. 683.
32 *Pieroth*, in: Jarass/Pieroth Art. 77 Rn. 11 m.w.N.; *Masing*, in: v. Mangoldt/Klein/Starck Art. 77 Rn. 79; a.A. *Stern*, Staatsrecht II S. 629, der für eine Frist von drei Wochen plädiert.
33 So etwa *Lücke*, in: Sachs Art. 77 Rn. 8; *Masing*, in: v. Mangoldt/Klein/Starck Art. 77 Rn. 78.

sich Art. 77 Abs. 2 Satz 1 jedoch nur auf Einspruchsgesetze und gerade nicht auf Zustimmungsgesetze. Die Frist des Art. 77 Abs. 2 Satz 1 kann daher richtigerweise nicht auf Zustimmungsgesetze angewendet werden[34].

897 Wird von einem der Organe der Vermittlungsausschuss angerufen, so sind für den *weiteren Verlauf des Gesetzgebungsverfahrens* zwei Konstellationen zu unterscheiden.

- Schlägt der Vermittlungsausschuss vor, den *Gesetzentwurf unverändert* zu belassen oder endet das Vermittlungsverfahren *ohne eine Einigung* auf einen Vermittlungsvorschlag, dann entscheidet der Bundesrat über die Zustimmung zur ursprünglichen Gesetzesfassung innerhalb einer angemessenen Frist (Art. 77 Abs. 2a GG).

- Schlägt dagegen der Vermittlungsausschuss eine *Änderung des Gesetzentwurfs* vor, so hat der Bundestag erneut Beschluss zu fassen (Art. 77 Abs. 2 Satz 5). Nach der Beschlussfassung durch den Bundestag hat erneut der Bundesrat über die Zustimmung zum Gesetzentwurf Beschluss zu fassen (Art. 77 Abs. 2a).

Verweigert der Bundesrat erneut seine Zustimmung, ist das Gesetzesvorhaben endgültig gescheitert. Erteilt er indes seine Zustimmung, kommt das Gesetz zustande (Art. 78).

S. hierzu Rn. 1071: Schema 11: Mitwirkung des Bundesrats im Gesetzgebungsverfahren bei Zustimmungsgesetzen.

898 **dd) Beteiligung des Bundesrates bei Einspruchsgesetzen.** Das Verfahren bei Einspruchsgesetzen ist in den Art. 77 Abs. 3, 4 normiert. Das Verfahren ist komplizierter, da der Bundestag regelmäßig erneut tätig werden muss.

899 Ein Einspruchsgesetz kommt nach Art. 78 entweder zustande, wenn der Bundesrat effektiv keinen Einspruch einlegt[35] oder ein eingelegter Einspruch durch eine erneute Willensbildung des Bundestags überstimmt wird. Der Bundesrat kann das Zustandekommen von Einspruchsgesetzen nicht dauerhaft verhindern, vielmehr hat er nur ein *aufschiebendes Vetorecht*.

900 Beabsichtigt der Bundesrat gegen ein Gesetz Einspruch einzulegen, so muss er **zuvor** innerhalb von drei Wochen nach Eingang des Gesetzesbeschlusses zwingend den Vermittlungsausschuss anrufen (Art. 77 Abs. 3). Unterlässt er die Anrufung innerhalb der Frist, so kommt das Einspruchsgesetz zustande (Art. 78 Variante 2).

901 *Nach Anrufung des Vermittlungsausschusses* durch den Bundesrat sind für den weiteren Verlauf des Gesetzgebungsverfahrens erneut zwei Konstellationen zu unterscheiden.

---

34 Ebenso *Pieroth*, in: Jarass/Pieroth Art. 77 Rn. 10; *Bryde*, in: v. Münch/Kunig Art. 77 Rn. 10.

35 Darunter fallen folgende Varianten des Art. 78: der Bundesrat ruft den Vermittlungsausschuss nicht innerhalb von drei Wochen an (Art. 77 Abs. 2), der Bundesrat legt nach Beendigung des Vermittlungsverfahrens und Beschlussfassung über den abgeänderten Gesetzesinhalt durch den Bundestag nicht erneut binnen zwei Wochen Einspruch ein (Art. 77 Abs. 3) oder der Bundesrat nimmt einen bereits eingelegten Einspruch zurück.

– *Schlägt der Vermittlungsausschuss die Bestätigung des ursprünglichen Geset-zesentwurfs* vor oder endet das Vermittlungsverfahren *ohne Einigung auf einen Vermittlungsvorschlag*, dann kann der Bundesrat innerhalb von zwei Wochen über den Einspruch entscheiden (Art. 77 Abs. 3 Satz 2). Die zweiwöchige Frist beginnt bei erfolglosen Vermittlungsverfahren nach entsprechender Mitteilung durch den Ausschussvorsitzenden (vgl. § 12 Abs. 4 GOVerm).

– *Schlägt* dagegen der *Vermittlungsausschuss eine Änderung* des Gesetzentwurfs vor, so hat der Bundestag über diese geänderte Fassung erneut Beschluss zu fassen (Art. 77 Abs. 2 Satz 5). Nach dieser Beschlussfassung durch den Bundes-tag wird der geänderte Gesetzentwurf erneut im Bundesrat behandelt. Dieser kann innerhalb von zwei Wochen Einspruch einlegen (Art. 77 Abs. 3 Satz 1). Die Einspruchsfrist beginnt in diesem Falle nach Art. 77 Abs. 3 Satz 2 mit dem Eingang des vom Bundestag erneut gefassten Beschlusses.

902 Legt der Bundesrat innerhalb von zwei Wochen keinen Einspruch ein, so ist das Gesetz zustande gekommen (Art. 78 Variante 3). Das gleiche gilt, wenn der Ein-spruch durch den Bundesrat zurückgenommen wird (Art. 78 Variante 4).

903 Einen fristgemäßen Einspruch des Bundesrats kann der Bundestag allerdings mit einer dem Art. 77 Abs. 4 GG entsprechenden *Mehrheit zurückweisen*. Die für eine Zurückweisung des Einspruchs erforderliche Mehrheit richtet sich danach, mit welchem Mehrheitsquorum der Bundesrat Einspruch eingelegt hat. Bei einfacher Mehrheit im Bundesrat genügt die einfache Mehrheit des Bundestags (Art. 77 Abs. 4 Satz 1). Bei Zweidrittelmehrheit im Bundesrat bedarf es einer Zurückwei-sung mit Zweidrittelmehrheit, die mindestens auch die Mehrheit der Mitglieder des Bundestags umfassen muss.

904 Weist der Bundestag den Einspruch mit entsprechender Mehrheit zurück, dann kommt das Gesetz zustande (Art. 78 Variante 5). Ansonsten ist das Gesetzesvor-haben gescheitert.

S. hierzu Rn. 1070: Schema 10: Mitwirkung des Bundesrats im Gesetzgebungs-verfahren bei Einspruchsgesetzen.

905 ee) **Umdeutung einer verweigerten Zustimmung in einen Einspruch.** Oft ist die Unterscheidung von Einspruchs- und Zustimmungsgesetzen nicht ganz unproble-matisch.

906 Fraglich ist daher, wie zu verfahren ist, wenn der *Bundesrat ein Einspruchsgesetz fälschlicherweise als Zustimmungsgesetz behandelt* und daher die Zustimmung *ausdrücklich verweigert*. Bleibt der Bundesrat dagegen untätig, so kann diese Untätigkeit nicht als Einspruch behandelt werden. Es erscheint möglich, die aus-drückliche Zustimmungsverweigerung in die Einlegung eines Einspruchs umzu-deuten. Gegen diese Umdeutung wird vorgebracht, dass der Bundesrat nach § 30 Abs. 1 GOBR zur Formstrenge verpflichtet ist und daher nur eindeutig einzuord-nende Beschlüsse fassen kann[36]. Richtigerweise ist eine solche Umdeutung jedoch *zuzulassen*, da eine Umdeutung in der deutschen Rechtsordnung grundsätzlich anerkannt ist. Die Anrufung des Vermittlungsausschusses und die Einlegung des

---

36 Vgl. *Pieroth*, in: Jarass/Pieroth Art. 77 Rn. 10 m.w.N.

Einspruchs ist im Vergleich zur Zustimmung ein „minus", so dass die Umdeutung nach allgemeinen Grundsätzen zulässig ist. Mit der Zustimmungsverweigerung bringt der Bundesrat eindeutig zum Ausdruck, dass er das Zustandekommen eines Gesetzes verhindern will[37]. Außerdem ist das Gegenargument der Formstrenge wenig überzeugend, da sich diese lediglich aus der Geschäftsordnung ergibt und im GG keine Stütze findet.

907 Um dieser Problematik vorzubeugen wird der Bundesrat regelmäßig hilfsweise Einspruch einlegen, um ein Zustandekommen des Gesetzes jedenfalls zu verhindern.

908 e) **Die Ausfertigung durch den Bundespräsidenten (Art. 82 Abs. 1 GG).** Als letztes oberstes Staatorgan ist der Bundespräsident am Gesetzgebungsverfahren beteiligt. Ein zustande gekommenes Gesetz – also ein Gesetz, das das Verfahren gem. Art. 76–78 durchlaufen hat – wird vom Bundespräsidenten nach Gegenzeichnung ausgefertigt (vgl. Art. 82 Abs. 1 Satz 1 Halbsatz 1). Ausfertigung bedeutet die Erstellung der Urschrift des Gesetzes, die dann vom Bundespräsidenten unterschrieben wird[38].

909 Durch die Ausfertigung wird der Bundespräsident seiner staatsnotariellen Funktion im Staatsgefüge der Bundesrepublik Deutschland und seiner Stellung als Staatsoberhaupt gerecht. Er bestätigt in der unterzeichneten Urschrift den Wortlaut des zustande gekommenen Gesetzes durch die förmliche Fassung und bescheinigt den Abschluss des Gesetzgebungsverfahrens. Das Gesetz wird so Teil der Rechtsordnung. Und er bestätigt, dass das Gesetz nach den Vorschriften des GG zustande gekommen ist[39].

910 An der letztgenannten Aussage entzündet sich der Streit um die Reichweite der *Prüfungskompetenz* des Bundespräsidenten. Richtigerweise hat der Bundespräsident sowohl ein formelles als auch ein materielles Prüfungsrecht, d.h. er ist bei formellen und materiellen Verfassungsverstößen berechtigt, die Ausfertigung des Gesetzes zu verweigern.

911 Zum Akt der Ausfertigung gehört die *Gegenzeichnung*. Dies entspricht der in Art. 58 Satz 1 normierten Regel, dass Verfügungen und Anordnungen des Bundespräsidenten der Gegenzeichnung durch den Bundeskanzler oder den zuständigen Bundesminister bedürfen. Durch die Gegenzeichnung, die in der Praxis vor der Unterzeichnung durch den Bundespräsidenten erfolgt, bestätigt auch die Bundesregierung das zustande gekommene Gesetz. Sie verfügt ebenfalls über eine Prüfungskompetenz.

912 f) **Die Verkündung im Gesetzblatt (Art. 82 Abs. 1 GG).** Das ausgefertigte Gesetz – also der Text der Urschrift – wird gem. Art. 82 Abs. 1 Satz 1, Halbsatz 2 im Bundesgesetzblatt verkündet. Durch die amtliche Verkündung wird vor allem rechtsstaatlichen Erfordernissen genügt. Jeder Gesetzesadressat hat die Möglichkeit, vom Inhalt des Gesetzes Kenntnis zu nehmen. Erst ab dem Zeitpunkt der Verkündung existiert das Gesetz in rechtlicher Hinsicht.

---

37 Vgl. *Degenhart*, Staatsrecht Rn. 686; *Nolte/Tams*, Jura 2000, 158 ff.
38 Vgl. *Maurer*, Staatsrecht § 17 Rn. 82 f.
39 Vgl. *Maurer*, Staatsrecht § 17 Rn. 82 f.

„Das Rechtsstaatsprinzip gebietet, dass förmliche gesetzte Rechtsnomen verkündet werden; denn die Verkündung stellt einen integrierten Teil der förmlichen Rechtssetzung dar, ist also Geltungsbedingung. Verkündung bedeutet regelmäßig, dass die Rechtsnorm der Öffentlichkeit in einer Weise förmlich zugänglich gemacht werden, dass die Betroffenen sich verlässlich Kenntnis von ihrem Inhalt verschaffen können [...].“[40]

In der Praxis erfolgt die Verkündung im Bundesgesetzblatt durch das Bundesjustizministerium. Verkündet ist das Gesetz, wenn das Gesetzblatt gedruckt und sein Inhalt für die Öffentlichkeit allgemein zugänglich ist. Der Wortlaut des Art. 82 Abs. 1 Satz 1 lässt die Verkündung eher als zweiten Akt des Bundespräsidenten nach der Ausfertigung erscheinen. Dogmatisch wird dieser Widerspruch dadurch gelöst, dass der Bundesjustizminister den Verkündungsbefehl des Bundespräsidenten ausführt[41]. **913**

Mit der Verkündung ist das Gesetzgebungsverfahren abgeschlossen. Damit das Gesetz mit seinem Inhalt wirksam wird, bedarf es noch des Inkrafttretens. **914**

g) **Das Inkrafttreten des Gesetzes (Art. 82 Abs. 2 GG).** Das Inkrafttreten des Gesetzes ist der Zeitpunkt, zu dem das Gesetz mit seinem Inhalt wirksam wird. Dieser Zeitpunkt soll im Gesetz selbst festgelegt sein (vgl. Art. 82 Abs. 2 Satz 1 GG). Für Gesetze, deren Inkrafttreten sich in die Zeit vor der Verkündung erstreckt, gelten die rechtsstaatlichen Grenzen der Rückwirkung. Für in die Zukunft verlegte Zeitpunkte des Inkrafttretens gelten prinzipiell keine Grenzen. Fehlt es an einem durch das Gesetz selbst festgelegten Zeitpunkt, dann tritt das Gesetz 14 Tage nach seiner Verkündung in Kraft (vgl. Art. 82 Abs. 2 Satz 2). **915**

h) **Auswirkung von Verfahrensverstößen.** *Verfassungsrechtliche Verfahrensvorschriften* sind *zwingend*. Ihre Verletzung führt zur formellen Verfassungswidrigkeit und damit zur *Nichtigkeit* des Gesetzes. **916**

Vorschriften des Geschäftsordnungsrechts sind *Ordnungsvorschriften*. Verstöße gegen die Geschäftsordnung führen daher nicht zur Verfassungswidrigkeit des Gesetzes[42]. Etwas anderes gilt jedoch dann, wenn die Regelungen der Geschäftsordnung verfassungsrechtliche Vorgaben konkretisieren. Wird etwa durch Verletzung der Geschäftsordnung des Bundestags das Recht der parlamentarischen Minderheit auf Mitwirkung am Gesetzgebungsverfahren beeinträchtigt, so liegt darin zugleich ein Verfassungsverstoß, der zur Verfassungswidrigkeit des Gesetzes führt. **917**

3. Das Gesetzgebungsverfahren für verfassungsändernde Gesetze

Das GG als Verfassung der Bundesrepublik Deutschland kann durch Gesetz geändert werden (vgl. Art. 79 Abs. 1). Erforderlich dafür ist ein förmliches Bundesgesetz, für das das normale Gesetzgebungsverfahren nach Art. 76 ff. zu beachten ist. Allerdings sind für Grundgesetzänderungen einige formelle und materielle **918**

---

40 BVerfGE 65, 281, 291 – *Bundesbaugesetz.*
41 Vgl. *Stern,* Staatsrecht II S. 632 ff.
42 *Degenhart*, Staatsrecht Rn. 677.

Besonderheiten zu berücksichtigen. Nach Art. 79 Abs. 1 muss ein verfassungsänderndes Gesetz den *Wortlaut des GG ausdrücklich ändern* oder ergänzen. Außerdem ist für eine Verfassungsänderung sowohl im Bundestag als auch im Bundesrat eine *qualifizierte Mehrheit* von zwei Dritteln der Mitglieder erforderlich (Art. 79 Abs. 2).
Die Mehrheitsregelung für den Bundesrat führt dazu, dass verfassungsändernde Gesetze *stets Zustimmungsgesetze* sind.

919 Als materielle Schranke für Verfassungsänderungen sind die in Art. 79 Abs. 3 GG niedergelegten Grundsätze zu beachten.

Rechtsprechung:
BVerfGE 1, 144 – *Finanzvorlagen;* BVerfGE 2, 213 – *Straffreiheitsgesetz;* BVerfGE 3, 407 – *Bundesbaugesetz;* BVerfGE 4, 115 – *Beamtenbesoldung;* BVerfGE 8, 104 – *Volksbefragung über Atomwaffen;* BVerfGE 12, 205 – *Deutschland-Fernsehen;* BVerfGE 13, 230 – *Ladenschlussgesetz;* BVerfGE 18, 305 – *Niedersächsisches LJagdG;* BVerfGE 24, 367 – *Hamburger Deichordnungsgesetz;* BVerfGE 26, 246 – *Ingenieurgesetz;* BVerfGE 26, 338 – *Eisenbahnkreuzungsgesetz;* BVerfGE 28, 119 – *Spielbankengesetz;* BVerfGE 34, 9 – *Hessisches Besoldungsgesetz;* BVerfGE 42, 20 – *Hamburger Wegegesetz;* BVerfGE 45, 297 – *Hamburger Enteignungsgesetz;* BVerfGE 48, 367 – *Hessisches Pressegesetz;* BVerfGE 61, 149 – *Staatshaftungsgesetz;* BVerfGE 72, 175 – *Vermittlungsausschuss;* BVerfGE 75, 108 – *Künstlersozialversicherungsgesetz;* BVerfGE 77, 288 – *Annexregelung zur Bauleitplanung;* BVerfGE 78, 249 – *Fehlbelegungsabgabe;* BVerfGE 98, 106 – *kommunale Verpackungssteuer;* BVerfGE 101, 287 – *Häusliches Arbeitszimmer;* BVerfGE 102, 26 – *Frischzellenherstellung;* BVerfGE 102, 99 – *Abfallbeseitigung;* BVerfGE 103, 197 – *Pflegeversicherung;* VerfGH NW NWVBl. 1987, 13 – *Volksbegehren zur Stilllegung von Kernkraftwerken und Atomgesetz.*

Literatur:
Beaucamp, G., Gesetzgebungskompetenz im Hochschulbereich und die Erforderlichkeit von Bundesgesetzen, Art. 72 II GG, JA 1998, 54; v. *Beyme, K.,* Der Gesetzgeber, 1997; *Bülow, E.,* Gesetzgebung, HbVerfR, 2. Aufl. 1994, § 30; *Bullinger, M.,* Die Zuständigkeit der Länder zur Gesetzgebung, DÖV 1970, 761 und 797; *ders.,* Ungeschriebene Gesetzgebungskompetenzen im Bundesstaat, AöR 96 (1971) 237; *Calliess, C.,* Die Justitiabilität des Art. 72 Abs. 2 GG vor dem Hintergrund von Kooperativem und kompetitivem Föderalismus, DÖV 1997, 889; *Cornils, M.,* Politikgestaltung durch den Vermittlungsausschuss, DVBl. 2002, 497; *Dästner, C.,* Zur Entwicklung der Zustimmungsbedürftigkeit von Bundesgesetzen seit 1949, ZParl. 2001, 290; *Ehlers, D.,* „Ungeschriebene Kompetenzen", Jura 2000, 323; *Eichenbrecher, K./Novak, R./Kloepfer, M.,* Gesetzgebung im Rechtsstaat: Referate mit Diskussion, VVDStRL 40 (1982) 7; *Erbguth, W.,* Bundesstaatliche Kompetenzverteilung im Bereich der Gesetzgebung, DVBl. 1988, 317; *Erichsen, H.-U.,* Bund und Länder im Bundesstaat des Grundgesetzes, Jura 1986, 337; *Grabitz, E.,* Die Rechtssetzungsbefugnisse von Bund und Ländern bei der Durchführung von Gemeinschaftsrecht, AöR 111 (1986) 8; *Gröpl, C.,* Ausfertigung, Verkündung und Inkrafttreten von Bundesgesetzen nach Art. 82 GG, Jura 1995, 641; *Handschuh, E.,* Gesetzgebung: Programm und Verfahren, 4. Aufl. 1991; *Hill, H.,* Einführung in die Gesetzgebungslehre, 1982; *ders.,* Ver-

teilung der Gesetzgebungskompetenzen zwischen Bund und Ländern, JuS 1989, L9; *Hofmann, H.*, Die Ausgestaltung des Gesetzgebungsverfahrens nach der Reform des Grundgesetzes, NVwZ 1995, 134; *Jarass, H. D.*, Regelungsspielräume des Landesgesetzgebers im Bereich des konkurrierenden Gesetzgebung und in anderen Bereichen, NVwZ 1996, 1041; *ders.*, Allgemeine Probleme der Gesetzgebungskompetenz des Bundes, NVwZ 2000, 1089; *Karpen, U.*, Verfassungsgeschichtliche Entwicklung des Gesetzesbegriffs in Deutschland, in: GS für W. Martens, 1987, S. 137; *Kenntner, M.*, Normgeberwille und Verfassungsinterpretation – zur „historischen" Auslegung von Art. 72 Abs. 2 GG n.F., VBlBW 1999, 289; *Krüger, H.*, Rechtsfragen im Bereich der Zustimmungsbedürftigkeit von Rahmengesetzen, DVBl. 1998, 293; *ders./Moos, F.*, Die Erforderlichkeit gemäß Art. 72 Abs. 2 GG n.F. im Spannungsfeld des Bundesstaates, BayVBl. 1997, 705; *Kunig, P.*, Gesetzgebungsbefugnis von Bund und Ländern – Allgemeine Fragen, Jura 1996, 254; *Lücke, J.*, Die Allgemeine Gesetzgebungsordnung, ZG 2001, 1; *Maurer, H.*, Der Bereich der Landesgesetzgebung, in: FS für Rudolf, 2001, S. 337; *Mengel, H. J.*, Gesetzgebung und Verfahren, 1997; *Müller, G.*, Inhalt und Formen der Rechtssetzung als Problem der demokratischen Kompetenzordnung, 1979; *ders.*, Elemente einer Rechtssetzungslehre, 1999; *v. Mutius, A.*, „Ungeschriebene" Gesetzgebungskompetenzen des Bundes, Jura 1986, 498; *Neumeyer, C.*, Geschichte eines Irrläufers – Anmerkungen zur Reform des Art. 72 Abs. 2 GG, in: FS für Kriele, 1997, S. 543; *ders.*, Der Weg zur neuen Erforderlichkeitsklausel für die konkurrierende Gesetzgebung des Bundes (Art. 72 Abs. 2 GG) – Renaissance alliierter Verfassungspolitik, 1999; *Ossenbühl, F.*, Die Not des Gesetzgebers im naturwissenschaftlich-technischen Zeitalter, 2000; *ders.*, Bundesverfassungsgerichte und Gesetzgebung, in: FS BVerfG, 2001, S. 33; *ders.*, Gesetz und Recht – Die Rechtsquellen im demokratischen Rechtsstaat, HbStR III 1996, § 61; *ders.*, Verfahren der Gesetzgebung, HbStR III 1996, § 63; *Pieroth, B.*, Die Missachtung gesetzter Maßstäbe durch das Maßstäbegesetz, NJW 2000, 2088; *Rehbinder, E./Wahl, R.*, Kompetenzprobleme bei der Umsetzung von europäischen Richtlinien, NVwZ 2002, 21; *Reich, D.*, Zum Einfluss des Europäischen Gemeinschaftsrechts auf die Kompetenzen der deutschen Bundesländer, EuGRZ 2001, 1; *Rengeling, H.-W.*, Gesetzgebungszuständigkeit, HbStR IV 1999, § 100; *Rüfner, W.*, Ungeschriebene Gesetzgebungskompetenzen im Widerstreit, ZG 1999, 366; *Rybak, H./Hofmann, H.*, Verteilung der Gesetzgebungsrechte zwischen Bund und Ländern nach der Reform des Grundgesetzes, NVwZ 1995, 230; *Sannwald, R.*, Die Neuordnung der Gesetzgebungskompetenzen und des Gesetzgebungsverfahrens im Bundesstaat, 1996; *ders.*, Die Reform der Gesetzgebungskompetenz nach den Beschlüssen der Gemeinsamen Verfassungskommission von Bundestag und Bundesrat, DÖV 1994, 629; *Sarcevic, E.*, Das Subsidiaritätsprinzip im positiven Verfassungsrecht und seine Relevanz für die Gesetzgebungspraxis im Bundesstaat, ZG 2000, 328; *Schenke, W.-R.*, Verfassungsrechtliche Grenzen der Tätigkeit des Vermittlungsausschusses, 1984; *Schmehl, A.*, Die erneute Erforderlichkeitsklausel in Art. 72 Abs. 2 GG, DÖV 1996, 724; *Schmidt, R.*, Die Zustimmungsbedürftigkeit von Gesetzen, JuS 1999, 861; *Schneider, H.*, Gesetzgebung, 3. Aufl. 2002; *Scholz, R.*, Ausschließliche und konkurrierende Gesetzgebungskompetenz von Bund und Ländern in der Rechtsprechung des Bundesverfassungsgerichts, in: FS BVerfG II, 1976, S. 252; *ders./Meyer-Teschendorf, K. G.*, Reduzierung der Normflut durch qualifizierte Bedürfnisprüfung, ZRP 1996, 404; *Schulze-Fielitz, H.*, Theorie und Praxis parlamentarischer Gesetzgebung, 1988; *Starck, C.*, Der Gesetzesbegriff des Grundgesetzes, 1970; *ders.* (Hrsg.), Rangordnung der Gesetze, 1995; *Streinz, R.*, Die Abgrenzung der Kompetenzen zwischen der Europäischen Union und den Mitgliedstaaten unter besonderer Berücksichtigung der Regionen, BayVBl. 2001, 481; *Wipfelder, H.-J.*, Die Theoreme „Natur der Sache" und „Sachzusammenhang" als verfassungsrechtliche Zuordnungsbegriffe, DVBl. 1982, 477.

III. Die vollziehende Gewalt

920 Dem Begriff der vollziehenden Gewalt entspricht die Bezeichnung „Exekutive" oder auch „ausführende Gewalt". Das GG verwendet diese Begriffe jedoch nicht, sondern spricht nur von der vollziehenden Gewalt.

1. Trennung in Regierung und Verwaltung

921 Die Staatsfunktion der vollziehenden Gewalt wird funktional in die Bereiche Regierung und Verwaltung aufgeteilt. Beide Begriffe werden aber auch im organisatorischen Sinne verwendet für die Organe und Institutionen, die Verwaltungs- und Regierungsfunktionen ausüben.

922 Regieren ist die politische Leitung und Lenkung des Staatswesens durch seine Exekutivspitze. Zentrales Staatsorgan der Exekutive ist die Bundesregierung. Allerdings sind auch andere oberste Staatsorgane mit ihren Organkompetenzen an der Ausübung der Staatsleitung beteiligt. Dies entspricht der grundgesetzlichen Ausgestaltung der Gewaltenteilung als komplexes System mit vielfältigen gegenseitigen Kontroll- und Mitwirkungsrechten, in dem die Staatsfunktionen nicht streng organisatorisch getrennt, sondern miteinander verschränkt sind.

923 Die Verwaltung definiert sich als Teil der vollziehenden Gewalt überwiegend negativ. Verwaltung ist demnach staatliche Tätigkeit, die funktional nicht Gesetzgebung oder Rechtsprechung ist und auch keine Ausübung von Regierungsfunktionen beinhaltet[43]. Positiv definiert, besteht Verwaltungshandeln aus der Wahrnehmung öffentlicher Aufgaben (Gemeinwohlaufgaben) durch konkrete Maßnahmen, die Regierungsentscheidungen und Gesetzesinhalte ausführen (vollziehen)[44].
Kern der Verwaltungstätigkeit ist die Vollziehung der Gesetze durch Verwaltungsbehörden.
Soweit das GG dem Bund Verwaltungskompetenzen einräumt, besitzt die Bundesregierung die zentrale Organkompetenz. Allerdings werden große Teile der Verwaltungskompetenzen des Bundes nicht direkt durch die Bundesregierung wahrgenommen, sondern durch organisatorisch oder sogar rechtlich selbständige Bundesbehörden.

924 Die Frage der Trennung von Regierungs- und Verwaltungshandeln stellt sich an der Spitze der Exekutive, weil beide Funktionen durch dieselben Organe oder

---

43 Vgl. *Schröder*, HbStR III § 67 Rn. 19 ff.
44 Vgl. *Stern*, Staatsrecht II S. 697.

Organwalter ausgeübt werden[45]. Auf Bundesebene sind die Mitglieder der Bundesregierung Teil der politischen Staatsführung und lenken den Staat durch die Regierungspolitik. Gleichzeitig bilden die Bundesminister die Spitzen der Bundesverwaltung in ihren Ressorts[46]. Wegen dieser engen organisatorischen Einheit muss bei einzelnen Handlungen der Bundesregierung und ihrer Mitglieder genau geprüft werden, welcher Teil eines Akts funktional der Regierungstätigkeit oder der Verwaltungstätigkeit zuzuordnen ist. Denn Regierungsakte entziehen sich aufgrund ihres politischen Charakters einer umfassenden rechtlichen Beurteilung, während *Verwaltungshandeln rechtlich fast vollständig überprüfbar* ist[47].
Unterscheidungskriterium ist die politische Leitungsfunktion. Die Regierung lenkt den Staat als Ganzes. Verwaltungshandeln hat dagegen den Charakter eines laufenden Geschäfts ohne besondere Auswirkungen auf das gesamte Staatswesen. Die Verwaltung ist lediglich das ausführende Element von Regierungsentscheidung und Gesetzesvollziehung.

2. Regierung

Regieren im weiten funktionalen Sinne wird überwiegend definiert als das Bündel **925** der Entscheidungen und Maßnahmen, das der politischen Lenkung des Staatswesens dient und der Staatstätigkeit sowohl nach innen als auch nach außen seine grundsätzliche Richtung vorgibt[48].
Regieren in diesem weiten Sinne umfasst nicht nur die Tätigkeit der Bundesregierung, sondern erstreckt sich auf alle obersten Staatsorgane, soweit sie echte staatspolitische Kompetenzen besitzen. Zumindest bei bedeutsamen Regelungsgegenständen oder der Zustimmung zu politischen Verträgen i. S. d. Art. 59 Abs. 2 Satz 1 GG kann man der Gesetzgebung keinesfalls den Charakter von grundlegenden politischen Lenkungsentscheidungen absprechen. Auch einer Grundsatzentscheidung des BVerfG, die eindeutig einen Rechtsprechungsakt darstellt, kann politische Lenkungsfunktion besitzen.

Im Bereich der Exekutive definiert sich der funktionale Regierungsbegriff enger, **926** indem er durch die zentrale Organkompetenz der Bundesregierung ergänzt wird. Andere Staatsorgane, wie Bundestag und Bundesrat, sind zwar durch Mitwirkungs- und Kontrollrechte beteiligt, regieren als Exekutivmaßnahme ist aber keinesfalls ein Akt der Gesetzgebung oder Rechtsprechung.

Regiert wird durch die politischen Grundsatzentscheidungen der Bundesregie- **927** rung, wie z. B. den Kabinettsbeschluss über eine Steuerreform, die Planung einer Haushaltssanierung durch den Finanzminister, die Entscheidung des Bundeskanzlers, nicht an einem multinationalen Kriegseinsatz teilzunehmen, die Reise des

---

45 Soweit nachgeordnete Behörden handeln, ergibt sich die Trennung bzw. Zuordnung zur Verwaltung dagegen schon aus der fehlenden Organkompetenz bzw. fehlenden Leitungsfunktion.
46 Der Bundeskanzler hat eigentlich keine echten Verwaltungskompetenzen. Er übt die zentrale Regierungsfunktion innerhalb der Bundesregierung aus durch seine Richtlinienkompetenz (vgl. Art. 65 Abs. 1 Satz 1). Der ihm nachgeordnete Verwaltungsunterbau, welcher ihn in seiner Regierungstätigkeit unterstützt, ist das Bundeskanzleramt.
47 Ausnahme ist der Beurteilungsspielraum.
48 Vgl. zu den Definitionen *Stern*, Staatsrecht II S. 681 ff. m.w.N.

Außenministers ins Ausland etc. Das Regierungshandeln besitzt vor allem Initiativ- und Anstoßfunktion und gibt eine Richtung vor[49].

928 Wesentliches Merkmal des Regierungshandelns ist seine politische Dimension. Politische Entscheidungen sind nur sehr begrenzt rechtlich überprüfbar. Die politische Staatsleitung gibt Entscheidungen vor, die in neue Gesetze oder unmittelbare Verwaltungstätigkeit münden. Sie dürfen natürlich nicht gegen die Verfassung verstoßen. Ob sie sinnvoll oder zweckmäßig sind, fällt unter die politische Einschätzungsprärogative der Staatsleitung.

929 Zusammenfassend gehören zur Regierung im engeren funktionalen Sinne alle Akte mit staatspolitischem Leitungs- und Lenkungscharakter, die weder Gesetzgebungs- noch Rechtsprechungsakte sind und die der Bundesregierung zuzurechnen sind. Die Abgrenzung zum Verwaltungshandeln ergibt sich aus dem staatsleitenden Charakter[50]. Regelmäßig sind die Handlungen der Bundesregierung als Kollegialorgan (Kabinettsbeschlüsse) Regierungsakte, während bei den einzelnen Bundesministern (Ressortprinzip) untersucht werden muss, ob diese als Verwaltungsorgane oder in ihrer politischen Funktion tätig werden.

3. Verwaltung

930 a) **Begriff.** Die Staatsfunktion Verwaltung kann zunächst negativ definiert werden. Als Teil der vollziehenden Gewalt (Exekutive) ist Verwaltung das Staatshandeln, das nicht zur Rechtsprechung oder Gesetzgebung gehört und auch keine Ausübung von Regierungsfunktionen darstellt. Auch Staatsorgane, die zur Gesetzgebung oder Rechtsprechung gehören, können funktional für Verwaltungsmaßnahmen zuständig sein, wie z. B. die Justizorgane (Gerichte, Richter), die auch Verwaltungsaufgaben erledigen (freiwillige Gerichtsbarkeit).

931 Die rein negative Definition der Staatsfunktion Verwaltung trifft regelmäßig auf Kritik[51]. Eine umfassende positive Definition der Verwaltung fehlt jedoch. Positive Definitionsversuche stellen auf einzelne typische Merkmale des Verwaltungsrechts ab[52]. Griffig ist die Definition, dass Verwaltungshandeln die Erfüllung von öffentlichen Aufgaben (Gemeinwohlaufgaben) durch konkrete Maßnahmen sind, die auf Regierungsentscheidungen oder Gesetzesinhalten[53] beruhen[54]. Der Staat tritt aktiv und gezielt gegenüber dem einzelnen Bürger auf oder ergreift Maßnahmen zur Lösung eines einzelnen Sachgegenstands.

932 Der *Verwaltungsaufbau des GG* ist oft schwer eingänglich. Grundlegend ist zunächst die *Unterscheidung nach der Art der Verwaltungstätigkeit*. Hier gibt es zwei Grundelemente:

– die gesetzesfreie Verwaltung (oder die nichtgesetzesakzessorische Verwaltung)

– der Gesetzesvollzug (oder die gesetzesakzessorische Verwaltung).

---

49 Vgl. *Schröder*, HbStR II § 50 Rn. 6.
50 Vgl. *Stern*, Staatsrecht II S. 696.
51 Vgl. *Maurer*, Allg. Verwaltungsrecht § 1 Rn. 6.
52 Vgl. Beispiele bei *Maurer*, Allg. Verwaltungsrecht § 1 Rn. 7 ff.
53 Ggf. nach richterlicher Entscheidung.
54 Vgl. *Stern*, Staatsrecht II S. 696 f.

Diese Betrachtung ist strikt zu trennen von der Frage, *wer die Verwaltungstätig-* **933**
keit ausübt. Hier ist zu unterscheiden nach:
– bundeseigener Verwaltung
– Landesverwaltung

Gesetzfreies Verwaltungshandeln betrifft Maßnahmen staatlicher Behörden ohne **934**
direkten Gesetzvollzug. hierzu gehört allgemeine organisatorische Tätigkeit, wie
das Einstellen von Personal, das Beschaffen von Gegenständen, die interne
behördliche Organisation. Das bedeutet aber keineswegs, dass das Verwaltungshandeln nicht an Gesetze gebunden ist, sondern nur, dass nicht der Inhalt eines
besonderen Gesetzes ausgeführt wird. Gesetzliche Regelungen der Verwaltungsorganisation, Verfahren, sowie die sonstigen Vorschriften der Rechtsordnung und
insbesondere die verfassungsrechtlichen Bestimmungen sind immer zu beachten.

Gesetzesvollzug bedeutet die Umsetzung der abstrakt-generellen Regelungen des **935**
Gesetzgebers in konkret-individuelle Regelungen eines Verwaltungsaktes gegenüber dem einzelnen Gesetzesadressaten (vgl. § 35 Satz 1 VwVfG). Hier wird nicht
allgemeine Verwaltungsorganisation vorgenommen, vielmehr werden vom Bundestag beschlossenen Gesetze, die in der Realität umgesetzt werden müssen, wie
z.B. die Auszahlung von Ausbildungsförderung, die Organisation eines neuen
Asylverfahrens, die Durchführung eines neuen Passgesetzes mit der Ausgabe neuer
Ausweise, von der Verwaltung ausgeführt.

Für die Staatsorganisation geht es ganz überwiegend um die Frage, *wer bestimmte* **936**
Bundesgesetze in welcher Art und Weise ausführt. Gegenstand der Betrachtung
ist damit vorwiegend die gesetzesausführende Verwaltung.

b) Aufteilung der Verwaltungskompetenzen. Regelungstechnisch weist das GG **937**
grundsätzlich alle Staatsfunktionen den Ländern zu (vgl. Art. 30).
Im Bereich der gesetzesvollziehenden Verwaltung wird der Grundsatz der vollständigen und uneingeschränkten Verbandskompetenz der Länder modifiziert.
Generell gilt für den Gesetzesvollzug aller Gesetze folgende Unterteilung:
– der Vollzug von Landesgesetzen erfolgt ohnehin durch die Länder.
– der Vollzug von Bundesgesetzen erfolgt:
– durch den Bund (*Bundeseigene Verwaltung*)
– durch die Länder nach folgender Einteilung:
  – der Vollzug durch die Länder als eigene Angelegenheiten (Eigenverwaltung
    der Länder unter Rechtsaufsicht des Bundes, sog. *Bundesaufsichtsverwal-*
    tung, Art. 84),
  – der Vollzug durch die Länder im Auftrag des Bundes, (Eigenverwaltung der
    Länder unter rechts- und Fachaufsicht des Bundes, *Bundesauftragsverwal-*
    tung, Art. 85 GG).

Will der Bund durch gesetzliche Regelungen in die Verwaltungsorganisation oder **938**
das Verwaltungsverfahren der Länder eingreifen, um zu Lasten von deren Verwaltungshoheit eigene Vorgaben für den Vollzug der Bundesgesetze zu machen, benötigt er die Zustimmung der Länder im Bundesrat im Bereich der Bundesaufsichtsverwaltung nur noch ausnahmsweise unter den Voraussetzungen des Art. 84

Abs. 1. Bei der Bundesauftragsverwaltung bleibt es auch nach der Verfassungsreform bei der Zustimmung für Gesetze, die Behörden und den Verwaltungsvollzug regeln (vgl. Art. 85 Abs. 1 und 2). Weil der konkrete Verwaltungsvollzug von Gesetzen enormen Einfluss auf die Verwirklichung des Gesetzeszwecks besitzt, sieht der Bund regelmäßig ein Bedürfnis für verfahrensrechtliche und organisatorische Vollzugsregelungen, die die Verwaltungshoheit der Länder berührt. Aus diesem Grund hat die Zustimmung des Bundesrats einen überwältigen Einfluss auf die Gesetzgebung[55].

S. hierzu Rn. 1075: Schema 15: Verwaltungsfunktionen.

939 c) **Bundeseigene Verwaltung.** Art. 86 weist der Bundesregierung im Bereich der bundeseigenen Verwaltung die Organisationsgewalt zu, soweit das Gesetz nichts anderes bestimmt. Die Unterscheidung zwischen Errichtung (Gründung) und Einrichtung (d.h. Ausgestaltung einer bereits errichteten [gegründeten] Behörde mit Personal und Sachmitteln), die der einschränkende Wortlaut des Art. 86 Satz 2 nahelegt, gilt in diesem Zusammenhang nicht. Ebenfalls missverständlich ist die Formulierung „durch bundeseigene Verwaltung oder durch bundesunmittelbare Körperschaften und Anstalten". Gemeint ist in Art. 86 die Organisationsgewalt der Bundesregierung sowohl für die rechtlich nicht selbständige unmittelbare Bundesverwaltung als auch für die rechtlich selbständige mittelbare Bundesverwaltung inklusive des Erlasses der allgemeinen Verwaltungsvorschriften.
Die Organisationsgewalt der Bundesregierung gem. Art. 86 gilt aber nur, soweit das Gesetz nichts abweichendes bestimmt. Solche abweichenden Bestimmungen finden sich in den Art. 87 ff.. Sie orientieren sich an der punktuellen, auf einzelne Sachgebiete bezogenen Zuweisung der Verbandskompetenz an den Bund. Zum Teil bekommt der Gesetzgeber die Organisationsgewalt obligatorisch zugewiesen. Zum Teil hat er aber auch nur fakultativ diese Möglichkeit, so dass die Bundesregierung ohne gesetzliche Regelung alleiniger Inhaber der Organisationsgewalt ist (vgl. Art. 86 Satz 2).

940 Wird eine Konstellation aufgrund des Einzelvorschriftencharakters der Art. 86 ff. nicht eindeutig geregelt, gelten die allgemeinen Verfassungsprinzipien. Grundsätzlich hat der Gesetzgeber immer die Möglichkeit, durch Erlass eines Gesetzes im Bereich der Verwaltungsorganisation tätig zu werden. Ein unantastbarer Raum wie bei der Regierungsfunktion gilt für die Verwaltung nicht. Soweit der Gesetzgeber keine gesetzlichen Regelungen trifft, begrenzt der Vorbehalt des Gesetzes die Organisationsgewalt der Exekutive.

941 Die Verwaltungskompetenz wird dem Bund für einzelne Sachgebiete vom GG in den Art. 87 ff. zugewiesen. Unterschieden wird zwischen obligatorischer und fakultativer Bundesverwaltung.

942 (aa) **Obligatorische Bundesverwaltung.** Obligatorische Bundesverwaltung bedeutet, dass das GG dem *Bund zwingend die Verwaltung zuweist.* Dazu zählen insbesondere:

---

55 Der wichtigste andere Grund ist die Zustimmungsbedürftigkeit im Bereich der Finanzverfassung.

– der Auswärtige Dienst gem. Art. 87 Abs. 1 Satz 1

– die Bundesfinanzverwaltung gem. Art. 87 Abs. 1 Satz 1

– die Bundeswehrverwaltung gem. Art. 87b Abs. 1 Satz 1

– die Luftverkehrsverwaltung gem. Art. 87d Abs. 1 Satz 1

– die Bundesbank gem. Art. 88 Abs. 1 Satz 1

– die Bundeswasserstraßenverwaltung gem. Art. 89 Abs. 2 Satz 1

943 Die in Art. 87 beschriebenen Aufgaben müssen vom Bund auch tatsächlich wahrgenommen und demzufolge eine entsprechende Verwaltung organisiert werden. Allerdings braucht die Kompetenz zum Aufbau einer eigenen Verwaltungsstruktur nicht vollständig ausgeschöpft werden. Eine Privatisierung von Verwaltungsaufgaben ist aber nur in begrenzten Teilbereichen zulässig.

(bb) Fakultative Bundesverwaltung. Fakultative Bundesverwaltung bedeutet, dass **944** der *Bund die Möglichkeit besitzt*, die *Verwaltungskompetenz anstelle der Länder an sich zu ziehen*. Diese Möglichkeit räumt das GG regelmäßig durch Erlass eines entsprechenden Bundesgesetzes ein (vgl. Art. 87 Abs. 1 Satz 2 GG). Betroffen sind Sachgebiete, in denen die Verfassung eine zentrale Wahrnehmung durch den Bund als zweckmäßig ansieht, z.B. der Bundesgrenzschutz oder das Bundeskriminalamt in Art. 87 Abs. 1 Satz 2.

Neben der Aufzählung einzelner Bereiche in Art. 87 Abs. 1 Satz 2 besteht in **945** Art. 87 Abs. 3 eine Klausel für zusätzliche Verwaltungskompetenzen des Bundes durch *Schaffung neuer bundesunmittelbarer* und *bundesmittelbarer Verwaltungseinrichtungen*. Notwendig ist ein Bundesgesetz.
Voraussetzung für die Schaffung einer Verwaltungseinrichtung ist allerdings, dass dem Bund in diesem Bereich die Gesetzgebungskompetenz zusteht. Davon umfasst sind die Gegenstände der ausschließlichen und konkurrierenden Gesetzgebungskompetenz. Bei letzterer ist erforderlich, dass der Bund spätestens mit der Schaffung neuer Verwaltungskompetenzen auch die entsprechende konkurrierende Gesetzgebungskompetenz durch Erlass eines Gesetzes wahrnimmt.
Problematisch ist, dass die zusätzliche Schaffung von Bundesverwaltungskompetenzen zu Lasten der Länder eine Art gesamtstaatliches Bedürfnis als einschränkendes Tatbestandsmerkmal nach überwiegender Ansicht nicht erfordert[56]. Der Bund kann über die ihm immer zustehende allgemeine Rechtsaufsicht gem. Art. 84 Abs. 1 hinaus – ohne Zustimmung des Bundesrats – den Ländern die Verwaltungskompetenzen nach Belieben sowohl im gesetzesakzessorischen als auch im nicht-gesetzesakzessorischen Bereich entziehen.

Die Bundesverwaltung ist nicht wie die Landesverwaltung mehrstufig (dreistufig) **946** aufgebaut. Es existiert oft nur eine bundesweit zuständige oberste Verwaltungsstufe, die für eine punktuelle Aufgabe zuständig ist, die den Staat als ganzes oder das gesamte Staatsgebiet betrifft oder typischerweise eine so intensive Koordinierung auf Bundesebene erfordert, dass eine Zusammenarbeit der Landesbehörden nicht oder wenig effektiv erscheint.

---

56 Vgl. *Lerche*, in: Maunz/Dürig Art. 87 Rn. 179 ff.

Beispiele:
Bundeskriminalamt, Bundeskartellamt, Bundesamt für Verfassungsschutz oder Statistisches Bundesamt.

In einzelnen Bereichen gibt es einen *mehrstufigen Behördenaufbau*[57].

Beispiel:
Auswärtiger Dienst, mit dem Außenministerium als oberster Bundesbehörde und den Vertretungen im Ausland als nachgeordneten Behörden; mehrstufige Bundeswehrverwaltung.

947 Anhand der Aufteilung in unmittelbare und mittelbare Staatsverwaltung gilt für den Bund:

- Die *unmittelbare* Bundesverwaltung besteht aus den obersten Bundesbehörden (Bundesregierung, Bundesminister, Bundesrechnungshof) und den oberen Bundesbehörden (Bundeskriminalamt, Bundeskartellamt, Bundesamt für Verfassungsschutz). Obere Bundesbehörden sind den obersten Bundesbehörden nachgeordnet und unterliegen deren Weisungsbefugnis[58].

- Die *mittelbare* Bundesverwaltung besteht aus rechtlich selbständigen Verwaltungsträgern (Körperschaften, Anstalten, Stiftungen), die durch Bundesgesetz eingerichtet und denen bestimmte Verwaltungsaufgaben zugewiesen werden (z.B. Sozialversicherungsträger, Bundesanstalt für einigungsbedingte Sonderaufgaben, Bundesagentur für Arbeit, Stiftung preußischer Kulturbesitz).

948 d) **Bundesaufsichtsverwaltung.** Die Bundesaufsichtsverwaltung ist der vom GG vorgesehene Normalfall. Die Länder führen die Bundesgesetze als eigene Angelegenheit aus. Sie regeln die Einrichtung der Behörden und das Verwaltungsverfahren. Gem. Art. 83, 84 überwacht und sichert der Bund nur den gesetzmäßigen Vollzug (*Rechtsaufsicht*).

949 Ausnahmsweise kann auch der Bund die Einrichtung der Behörden und das Verwaltungsverfahren bestimmen, allerdings nur mit Zustimmung des Bundesrates (Art. 84 Abs. 1).

950 e) **Bundesauftragsverwaltung.** Bei der Auftragsverwaltung (Art. 85) kann der Bund *neben der Rechtsaufsicht* auch die Zweckmäßigkeit des Verwaltungsvollzugs selbst beurteilen (*Fachaufsicht*) und der Landesverwaltung inhaltliche Entscheidungsvorgaben machen.
Die Auftragsverwaltung kann noch einmal in obligatorische und fakultative Verwaltung unterschieden werden. Bei der *obligatorischen* Auftragsverwaltung ordnet das GG selbst diesen Verwaltungstypus zwingend an (Art. 90 Abs. 2, 104a Abs. 3 Satz 2, 108 Abs. 3). Bei der *fakultativen* Auftragsverwaltung liegt es im Ermessen des Bundes diesen Auftragstyp zu wählen (Art. 120a, 87b Abs. 2, 87c, 87d Abs. 2, 108 Abs. 3).
Die Reichweite der Einflussnahme durch den Bund ist typischer Gegenstand von Bund-Länder-Streitigkeiten vor dem BVerfG (vgl. Art. 93 Abs. 1 Nr. 4.

---

57 Vgl. Beispiele bei *Maurer*, Allg. Verwaltungsrecht § 22 Rn. 39.
58 Ausnahmsweise bestehen ministerialfrei Bereiche, wenn sachliche Unabhängigkeit für die Aufgabenerledigung besonders zweckmäßig erscheint.

g) Gesetzgebung durch die Exekutive. (aa) Begriff. Das GG räumt der Exekutive   **951**
in Art. 80 die Befugnis ein, unter bestimmten Voraussetzungen und in einem engen
Rahmen *Rechtsverordnungen* zu erlassen.
Rechtsverordnungen sind *abstrakt-generelle Regelungen (Gesetze), die von der
Exekutive nach Ermächtigung durch die Legislative erlassen werden.* Da ein parlamentarisches Gesetzgebungsverfahren fehlt, sind Rechtsverordnungen nur
materielle Gesetze. In der Normenhierarchie stehen Rechtsverordnungen unterhalb der formellen Gesetze (Parlamentsgesetze), aber über den Satzungen und
Verwaltungsvorschriften. Im Gegensatz zu den Verwaltungsvorschriften
beschränkt sich die rechtliche Wirkung von Rechtsverordnungen nicht auf den
inneren Verwaltungsbereich, sondern erstreckt sich auch nach außen. Satzungen
werden aufgrund der aus der Selbstverwaltungsautonomie stammenden Satzungshoheit erlassen. Rechtsverordnungen leiten sich dagegen von der parlamentarischen Ermächtigung ab.

(bb) Funktion. Rechtsverordnungen dienen im Wesentlichen dazu, formell-gesetz-   **952**
liche Vorschriften im Einzelnen auszugestalten, Detailbestimmungen als Geset-
zesergänzung festzulegen und für spezielle, oftmals technische oder verfahrensrechtliche Problematiken, die beim Gesetzesvollzug auftreten, der Exekutive
eigene Regelungskompetenzen einzuräumen.

Dadurch wird die Gesetzgebung entlastet, weil anstelle des oft langwierigen, for-   **953**
malisierten parlamentarischen Gesetzgebungsverfahrens das weitaus einfachere
Erlassverfahren des Art. 80 tritt. Das Fachwissen der Exekutive bzw. der Ministerialbürokratie steht beim Erlass direkt zur Verfügung. Auch der Inhalt des formellen Gesetzes wird übersichtlicher, wenn ihm die grundsätzliche Regelung vorbehalten bleibt und einzelne Detailbestimmungen außerhalb geregelt werden.

> **Beispiele:**
> Durchführungsverordnungen betreffend die Durchführung einzelner Gesetzesbestim-
> mungen; Organisationsverordnungen betreffend die Verwaltungsorganisation für den
> Gesetzvollzug; Zuständigkeitsverordnungen, die Zuständigkeiten im Einzelnen regeln;
> Polizeiverordnungen wie die StVO etc.

Die Funktion der Rechtsverordnung, den Gesetzgeber zu entlasten und Detailregelungen der gesetzvollziehenden Exekutive zu überlassen, darf sich aber nicht zu
weit von der Gewaltenteilung und vom Grundsatz des Vorbehalts des Gesetzes
entfernen, sowie der Forderung des Demokratieprinzips, dass gesetzliche Regelungen grundsätzlich von der Volksvertretung festgelegt werden. Aus diesem
Grund knüpft Art. 80 die Rechtmäßigkeit der Gesetzgebung durch die Exekutive
an enge Voraussetzungen.

(cc) Voraussetzungen. Gem. Art. 80 Abs. 1 Satz 1 ist für jede Rechtsverordnung   **954**
eine *Ermächtigungsgrundlage* in Gestalt eines Parlamentsgesetzes erforderlich.
Diese Ermächtigung kann Bestandteil eines Gesetzes sein, mit dem die Rechtsverordnung zusammenhängen soll. Sie kann aber auch formell durch ein eigenes
Gesetzgebungsverfahren erfolgen. Das ermächtigende Gesetz muss gem. Art. 80
Abs. 1 bestimmten Anforderungen genügen und darf nur bestimmte Adressaten
ermächtigen.

Adressaten der parlamentarischen Ermächtigung können gem. Art. 80 Abs. 1   **955**
Satz 1 GG nur bestimmte Organe der Exekutive sein. Dazu gehören die Bundes-

regierung als Kollegialorgan, die Bundesminister für ihr Ressort, sowie die Landesregierungen. Andere Ermächtigungen sind verfassungswidrig. Gem. Art. 80 Abs. 1 Satz 4 ist es mittels Rechtsverordnung möglich, die Ermächtigung zum Erlass der eigentlichen Rechtsverordnung *weiterzudelegieren*, wenn die parlamentarische Ermächtigungsgrundlage dies vorsieht (sog. *Subdelegation*). Allerdings ist nur eine Delegation zulässig, die sich im Rahmen der verfassungsrechtlichen bzw. der ursprünglichen parlamentarischen Ermächtigung hält, also nur an die der Bundesregierung bzw. den Bundesministern nachgeordneten Behörden bzw. die Mitglieder der Landesregierung und nachgeordnete Landesbehörden.

956 Die *Zuordnung* einer Rechtsverordnung zum Bundes- oder Landesrecht richtet sich *nach der Zugehörigkeit des erlassenden Exekutivorgans*. Erlässt eine Landesregierung gem. Art. 80 eine Rechtsverordnung zu einem Bundesgesetz, dann ist die Rechtsverordnung Landesrecht.

957 Gem. Art. 80 Abs. 1 Satz 2 GG müssen *Inhalt, Zweck* und *Ausmaß* der erteilten Ermächtigung *im Gesetz bestimmt* sein. Für den Adressat der später erlassenen Verordnung muss schon aufgrund der parlamentarischen Ermächtigung vorhersehbar sein, was Inhalt der späteren Rechtsverordnung sein wird, welchem Zweck die Verordnung dient und welche Grenzen der Verordnungsgeber beachten muss. Diese materiellen Schranken haben vor allem rechtsstaatliche und demokratische Funktion, weil sie verdeutlichen, dass die wesentlichen Gesetzesinhalte bereits vom parlamentarischen Gesetzgeber festgelegt sein müssen. Die Gesetzgebung per Rechtsverordnung darf nur in eng bemessenen Bereichen der freien Entscheidungsgewalt der Exekutiven überlassen werden.

> „Art. 80 GG soll den Gesetzgeber zwingen, die für die Ordnung eines Lebensbereichs entscheidenden Vorschriften selbst zu setzen und, soweit Einzelregelungen der Exekutive überlassen bleiben, sie nach Tendenz und Ausmaß soweit selbst zu bestimmen, dass der mögliche Inhalt der zu erlassenden Verordnung vorhersehbar ist. [...]
> Aus dem Rechtsstaatsprinzip ergibt sich, dass die Ermächtigung an den Verordnungsgeber so bestimmt sein muss, dass schon aus ihr und nicht erst aus der auf sie gestützten Verordnung erkennbar und vorhersehbar sein muss, was von dem Bürger gefordert werden kann."[59]

> „Es genügt, wenn sich Inhalt, Zweck und Ausmaß der Ermächtigung aus dem ganzen Gesetz ermitteln lassen. Maßgebend ist der objektive Wille des Gesetzgebers, so wie er sich aus dem Wortlaut der Ermächtigungsnorm und dem Sinnezusammenhang ergibt, in den die Ermächtigungsnorm gestellt ist. Auch die Entstehungsgeschichte kann [...] herangezogen werden [...]."[60]

958 Im Gegensatz zum parlamentarischen Gesetzgebungsverfahren fehlt – ganz bewusst – ein entsprechend umfassend geregeltes *Verfahren*. Ermöglicht werden soll eine schnelle, flexible Gesetzgebung. Im GG wird das Verfahren in Art. 80, sowie in Art. 82 normiert. Daneben gilt das Geschäftsordnungsrecht der erlassenden Exekutivorgane.

959 Rechtsverordnungen sind gem. Art. 82 Abs. 1 Satz 2 von der erlassenden Stelle *auszufertigen* und vorbehaltlich anderweitiger Regelungen im Bundesgesetzblatt

---

59 BVerfGE 7, 282 – *Umsatzsteuer-Durchführungsverordnung*.
60 BVerfGE 19, 354, 362 – *Zur Anwendung des Art. 80*.

zu verkünden. In bestimmten Fällen ist die Verkündung im Bundesanzeiger möglich[61].

Rechtsverordnung können durch die Entscheidung *eines einfachen Gerichts* aufgehoben werden, weil diese mangels parlamentarischen Gesetzgebungsverfahrens keine formellen Gesetze sind. Dies gilt aber nicht, soweit die Rechtswidrigkeit auf der parlamentarischen Ermächtigung selbst beruht, weil dann das Gericht mittelbar über ein Parlamentsgesetz entscheiden würde. **960**

Rechtsprechung:
BVerfGE 1, 14 – *Südweststaat*; BVerfGE 8, 274 – *Preisbildung*; BVerfGE 11, 6 – *Dampfkessel-Verordnung*; BVerfGE 11, 77 – *Landesausgleichsabgabe;* BVerfGE 11, 105 – *Familienausgleichskassen*; BVerfGE 12, 205 – *Errichtung von Rundfunkanstalten: Deutschland-Fernsehen*; BVerfGE 14, 197 – *Bundesaufsichtsamt für Kreditwesen*; BVerfGE 21, 312 – *Anwendung von Landesrecht durch Bundesbehörden*; BVerfGE 26, 338 – *Eisenbahnkreuzungsgesetz: Verwaltungskompetenzen des Bundes*; BVerfGE 31, 113 – *Bundesprüfstelle für jugendgefährdende Schriften*; BVerfGE 37, 363 – *Zustimmungsbedürftigkeit*; BVerfGE 55, 274 – *Berufsbildungsabgabe*; BVerfGE 58, 257 – *Schulentlassung*; BVerfGE 63, 1 – *Versorgungsanstalt der deutschen Bezirksschornsteinfeger*; BVerfGE 75, 108 – *Einrichtung von Behörden nach Art. 84 Abs. 1 GG*; BVerfGE 78, 249 – *Fehlbelegungsabgabe*; BVerfGE 81, 310 – *Weisungsrecht bei Bundesauftragsverwaltung – „schneller Brüter";* BVerfGE 83, 130 – *Besetzung der Bundesprüfstelle für jugendgefährdende Schriften*; BVerfGE 84, 25 – *Weisungsrecht bei Bundesauftragsverwaltung – „Schacht Konrad*; BVerfGE 91, 148 – *Umlaufverfahren*; BVerfGE 97, 198 – *Übertragung von Aufgaben der Bahnpolizei und der Flughafensicherung auf den Bundesgrenzschutz*; BVerfGE 100, 249 – *Verwaltungsvorschriften gem. Art. 85 II GG;* BVerfGE 101, 1 – *Hennenhaltungsverordnung*; BVerfGE 102, 167 – *Weisungsrecht bei Bundesauftragsverwaltung – Abstufung einer Bundesstraße*; BVerfGE 104, 249 – *Biblis: Maßnahmen im Vorfeld einer Weisung gem. Art. 85 III GG;* BVerwGE 98, 18 – *Personalausweisdruck*.

Literatur:
Becker, B., Zentrale nichtministerielle Organisationseinheiten der unmittelbaren Bundesverwaltung, VerwArch. 69 (1978) 149; *ders.,* Öffentliche Verwaltung, 1989; *Blümel, W.,* Verwaltungszuständigkeit, HbStR IV 1999, § 101; *ders.,* Bundesstaatsrechtliche Aspekte der Verwaltungsvorschriften, AöR 93 (1968) 200; v. *Bogdandy, A.,* Gubernative Rechtsetzung, 2000; *Britz, G.,* Bundeseigenverwaltung durch selbstständige Bundesbehörden nach Art. 87 III 1 GG, DVBl. 1998, 167; *Dieners, P.,* Länderrechte in der Bundesauftragsverwaltung, DÖV 1991, 923; *Dittmann, A.,* Die Bundesverwaltung, 1983; *Hebeler, T.,* Die Ausführung von Bundesgesetzen (Art. 83 ff. GG), Jura 2002, 164; *Heitsch, C.,* Die Ausführung der Bundesgesetze durch die Länder, 2001; *ders.,* Verfassungswidrigkeit des Bundesgesetzgebers als Grenze des Weisungsrechts, DÖV 2002, 68; *Jekewitz, J.,* Deutscher Bundestag und Rechtsverordnungen, NVwZ 1994, 956; *Klein, H. H.,* Verwaltungskompetenz von Bund und Ländern in der Rechsprechung des Bundesverfassungsgerichts, in: FS BVerfG II, 1976, S. 277; *Kotulla, M.,* Fortgeltung von Rechtsverordnungen nach Wegfall ihrer gesetzlichen

---

61 Gesetz über vereinfachte Verkündung und Bekanntgabe v. 18.7.1975, BGBl. I S. 1919.

Grundlage?, NVwZ 2000, 263; *Krebs, W.,* Verwaltungsorganisation, HbStR III 1996, § 69; *Kuckuck, G.,* Probleme des Vollzugs von Rahmengesetzen, DÖV 1978, 354; *Lange, K.,* Probleme des Bund-Länder-Verhältnisses im Atomrecht, NVwZ 1990, 928; *Lecheler, H.,* Der Verpflichtungsgehalt des Art. 87 I 1 GG – Fessel oder Richtschnur für die bundesunmittelbare Verwaltung?, NVwZ 1989, 834; *Lerche, P.,* Zur Angreifbarkeit von Weisungen des Bundes im Rahmen der Bundesauftragsverwaltung, BayVBl. 1987, 321; *ders.,* Neue Entwicklungen zum Begriff der Bundeseigenverwaltung, in: FS für F. Klein, 1994, S. 527; *Löwer, W.,* Verfassungsrechtsfragen der Steuerauftragsverwaltung, 2001; *Loschelder, F.,* Die Durchsetzbarkeit von Weisungen in der Bundesauftragsverwaltung, 1998; *ders.,* Weisungshierarchie und persönliche Verantwortung in der Exekutive, HbStR III 1996, § 68; *Maunz, T.,* Die geteilte Verwaltung im Bundesstaat, in: FS Boorberg-Verlag, 1977, S. 95; *Merten, D.,* Juristische Personen im Sinne von Art. 87 Abs. 2 und Abs. 3 GG, in: FS für Knöpfle, 1996, S. 219; *Nierhaus, M.,* Bestimmtheitsgebot und Delegationsverbot des Art. 80 Abs. 1 Satz 2 GG und der Gesetzesvorbehalt der Wesentlichkeitsgarantie, in: FS für Stern, 1997, S. 717; *Ossenbühl, F.,* Rechtsverordnung, HbStR III 1996, § 64; *ders.,* Autonome Rechtssetzung der Verwaltung, HbStR III 1996, § 65; *Pauly, W.,* Weisungsabwehr in der Bundesauftragsverwaltung, DÖV 1989, 884; *Rupp, H. H.,* Bemerkungen zur Bundeseigenverwaltung nach Art. 87 III 1 GG, in: FS für Dürig, 1990, S. 387; *Sauter, A.,* Die Zustimmungsbedürftigkeit von Bundesgesetzen unter besonderer Berücksichtigung des Art. 84 Abs. 1 GG, in: FS für F. Klein, 1994, S. 561; *Schmidt, J.,* Die Beteiligung des Bundestags beim Erlass von Rechtsverordnungen, 2002; *Schmidt-Aßmann, E.,* Verwaltungsorganisation zwischen parlamentarischer Steuerung und exekutivischer Organisationsgewalt, in: FS für Ipsen, 1977, S. 333; *ders.,* Verwaltungsverfahren, HbStR III, 1996, § 70; *Schnapp, F. E.,* Grundbegriffe des öffentlichen Organisationsrechts, Jura 1980, 68; *ders.,* Ausgewählte Probleme des öffentlichen Organisationsrechts, Jura 1980, 293; *Schulte, M.,* Zur Rechtsnatur der Bundesauftragsverwaltung, VerwArch. 81 (1990), 415; *Sommermann, K. P.,* Grundfragen der Bundesauftragsverwaltung, DVBl. 2001, 1549; *Steinberg, R.,* Handlungs- und Entscheidungsspielräume des Landes bei der Bundesauftragsverwaltung unter besonderer Berücksichtigung der Ausführung des Atomgesetzes, AöR 110 (1985) 419; *Studenroth, S.,* Einflussnahme des Bundestags auf Erlass, Inhalt und Bestand von Rechtsverordnungen, DÖV 1995, 525; *Thomson, S.,* Rechtsverordnungen unter Änderungsvorbehalt des Bundestags?, DÖV 1995, 989; *Traumann, D.,* Die Organisationsgewalt im Bereich der bundeseigenen Verwaltung, 1998; *Uhle, A.,* Verordnungsgeberische Entscheidungsmacht und parlamentarischer Kontrollvorbehalt, NVwZ 2002, 15; *ders.,* Verordnungsänderung durch Gesetz und Gesetzesänderung durch Verordnung?, DÖV 2001, 241; *Vogel, K.,* „Selbständige Bundesaufsicht" nach dem Grundgesetz, besonders bei der Anwendung europäischen Rechts, in: FS für Stern, 1997, S. 819; *Winter, G.,* Rechtsschutz gegen Weisungen in der atomrechtlichen Bundesauftragverwaltung, DVBl. 1985, 993; *Ziekow, J.,* Verordnungsermächtigungen mit supra- und internationalen Bezügen, JZ 1999, 963; *Zimmermann, B.,* Die Kontrolldichte gerichtlichen Rechtsschutzes gegen Weisungen in der Bundesauftragsverwaltung – Ein Problem der Zuständigkeitsverwaltung zwischen BVerfG und BVerwG?, DVBl. 1992, 93.

IV. Die Rechtsprechung

Die Rechtsprechung oder Judikative ist die dritte Staatsfunktion neben Gesetzge- **961** bung und Exekutive. Das GG widmet ihr einen eigenen Abschnitt IX. mit den Art. 92–104, der jedoch keine in sich geschlossene Regelung darstellt. Insbesondere aufgrund der engen Verknüpfung mit dem Rechtsstaatsprinzip finden sich weitere Verfassungsnormen, die unmittelbaren Bezug zur Rechtsprechung haben, wie z.B. die Richtervorbehalte in den Grundrechtsnormen oder die Rechtsweggarantie in Art. 19 Abs. 4.

Die staatliche Institution, die für die Ausübung der Rechtsprechung zuständig ist, **962** heißt *Gerichtsbarkeit*. Sie kann in die einfache Gerichtsbarkeit und die Verfassungsgerichtsbarkeit eingeteilt werden. Gegenstand der einfachen Gerichtsbarkeit ist in erster Linie die Anwendung und Auslegung des Gesetzesrechts. Die Verfassungsgerichtsbarkeit befasst sich nie mit der Anwendung, sondern mit der Überprüfung des Gesetzesrechts im Hinblick auf eine Übereinstimmung mit der Verfassung. Darüber hinaus ist sie der Streitschlichter zwischen den obersten Staatsorganen und zwischen Bund und Ländern. Außerdem hat sie besondere Anklagefunktionen.

S. hierzu Rn. 1073: Schema 13: Justiz/Gerichtsbarkeiten.

1. Definition und Abgrenzung

Eine ausdrückliche verfassungsrechtliche Definition für die Staatsfunktion Recht- **963** sprechung existiert nicht. Im Schrifttum gibt es eine Vielzahl von Definitionen, die überwiegend einen funktionalen Rechtsprechungsbegriff verwenden, der sich nicht an bestimmte Sachgebiete wie Strafrecht, Zivilrecht etc. anlehnt, sondern auf spezifische Tätigkeitsmerkmale abstellt. Nicht ausreichend ist jedenfalls, dass der formelle Rechtsprechungsbegriff, in Anlehnung an die Aufgabenzuweisung des Art. 92, allein darauf abstellt, ob staatliche Funktionen durch ein mit Richtern besetztes Gremium ausgeübt werden[62].

Das BVerfG führt zum *verfassungsrechtlichen Rechtsprechungsbegriff* aus: **964**

> „Der Begriff der rechtsprechenden Gewalt ist durch die Verfassung nicht abschließend geklärt. […] von der Ausübung rechtsprechender Gewalt kann – in allein organisationsrechtlicher Betrachtung – nicht schon dann gesprochen werden, wenn ein staatliches Gremium mit unabhängigen Richtern im Sinne des Art. 92 ff. GG besetzt ist […].
>
> Zu den wesentlichen Begriffmerkmalen der Rechtsprechung […] gehört das Element der Entscheidung, der letztverbindlichen, der Rechtskraft fähigen Feststellung und des Ausspruches dessen, was im konkreten Fall rechtens ist […]. Nach Art. 92 GG ist es Aufgabe der Gerichte, Rechtssachen mit verbindlicher Wirkung zu entscheiden, und zwar in Verfahren, in denen durch Gesetz die erforderliche prozessualen Sicherungen gewährleistet sind und der verfassungsrechtlich geschützte Anspruch auf rechtliches Gehör besteht […]. Kennzeichen rechtsprechender Tätigkeit ist daher typischerweise die letztverbindliche Klärung der Rechtslage in einem Streitfall im Rahmen besonders geregelter Verfahren."[63]

---

62 Vgl. BVerfGE 103, 111, 116 f. – *Wahlprüfung Hessen.*
63 BVerfGE 103, 111, 117 f. – *Wahlprüfung Hessen.* Genauer gesagt verwendet das BVerfG einen materiellen und einen funktionalen Rechtsprechungsbegriff. Ersterer umfasst die traditionellen Bereiche wie die ordentliche Gerichtsbarkeit.

965 Rechtsprechung kann damit qualifiziert werden als *„verbindliche rechtliche Entscheidung über eine Rechtslage eines konkreten Einzelfalls in einem förmlichen, durch Richter durchgeführten Verfahren das durch die Initiative eines nichtrichterlichen Antragstellers ausgelöst wurde"*[64].

966 Anhand der einzelnen Merkmale werden zum einen die wesentlichen Funktionen der Rechtsprechung (Judikative) deutlich. Zum anderen lässt sich an ihnen die Abgrenzung zu den beiden anderen Staatsfunktionen Legislative und Exekutive aufzeigen. Nicht alle Merkmale passen allerdings immer vollständig auf den gesamten Tätigkeitsbereich der Rechtsprechung, sondern müssen vor allem für die Verfassungsgerichtsbarkeit ein wenig modifiziert werden, die allerdings auch keine typische Rechtsprechung darstellt. Die Abgrenzung zu den beiden anderen Staatsfunktionen hat Bedeutung für besondere Regelungen im GG, die nur Rechte und Pflichten im Bereich der Rechtsprechung schaffen:

– das rechtliche Gehör (vgl. Art. 103 Abs. 1), das Recht auf den gesetzlichen Richter (vgl. Art. 101 Abs. 1 Satz 2)

– die Unabhängigkeit der Richter (vgl. Art. 97).

967 Die rechtliche Entscheidung bedeutet zunächst die Anwendung der Rechtsordnung auf einen vorgefundenen Sachverhalt (Subsumtion). Maßstab sind alleine die vorhandenen Normen der Rechtsordnung, d.h. in erster Linie die Gesetze (vgl. Art. 97 Abs. 1).

968 Die Rechtsprechung *entscheidet endgültig und verbindlich für alle Beteiligten.* Dadurch soll die Rechtslage abschließend geklärt und erledigt werden, um Rechtsfrieden und Rechtssicherheit herzustellen. In Kauf genommen wird dafür, dass verbindlich getroffene Fehlentscheidungen endgültig rechtswirksam bleiben. Nur ausnahmsweise sind Entscheidungen noch revidierbar, wenn Fehlerhaftigkeit oder Unrechtsgehalt ein für die Rechtsordnung unerträgliches Maß erreichen.
Die Rechtsprechung trifft ihre Entscheidungen *nach den Regeln eines förmlichen Verfahrens.* Die besonderen Verfahrensanforderungen sollen Gewähr dafür bieten, dass die nach diesen Verfahrensregeln am Ende gefällten materiellen Entscheidungen rechtmäßig sind. Die zentralen Verfahrensanforderungen sind weitgehend im Rechtsstaatsprinzip verankert. Dazu gehören z.B. das rechtliche Gehör (vgl. Art. 103 Abs. 1 GG), der Grundsatz des fairen Verfahrens oder das Recht auf den gesetzlichen Richter (vgl. Art. 101 Abs. 1 Satz 2). Einfachgesetzlich werden die Gerichtsverfahren in den einzelnen Prozessordnungen ausgestaltet. Auch der Instanzenzug ist eine solche Verfahrensausgestaltung, weil eine (potentielle) Überprüfbarkeit richterlicher Entscheidungen durch eine zweite Instanz mehr Gewähr für eine rechtmäßige Entscheidung bietet. Der Instanzenzug ist zwar verfassungsrechtlich nicht geboten, aber aus rechtspolitischen Erwägungen und Akzeptanzgründen unverzichtbar.

969 Die Rechtsprechungsfunktion wird durch einen unbeteiligten Dritten auf Antrag ausgeübt. Unbeteiligter Dritte sind die *Richter,* denen Art. 92 die Rechtsprechung anvertraut. Richter im Sinne der Verfassung sind Personen, die *persönlich und sachlich unabhängig* sind.

---

64 Ähnlich z.B. *Ipsen,* Staatsrecht Rn. 744; *Stern,* Staatsrecht II S. 894 ff.; *Maurer,* Staatsrecht § 19 Rn. 4 f. m.w.N.

Abhängig darf die Gerichtsbarkeit nur von Recht und Gesetz sein (vgl. Art. 97   **970**
Abs. 1 und Art. 20 Abs. 3).

2. Aufgabe der Rechtsprechung

Aufgabe der Rechtsprechung ist in erster Linie, allen Rechtssubjekten, die der   **971**
staatlichen Rechtsordnung unterworfen sind, die Möglichkeit zu geben, ihre
Rechte gegen andere Rechtssubjekte, aber auch gegen den Staat durchzusetzen.
Nimmt der Staat für sich das Gewaltmonopol in Anspruch, muss er Gewähr dafür
bieten, dass der Einzelne seine Rechte mit Hilfe der Staatsgewalt auch durchsetzen
kann.

3. Organkompetenz der Gerichtsbarkeit

Die Unabhängigkeit der Rechtsprechung bringt die Zuweisung dieser Gewalt an   **972**
besondere, von den übrigen Gewalten strikt getrennte Staatsorgane mit sich. Dieser sog. *Richtervorbehalt* ist in Art. 92 verfassungsrechtlich verankert und Kern-
bestandteil des Rechtsstaatsprinzips.

Rechtsprechung darf nur durch die Gerichtsbarkeit ausgeübt werden. Allerdings   **973**
darf nicht im Umkehrschluss gefolgert werden, dass jegliche Richtertätigkeit auch
Rechtsprechung darstellt. Rechtspflegende Aufgaben der freiwilligen Gerichtsbarkeit (z.B. Nachlasswesen, Registergericht) sowie die Vollstreckung von gerichtlichen Entscheidungen oder die innere Verwaltungstätigkeit der Gerichtsorganisation gehören nicht zur Rechtsprechung, hängen aber so eng mit ihr zusammen,
dass eine gesetzliche Aufgabenzuweisung sachgerecht ist. Allerdings dürfen die
eigentlichen Funktionen der Gerichtsbarkeit nicht beeinträchtigt werden[65].

Die Zuweisung der Organkompetenz anhand der funktionalen Definition der   **974**
Rechtsprechung gibt allerdings keinen Aufschluss, welche Sachbereiche Gegenstand der Rechtsprechung sind und der Gerichtsbarkeit vorbehalten bleiben. Spezielle Einzelvorbehalte finden sich z.B. im Abschnitt über die Grundrechte (vgl.
Art. 13, 14) oder in Art. 104. Ein umfassender Richtervorbehalt ergibt sich aus
Art. 19 Abs. 4 gegenüber Akten der öffentlichen Gewalt. Aus Art. 2 Abs. 1 GG
und dem Rechtsstaatsprinzip wird der Justizgewährleistungsanspruch hergeleitet,
der den Staat verpflichtet, als Kompensation für das staatliche Gewaltmonopol
dem Bürger staatliche Institutionen zur Verfügung zu stellen, damit dieser seine
Rechte mittels staatlicher Gewalt durchsetzen kann.

Beispiel:
Weil Mieter M keine Miete mehr zahlt, hat V ihm gekündigt. M weigert sich aber aus
der Wohnung auszuziehen. Weil der Staat das Gewaltmonopol besitzt, untersagt die
Rechtsordnung V, den M eigenhändig mit Gewalt aus der Wohnung zu werfen. V muss
vor Gericht einen Räumungstitel gegen M erwirken. Diesen kann er dann vollstrecken
lassen, d.h. mit Hilfe staatlicher Gewalt durchsetzen.

---

65 Vgl. *Stern*, Staatsrecht II S. 900 ff.

4. Gerichtsbarkeit

975 Die staatliche Gerichtsbarkeit kann definiert werden als die institutionalisierte Gesamtheit aller Rechtsprechungsorgane (Gerichte), denen die Ausübung von Rechtsprechungsfunktionen zugewiesen wird. Zusätzlich gibt es noch ein Bedürfnis nach einer Institution, die Streitigkeiten zwischen Staatsorganen schlichtet, Gesetze überprüft und das föderale Kompetenzsystem überwacht. Es muss daher zusätzlich zwischen der „einfachen" Gerichtsbarkeit und der Verfassungsgerichtsbarkeit unterschieden werden.

976 a) **Verfassungsgerichtsbarkeit.** Gegenstand der Verfassungsgerichtsbarkeit ist die verbindliche Auslegung der Verfassung. Sie allein bestimmt Inhalt und Rechtsfolgen der Verfassungsnormen, d.h. die darin geregelte Bindung der Staatsgewalt, die Rechtsbeziehungen zwischen Staat und Bürgern und das Verhältnis der Staatsorgane untereinander.

977 Für die Verfassungsgerichtsbarkeit ist auf Bundesebene nur ein Rechtsprechungsorgan vorgesehen in Gestalt des BVerfG. Seine Zuständigkeiten (*Organkompetenzen*) ergeben sich aus Art. 93 und weiteren Einzelvorschriften wie etwa Art. 100 oder Art. 21 Abs. 2. Gleichzeitig wird die Verbandskompetenz des Bundes geregelt. Die einfachgesetzliche Zuweisung von zusätzlichen Kompetenzen nach Art. 93 Abs. 3 wird vor allem durch das Bundesstaatsprinzip begrenzt[66]. Insbesondere die Landesverfassungsgerichtsbarkeit darf nicht angetastet werden. Art. 99 ermöglicht dem Landesgesetzgeber jedoch, dem Bundesverfassungsgericht die Funktion eines Landesverfassungsgerichts einzuräumen, d.h. auf ein Landesverfassungsgericht vollständig zu verzichten[67].

978 Die besondere Bedeutung der Verfassungsgerichtsbarkeit im GG ergibt sich aus der Befugnis des BVerfG, als Rechtsprechungsorgan sogar Legislativakte des Bundesgesetzgebers für unwirksam erklären zu können[68]. Dem entsprechend haben Entscheidungen des BVerfG regelmäßig die Wirkung von Gesetzen, d.h. sie entfalten *abstrakt-generelle Rechtswirkung* („*inter omnes*"). Normalerweise beschränkt sich die unmittelbare Rechtswirkung von Gerichtsentscheidungen auf das konkrete Rechtsverhältnis zwischen den Parteien („inter partes").

S. hierzu Rn. 1061: Schema 1: Verfahren von dem BVerfG.

979 b) **Einfache Gerichtsbarkeit.** Die Bezeichnung „einfache Gerichtsbarkeit" umfasst die Gesamtheit der staatlichen Gerichte mit Ausnahme der Verfassungsgerichtsbarkeit. Das GG selbst regelt neben der Organkompetenz der Richter „nur" die Verbandskompetenz für Organisation, Verfahren und Ausübung der Gerichtsbarkeit. Die einfachgesetzliche Ausgestaltung ist Sache des Gesetzgebers und Gegenstand eigener spezieller Rechtsgebiete wie dem Verwaltungsprozessrecht oder dem Zivilprozessrecht. Das Grundgesetz macht dafür inhaltliche Vor-

---

66 Vgl. Beispiele bei *Benda/Klein*, HbVerfR § 1 Rn. 31 Fn. 44.

67 Von dieser Möglichkeit hat Schleswig-Holstein Gebrauch gemacht, vgl. Art. 42–44 LV Schleswig-Holstein.

68 Diese Befugnis des BVerfG ist nicht zwingend Inhalt der Verfassungsgerichtsbarkeit und in anderen Staaten auch nicht gegeben. In der Schweiz kann das höchste Bundesgericht nur kantonale Legislativakte auf ihre Verfassungsmäßigkeit überprüfen, nicht jedoch Legislativakte des Bundes. Insoweit hat das Demokratieprinzip Vorrang.

gaben durch das Rechtsstaatsprinzip und seine speziellen Ausprägungen für die Rechtsprechung.

Art. 92 Halbsatz 2 wiederholt den für alle staatlichen Kompetenzen geltenden **980** Grundsatz, dass staatliche Aufgaben zu den Befugnissen der Länder gehören, falls keine abweichende Regelung im GG angeordnet ist (vgl. Art. 30). Die Rechtsprechung erfolgt daher grundsätzlich durch die Gerichte der Länder, unabhängig davon, was Prozessgegenstand ist oder ob der Prozess materiell nach Bundesrecht oder Landesrecht entschieden wird. Der *Bund* erfüllt nur Rechtsprechungsfunktionen, soweit das Grundgesetz Rechtsprechungsorgane, d. h. Bundesgerichte vorsieht (vgl. Art. 92 Halbsatz 2). Die *Bundesgerichte* der einfachen Gerichtsbarkeit sind in Art. 95, 96 aufgeführt. Sie stehen regelmäßig am Ende eines Instanzenzugs, der vor den Gerichten der Länder beginnt.

Klassisch ist der *Aufbau der Landesgerichtsbarkeit* in eine erste Instanz und eine Berufungsinstanz. Beide Instanzen sind sog. Tatsacheninstanzen, das bedeutet, der Prozessgegenstand wird in tatsächlicher und rechtlicher Hinsicht umfassend für die Entscheidung berücksichtigt. Auf die Berufungsinstanz folgt die Revisionsinstanz, die lediglich die rechtliche Richtigkeit einer Entscheidung überprüft. Ihre Aufgabe ist in erster Linie die Wahrung einer einheitlichen Rechtsauslegung im gesamten Bundesgebiet. Diese Dreiteilung ist allerdings nur das Gerüst. Es wird im einfachen Gerichtsorganisationsrecht und in den Prozessordnungen vielfach modifiziert. Grund ist die Entlastung höherer Instanzen von Bagatellverfahren sowie die Beschleunigung der Gerichtsverfahren oder die Verlagerung besonderer, bedeutsamer Prozessgegenstände an höhere Gerichte.

Aus Art. 95, 96 folgt, dass die *einfache Gerichtsbarkeit* aus einer ordentlichen **981** Gerichtsbarkeit, einer Arbeitsgerichtsbarkeit, einer Verwaltungsgerichtsbarkeit, einer Finanzgerichtsbarkeit sowie einer Sozialgerichtsbarkeit besteht. Als ordentliche Gerichtsbarkeit wird traditionell die Gerichtsbarkeit in Strafrechts- und Zivilrechtsangelegenheiten bezeichnet.

Die *Gesetzgebungskompetenz für Verfahren und Aufbau* der Gerichtsbarkeit von **982** Bund und Ländern hat der Bund inne (Art. 74 Abs. 1 Nr. 1, Art. 108 Abs. 6). Sowohl die Gerichtorganisation als auch die einzelnen Prozessordnungen sind daher Bundesrecht. Den Ländern bleibt im Ergebnis nur die Ausübung der Staatsgewalt nach den Vorgaben des Bundesrechts durch die eigenen Rechtsprechungsorgane.

5. Rechtlicher Status des Richters

Der Richter ist gem. Art. 92 der Organwalter der staatlichen Rechtsprechungsor- **983** gane. Gerichte müssen sich aus Richtern zusammensetzen. Um die Rechtsprechungsfunktion sachgerecht auszufüllen, bedarf es eines besonderen rechtlichen Status, der die Rechtsprechungstätigkeit des Richters als unbeteiligter Dritter gewährleistet. Einflussnahmen durch andere staatliche Institutionen oder Manipulationsversuche, die von außerstaatlichen Quellen ausgehen, müssen ausgeschlossen sein.

Die Gesetzgebungskompetenz zur Regelung des Richteramts ist in Art. 98 Abs. 1, **984** 3 geregelt. Danach hat der Bund die ausschließliche Gesetzgebungskompetenz für „seine" Bundesrichter und eine Rahmengesetzgebungskompetenz für die Richter

der Länder. Von diesen Kompetenzen hat der Bund durch Erlass des Richtergesetzes Gebrauch gemacht[69]. Richter stehen in einem Dienstverhältnis zum Bund oder einem Land (vgl. § 3 DRiG). Das Dienstverhältnis eigener Art basiert auf dem allgemeinen Beamtenstatus, dessen Rechte und Pflichten aber während der Richtertätigkeit fast vollständig ruhen, weil sie mit der Richtertätigkeit unvereinbar sind (vgl. § 15 Abs. 1 DRiG).
Die wesentlichen *Vorgaben für richterliche Dienstverhältnisse* finden sich in der Verfassung. Der verfassungsrechtliche Status ergibt sich aus den Art. 97, 98. Die *Unabhängigkeit* der Richter bei der Erfüllung ihrer Aufgabe ist Kernelement des Richterstatus und soll gewährleisten, dass der Richter seine Tätigkeit nur als unbeteiligter Dritter und alleine am Maßstab der Rechtsordnung orientiert ausübt. Gem. Art. 97, 98 besitzen die Richter sachliche und weitgehend persönliche Unabhängigkeit. Die sachliche Unabhängigkeit besagt, dass Richter bei der Rechtsprechungstätigkeit nur Recht und Gesetz unterworfen sind (vgl. Art. 97 Abs. 1, Art. 20 Abs. 3). Die persönliche Unabhängigkeit soll den Richter davor schützen, dass seine sachliche Unabhängigkeit über den persönlichen Rechtstatus umgangen wird, z. B. durch Versetzung, Entlassung, finanzielle Einbußen etc. Verbunden mit dem Richteramt ist eine umfassende *Inkompatibilität* mit sonstigen staatlichen Tätigkeiten (vgl. § 4 DRiG). Spezielle Vorschriften gelten für die Richter des BVerfG.

985 Die sachliche und persönliche Unabhängigkeit bewahrt den Richter nicht vor Regelungen über die Ausübung seines Amts. Die Regelungen betreffen aber nur das persönliche Dienstverhältnis und dürfen nicht die sachliche Rechtsprechungstätigkeit unterlaufen. Die Grenze für die Unabhängigkeit der Richter beginnt dort, wo der Richter seinen verfassungsrechtlichen Freiraum offensichtlich und vorsätzlich missbraucht, z. B. durch Rechtsbeugung oder durch eine vollständige Verweigerung seiner Dienstpflichten. Die Entscheidung über rechtliche Konsequenzen erfolgen jedoch durch die Rechtsprechung selbst (vgl. Art. 97 Abs. 2, Art. 98 Abs. 2).

Rechtsprechung:
BVerfGE 4, 331 – *Gericht i. S. d. GG;* BVerfGE 8, 174 – *Erstinstanzliche Zuständigkeit des BVerwG;* BVerfGE 11, 56 – *persönliche Unabhängigkeit von Ehrenrichtern;* BVerfGE 14, 56 – *Gemeindegerichtsbarkeit;* BVerfGE 17, 252 – *Ausschluss von richterlicher Tätigkeit durch Geschäftsverteilungsplan;* BVerfGE 21, 139 – *Ablehnung eines Nachlassrichters;* BVerfGE 22, 49 – *Strafrechtspflege;* BVerfGE 22, 125 – *gebührenpflichtige Verwarnungen;* BVerfGE 24, 33 – *Verfassungsbeschwerde gegen Vertragsgesetz;* BVerfGE 25, 352 – *Gnadenentscheidung;* BVerfGE 26, 141 – *Richterbesoldung;* BVerfGE 26, 186 – *Senat für Anwaltssachen beim BGH;* BVerfGE 27, 18 – *Ordnungswidrigkeiten;* BVerfGE 30, 108 – *Widerruf einer Gnadenentscheidung;* BVerfGE 30, 149 – *unzulässige Mitwirkung eines Richters;* BVerfGE 34, 269 – „*Soraya*“; BVerfGE 40, 272 – *Rechtsschutzeffektivität;* BVerfGE 40, 356 – *Erneute Wahl eines Bundesverfassungsrichters:* „*Fall Zeidler*“; BVerfGE 48, 300 – *Ehrengerichte für Rechtsanwälte;* BVerfGE 55, 372 – *Bundesbesoldungsgesetz für Landesrichter;* BVerfGE 65, 76 – *Asylverfahrensgesetz;* BVerfGE 70, 35 – *Normenkontrolle von Bebauungsplänen in Gesetzesform;* BVerfGE 96, 345 – *Bundes- und Landesverfassungsgerichtsbarkeit;* BVerfGE 96, 375 – *richterliche Rechtsfortbildung;* BVerfGE 103, 44 – *Fernseh-*

---

69 Deutsches Richtergesetz (DRiG) v. 19.4.1972, BGBl. I S. 713.

aufnahmen in Gerichtsverhandlungen; BVerfGE 103, 111 – *Hessisches Wahlprü-fungsgericht: Begriff der Rechtsprechung.*

Literatur:
Barbey, G., Der Status des Richters, HbStR III 1996, § 74; *Bettermann, K. A.,* Die rechtsprechende Gewalt, HbStR III 1996, § 73; *Blümel, W.,* Rechtsprechungs-zuständigkeit, HbStR IV 1999, § 102; *Böckenförde, E.-W.,* Verfassungsfragen der Richterwahl, 2. Aufl. 1998; *Degenhart, C.,* Gerichtsorganisation, HbStR III, 1996, § 75; *ders.,* Gerichtsverfahren, HbStR III 1996, § 76; *Ehlers, D.,* Verfas-sungsrechtliche Fragen der Richterwahl, 1998; *Grawert, R.,* Verfassungsmäßig-keit der Rechtsprechung, JuS 1986, 753; *Geiger, W.,* Die Unabhängigkeit des Richters, DRiZ 1979, 65; *Henckel, W.,* Richter im demokratischen und sozialen Rechtsstaat, JZ 1987, 209; *Heyde, W.,* Rechtsprechung, HbVerfR § 33; *Hoff-mann-Riem, W.,* Justizdienstleistungen im kooperativen Staat, JZ 1999, 421; *Huba, H.,* Gnade im Rechtsstaat?, Der Staat 29 (1990) 117; *Ipsen, J.,* Verfas-sungsrechtliche Schranken des Richterrechts, DVBl. 1984, 1102; *Kirchhof, P.,* Der Auftrag des Grundgesetzes an die rechtsprechende Gewalt, in: FS Universität Hei-delbergm 1986, S. 11; *Lerch, K.,* Die Rechtsprechung des BVerfG zum Richter-status, DRiZ 1993, 225; *Lippold, R.,* „Richterrecht" und die Prüfung seiner Ver-fassungsmäßigkeit, DVBl. 1989, 140; *Lorenz, D.,* Der Rechtsschutz des Bürgers und die Rechtsweggarantie, 1973; *Lovens, S.,* Verfassungswidrige Richterwahl?, ZRP 2001, 465; *Maurer, H.,* Rechtsstaatliches Prozessrecht, in: FS BVerfG 2001, S. 467; *Papier, H.-J.,* Die richterliche Unabhängigkeit und ihre Schranken, NJW 2001, 1089; *ders.,* Die Selbstverwaltung der Dritten Gewalt, NJW 2002, 2585; *Pfeiffer, T.,* Rechtsprechungsbegriff, richterliche Neutralität und hessische Wahl-prüfung, ZRP 2000, 378; *Priepke, W.,* Die Richterwahl in Bund und Ländern, DRiZ 1989, 225; *Roellecke, G./Starck, C.,* Die Bindung des Richters an Gesetz und Verfassung: Referate mit Diskussion, VVDStRL 34 (1976) 7; *Schenke, W.-R.,* Rechtsschutz gegen Gnadenakte, JA 1981, 588; *ders.,* Rechtsschutz gegen Normen, JuS 1981, 81; *Schinkel, M.-C.,* Bindung an das Gesetz und richterliche Unabhängigkeit – ein Spannungsfeld?, in: FS für Remmers, 1995, S. 297; *Schmidt-Aßmann, E.,* Art. 19 IV GG als Teil des Rechtsstaatsprinzips, NVwZ 1983, 1; *Schmidt-Jortzig, E.,* Aufgabe, Stellung und Funktion des Richters im demokrati-schen Rechtsstaat, NJW 1991, 2377; *ders.,* Effektiver Rechtsschutz als Kernstück des Rechtsstaatsprinzips nach dem Grundgesetz, NJW 1994, 2569, *Voit, W.,* Pri-vatisierung der Gerichtsbarkeit, JZ 1997, 120; *Wassermann, R.,* Richteranklage im Fall Orlet?, NJW 1995, 303; *Zeidler, W.,* Gedanken zur Rolle der dritten Gewalt im Verfassungssystem, in: FS Universität Heidelberg, 1986, S. 645.

V. Auswärtige Gewalt

Unter dem in der Verfassung selbst nicht enthaltenen Begriff der „auswärtigen Gewalt" versteht man die Frage, wer für das Verhältnis zu auswärtigen Staaten oder anderen Völkerrechtssubjekten zuständig ist und wie die Willensbildung der beteiligten Organe zu erfolgen hat[70]. **986**

Die Pflege der *Beziehungen zu auswärtigen Staaten* ist gem. Art. 32 Abs. 1 grund-sätzlich Sache des Bundes. Unter auswärtige Beziehungen fallen sowohl rechtlich **987**

---

70 *Ipsen,* Staatsrecht Rn. 1063.

verbindliche Handlungen als auch informelle oder politische Kontakte der Bundesrepublik Deutschland zu auswärtigen Staaten bzw. internationalen Organisationen. Art. 32 Abs. 1 gewährleistet, dass die Bundesrepublik Deutschland nach außen hin als Einheit auftritt. Es soll verhindert werden, dass jedes Bundesland selbst nach seinen eigenen Vorstellungen auswärtige Beziehungen gestaltet und pflegt.

Die auswärtigen Beziehungen sind nach dem Grundsatz der Gewaltenteilung eine von der Bundesregierung (Exekutive) wahrzunehmende Aufgabe[71]. Der Bundestag kann sich aber stets zum außenpolitischen Handeln der Bundesregierung äußern. Aus der Perspektive der Bundesregierung sind derartige Beschlüsse allerdings rechtlich unverbindlich.

988 Das Festlegen des außenpolitischen Auftritts hat politischen Charakter. Für den Fall, dass die Bundesrepublik Deutschland rechtlich verbindlich verpflichtet werden soll, stellt sich hingegen die Frage, wer die Kompetenz und Vertretungsmacht zum Abschluss völkerrechtlicher Verträge hat und ob innerstaatliche Mitwirkungserfordernisse bestehen.

989 Der *Abschluss völkerrechtlicher Verträge* ist ein zentraler Teil des außenpolitischen Handelns der Bundesrepublik Deutschland. Er fällt deshalb nach Art. 32 Abs. 1 grundsätzlich in den Aufgabenbereich des Bundes. Ein Bundesland ist lediglich dann im Wege der Anhörung zu beteiligen, wenn durch den Vertrag seine besonderen Verhältnisse berührt werden (Art. 32 Abs. 2). Die selbst Staatsqualität aufweisenden Länder können gem. Art. 32 Abs. 3 auch eigenständig mit auswärtigen Staaten völkerrechtliche Verträge abschließen, wenn und soweit sie für den Vertragsgegenstand die Gesetzgebungszuständigkeit haben (Bsp.: Kulturabkommen). Allerdings ist auch dann die Zustimmung der Bundesregierung erforderlich. Den Ländern ist es somit nicht möglich, sich völlig autonom völkerrechtlich zu binden.

An dieser Stelle stellt sich die Frage, ob Art. 32 Abs. 3 als Ausnahmevorschrift zu Art. 32 Abs. 1, die die Zuständigkeit des Bundes in den zur Landesgesetzgebung gehörenden Bereichen verdrängt (sog. *föderalistische* Theorie[72], oder lediglich als ergänzende Regelung, durch die die Abschlusskompetenz der Länder neben die des Bundes tritt (sog. *zentralistische* Theorie[73], zu verstehen ist. In praktischer Hinsicht hat die Frage keine Bedeutung. Denn Bund und Länder haben sich im Rahmen des Lindauer Abkommens vom 14.11.1957[74] dahingehend geeinigt, dass der Bund auch die Kompetenz zum Abschluss völkerrechtlicher Verträge in den der Landesgesetzgebung unterfallenden Bereichen haben soll. In diesem Fall bedarf das außenpolitische Handeln des Bundes aber der Zustimmung der Länder im Innenverhältnis. Die Rechtsnatur des Lindauer Abkommens hängt davon ab, wie man das Verhältnis von Art. 32 Abs. 1 und Art. 32 Abs. 3 sieht. Aus der Perspektive der zentralistischen Theorie wird die Regelung des Grundgesetzes lediglich bestätigt. Nach der föderalistischen Theorie begründet das Lindauer Abkommen hingegen die Abschlusskompetenz des Bundes für völkerrechtliche Verträge in den der Landesgesetzgebung unterfallenden Bereichen.

---

71 BVerfGE 90, 286, 357 – *Auslandseinsätze der Bundeswehr – Adria, AWACS*.
72 Vgl. *Maunz*, in: Maunz/Dürig Art. 32 Rn. 29 ff.
73 Vgl. *Degenhart*, Staatsrecht Rn. 229; *Streinz*, in: Sachs Art. 32 Rn. 34; *Kempen*, in:
    v. Mangoldt/Klein/Starck Art. 32 Rn. 48 ff., 55.
74 Abgedruckt bei *Streinz*, in: Sachs Art. 32 Rn. 35.

Die Frage der *Kompetenz für den Abschluss völkerrechtlicher Verträge* wird auf **990** Bundesebene durch Art. 59 bestimmt. Danach vertritt der Bundespräsident, also die Exekutive, die Bundesrepublik Deutschland völkerrechtlich und schließt mit auswärtigen Staaten Verträge. Völkerrechtliche Verträge bedürfen für ihre Wirksamkeit der Ratifizierung (Zustimmungserklärung) und des Austauschs der Ratifizierungsurkunden. Diese Aufgabe muss vom Bundespräsidenten wahrgenommen werden. Art. 59 verlangt aber nicht, dass der Bundespräsident in allen anderen Verfahrensstufen persönlich handelt[75]. Da die Gestaltung der Außenpolitik Sache der Bundesregierung ist, entspricht es vielmehr allgemeiner Praxis, dass der Bundespräsident seine Kompetenzen für das Stadium der Vertragsverhandlungen stillschweigend oder ausdrücklich auf die Bundesregierung, die diese Befugnisse wiederum delegieren kann, überträgt. In der Praxis werden deshalb völkerrechtliche Verträge in der Regel vom Bundeskanzler oder dem Bundesaußenminister verhandelt und paraphiert (unterzeichnet mit den Namenskürzeln der vertragsverhandelnden Personen).

Was die Frage der *Mitwirkung weiterer Bundesorgane* an völkerrechtlichen Ver- **991** trägen betrifft, muss zwischen Staatsverträgen und Verwaltungsabkommen differenziert werden. *Völkerrechtliche Verträge*, die die politischen Beziehungen des Bundes zum Gegenstand haben[76] oder sich auf Bereiche der Bundesgesetzgebung beziehen[77], bedürfen gem. Art. 59 Abs. 2 Satz 1 der Zustimmung oder Mitwirkung der Gesetzgebungskörperschaften des Bundes. Das völkerrechtliche Abkommen muss auf nationaler Ebene in Form eines Bundesgesetzes (Vertragsgesetz) gebilligt werden. Für das Zustandekommen dieses Vertragsgesetzes ist die innerstaatliche Kompetenzverteilung (Art. 70 ff. GG) maßgebend. Außerdem muss es in einem ordnungsgemäßen Gesetzgebungsverfahren gem. Art. 76 ff. GG zustande kommen. Erst anschließend und auf der Basis der innerstaatlichen Ermächtigung darf der Bundespräsident das Abkommen ratifizieren (sog. Ermächtigungsfunktion des Vertragsgesetzes) und auf diese Weise die völkerrechtliche Verbindlichkeit herbeiführen (sog. Transformationsfunktion des Vertragsgesetzes).
Im Fall von völkerrechtlichen Verträgen, die sich weder auf die politischen Beziehungen des Bundes noch auf die Gegenstände der Bundesgesetzgebung beziehen (sog. *Verwaltungsabkommen*) erfolgt die Transformation in innerstaatliches Recht durch die Bundesregierung ohne Mitwirkung der Gesetzgebungsorgane. Bei einigen Verwaltungsabkommen bedarf es aber der Zustimmung des Bundesrates, der gem. Art. 50 bei der Verwaltung des Bundes mitwirkt[78]. Verwaltungsabkommen lassen sich darüber hinaus in Regierungs- und Ressortabkommen unterteilen.

---

75 Vgl. dazu BVerfGE 68, 1, 82 – *Nachrüstungsbeschluss*.
76 Hierunter fallen alle politisch wesentlichen Verträge, die die Existenz des Staates, seine territoriale Integrität, seine Unabhängigkeit, seine Stellung oder sein maßgebliches Gewicht in der Staatengemeinschaft unmittelbar betreffen. Vgl. BVerfGE 1, 372, 381 f. – *Deutsch-Französisches Wirtschaftsabkommen*; 86, 286, 359 – *Auslandseinsätze der Bundeswehr – Adria, AWACS*.
77 Danach ist ein Vertragsgesetz immer erforderlich, wenn die Vollziehung des Vertrages ein Gesetzgebungsakt entweder des Bundes oder des Landes erforderlich ist. Es kommt also nicht auf die Abgrenzung zwischen Bundes- und Landesgesetzgebung an, entscheidend ist vielmehr die Abgrenzung zwischen Gesetzgebung und Verwaltung. Vgl. BVerfGE 1, 372, 388 – *Deutsch-Französisches Wirtschaftsabkommen*.
78 *Ipsen*, Staatsrecht Rn. 1104.

F. Die Einbettung in die internationale Staatenwelt

§ 22 Völkerrecht und Grundgesetz

992   Gegenstand des Völkerrechts sind die hoheitlichen Beziehungen zwischen *Völkerrechtssubjekten*. Völkerrechtssubjekte sind juristische Personen, die im Rahmen von Rechtsbeziehungen zwischen Völkergemeinschaften Träger von Rechten und Pflichten sein können (Staaten und internationale Organisationen).

993   Die *Rechtsquellen* des Völkerrechts sind gem. Art. 38 Abs. 1 IGH-Statut[1]:

– völkerrechtliche Verträge (Völkervertragsrecht) sind Vereinbarungen, die zwischen zwei oder mehr Staaten oder anderen Völkerrechtssubjekten getroffen wurden und dem Völkerrecht unterliegen;

– Völkergewohnheitsrecht entsteht durch eine allgemeine Übung über einen längeren Zeitraum in der Überzeugung der rechtlichen Gebotenheit;

– allgemeine Rechtsgrundsätze sind völkerrechtsfremde Normen, die sich in den meisten Rechtsordnungen der Staaten finden;

– und subsidiär die richterlichen Entscheidungen und die Lehrmeinungen der fähigsten Völkerrechtslehrer der verschiedenen Nationen.

994   Nach dem in Art. 25, 59 Abs. 2 Satz 1 niedergelegten Verständnis geht das GG davon aus, dass das Völkerrecht und das nationale Recht selbstständige und zu unterscheidende Rechtsordnungen darstellen (sog. Dualismus)[2]. Aus diesem Grund kann das Völkerrecht auch erst dann innerstaatliche Wirkung entfalten, wenn es in national verbindliches Recht transformiert worden ist.

995   Art. 25 bestimmt, dass das Völkergewohnheitsrecht sowie die allgemein anerkannten Grundsätze des Völkerrechts Bestandteil des Bundesrechts sind und diesem im Rang vorgehen[3]. Die Umsetzung von Völkervertragsrecht fordert hingegen wie dargestellt einen besonderen Transformationsakt durch den nationalen Gesetzgeber. Das Zustimmungsgesetz hat lediglich den Rang einfachen Gesetzesrechts. In innerstaatliches Recht transformierte völkerrechtliche Abkommen sind deshalb nicht höherrangig, sondern lediglich leges speciales. Wer – die Gesetzgebungsorgane des Bundes oder die der Länder – den völkerrechtlichen Vertrag in nationales Recht zu transformieren hat, richtet sich nach dem Vertragsinhalt. Die Transformationskompetenz ergibt sich aus der allgemeinen Verteilung der Gesetzgebungszuständigkeiten gem. Art. 70 ff.

---

1   Vgl. im Einzelnen zu den Rechtsquellen des Völkerrechts *Koenig*, in: v. Mangoldt/Klein/ Starck Art. 25 Rn. 16 ff.

2   Vgl. nur *Jarass*, in: Jarass/Pieroth Art. 25 Rn. 1; im Gegensatz dazu geht die monistische Theorie davon aus, dass Völkerrecht und nationales Recht Bestandteile einer einheitlichen Rechtsordnung sind, d.h. es besteht ein „Primat des Völkerrechts".

3   Vgl. zum Rang der allgemeinen Regeln des Völkerrechts in der Normenhierarchie *Jarass*, in: Jarass/Pieroth Art. 25 Rn. 12.

§ 23 Die Europäische Union

Die Bundesrepublik Deutschland wirkt gem. Art. 23 Abs. 1 Satz 1 an der Entwicklung der Europäischen Union[1] und der Verwirklichung eines vereinten Europas mit. Damit schreibt das Grundgesetz die Staatszielbestimmung der europäischen Integration fest, ohne ein Endziel vorzugeben. Zum Zwecke der europäischen Integration ermöglicht Art. 23 Abs. 1 Satz 2 als lex speciales zu Art. 24 Abs. 1 die *Übertragung von Hoheitsrechten* auf die Europäische Union durch einfaches Bundesgesetz, das der Zustimmung des Bundesrates bedarf. Ein verfassungsänderndes Gesetz ist gem. Art. 23 Abs. 1 Satz 3 für die Begründung der Europäischen Union sowie der Änderung ihrer vertraglichen Grundlagen bzw. vergleichbarer Regelungen erforderlich, durch die das Grundgesetz materiell-rechtlich geändert oder ergänzt wird. Art. 23 Abs. 2–6 regelt die Mitwirkung des Bundestages und des Bundesrates in den Angelegenheiten der Europäischen Union. Weitere Detailregelungen erfolgen auf der Grundlage der gem. Art. 23 Abs. 7 erlassenen Gesetze.

996

Nach Art. 1 EU setzt sich die *Europäische Union* aus den Europäischen Gemeinschaften und die mit dem Unionsvertrag eingeführten Politiken und Formen der Zusammenarbeit zusammen[2]. Bestandteil der Europäischen Union sind deshalb die folgenden drei Säulen:

997

– Europäische Gemeinschaften (Europäische Gemeinschaft [EG] und Europäische Atomgemeinschaft [EAG]);

– Gemeinsame Außen- und Sicherheitspolitik (GASP, Art. 11 ff. EU) und

– Polizeiliche und Justizielle Zusammenarbeit in Strafsachen (PJZS, Art. 29 ff. EU).

Die Europäische Union weist selbst keine Rechtssubjektsqualität auf[3], sondern stellt eine *zwischenstaatliche Organisation eigener Art* (Rechtssubjekt sui generis) dar. Sie kann deshalb als Dach der sie konstituierenden drei Säulen begriffen werden. Das BVerfG[4] bezeichnet die Europäische Union als „Staatenverbund", der von den Mitgliedstaaten getragen wird und deren nationale Identität aufrechterhält. Anders als die Europäische Union ist die Europäische Gemeinschaft Rechtssubjekt.

998

Art. 5 EU zählt die *Aufgaben-* und *Tätigkeitsbereiche* der Europäischen Union auf. Entsprechendes gilt für die Europäischen Gemeinschaften gem. Art. 5 EG. Sowohl dem EU-Vertrag als auch dem EG-Vertrag liegt das Prinzip der begrenzten Einzelermächtigung zugrunde. EU und EG fehlt es deshalb an der Kompetenz, ihre Befugnisse eigenständig zu erweitern (sog. Kompetenz-Kompetenz). Im Ergebnis können deshalb sowohl EU als auch EG nur dann tätig werden, wenn sich in dem jeweils anzuwendenden Vertrag ein entsprechender Kompetenztitel

999

---

1 Vgl. zur historischen Entwicklung der europäischen Integration *Streinz*, Europarecht Rn. 7 ff.
2 Unbedingt zu beachten ist, dass die Europäische Union nicht mit der Europäischen Gemeinschaft identisch ist.
3 *Ipsen*, Staatsrecht Rn. 48; *Streinz*, Europarecht Rn. 121b.
4 BVerfGE 89, 155, 188 – *Maastricht*.

befindet. Wo dies nicht der Fall ist, fehlt es von vorneherein an der Verbandskompetenz der EU bzw. EG.

1000 Das Recht der EG (*Gemeinschaftsrecht*) unterteilt sich in das primäre und das sekundäre Gemeinschaftsrecht. Beim primären Gemeinschaftsrecht handelt es sich um den Vertrag zur Gründung der Europäischen Gemeinschaft nebst seinen Ergänzungen und Änderungen. Unter sekundärem Gemeinschaftsrecht versteht man das von den EG-Organen (Rat, Kommission, Europäisches Parlament) erlassene Recht. Hierzu gehören Verordnungen, Richtlinien, Entscheidungen und Empfehlungen (vgl. Art. 249 EG)[5].

1001 Im *Verhältnis von Gemeinschaftsrecht und nationalem Recht* gilt unabhängig von der Art der nationalen Vorschrift der Vorrang des Gemeinschaftsrechts[6]. Das EG-Recht weist folglich einen höheren Rang als das nationale Recht auf. Hierbei handelt es sich allerdings ,nur um einen *Anwendungsvorrang*. Dies bedeutet, dass abweichendes EG-Recht nicht zur Nichtigkeit der nationalen Vorschrift führt. Das deutsche Recht bleibt lediglich unanwendbar. Besonders umstritten war die Frage, ob unmittelbar anwendbares sekundäres Gemeinschaftsrecht auf seine Vereinbarung mit dem Grundgesetz geprüft werden kann[7]. Das BVerfG erkennt mittlerweile auch einen Vorrang des sekundären Gemeinschaftsrechts vor den Grundrechten an. Es lehnt die Prüfung der Vereinbarkeit von sekundärem Gemeinschaftsrecht mit dem Grundgesetz ab, so lange auf Gemeinschaftsebene Grundrechtsschutz gewährleistet wird, der vom Niveau her mit dem Grundgesetz vergleichbar ist[8].

S. hierzu Rn. 1077: Schema 17: Die Europäische Union.

Rechtsprechung:
BVerfGE 31, 145 – *Anwendungsvorrang des Gemeinschaftsrechts;* BVerfGE 37, 271 – *Solange I;* BVerfGE 52, 187 – *Vielleicht;* BVerfGE 73, 339 – *Solange II;* BVerfGE 89, 155 – *„Maastricht-Urteil";* BVerfGE 92, 203 – *Fernseh-Richtlinie;* BVerfGE 97, 350 – *Einführung des Euro;* BVerfGE 102, 147 – *Bananenmarktverordnung;* BVerfG EuR 1989, 270 – *Tabak.*

Literatur:
Badura, P., Das Staatsziel „Europäische Integration" im Grundgesetz, in: FS für Schambeck, 1994, S. 887; *Bauer, H.,* Europäisierung des Verfassungsrechts, JBl. 2000, 750; *Breuer, R.,* Die Sackgasse des neuen Europaartikels (Art. 23 GG), NVwZ 1994, 417; *Brochmann, M.,* Die Souveränität der Bundesländer nach außen, VR 1989, 87; *Broß, S.,* Überlegungen zum gegenwärtigen Stand des Europäischen Einigungsprozesses, EuGRZ 2002, 574; *Classen, C. D.,* Maastricht und die Verfassung: Kritische Bemerkungen zum neuen „Europa-Artikel" 23 GG, ZRP 1993, 57; *Frenz, W.,* Die Verdrängung des Lindauer Abkommens durch Art. 23 GG – Mitwirkungsrechte der Länder bei gemischten Abkommen, die ausschließliche Länderkompetenzen erfassen, DVBl. 1999, 945;

---

5 Vgl. zu den Einzelheiten *Herdegen*, Europarecht Rn. 175.
6 EuGH, RS 6/64 – *Costa/ENEL*, Slg. 1964, 1251, 1269.
7 BVerfGE 37, 271 – *Solange I*; 73, 339 – *Solange II*.
8 BVerfGE 73, 339 – *Solange II*.

Geiger, R., Die Mitwirkung des deutschen Gesetzgebers an der Entwicklung der europäischen Union, JZ 1996, 1093; *Hain, K.-E.,* Zur Frage der Europäisierung des Grundgesetzes, DVBl. 2002, 148; *Hofmann, R.,* Zurück zu Solange II! Zum-Bananenmarktordnungs-Beschluss des Bundesverfassungsgerichts, in: FS für Steinberger, 2002, S. 1207; *Ipsen, H. P.,* Die Bundesrepublik Deutschland in den Europäischen Gemeinschaften, HbStR VII 1992, § 181; *Kirchhof, P.,* Der deutsche Staat im Prozess der europäischen Integration, HbStR VII 1992, § 183; *ders.,* Die Mitwirkung Deutschlands an der Wirtschafts- und Währungsunion, in: FS für F. Klein, 1994, S. 61; *Kirchner, C./Haas, J.,* Rechtliche Grenzen für Kompetenz-übertragungen auf die Europäische Gemeinschaft, JZ 1993, 760; *Lang, R.,* Die Mitwirkungsrechte des Bundesrates und des Bundestags in Angelegenheiten der Europäischen Union gemäß Artikel 23 Abs. 2 bis 7 GG, 1997; *Mosler, H.,* Die Übertragung von Hoheitsgewalt, HbStR VII 1992, § 175; *Pernice, I./Huber, P. M./Lübbe.Wolff, G./Grabenwarter, C.,* Europäisches und nationales Verfassungsrecht, VVDStRL 60 (2001) 148; *Scholz, R.,* Grundgesetz und europäische Einigung, NJW 1992, 2593; *ders.,* Europäische Union und deutscher Bundesstaat, NVwZ 1993, 817; *ders.,* Europäische Union und Verfassungsreform, NJW 1993, 1690; *ders.,* Wege zur Europäischen Verfassung, ZG 2001, 1; *Staebe, E.,* Die Europäische Menschenrechtskonvention und ihre Bedeutung für die Rechtsordnung der Bundesrepublik Deutschland, JA 1996, 75; *Steinberger, H.,* Der Verfassungsstaat als Glied der europäischen Gemeinschaft, Referate mit Diskussion, VVDStRL 50 (1991) 9; *Streinz, R.,* Der Vollzug des Europäischen Gemeinschaftsrechts durch deutsche Staatsorgane, HbStR VII 1992, § 182; *Tomutschat, C.,* Die staatsrechtliche Entscheidung für internationale Offenheit, HbStR VII 1992, § 172; *Zuleeg, M.,* Die Vorzüge der Europäischen Verfassung, Der Staat 41 (2002) 359.

§ 24 Kollektive Sicherheitssysteme

Art. 24 Abs. 1 räumt dem Bund das Recht ein, durch Gesetz Hoheitsrechte auf **1002** zwischenstaatliche Einrichtungen zu übertragen. In der Vorschrift kommt die grundsätzliche Entscheidung des GG zur internationalen Integration der Bundesrepublik Deutschland zum Ausdruck. Ähnliches gilt nunmehr gem. Art. 24 Abs. 1a für die Länder und die Übertragung von Hoheitsrechten auf grenznachbarschaftliche Einrichtungen mit Zustimmung der Bundesregierung.

Art. 24 Abs. 2 räumt dem Bund ferner die Möglichkeit ein, zur Wahrung des **1003** Friedens einem System gegenseitiger kollektiver Sicherheit beizutreten, wenn dadurch eine friedliche und dauerhafte Ordnung in und außerhalb Europas herbeigeführt und gesichert werden soll. Die Vorschrift stellt die Grundlage für die *Mitgliedschaft der Bundesrepublik Deutschland in militärischen Bündnissen* dar. Als System gegenseitiger kollektiver Sicherheit bezeichnet man auf der Grundlage des Völkerrechts gegründete Organisationen, die die einzelnen Mitglieder vor militärischen Angriffen und Bedrohungen, auch vor terroristischen Aktivitäten und ethnischen Konflikten schützen sollen. Das jeweilige Bündnis muss einen rein defensiven Charakter haben[1]. Allerdings fallen unter den Begriff des gegenseitigen

---

1 *Jarass,* in: Jarass/Pieroth Art. 24 Rn. 20.

kollektiven Sicherheitssystems nicht nur solche Organisationen, durch die sich die Mitgliedstaaten zur friedlichen Beilegung ihrer Streitigkeiten sowie zu gegenseitigem Nichtangriff verpflichten[2], sondern auch solche Bündnisse, die zur gegenseitigen Unterstützung im Falle eines von außen erfolgenden Angriffs auf einen Mitgliedstaat verpflichten[3]. Unter Art. 24 Abs. 2 fallen deshalb insbesondere die Vereinten Nationen (UNO) und die NATO[4].

1004 Der Beitritt zu einem solchen Sicherheitssystem durch die Bundesrepublik Deutschland bedarf eines völkerrechtlichen Vertrages, der gem. Art. 59 Abs. 2 in nationales Recht transformiert werden muss. Das materielle Verfassungsrecht setzt hierbei insofern Grenzen, als die Voraussetzungen des Art. 24 Abs. 2 vorliegen müssen und daneben stets Art. 79 Abs. 3 beachtet werden muss.

1005 Die Bundesrepublik Deutschland ist am 18.09.1973 den *Vereinten Nationen (UNO)* beigetreten[5]. Die UNO verfolgt gem. Art. 1 UNO-Charta folgende Ziele:

– Aufrechterhaltung des internationalen Friedens und der internationalen Zusammenarbeit;

– Entwicklung von freundschaftlichen Beziehungen unter den Nationen, die auf der Achtung des Grundsatzes gleicher Rechte und der Selbstbestimmung der Völker beruhen;

– Herbeiführung einer internationalen Zusammenarbeit bei der Lösung internationaler Probleme.

1006 Bei den wesentlichen Organen der UNO handelt es sich um die Generalversammlung, den Sicherheitsrat, das Sekretariat mit dem Generalsekretär sowie dem Internationalen Gerichtshof (IGH). Neben der UNO selbst besteht eine Vielzahl von Sonderorganisationen, z.B. UNESCO, UNICEF etc.

1007 Die am 04.04.1979 gegründete *NATO* verfolgt hingegen als Ziel die kollektive Selbstverteidigung der in ihr zusammengeschlossenen Staaten. Die Bundesrepublik Deutschland trat dem Verteidigungsbündnis 1955 bei. Eine zentrale Bestimmung des Nordatlantik-Vertrages stellt Art. 5 dar. Die Vertragsklausel regelt, *„dass ein bewaffneter Angriff gegen einen oder mehrere von ihnen in Europa oder Nordamerika als ein Angriff gegen sie alle angesehen werden wird; sie vereinbaren daher, dass im Falle eines solchen bewaffneten Angriffs jede von ihnen in Ausübung des in Art. 51 der Satzung der Vereinten Nationen anerkannten Rechts der individuellen oder kollektiven Selbstverteidigung der Partei oder den Parteien, die angegriffen werden, Beistand leistet, indem jede von ihnen unverzüglich für sich und im Zusammenwirken mit den anderen Parteien die Maßnahmen, einschließlich der Anwendung von Waffengewalt, trifft, die sie für erforderlich erachtet, um die Sicherheit des nordatlantischen Gebiets wiederherzustellen und zu erhalten".*

---

2 So aber *Classen*, in: v. Mangoldt/Klein/Starck Art. 24 Rn. 80 m.w.N.
3 BVerfGE 90, 286, 347 ff. – *Auslandseinsätze der Bundeswehr – Adria, AWACS; Randelzhofer*, in: Maunz/Dürig Art. 24 Abs. 2 Rn. 21; *Jarass*, in: Jarass/Pieroth Art. 24 Rn. 20 m.w.N.
4 *Jarass*, in: Jarass/Pieroth Art. 24 Rn. 20; *Streinz*, in: Sachs Art. 24 Rn. 61 ff.
5 Gesetz v. 6.6.1973, BGBl. II S. 430.

Die wesentlichen Organe der NATO stellen der Rat und das Generalsekretariat   **1008**
mit dem NATO-Generalsekretär an der Spitze dar.

In diesem Zusammenhang stellt sich die zentrale Frage, inwieweit es der Bundes-   **1009**
republik Deutschland gestattet ist, sich an *militärischen Aktionen* der Vereinten
Nationen oder der NATO zu beteiligen[6]. Das BVerfG[7] hat entschieden, dass das
Grundgesetz solchen Einsätzen nicht entgegensteht. Die Bundesrepublik Deutschland hat sich durch den Beitritt zur UNO und zur NATO verpflichtet, im Rahmen
dieser internationalen Organisationen auch die damit verbundenen typischen
Aufgaben zu übernehmen. Dem steht insbesondere nicht Art. 87a Abs. 2 entgegen. Die Vorschrift bestimmt zwar, dass die Streitkräfte außer zur Verteidigung
nur dann eingesetzt werden dürfen, soweit das Grundgesetz es ausdrücklich
zulässt. Sie ist aber erst nachträglich in die Verfassung eingefügt worden und
verfolgt nicht das Ziel, die Mitwirkungsrechte der Bundesrepublik Deutschland
innerhalb der UNO oder NATO zu schmälern[8]. Allerdings bedarf ein Auslandseinsatz der Bundeswehr stets der vorherigen und konstitutiven Zustimmung des
Bundestages. Denn aus der Gesamtschau der Verfassung ergibt sich, dass die Bundeswehr ein Parlamentsheer ist.

Rechtsprechung:
BVerfGE 1, 396 – *Bonner/Pariser-Verträge*; BVerfGE 4, 157 – *Saar-Status*;
BVerfGE 6, 309 – *Konkordats-Urteil*; BVerfGE 40, 141 – *Ost-Verträge*; BVerfGE
52, 187 – *Vielleicht*; BVerfGE 68, 1 – *NATO-Doppelbeschluss*; BVerfGE 77, 170
– *C-Waffen*; BVerfGE 84, 90 – *Einigungsvertrag*; BVerfGE 90, 286 – *Awacs*;
BVerfGE 92, 203 – *Fernseh-Richtlinie*; BVerfG EuGRZ 2001, 643 – *NATO-
Strategie*.

Literatur:
Arndt, C., Verfassungsrechtliche Anforderungen an internationale Bundeswehreinsätze, NJW 1994, 2197; *Bernhardt, C.,* Verfassungsrecht und völkerrechtliche
Verträge, HbStR VII 1992, § 174; *Brenner, M./Hahn, D.,* Bundeswehr und Auslandseinsätze, JuS 2001, 729; *Brochmann, M.,* Die Souveränität der Bundesländer
nach außen, VR 1989, 87; *ders.,* Die Bundesgesetzgebung zu internationalen
Abkommen in den Jahren 1999 und 2000, NJW 2001, 480; *Bungert, H.,* Einwir-
kung und Rang von Völkerrecht im Innerstaatlichen Rechtsraum, DÖV 1994,
797; *Doehring, K.,* Systeme kollektiver Sicherheit, HbStR VII 1992, § 177;
Epping, V., Nachbetrachtung: Der Kosovo(Kampf-)Einsatz der Bundeswehr, in:
FS für Ipsen, 2000, S. 285; *Fehn, K./Fehn, B. J.,* Die verfassungsrechtliche Zulässigkeit von Blauhelmeinsätzen der Bundeswehr, Jura 1997, 621; *Fink, U.,* Verfassungsrechtliche und verfassungsprozessrechtliche Fragen im Zusammenhang mit
dem Kosovo-Einsatz der Bundeswehr, JZ 1999, 1016; *Frowein, J. A.,* Übernatio-
nale Menschenrechtsgewährleistungen und nationale Staatsgewalt, HbStR VII
1992, § 180; *Gornig, G.,* Die Verfassungsmäßigkeit der Entsendung von Bundes-
wehrsoldaten zu „Blauhelm"-Einsätzen, JZ 1993, S123; *Gramm, C.,* Verfassungsrechtliche Grenzen der Zusammenarbeit mit auswärtigen Staaten im Hoheits-

---

6 Vgl. zur Problematik der Auslandseinsätze der Bundeswehr auch die Fallbearbeitung von
   Vitzthum/Graf, VBlBW 2004, 71 ff.
7 BVerfGE 90, 286, 353 ff. – *Auslandseinsätze der Bundeswehr – Adria, AWACS*.
8 Vgl. *Streinz*, in: Sachs Art. 24 Rn. 58.

bereich, DVBl. 1999, 1237; *Grewe, W. G.*, Auswärtige Gewalt, HbStR III 1996, § 77; *Hailbronner, K.*, Kontrolle der auswärtigen Gewalt, VVDStRL 56 (1997) *Kunig, P.*, Die Quellen des Völkerrechts aus der Sicht des Grundgesetzes, Jura 1989, 667; *ders.*, Auswärtige Gewalt, Jura 1993, 554; *Mosler, H.*, Die Übertragung von Hoheitsgewalt, HbStR VII 1992, § 175; *ders.*, Das Grundgesetz und die internationale Streitschlichtung, HbStR VII 1992, § 179; *Schroeder, W.*, Verfassungs- und völkerrechtliche Aspekte friedenssichernder Bundeswehreinsätze – BVerfG NJW 1994, 2207, JuS 1995, 398; *Seidl-Hohenveldern, I./Loibl, G.*, Das Recht der Internationalen Organisationen einschließlich der Supranationalen Gemeinschaften, 7. Aufl. 2000; *Stein, T./Kröninger, H.*, Bundeswehreinsatz im Rahmen von NATO-, WEU- bzw. VN-Militäraktionen, Jura 1995, 254; *Steinberger, H.*, Allgemeine Regeln des Völkerrechts, HbStR VII 1992, § 173; *Tomuschat, C.*, Die staatsrechtliche Entscheidung für internationale Offenheit, HbStR VII, 1992, § 172; *Trüe, C.*, Die Bundesstaatlichkeit der Bundesrepublik Deutschland – Auswirkungen auf die Umsetzung völkerrechtlicher Verträge und ihren Vollzug, JuS 1997, 1092; *Wild, M.*, Verfassungsrechtliche Möglichkeiten und Grenzen für Auslandseinsätze der Bundeswehr nach dem Kosovo-Krieg, DÖV 2000, 622; *Wolfrum, R.*, Die Bundesrepublik Deutschland im Verteidigungsbündnis, HbStR VII 1992, § 176.

Teil III: **Die Föderalismusreform**

§ 25 Hintergrund, Organisation und Ablauf der Föderalismusreform

Die Entstehungsgeschichte des Grundgesetzes ist geprägt durch die Erfahrungen **1010**
mit der nationalsozialistischen Diktatur von 1933 bis 1945[1]. In den Nachkriegs-
jahren waren vor allem auch die Alliierten an einem staatorganisatorischen Aufbau (West-)Deutschlands interessiert, durch den derartige Entwicklungen best-
möglichst verhindert werden. Als ein solches Instrument eignet sich die als
Föderalismus bezeichnete Aufteilung der politischen Gestaltungsbefugnisse auf
mehrere Instanzen innerhalb eines Bundesstaates. Denn anders als in einem Einheitsstaat setzt ein Bundesstaat zwingend das Vorhandensein von Gliedstaaten
voraus, die in bestimmten Bereichen selbständige Träger der Staatsgewalt sind[2].
Neben der Forderung der Alliierten nach einer „föderativen Regierungsform" im
Schlusskommunique der Londoner Sechs-Mächte-Konferenz von 1948 hielt auch
der Parlamentarische Rat einen zentralistischen Staatsaufbau für nicht wün-
schenswert[3]. Die Details der Ausgestaltung der föderativen Ordnung der Bundesrepublik Deutschland waren jedoch Gegenstand von heftigen Auseinandersetzungen sowohl zwischen den Alliierten und dem Parlamentarischen Rat als auch unter
den Alliierten selbst[4]. Bei den schließlich gefundenen Ergebnissen handelte es sich
im Regelfall um Kompromisslösungen.

Im Verlauf der weiteren Entwicklung der Bundesrepublik Deutschland hat sich **1011**
indes mit zunehmender Schärfe gezeigt, dass die vor dem beschriebenen verfas-
sungsgeschichtlichen Hintergrund zustande gekommene Ordnung der Gesetzge-
bungs-, Verwaltungs- und Finanzzuständigkeiten sowie die Mitwirkung der Länder an der Gesetzgebung des Bundes den Nachteil haben, äußerst ineffizient,
intransparent und missbrauchsanfällig zu sein[5]. Änderungen des Grundgesetzes
erfordern jedoch gem. Art. 79 Abs. 2 die Zustimmung von zwei Dritteln der Mitgliedern des Bundestages und zwei Dritteln der Stimmen des Bundesrates. Eine
grundlegende Änderung der föderalen Ordnung erweist sich deshalb insbesondere
dann als schwierig, wenn – was in den letzten Jahren häufig der Fall war – in
Bundestag und Bundesrat knappe oder unterschiedliche politische Mehrheitsverhältnisse herrschen.

Im Oktober 2003 war die Verständigung auf politischer Ebene aber soweit gedie- **1012**
hen, dass sich Bundestag und Bundesrat auf die Bildung einer „Gemeinsamen

---

1 Vgl. zu den Einzelheiten Rn. 27 ff.
2 Vgl. zu den Einzelheiten Rn. 229 ff.
3 Vgl. *Wilms*, Ausländische Einwirkungen, S. 58, S. 286.
4 Vgl. *Wilms*, Ausländische Einwirkungen, S. 90 f., S. 286 ff.
5 Vgl. hierzu z.B. *Wilms*, ZRP 2003, 86.

Kommission von Bundestag und Bundesrat zur Modernisierung der bundesstaatlichen Ordnung" einigten. Diese wird kurz auch als „Föderalismuskommission", „Bundesstaatskommission" oder „KoMbO" bezeichnet. Die *Aufgabe* der Kommission bestand darin, Vorschläge zur Modernisierung der bundesstaatlichen Ordnung mit dem Ziel zu erarbeiten, die Handlungs- und Entscheidungsfähigkeit von Bund und Ländern zu verbessern, die politischen Verantwortlichkeiten deutlicher zuzuordnen sowie die Zweckmäßigkeit und Effizienz der Aufgabenerfüllung zu steigern. Sie sollte insbesondere die Gesetzgebungskompetenzen zwischen Bund und Ländern, die Zuständigkeiten und Mitwirkungsrechte der Länder in der Bundesgesetzgebung und die Finanzbeziehungen zwischen Bund und Ländern („**Aufgabentrias**") überprüfen und gegebenenfalls Vorschläge zur Änderung des Grundgesetzes machen.

Die Föderalismuskommission bestand zunächst aus 32 stimmberechtigten Mitgliedern, wobei Bundestag und Bundesrat jeweils 16 ihrer Mitglieder entsandten. Daneben hatten die Bundesregierung 4 Vertreter und die Landtage 6 Abgeordnete zu benennen, die als beratende Mitglieder mit Rede- und Antragsrecht, aber ohne Stimmrecht, an den Sitzungen der Kommission teilnehmen durften. Als ständige Gäste nahmen zudem drei Vertreter aus den Präsidien der kommunalen Spitzenverbände teil. Außerdem waren an den Beratungen 12 Hochschullehrer als Sachverständige beteiligt. Den Vorsitz der Kommission übernahmen jeweils ein von ihr gewähltes Mitglied des Bundestages und des Bundesrates gemeinsam. Vorsitzende der Föderalismuskommission waren der damalige Vorsitzende der Bundestagsfraktion der SPD Franz Müntefering und der bayerische Ministerpräsident Edmund Stoiber. In Sachfragen entschied die Kommission mit der Zweidrittelmehrheit ihrer Mitglieder[6].

1013 Vor diesem Hintergrund und der erheblichen Bedeutung der zu entscheidenden Fragen gestalteten sich die Beratungen der Föderalismuskommission schwierig. Ende 2004 erklärten die Beteiligten zunächst das Scheitern der Beratungen, weil man sich insbesondere nicht über die Kompetenzaufteilung im Bereich der Bildungspolitik einigen konnte. Im März 2005 verständigte man sich zwar auf dem sog. „Jobgipfel" auf die Fortsetzung des Projektes. Zu einem tatsächlichen Neuanfang kam es dann allerdings erst nach der Bildung der großen Koalition zwischen CDU/CSU und SPD nach der vorgezogenen Bundestagswahl im Herbst 2005, indem man sich im Koalitionsvertrag auf eine im Konsens mit den Ländern abgestimmte Föderalismusreform einigte. Von der ursprünglichen Aufgabentrias wurde allerdings die Finanzverfassung (Art. 104a–115) weitgehend ausgenommen (**1. Stufe der Föderalismusreform**). Die Finanzbeziehungen zwischen Bund und Ländern sollen erst im Rahmen einer **2. Stufe der Föderalismusreform** grundlegend neu gestaltet werden.

Auf dieser Grundlage brachten die Fraktionen von CDU/CSU und FDP im März 2006 den mit den Ländern abgestimmten Entwurf eines „**Gesetzes zur Änderung des Grundgesetzes**"[7] sowie den Entwurf eines „**Föderalismusreform-Begleitgesetzes**"[8] mit Folgeregelungen auf einfach-rechtlicher Ebene in den Bundestag ein.

---

6 Vgl. zum Ganzen BT-Drucks. 15/1685 und BR-Drucks. 750/03.
7 BT-Drs. 16/813; BR-Drucks. 178/06.
8 BT-Drs. 16/814; BR-Drucks. 179/06.

Nach der Vornahme einiger Änderungen[9] an dem ursprünglichen Gesetzesentwurf beschloss der Bundestag am 30.6.2006 das Gesetz zur Änderung des Grundgesetzes sowie das Föderalismusreform-Begleitgesetz. Der Bundesrat stimmte dem Gesetzespaket am 7.7.2006 zu, so dass die *Änderungen des Grundgesetzes* nach der Ausfertigung durch den Bundespräsidenten und der Verkündung im Bundesgesetzblatt am 31.8.2006, am 1.9.2006[10] in Kraft treten konnten.

Das *Föderalismusreform-Begleitgesetz* vom 5.9.2006 wurde am 5.9.2006 verkündet und trat am 6.9.2006 in Kraft. Ausgenommen waren die Artikel 4 bis 9, 11, 13, 20 und 21. Diese traten gem. Art. 22 des Gesetzes am 1. Januar 2007 in Kraft.

§ 26 Überblick über die Änderungen des Grundgesetzes im Rahmen der 1. Stufe der Föderalismusreform

I. Gesetzgebungskompetenz

1. Bisherige Rechtslage

Art. 70 Abs. 1 bestimmt, dass das Recht der Gesetzgebung grundsätzlich den Ländern zusteht. Etwas anderes gilt, wenn und soweit das Grundgesetz dem Bund Gesetzgebungsbefugnisse verleiht („Grundsatz der begrenzten Einzelermächtigung des Bundes"). Dabei unterscheidet das GG insbesondere zwischen der ausschließlichen und der konkurrierenden Gesetzgebung. **1014**

Im Fall der *ausschließlichen* Gesetzgebung können die Länder nur dann legislativ tätig werden, wenn und soweit sie hierzu in einem Bundesgesetz ausdrücklich ermächtigt werden (Art. 71). Ist dies nicht der Fall, fehlt den Ländern die notwendige Verbandskompetenz, ein gleichwohl erlassenes Gesetz wäre nichtig[1]. Im Anwendungsbereich der *konkurrierenden* Gesetzgebung haben die Länder hingegen die Gesetzgebungskompetenz solange und soweit der Bund nicht selbst gesetzgeberisch tätig geworden ist (Art. 72 Abs. 1). Der Bund durfte aber gem. Art. 72 Abs. 2 a.F. überhaupt nur dann tätig werden, wenn und soweit die Herstellung gleichwertiger Lebensverhältnisse im Bundesgebiet oder die Wahrung der Rechts- und Wirtschaftseinheit im gesamtstaatlichen Interesse eine bundesgesetzliche Regelung erforderlich macht. Darüber hinaus *kann* gem. Art. 72 Abs. 3 ein Bundesgesetz bestimmen, dass Bundesrecht, für das die Erforderlichkeit im Sinne von Art. 72 Abs. 2 nicht mehr besteht, durch Landesrecht ersetzt werden darf[2].

Die *Sachbereiche* der ausschließlichen Gesetzgebungskompetenz des Bundes sind an verschiedenen Stellen des Grundgesetzes, vor allem aber in Art. 73 aufgezählt. Die Sachbereiche der konkurrierenden Gesetzgebungskompetenz des Bundes werden vor allem in Art. 74 f. genannt. Art. 75 a.F. räumte dem Bund ferner für die dort aufgezählten Gegenstände unter den Voraussetzungen des Art. 72 Abs. 2 die

---

9 Vgl. hierzu die Beschlussempfehlung und den Bericht des BT-Rechtsausschusses: BT-Drucks. 16/2010 und BT-Drucks. 16/2069.

10 S. Art. 2 des Änderungsgesetzes zum Grundgesetz, (BGBl. 2006, S. 2034, 2038).

1 *Degenhart*, in: Sachs, GG Art. 71 Rn. 3a m.w.N.

2 Vgl. zu den Einzelheiten Rn. 279 ff.

Kompetenz zur Rahmengesetzgebung ein. Dies bedeutet, dass der Bund die allgemeinen Grundlagen der genannten Rechtsmaterien, grundsätzlich aber nicht die Einzelheiten regeln darf. Im Bereich der konkurrierenden Gesetzgebung sowie der Rahmengesetzgebung musste sich das gesetzgeberische Tätigwerden des Bundes deshalb stets an den Voraussetzungen der *Erforderlichkeitsklausel* des Art. 72 Abs. 2 a. F. messen lassen.

1015 Art. 72 Abs. 2 GG in seiner bisherigen Fassung ging auf eine am 15.11.1994 in Kraft getretene Änderung des Grundgesetzes zurück, die die bis zu diesem Zeitpunkt existierende, de facto nicht justitiable[3] und deshalb sehr bundesfreundliche Bedürfnisklausel ersetzt hat.

Nach der Rechtsprechung des BVerfG besteht im Rahmen der Erforderlichkeitsklausel kein von verfassungsgerichtlicher Kontrolle freier gesetzgeberischer Beurteilungsspielraum. Sie unterscheidet vielmehr alternativ drei mögliche Ziele als Voraussetzung zulässiger Bundesgesetzgebung. Die Ausrichtung dieser Ziele muss sich am Sinn der besonderen bundesstaatlichen Integrationsinteressen orientieren. Das Erfordernis der Herstellung gleichwertiger Lebensverhältnisse ist nicht schon dann erfüllt, wenn es nur um das Inkraftsetzen bundeseinheitlicher Regelungen geht. Das bundesstaatliche Rechtsgut gleichwertiger Lebensverhältnisse ist vielmehr erst dann bedroht und der Bund erst dann zum Eingreifen ermächtigt, wenn sich die Lebensverhältnisse in den Ländern der Bundesrepublik in erheblicher, das bundesstaatliche Sozialgefüge beeinträchtigender Weise auseinander entwickelt haben oder sich eine derartige Entwicklung konkret abzeichnet. Die Wahrung der Rechtseinheit betrifft unmittelbar institutionelle Voraussetzungen des Bundesstaats und erst mittelbar die Lebensverhältnisse der Bürger. Eine Gesetzesvielfalt auf Länderebene erfüllt die Voraussetzungen des Art. 72 Abs. 2 erst dann, wenn sie eine Rechtszersplitterung mit problematischen Folgen darstellt, die im Interesse sowohl des Bundes als auch der Länder nicht hingenommen werden kann. Die Wahrung der Wirtschaftseinheit liegt im gesamtstaatlichen Interesse, wenn es um die Erhaltung der Funktionsfähigkeit des Wirtschaftsraums der Bundesrepublik durch bundeseinheitliche Rechtssetzung geht. Der Erlass von Bundesgesetzen zur Wahrung der Wirtschaftseinheit steht dann im gesamtstaatlichen, also im gemeinsamen Interesse von Bund und Ländern, wenn Landesregelungen oder das Untätigbleiben der Länder erhebliche Nachteile für die Gesamtwirtschaft mit sich bringen[4].

2. Rechtslage nach der Föderalismusreform

1016 a) **Abschaffung der Rahmengesetzgebung.** Im Zuge der Föderalismusreform hat der Gesetzgeber das Institut der Rahmengesetzung vollständig abgeschafft, indem er die bisher in Art. 75 a. F. verankerten Sachbereiche teilweise der ausschließlichen oder konkurrierenden Gesetzgebungszuständigkeit des Bundes zugewiesen hat. Wo dies nicht der Fall ist, greift der unverändert gebliebene formale Grundsatz der Länderzuständigkeit.

---

3 Vgl. BVerfGE 2, 213 (224 f.); 4, 115 (127 f.); 13, 230 (234 f.); 26, 338 (382 f.); 34, 9 (21); 65, 1 (63); 65, 283 (289).
4 Vgl. zu den Einzelheiten und Fundstellennachweisen Rn. 279 ff.

Das „*Melde- und Ausweiswesen*" (Art. 75 Abs. 1 Nr. 5 a. F.) fällt nunmehr in die ausschließliche Gesetzgebungskompetenz des Bundes und ist – dem ansonsten unverändert gebliebenen – Art. 73 Abs. 1 Nr. 3 hinzugefügt worden. Entsprechendes gilt für „*den Schutz deutschen Kulturgutes gegen Abwanderung ins Ausland*" (Art. 75 Abs. 1 Nr. 6 a. F.), der nunmehr in Art. 73 Abs. 1 Nr. 5a n. F. geregelt ist. Das „*Jagdwesen*", der „*Naturschutz*" und die „*Landschaftspflege*" (Art. 75 Abs. 1 Nr. 3 a. F.) sind jetzt Gegenstand der konkurrierenden Gesetzgebungskompetenz des Bundes (Art. 74 Abs. 1 Nr. 28 u. Nr. 29 n. F.). Entsprechendes gilt für die „*Bodenverteilung*" (Art. 75 Abs. 1 Nr. 4 Variante 1 a. F., nunmehr Art. 74 Abs. 1 Nr. 30 n. F.), die „*Raumordnung*" (Art. 75 Abs. 1 Nr. 4 Variante 2 a. F., nunmehr Art. 74 Abs. 1 Nr. 31 n. F.) und den „*Wasserhaushalt*" (Art. 75 Abs. 1 Nr. 4 Variante 3 a. F., nunmehr Art. 74 Abs. 1 Nr. 32 n. F.).
Die bisher der Rahmengesetzgebung des Bundes gem. Art. 75 Abs. 1 Nr. 1a a. F. unterliegenden „*allgemeinen Grundsätze des Hochschulwesens*" sind jetzt – reduziert auf die „*Hochschulzulassung und die Hochschulabschlüsse*" – Gegenstand der konkurrierenden Gesetzgebung des Bundes (Art. 74 Abs. 1 Nr. 33 n. F.). In diesem Punkt wird deshalb ein Großteil der Regelungsbefugnisse aus der bisherigen Rahmenkompetenz auf die Länder übertragen.
Ähnliches gilt für die „*Rechtsverhältnisse der im öffentlichen Dienste der Länder, Gemeinden und anderen Körperschaften des öffentlichen Rechts stehenden Personen*" gem. Art. 75 Abs. 1 Nr. 1 a. F. Diese bisher der Rahmengesetzgebung zugewiesene Materie ist nun – beschränkt auf die „*Statusrechte und -pflichten der Beamten der Länder, der Gemeinden und anderen Körperschaften des öffentlichen Rechts sowie der Richter in den Ländern mit Ausnahme der Laufbahnen, Besoldung und Versorgung*" – gem. Art. 74 Abs. 1 Nr. 27 n. F. Gegenstand der konkurrierenden Gesetzgebungskompetenz des Bundes.
Damit wird die Personalhoheit der Länder durch eine weitgehende Übertragung der Kompetenzen im öffentlichen Dienstrecht gestärkt. Statusrechte und -pflichten, auf die sich nunmehr die Zuständigkeit des Bundes beschränkt, sind insbesondere Wesen, Voraussetzungen, Rechtsform der Begründung, Arten, Dauer sowie Nichtigkeits- und Rücknahmegründe des Dienstverhältnisses; Abordnungen und Versetzungen der Beamten zwischen den Ländern und zwischen dem Bund und den Ländern; Voraussetzungen und Formen der Beendigung des Dienstverhältnisses etc.[5].
Außerdem ist Art. 74a a. F. abgeschafft worden. Darüber hinaus hat der Bund seine Rahmengesetzgebungskompetenz für die „*allgemeinen Rechtsverhältnisse der Presse*" (Art. 75 Abs. 1 Nr. 2 a. F.) ganz verloren.

b) Neue Sachbereiche der ausschließlichen Gesetzgebung. Das „*Waffen- und das* **1017** *Sprengstoffrecht*" (Art. 74 Abs. 1 Nr. 4a a. F.), „*die Versorgung der Kriegsbeschädigten und Kriegshinterbliebenen und die Fürsorge für die ehemaligen Kriegsgefangenen*" (Art. 74 Abs. 1 Nr. 10 a. F.) sowie „*die Erzeugung und Nutzung der Kernenergie zu friedlichen Zwecken, die Errichtung und den Betrieb von Anlagen, die diesen Zwecken dienen, den Schutz gegen Gefahren, die bei Freiwerden von Kernenergie oder durch ionisierenden Strahlen entstehen, und die Beseitigung radioaktiver Stoffe*" (Art. 74 Abs. 1 Nr. 11a a. F.) waren bisher Gegenstand der konkurrierenden Gesetzgebungszuständigkeit des Bundes. Sie fallen nunmehr –

---

5 Vgl. BT-Drucks. 16/813 S. 14.

ohne inhaltliche Änderungen – in die ausschließliche Gesetzgebungszuständigkeit
des Bundes (Art. 73 Abs. 1 Nr. 12–14 n.F.).
Durch Art. 73 Abs. 1 Nr. 9a n.F. ist ferner mit der *„Abwehr von Gefahren des
internationalen Terrorismus durch das Bundeskriminalpolizeiamt in Fällen, in
denen eine länderübergreifende Gefahr vorliegt, die Zuständigkeit einer Landes-
polizeibehörde nicht erkennbar ist oder oberste Landesbehörde um eine Über-
nahme ersucht"* ein neuer Sachbereich der ausschließlichen Gesetzgebungskompetenz des Bundes zugewiesen worden. Im Übrigen fällt der Bereich der öffentlichen
Sicherheit wie bisher mangels Kompetenzgrundlage in die Zuständigkeit der Länder. Die neue Bundeskompetenz des Art. 73 Abs. 1 Nr. 9a ermöglicht auch ein
präventives Tätigwerden des Bundeskriminalamtes und soll der besonderen
Bedrohungslage durch den internationalen Terrorismus Rechnung tragen[6].

1018   **c) Änderungen im Rahmen der konkurrierenden Gesetzgebung.** Darüber hinaus
sind im Rahmen der Föderalismusreform die Sachbereiche der konkurrierenden
Gesetzgebung des Bundes gem. Art. 74 überwiegend eingeschränkt, zum Teil aber
auch erweitert worden. Aus Art. 74 Abs. 1 Nr. 1 ist der *„Strafvollzug"* herausge-
nommen und hinter *„das gerichtliche Verfahren"* die Einschränkung *„ohne das
Recht des Untersuchungshaftvollzugs"* eingefügt worden. Der Sachbereich Straf-
bzw. Untersuchungshaft ist deshalb nunmehr bei den Ländern angesiedelt. Das in
Art. 74 Abs. 1 Nr. 3 a.F. noch genannte *„Versammlungsrecht"* fällt nicht mehr in
die Kompetenz des Bundes. Aus der *„öffentlichen Fürsorge"* im Sinne von Art. 74
Abs. 1 Nr. 7 ist durch einen entsprechenden Zusatz dass *„Heimrecht"* herausge-
nommen worden.
Art. 74 Abs. 1 Nr. 11 n.F. bestimmt ferner, dass von der konkurrierenden Gesetzgebungsbefugnis des Bundes für das Recht der Wirtschaft *„das Recht des Laden-
schlusses, der Gaststätten, der Spielhallen, der Schaustellung von Personen, der
Messen, der Ausstellungen und der Märkte"* ausgenommen ist. Für die genannten
Bereiche sind deshalb jetzt in jedem Fall die Länder zuständig[7]. Im Zusammenhang mit der *„Förderung der Land- und forstwirtschaftlichen Erzeugung"* gem.
Art. 74 Abs. 1 Nr. 17 GG entfällt die Zuständigkeit des Bundes für *„das Recht
der Flurbereinigung"*. Durch die Neufassung von Art. 74 Abs. 1 Nr. 18 wurde die
konkurrierende Gesetzgebungskompetenz des Bundes für das Grundstücksverkehrsrecht auf das *„städtebauliche"* Grundstücksverkehrsrecht beschränkt. Die
Regelung des landwirtschaftlichen Grundstücksverkehrs fällt deshalb künftig in
die Gesetzgebungskompetenz der Länder. Entsprechendes gilt für das *„landwirt-
schaftliche Pachtwesen"* und das *„Siedlungs- und Heimstättenwesen"*. Die bisherige konkurrierende Gesetzgebungskompetenz für das *„Wohnungswesen"* wurde
erheblich eingeschränkt. Es bleibt für den Bund nur die Kompetenz zur Regelung
des Wohngeldrechts, des Altschuldenhilferechts, des Wohnungsbauprämien-
rechts, des Bergarbeiterwohnungsbaurechts und des Bergmannssiedlungsrechts.
Die übrigen Bereiche des Wohnungswesen, insbesondere das Recht der sozialen
Wohnraumförderung, der Abbau von Fehlsubventionierung im Wohnungswesen,
das Wohnungsbindungsrecht, Zweckentfremdungsrecht im Wohnungswesen
sowie das Wohnungsgenossenschaftsvermögensrecht fallen damit künftig in die
Gesetzgebungskompetenz der Länder[8].

---

6 BT-Drucks. 16/813 S. 12.
7 BT-Drucks. 16/813 S. 13.
8 BT-Drucks. 16/813 S. 13.

Art. 74 Abs. 1 Nr. 19 ist hingegen erweitert worden. Bisher umfasste die Bestimmung lediglich die Kompetenz für den Verkehr mit Arzneien, Heil- und Betäubungsmitteln sowie Giften. Durch die Neuregelung wird das Recht dieser Gegenstände insgesamt erfasst. Bisher konnte insbesondere nicht die Herstellung solcher Arzneimittel geregelt werden, die von Ärzten, Zahnärzten und Heilpraktikern zur unmittelbaren Anwendung der eigenen Patienten hergestellt werden. Die ausdrückliche Erwähnung des Rechts des *Apothekenwesens* stellt klar, dass eine umfassende, nicht auf die Zulassung oder heilende Aspekte beschränkte Regelung dieses Rechtsgebietes möglich ist[9].

Der Kompetenztitel des Art. 74 Abs. 1 Nr. 20 GG erfasste bisher nur den Schutz beim „Verkehr" mit *Lebens- und Genussmitteln*, so dass etwa Hausschlachtungen nicht umfasst waren. Künftig erstreckt er sich auf das gesamte Recht der Lebens- und Genussmittel[10].

Art. 74 Abs. 1 Nr. 22 wird dahingehend präzisiert, dass öffentlich-rechtliche Gebühren oder privatrechtliche „*Entgelte*" für die Benutzung öffentlicher Straßen mit Fahrzeugen erhoben und verteilt werden können[11].

In Art. 74 Abs. 1 Nr. 24 GG ist der bisherige Begriff der „*Abfallbeseitigung*" durch den Terminus „*Abfallwirtschaft*" ersetzt worden. Damit soll klargestellt werden, dass sich in diesem Sachbereich die konkurrierende Gesetzgebungskompetenz auf alle Phasen der Abfallentsorgung bezieht sowie auch auf alle damit im Zusammenhang stehenden Tätigkeiten und Maßnahmen, insbesondere die Einsammlung, Lagerung, Behandlung und Beförderung von Abfällen[12].

Darüber hinaus fällt nunmehr im Bereich der „*Lärmbekämpfung*" der „*Schutz vor verhaltensbezogenem Lärm*" in die Zuständigkeit der Länder[13].

Art. 74 Abs. 1 Nr. 26 lautet in der Neufassung: „*die medizinisch unterstützte Erzeugung menschlichen Lebens, die Untersuchung und die künstliche Veränderung von Erbinformationen sowie Regelungen zur Transplantation von Organen, Geweben und Zellen*". Damit wird klargestellt, dass die Kompetenz alle Bereiche der modernen Fortpflanzungsmedizin für den Menschen umfasst, etwa auch medizinisch unterstützte natürliche Befruchtungen wie z.B. Hormonbehandlungen. In die Gesetzgebungskompetenz des Bundes fallen künftig auch Regelungen zur Transplantation von Zellen[14].

d) Einschränkung der Erforderlichkeitsklausel. Während sich bisher wie oben dargestellt sämtliche Gegenstände der konkurrierenden Gesetzgebung des Bundes an der Erforderlichkeitsklausel des Art. 72 Abs. 2 messen lassen mussten, ist dies nunmehr nur noch bei den explizit in Art. 72 Abs. 2 aufgeführten Sachbereichen aus dem Katalog des Art. 74 der Fall[15]. Hierbei handelt es sich um Art. 74 Abs. 1 Nr. 4 (Aufenthalts- und Niederlassungsrecht der Ausländer), Nr. 7 (öffentliche Fürsorge ohne das Heimrecht), Nr. 11 (Recht der Wirtschaft), Nr. 13 (Regelung der Ausbildungsbeihilfen und die Förderung der wissenschaftlichen Forschung), **1019**

---

9 BT-Drucks. 16/813 S. 13.
10 BT-Drucks. 16/813 S. 13.
11 BT-Drucks. 16/813 S. 13.
12 BT-Drucks. 16/813 S. 13.
13 BT-Drucks. 16/813 S. 13.
14 BT-Drucks. 16/813 S. 14.
15 Eine Ausnahme gilt für nicht in Art. 74 genannte Sachbereiche, bei denen auf Art. 72 Abs. 2 verwiesen wird – z.B. Art. 105 Abs. 2.

Nr. 15 (Überführung von Grund und Boden, von Naturschätzen und Produktionsmitteln in Gemeineigentum oder in andere Form der Gemeinwirtschaft), Nr. 19a (wirtschaftliche Sicherung der Krankenhäuser und die Regelungen der Krankenhauspflegesätze), Nr. 20 (Recht der Lebens- und Genussmittel), Nr. 22 (Straßenverkehr, Kraftfahrwesen), Nr. 25 (Staatshaftung) und Nr. 26 GG (medizinisch unterstützte Erzeugung menschlichen Lebens).

Für alle anderen Gegenstände des Art. 74 GG greift hingegen Art. 72 Abs. 1, so dass hier eine Gesetzgebungskompetenz der Länder nur dann gegeben ist, falls – was in praktischer Hinsicht kaum der Fall sein wird – der Bund keine (abschließende) Regelungen getroffen hat.

> **Beispiel:**
> Der Bundesgesetzgeber gelangt vor dem Hintergrund mehrerer Attacken von sog. „Kampfhunden" insbesondere auf Kinder zu der Überzeugung, dass diesem Unwesen auch mit den Mitteln des Strafgesetzbuches begegnet werden muss. Er erlässt deshalb ein Gesetz, nachdem mit Freiheits- oder Geldstrafe bestraft wird, wer entgegen einem durch landesrechtliche Vorschriften erlassenen Verbot einen gefährlichen Hund züchtet oder mit ihm Handel treibt.
> Der Bundesgesetzgeber konnte sich insofern nach der Rechtssprechung des BVerfG auf die Regelungszuständigkeit für das Strafrecht aus Art. 74 Abs. 1 Nr. 1 berufen[16]. Die Inanspruchnahme dieser Befugnis hing aber bisher generell davon ab, dass die Voraussetzungen der Erforderlichkeitsklausel gegeben waren. Im konkreten Fall des § 143 Abs. 1 StGB a. F. hatte das BVerfG dies verneint. Nach Auffassung der Verfassungsrichter waren die tatbestandlichen Voraussetzungen der Landesgesetze sehr unterschiedlich ausgestaltet, so dass Bundeseinheitlichkeit auf der Ebene der strafrechtlichen Sanktion nicht erreichbar war. Schon der Begriff des gefährlichen Hundes werde von den Ländern nicht einheitlich definiert. Neben Regelungen, die für die Gefährlichkeit an die Zugehörigkeit zu bestimmten Hunderassen anknüpfen und dafür auch unterschiedlich umfangreiche Rasselisten vorsehen, gebe es Vorschriften, nach denen es für die Einstufung als gefährlicher Hund auf die Feststellung der Gefährlichkeit im Einzelfall ankommt. Auch die Zucht gefährlicher Hunde und das Handeltreiben mit ihnen sei nicht in allen Bundesländern verboten. Es werde demzufolge durch das Strafgesetz nicht nur keine Bundeseinheitlichkeit erreicht, sondern die bestehende Uneinheitlichkeit über die strafrechtliche Sanktionierung noch verstärkt. Die Bestimmung konnte deshalb weder für die Herstellung gleichwertiger Lebensverhältnisse im Bundesgebiet noch zur Wahrung der Rechts- oder Wirtschaftseinheit im gesamtstaatlichen Interesse erforderlich sein[17].
> Nach der nunmehr geltenden Rechtslage darf die Erforderlichkeitsklausel überhaupt nicht geprüft werden. Denn § 74 Abs. 1 Nr. 1 GG wird in Art. 72 Abs. 2 n. F. nicht aufgeführt. Bejaht man in casu, wie das BVerfG, die Einschlägigkeit von Art. 74 Abs. 1 Nr. 1, besteht nunmehr auch in jedem Fall eine Gesetzgebungskompetenz zu Gunsten des Bundes.

1020   **e) Abweichungskompetenz der Länder gem. Art. 72 Abs. 3 GG n. F.** Eine völlig neue Bestimmung findet sich in Art. 72 Abs. 3 n. F. Diese Vorschrift eröffnet den Ländern die Möglichkeit zur Schaffung von abweichendem Landesrecht in bestimmten – abschließend aufgezählten – Bereichen, die im Zuge der Abschaffung der Rahmengesetzgebung in die konkurrierende Gesetzgebung überführt worden sind. Hierbei handelt es sich um das Jagdwesen (ohne das Recht der Jagdscheine); den Naturschutz und die Landschaftspflege (ohne die allgemeinen

---

16 Vgl. BVerfGE 110, 141.
17 Vgl. BVerfGE 110, 141.

Grundsätze des Naturschutzes, das Recht des Artenschutzes oder des Meeresnaturschutzes); die Bodenverteilung; die Raumordnung; den Wasserhaushalt (ohne stoff- oder anlagebezogene Regelungen) sowie die Hochschulzulassung und die Hochschulabschlüsse.

Bundesgesetze in diesen Sachbereichen treten frühestens sechs Monate nach ihrer Verkündung in Kraft, soweit nicht mit Zustimmung des Bundesrates etwas anderes bestimmt wird. **1021**

Auf diese Weise soll möglichst verhindert werden, dass die Rechtsunterworfenen in kurzen zeitlichen Abständen von divergierenden Regelungen getroffen werden[18]. Denn die Länder haben sechs Monate Zeit, um (teilweise) abweichende Regelungen zu treffen. Wenn sie innerhalb dieser Frist wirksam legislativ tätig geworden sind, wird demzufolge gegenüber den Rechtsunterworfenen die bundesrechtliche Regelung von vornherein, ansonsten ab dem Zeitpunkt ihres Inkrafttretens durch das Landesrecht im Wege des *Anwendungsvorrangs* verdrängt[19]. Denn Art. 72 Abs. 3 Satz 3 n. F. bestimmt, dass im Verhältnis von Bundes- und Landesrecht das – bezogen auf den Verkündungszeitpunkt und nicht den Zeitpunkt des Inkrafttretens, falls der Bundesgesetzgeber zuerst tätig geworden ist – jeweils *spätere* Gesetz vorgeht.

Art. 72 Abs. 3 Satz 3 n. F. steht folglich im Widerspruch zu Art. 31. Danach bricht Bundesrecht das Landesrecht. Art. 31 kommt als Kollisionsregel jedenfalls dann zur Anwendung, wenn dieselbe Rechtsfrage sowohl durch Bundes- als auch durch Landesrecht geregelt ist und die Anwendung der beiden Normkategorien im konkreten Fall zu unterschiedlichen Rechtsfolgen führt[20]. **1022**

„*Gebrochenes*" Landesrecht ist – anders als nachrangiges Landesrecht – aufgehoben[21] und lebt auch nach der Beseitigung des Bundesrechts nicht wieder auf[22]. Nunmehr kann aber in den Fällen des Art. 72 Abs. 3 Satz 1 Nr. 1–6 n. F. Landesrecht als lex posterior gegenüber Bundesrecht vorgehen. Art. 31 gilt deshalb nur noch unter der Einschränkung des Art. 72 Abs. 3[23]. Der Gesetzgeber hätte die erstgenannte Vorschrift besser an die partielle Einführung des lex posterior-Grundsatzes anpassen sollen. Denn der Aussagegehalt von Art. 31 stimmt so nicht mehr. Der Bund kann nach einer abweichenden Regelung der oder eines der Länder seinerseits wieder aktiv werden und versuchen, sich unter Berufung auf den lex posterior- Grundsatz durchzusetzen. Der Verfassungsgesetzgeber kann sich dies etwa für den Fall vorstellen, dass neue Vorgaben der EU umzusetzen sind[24]. In der Praxis ist deshalb auch ein Wettlauf der Gesetzgeber nicht ausgeschlossen, wobei sich aber die Länder im Ergebnis aufgrund der 6-Monats-Frist des Art. 72 Abs. 3 Satz 2 stets durchsetzen können. Besondere Erwähnung verdient die Tatsache, dass die Länder auf diese Weise dem Bund auch die Sachbereiche der Hochschulzulassung und der Hochschulabschlüsse gänzlich entziehen können. Die von der Möglichkeit einer abweichenden Regelung gem.

---

18 BT-Drucks. 16/813 S. 11.
19 BT-Drucks. 16/813 S. 11.
20 *Huber*, in: *Sachs*, Art. 31 Rn. 10.
21 S. *Stern*, Staatsrecht I, S. 721.
22 Vgl. *Huber*, in: *Sachs*, Art. 31 Rn. 13 m.w.N.
23 BT-Drucks. 16/813, S. 11 f. („Ausnahme vom Grundsatz des Artikels 31").
24 BT-Drucks. 16/813 S. 11.

Art. 72 Abs. 3 Satz 1 Nr. 1–6 ausgenommenen Teile bezeichnet man als „abweichungsfeste Kerne"[25].
Art. 72 Abs. 3 a.F. ist – als in praktischer Hinsicht unbedeutende Bestimmung – nunmehr inhaltsgleich in Art. 72 Abs. 4 n.F. geregelt.

II. Verwaltungskompetenz

1. Bisherige Rechtslage

1023 Nach der Konzeption des Grundgesetzes decken sich die Gesetzgebungskompetenz des Bundes und die Verwaltungskompetenz nicht. Die Länder führen vielmehr gem. Art. 83 die Bundesgesetze grundsätzlich als eigene Angelegenheiten aus. Anders ist dies im Fall der *bundeseigenen Verwaltung*. Im Fall der bundeseigenen Verwaltung führt der Bund die Gesetze durch eigene Behörden (mit eigenem Verwaltungsunterbau) oder durch bundesunmittelbare Körperschaften oder Anstalten des öffentlichen Rechts aus. Die Einrichtung der Behörden liegt demnach ausschließlich beim Bund. Die Gegenstände der bundeseigenen Verwaltung werden im Grundgesetz abschließend aufgezählt. Es handelt sich hierbei insbesondere um den auswärtigen Dienst (Art. 87 Abs. 1 GG), die Bundeswehrverwaltung (Art. 87b Abs. 1), die Verwaltung der Bundeswasserstraßen und der Schifffahrt (Art. 87 Abs. 1, 89), Sozialversicherungsträger, deren Zuständigkeitsbereich sich über das Gebiet eines Landes hinaus erstreckt (Art. 87 Abs. 2 GG). Daneben können durch Bundesgesetz fakultativ nach Art. 87 Abs. 1 Satz 2 Bundesgrenzschutzbehörden und in bestimmten anderen Bereichen Zentralstellen eingerichtet werden (z.B. Bundesamt für den Verfassungsschutz, Bundeskriminalamt). Außerdem können gem. Art. 87 Abs. 3 für Angelegenheiten, für die dem Bund die Gesetzgebung zusteht, durch Bundesgesetz selbstständige Bundesoberbehörden oder bundesunmittelbare Körperschaften und Anstalten des öffentlichen Rechts geschaffen werden (z.B. Kraftfahrtbundesamt, Bundeskartellamt, Bundesnetzagentur)[26].

1024 Ausnahmen hiervon stellen die Auftragsverwaltung der Länder (Art. 85 GG) und die bundeseigene Verwaltung (Art. 86) dar. Im Fall der *Bundesauftragsverwaltung* führen die Länder die Bundesgesetze im Auftrag des Bundes aus. Auch hier bleibt grundsätzlich die Einrichtung der Behörden Angelegenheit der Länder. Allerdings steht dem Bund nicht nur – wie im Fall von Art. 84 – die Rechts-, sondern auch die Fachaufsicht zu. Die Fälle der Bundesauftragsverwaltung werden in Grundgesetz ausdrücklich genannt; sie kommt aber eher selten vor (z.B. Art. 90 Abs. 2: Verwaltung der Bundesautobahnen und sonstigen Bundesstraßen des Fernverkehrs).

1025 Für den verfassungsrechtlichen Normalfall, dass die Länder die Bundesgesetze *als eigene Angelegenheiten* ausführen, bestimmte Art. 84 Abs. 1 a.F. bisher, dass Bundesgesetze im Hinblick auf die Einrichtungen der Behörden und das Verwaltungsverfahren mit Zustimmung des Bundesrates etwas anderes bestimmen können.

---

25 BT-Drucks. 16/813 S. 11.
26 Vgl. zu den Einzelheiten Rn. 301 ff.

Dies war in der Vergangenheit der Fall, der am häufigsten zur Zustimmungspflichtigkeit von Gesetzen führte. Aus der Perspektive des Bundestages stellte sich hier regelmäßig das Problem, dass er – für das gesamte Gesetz – der Zustimmung des Bundesrates bedurfte, wenn er in den von ihm erlassenen Gesetzes die Behördenorganisationen oder – was von erheblicher praktischer Relevanz ist – die Art und Weise der Gesetzesausführung (Antragsrechte; Antragsfristen; Zuständigkeit; Verfahrensablauf etc.)[27] regeln wollte. Der Bund stand deshalb nicht selten vor der Frage, entweder wesentliche Teile eines Gesetzes ungeregelt oder jedenfalls unvollkommen[28] geregelt zu lassen oder aber den Kompromiss mit der Ländervertretung zu suchen. Letzteres ist aber insbesondere dann schwierig, wenn im Bundestag und im Bundesrat unterschiedliche parteipolitische Mehrheiten existieren. Dies lässt sich exemplarisch an Hand des Lebenspartnerschaftsgesetzes illustrieren. Hier ging der von Rot/Grün dominierte Bundestag auf Grund von Äußerungen in Verlauf des Gesetzgebungsverfahrens davon aus, dass sich im Bundesrat keine Mehrheit finden würde. Aus diesem Grund unterließ es der Bundesgesetzgeber, Bestimmungen zur Behördenorganisationen und zum Verwaltungsverfahren in das Lebenspartnerschaftsgesetz aufzunehmen. Dies eröffnete Bayern die Option, die Begründung der – landespolitisch nicht gewollten – Lebenspartnerschaft bei den Notaren und nicht beim Standesamt[29] anzusiedeln[30].

2. Künftige Rechtslage

Im Rahmen der Föderalismusreform hat der Verfassungsgesetzgeber nunmehr das **Zustimmungserfordernis in Art. 84 Abs. 1 grundsätzlich aufgegeben**. Gem. Art. 84 Abs. 1 Satz 1 n.F. führen wie bisher grundsätzlich die Länder die Bundesgesetze als eigene Angelegenheiten aus und regeln die Einrichtung der Behörden und das Verwaltungsverfahren. Der Bund hat jetzt – ohne auf die Zustimmung des Bundesrates angewiesen zu sein – die Möglichkeit, in seinem Gesetz eigene Regelungen zur Einrichtung der Behörden und dem Verwaltungsverfahren zu treffen. **1026**

Die Länder können in einem solchen Fall aber gem. Art. 84 Abs. 1 Satz 2 n.F. hiervon abweichende Regelungen erlassen. Die Organisationsgewalt und Verwaltungsautonomie der Länder ist somit gestärkt, die Einflussmöglichkeit der Länder auf das Gesetzgebungsverfahren im Bund aber geschwächt worden. Andererseits hat der Bund nunmehr durch die Abweichungsmöglichkeit der Länder generell Kompetenz in diesem Bereich verloren. Dies dürfte dazu führen, dass sich der **1027**

---

27 Vgl. hierzu die Nachweise unter Rn. 880 ff.

28 Dies ist vor allem dann problematisch, wenn Verfahrens- und Organisationsregelungen aus der Perspektive des Bundesgesetzgebers schon deshalb erforderlich sind, um den gebotenen Grundrechtsschutz zu gewährleisten. Entsprechendes gilt für den Fall, dass sich der Charakter einer Norm nicht eindeutig bestimmen lässt. Vgl. hierzu Wissenschaftlicher Dienst des Bundestages, Zustimmungsgesetze nach der Föderalismusreform, WD 3 – 37/06 u. 123/06, S. 19 u. 21.

29 So z.B. § 1 des Berliner Gesetzes zur Ausführung des Lebenspartnerschaftsgesetzes v. 10.7.2001, (GVBl. 2001, S. 222).

30 Vgl. Bayerische Verordnung zum Vollzug des Gesetzes zur Ausführung des Lebenspartnerschaftsgesetzes v. 6.11.2001, (GVBl. 2001, S. 726).

Gesetzesvollzug bzw. die Gesetzespraxis zwischen den einzelnen Ländern nicht unerheblich unterscheidet.

Wie im Rahmen von Art. 72 Abs. 3 n. F. treten Bundesgesetze, die zustimmungs-freie Verfahrensregelungen enthalten, frühestens sechs Monate nach ihrer Verkündung in Kraft, soweit nicht mit Zustimmung des Bundesrates etwas anderes bestimmt wird. Die Länder haben somit auch hier Zeit zu entscheiden, ob und in welchem Umfang sie von Bundesrecht abweichendes Landesrecht beibehalten oder erlassen wollen.

Lediglich in Ausnahmefällen kann der Bund wegen eines besonderen Bedürfnisses nach einer bundeseinheitlichen Regelung das Verwaltungsverfahren ohne Abweichungsmöglichkeit regeln (Art. 84 Abs. 1 Satz 5 n. F.). Dann ist aber die Zustimmung des Bundesrates erforderlich (Art. 84 Abs. 1 Satz 6 n. F.).

Der bisherige Regelfall des Art. 84 Abs. 1 a. F. stellt nach der neuen Rechtslage den Ausnahmefall dar. Durch das grundsätzlichen Entfallen des Zustimmungser-fordernisses will der Gesetzgeber eine Reduzierung der Quote zustimmungspflichtiger Gesetze von bisher rund 60 % auf rund 35 bis 40 % erreichen, um mehr Handlungsmöglichkeiten auf Bundesebene zu schaffen und Entscheidungsprozesse zu beschleunigen[31].

> **Beispiel:**
> Der Gesetzgeber bestimmt in einem durch die Länder auszuführenden Bundesgesetz, dass Verfügungen der Verwaltungsbehörden nach den Vorschriften der Zivilprozess-ordnung über die Zustellung von Amts wegen (§§ 166 ff. ZPO) zuzustellen sind.
> Das Bundesgesetz trifft damit eine Regelung zum Verwaltungsverfahren, so dass es gem. Art. 84 Abs. 1 a. F. der Zustimmung des Bundesrates bedurfte[32]. Nach der Neu-regelung ist dies nicht mehr der Fall. Die Länder haben nun vielmehr gem. Art. 84 Abs. 1 Satz 2 n. F. das Recht, eine abweichende Regelung zu treffen. Die Länder können deshalb etwa regeln, dass die auf dem Bundesgesetz beruhenden Verfügungen nach den Vorschriften ihrer Verwaltungszustellungsgesetze (LVwZG) zugestellt werden.

Sowohl im Rahmen der Verwaltung der Bundesgesetze durch die Länder als auch im Rahmen der Bundesauftragsverwaltung ist nunmehr im Grundgesetz festgehalten, dass Gemeinden und Gemeindeverbänden durch Bundesgesetz keine Aufgaben übertragen werden dürfen.

III. Zustimmungsgesetze

1028 Aufgrund der föderalen Struktur der Bundesrepublik Deutschland differenziert das Grundgesetz zwischen zwei verschiedenen Verfahrensabläufen bei der Gesetzgebung: den Einspruchs- und dem Zustimmungsgesetzen. *Einspruchsgesetze* stellen nach der Konzeption des Grundgesetzes den Regelfall dar. In diesem Fall kann der Bundesrat gegen ein vom Bund geplantes Gesetz lediglich Einspruch erheben. Der Bundestag kann sich im Ergebnis aber stets durch einen entsprechenden Beschluss über den Willen des Bundesrates hinwegsetzen. Anders ist diesem Fall des *Zustimmungsgesetzes*. Hier bedarf es im Ergebnis stets der positiven Zustimmung des Bundesrates. Fehlt es an dieser, kann das geplante Bundesgesetz nicht zustande kommen. Eines Zustimmungsgesetzes bedarf es aber nur dann, wenn

---

31 BT-Drucks. 16/813 S. 14 f.
32 BVerfGE 8, 274 (298).

dies zur Regelung eines bestimmten Sachbereiches im Grundgesetz ausdrücklich gefordert wird. In dieser Hinsicht weist das Grundgesetz keine klare Systematik auf. Zustimmungserfordernisse sind vielmehr an verschiedenen Stellen der Verfassung geregelt[33].

Es ist insbesondere nicht so, dass zwischen der Frage der ausschließlichen bzw. konkurrierenden Gesetzgebung und der Frage des Zustimmungserfordernisses ein Zusammenhang besteht. Generell kann man sagen, dass Zustimmungserfordernisse immer dann erwartet werden können, wenn ein Gesetz die Organisations-, Personal- und Finanzhoheit der Länder (mit-)tangiert[34]. Ein wichtiges Zustimmungserfordernis war – wie eben dargestellt – bisher in Art. 84 Abs. 1 a.F. enthalten.

Im Rahmen der Föderalismusreform hat sich der Verfassungsgesetzgeber mit weiteren diesbezüglichen Änderungen weitgehend zurückgehalten. Insbesondere die Finanzverfassung soll erst später grundlegend reformiert werden. Allerdings ist ein zeitlicher Horizont insofern nicht absehbar. Gerade aber im Bereich der Steuergesetzgebung bestehen durchgängig Zustimmungsrechte des Bundesrates. Denn hierfür reicht es gem. Art. 105 Abs. 2 aus, dass das Aufkommen einer bestimmten Steuer den Ländern oder den Gemeinden jedenfalls teilweise zufließt. Letzteres ist gem. Art. 106 bei allen fiskalisch bedeutsamen Steuerarten der Fall.

Eine bislang kaum thematisierte Frage ist hingegen, ob dem Bund vor dem Hintergrund der neuen Rechtsprechungslinie des BVerfG zu Art. 72 Abs. 2 für eine etwaige grundlegende Erbschaftsteuerreform noch die konkurrierende Gesetzgebungskompetenz des Art. 105 Abs. 2 zusteht. Denn das Aufkommen aus der Erbschaftsteuer steht gem. Art. 106 Abs. 2 Nr. 2 ausschließlich den Ländern zu, so dass die Gesetzgebungskompetenz des Bundes nur unter den weiteren Voraussetzungen der Erforderlichkeitsklausel des Art. 72 Abs. 2 bejaht werden kann.

IV. Finanzverfassung

Art. 104a Abs. 1 bestimmt als Grundregel, dass Bund und Länder grundsätzlich jeweils die Ausgaben tragen, die sich aus der Wahrnehmung ihrer Aufgaben ergeben. Dies bedeutet, dass aufgrund der Umsetzung und des Vollzuges der von den Ländern verwalteten Bundesgesetze – neben den reinen Verwaltungskosten – grundsätzlich die Haushalte der Länder belastet werden. Handeln die Länder hingegen im Auftrag des Bundes, dann hat der Bund die sich daraus ergebenden Ausgaben zu tragen (Art. 104a Abs. 2).

Des Weiteren regelte Art. 104a Abs. 3 in seiner bisherigen Fassung für *Geldleistungen gewährende Bundesgesetze*, die von den Ländern ausgeführt werden, dass die Geldleistung ganz oder zum Teil vom Bund getragen werden muss. Bestimmt ein Bundesgesetz, dass die Länder ein Viertel der Ausgaben oder mehr zu tragen haben, so bedurfte es der Zustimmung des Bundesrates. Hatte der Bund die Hälfte der Ausgaben oder mehr zu tragen, dann war das Gesetz im Auftrag des Bundes auszuführen. Demzufolge war es bisher möglich, dass die Länder gegen ihren Willen mit Geldleistungen gewährenden Gesetzen des Bundes belastet werden konnten.

---

33 Vgl. die Rn. 880 ff.
34 Vgl. zu den Einzelheiten Rn. 880 ff.

1030   Art. 104a Abs. 4 n. F. sieht hingegen nunmehr vor, dass Bundesgesetze generell der Zustimmung des Bundesrates bedürfen, wenn sie Pflichten der Länder zur Erbringung von Geldleistungen, geldwerten Sachleistungen oder vergleichbaren Dienstleistung gegenüber Dritten begründen und die daraus entstehenden Ausgaben von den Ländern zu tragen sind. Leistungsgesetze sind demnach zukünftig noch dann zustimmungsfrei, wenn der Bund die Ausgaben vollständig übernimmt.

1031   Änderungen hat auch das Recht der *Finanzhilfen des Bundes* an die Länder erfahren. Anders als nach der bisherigen Regelung des Art. 104a Abs. 4 a.F. sind Finanzhilfen nach der Neuregelung des Art. 104b n.F. in Bereichen ausgeschlossen, die der ausschließlichen Gesetzgebungskompetenz des Bundes unterliegen. Sie dürfen zudem künftig stets nur befristet gewährt werden.

1032   Darüber hinaus ist erstmals eine Ausgleichsregelung für den Fall implementiert worden, dass erfolgreich *Staatshaftungsansprüche* gegen die Bundesrepublik Deutschland *aus der Verletzung von supranationalen oder völkerrechtlichen Verpflichtungen* geltend gemacht werden. Gem. Art. 104a Abs. 6 n.F. bestimmt sich die Haftung zwischen Bund und Ländern nach der innerstaatlichen Zuständigkeits- und Aufgabenverteilung. Die innerstaatliche Verantwortung liegt also grundsätzlich bei derjenigen Gebietskörperschaft, in der sich die Pflichtverletzung ereignet hat. In Fällen länderübergreifender Finanzkorrekturen der Europäischen Union tragen Bund und Länder diese Lasten hingegen im Wege der Solidarhaftung im Verhältnis 15 % zu 85 %. Länderintern tragen begünstigte Länder, die sich nicht exkulpieren können, 50 % der Gesamtkosten und zwar anteilig entsprechend der Höhe der erhaltenen Mittel. Eine länderübergreifende Finanzkorrektur liegt vor, wenn die Europäische Kommission eine Finanzkorrektur auf Grund eines Fehlers identischer Verwaltungs- und Kontrollsysteme aller durchführenden Länder verhängt. Der Fehler wird nach konkreter Feststellung der Kommission in einem oder mehreren Ländern ohne weitere Prüfung in anderen Ländern auf die Gesamtheit der die Regelung durchführenden Länder erstreckt[35].

1033   Art. 109 Abs. 5 n.F. regelt ferner eine Lastentragungsregel für den Fall, dass die Bundesrepublik Deutschland *gegen den europäischen Stabilitäts- und Wachstumspakt* verstößt und die EU Sanktionsmaßnahmen trifft. Danach haften Bund und Länder im Innenverhältnis mit folgenden Quoten – Bund: 65 % und Länder 35 %. Von dem auf die Ländergesamtheit entfallenden Anteil tragen die Länder entsprechend ihrer Einwohnerzahlen solidarisch 35 %. 65 % werden an Hand der Verursachungsquote unter den Ländern aufgeteilt[36].

1034   Gem. Art. 105 Abs. 2a n.F. haben die Länder künftig die Befugnis zur Bestimmung des Steuersatzes bei der *Grunderwerbsteuer*.

---

35 BT-Drucks. 16/813 S. 19.
36 BT-Drucks. 16/813 S. 20.

V. Sonstige Änderungen

1. Gemeinschaftsaufgaben

Gem. Art. 91a Abs. 1 wirkt der Bund auf bestimmten Gebieten bei der Erfüllung **1035** von Aufgaben der Länder mit, wenn diese Aufgaben für die Gesamtheit von Bedeutung sind und die Mitwirkung des Bundes zur Verbesserung der Lebensverhältnisse erforderlich ist (sog. Gemeinschaftsaufgaben). Während Art. 91a Abs. 1 Nr. 1 a.F. noch den Ausbau und Neubau von Hochschulen einschließlich der Hochschulkliniken als eine Gemeinschaftsaufgabe bestimmte, hat der Verfassungsgesetzgeber dies nunmehr aufgegeben. Damit wird die Entflechtung der Zuständigkeiten bezweckt und soll ein Beitrag zum Abbau der Mischfinanzierungen („Stärkung der Länder") geleistet werden[37]. Nach der bisherigen Fassung von Art. 91b konnten Bund und Länder auf Grund von Vereinbarungen bei der Bildungsplanung und bei der Förderung von Einrichtungen und Vorhaben der wissenschaftlichen Forschung von überregionaler Bedeutung zusammenwirken.

Nach der Neufassung ist dieses Zusammenwirken konkretisiert worden auf **1036** Einrichtungen und Vorhaben der wissenschaftlichen Forschung außerhalb von Hochschulen, Vorhaben der Wissenschaft und Forschung an Hochschulen, Forschungsbauten an Hochschulen einschließlich von Großgeräten. Damit wird die Herausnahme des Hochschulbereichs aus den Gemeinschaftsaufgaben des Art. 91a Abs. 1 a.F. wieder relativiert. Die bisherige Gemeinschaftsaufgabe Bildungsplanung wurde in Art. 91b Abs. 2 n.F. durch eine verfassungsrechtliche Grundlage für eine gemeinsame Feststellung der Leistungsfähigkeit des Bildungswesens im internationalen Vergleich und bei diesbezüglichen Berichten und Empfehlungen ersetzt (Stichwort: „PISA-Test").

2. Hauptstadt

Im Zuge der Föderalismusreform ist – obwohl hiermit nicht in direktem Zusammenhang stehend – die bisher im Einigungsvertrag niedergelegte Hauptstadtfunktion Berlins in Art. 22 Abs. 1 n.F. verfassungsrechtlich festgeschrieben worden. **1037** Darüber ist nunmehr die bisher ungeschriebene Aufgabe der Repräsentation des Gesamtstaates in der Hauptstadt durch den Bund kodifiziert worden[38].

3. Übergangsregelungen

Die Änderungen des Grundgesetzes traten am Tag nach der Verkündung im Bundesgesetzblatt in Kraft[39]. Das auf den bisherigen verfassungsrechtlichen Grundlagen erlassene Bundesrecht, dem aufgrund der Änderungen der Föderalismusreform nunmehr – weil es nicht mehr als Bundesrecht erlassen werden könnte – die **1038** Legitimationsgrundlage fehlt, gilt nach der Übergangsregelung des Art. 125a Abs. 1 n.F. fort, bis es *durch Landesrecht ersetzt* wird.

---

37 BT-Drucks. 16/813 S. 15.
38 BT-Drucks. 16/813 S. 10.
39 Art. 2 des Gesetzes zur Änderung des Grundgesetzes.

Beispiel:
Das Land L meint, dass das VersG rechtsradikalen Gruppierungen zuviel Spielraum für öffentlichkeitswirksame Demonstrationen belässt. Es entschließt sich deshalb zur Schaffung eines eigenen Landesversammlungsgesetzes, das am 1.1.2008 in Kraft tritt. Das Versammlungsrecht fällt nicht mehr unter die Gesetzgebungskompetenz des Bundes. Art. 74 Abs. 1 Nr. 3 Variante 2 ist ersatzlos entfallen. Der Bundesgesetzgeber ist deshalb für diesen Bereich nicht mehr kompetenziell zuständig. Gleichwohl findet das VersG gem. Art. 125a Abs. 1 auch im Land L bis zum 31.12.2007 Anwendung.

1039 Die weitere Übergangsregelung des Art. 125b GG n.F. betrifft im Unterschied zu Art. 125a Abs. 1 n.F. solches aufgrund alter Vorschriften erlassenes *Rahmenrecht*, das auch nach dem Inkrafttreten der im Rahmen der Föderalismusreform vorgenommenen Änderungen als Bundesrecht erlassen werden kann. Nach Art. 125b Abs. 1 n.F. gilt das bisherige Rahmenrecht des Bundes – wenn es weiterhin als Bundesrecht erlassen werden könnte – fort. Im Rahmen der in Art. 73 Abs. 1 Satz 1 Nr. 2 (Naturschutz und Landschaftspflege), Nr. 5 (Wasserhaushalt) und Nr. 6 (Hochschulzulassung und Hochschulabschlüsse) n.F. genannten Gebiete können die Länder aber erst dann abweichende Regelungen gem. Art. 72 Abs. 3 n.F. treffen, wenn und soweit der Bund nach der Verfassungsänderung von seiner Gesetzgebungszuständigkeit Gebrauch gemacht hat. Unabhängig davon können die Länder hingegen *spätestens* ab dem 1.1.2010 (Naturschutz, Landschaftspflege, Wasserhaushalt) bzw. ab dem 1.8.2008 (Hochschulzulassung und Hochschulabschlüsse) abweichende Regelungen erlassen.

Beispiel:
Bundesland B möchte die Zulassung zu seinen Hochschulen vollständig autonom regeln. Das insofern existierende Bundesrecht, insbesondere das HRRG, sei nicht mehr zeitgemäß. Außerdem wolle man ein generelles Verbot für Studiengebühren einführen. Der Sachbereich der Hochschulzulassung fällt gem. Art. 74 Abs. 1 Nr. 33 Variante 1 n.F. unter die konkurrierende Gesetzgebungskompetenz des Bundes. Die Länder haben insofern die Befugnis zur Gesetzgebung nur dann, solange und soweit der Bund nicht tätig geworden ist. Mangels Aufzählung in Art. 72 Abs. 2 n.F. muss der Bundesgesetzgeber insofern auch nicht die Voraussetzungen der Erforderlichkeitsklausel erfüllen. Regelungen zur Hochschulzulassung können deshalb auch nach dem Inkrafttreten der Föderalismusreform als Bundesrecht erlassen werden. Es findet somit Art. 125b Abs. 1 n.F. Anwendung.
Nach dieser Übergangsregelung kann das Bundesland B die Zulassung zu seinen Hochschulen – falls der Bundesgesetzgeber untätig bleibt – erst ab dem 1.8.2008 selbstständig regeln. Etwas anderes gilt hingegen für den nicht in den Bereich der Hochschulzulassung fallenden[40] Bereich der Studiengebühren. Selbst wenn man – anders als das BVerfG[41] – davon ausgeht, dass insofern eine auf Art. 75 Abs. 1 Nr. 1a a.F. beruhende Kompetenzgrundlage zu Gunsten des Bundes bestand, fehlt es jedenfalls jetzt an einer solchen. Die Länder brauchen deshalb hier die Einschränkungen des Art. 125b Abs. 1 in keinem Fall zu beachten.

1040 Eine entsprechende Übergangsregelung existiert auch im Hinblick auf die Änderung des Art. 84 Abs. 1. Während die Länder von bestehenden Regelungen der Behördeneinrichtung sofort abweichen dürfen, wird für die Regelungen des *Verwaltungsverfahrens* eine Übergangsfrist bis zum 31.12.2008 bestimmt, innerhalb

---

40 So explizit BT-Drucks. 16/813 S. 16.
41 BVerfGE 112, 226. Danach bestand auch nach altem Recht zu Gunsten des Bundes keine Kompetenzgrundlage zur Regelung eines Verbotes für Studiengebühren.

der die Länder von nach altem Recht bestehenden bundesgesetzlichen Regelungen des Verwaltungsverfahrens erst dann abweichende Regelungen treffen dürfen, wenn der Bund das jeweilige Bundesgesetz im Bereich des Verwaltungsverfahrens geändert hat. In diesen Fällen erstreckt sich das Abweichungsrecht auf alle verfahrensrechtlichen Vorschriften des Stammgesetzes. Zweck der Regelung ist, dass der Bund eine Überprüfung des vorhandenen Normenbestandes und gegebenenfalls eine Neuregelung des Verwaltungsverfahrens auf der Grundlage der Ausnahmebestimmung des Art. 84 Abs. 1 Satz 3, die eine Abweichung durch die Länder ausschließt, treffen kann.

Auch das Recht, das als zum Bereich der bisherigen Gemeinschaftsaufgaben gehö- **1041** rend, erlassen worden ist, gilt gem. Art. 125c Abs. 1 n. F. bis zum 31.12.2006 fort. Eine ähnliche Übergangsregelung triff Art. 125c Abs. 2 n. F. für die Finanzierung von in den Anwendungsbereich von Art. 104a Abs. 4 fallenden Aufgaben.

4. Zuständigkeiten des Bundesverfassungsgerichts

Neben dem bereits vor der Föderalismusreform bestehenden Art. 93 Abs. 1 **1042** Nr. 2a ist der Zuständigkeitskatalog und die Justiziabilität der „*Erforderlichkeitsklausel*" des Art. 72 Abs. 2 erweitert worden. Wie bereits erwähnt, *kann* gem. Art. 72 Abs. 4 n. F. (= Art. 72 Abs. 3 a. F.) ein Bundesgesetz bestimmen, dass eine Regelung des Bundes, für die die Erforderlichkeit im Sinne von Art. 72 Abs. 2 nicht mehr besteht, durch Landesrecht ersetzt werden darf. Nach Art. 93 Abs. 2 n. F. entscheidet das BVerfG auf Antrag des Bundesrates, einer Landesregierung oder der Volksvertretung eines Landes, ob im Fall des Art. 72 Abs. 4 n. F. die Erforderlichkeit für eine bundesgesetzliche Regelung nach Art. 72 Abs. 2 (n. F.!, also ohne die Sachbereiche, bei denen das Gesetz die Notwendigkeit einer bundesgesetzlichen Regelung fingiert) nicht mehr besteht. Dabei ersetzt eine solche Feststellung das von Art. 72 Abs. 4 n. F. (bzw. Art. 72 Abs. 3 a. F.) vorausgesetzte Bundesgesetz. Allerdings ist der Antrag beim BVerfG nur zulässig, wenn eine Gesetzesvorlage nach Art. 72 Abs. 4 im Bundestag abgelehnt oder über sie nicht innerhalb eines Jahres beraten und Beschluss gefasst oder eine entsprechende Gesetzesvorlage im Bundesrat abgelehnt worden ist. Die Zulässigkeit des Antrags beim BVerfG hat demnach ein legislatives Vorverfahren zur Voraussetzung.

Neben Art. 72 Abs. 4 n. F. wird in Art. 93 Abs. 2 n. F. auch auf Art. 125a Abs. 2 **1043** Satz 1 n. F. im Hinblick auf Recht, das Aufgrund der Aufgabe der Bedürfnisklausel in Art. 72 Abs. 2 im Jahre 1994 nicht mehr als Bundesrecht erlassen werden könnte, Bezug genommen. Es besteht somit die Möglichkeit zur verfassungsgerichtlichen Überprüfung, ob noch auf der Grundlage der Bedürfnisklausel des Art. 72 Abs. 2 a. F. erlassenes Bundesrecht der – wie die Rechtsprechung des BVerfG zeigt – nicht unerhebliche Hürden aufweisenden Erforderlichkeitsklausel des Art. 72 Abs. 2 n. F. gerecht wird. Eine solche Entscheidung der Verfassungsrichter ersetzt dann ebenfalls das gem. Art. 125a Abs. 2 Satz 2 erforderliche Bundesgesetz. Mit Blick auf die unterschiedlichsten Vorstellung über die Reformnotwendigkeit und vor allen Dingen den Reformumfang bei der Erbschaftsteuer ist es durchaus denkbar, dass ein Land diesen Weg beschreitet und überprüfen lässt, ob auch unter den verschärften Voraussetzungen der Erforderlichkeitsklausel die konkurrierende Gesetzgebungszuständigkeit des Bundes für die Erbschaftsteuer gem. Art. 105 Abs. 2 i.V.m. Art. 72 Abs. 2 zu bejahen ist.

§ 27 Ergebnisse der Föderalismusreform

1044 Durch die Möglichkeit zur selbständigen Regelung des Verwaltungsverfahrens durch den Bundesgesetzgeber gem. Art. 84 Abs. 1 n.F. wird sicherlich eine gewisse Vereinfachung des Gesetzgebungsverfahrens eintreten. Die Länder haben insbesondere bei der Bildung und im Beamtenrecht auch ein beträchtliches Maß an Autonomie gewonnen. Auch die Sozialgesetzgebung wird verfahrensrechtlich einfacher ablaufen können. Allerdings ändert sich nichts an der Tatsache, dass in den wichtigen steuerrechtlichen Fragen weiterhin der Konsens mit den Ländern gesucht werden muss. Außerdem ist zu befürchten, dass der Gesetzesvollzug aufgrund der Abweichungsmöglichkeiten der Länder nicht unerhebliche Unterschiede aufweisen wird. Besonders kritisch zu hinterfragen ist aber die nunmehr gefundene Aufteilung der Gesetzgebungskompetenzen. Hier dürfte vor allem Art. 72 Abs. 3 n.F. für Streit sorgen. Denn die ihrerseits mit Ausnahmen versehene grundsätzliche Abweichungsmöglichkeit der Länder in den früher der Rahmengesetzgebung unterliegenden Sachbereichen fällt insbesondere im Bereich des Umweltrechts, wo die *„allgemeinen Grundsätze des Umweltrechts"* abweichungsfest sein sollen, wenig präzise aus.

Literatur:

Albers, H., Föderalismusreform in Deutschland – Die Kommission ist gestrandet, die Reformnotwendigkeit besteht weiterhin ZG 2005, 182; *Arndt, H.-W., Benda, E., von Dohnanyi, K., Schneider, H.P., Süssmuth, R., Weidenfeld, W.*, Zehn Vorschläge zur Reform des deutschen Föderalismus, ZRP 2000, 201; *Backert, W.*, Renaissance des Bundesstaats durch die Rechtsprechung des Bundesverfassungsgerichts - die neue legislative Macht der Länder illustriert am Beispiel des modernen Stiftungsrechts im BGB, BayVBl 2006, 129; *Batt, H.*, Bundesverfassungsgericht und Föderalismusreform - Stärkung der Länder in der Gesetzgebung, ZParl 2004, 753; *Depenheuer, O.*, Verfassungsgerichtliche Föderalismusreform, ZG 2005, 83; *Diehr, M.*, Die Zukunft des Jagdrechts in der Bundesrepublik Deutschland, UPR 2005, 296; *Ekardt F. / Weyland, R.*, Föderalismusreform und europäisches Verwaltungsrecht, NVwZ 2006, 737; *Franz, T.*, Die Zukunft der deutschen Bundesstaatlichkeit – Verfassungsrechtliche Vorgaben für einen Systemwandel, ZParl 2004, 409; *Frenz, W.*, Föderalismusreform im Umweltschutz, NVwZ 2006, 742; *Hansalek, E.*, Die neuen Kompetenzen des Bundes im Hochschulrecht, NVwZ 2006 668; *Haug, V.*, Die Föderalismusreform, DÖV 2004, 190; *Henneke, H.-G.*, KoMbO 2004 – ein Werkstattbericht zur Föderalismusreform, NdsVBl 2004, 250; ders., Föderalismusreform am Verfassungstag auf Eis gelegt – Bleibt frisch, was bisher an Vernünftigem erreicht wurde?, NdsVBl 2005, 201; *ders.*, Bestandsaufnahme der Kommissionsarbeit und Umsetzungsperspektiven für die Föderalismusreform in Deutschland, VBlBW 2005, 249; *ders.*, Auf Eis gelegte Föderalismusreform von Großer Koalition wieder aufgetaut - Nicht alles ist frisch geblieben, was an Vernünftigem erreicht wurde, NdsVBl 2006, 158; *ders.*, Neuverteilung der Gesetzgebungskompetenzen zwischen Bund und Ländern durch die Föderalismusreform oder: ein Kamel ist ein Pferd, das von einer Kommune konzipiert wurde, Landkreis 2006, 68; *Hofmann, H.*, Notwendigkeit und Perspektiven einer Föderalismusreform, ZRP 1999, 465; *Jekewitz J.*, Deutscher Föderalismus – Fehlentwicklung oder Vorbild in Europa?, Recht u Politik 2003, 89; *Keller, S.*, Reform des Föderalismus und Wege besserer Gesetzgebung, ZG 2004, 391; *Kesper, I.*, Reform des Föderalismus in der Bundesrepublik Deutschland, NdsVBl 2006, 145; *Klingen, K.*, Lage und Zukunft des Föderalismus in der Bundesrepublik Deutschland, ZG 2004, 296; *Kloepfer, M.*, Föderalismusreform und Umweltrecht, NuR 2004, 759; *ders.*, Bemerkungen zur Föderalismusreform, DÖV 2004, 566; *Kment, M.*, Zur angestrebten Änderung der Gesetzgebungskompetenz im Bereich der Raumordnung, NuR 2006, 217; *Koch, H.-J.*, Umweltschutz in schlechter Verfassung, EurUP 2006, 106; *Köck, W.*, Föderalismusreform – Neuordnung der Umweltkompetenzen, ZUR 2004, 250; *Kröning, V.*, „Bestehende Föderale Ordnung überholt", Recht u Politik 2006, 9; *Kröning, V.*, Bundesstaatsreform – In einem Akt oder Schritt für Schritt? Recht u Politik 2005, 9; *Maiwald, C.*, Die Gesetzgebungszuständigkeit im Strafrecht, ZRP 2006, 18; *Mävers, B.*, Mehr Bund, weniger Land – oder umgekehrt?, DRiZ 2006, 106; *von Münch, I.*, Föderalismus - Beweglichkeit oder Beton?, NJW 2000, 2644; *Papier, H.-J.*, Föderalismus auf dem Prüfstand, DVP 2005, 1; *Poschmann, T.*, Föderalismusreform kommt in Fahrt, Landkreis 2004, 44; *Schmidt-Jortzig, E.*, Die fehlgeschlagene Verfassungsreform, ZG 2005, 16; *ders.*, Auswirkungen der Föderalismusreform auf die Kommunen, Landkreis 2004, 365; *Schöning, J.*, Der Föderalismuskonvent der deutschen Landesparlamente am 31. März 2003 in Lübeck, ZG 2003, 166; *Schwanengel, W.*, Die Malaise des deutschen Bundesstaates, DÖV 2004, 553; *Seidel, G.*, Der unreformierbare Föderalismus, Recht u Politik 2005, 210; *Stock, M.*, Föderalismusreform – Mit der Großen Koalition ins Abenteuer? ZUR 2006, 113; *Thaysen, U.*, Die Konventsbewegung zur Föderalismusreform in Deutschland – ein letztes Hurra der Landesparlamente zu Beginn des 21. Jahrhunderts?, ZParl 2004, 513; *Waldhoff, C.*, Reformperspektiven im Finanzrecht – ein Überblick, Verw 39 (2006), 155; *Wilms, H.*, Überlegungen zur Reform des Föderalismus, ZRP 2003, 86; ders. Verantwortungsteilung von Bund, Ländern und Kommunen, ZRP 2004,. 150; *ders.* die Technik der Kompetenzverteilung zwischen Bund und Ländern nach dem Grundgesetz, in: Festschr f. Georg Ress, 2005. S. 1373.

Teil III. Übersichten – Schemata – Definitionen

A. Übersichten

1045 *Übersicht 1*: **Der Staatsbegriff (Drei-Elemente-Lehre)**

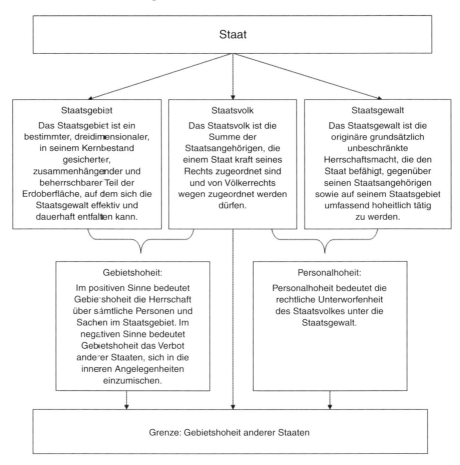

Übersicht 2: **Staatsformen und ihre Entartungen**   **1046**

Staatsform	Entartung, d.h. Ausübung der Staatsgewalt nicht zum Wohle der Allgemeinheit
Monarchie	Despotie oder Tyrannis
Aristokratie	Oligarchie
Demokratie	Ochlokratie

Übersicht 3: **Strukturprinzipien und Staatszielbestimmungen**   **1047**

Strukturprinzipien

– Republik (Art. 20 Abs. 1, Art. 28 Abs. 1 Satz 1)

– Bundesstaat (Art. 20 Abs. 1)

– Demokratie (Art. 20 Abs. 1, Art. 28 Abs. 1)

– Rechtsstaat (Art. 20 Abs. 3)

– Sozialstaat (Art. 20 Abs. 1)

Staatszielbestimmungen

– Schutz der natürlichen Lebensgrundlagen (Art. 20a)

– Tierschutz (Art. 20a)

– Förderung der Europäischen Union (Art. 23)

– Gesamtwirtschaftliches Gleichgewicht (Art. 109 Abs. 2)

– Tatsächliche Gleichstellung der Geschlechter (Art. 3 Abs. 2 Satz 2)

1048 *Übersicht 4:* **Wahlsystem der Bundesrepublik Deutschland**

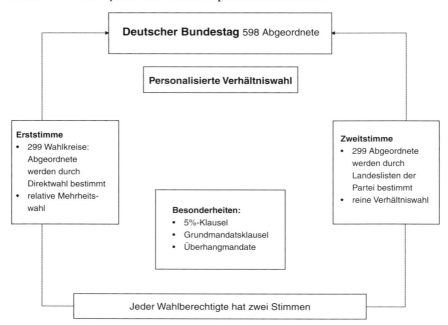

Übersicht 5: **Übersicht zum Wahlsystem I**   **1049**

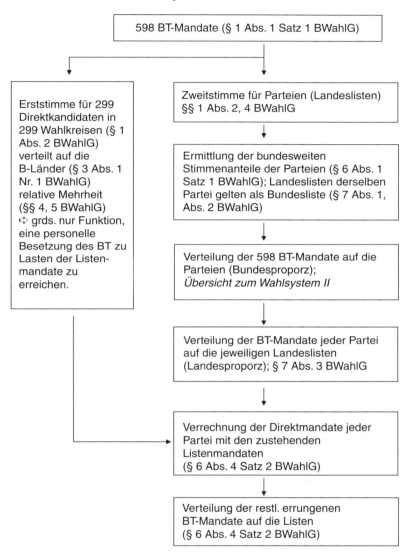

1050 *Übersicht 6:* **Übersicht zum Wahlsystem II**

Ziel: Umwandlung der Zweitstimmen in
BT-Mandate für die Parteien (Bundesproporz);
gesetzl. Regelfall ohne erfolgreiche Bewerber
i.S.d. § 6 Abs. 1 Satz 2 BWahlG

1. Zusammennehmung der Zweitstimmen, die auf jede
Partei entfallen (§ 6 Abs. 1 Satz 1 BWahlG

2. Unberücksichtigt bleiben alle Parteien bzw. die auf die
entfallenden Zweitstimmen unter 5 % (Sperrklausel),
es sei denn, die Partei hat 3 Direktmandate erobert o.
vertritt eine nationale Minderheit (§ 6 Abs. 6 BWahlG)

3. Die 598 BT-Mandate werden den Parteien (Bundesliste)
in Relation zu ihren Zweitstimmen zugeteilt
(Hare/Niemeyer) (§ 6 Abs. 2, Abs. 3 BWahlG)

$$3.1 \text{ Wahlquotient} = \frac{\text{Summe d. Zweitstimmen nach Anwendung d. 5 \%-Klausel}}{598 \text{ (BT-Mandate)}}$$

$$3.2 \text{ Anzahl d. Sitze} = \frac{\text{Anteil der Zweitstimmen einer Partei}}{\text{Wahlquotient}}$$

3.3 Verteilung der Restsitze nach höchsten
Restbruchteilen (früher d'Hondt)

1051 *Übersicht 7:* **Übersicht zum Wahlsystem III**

Übertragungsmandate (§ 6 Abs. 5 BWahlG)

Begriff:

– Überhang von Direktmandaten über die nach Landesproporz einer Partei (Landesliste) zustehenden Gesamtmandate

– Alternativ: Bundesweiter Überhang der Direktmandate über die einer Partei (Bundesliste) zustehenden Gesamtmandate

– keine bestimmten Mandate, sondern ein Überhang

– die Gesamtzahl der Mandate erhöht sich, so dass die Zweitstimmenverhältnisse in der Sitzverteilung des BT verzerrt werden

– deshalb fallen Mandate einer Partei mit Überhang ersatzlos weg, bis die Zweitstimmenverhältnisse wieder hergestellt sind (BVerfG); § 48 Abs. 1 BWahlG findet keine Anwendung!

Übersicht 8: **Übersicht zum Wahlsystem IV**   1052

Parteiloser Erwerber i.S.d. § 6 Abs. 1 Satz 2 BWahlG erringt Direktmandat

– wenn erfolgreich, fallen die Zweitstimmen weg, die „seine" Wähler abgegeben haben (§ 6 Abs. 1 Satz 2 BWahlG)

– Grund: nur eine Stimme darf zählen (Wahlrechtsgleichheit)

– bei Parteienbewerbern funktioniert der Ausgleich über die Verrechnung von Direktmandaten (Erststimme) mit den Listenmandaten (Zweitstimme)

Übersicht 9: **Zuständigkeiten des Bundestags**   1053

– Wahlfunktion (Kreationsfunktion)

– Gesetzgebungsfunktion

– Zustimmungsfunktion

– Selbstorganisation (Parlamentsautonomie)

– Kontrollfunktion

– Öffentlichkeitsfunktion

– Oberste staatliche Finanzverteilung (Budgetrecht)

– Beschlussorgan

– Anklageorgan

Übersicht 10: **Normenhierarchie**   1054

Der Rang einer Norm in der Normenhierarchie entscheidet darüber, welche Norm sich im Konfliktfall zwischen zwei sich widersprechenden Normbefehlen (Rechtsfolgen) durchsetzt. Dieser Vorrang der höherrangigeren Norm gilt absolut und von Beginn an (ex tunc). Für das Öffentliche Recht ist folgende Rangfolge maßgebend:

– Verfassungsrecht des Bundes (Grundgesetz)

– Formelle Bundesgesetze

– Rechtsverordnungen des Bundes

– Satzungen des Bundes

– Landesverfassung

– Landesgesetze

– Rechtsverordnungen der Länder

– Satzungen der Länder, insb. Gemeindesatzungen

1055 *Übersicht 11:* Geschriebene Gesetzgebungskompetenzen des Bundes nach dem Grundgesetz

Gem. Art. 30, 70 Abs. 1 sind *grundsätzlich die Länder* für die Gesetzgebung zuständig. Die *Verbandskompetenz des Bundes* auf dem Gebiet der Gesetzgebung ist nur dann eröffnet, wenn dies im GG angeordnet ist.

– Die **ausschließliche Gesetzgebungskompetenz des Bundes** bedeutet, dass der Bund für die Gesetzgebung alleine und ohne weitere Voraussetzungen zuständig ist, d. h. eine gesetzgeberische Tätigkeit der Länder im Bereich der ausschließlichen Gesetzgebung ist unzulässig. Nur im Falle einer ausdrücklichen Ermächtigung sind die Länder zur Gesetzgebung berechtigt. Die Zuordnung der Sachmaterien zur ausschließlichen Gesetzgebung erfolgt durch den Katalog des Art. 73 sowie weitere Zuweisungen an den Bund in einzelnen Vorschriften des GG.

– Die **konkurrierende Gesetzgebungskompetenz des Bundes** bedeutet, dass die Gesetzgebungskompetenz grundsätzlich subsidiär bei den Ländern verbleibt, es sei denn der Bund macht von seiner konkurrierenden Gesetzgebungskompetenz Gebrauch und sperrt so die Kompetenz der Länder. Voraussetzung ist zum einen das Vorliegen eines Sachgebietes aus dem Katalog der Art. 74, 74a und zum anderen, dass zur Herstellung gleichwertiger Lebensverhältnisse im Bundesgebiet oder zur Wahrung der Rechts- oder Wirtschaftseinheit im gesamtstaatlichen Interesse eine bundesgesetzliche Regelung in den dort genannten Gebieten erforderlich ist (Art. 72 Abs. 2).

– **Grundsatzgesetzgebungskompetenz:** Gem. den Art. 91a Abs. 2, 109 Abs. 3 darf der Bund für Gemeinschaftsaufgaben und für das Haushaltsrecht Grundsatzregeln aufstellen, die auch den Landesgesetzgeber binden. Die Gesetzgebungskompetenz reicht nicht über den Grundsatzcharakter hinaus, der weitgehend dem der Rahmengesetzgebung entspricht.

1056 *Übersicht 12:* Ungeschriebene Gesetzgebungskompetenzen des Bundes

Neben den geschriebenen Gesetzgebungskompetenzen sind in drei Ausnahmefällen auch ungeschriebene Gesetzgebungskompetenzen des Bundes anerkannt:

– Die **Bundeskompetenz kraft Sachzusammenhang** liegt dann vor, wenn eine dem Bund ausdrücklich zugewiesene Materie nicht geregelt werden kann, ohne dass zugleich eine nicht ausdrücklich zugewiesene Materie mitgeregelt wird, wenn also ein Übergreifen in nicht ausdrücklich zugewiesene Materien unerlässliche Voraussetzungen für die Regelung einer der Bundesgesetzgebung zugewiesenen Materie ist.

– Die **Annexkompetenz des Bundes** betrifft die Befugnis, ergänzende Regelungen zur Vorbereitung und Durchführung einer dem Bund zugewiesenen Sachmaterie mitzuregeln (sog. Annexregelungen).

– Die **Kompetenz des Bundesgesetzgebers kraft Natur der Sache** betrifft Regelungsgegenstände, die begriffsnotwendig nur vom Bundesgesetzgeber zu regeln sind. Beispiele sind die Bestimmung der Bundeshauptstadt, der nationalstaatlichen Symbole wie Flagge und Wappen, Nationalhymne oder der Sitz der Bundesorgane.

Übersicht 13: **Zustimmungsgesetze nach dem Grundgesetz**   **1057**

Die in der Praxis wichtigsten Beispiele für Vorschriften, in denen das GG die Zustimmungsbedürftigkeit für ein Gesetz anordnet, sind:

– Gesetze über Gemeinschaftsaufgaben gem. Art. 91a Abs. 2

– Gesetze, die bestimmte Regelungen für die Bundesverwaltung treffen gem. Art. 86 Abs. 3 Satz 2, Art. 87b Abs. 1 Satz 3, 4, Art. 87c, Art. 87d Abs. 2, Art. 87e Abs. 5, Art. 87f Abs. 1

– Gesetze im Bereich der Finanzverfassung gem. Art. 104a Abs. 5, Art. 105 Abs. 3, 5, Art. 106 Abs. 3, 4, 5, 5a, 6, Art. 107 Abs. 1, Art. 108 Abs. 2, Art. 109 Abs. 3, 4

– Gesetze im Bereich des Asylrechts gem. Art. 16a Abs. 2, 3

– Übertragung von Hoheitsrechten auf die supranationale europäische Ebene gem. Art. 23 Abs. 1 Satz 2

– Zustimmung zu bestimmten völkerrechtlichen Verträgen gem. Art. 59 Abs. 2 Satz 1

– verfassungsändernde Gesetze gem. Art. 79 Abs. 2

Übersicht 14: **Zustandekommen eines Gesetzes (Art. 78 GG)**   **1058**

Ein **Einspruchsgesetz**, das das parlamentarische Verfahren im Bundestag durchlaufen hat, kommt nach Art. 78 zustande, wenn

– der Bundesrat den Vermittlungsausschuss nicht innerhalb von drei Wochen anruft,

– nach Beendigung des Vermittlungsverfahrens und Beschlussfassung über den abgeänderten Gesetzesinhalt durch den Bundestag nicht erneut binnen zwei Wochen Einspruch einlegt,

– der Bundesrat einen eingelegten Einspruch zurücknimmt oder

– der Einspruch des Bundesrats vom Bundestag mit entsprechender Mehrheit überstimmt wird.

Ein **Zustimmungsgesetz** kommt zustande, wenn das parlamentarische Verfahren im Bundestag abgeschlossen ist und der Bundesrat dem Gesetz ausdrücklich zugestimmt.

Übersicht 15: **Sitzverteilung im Bundesrat**   **1059**

Die Sitzverteilung im Bundesrat ergibt sich aus der Einwohnerzahl der einzelnen Bundesländer. Danach besteht momentan folgende Stimmverteilung:

– 3 Stimmen: Bremen, Hamburg, Mecklenburg-Vorpommern, Saarland

– 4 Stimmen: Brandenburg, Berlin, Rheinland-Pfalz, Sachsen, Sachsen-Anhalt, Schleswig-Holstein, Thüringen

– 5 Stimmen: Hessen

– 6 Stimmen: Baden-Württemberg, Bayern, Niedersachsen, Nordrhein-Westfalen

Dies sind insgesamt 69 Stimmen, so dass die nach Art. 52 Abs. 3 Satz 1 *geforderte Mehrheit* derzeit bei *35 Stimmen* liegt.

1060 *Übersicht 16:* **Verfassungsmäßigkeit eines Bundesgesetzes**

A. Formelle Verfassungsmäßigkeit
  I. *Gesetzgebungszuständigkeit des Bundes*
    – geschriebene oder ungeschriebene Gesetzgebungskompetenz
  II. *Ordnungsgemäßes Gesetzgebungsverfahren*
    1. Gesetzesinitiative
      – Gesetzesinitiative durch Bundestag, Bundesrat oder Bundesregierung
      – Vorverfahren nach Art. 76 Abs. 1, 3
    2. Parlamentarisches Verfahren
      – wirksamer Gesetzesbeschluss des Bundestags
    3. Ordnungsgemäße Beteiligung des Bundesrates
    4. Ausfertigung und Verkündung, Art. 82

B. Materielle Verfassungsmäßigkeit
  I. *Spezielle Anforderungen*
    – beispielsweise Ermächtigung für eine Rechtsverordnung nach Art. 80 Abs. 1
  II. *Kein Verstoß gegen die Grundsätze des Art. 20, insbesondere*
    – Demokratieprinzip
    – Sozialstaatsprinzip
    – Rechtsstaatprinzip (Bestimmtheitsgebot, Rückwirkung, Verhältnismäßigkeit)
  III. *Kein Verstoß gegen Grundrechte*
    – Eingriff in den Schutzbereich eines Grundrechts
    – Verfassungsrechtliche Rechtfertigung des Eingriffs

B. Schemata

Schema 1: **Verfahren vor dem Bundesverfassungsgericht (Überblick)**   **1061**

Nach Art. 93 GG, §§ 13 BVerfGG gibt es vor dem BVerfG folgende Verfahren[1]:

Verfahrensart	Normen
Organstreit	**Art. 93 Abs. 1 Nr. 1 GG i.V.m. § 13 Nr. 5 BVerfGG**
Abstrakte Normenkontrolle	**Art. 93 Abs. 1 Nr. 2 GG i.V.m. § 13 Nr. 6 BVerfGG**
Gesetzeserforderlichkeitsprüfung	Art. 93 Abs. 1 Nr. 2a GG
Bund-Länder-Streit	**Art. 93 Abs. 1 Nr. 3 GG i.V.m. § 13 Nr. 7 BVerfGG**
Andere öffentlich-rechtliche Streitigkeiten	Art. 93 Abs. 1 Nr. 4 GG i.V.m. § 13 Nr. 8 BVerfGG
Verfassungsbeschwerde	**Art. 93 Abs. 1 Nr. 4a GG i.V.m. § 13 Nr. 8a, Alt. 1 BVerfGG**
Kommunalverfassungsbeschwerde	Art. 93 Abs. 1 Nr. 4b GG i.V.m. § 13 Nr. 8a, Alt. 2 BVerfGG
Grundrechtsverwirkung	Art. 93 Abs. 1 Nr. 5 GG i.V.m. Art. 18 GG, § 13 Nr. 1 BVerfGG
Verfassungswidrigkeit von Parteien	Art. 93 Abs. 1 Nr. 5 GG i.V.m. Art. 21 GG, § 13 Nr. 2 BVerfGG
Wahlprüfungsbeschwerde	**Art. 93 Abs. 1 Nr. 5 GG i.V.m. Art. 41 GG, § 13 Nr. 3 BVerfGG**
Bundespräsidentenanklage	Art. 93 Abs. 1 Nr. 5 GG i.V.m. Art. 61 GG, § 13 Nr. 4 BVerfGG
Richteranklagen	Art. 93 Abs. 1 Nr. 5 GG i.V.m. Art. 98 Abs. 2, 5 GG, § 13 Nr. 9 BVerfGG
Landesverfassungsstreitigkeiten	Art. 93 Abs. 1 Nr. 5 GG i.V.m. Art. 99 GG, § 13 Nr. 10 BVerfGG
Konkrete Normenkontrolle	Art. 93 Abs. 1 Nr. 5 GG i.V.m. Art. 100 Abs. 1 GG, § 13 Nr. 11 BVerfGG
Völkerrechtsprüfung	Art. 93 Abs. 1 Nr. 5 GG i.V.m. Art. 100 Abs. 2 GG, § 13 Nr. 12 BVerfGG
Landesverfassungsgerichtsabweichung	Art. 93 Abs. 1 Nr. 5 GG i.V.m. Art. 100 Abs. 3 GG, § 13 Nr. 13 BVerfGG
Reichsrechtsfortgeltung	Art. 93 Abs. 1 Nr. 5 GG i.V.m. Art. 126 GG, § 13 Nr. 14 BVerfGG

---

1 Die fettgedruckten Verfahren sind im Staatsrecht von besonderer Relevanz.

1062 *Schema 2:* Organstreitverfahren

Art. 93 Abs. 1 Nr. 1 GG, § 13 Nr. 5, §§ 63 ff. BVerfGG

A. Zulässigkeit

I. Antragssteller, Art. 93 Abs. 1 Nr. 1 GG, § 63 BVerfGG

Antragsteller können sein die obersten Bundesorgane sowie die im GG oder in den Geschäftsordnungen des Bundestags und des Bundesrats mit eigenen Rechten ausgestatteten Teile dieser Organe.

– Bundespräsident

– Bundesregierung mit den Organteilen Bundeskanzler und Bundesminister

– Bundestag mit den Organteilen Bundestagspräsident, Fraktionen, Abgeordnete und Ausschüsse

– Bundesrat mit den Organteilen Bundesratspräsident, Bundesratsmitglieder und Ausschüsse

– Bundesversammlung

– Gemeinsamer Ausschuss

– Politische Parteien, wenn und soweit sie Rechte geltend machen, die sich aus ihrem besonderen verfassungsrechtlichen Status, d.h. aus Art. 21 GG, ergeben.

II. Antragsgegner, Art. 93 Abs. 1 Nr. 1 GG, § 63 BVerfGG

s. oben Antragsteller

III. Streitgegenstand, Art. 93 Abs. 1 Nr. 1 GG, § 64 BVerfGG

Streitgegenstand kann nur eine rechtserhebliche Maßnahme oder Unterlassung des Antragsgegners sein, die sich aus einem verfassungsrechtlichen Rechtsverhältnis ergibt.

IV. Antragsbefugnis, § 64 Abs. 1 BVerfGG

Der Antragsteller ist antragsbefugt, wenn er geltend machen kann, dass er oder das Organ, dem er angehört, durch das Verhalten des Antragsgegners in seinen ihm durch das GG übertragenen Rechten und Pflichten verletzt oder unmittelbar gefährdet ist. Die Organteile können also die verfassungsrechtlichen Rechte des Organs im eigenen Namen geltend machen (gesetzliche Prozessstandschaft).

Es genügt dabei, wenn der Sachvortrag des Antragstellers die Verletzung oder Gefährdung von durch das GG übertragenen Rechten und Pflichten als möglich erscheinen lässt.

V. Rechtsschutzbedürfnis

VI. Form und Frist, §§ 23 Abs. 1, 64 Abs. 2–4 BVerfGG

B. Begründetheit

Der Antrag ist begründet, wenn die rechtserhebliche Maßnahme oder Unterlassung die verfassungsmäßigen Rechte und Pflichten des Antragstellers verletzt oder unmittelbar gefährdet (vgl. § 67 BVerfGG).

Schema 3: **Bund-Länder-Streitverfahren**   **1063**

Art. 93 Abs. 1 Nr. 3 GG, § 13 Nr. 7, §§ 68 ff. BVerfGG

A. Zulässigkeit

I. Antragssteller, § 68 BVerfGG
Bundes- oder Landesregierung

II. Antragsgegner, § 68 BVerfGG
Bundes- oder Landesregierung

III. Streitgegenstand, Art. 93 Abs. 1 Nr. 3 GG
Meinungsverschiedenheiten über Rechte und Pflichten des Bundes und der Länder. Streitgegenstand kann nur eine rechterhebliche Maßnahme oder Unterlassung des Antragsgegners sein, die sich aus einem verfassungsrechtlichen Rechtsverhältnis ergibt (§ 69 i.V.m. § 64 BVerfGG).

IV. Antragsbefugnis, § 69 i.V.m. § 64 BVerfGG
Die Antragsbefugnis ist gegeben, wenn die verfassungsrechtlichen Rechte und Pflichten dem Antragsteller selbst zustehen. Es genügt dabei, wenn der Sachvortrag des Antragstellers die Verletzung oder Gefährdung von durch das Grundgesetz übertragenen Rechten und Pflichten als möglich erscheinen lässt.

V. Rechtsschutzbedürfnis

VI. Form und Frist, §§ 23, 69 i.V.m. § 64 Abs. 2–4 BVerfGG

B. Begründetheit
Der Antrag des Bund-Länder-Streits ist begründet, wenn die beanstandete Maßnahme oder Unterlassung des Antragsgegners gegen eine Bestimmung des GG verstößt, die für das bundesstaatliche Rechtsverhältnis von Bedeutung ist.

Schema 4: **Abstrakte Normenkontrolle**   **1064**

Art. 93 Abs. 1 Nr. 2 GG, § 13 Nr. 6, §§ 76 ff. BVerfGG

A. Zulässigkeit

I. Antragssteller, Art. 93 Abs. 1 Nr. 2 GG, § 76 BVerfGG

– Bundesregierung (Kabinettsbeschluss)

– Landesregierung

– ein Drittel der Mitglieder des Bundestags

II. Prüfungsgegenstand, § 76 Abs. 1 BVerfGG
Bundes- oder Landesrecht gleichgültig welchen Ranges. Voraussetzung ist lediglich die Verkündung der Norm. Die vorbeugende Normenkontrolle ist unzulässig. Eine Ausnahme gilt jedoch bei Zustimmungsgesetzen zu völkerrechtlichen Verträgen, wenn nur noch die Ausfertigung durch den Bundespräsidenten und die Verkündung fehlen, damit ein Auseinanderfallen von völkerrechtlichen und verfassungsrechtlichen Pflichten vermieden werden kann.

III. Antragsgrund/Klarstellungsinteresse, Art. 93 Abs. 1 Nr. 2 GG, § 76 Abs. 1 BVerfGG

Zweifel oder Meinungsverschiedenheiten über die förmliche oder sachliche Vereinbarkeit der zu überprüfenden Norm mit höherrangigem deutschen Recht. Darüber hinaus ist ein besonderes objektives Interesse an der Klarstellung der Gültigkeit der Norm erforderlich. Dieses Interesse ist gegeben, wenn die Norm von der zuständigen Stelle gerade wegen ihrer Unvereinbarkeit mit dem GG oder sonstigem Bundesrecht nicht angewandt, nicht vollzogen oder in sonst relevanter Weise missachtet und in ihrer praktischen Wirksamkeit beeinträchtigt wird.

Wichtig: Die Geltendmachung der Verletzung eines subjektiven Rechts ist bei der abstrakten Normenkontrolle gerade nicht erforderlich.

IV. Form, § 23 BVerfGG

B. Begründetheit

Die Antrag der abstrakten Normenkontrolle ist begründet, wenn Bundesrecht oder Landesrecht mit höherrangigem deutschen Recht unvereinbar ist (vgl. § 78 BVerfGG).

Schema 5: Das Gesetzgebungsverfahren (Überblick)   **1065**

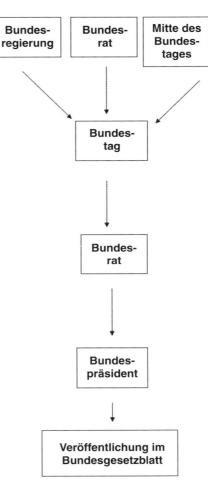

1.) Gesetzesinitiative
- Einleitung des Gesetzgebungsverfahrens
- Einbringung des Gesetzesentwurfes in
  den Bundestag (Gesetzesvorlage)
- Art. 76 GG

| Bundes-regierung | Bundes-rat | Mitte des Bundes-tages |

2.) Parlamentarisches Verfahren
- 3 Lesungen und Gesetzesbeschluss
- Art. 77 Abs. 1 GG und GOBT

Bundes-tag

3.) Mitwirkung des Bundesrates
- Einspruch bzw. Zustimmung
- Vermittlungsverfahren
- Art. 77 Abs. 2–4 GG
- Gesetz kommt zustande (Art. 78 GG)

Bundes-rat

4.) Ausfertigung
- Prüfungskompetenz des
  Bundespräsidenten
- Art. 82 Abs. 1 GG

Bundes-präsident

5.) Verkündung und Inkrafttreten
- Art. 82 GG

Veröffentlichung im
Bundesgesetzblatt

1066   *Schema 6:* Gesetzesinitiative durch die Bundesregierung

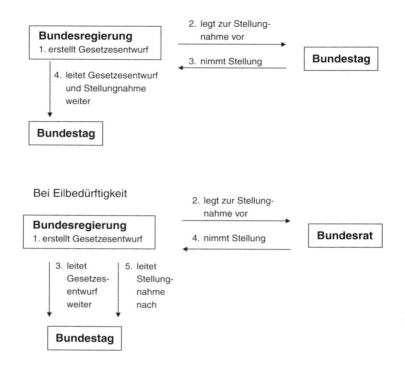

1067   *Schema 7:* Gesetzesinitiative durch den Bundesrat

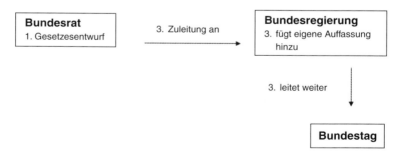

Schema 8: **Parlamentarisches Verfahren**   **1068**

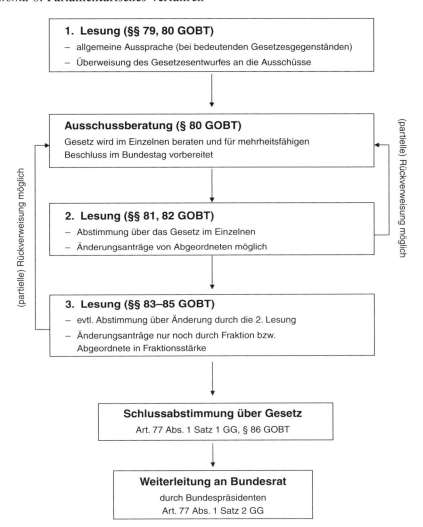

1069 *Schema 9:* Vermittlungsverfahren

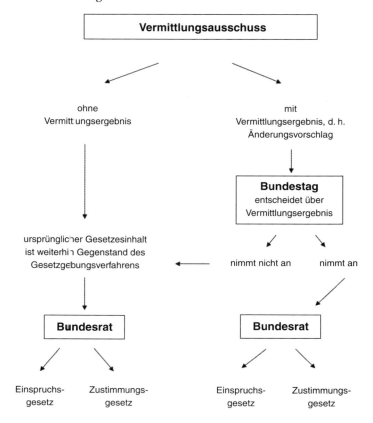

Schema 10: **Mitwirkung des Bundesrates im Gesetzgebungsverfahren bei Ein-** **1070**
spruchsgesetzen

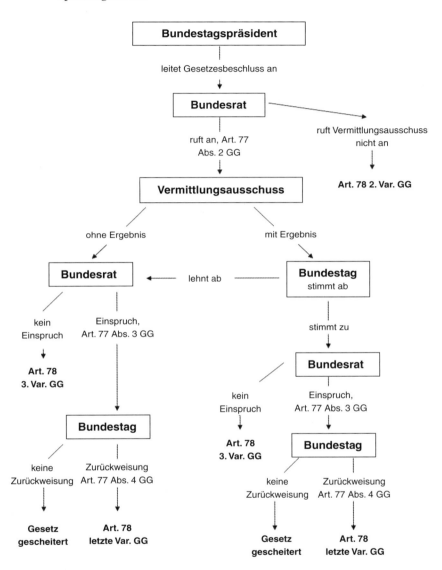

1071   *Schema 11:* Mitwirkung des Bundesrates im Gesetzgebungsverfahren bei Zustimmungsgesetzen

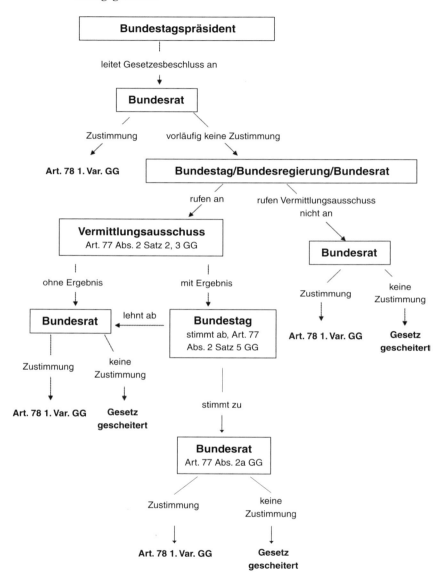

Schema 12: **Die Gewaltenteilung nach dem Grundgesetz**   **1072**

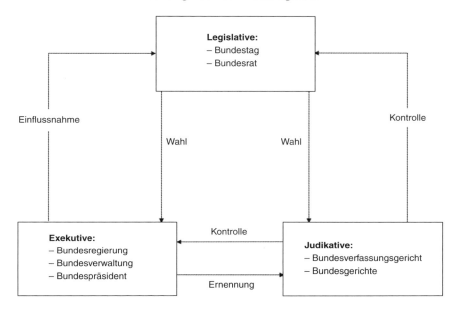

Schema 13: **Justiz/Gerichtsbarkeiten**   **1073**

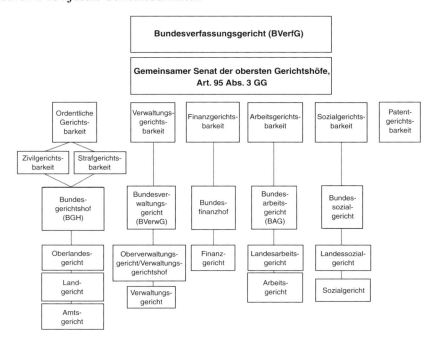

1074 *Schema 14:* **Die Wahl des Bundeskanzlers**

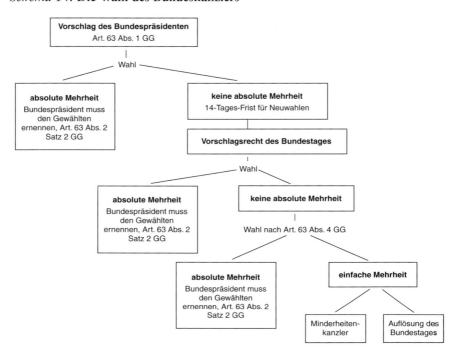

Schema 15: **Verwaltungsfunktionen**   **1075**

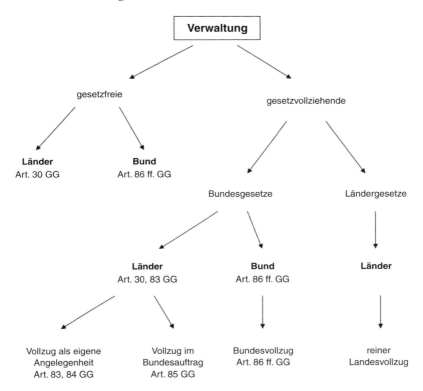

1076 *Schema 16:* Vollzug von Gesetzen

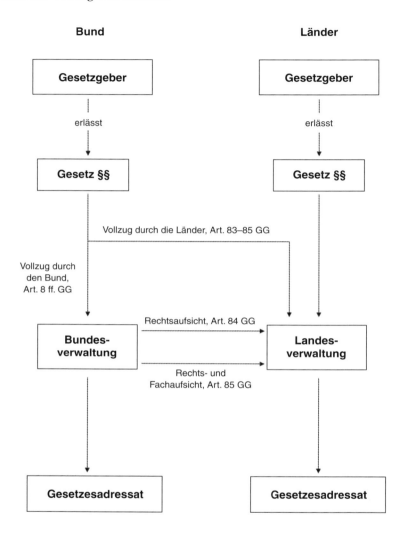

Schema 17: **Die Europäische Union**   **1077**

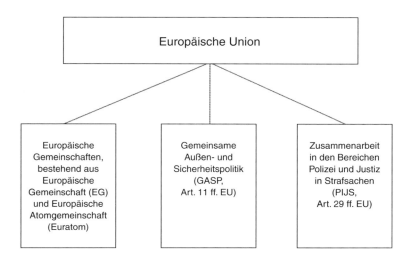

C. Problemkreise

1078 1. Prüfungsrecht des Bundespräsidenten

Fraglich ist, inwieweit der Bundespräsident bei der Mitwirkung am Gesetzgebungsverfahren eine Kontrollfunktion mittels eines Prüfungsrechts besitzt und ob er ggf. berechtigt ist, die Ausfertigung eines Gesetzes abzulehnen.
Das formelle Prüfungsrecht des Bundespräsidenten im Gesetzgebungsverfahren ist mit der h.M. zu bejahen[1]. Es ergibt sich aus der Auslegung des Wortlauts von Art. 82 Abs. 1 Satz 1. Die Formulierung „nach den Vorschriften dieses Grundgesetzes zustande gekommenes Gesetz" impliziert zumindest die formelle Einhaltung der verfassungsrechtlichen Vorschriften für das Gesetzgebungsverfahren. Dafür spricht insbesondere, dass der Begriff des Zustandekommens auch in Art. 78 gebraucht wird, der den Abschluss des Gesetzgebungsverfahrens regelt. Problematisch und umstritten ist dagegen das materielle Prüfungsrecht, da insofern der Wortlaut keine eindeutigen Ergebnisse liefert.

Argumente **gegen** ein materielles Prüfungsrecht:

– *Lehre aus der Weimarer Republik und der WRV:* Der historische Hintergrund kann allerdings nur ein Indiz gegen ein materielles Prüfungsrecht sein, denn ob dem Bundespräsidenten ein solches Recht zusteht, ist allein durch eine umfassende Auslegung des GG zu ermitteln[2].

– *Schwache Stellung des Bundespräsidenten* (Gegenzeichnungspflicht, oberster Staatsnotar): allenfalls ein Indiz gegen ein materielles Prüfungsrecht.

– *Normverwerfungsmonopol des BVerfG:* Es entsteht schon gar keine Konkurrenzsituation zum Normverwerfungsmonopol des BVerfG für formelle, nachkonstitutionelle Gesetze (Art. 100), denn ohne die Ausfertigung durch den Bundespräsidenten tritt das Gesetz gar nicht in Kraft, so dass vom Bundespräsidenten kein geltendes Recht verworfen wird. Außerdem gilt das Normverwerfungsmonopol des BVerfG nur im Verhältnis zu den anderen Gerichten und sagt daher nichts über das Verhältnis zum Bundespräsidenten aus[3].

Argumente **für** ein materielles Prüfungsrecht:

– *Amtseid* (Art. 56 GG): dem ist entgegenzuhalten, dass Art. 56 selbst keine kompetenzbegründende Norm ist[4].

– Ein Teil der Literatur stellt darauf ab, dass ein materiell gegen das GG verstoßendes Gesetz *verfassungsändernden Charakter* habe. Damit seien wiederum die formellen Erfordernisse von Art. 79 Abs. 1 und 2 nicht gewahrt, worauf sich der Bundespräsident (formelles Prüfungsrecht) berufen könne. Dem widerspricht jedoch der Charakter der verfassungsändernden Gesetze. Das GG kennt kein „bloß" materiell die Verfassung änderndes Gesetz. Die Voraussetzungen sind in Art. 79 genau geregelt.

---

1 Vgl. nur *Degenhart*, Staatsrecht Rn. 562; *Ipsen*, Staatsrecht Rn. 488; *Pieroth*, in: Jarass/Pieroth Art. 82 Rn. 3.
2 Vgl. *Degenhart*, Staatsrecht Rn. 563.
3 Vgl. *Maurer*, Staatsrecht § 17 Rn. 88.
4 Statt aller *Pieroth*, in: Jarass/Pieroth Art. 56 Rn. 1 m.w.N.

– *Argument aus dem Wortlaut des Art. 82.* „Die nach den Vorschriften dieses Grundgesetzes zu Stande gekommenen Gesetze werden vom Bundespräsidenten... ausgefertigt." Diese Vorschrift meint eben nicht nur Verfahrensnormen, sondern setzt voraus, dass die Bundesgesetze mit der Verfassung übereinstimmen.

– *Verfassungsbindung der Staatsorgane* (Art. 1 Abs. 3, Art. 20 Abs. 3)

– Dies ist letztlich das tragende Argument. Das Staatsoberhaupt ist, wie alle anderen Staatsorgane, an die Verfassung gebunden. Es kann nicht zur Mitwirkung an Verfassungsverstößen verpflichtet sein.

Letztlich spricht entscheidend für das materielle Prüfungsrecht des Bundespräsidenten die Verfassungsbindung aller Staatsorgane. Kein Staatsorgan kann dazu verpflichtet werden, verfassungswidrige Handlungen vorzunehmen. Mit der Verfassungsbindung ist es nicht vereinbar, wenn der Bundespräsident verpflichtet wäre, ein Gesetz auszufertigen und damit dessen Rechtswirkungen in Kraft treten zu lassen, das seiner Meinung nach mit der Verfassung nicht im Einklang steht. Die Begrenzung des materiellen Prüfungsrechts auf evidente Verfassungsverstöße ist nicht sachgerecht, da diese Differenzierung im GG nicht verankert ist und eine Abgrenzung zwischen evidenten und nicht evidenten Verfassungsverstößen praktisch unmöglich ist[5].

2. Verfassungsprozessuale Stellung von Parteien   **1079**

Parteien sind zivilrechtliche Vereinigungen und rechtlicher Bestandteil des außerstaatlichen Raumes, in dem sich die Willensbildung durch das Volk abspielt. Allerdings wird den Parteien durch Art. 21 eine besondere Stellung zugewiesen, die die Parteien von anderen zivilrechtlichen Vereinigungen unterscheidet. Diese besondere Stellung der Parteien ist auch im Verfassungsprozess zu berücksichtigen.
Parteien können, wie alle anderen natürlichen und juristischen Personen des Privatrechts auch, ihre durch die Verfassung eingeräumten Rechte mit der Verfassungsbeschwerde vor dem BVerfG geltend machen (Bsp.: Verletzung des Rechts auf Chancengleichheit bei der Vergabe der kommunalen Stadthalle). Im Rahmen dieser Verfassungsbeschwerde sind die Grundrechte Prüfungsmaßstab.
Soweit Parteien allerdings in ihrem funktionalen Verfassungsauftrag aus Art. 21 durch ein Verfassungsorgan (das ebenfalls parteifähig ist gem. § 63 BVerfGG) beeinträchtigt werden, steht ihnen das Organstreitverfahren offen[6]. Politische Parteien sind also ausnahmsweise im Organstreitverfahren taugliche Antragssteller, wenn und soweit sie Rechte geltend machen, die sich aus ihrem besonderen verfassungsrechtlichen Status, d.h. aus Art. 21, ergeben (Bsp.: Verletzung des Rechts auf Chancengleichheit im Wahlkampf). Prüfungsmaßstab ist dabei allein Art. 21.

3. Uneinheitliche Stimmabgabe im Bundesrat   **1080**

Beispiel[7]:
Im Verlauf der Abstimmung über das Zuwanderungsgesetz im Bundesrat antworten

---

5 *Erichsen*, Jura 1985, 424, 426; *Stern*, Staatsrecht II S. 235; a.A. *Degenhart*, Rn. 566; *Pieroth*, in: Jarass/Pieroth Art. 82 Rn. 3.
6 Vgl. BVerfGE 82, 322, 335; 84, 290, 298; 85, 264, 284; *Maurer*, Staatsrecht § 11 Rn. 57.
7 Nach BVerfG, DVBl. 2003, 194 – *Zuwanderungsgesetz*.

für das Land Brandenburg das Mitglied des Bundesrats *Ziel* mit „Ja", das Mitglied des Bundesrats *Schönbohm* mit „Nein". Sodann stellte der Bundesratspräsident *Wowereit* fest, dass das Land Brandenburg nicht einheitlich abgestimmt hat. Er verweist daher auf Art. 51 Abs. 3 Satz 2, wonach Stimmen eines Landes nur einheitlich abgegeben werden können. Auf Nachfrage des Bundesratspräsidenten antwortete Ministerpräsident *Stolpe* für das Land Brandenburg mit „Ja", worauf der Bundesratspräsident konstatierte, das Land Brandenburg habe mit „Ja" gestimmt. Das Mitglied des Bundesrats *Schönbohm* sagte daraufhin: „Sie kennen meine Meinung".

Gem. Art. 51 Abs. 3 Satz 2 müssen die Stimmen eines Landes einheitlich durch die Bundesratsmitglieder abgegeben werden. Aufgrund der weitreichenden Stellvertretungsmöglichkeiten erfolgt in Abstimmungen üblicherweise die Bündelung der Stimmabgabe durch einen Stimmführer, was dem GG nicht entgegensteht. Vielmehr respektiert es die Praxis der landesautonom bestimmten Stimmführer. Widerspricht aber ein stimmberechtigtes ordentliches Mitglied eines Landes dem Stimmführer, dann führt dies zur Ungültigkeit der gesamten Stimmabgabe des Landes, weil die Stimmen nicht einheitlich abgegeben wurden und durch den Widerspruch die Voraussetzungen der Stimmführerschaft insgesamt entfallen. Aus den eindeutigen Erklärungen der Bundesratsmitglieder *Ziel* und *Schönbohm* folgte, dass das Land Brandenburg uneinheitlich abgestimmt hat. Dies wurde vom Bundesratspräsidenten unmittelbar nach der Stimmabgabe zutreffend festgestellt. Die Uneinheitlichkeit der Stimmabgabe konnte im weiteren Verlauf der Abstimmung nur dann beseitigt werden, wenn der Bundesratspräsident das Recht zur Nachfrage hatte und anschließend eine einheitliche Stimmabgabe durch das Land Brandenburg erfolgte.

Zwar ist der Bundesratspräsident als unparteiischer Sitzungsleiter grundsätzlich berechtigt, bei Unklarheiten im Abstimmungsverlauf mit geeigneten Maßnahmen eine Klärung herbeizuführen und auf eine wirksame Abstimmung eines Landes hinzuwirken. Das Recht zur Nachfrage entfällt allerdings, wenn ein einheitlicher Landeswille erkennbar nicht besteht und nach den gesamten Umständen auch nicht zu erwarten ist, dass ein solcher noch während der Abstimmung zustande kommt. Bereits im Vorfeld der Bundesratssitzung und auch während der vorausgehenden Debatte im Plenum hatte der Minister *Schönbohm* unmissverständlich seine ablehnende Haltung gegenüber dem Zuwanderungsgesetz dargelegt, so dass der uneinheitliche Wille des Landes Brandenburg offensichtlich war. Die Nachfrage des Bundesratspräsidenten war dementsprechend unberechtigt, so dass die Stimmen des Landes Brandenburg als uneinheitlich protokolliert und damit als Nein-Stimmen hätten gewertet werden müssen. Die trotzdem erfolgte Nachfrage greift in den Verantwortungsbereich des Landes ein und erweckt den Anschein, es gelte den „wahren Landeswillen" festzustellen oder doch noch auf eine einheitliche Stimmabgabe des Landes hinzuwirken[8].

---

8 So die Senatsmehrheit in der Entscheidung BVerfG DVBl. 2003, 194; a.A. die abweichende Senatsminderheit BVerfG DVBl. 2003, 194, 196, die davon ausgeht, dass der Bundesratspräsident mit seiner durch die uneinheitliche Stimmabgabe veranlassten und zulässigen Nachfrage einen neuen Abstimmungsvorgang eröffnet hat, in dem es nicht mehr auf die im ersten Durchgang abgegebenen Stimmen, sondern nur noch darauf ankam, ob das Land Brandenburg nunmehr seine Stimmen einheitlich abgegeben hat. Ministerpräsident *Stolpe* hat dies für das Land Brandenburg getan, da Minister *Schönbohm* keine klar als Stimmabgabe identifizierbare Äußerung mehr abgegeben hat.

4. Gesetzesinitiativrecht des Bundestags (Einbringung von Regierungsvorlagen durch die Regierungsfraktion)   **1081**

Problematisch ist, dass häufig aus taktischen Gründen Gesetzesvorlagen der Regierung durch die Regierungsfraktion und damit aus der Mitte des Bundestags in den Bundestag eingebracht werden. Damit wird die Beteiligung des Bundesrats im ersten Durchgang umgangen.

Als gezielte Umgehung wird diese Vorgehensweise teilweise als verfassungswidrig eingestuft[9], allerdings entspricht dies der Staatspraxis und ist richtigerweise verfassungsrechtlich nicht zu beanstanden. Denn das Initiativrecht des Bundestags ist unbegrenzt, so dass der Bundestag auch das Recht hat, sich einen Gesetzesentwurf der Bundesregierung zu Eigen zu machen[10].

5. Verstoß gegen Art. 76 Abs. 2 GG   **1082**

Wird dem Bundesrat eine Gesetzesvorlage nicht zur Stellungnahme zugeleitet, so stellt sich die Frage, ob dieser Verstoß gegen Art. 76 Abs. 2 GG zur formellen Verfassungswidrigkeit des Gesetzes führt.

Begreift man Art. 76 Abs. 2 als bloße Ordnungsvorschrift, da die Stellungnahme des Bundesrats weder rechtlich bindend, noch zwingend vorgeschrieben ist, so führt ein Verstoß nicht zur formellen Verfassungswidrigkeit des Gesetzes. Der Wortlaut des Art. 76 Abs. 2 („sind zuzuleiten") und der Sinn und Zweck der Vorschrift, nämlich den Bundesrat möglichst frühzeitig am Gesetzgebungsverfahren zu beteiligen, sprechen jedoch für den materiellen Gehalt der Vorschrift und damit für die Nichtigkeitsfolge bei deren Verletzung[11].

6. Reichweite der Zustimmungsbedürftigkeit   **1083**

Zwar ordnet das GG eindeutig und ausdrücklich an, wann ein Bundesgesetz zustimmungsbedürftig ist, doch ist die Reichweite der Zustimmungspflicht problematisch und umstritten.

Das *BVerfG*[12] und die *herrschende Lehre*[13] betrachten das Gesetz als Einheit. Ein Gesetz ist als Zustimmungsgesetz zu behandeln, wenn es eine einzelne Norm mit einer zustimmungsbedürftigen Regelung enthält. Der Bundesrat kann also einem Gesetz nur insgesamt zustimmen, auch wenn nur eine einzige Regelung die Zustimmungsbedürftigkeit auslöst.

Eine Mindermeinung[14] geht hingegen von einer Einzelbetrachtung aus. Der Bundesrat darf also die Zustimmung nur im Hinblick auf solche Regelungen verweigern, die für sich genommen zustimmungspflichtig sind. Verweigert der Bundesrat seine Zustimmung, so ist das Gesetz lediglich teilnichtig.

---

9 Vgl. *Maurer*, Staatsrecht § 17 Rn. 63.
10 Vgl. *Degenhart*, Rn. 675; *Ipsen*, Staatsrecht Rn. 222; *Bryde*, in: v. Münch/Kunig Art. 76 Rn. 21; differenzierend *Lücke*, in: Sachs Art. 76 Rn. 24 ff.
11 *Degenhart*, Staatsrecht Rn. 674.
12 BVerfGE 8, 274, 294 f.; 37, 363, 381; 55, 274, 318, 326 f.
13 *Stern*, Staatsrecht II S. 145; *Maunz*, in: Maunz/Dürig Art. 77 Rn. 8; *Pieroth*, in: Jarass/Pieroth Art. 77 Rn. 4.
14 *Maurer*, Staatsrecht § 17 Rn. 74 ; *Lücke*, in: Sachs Art. 77 Rn. 15.

1084 **7. Zustimmungsbedürftigkeit von Änderungsgesetzen**

Für die Zustimmungsbedürftigkeit von Änderungsgesetzen stellt sich die Frage, ob dabei auf das Änderungsgesetz oder auf das zu ändernde Gesetz abzustellen ist. Der *Bundesrat* ist der Auffassung, dass die Änderung eines Gesetzes, welches bei seinem damaligen Erlass zustimmungsbedürftig war, insgesamt zustimmungspflichtig ist, weil er mit der Zustimmung die legislative Verantwortung für das Gesetz als Ganzes übernommen hat (Mitverantwortungstheorie). Entscheidend ist also das zu ändernde Gesetz.

Nach Auffassung des *BVerfG*[15] und der *herrschenden Lehre*[16] ist nur auf das Änderungsgesetz selbst abzustellen. Denn das Änderungsgesetz muss – wie jedes andere Gesetz auch – für sich betrachtet den verfahrensmäßigen Voraussetzungen genügen. Ein Änderungsgesetz ist somit zustimmungsbedürftig, wenn

- das Änderungsgesetz selbst zustimmungsbedürftige Regelungen enthält;

- das Änderungsgesetz Vorschriften des ursprünglichen Gesetzes betrifft, die dessen Zustimmungsbedürftigkeit begründet haben;

- das Änderungsgesetz zwar keine zustimmungsbedürftigen Teile des Ursprungsgesetzes abändert, die Änderungen aber dem Ursprungsgesetz inhaltlich eine wesentlich andere Bedeutung und Tragweite verleihen und damit eine „Systemverschiebung" bewirken, die von der ursprünglichen Zustimmung des Bundesrats nicht mehr als gedeckt angesehen werden können.

1085 **8. Frist für die Anrufung des Vermittlungsausschusses bei Zustimmungsgesetzen**

Bei Zustimmungsgesetzen ist umstritten, ob für die Anrufung des Vermittlungsausschusses eine Frist einzuhalten ist.

Wird der Vermittlungsausschuss *durch Bundesregierung und Bundestag angerufen*, so ist grundsätzlich keine Frist zu beachten. Aus Gründen der Rechtsklarheit ist allerdings zu verlangen, dass das Einberufungsverlangen nach der Zustimmungsverweigerung durch den Bundesrat innerhalb einer angemessenen Frist erfolgt[17].

Ruft dagegen der *Bundesrat* den Vermittlungsausschuss an, so ist einer Meinung nach die Drei-Wochen-Frist des Art. 77 Abs. 2 Satz 1 zu beachten[18]. Nach seinem Wortlaut bezieht sich Art. 77 Abs. 2 Satz 1 jedoch nur auf Einspruchsgesetze und gerade nicht auf Zustimmungsgesetze. Die Frist des Art. 77 Abs. 2 Satz 1 kann daher richtigerweise nicht auf Zustimmungsgesetze angewendet werden[19].

---

15 BVerfGE 37, 363, 381 f.

16 *Pieroth*, in: Jarass/Pieroth Art. 77 Rn. 5; *Ipsen*, Staatsrecht Rn. 365 f.

17 *Pieroth*, in: Jarass/Pieroth Art. 77 Rn. 11 m.w.N.; *Masing*, in: v. Mangoldt/Klein/Starck Art. 77 Rn. 79; a.A. *Stern*, Staatsrecht II S. 629, der für eine Frist von drei Wochen plädiert.

18 So etwa *Lücke*, in: Sachs Art. 77 Rn. 8; *Masing*, in: v. Mangoldt/Klein/Starck Art. 77 Rn. 78.

19 Ebenso *Pieroth*, in: Jarass/Pieroth Art. 77 Rn. 10; *Bryde*, in: v. Münch/Kunig Art. 77 Rn. 10.

9. Umdeutung einer Zustimmung des Bundesrats in einen Einspruch   **1086**

Fraglich ist, wie zu verfahren ist, wenn der Bundesrat ein Einspruchsgesetz fälschlicherweise als Zustimmungsgesetz behandelt und daher die Zustimmung verweigert. Es erscheint möglich, die ausdrückliche Zustimmungsverweigerung in die
Einlegung eines Einspruchs umzudeuten. Gegen diese Umdeutung wird vorgebracht, dass der Bundesrat nach § 30 Abs. 1 GOBR zur Formstrenge verpflichtet
ist und daher nur eindeutig einzuordnende Beschlüsse fassen kann[20]. Richtigerweise ist eine solche Umdeutung jedoch zuzulassen, da eine Umdeutung in der
deutschen Rechtsordnung grundsätzlich anerkannt ist. Die Anrufung des Vermittlungsausschusses und die Einlegung des Einspruchs ist im Vergleich zur Zustimmung ein „minus", so dass die Umdeutung nach allgemeinen Grundsätzen zulässig ist. Mit der Zustimmungsverweigerung bringt der Bundesrat eindeutig zum
Ausdruck, dass er das Zustandekommen eines Gesetzes verhindern will[21]. Außerdem ist das Gegenargument der Formstrenge wenig überzeugend, da sich diese
lediglich aus der Geschäftsordnung ergibt und im GG keine Stütze findet.

10. Verfassungsmäßigkeit der 5 %-Klausel   **1087**

Die 5 %-Klausel führt dazu, dass nicht jede Wählerstimme den gleichen Erfolgswert hat und somit der Grundsatz der Gleichheit der Wahl verletzt ist. Diese
Verletzung des Art. 38 Abs. 2 ist nur dann als verfassungsgemäß anzusehen, wenn
zwingende Gründe eine Differenzierung erfordern. Rechtfertigender sachlicher
Grund ist die Funktionsfähigkeit des Parlaments, die gefährdet würde, wenn Splitterparteien in das Parlament gelangen und dort die Mehrheitsbildung verhindern
oder zumindest erschweren würden[22].

11. Verfassungsmäßigkeit der Überhangmandate   **1088**

Überhangmandate entstehen, wenn eine Partei in einem Bundesland mehr Direktmandate erobern konnte, als ihrer Landesliste nach Zweitstimmenanteilen (Länderproporz) insgesamt zustehen würden.
Überhangmandate führen zu einer partiellen Verletzung der Wahlrechtsgleichheit
(Einschränkung der Erfolgswertgleichheit), da eine Partei mehr Mandate erhält,
als ihr nach dem Verhältnis der Zweitstimmen zustehen. Daher werden Überhangmandate teils als verfassungswidrig eingestuft, wenn sie ein solches Ausmaß
annehmen, dass das Gewicht der Wählerstimmen verschoben wird[23]. Es ist zwar
nicht zu beanstanden, dass sich der einfache Gesetzgeber für das personalisierte
Verhältniswahlrecht und damit auch für die Möglichkeit des Entstehens von Überhangmandaten entschieden hat, doch hätte der Gesetzgeber Vorkehrungen treffen
müssen, um eine derartige Beeinträchtigung der Wahlrechtsgleichheit auszugleichen und die Entstehung von Überhangmandaten möglichst zu verhindern. Dies
könnte beispielsweise durch Ausgleichsmandate oder dadurch geschehen, dass
Überhangmandate erst dann entstehen, wenn eine Partei bundesweit mehr Direkt-

---

20 Vgl. *Pieroth*, in: Jarass/Pieroth Art. 77 Rn. 10 m.w.N.
21 Vgl. *Degenhart*, Staatsrecht Rn. 686; *Nolte/Tams*, Jura 2000, 158 ff.
22 BVerfGE 82, 322.
23 BVerfGE 95, 335, 367 – *Sondervotum*; *Pieroth*, in: Jarass/Pieroth Art. 38 Rn. 22b.

mandate erzielt, als ihr nach den Zweitstimmen zustehen (sog. Kompensationsmodell). Überwiegend werden die Überhangmandate jedoch als verfassungsgemäß eingestuft, da diese durch die Besonderheiten der personalisierten
Verhältniswahl gerechtfertigt und diesem System immanent sind, für das sich der
einfache Gesetzgeber zulässigerweise entschieden hat[24]. Innerhalb des Systems der
personalisierten Verhältniswahl können in Bezug auf die Erfolgsgleichheit der
Stimmen nicht die gleichen Maßstäbe angelegt werden wie in einem System der
reinen Verhältniswahl. Es ist daher ausreichend, wenn jede Stimme die gleiche
rechtliche Erfolgschance besitzt, was durch die Regelungen des BWahlG sichergestellt ist, denn jeder Wähler hat die gleiche Möglichkeit auf die Sitzverteilung und
die parteipolitischen Kräfteverhältnisse Einfluss zu nehmen. Allerdings betont
auch das BVerfG, dass sich die Überhangmandate in einem Rahmen halten müssen, der den Grundcharakter der Wahl als Verhältniswahl nicht aufhebt und nennt
als Orientierungspunkt die 5 %-Klausel[25].

1089 **12. Verfassungsmäßigkeit der Grundmandatsklausel**

Die Grundmandatsklausel führt dazu, dass bei der Verteilung der Bundestagssitze
nach Zweitstimmen auch die unter 5 % bleibenden Parteien berücksichtigt werden, wenn sie über drei Direktmandate verfügen.
Teilweise wird die Grundmandatsklausel als verfassungswidrig eingestuft, da sie
zu einer nicht hinnehmbaren Ungleichbehandlung von kleineren Parteien führt
und damit Schwerpunktparteien gegenüber Splitterparteien bevorzugt (Verstoß
gegen den Grundsatz der Gleichheit der Wahl)[26]. Es besteht nämlich eine
Ungleichbehandlung zwischen den von der Abmilderung begünstigten und den
hiervon weiterhin ausgeschlossenen Parteien. Das BVerfG[27] geht jedoch von der
Verfassungsmäßigkeit der Grundmandatsklausel aus, denn es sieht diese Differenzierung als durch sachliche Gründe gerechtfertigt an. Zwar wird durch die Grundmandatsklausel das Anliegen der Sperrklausel, Splitterparteien zu verhindern,
abgemildert, doch belegen Parteien durch die Erringung von drei Direktmandaten
ihre spezifische Verankerung und Akzeptanz in der Bevölkerung. Der einfache
Gesetzgeber darf bei der Ausgestaltung des Wahlrechts die besondere politische
Kraft einer Partei und die Billigung der politischen Anliegen einer Partei, die bei
der Wahl von drei Direktkandidaten zum Ausdruck kommt, berücksichtigen. Dies
rechtfertigt die Abmilderung der Sperrklausel und den Eingriff in den Grundsatz
der Gleichheit der Wahl und sichert somit den Integrationscharakter von Wahlen.

---

24 BVerfGE 95, 335 m. w. N. – *Überhangmandate*; *Magiera*, in: Sachs Art. 38 Rn. 95;
25 BVerfGE 95, 335, 348 ff.
26 Vgl. *Pieroth*, in: Jarass/Pieroth Art. 38 Rn. 22b m. w. N.
27 BVerfGE 95, 408 – *Grundmandatsklausel*.

D. Theorien

Wesentlichkeitstheorie. Die Wesentlichkeitstheorie bestimmt, *ob für eine staatli-* **1090**
che Maßnahme eine formelle Grundlage notwendig und wenn ja, welche Rege-
lungsdichte erforderlich ist. Je stärker die Grundrechtsrelevanz ist, desto wesentlicher ist das Bedürfnis einer gesetzlichen Ermächtigung des staatlichen Handelns
und um so enger ist die erforderliche Regelungsdichte. Das BVerfG (BVerfGE 49,
89, 126 f.) führt zur Wesentlichkeitstheorie aus: „Heute ist es ständige Rechtsprechung, dass der Gesetzgeber verpflichtet ist, – losgelöst vom Merkmal des „Eingriffs" – in grundlegenden normativen Bereichen, zumal im Bereich der Grund-
rechtsausübung, soweit diese staatliche Regelung zugänglich ist, alle wesentlichen
Entscheidungen selbst zu treffen […]. In welchen Bereichen danach staatliches
Handeln einer Rechtsgrundlage im förmlichen Gesetz bedarf, lässt sich nur im
Blick auf den jeweiligen Sachbereich und die Intensität der geplanten oder getroffenen Regelung ermitteln. Die verfassungsrechtlichen Wertungskriterien sind
dabei in erster Linie den tragenden Prinzipien des Grundgesetzes, insbesondere
den vom Grundgesetz anerkannten und verbürgten Grundrechten zu entnehmen."

Korollartheorie. Nach der Korollartheorie wird *der zulässige Untersuchungsge-* **1091**
genstand eines parlamentarischen Untersuchungsausschusses bestimmt. Die Theorie besagt, dass die Zuständigkeiten eines Untersuchungsausschusses nicht weiter reichen können als die Kompetenzen des Bundestags, dessen Recht ausgeübt
wird und dem das Handeln letztlich zugerechnet wird. § 1 PUAG beschränkt die
zulässigen Untersuchungsgegenstände auf den Rahmen der verfassungsmäßigen
Zuständigkeit des Bundestags. Die verfassungsmäßige Zuständigkeit des Bundestags wird sowohl durch die Verbandskompetenz des Bundes als auch durch die
Organkompetenzen auf Bundesebene bestimmt. Problematisch ist dabei insbesondere, ob das Verhalten Privater tauglicher Untersuchungsgegenstand sein kann.
Nach der engen Variante der Korollartheorie beschränkt sich die Zuständigkeit
des Bundestags und damit der taugliche Untersuchungsgegenstand auf diejenigen
Aufgaben, die ihm vom Grundgesetz als rechtliche Kompetenzen ausdrücklich
zugewiesen sind. Ein Untersuchungsausschuss darf niemals Selbstzweck sein, sondern muss immer auf einen verfassungsmäßig zulässigen und gebotenen Parla-
mentsbeschluss abzielen. Ein rein politisches Interesse genügt nicht. Auch sind
Untersuchungen in Bezug auf das Verhalten von Privatpersonen unzulässig, da die
parlamentarischen Kontrollbefugnisse auf die Exekutive beschränkt sind.
Die weite Variante der Korollartheorie (h. M.) lehnt die Begrenzungen des Unter-
suchungsgegenstandes ab. Die besondere demokratische Legitimation des Bundestags rechtfertigt vielmehr ein umfassendes Untersuchungsrecht eines Untersuchungsausschusses. Untersuchungsausschüsse können daher vom Bundestag zu
jedem öffentlichen oder gesellschaftlichen Vorgang eingesetzt werden, sofern
daran ein öffentliches Interesse besteht. Auch die Untersuchung des Verhaltens
Privater ist nicht von vornherein ausgeschlossen.

E. Definitionskalender

Abstimmung. Entscheidung des Volks über eine Sachfrage.

Allgemeinheit der Wahl. Der Grundsatz der Allgemeinheit der Wahl fordert, dass alle Angehörigen des Staatsvolks das aktive und passive Wahlrecht ausüben können.

Angemessenheit. Eine staatliche Maßnahme ist angemessen bzw. verhältnismäßig im engeren Sinne, wenn das mit ihr verfolgte Ziel in seiner Wertigkeit nicht außer Verhältnis zur Intensität des Eingriffs steht.

Aristokratie (*griech.*). Herrschaft der Besten. Staatsgewalt wird von einer bestimmten Personengruppe ausgeübt, idealerweise von der Elite.

Ausfertigung eines Gesetzes. Ausfertigung bedeutet die Erstellung der Urschrift des Gesetzes, die dann vom Bundespräsidenten unterschrieben wird.

Demokratie (*griech.*). Herrschaft des Volkes. Staatsform, in der das Volk Träger der Staatsgewalt ist bzw. diese vom Volk ausgeht.

Erforderlichkeit. Eine staatliche Maßnahme ist erforderlich, wenn es kein milderes Mittel gibt, welches den gleichen Erfolg mit der gleichen Sicherheit und einem vergleichbaren Aufwand herbeiführen würde.

Freiheit der Wahl. Der Grundsatz der Freiheit der Wahl garantiert, dass die Ausübung des Wahlrechts aus freiem Willensentschluss erfolgt und das Ergebnis eines freien und offenen Meinungsbildungsprozesses ist.

Gebietshoheit. Im *positiven* Sinne bedeutet Gebietshoheit die Herrschaft über sämtliche Personen und Sachen im Staatsgebiet. Im *negativen* Sinne bedeutet Gebietshoheit das Verbot anderer Staaten, sich in die inneren Angelegenheiten einzumischen.

Geeignetheit: Eine staatliche Maßnahme ist geeignet, wenn mit ihrer Hilfe das Erreichen des angestrebten Ziels gefördert werden kann.

Gesetz. Nach dem dualistischen Gesetzesbegriff wird zwischen formellen und materiellen Gesetzen unterschieden. Ein *formelles* Gesetz liegt vor, wenn eine Norm vom parlamentarischen Gesetzgeber im verfassungsmäßig vorgesehenen Gesetzgebungsverfahren (also ggf. unter Beteiligung weiterer Gesetzgebungsorgane) erlassen wird. Der Inhalt der Norm ist dabei unbeachtlich. Unter einem *materiellen* Gesetz versteht man jede Norm, die inhaltlich eine abstrakt-generelle Regelung trifft, unabhängig von der jeweils gewählten Form.

Gesetzesinitiative. Gesetzesinitiative bedeutet die Einleitung des Gesetzgebungsverfahrens durch Erstellung eines Gesetzentwurfs und seine Einbringung als Gesetzesvorlage in den Bundestag.

Gleichheit der Wahl. Der Grundsatz der Gleichheit der Wahl ist im Sinne einer streng formalen Gleichheit aller am Wahlverfahren Beteiligten (Wähler, Wahlkandidaten, Parteien) zu verstehen.

Immunität. Immunität bedeutet Schutz vor strafrechtlicher Verfolgung (Prozess, Ermittlungsverfahren) während der Zeit des Abgeordnetenmandats mit Ausnahme der Festnahme bei Begehung einer Straftat oder im Laufe des folgenden Tages (vgl. Art. 46 Abs. 2).

Indemnität. Indemnität bedeutet, dass ein Abgeordneter zu keiner Zeit wegen Äußerungen oder Abstimmungen in parlamentarischen Vorgängen oder in parlamentarischer Funktion gerichtlich, dienstlich oder sonst wie verfolgt oder zur Verantwortung gezogen werden darf (vgl. Art. 46 Abs. 1).

Inkrafttreten eines Gesetzes: Das Inkrafttreten des Gesetzes ist der Zeitpunkt, zu dem das Gesetz mit seinem Inhalt wirksam wird.

Kanzlerprinzip. Der Begriff „Kanzlerprinzip" steht für die dominierende Rolle, die der Bundeskanzler innerhalb der Bundesregierung besitzt. Das Kanzlerprinzip besteht aus der sachlichen und personellen Organisationsgewalt des Bundeskanzlers, seiner Richtlinienkompetenz sowie der Befugnis zur Geschäftsleitung.

Kollegialprinzip. Das Kollegialprinzip meint, dass die Bundesregierung ein Kollegialorgan aus Bundeskanzler und Bundesministern ist, das nach dem Mehrheitsprinzip Beschlüsse fasst.

Mittelbare Staatsverwaltung. Mittelbare Staatsverwaltung erfolgt durch vom Staat rechtlich abgetrennte, eigenständige Organisationen, wie z.B. juristische Personen des öffentlichen Rechts (Gemeinden, Gemeindeverbände, Anstalten, Stiftungen), die ihre Verwaltungsaufgaben eigenverantwortlich erledigen, ohne in die staatliche Hierarchie eingeordnet zu sein.

Monarchie (griech.). Herrschaft eines Einzelnen. Staatsform, bei der eine einzelne Person die Staatsgewalt ausübt und an der Spitze des Staates steht. Unterscheidung zwischen absoluter, konstitutioneller und repräsentativer Monarchie.

Personalhoheit. Personalhoheit bedeutet die rechtliche Unterworfenheit des Staatsvolkes unter die Staatsgewalt.

Rechtsprechung. Rechtsprechung ist die in einem besonderen Verfahren zu treffende verbindliche Entscheidung über einen Rechtsstreit mittels Anwendung von Recht und Gesetz durch den Richter als unbeteiligtess staatlichess Organ.

Rechtsstaat. Staat, in dem die Ausübung der Staatsgewalt rechtlichen Bindungen unterliegt. Rechtsstaatlichkeit bedeutet dabei, dass die Ausübung staatlicher Macht nur auf der Grundlage der Verfassung und von formell und materiell verfassungsmäßig erlassenen Gesetzen mit dem Ziel der Gewährleistung von Menschwürde, Freiheit, Gerechtigkeit und Rechtssicherheit zulässig ist.

Referendum. Sonderfall der Abstimmung, bei der das Volk innerhalb des staatlichen Gesetzgebungsverfahrens über eine Sachfrage mitentscheidet.

Republik: Jede Staatsform, die nicht Monarchie ist.

Ressortprinzip. Das Ressortprinzip besagt, dass die Bundesminister ihren Geschäftsbereich selbständig und in eigener Verantwortung leiten (vgl. Art. 65 Satz 2).

Rückwirkung von Gesetzen. Ein Gesetz wirkt dann zurück, wenn das neu in Kraft getretene Gesetz an einen in der Vergangenheit liegenden Sachverhalt anknüpft. Es kann weiter zwischen echter und unechter Rückwirkung unterschieden werden, was für die Zulässigkeit der Rückwirkung entscheidend ist. Echte Rückwirkung liegt vor, wenn ein Gesetz nachträglich ändernd in abgeschlossene Sachverhalte eingreift. Von unechter Rückwirkung kann gesprochen werden, wenn der Gesetzgeber in Tatbestände eingreift, die in der Vergangenheit begonnen, jedoch noch nicht abgeschlossen wurden.

Souveränität. Äußere Souveränität bedeutet die Fähigkeit zu ausschließlicher rechtlicher Selbstbestimmung und Selbstbindung im Verkehr mit anderen Staaten und Völkerrechtssubjekten. Innere Souveränität bezeichnet die Verfügungsgewalt eines Staates über die inneren Angelegenheiten.

Staatsgebiet. Staatsgebiet ist ein bestimmter, dreidimensionaler in seinem Kernbestand gesicherter, zusammenhängender und beherrschbarer Teil der Erdoberfläche, auf dem sich die Staatsgewalt effektiv und dauerhaft entfalten kann.

Staatsgewalt. Staatsgewalt ist die originäre grundsätzlich unbeschränkte Herrschaftsmacht, die den Staat befähigt, gegenüber seinen Staatsangehörigen (*Personalhoheit*) sowie auf seinem Staatsgebiet (*Gebietshoheit*) hoheitlich tätig zu werden.

Staatsvolk. Das Staatsvolk ist die Summe der Staatsangehörigen, die einem Staat kraft seines Rechts zugeordnet sind und von Völkerrechts wegen zugeordnet werden dürfen.

Steuern. Allgemeine, nicht zweckgebundene Einnahme für den Staat, die er nach allgemeinen politischen Erwägungen zur Finanzierung staatlicher Aufgaben verwenden kann.

Unmittelbarkeit der Wahl. Der Grundsatz der Unmittelbarkeit der Wahl ist dann gewährleistet, wenn von Beginn der Stimmabgabe an das Wahlergebnis nur noch von einer einzigen Willensentscheidung, nämlich derjenigen der Wähler abhängt und kein fremder Wille dazwischengeschaltet ist.

Unmittelbare Staatsverwaltung. Zur unmittelbaren Staatsverwaltung gehören die Verwaltungsinstitutionen, die keine rechtliche Eigenständigkeit besitzen, sondern in die staatliche Organisation und Hierarchie unmittelbar eingeordnet sind.

Verfassungsmäßigkeit eines Gesetzes. Nur ein verfassungsmäßiges Gesetz ist wirksam. Dabei kann zwischen formeller und materieller Verfassungsmäßigkeit unterschieden werden. Ein Gesetz ist formell verfassungsmäßig, wenn es in einem ordnungsgemäßen Gesetzgebungsverfahren erlassen worden ist. Dafür stellt das Grundgesetz ein bestimmtes förmliches Verfahren auf, das verschiedene Staatsorgane beteiligt. Die materielle Verfassungsmäßigkeit bezieht sich auf den Gesetzesinhalt bzw. auf die Frage, ob das Gesetz inhaltlich mit den Bestimmungen der Verfassung vereinbar ist.

Verkündung eines Gesetzes. Verkündung bedeutet regelmäßig, dass die Rechtsnorm der Öffentlichkeit in einer Weise förmlich zugänglich gemacht werden, dass die Betroffenen sich verlässlich Kenntnis von ihrem Inhalt verschaffen können.

Verwaltung. Verwaltung ist staatliche Tätigkeit, die funktional nicht Gesetzgebung oder Rechtsprechung ist und auch keine Ausübung von Regierungsfunktionen beinhaltet. Positiv formuliert ist Verwaltungshandeln die Erfüllung von öffentlichen Aufgaben (Gemeinwohlaufgaben) durch konkrete Maßnahmen, die auf Regierungsentscheidungen oder Gesetzesinhalten beruhen.

Verwaltungsträger. Verwaltungsträger ist das Rechtssubjekt, dem die aus der Verwaltungsaufgabe bzw. Verwaltungstätigkeit erwachsenen Rechte und Pflichten rechtlich zugerechnet werden.

Verwaltungsvorschriften. Verwaltungsvorschriften sind von der Verwaltung selbst erlassene Rechtsätze, die innerhalb der Verwaltung gelten. Sie stehen im Rang unter den Gesetzen (Parlamentsgesetze, Rechtsverordnungen).

Volksbefragung. Die von staatlichen Stellen initiierte, unverbindliche Befragung des Volks, um ein politisches Meinungsbild zu einer Sachfrage zu ermitteln.

Volksbegehren. Antrag aus dem Volk auf Durchführung einer Volksabstimmung.

Volksentscheid. Ergebnis einer Volksabstimmung.

Volksinitiative. Antrag des Volks, dass sich die Volksvertretung mit einer Sachfrage beschäftigt und darüber entscheidet.

Vorbehalt des Gesetzes. Ausprägung des Grundsatzes der Gesetzmäßigkeit der Verwaltung. Eingriffe in die Freiheit und das Eigentum der Bürger sind nur auf der Grundlage eines Gesetzes möglich, d. h. Verwaltungshandeln ist nur auf der Grundlage einer gesetzlichen Ermächtigung möglich.

Vorrang des Gesetzes. Ausprägung des Grundsatzes der Gesetzmäßigkeit der Verwaltung. Der in Form eines Gesetzes geäußerte Staatswille hat Vorrang vor jeder anderen staatlichen Willensäußerung, d. h. Verwaltungshandeln darf nicht gegen das Gesetz verstoßen.

Wahl. Personalentscheidung des Volks, in der seine Repräsentanten bestimmt werden.

Wahlrecht. Aktives Wahlrecht meint das staatsbürgerliche Recht, bei der Besetzung des Bundestags durch Stimmabgabe mitzuwirken. Passives Wahlrecht meint dagegen das staatsbürgerliche Recht, sich in den Bundestag wählen zu lassen.

Wahlsystem. Das Wahlsystem ist das im Wahlrecht normierte Wertungsverfahren, das die gezählten Stimmen in die Verteilung der Parlamentssitze umwandelt.

Zuständigkeit. Die Zuständigkeit ist die Befugnis einer Behörde, eine Verwaltungsaufgabe wahrzunehmen.

F. Leitentscheidungen

1. Grundsatzentscheidungen des Bundesverfassungsgerichts *(nach Stichworten geordnet)*

A

Abgeordnetendiäten – BVerfGE 40, 296

Abhörurteil – BVerfGE 30, 1

Anachronistische Zug – BVerfGE 67, 213

Anti-Atom-Plakette – BVerfGE 71, 108

Apothekenurteil – BVerfGE 7, 377

Asylnovelle – BVerfGE 94, 49

Ausschwitzlüge – BVerfGE 90, 241

Ausländerwahlrecht – BVerfGE 83, 37

Auslieferung – BVerfGE 18, 112

Aussperrung – BVerfGE 84, 212

AWACS – BVerfGE 90, 286

B

Bananenmarktverordnung – BVerfGE 102, 147

Beamtenurteil – BVerfGE 3, 58

Besitzrecht des Mieters – BVerfGE 89, 1

Blinkfüer – BVerfGE 25, 256

Bodenreform – BVerfGE 84, 90

Brokdorf – BVerfGE 69, 315

Bürgschaft – BVerfGE 89, 214

Bundesflagge – BVerfGE 81, 278

Bundestagsauflösung – BVerfGE 62, 1

C

C-Waffen – BVerfGE 77, 170

Cannabis – BVerfGE 90, 145

D

Deutschlandfernsehen – BVerfGE 12, 205

E

Elfes – BVerfGE 6, 58

Erdölbevorratung – BVerfGE 30, 292

Erftverband – BVerfGE 10, 89

Euro – BVerfGE 97, 350

Existenzminimum – BVerfGE 82, 60

Extremisten – BVerfGE 39, 334

F

Facharzt – 33, 125

Familienausgleich – BVerfGE 99, 216

Fernsehrichtlinie – BVerfGE 92, 203

Flick-Untersuchungsausschuss – BVerfGE 67, 100

G

G 10 – BVerfGE 100, 313

Gesundbeter – BVerfGE 32, 98

Grundlagenvertrag – BVerfGE 36, 1

H

Heilpraktiker – BVerfGE 78, 179

Hochschulurteil – BVerfGE 35, 79

Homosexuelle – BVerfGE 6, 389

I

Investitionshilfe – BVerfGE 4, 7

J

Josefine Mutzenbacher – BVerfGE 83, 130

K

Kalkar I – BVerfGE 49, 89

Kenntnis der eigenen Abstammung – BVerfGE 79, 255

Kohlepfennig – BVerfGE 91, 186

Kommunale Verpackungssteuer – BVerfGE 98, 105

Kriegsdienstverweigerung – BVerfGE 12, 45

Kruzifix – BVerfGE 93, 1

L

Länderfinanzausgleich III – BVerfGE 86, 148

Landesverfassungsgerichte – BVerfGE 96, 345

Lebach – BVerfGE 35, 202

2. Grundsatzentscheidungen des Bundesverfassungsgerichts *(nach Register geordnet)*

Sachverzeichnis

In der
Studienreihe Rechtswissenschaften

SR

sind bislang erschienen:

Bernd Heinrich
Strafrecht – Allgemeiner Teil I
Grundlagen der Strafbarkeit. Aufbau der
Straftat beim Vollendungs- und Versuchsdelikt.
Von Prof. Dr. Bernd Heinrich, Berlin
2005. XXVII, 301 Seiten. Kart. € 24,80
ISBN 978-3-17-018395-7

Bernd Heinrich
Strafrecht – Allgemeiner Teil II
Besondere Erscheinungsformen der Straftat.
Unterlassungs- und Fahrlässigkeitsdelikt.
Irrtums-, Beteiligungs- und Konkurrenzlehre
Von Prof. Dr. Bernd Heinrich, Berlin
2005. XVIII, 328 Seiten. Kart. € 24,80
ISBN 978-3-17-019062-7

Stefan Enchelmaier
Europäisches Wettbewerbsrecht
Von Priv.Doz. Dr. Stefan Enchelmaier, München
2005. XX, 342 Seiten. Kart. € 24,80
ISBN 978-3-17-018586-9

Hailbronner/Jochum
Europarecht I
Grundlagen und Organe
Von Prof. Dr. Kay Hailbronner und
Priv.Doz. Dr. Georg Jochum, Konstanz
2005. XX, 308 Seiten. Kart. € 24,80
ISBN 978-3-17-018581-4

Hailbronner/Jochum
Europarecht II
Binnenmarkt und Grundfreiheiten
Von Prof. Dr. Kay Hailbronner und
Priv.Doz. Dr. Georg Jochum, Konstanz
2006. XVII, 316 Seiten. Kart. € 24,80
ISBN 978-3-17-018582-1

Kay Hailbronner
Asyl- und Ausländerrecht
Von Prof. Dr. Kay Hailbronner, Konstanz
2006. XIV, 320 Seiten. Kart. € 24,80
ISBN 978-3-018981-2

Heinrich Wilms
Staatsrecht I
Staatsorganisationsrecht unter
Berücksichtigung der Föderalismusreform.
Von Prof. Dr. Heinrich Wilms, Friedrichshafen
2006. 360 Seiten. Kart. € 24,80
ISBN 978-3-17-018394-0

Besuchen Sie auch die **Homepage der Studienreihe Rechtswissenschaften!**

Die Homepage bietet Ihnen:
– Weitere Infos über die Reihe und die Autoren
– zu jedem Fachgebiet ein eigenes Diskussionsforum
– spannende und informative Links zu den jeweiligen Themen
– vorlesungsrelevante Materialien und Arbeitsblätter zum Downloaden
www.studienreihe-recht.de